Christian Erk

Rationierung im Gesundheitswesen

Christian Erk

Rationierung im Gesundheitswesen

Eine wirtschafts- und sozialethische Analyse
der Rationierung nach Selbstverschulden

DE GRUYTER

ISBN 978-1-5015-1054-0
e-ISBN (PDF) 978-1-5015-0183-8
e-ISBN (EPUB) 978-1-5015-0188-3

Library of Congress Cataloging-in-Publication Data
A CIP catalog record for this book has been applied for at the Library of Congress.

Bibliografische Information der Deutschen Nationalbibliothek
Die Deutsche Nationalbibliothek verzeichnet diese Publikation in der Deutschen Nationalbibliografie; detaillierte bibliografische Daten sind im Internet über http://dnb.dnb.de abrufbar.

Druck und Bindung: CPI books GmbH, Leck
♾ Gedruckt auf säurefreiem Papier
Printed in Germany

www.degruyter.com

Meinen lieben Eltern
Meiner geliebten Frau Nadja

Danksagung

Leonardo da Vinci wird die Aussage zugeschrieben, nach der ein Kunstwerk niemals fertiggestellt, sondern die Arbeit an ihm nur unterbrochen wird: „Art is never finished but only abandoned." Obwohl es sich bei ihr nicht um ein Kunstwerk handelt, so trifft dieser Satz auch auf die vorliegende Arbeit zu.

Denn auch wenn das vorliegende in Buchform gegossene Ergebnis meines Nachdenkens über das Thema der Rationierung im Gesundheitswesen ein zwar in sich (ab)geschlossenes Werk darstellt, so basiert es doch auf Denkbemühungen, die mit der Vollendung dieses Werkes nicht abgeschlossen sind und im zukünftigen Rückblick seine Unschärfen enthüllen werden. Nichtsdestotrotz kommt jedoch einmal der Zeitpunkt, an dem es gilt, den Stift zur Seite zu legen (bzw. die in einem Textverarbeitungsprogramm geöffnete Datei ein letztes Mal zu speichern und zu schliessen).

Bevor ich dies nun endgültig tue, möchte ich es aber auf keinen Fall versäumen, einer Reihe von Personen meinen herzlichen Dank auszusprechen. Zu besonderem Dank bin ich hierbei Prof. Dr. Thomas Beschorner und Prof. Dr. Florian Wettstein vom Institut für Wirtschaftsethik der Universität St. Gallen verpflichtet, die sich zur Betreuung meines Habilitationsprojektes bereiterklärt, mir immer für ein Gespräch zur Verfügung standen und mich mit ihrem Rat sicher durch den Prozess begleitet haben.

Danken möchte ich auch dem Stiftungsdirektor der Stiftung Diakoniewerk Neumünster – Schweizerische Pflegerinnenschule, Dr. Werner Widmer, der es mir nicht nur ermöglicht hat, das Gesundheits- und Sozialwesen als sein Assistent auch von seiner praktischen Seite kennenzulernen, sondern mir auch ein kritischer Gesprächspartner und kompetenter Ratgeber in gesundheitsökonomischen Fragen war.

Mein Dank gilt des Weiteren auch Prof. Dr. Johannes Rüegg-Stürm, der es mir ermöglicht hat, mein Habilitationsprojekt durch die Arbeit als Projektleiter an seinem Lehrstuhl an der Universität St. Gallen zu finanzieren, und durch den ich meine ersten Erfahrungen in der Lehre sammeln durfte.

Ich möchte mich vor allem aber auch bei der großen Zahl derjenigen Personen bedanken, die mir ihre Zeit gewidmet haben und bereit waren, ihr Wissen mit mir zu teilen und mir mit Rat und Hinweisen oder einfach durch kritische Rück- und Verständnisfragen zur Seite zu stehen. Dieser Austausch war unendlich wertvoll, um mein Verständnis und Denken zu schärfen und, wo nötig, zu korrigieren. Ein paar Personen namentlich herauszuheben würde bedeuten, anderen Unrecht zu tun.

Zu Dank bin ich zudem auch Herrn Dr. Rafael Hüntelmann und dem Verlag Walter de Gruyter verpflichtet, die die Veröffentlichung meiner Arbeit in Form dieses Buches ermöglicht haben. Herrn Maik Bierwirth und Frau Olena Gainulina danke ich für die tadellose Betreuung bei der Drucklegung dieses Buches.

Gewidmet ist dieses Buch meiner Familie, insbesondere meinen lieben Eltern und meiner geliebten Frau Nadja. Ich kann euch im Grunde gar nicht genug danken für eure unerschöpfliche Liebe und dafür, dass ihr immer für mich da seid! Mein besonderer Dank gilt zu guter Letzt Dir, meine liebe Nadja, für die Geduld und Nachsicht, die Du mir entgegengebracht hast, wenn ich nach einem Tag voll gedanklichem Ringen trotz körperlicher Anwesenheit den Rückweg aus meinem „mind palace" wieder einmal nur zögerlich gefunden habe.

Christian Erk — Friedberg, den 24.05.2015

Inhalt

Abbildungsverzeichnis

Sofern bei der jeweiligen Abbildung nicht anders angegeben, handelt es sich bei den nachstehenden Abbildungen um vom Autor selbst erstellte, eigene Darstellungen.

Abkürzungsverzeichnis

¬	Negationszeichen
%	Prozent
Abb.	Abbildung
A_{GDL}	Angebot an Gesundheits(dienst)leistungen
äBC	Äußeres Bonum Commune
Anm.d.V.	Anmerkung des Verfassers (dieser, d. h. der vorliegenden, Arbeit)
AR	Anspruchsrecht
BAG	Bundesamt für Gesundheit
BC	Bonum Commune
Bd.	Band
BIP	Bruttoinlandsprodukt
bspw.	beispielsweise
bzgl.	bezüglich
bzw.	beziehungsweise
ca.	circa (etwa; ungefähr)
DDE	Doctrine of Double Effect
	distinkte (hinsichtlich ihres Wahrheitsgehaltes) (vollständig) determinierte Grundposition (zum Verhältnis der Begriffe „Mensch“ und „Person“)
d. h.	das heißt
d.i.	das ist; gleichbedeutend mit d. h.
DNS	Desoxyribonukleinsäure
Ed.	Editor (Herausgeber)
Eds.	Editors
e.g.	example given; exempli gratia (zum Beispiel)
et al.	et alii (und andere)
etc.	et cetera (und die übrigen Dinge; und so weiter)
evtl.	eventuell
f	folgende (Seite)
ff	fortfolgende (Seiten)
FF	Forschungsfrage
FL_{GW}	Finanzierungsdefizit bzw. –lücke im Gesundheitswesen
FN	Fussnote
F_R	Fähigkeit Rationalität bzw. rationale Fähigkeit(en)
FR	Freiheitsrecht
GA	Summe (Σ) der zur Finanzierung des Gesundheitswesens benötigten Mittel (Kosten des Gesundheitswesens bzw. Gesundheitsausgaben)
GDL	Gesundheits(dienst)leistung
GE	Summe (Σ) der zur Finanzierung des Gesundheitswesens zur Verfügung stehenden Mittel (Finanzierung des Gesundheitswesens bzw. Gesundheitseinnahmen)
$GE_{\text{öffentlich}}$	Kollektiv zwangsfinanzierter Teil von GE, d. h. Summe (Σ) der zur Finanzierung des Gesundheitswesens zur Verfügung stehenden Mittel (Finanzierung des Gesundheitswesens bzw. Gesundheitseinnahmen), die durch kollektive Zwangsfinanzierung zustande gekommen sind

GKV	Gesetzliche Krankenversicherung
GP	(hinsichtlich ihres Wahrheitsgehaltes) nicht (vollständig) determinierte Grundposition (zum Verhältnis der Begriffe „Mensch" und „Person")
GPG	Global public good
GW	Gesundheitswesen
GW_{Ziel}	Ziel und der Zweck des Gesundheitswesens
Hrsg.	Herausgeber
ibid.	ibidem (ebenda)
iBC	immanentes Bonum Commune
i. e.	id est (das heißt)
inkl.	inklusive
insb.	insbesondere
Kap.	Kapitel
KKK	Katechismus der Katholischen Kirche
K_V	Konsequenz(en) eines Verhaltens $V_{T/U}$, d. h. alle aus $V_{T/U}$ resultierenden Sachverhalte, Zustände, Ergebnisse, Ereignisse und/ oder Folgen
L_P	Personales Leben
L_R	Rationales Leben
LG	Liebesgebot bzw. unvollkommenes Gebot
LP	Liebespflicht bzw. unvollkommene Pflicht
LV	Liebesverbot bzw. unvollkommenes Verbot
M	Mensch
m.a.W.	mit anderen Worten
mind.	mindestens
ML_{GDL}	Bei einem bestimmten Preis P_{GDL} auftretenden Mengenlücke (Mengendefizit) an Gesundheits(dienst)leistungen, wobei $ML_{GDL} = Q_{nGDL} - Q_{aGDL}$
n (oder $_n$)	Platzhalter, der eine unbestimmte Anzahl von etwas bezeichnet
N_{GDL}	Nachfrage an Gesundheits(dienst)leistungen
nAR	Negatives Anspruchsrecht
NCD	Noncommunicable Disease
nLP	Negative Liebespflicht bzw. negative unvollkommene Pflicht
Nr.	Nummer
N_R	rationale Natur
nRP	Negative Rechtspflicht bzw. negative vollkommene Pflicht
o. ä.	oder ähnliches
OECD	Organisation for Economic Co-operation and Development (Organisation für wirtschaftliche Zusammenarbeit und Entwicklung)
P	Person
P_{GDL}	Preis einer Gesundheits(dienst)leistung
PAP	Principle of Alternate Possibilities
pAR	Positives Anspruchsrecht
pLP	Positive Liebespflicht bzw. positive unvollkommene Pflicht
pp.	Seiten
PPP	Principle of Possible Prevention
pRP	Positive Rechtspflicht bzw. positive vollkommene Pflicht
Q	Menge

Q_{aGDL}	Menge der zu einem Preis P_{GDL} angebotenen bzw. finanzierbaren Gesundheits(dienst)leistung(en)
Q_{MnGDL}	Menge der von einem Menschen M nachgefragten Gesundheits(dienst)leistung(en)
Q_{nGDL}	Menge der zu einem Preis P_{GDL} nachgefragten bzw. zu finanzierenden Gesundheits(dienst)leistung(en)
R	Rationalität
resp.	respektive
RG	Rechtsgebot bzw. vollkommenes Gebot
RP	Rechtspflicht bzw. vollkommene Pflicht
ROI	Return on Investment
RV	Rechtsverbot bzw. vollkommenes Verbot
S	ein Seiendes, d. h. etwas das Sein besitzt bzw. ist
SAMW	Schweizerische Akademie der Medizinischen Wissenschaften
S_L	ein belebtes (auch: lebendes, lebendiges) Seiendes S
sog.	sogenannter, sogenannte, sogenanntes, sogenannten oder sogenannt
soz.	sozusagen
t	Zeitpunkt
u. a.	unter anderem
u. ä.	und ähnliches
u. U.	unter Umständen
USA	United States of America (Vereinigte Staaten von Amerika)
usw.	und so weiter
V (oder: $V_{T/U}$)	(vergangenes) Verhalten; umfasst sowohl das äußere (d. h. von anderen bzw. außen wahrnehmbare) Verhalten (Handlungen/ Tun/ Werke, Worte sowie deren Unterlassung), aber auch das innere (d. h. von anderen bzw. außen nicht wahrnehmbare) Verhalten (Gedanken, Wollen/ Wünsche/ Begierden, aber auch deren Unterlassung)
v. a.	vor allem
vgl.	vergleiche
	(hinsichtlich ihres Wahrheitsgehaltes) (vollständig) determinierte Grundposition (GP) (zum Verhältnis der Begriffe „Mensch“ und „Person“)
viz.	videlicet (das heißt, nämlich)
Vol.	Volume (Band)
vs.	versus
WHO	World Health Organization (Weltgesundheitsorganisation)
z. B.	zum Beispiel
Σ	Summe
φ	Inhalt einer Pflicht bzw. eines Rechts bzw. ein Verhalten V, das Inhalt einer Pflicht/ eines Rechts ist

I Einleitung: Sinn, Ziel und Aufbau dieser Arbeit

1 Sinn und Ziel dieser Arbeit

Diese Arbeit befasst sich mit der, wenn auch nicht einzigen, so doch nach Meinung einer Vielzahl von Autoren wohl (ge)wichtigsten Herausforderung, der sich unsere Gesundheitswesen bzw. der kollektiv zwangsfinanzierte Teil unserer Gesundheitswesen[1] gegenwärtig und in zukünftig zunehmenden Ausmaß gegenübersieht. Diese Herausforderung besteht darin, die Finanzierung unserer Gesundheitswesen angesichts und trotz des sich aus dem stetig-graduellen Wachstum der Kosten des Gesundheitswesens sowie dem stetig-graduellen Rückgang der zur Finanzierung des Gesundheitswesens zur Verfügung stehenden Mittel ergebenden chronischen Finanzierungsdefizits sicherzustellen. Da dieses Thema kein kleines ist, mussten beim Verfassen dieser Arbeit an einigen Stellen inhaltliche Schwerpunktsetzungen vorgenommen werden, um das Thema in einer Form bearbeitbar zu machen, die zwischen zwei Buchdeckel passt. Um dem geschätzten Leser die sich hieraus ergebende argumentative Logik bereits vor seiner Lektüre nahezubringen und die Lesbarkeit zu erhöhen, ist dieser Arbeit mit diesem Kapitel (Kapitel I) ein Überblick über ihren gedanklichen roten Faden vorangestellt, wie er in den sich anschließenden Kapiteln entfaltet wird.

Das zweite Kapitel (Kapitel II) dieser Arbeit bietet einen Überblick über die Entstehungsgründe des chronischen Finanzierungsdefizits unserer Gesundheitswesen sowie die grundsätzlich zur Verfügung stehenden Massnahmen, die ergriffen werden können, um angesichts dieser Herausforderung die Finanzierung unserer Gesundheitswesen sicherzustellen. Betrachtet man diese Handlungsstrategien hinsichtlich ihrer Wirksamkeit, so kommt man zu der Einsicht, dass es „unausweichlich" (Marckmann, 2010a: 7) ist, früher oder später ein Instrument zur Bekämpfung des chronischen Finanzierungsdefizits unserer Gesundheitswesen

---

1 Wenn im Folgenden von „unseren Gesundheitswesen" die Rede ist, so sind damit vor allem die Gesundheitswesen Deutschlands, der Schweiz und Österreichs gemeint. Viele der diese betreffenden Aussagen lassen sich jedoch über den deutschen Sprachraum hinaus verallgemeinern.

Unter einem Gesundheitswesen wird im Rahmen dieser Arbeit die Gesamtheit aller Menschen, Handlungen, Institutionen, Normen, Sachmittel, Geldmittel und Berufe verstanden, deren Ziel und Zweck darin besteht, den Gesundheitszustand und die Gesundheitshaltung der ein Gesundheitswesen (mit-)konstituierenden lebendigen Menschen zu erhalten (Krankheitsverhütung), zu verbessern/ fördern (Gesundheitsförderung) und/ oder (wieder-)herzustellen (Therapie/ Intervention/ Kuratin bzw. Behandlung und Heilung von Krankheit) (vgl. hierzu auch Kapitel III.4.3).

zu bemühen, das nicht unbedingt den besten Ruf geniesst: Rationierung. Wenn die wesentliche Herausforderung für unsere Gesundheitswesen in der Sicherstellung ihrer Finanzierung angesichts eines chronischen Finanzierungsdefizits besteht und wenn diese Herausforderung nicht ohne den Einsatz von Rationierung zu meistern ist, dann können wir schlussfolgern, dass die wesentliche Herausforderung für unsere Gesundheitswesen darin besteht, mit der Unausweichlichkeit der Rationierung umgehen zu lernen. Hierzu möchte diese Publikation einen Beitrag leisten: Sie möchte die aktuelle Diskussion über Rationierung wissenschaftlich unterstützen und ihr so weitere Impulse geben.

Um das Instrument der Rationierung überhaupt einsetzen zu können, ist es jedoch nötig, zuerst zu definieren, anhand welchen Kriteriums oder welcher Kriterien rationiert werden soll. Da es im Rahmen eines einzelnen Buches nicht möglich ist, alle denkbaren oder auch nur alle der zur Diskussion stehenden Rationierungskriterien in der gebotenen Tiefe zu diskutieren, ist die vorliegende Arbeit im Bemühen um Tiefe statt Breite gezwungen, einen Schwerpunkt zu setzen. Sie setzt diesen, indem sie sich einem besonders umstrittenen und „bislang tabuisierten Kriterium" (Nass, 2009: 15), nämlich dem Rationierungskriterium Selbstverschulden (auch: Eigenverschulden, Selbstverschuldung, Eigenverschuldung, Eigenverantwortung, Selbstverantwortung, Mitverschulden) widmet. Da eine Grundanforderung für den Einsatz eines Rationierungskriteriums seine moralische Unbedenklichkeit ist, ist das Kriterium Selbstverschulden noch vor allen Überlegungen zu seiner Umsetzbarkeit und Praktikabilität dahingehend zu prüfen, ob es ein moralisch, d. h. aus moralphilosophischer Sicht, akzeptables bzw. zulässiges Rationierungskriterium darstellt oder nicht.

Wie in Kapitel II.5 dargelegt wird, steht hinter dieser Frage letzten Endes die Frage, inwiefern es moralisch zulässig ist, dass sich die zu einem kollektiv zwangsfinanzierten Gesundheitswesen zusammengeschlossenen Menschen gegenseitig für ihr gesundheitsschädliches Verhalten zur Verantwortung ziehen. Die in Frage stehende moralische Zulässigkeit ist grundsätzlich dann gegeben, wenn es den zu einem kollektiv zwangsfinanzierten Gesundheitswesen zusammengeschlossenen Menschen wenigstens nicht verboten ist, sich gegenseitig für ihr gesundheitsschädliches Verhalten zur Verantwortung zu ziehen. Konkret möchte die vorliegende Arbeit die Diskussion über Rationierung also dadurch wissenschaftlich unterstützen und ihr dadurch weitere Impulse geben, dass sie die folgende Forschungsfrage beantwortet:

(FF_{weit}) Ist es – unter der Annahme, dass Rationierung zur Bekämpfung des chronischen Finanzierungsdefizits des kollektiv zwangsfinanzierten Teils des Gesundheitswesens unausweichlich ist – den zu einem kollektiv zwangsfinanzierten Gesundheitswesen zusammengeschlossenen Menschen moralisch erlaubt, einen dieses Gesundheitswesen mitkonstituierenden Menschen M für sein gesundheitsschädliches Verhalten (V) dadurch zur Verantwortung zu ziehen, dass die Kosten, die sich daraus ergeben, dass M zur Behebung einer aus V resultierenden Schädigung seines Gesundheitszustands (K_V) eine bestimmte Menge an Gesundheits(dienst)leistungen (Q_{MnGDL}) in Anspruch nimmt, nicht aus kollektiv zwangsfinanzierten Mitteln finanziert werden?

Um wissen zu können, ob und inwieweit es moralisch zulässig ist, jemanden in einer bestimmten Form für etwas Bestimmtes zur Verantwortung zu ziehen, muss zuerst geklärt werden, wann und unter welchen Bedingungen jemand grundsätzlich zur Verantwortung gezogen werden darf. Dies zu eruieren ist Aufgabe von Kapitel III, das sich mit dem Konzept der Verantwortung auseinandersetzt, indem es den Verantwortungsbegriff in seinen unterschiedlichen Facetten beleuchtet und die Voraussetzungen herausarbeitet, die erfüllt sein müssen, damit jemand für etwas zur Verantwortung gezogen werden kann. Sind diese nicht erfüllt, dann ist es verboten, jemanden zur Verantwortung zu ziehen. Aus den so gewonnenen Erkenntnissen wird deutlich, dass es wohl nicht übertrieben sein dürfte zu behaupten, dass die Auseinandersetzung mit der Frage (FF_{weit}) nichts anderes als eine Auseinandersetzung mit der Frage ist, was ein kollektiv zwangsfinanziertes Gesundheitswesen ganz grundlegend und im Innersten zusammenhält. Denn, wie in Kapitel III.5 dargelegt, setzt die Beantwortung der Frage (FF_{weit}) die Beantwortung einer anderen Frage, nämlich (FF_{eng}), voraus, welche nach nichts weniger als den gesundheitsbezogenen moralischen Pflichten und Rechten fragt, die zwischen den zu einem Gesundheitswesen zusammengeschlossenen Menschen bestehen: Auf der einen Seite ist zu klären, welche gesundheitsbezogenen moralischen Pflichten und Rechte der einzelne ein kollektiv zwangsfinanziertes Gesundheitswesen mitkonstituierende Mensch gegenüber den anderen mit ihm im Gesundheitswesen zusammengeschlossenen Menschen besitzt; auf der anderen Seite ist herauszuarbeiten, welche gesundheitsbezogenen moralischen Pflichten und Rechte die zu einem kollektiv zwangsfinanzierten Gesundheitswesen zusammengeschlossenen Menschen einander gegenüber bzw. als Ganzes dem Einzelnen gegenüber besitzen.

Um dies herauszufinden, wird in Kapitel IV herausgearbeitet, was überhaupt eine Pflicht und was ein Recht ist, was eine nicht-moralische Pflicht bzw. ein nicht-moralisches Recht von einer moralischen Pflicht bzw. einem moralischen Recht unterscheidet, wie moralische Pflichten und Rechte begründet werden und wie das Konzept der Pflicht mit dem eines Rechts zusammenhängt. Die so gewonnenen Einsichten erlauben es, die zur Beantwortung von (FF_{weit}) zuerst zu beantwortende Frage (FF_{eng}) wie folgt zu formulieren (vgl. Kapitel IV.7):

(FF_{eng}) Welche im Personsein bzw. der Personalität des Menschen begründeten moralischen Rechtspflichten RP_1, ..., RP_n und welche moralischen Anspruchsrechte AR_1, ..., AR_n haben die zu einem kollektiv zwangsfinanzierten Gesundheitswesen zusammengeschlossenen lebendigen Menschen hinsichtlich der Erhaltung (Krankheitsverhütung), Verbesserung (Gesundheitsförderung) und/ oder (Wieder-)Herstellung ihres Gesundheitszustandes und ihrer Gesundheitshaltung einander gegenüber?

Da sich, wie in Kapitel IV.6 dargelegt wird, moralische Pflichten und Rechte dadurch auszeichnen, dass sie im Personsein des Menschen begründet sind, setzt die Beantwortung dieser Frage allerdings eine Diskussion darüber voraus, was unter dem Personenbegriff zu verstehen ist und inwieweit er auf alle, einige oder keine Menschen angewendet werden kann. Dieser fundamental wichtigen Aufgabe ist Kapitel V gewidmet. Auf Basis einer Kategorisierung der und einer kritischen Auseinandersetzung mit den wesentlichen in der Literatur vorzufindenden Definitionsvorschlägen des Personenbegriffs (vgl. Kapitel V.2, V.3 und Kapitel 3 des Anhangs), wird in den Kapiteln V.4 bis V.6 ein Personenverständnis erarbeitet, nach dem ein Seiendes S genau dann eine Person P ist, wenn S eine rationale Seele als actus primus besitzt.

Von diesem Personenbegriff ausgehend werden dann in dem sich anschließenden Kapitel (vgl. Kapitel VI) die moralischen Pflichten und Rechte deduziert, welche die zu einem kollektiv zwangsfinanzierten Gesundheitswesen zusammengeschlossenen Menschen qua ihres so verstandenen Personseins hinsichtlich der Erhaltung (Krankheitsverhütung), Verbesserung (Gesundheitsförderung) und/ oder (Wieder-)Herstellung ihres Gesundheitszustandes und ihrer Gesundheitshaltung einander gegenüber haben. Kapitel VI dient also, mit anderen Worten, der konkreten Beantwortung von (FF_{eng}).

Nachdem mit der Beantwortung von (FF_{eng}) die Voraussetzung zur Beantwortung von (FF_{weit}) erfüllt ist, fokussiert sich Kapitel VII auf die dieser Arbeit im Kern zugrundeliegende Forschungsfrage und entwickelt eine Antwort auf (FF_{weit}). Die Vorarbeit der vorangegangenen Kapitel aufnehmend kommt dieses Kapitel zu dem Schluss, dass (FF_{weit}) mit einem eindeutigen Ja beantwortet werden kann: Es ist moralisch zulässig, anhand des Kriteriums Selbstverschulden zu rationieren.

Doch aus der Tatsache, dass es den zu einem Gesundheitswesen zusammengeschlossenen Menschen moralisch erlaubt ist, sich gegenseitig durch den Einsatz von Rationierung nach Selbstverschulden für vergangenes gesundheitsschädliches Verhalten zur (retrospektiven) Rechenschaftsverantwortung zu ziehen, folgt nicht zwingend, dass die Anwendung dieses Rationierungskriteriums ohne Einschränkung auch sinnvoll ist. Das Schlusskapitel dieser Arbeit (Kapitel VIII) widmet sich entsprechend den bei der Umsetzung der Rationierung nach

Selbstverschulden auftretenden Schwierigkeiten, die vor allem den validen Nachweis des Vorliegens einer Kausalbeziehung zwischen vergangenem Gesundheitsverhalten und gegenwärtiger Gesundheitsschädigung (Krankheit) betreffen. Aufgrund dieser Schwierigkeiten kann der effektive Einsatz von Selbstverschulden als Rationierungskriterium trotz seiner moralischen Erlaubtheit nur differenziert befürwortet werden.

Des Weiteren ist – worauf Kapitel VIII.2 hinweist – zu berücksichtigen, dass Rationierung eine grundsätzlich nicht ursächlich wirkende Maßnahme zur Bekämpfung der chronischen Finanzierungslücke unserer Gesundheitswesen (FL_{GW}) darstellt. Wenn unsere Gesundheitswesen von Grund auf gesunden sollen, dann sollte deswegen parallel zum Einsatz des Instruments der Rationierung auch an den grundlegenden Ursachen des chronischen Finanzierungsdefizits unserer Gesundheitswesen (FL_{GW}) gearbeitet werden. Kapitel VIII.2 stellt zu diesem Zweck acht Maßnahmen zur Beeinflussung des individuellen Gesundheitsverhaltens dar, da dieses in Gestalt der sog. epidemiologischen Transition ein wesentlicher (FL_{GW}) verursachender Faktor ist.

Abgesehen davon – und mit diesen in Kapitel VIII.3 dargelegten Überlegungen schließt die vorliegende Arbeit – darf jedoch nicht vergessen werden, dass jede Gemeinschaft und damit auch unsere Gesundheitswesen nicht nur durch das Band der (sozialen) Gerechtigkeit, d. h. durch Berücksichtigung der (moralischen) Rechtspflichten und Anspruchsrechte, sondern wesentlich auch durch das Band der (sozialen) Liebe zusammengehalten wird. Auch wenn die (soziale) Gerechtigkeit es streng genommen nicht von uns verlangt, einer mit uns zu einem kollektiv zwangsfinanzierten Gesundheitswesen zusammengeschlossenen Person zu helfen, wenn diese selbstverschuldet krank geworden ist, so haben wir uns doch auch solcher Personen aus (sozialer) Liebe anzunehmen. Vor diesem Hintergrund kann sich eine wahrhaft auf Nachhaltigkeit abzielende Reform unserer Gesundheitswesen nicht nur die Reform von Strukturen beschränken, sondern muss darüber hinaus auch eine Haltungsreform sein.

2 Aufbau dieser Arbeit

Der auf vorangegangenen Seiten dargestellte Aufbau und Gang der Argumentation dieser Arbeit ist in der nachfolgenden Abbildung auch nochmals graphisch zusammengefasst (vgl. Abbildung 1):

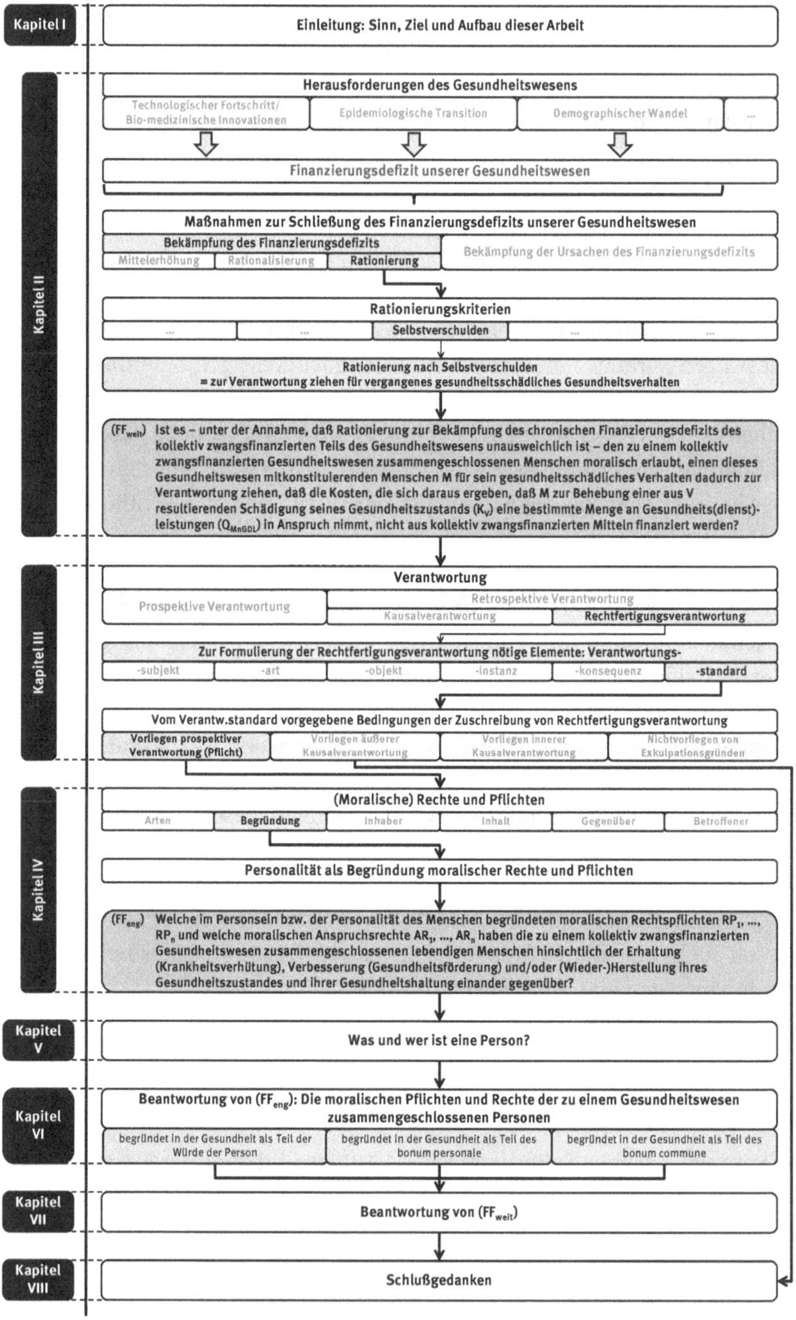

Abb. 1: Aufbau dieser Arbeit

II Rationierung als Mittel zur Bekämpfung des chronischen Finanzierungsdefizits unserer Gesundheitswesen

1 Das Gesundheitswesen und sein Gesundheitszustand

Gesundheit ist ein bedeutendes Gut und eine wichtige Rahmenbedingung für unser aller Leben.[2] Entsprechend haben sich im Laufe der Zeit zum Zwecke ihrer Sicherstellung bzw. Erhaltung (Krankheitsverhütung), Verbesserung/ Förderung (Gesundheitsförderung) und (Wieder-)Herstellung (Therapie/ Intervention/ Kuration bzw. Behandlung und Heilung von Krankheit) Gesundheitswesen herausgebildet, die je nach Land unterschiedlich strukturiert sind und funktionieren. Mit dem Funktionieren ist es jedoch so eine Sache, denn: Nimmt man die Zahl der in den letzten Jahren abgegebenen Reformvorschläge sowie die Kaskaden von um-

---

2 So wird Gesundheit von einer Reihe von Autoren als „konditionales Gut" (vgl. Wils & Baumann-Hölzle, 2013: 36; Groß, 2007: 339; Gosepath, 2007a: 20; Kersting, 1999: 152) „Ermöglichungsgut" (vgl. Zimmermann-Acklin, 2006: 3) bzw. „transzendentales Gut" (vgl. Kersting, 2002: 42; Kersting, 2000: 481–490; Kersting, 1999: 152; Höffe, 2002: 231; Honnefelder, 2007: 23; Gosepath, 2007a: 20; Marckmann, 2008: 888) bezeichnet, also als ein Gut, dessen Besitz die Grundlage zur Verwirklichung anderer Güter bildet bzw. „das alle Menschen benötigen, egal welche Ziele und Pläne sie verwirklichen möchten" (Marckmann, 2010a: 6; 2007): „Von derartigen Gütern gilt allgemein, dass sie nicht alles sind, alles aber ohne sie nichts ist. Sie besitzen einen Ermöglichungscharakter; ihr Besitz muss vorausgesetzt werden, damit die Individuen ihre Lebensprojekte überhaupt mit einer Aussicht auf Minimalerfolg angehen, verfolgen und ausbauen können." (Kersting, 1999: 152) In ähnlicher Weise beschrieb bereits für Descartes (2011: Sixième partie (sechster Abschnitt)) Gesundheit als „sans doute le premier bien et le fondement de tous les autres biens de cette vie".

Der Sichtweise, nach der Gesundheit zwar nicht alles, aber ohne Gesundheit alles nichts ist, und die Gesundheit zum höchsten Gut stilisiert, sollte allerdings mit Skepsis begegnet werden, da sie Ausdruck eines „irrationalen Gesundheitskults" (Maio, 2010: 95) ist; ohne Gesundheit ist noch lange nicht alles nichts, genauswowenig wie sie die in jedem Fall notwendige Voraussetzung für ein gutes Leben ist. Wäre Gesundheit das höchste Gut, dann würde sie darüber hinaus auch das höchste Opfer rechtfertigen. Ähnlich sieht es auch Bohrmann (2005: 229): „Gesundheit ist ein ‚fundamentales Gut', ohne das die autonome Führung eines gelingenden Lebens und die gesellschaftliche Partizipation erschwert werden. Allerdings darf man Gesundheit nicht als das höchste Gut verstehen." Zudem ist auch zu bedenken: „Wenn ohne Gesundheit tatsächlich alles nichts ist, dann impliziert dieser moderne Trend, dass damit das Leben all derjenigen, die nicht mehr gesund sind oder nie gesund waren, dass ihr Leben im Grunde „nichts ist". Wenn ohne Gesundheit alles nichts ist, dann ist für die chronisch Kranken, für die behinderten Menschen, für die alten Menschen jede Chance vertan, überhaupt noch ein gelingendes Leben zu führen." (Maio, 2010: 96)

gesetzten Reformen und Reformreformen[3] zum Maßstab, so scheinen unsere Gesundheitswesen selbst zu chronisch kranken Patienten geworden zu sein, die dringend der Behandlung bedürfen und die in regelmäßigen Abständen mehr oder weniger bittere Arzneien verabreicht bekommen oder einer mal mehr, mal weniger schweren Operation unterzogen werden. Dass es unseren Gesundheitswesen nicht gut geht und dass sich ihr Gesundheitszustand unbehandelt weiter verschlechtern wird, darüber herrscht breiter Konsens; der Reformbedarf unserer Gesundheitswesen gilt unter Experten als „unstrittig“ (Groß, 2010: 74).

Doch warum muss überhaupt reformiert werden? Woher kommt der Veränderungs- und Reformdruck? Da die Therapie sich grundsätzlich nach der Diagnose richten sollte, hängt viel, wenn nicht alles, davon ab, welche Diagnose gestellt bzw. was überhaupt als Problem angesehen wird, das es durch eine Reform zu kurieren gilt. Damit die unzweifelhaft als Herkulesaufgabe zu bezeichnende Herausforderung der Reform unserer Gesundheitswesen nicht in eine Reform-Endlosschleife mündet bzw. zu einer nicht enden wollenden Sisyphusarbeit wird, ist es also zuerst nötig, sich mit den Ursachen des Reformbedarfs zu befassen. Derer gibt es einige, denn der Zustand unserer Gesundheitswesens lässt sich aus diversen Gründen als nicht gesund bezeichnen (vgl. Wils & Baumann-Hölzle, 2013: 13ff): Es lässt sich eine Unzufriedenheit mit dem zweigleisigen Krankenversicherungssystem ausmachen; Lobbyismus und politische Interessenkämpfe blockieren Reformen;[4] Wirksamkeit, Nutzen und Notwendigkeit vieler Eingriffe, Therapien und Technologien ist höchst umstritten, unbewiesen oder gar widerlegt; die Bürokratien der Versicherer fressen Milliarden;[5] empirisch verläßliche

3 In Blankart (2012: 202; vgl. auch Blankart, Fasten & Schwintowski, 2009: 18) findet sich eine Aufstellung, aus der hervorgeht, dass z. B. in Deutschland seit 1977 nicht weniger als 14 Gesundheitssystemreformgesetze verabschiedet worden sind. Für eine Übersicht über die Gesundheits- und Strukturreformen in Deutschland in den Jahren zwischen 1989 und 2008 siehe Böhm & Müller (2009: 12f).

4 Die Gesundheitspolitik – und damit die Entscheidungen zur Ausgestaltung und Reform unserer Gesundheitswesen – wird nicht nur durch Lobbyisten (vgl. Bartsch, 2010; Fischer, 2010), sondern darüber hinaus durch eine Vielzahl von teilweise als „veto players“ (Tsebelis, 2002: 19) fungierenden Personen und Gruppen beeinflusst. Die Wirkung von unter solchen Bedingungen ausgehandelten Reformen – auch wenn sie zu einem geringeren Defizit oder für eine gewisse Zeit gar zu einer Kostendeckung im Gesundheitswesen führen – ist tendenziell kurzfristiger und wenig weitreichender Natur, da durch sie, wie Blankart (2012: 212) anmerkt, „nicht notwendigerweise Ineffizienzen (beseitigt werden), sondern [...] die Präferenzen jener Gruppen beschnitten (werden), die sich am wenigsten wehren können“.

5 Wie Wils & Baumann-Hölzle (2013: 14) anmerken, ist dies „aber hauptsächlich auf die häufigen Gesetzesänderungen, auf unterschiedliche IT-Systeme, auf das Überangebot an Produkten und Dienstleistungen und auf die immer noch wachsende Komplexität des Gesundheitssystems insgesamt zurückzuführen“. Auch Candidus beklagt die „unnötige und unproduktive Ausweitung der

und wissenschaftlich vertretbare Informationen über das Gesundheitswesen werden häufig politisch verzerrt wiedergegeben; die Pflege wird im Vergleich zur ärztlichen Tätigkeit unterschätzt und entsprechend unterbezahlt; die Kosten für die Medizinerausbildung sind sehr hoch; der Erkenntnisgewinn medizinischer Promotionen wird häufig als gering, das Fachwissen der praktizierenden Ärzte als teils erheblich verbesserungsbedürftig eingeschätzt.[6] Diese Liste ließe sich zweifelsohne weiter ergänzen und komplettieren. Auch wenn die in dieser Liste enthaltenen und Veränderungsdruck auf unsere Gesundheitswesen ausübenden Herausforderungen zweifelsohne wichtig und gewichtig sind, so enthüllt ein tieferer Blick in die Literatur zu unseren Gesundheitswesen, dass die gemeinhin als gewichtigste erachtete Herausforderung in dieser Aufzählung noch gar nicht enthalten ist.

Bürokratie" (Candidus, 2009: 231), die zur Folge hat, dass „immer mehr qualifizierte Mitarbeiter der Medizin, der Therapie oder der Pflege [...] nicht mehr in der Lage (sind), sich dem Versicherten und Patienten ausreichend qualifiziert zu widmen, da sie am Schreibtisch Dokumentationen für Dritte erledigen müssen." (Candidus, 2009: 231)

6 Dass die Klagen über Missstände im Gesundheitswesen nicht unbedingt neu sind, zeigt folgende Aussage von Johannes Messner aus dem Jahr 1956: „Die Klagen hinsichtlich der Sozialversicherung für den Krankheitsfall kommen von allen Seiten. Die Patienten sehen sich einer ständig wachsenden Bürokratie mit allen Gefahren eines bürokraktischen Absolutismus gegenüber, darunter der Tendenz zur Überausdehnung des Verwaltungsapparates mit der gleichzeitigen Tendenz zur Beschränkung der Leistungen. Die Gesunden sehen sich zu Beitragsleistungen an eine Versicherung verpflichtet, in der das Versicherungsprinzip alle Geltung verloren hat. Die Sparwilligen sehen sich zur Preisgabe von Einkommensteilen gezwungen, die Eingriffe in ihr Eigentumsrecht und ihre Sparmöglichkeiten darstellen. Die Ärzte sehen sich Gewissenskonflikten gegenüber, weil ihnen die Krankenkassen, hinsichtlich Therapien, Medikamenten und Krankmeldung weitgehende Beschränkungen auferlegen; außerdem weiß sich eine Großzahl der nicht als Krankenkassenärzte zugelassenen Arzte in ihrer Berufsausübung, im ‚Recht zur Arbeit', geschädigt, und die Ärzteschaft im allgemeinen sieht in dem Behandlungsbetrieb der überbeanspruchten Kassenärzte mit dem drohenden Mangel an Zeit für den einzelnen Patienten eine unverantwortliche Erscheinung. Die Krankenanstalten sehen sich in einen ständigen Kampf mit den Krankenkassen um gerechtere Pflegesätze verwickelt. Die Apotheker sehen sich mancherorts vor Bestrebungen der Krankenkassen zur Errichtung kasseneigener Apotheken, was eine schwere Schädigung ihrer wirtschaftlichen Existenz zur Folge haben müßte. Der Volkswirt sieht eine Quelle ungeheurer Verschwendung nicht nur irrfolge des Bezuges gar nicht verwendeter Medikamente und des nicht gerechtfertigten Bezuges von Versicherungsleistungen, sondern auch der schweren Beeinträchtigung der Eigenverantwortung und des Eigensparens." (Messner, 1956: 629)

2 Die Sicherstellung ihrer Finanzierbarkeit als Kernherausforderung unserer Gesundheitswesen

Die – so die im Grunde einhellige Meinung des Großteils der wirtschaftsethischen, gesundheitsökonomischen sowie gesundheitsethischen Literatur zur Zukunft unserer Gesundheitswesen – gewichtigste und prioritär anzugehende der Herausforderungen, denen sich unsere Gesundheitswesen gegenübersehen und die ihren Dauerumbau provozieren, scheint die nachhaltige Sicherstellung der Finanzierung bzw. Finanzierbarkeit unserer Gesundheitswesen zu sein: „Das deutsche Gesundheitswesen steht – wie es in vielen anderen Ländern mit dem Gesundheitssystem auch der Fall ist – vor enormen Finanzierungsproblemen." (Oduncu, 2012: 359) Die Sicherstellung der auch zukünftigen Finanzierbarkeit unserer Gesundheitswesen ist die Kernherausforderung bzw. das „strategische Problem der Medizin und damit des gesamten Gesundheitswesens" (Oberender & Zerth, 2007: 101).[7] Im Fokus der meisten Gesundheitsreformen der vergangenen Jahre – die jedoch „die finanzielle Krise jeweils immer nur für einige Zeit verschoben" (Donges et al., 2002: 23) haben – sowie des Großteils der aktuell diskutierten Reformideen stand und steht entsprechend vor allem die Sicherstellung der zukünftigen Finanzierbarkeit unserer Gesundheitswesen. Wie vordringlich dies ist, zeigt der vom Schweizer Bundesrat am 23.01.2013 verabschiedete Bericht „Gesundheit2020", in dem das Bundesamt für Gesundheit (BAG) folgende Aufgabe als zentrale Herausforderung für die kommenden Jahre identifiziert: „Die Finanzierung des weiter wachsenden Gesundheitssektors muss gesichert werden." (BAG, 2013: 5)

2.1 Individuell freiwillig vs. kollektiv zwangsfinanzierter Teil des Gesundheitswesens

An dieser Stelle bedarf es jedoch einer Präzisierung. Denn Finanzierung ist nicht gleich Finanzierung. Wenn von dem Ziel die Rede ist, die Finanzierung des Gesundheitswesens zu sichern, dann ist praktisch immer nur von einem bestimmten Teil des Gesundheitswesens die Rede. Um zu verstehen, um welchen Teil es sich genau handelt, ist es hilfreich, sich vor Augen zu führen, dass sich im Kern des

7 Von dem erwähnten strategischen Problem grenzen Oberender & Zerth ein „taktisches Problem" ab, nämlich die „bestmögliche Verwendung dieser knappen Ressourcen der Gesundheitsversorgung" (Oberender & Zerth, 2007: 102).

Gesundheitswesens der Erbringer einer Gesundheits(dienst)leistung[8] und der Empfänger einer Gesundheits(dienst)leistung (Patient) gegenüberstehen: Ersterer erbringt an (und nicht selten mit) zweiterem eine Leistung bzw. stellt für diesen ein Gut her (Leistungserbringung) und zweiterer kompensiert (üblicherweise in Form von Geld) ersteren hierfür (Leistungskompensation).

Die der Erbringung einer Gesundheits(dienst)leistung gegenüberstehende Kompensation ihrer Erbringung besteht jedoch bei genauerem Hinsehen aus zwei Komponenten, nämlich der Leistungsfinanzierung und der Leistungszahlung. Erstere macht eine Aussage dazu, wer die zur Kompensation nötigen Mittel finanziert bzw. woher die zur Kompensation nötigen Mittel kommen. Zweitere beantwortet die Frage, wer den Leistungserbringer effektiv bezahlt bzw. von wem dieser sein Geld bekommt. Betrachtet man sich die zur Ausgestaltung des Funktionsbereichs Leistungskompensation grundsätzlich zur Verfügung stehenden Möglichkeiten (Selbst- bzw. Direktzahlung (out of pocket), Leistungskompensation über eine Privatversicherung, Leistungskompensation über eine Sozialversicherung, Leistungskompensation aus Steuermitteln, Spenden/ unentgeltliche Leistungserbringung), so wird deutlich, dass (a) der Empfänger einer bestimmten erbrachten Gesundheits(dienst)leistung nicht notwendigerweise als Leistungsfinanzierer und/ oder Leistungszahler auftreten muss und dass (b) derjenige, von dem die zur Kompensation des Erbringers einer Gesundheits(dienst)leistung nötigen Mittel kommen, nicht immer der sein muss, der den Leistungserbringer effektiv bezahlt. Vor dem Hintergrund dieser Unterscheidungen lassen sich im Gesundheitswesen folgende idealtypische Kompensationsmechanismen ausmachen (vgl. Abbildung 2).

Wenn vom kollektiv zwangsfinanzierten Teil des Gesundheitswesens und damit von der Finanzierung des Gesundheitswesens die Rede ist, dann steht damit die linke Hälfte der obigen Abbildung im Fokus der Betrachtung. Die dort aufgeführten sechs Formen der Leistungsfinanzierung lassen sich nun dahingehend kategorisieren, ob sie kollektiv[9] oder individuell[10] und ob sie freiwillig oder verpflichtend (obligatorisch)[11] erfolgen. Die erste Unterscheidung (kollektiv/ indivi-

---

8 Wenn von Gesundheits(dienst)leistungen die Rede ist, dann ist hierin sowohl die Erbringung von der Gesundheit dienlichen Dienstleistungen als auch die Herstellung/ Produktion von der Gesundheit dienlichen Gütern eingeschlossen.

9 Anstelle des Ausdrucks „kollektiv" findet sich auch der den gleichen Sachverhalt bezeichnende Ausdruck „öffentlich" oder „sozial".

10 Anstelle von individueller Finanzierung wird nicht selten auch von „privater" oder „eigenverantwortlicher" Finanzierung gesprochen.

11 Widmer (2011: 179) bezeichnet diese Finanzierungsform auch als „Zwangsfinanzierung". In Deutschland wird für „obligatorisch" auch der Ausdruck „gesetzlich" verwendet, um so den verpflichtenden Charakter dieser Finanzierungsform zum Ausdruck zu bringen.

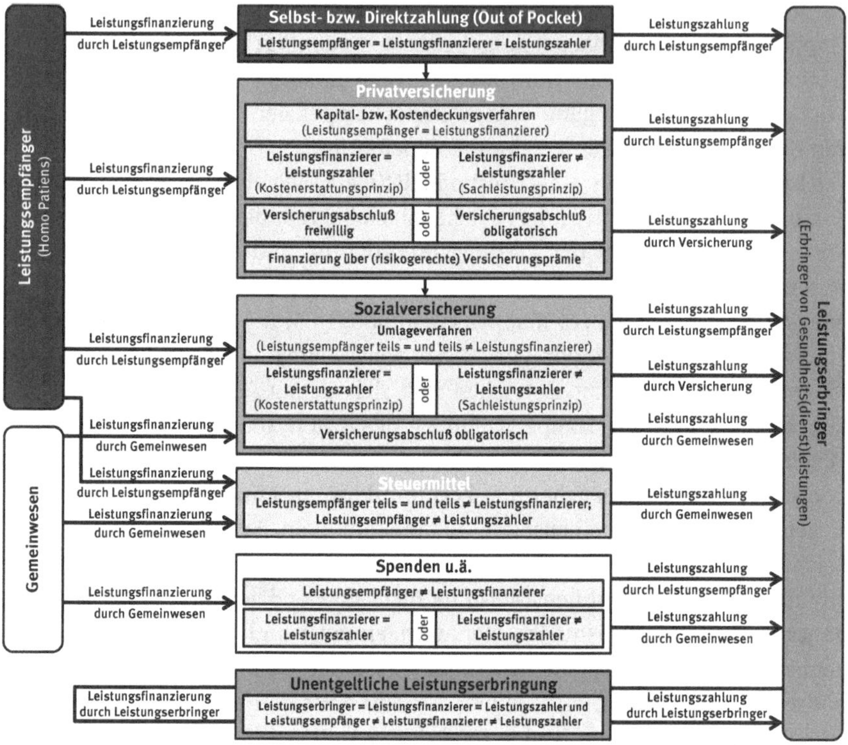

Abb. 2: Idealtypische Kompensationsmechanismen im Gesundheitswesen

duell) fragt danach, ob die zur Finanzierung der zur Leistungskompensation nötigen Mittel vom Leistungsempfänger allein (individuell) kommen oder nicht. Im Gegensatz zur individuellen Finanzierung tritt bei der kollektiven Finanzierung nicht nur der Leistungsempfänger als Finanzierer der von ihm in Anspruch genommenen Gesundheits(dienst)leistungen auf, sondern mit ihm zusammen auch Nicht-Leistungsempfänger, d. h. andere Menschen, die diese Gesundheits(dienst)leistungen nicht in Anspruch genommen haben; im Extremfall kann die kollektive Leistungsfinanzierung sogar so weit gehen, dass der Leistungsempfänger an der Leistungsfinanzierung gar nicht beteiligt ist. Bei der Unterscheidung zwischer freiwilliger und obligatorischer Finanzierung geht es darum, ob es dem Leistungsempfänger freigestellt war zu entscheiden, wie er die zur Leistungskompensation nötigen Mittel finanziert, oder nicht. Im Kern steht die Frage, ob der Leistungsempfänger per Gesetz zu einer bestimmten Form der Leistungsfinanzierung gezwungen ist oder ob es ihm freigestellt ist, wie er die Finanzierung der zur Leistungskompensation nötigen Mittel sicherstellt. Kombiniert man diese

Kategorien miteinander, so kann innerhalb des Teilfunktionsbereichs Leistungsfinanzierung zwischen einer individuell-freiwilligen, einer individuell-obligatorischen, einer kollektiv-freiwilligen und einer kollektiv-obligatorischen Leistungsfinanzierung unterschieden werden (vgl. Abbildung 3):

Abb. 3: Formen der Leistungsfinanzierung im Gesundheitswesen

Sortiert man die oben erwähnten idealtypischen Kompensationsmechanismen in diese Matrix ein, so ergibt sich folgendes Bild: Die Finanzierung aus Steuermitteln sowie die Finanzierung über eine Sozialversicherung stellt immer eine kollektiv-obligatorische Leistungsfinanzierung dar; Privatversicherungen sind als kollektiv-freiwillige Leistungsfinanzierung zu klassifizieren; ebenfalls im Quadranten der kollektiv-freiwilligen Leistungsfinanzierung ist die Finanzierung über Spenden oder die unentgeltliche Leistungserbringung anzusiedeln; die Selbstzahlung stellt eine individuell-freiwillige Finnazierungsform dar.

Mit der Aussage, dass die Kernherausforderung unserer Gesundheitswesen in der Sicherstellung ihrer Finanzierung besteht, ist in praktisch allen Fällen nicht die Sicherstellung der Finanzierung des Gesundheitswesens an sich, d. h. unabhängig von der Leistungsfinanzierungsform, gemeint, sondern die Sicherstellung der Finanzierung des kollektiv zwangsfinanzierten Teils des Gesundheitswesens, in welchem die Finanzierung üblicherweise über Steuermittel oder den Leistungsfinanzierungsmechanismus Sozialversicherung erfolgt. ***Wenn also nachfolgend von der Finanzierung des Gesundheitswesens die Rede ist, dann ist darunter immer die Finanzierung des über Steuern oder Sozialversiche-***

rungsbeiträge kollektiv zwangsfinanzierten Teils unserer Gesundheitswesen zu verstehen.

Diese Einschränkung ist nicht nur sachlich geboten, sondern darüber hinaus auch deswegen vertretbar, da der kollektiv zwangsfinanzierte Teil der weitaus größte Teil des Gesundheitswesens ist. Nach Widmer (2011: 116; vgl. auch 9f) wurden in der Schweiz im Jahr 2008 „(im Vergleich zum europäischen Ausland) nur 60 Prozent des Gesundheitswesens über gesetzlich vorgeschriebene Wege finanziert, der grösste Teil davon über die obligatorische Krankenversicherung (35 Prozent). Ungefähr halb so viel bezahlt der Staat aus Steuermitteln. 40 Prozent der Gesundheitskosten werden von den Nachfragern eigenverantwortlich finanziert." Für Deutschland haben Böhm & Müller (2009: 15f) errechnet, dass nur 22,8% der Gesundheitsausgaben des Jahres 2006 von den Nachfragern eigenverantwortlich finanziert worden sind, während die gesetzliche Krankenversicherung für 57% der Kosten aufgekommen ist. Diese Verhältnisse sind, wie die Abbildungen 4 bis 6 zeigen, auch für das Jahr 2011 noch aktuell.

Das Verhältnis zwischen dem Anteil der kollektiv zwangsfinanzierten Kosten des Gesundheitswesens und dem eigenverantwortlich finanzierten Anteil der Kosten des Gesundheitswesens ist jedoch nicht statisch. Es weist vielmehr eine Dynamik auf, nach der die durch die Allgemeinheit zwangsfinanzierten Kosten nicht nur in stärkerem Ausmaß als die Gesamtkosten und damit auch als die eigenverantwortlich finanzierten Kosten des Gesundheitswesens, sondern auch als das BIP (absolut und pro Kopf) wachsen (vgl. Abbildungen 4 bis 6). Entsprechend ist über die letzten Jahrzehnte der Anteil der kollektiv zwangsfinanzierten Kosten an den Gesamtkosten des Gesundheitswesens stetig und auf Kosten der privat finanzierten Kosten gestiegen: Machte z. B. im Jahr 1990 der kollektiv zwangsfinanzierte Anteil der Kosten des Schweizer Gesundheitswesens noch 52.4% aus, so betrug er im Jahr 2011 64.9%; im gleichen Zeitraum und analog dazu ist der privat finanzierte Anteil der Kosten des Schweizer Gesundheitswesens von 47.6% auf 35.1% gesunken.[12] Diese Tendenz lässt sich auch in Deutschland und Österreich beobachten, auch wenn das Ausgangsniveau der Entwicklung der kollektiv zwangsfinanzierten Kosten ihrer Gesundheitswesen höher lag: So sind die kollektiv zwangsfinanzierten Kosten des Gesundheitswesens in Deutschland von 72.8% im Jahr 1960 auf 76.5% im Jahr 2011 gestiegen; im gleichen Zeitraum sind in

12 Für den Zeitraum zwischen 2000 und 2008 hat Widmer (2011: 138; 141) folgende Wachstumsraten errechnet: „Während die Kosten der obligatorischen Krankenversicherung zwischen 2000 und 2008 um 46 Prozent gestiegen sind, war das Wachstum der eigenverantwortlich getätigten Out-of-pocket-Ausgaben mit 23 Prozent nur etwa halb so gross! Die privat finanzierten Out-of-pocket-Ausgaben sind zwischen 2000 und 2008 sogar deutlich weniger stark gewachsen als das BIP (29 Prozent)."

Österreich die kollektiv zwangsfinanzierten Kosten von 69.4 % auf 76.2 % angewachsen.

2.2 Die Finanzierung des kollektiv zwangsfinanzierten Teils des Gesundheitswesens

Der kollektiv zwangsfinanzierte Teil des Gesundheitswesens ist dadurch gekennzeichnet, dass ihm ein Zahlungsversprechen zugrundeliegt: Der Staat (bzw. von ihm hierzu ermächtigte Institutionen) verspricht für die durch seine Bürger in Anspruch genommenen[13] Gesundheits(dienst)leistungen aufzukommen (d. h. als Leistungszahler aufzutreten) und erhebt im Gegenzug dazu von seinen Bürgern Steuern und/ oder Sozialversicherungsbeiträge, die der kollektiven Zwangsfinanzierung der für die Inanspruchnahme der Gesundheits(dienst)leistungen anfallenden Kosten dienen. Das diesem Teil des Gesundheitswesens zugrundeliegende Zahlungsversprechen kann nur dann eingehalten und die Finanzierung des kollektiv zwangsfinanzierten Teils des Gesundheitswesens nur dann sichergestellt werden, wenn ausreichend finanzielle Mittel vorhanden sind, um die Leistungserbringer für die von den Leistungsempfängern in Anspruch genommenen Gesundheits(dienst)leistungen entschädigen zu können.

Die Finanzierbarkeit des kollektiv zwangsfinanzierten Teils unserer Gesundheitswesen hängt somit, allgemein gesprochen, zum einen von der Summe (Σ) der zur Finanzierung des Gesundheitswesens zur Verfügung stehenden Mittel (Finanzierung des Gesundheitswesens bzw. Gesundheitseinnahmen (GE)) und zum anderen von der Summe (Σ) der zur Finanzierung des Gesundheitswesens benötigten Mittel (Kosten des Gesundheitswesens bzw. Gesundheitsausgaben (GA)) ab.[14] Die Kosten des Gesundheitswesens (GA) kommen zustande als Produkt aus dem Preis der Gesundheits(dienst)leistungen (P_{GDL}) und der Menge (Q) der zu diesem Preis nachgefragten Gesundheits(dienst)leistungen (Q_{nGDL}):

$$GA = Q_{nGDL} \times P_{GDL}$$

13 Um genau zu sein: Unseren Gesundheitswesen liegt nicht (mehr) dieses Maximalversprechen zugrunde, sondern das Versprechen der Finanzierung der Inanspruchnahme derjenigen Gesundheits(dienst)leistungen, die in einem mehr oder weniger umfangreich definierten Leistungskatalog (Grundversorgung) festgeschrieben sind.

14 In diesem Zusammenhang könnte man auch anstelle von Gesundheitskosten bzw. Gesundheitsausgaben von Krankheitskosten bzw. Krankheitsausgaben sprechen. GA stellt aber auch den Umsatz der Gesundheits(dienst)leistungserbringer dar.

Ausgewählte finanzielle Kennzahlen ausgewählter Gesundheitswesen		1960	1970	1980	1990	1995	2000	2005	2010	2011	Ø Wachstumsrate 1960-2011
Schweiz											
Bruttoinlandsprodukt (BIP)* (Gross Domestic Product (GDP))	total	39.511,0	100.373,8	188.569,6	338.996,0	383.096,5	432.405,3	479.087,9	574.313,6	586.784,0	5,5%
	pro Kopf**	7.416,0	16.239,4	29.839,8	50.503,9	54.411,8	60.188,0	64.418,5	73.366,9	74.160,1	4,7%
Kosten des Gesundheitswesens (GA)* (Total Health Expenditure)	total	1.937,2	5.357,8	13.619,3	27.111,8	35.759,4	42.842,9	52.043,0	62.494,9	64.633,1	7,2%
	% am BIP	4,9%	5,3%	7,2%	8,0%	9,3%	9,9%	10,9%	10,9%	**11,0%**	
	pro Kopf**	363,6	866,8	2.155,2	4.039,1	5.079,0	5.963,5	6.997,7	7.983,5	8.168,6	6,4%
öffentlich finanzierte GA* = $GE_{öffentlich}$ (Public Health Expenditure)	total	keine Zahlen verfügbar			14.200,7	19.152,6	23.748,5	30.946,2	40.769,1	41.937,9	5,9%
	% am BIP				4,2%	5,0%	5,5%	6,5%	7,1%	**7,1%**	
	% an GA				52,4%	53,6%	55,4%	59,5%	65,2%	**64,9%**	
	pro Kopf**				2.115,6	2.720,3	3.305,6	4.161,1	5.208,1	5.300,3	5,1%
privat finanzierte GA* = GE_{privat} (Private Health Expenditure)	total	keine Zahlen verfügbar			12.911,1	16.606,8	19.094,5	21.096,8	21.823,9	22.695,2	3,5%
	% am BIP				3,8%	4,3%	4,4%	4,4%	3,8%	**3,9%**	
	% an GA				47,6%	46,4%	44,6%	40,5%	34,9%	**35,1%**	
	pro Kopf**				1.923,5	2.358,7	2.657,8	2.836,7	2.800,0	2.868,3	2,7%

* in millions of national currency units / ** in national currency units

Abb. 4: Ausgewählte Kennzahlen zu Kosten und Finanzierung des Schweizer Gesundheitswesens (Eigene Darstellung auf Basis von Daten aus: OECD (2013a) und (2013b))

Ausgewählte finanzielle Kennzahlen ausgewählter Gesundheitswesen (Deutschland)		1960	1970	1980	1990	1995	2000	2005	2010	2011	Ø Wachstumsrate 1960-2011
Bruttoinlandsprodukt (BIP)* **(Gross Domestic Product (GDP))**	total	157.787,5	360.600,0	788.520,0	1.306.680,0	1.848.500,0	2.047.500,0	2.224.400,0	2.496.200,0	2.592.600,0	5,2%
	pro Kopf**	2.837,5	5.902,0	12.811,3	20.847,2	22.631,5	24.905,3	26.972,4	30.524,5	31.860,7	4,9%
Kosten des Gesundheitswesens (GA)* **(Total Health Expenditure)**	total	keine Zahlen verfügbar	21.656,3	66.416,8	108.291,6	186.951,0	212.841,0	240.434,0	288.299,0	293.801,0	6,7%
	% am BIP		6,0%	8,4%	8,3%	10,1%	10,4%	10,8%	11,5%	**11,3%**	
	pro Kopf**		354,5	1.079,1	1.727,7	2.288,9	2.588,9	2.915,4	3.525,4	3.610,5	5,9%
öffentlich finanzierte GA* = $GE_{öffentlich}$ **(Public Health Expenditure)**		keine Zahlen verfügbar	15.767,7	52.266,3	82.521,5	152.196,0	169.292,0	184.223,0	221.248,0	224.618,0	6,9%
	% am BIP		4,4%	6,6%	6,3%	8,2%	8,3%	8,3%	8,9%	**8,7%**	
	% an GA		72,8%	78,7%	76,2%	81,4%	79,5%	76,6%	76,7%	**76,5%**	
	pro Kopf**		258,1	849,2	1.316,6	1.863,4	2.059,2	2.233,8	2.705,5	2.760,4	6,1%
privat finanzierte GA* = GE_{privat} **(Private Health Expenditure)**	total	keine Zahlen verfügbar	5.888,6	14.150,5	25.770,1	34.756,0	43.549,0	56.211,0	67.050,0	69.182,0	6,2%
	% am BIP		1,6%	1,8%	2,0%	1,9%	2,1%	2,5%	2,7%	**2,7%**	
	% an GA		27,2%	21,3%	23,8%	18,6%	20,5%	23,4%	23,3%	**23,5%**	
	pro Kopf**		96,4	229,9	411,1	425,5	529,7	681,6	819,9	850,2	5,5%

* in millions of national currency units / ** in national currency units

Abb. 5: Ausgewählte Kennzahlen zu Kosten und Finanzierung des deutschen Gesundheitswesens (Eigene Darstellung auf Basis von Daten aus: OECD (2013a) und (2013b))

Ausgewählte finanzielle Kennzahlen ausgewählter Gesundheitswesen		1960	1970	1980	1990	1995	2000	2005	2010	2011	Ø Wachstumsrate 1960-2011
Österreich — **Bruttoinlandsprodukt (BIP)*** (Gross Domestic Product (GDP))	total	12.213,7	28.748,9	76.359,1	136.135,5	174.794,2	208.473,6	245.243,4	286.396,9	300.712,4	6,5%
	pro Kopf**	1.733,1	3.850,1	10.114,6	17.731,0	21.991,5	26.021,6	29.806,6	34.136,5	35.710,2	6,2%
Kosten des Gesundheitswesens (GA)* (Total Health Expenditure)	total	523,2	1.487,8	5.696,8	11.481,0	16.748,4	20.898,1	25.551,2	31.594,9	32.407,6	8,6%
	% am BIP	4,3%	5,2%	7,5%	8,4%	9,6%	10,0%	10,4%	11,0%	**10,8%**	
	pro Kopf**	74,2	199,3	754,6	1.495,3	2.107,2	2.608,5	3.105,5	3.765,9	3.848,5	8,2%
öffentlich finanzierte GA* = $GE_{öffentlich}$ (Public Health Expenditure)	total	363,4	937,5	3.920,7	8.372,1	12.310,8	15.806,7	19.243,9	23.955,2	24.707,8	8,8%
	% am BIP	3,0%	3,3%	5,1%	6,1%	7,0%	7,6%	7,8%	8,4%	**8,2%**	
	% an GA	69,4%	63,0%	68,8%	72,9%	73,5%	75,6%	75,3%	75,8%	**76,2%**	
	pro Kopf**	51,6	125,6	519,3	1.090,4	1.548,9	1.973,0	2.338,9	2.855,3	2.934,1	8,5%
privat finanzierte GA* = GE_{privat} (Private Health Expenditure)	total	159,9	550,4	1.776,1	3.108,9	4.437,5	5.091,5	6.307,3	7.639,7	7.699,8	8,3%
	% am BIP	1,3%	1,9%	2,3%	2,3%	2,5%	2,4%	2,6%	2,7%	**2,6%**	
	% an GA	30,6%	37,0%	31,2%	27,1%	26,5%	24,4%	24,7%	24,2%	**23,8%**	
	pro Kopf**	22,7	73,7	235,3	404,9	558,3	635,5	766,6	910,6	914,4	7,9%

* in millions of national currency units / ** in national currency units

Abb. 6: Ausgewählte Kennzahlen zu Kosten und Finanzierung des österreichischen Gesundheitswesens (Eigene Darstellung auf Basis von Daten aus: OECD (2013a) und (2013b))

Diese in Anspruch genommene Menge an Gesundheits(dienst)leistungen Q_{nGDL} stellt gleichzeitig auch die zu finanzierende Menge an Gesundheitsleistungen dar. Ob diese aber auch effektiv finanziert werden kann oder nicht, hängt davon ab, wie viele Mittel zur Finanzierung des Gesundheitswesens (GE) zur Verfügung stehen.[15] Für eine bestimmte Summe an GE kann zu einem bestimmten Preis der Gesundheits(dienst)leistungen (P_{GDL}) nur eine bestimmte Menge (Q) an Gesundheits (dienst)leistungen (Q_{aGDL}) finanziert und damit angeboten werden:

$$GE / P_{GDL} = Q_{aGDL}$$

Betrachtet man diese beiden Gleichungen, so wird ersichtlich, dass in beiden der Preis der Gesundheits(dienst)leistungen (P_{GDL}) auftaucht. Löst man nun z. B. die erste Gleichung nach dem Preis P_{GDL} auf und setzt das Ergebnis in die zweite Gleichung ein, so wird deutlich, wie die finanzierbare Menge (Q_{aGDL}) und die zu finanzierende Menge (Q_{nGDL}) an Gesundheits(dienst)leistungen zusammenhängen:

$$Q_{aGDL} = GE/GA \times Q_{nGDL}$$

Hieraus folgt, dass die finanzierbare Menge (Q_{aGDL}) und die zu finanzierende Menge (Q_{nGDL}) an Gesundheits(dienst)leistungen – also sozusagen das Angebot an und die Nachfrage nach Gesundheits(dienst)leistungen – nur dann gleich hoch sind, wenn GE = GA. Wenn diese Bedingung nicht eingehalten wird, d. h. wenn $GE \neq GA$ und $GE < GA$, dann entsteht eine Finanzierungslücke bzw. ein Finanzierungsdefizit und das betreffende Gesundheitswesen gerät in finanzielle Schieflage.[16] Die Höhe der Finanzierungslücke bzw. des Finanzierungsdefizits des Gesundheitswesens (FL_{GW}) ergibt sich somit als Differenz zwischen GA und GE:

$$FL_{GW} = GA - GE$$

Formt man diese Gleichung etwas um, so zeigt sich, dass die Finanzierungslücke bzw. das Finanzierungsdefizit letzten Endes einer bei einem bestimmten Preis P_{GDL} auftretenden Mengenlücke bzw. einem bei einem bestimmten Preis P_{GDL} auftretenden Mengendefizit (ML_{GDL}) entspricht. Das Mengendefizit ML_{GDL} ergibt sich hierbei als Differenz der zu einem bestimmten Preis P_{GDL} nachgefragten Menge an Gesundheits(dienst)leistungen (Q_{nGDL}) und der zu diesem Preis finanzierbaren bzw. angebotenen Menge (Q) an Gesundheits(dienst)leistungen (Q_{aGDL}):

15 Da es hier, wie im vorangegangen Kapitel erläutert, um den kollektiv zwangsfinanzierten Teil des Gesundheitswesens geht, müßte der Genauigkeit halber anstelle von GE von $GE_{öffentlich}$, also dem kollektiv zwangsfinanzierten Teil von GE, die Rede sein.

16 Für den Fall, dass $GE \neq GA$ und $GE > GA$, entsteht ein Finanzierungsüberschuss.

$$FL_{GW} = GA - GE = (Q_{nGDL} \times P_{GDL}) - (Q_{aGDL} \times P_{GDL}) = (Q_{nGDL} - Q_{aGDL}) \times P_{GDL} = ML_{GDL} \times P_{GDL}$$

$$ML_{GDL} = Q_{nGDL} - Q_{aGDL}$$

Diese Zusammenhänge sind in der folgenden Abbildung nochmals graphisch zusammengefasst (vgl. Abbildung 7):

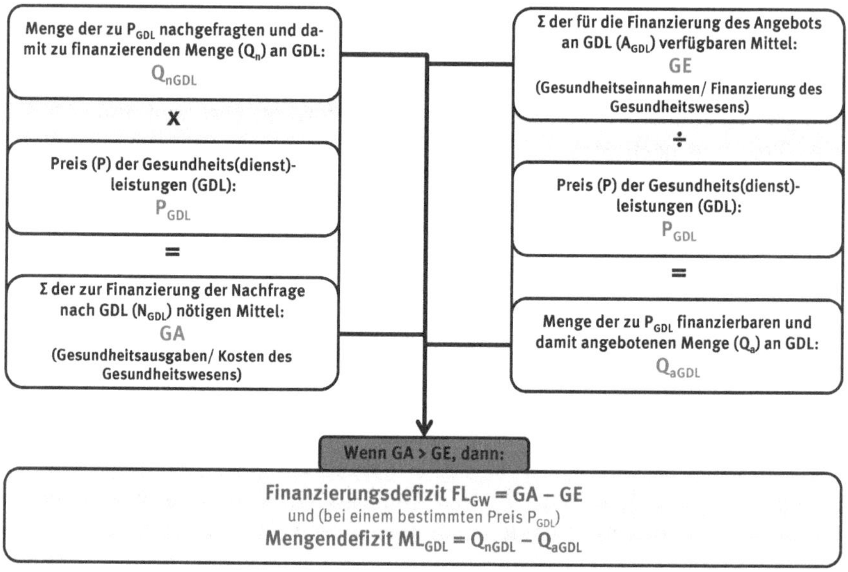

Abb. 7: Die Entstehung von Finanzierungs- und Mengendefizit im Gesundheitswesen

Die bisher angestellten Überlegungen lassen sich an einem Beispiel verdeutlichen (vgl. Abbildung 8). Nehmen wir z. B. an, dass der Preis einer Gesundheits(dienst)leistung (P_{GDL}) bei 4 Geldeinheiten liegt, (zu diesem Preis) 4 Mengeneinheiten dieser Gesundheits(dienst)leistung nachfragt werden und die zur Finanzierung der Gesundheits(dienst)leistung zur Verfügung stehenden Mittel (GE) 10 Geldeinheiten betragen; es gilt also $P_{GDL} = 4$, $Q_{nGDL} = 4$ und $GE = 10$. Dies bedeutet zunächst einmal, dass die zur Finanzierung der Gesundheits(dienst) leistung nötigen Mittel 16 Geldeinheiten betragen ($GA = Q_{nGDL} \times P_{GDL} = 16$) und sich somit eine Finanzierungslücke von 6 Geldeinheiten ergibt ($FL_{GW} = GA - GE = 6$). Es bedeutet aber auch, dass die finanzierbare Menge der Gesundheits(dienst)leistung nur 2.5 Mengeneinheiten beträgt, also 1.5 Mengeneinheiten der zum Preis P_{GDL} nachgefragten Gesundheits(dienst)leistung nicht befriedigt werden können. Neben der Finanzierungslücke von 6 Geldeinheiten ($FL_{GW} = 6$) ergibt sich somit auch ein Mengendefizit der Gesundheits(dienst)leistung in Höhe von 1,5 Mengenheiten ($ML_{GDL} = Q_{nGDL} - Q_{aGDL} = 1.5$).

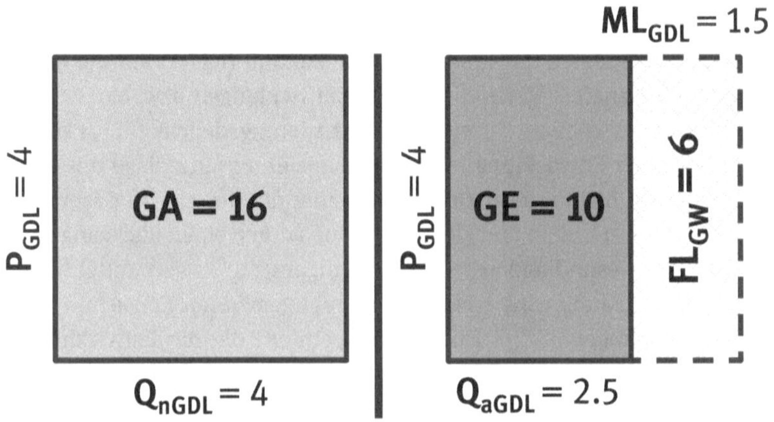

Abb. 8: Finanzierungsdefizit (FL_{GW}) und Mengendefizit (ML_{GDL}) im Gesundheitswesen

2.3 Kostenanstieg und Einnahmenrückgang

Wenn unsere Gesundheitswesen bzw. deren kollektiv zwangsfinanzierter Teil nach Einschätzung der Experten zukünftig vor „enormen Finanzierungsproblemen" (Oduncu, 2012: 359) stehen, dann können diese vor dem Hintergrund des Gesagten nur zustande kommen, wenn die zur Finanzierung des Gesundheitswesens benötigten Mittel (GA) die zur Finanzierung des Gesundheitswesens zur Verfügung stehenden Mittel (GE) übersteigen – und dies nicht nur einmalig-akut, sondern chronisch. Dieses Missverhältnis und die in Folge entstehende chronische Finanzierungslücke FL_{GW} kann nun aber am Ende nicht nur einer bestimmten Entwicklung stehen, sondern grundsätzlich aus einer der folgenden fünf (jeweils im Vergleich zu einer Vorperiode t_{n-1}, in der GA = GE, zu betrachtenden) Entwicklungen resultieren, die alle darin münden, dass GE ≠ GA und GE < GA:

(a) Die zur Verfügung stehenden Mittel (GE) sinken, während die Kosten (GA) konstant bleiben.

(b) Die zur Verfügung stehenden Mittel (GE) sinken in größerem Ausmaß als die Kosten (GA).

(c) Die Kosten (GA) steigen, während die zur Verfügung stehenden Mittel (GE) konstant bleiben.

(d) Die Kosten (GA) steigen in größerem Ausmaß als die zur Verfügung stehenden Mittel (GE).
(e) Die zur Verfügung stehenden Mittel (GE) sinken und die Kosten (GA) steigen.

Betrachtet man vor diesem Hintergrund unsere Gesundheitswesen, so ist zu konstatieren, dass sie sich im Hinblick auf die Zukunft (leider) mit der komplexesten und damit ungünstigsten dieser fünf Entwicklungen bzw. Möglichkeiten des Zustandekommens eines chronischen Finanzierungsdefizits (FL_{GW}) konfrontiert sehen, nämlich Entwicklung (e).[17] Die Finanzierungsgrundlage unserer Gesundheitswesen ist nicht nur durch ein Wachstum der Kosten des Gesundheitswesens (GA), sondern zudem und gleichzeitig auch durch einen Rückgang der zur Finanzierung des Gesundheitswesens zur Verfügung stehenden Mittel (GE) bedroht. Diese Entwicklung wird – hierüber besteht gemeinhin Konsens – im Wesentlichen durch folgende drei Faktoren perpetuiert, die die Entwicklung der Kosten des Gesundheitswesens (GA) und/ oder der zur Finanzierung des Gesundheitswesens zur Verfügung stehenden Mittel (GE) negativ beeinflussen und so das chronische Finanzierungsdefizit (FL_{GW}) unserer Gesundheitswesen wesentlich (mit-)verursachen (vgl. Breyer, Zweifel & Kifmann, 2013: 539 ff; Neumann, 2012: 14 ff; Deutscher Ethikrat, 2011: 16 f; Hensen, 2011: 21; Müller, 2010: 155 ff; Marckmann, 2010: 5, 2007: 98 sowie 2005: 179 f; Gosepath, 2007a: 28; Groß, 2007: 337; Slembeck, 2006; Müller, 2006: 91; Bohrmann, 2005: 232 ff; Fetzer, 2005):[18]

---

17 Für eine Analyse der Entwicklung der Kosten der Gesundheitswesen von Deutschland, Österreich und der Schweiz für den Zeitraum zwischen 1960 und 2011 siehe Kapitel 1 des Anhangs.
18 Diese Aufzählung ist keinesfalls als abschließend zu verstehen. Es gibt eine Reihe weiterer Faktoren, die die Finanzierbarkeit unserer Gesundheitswesen negativ beeinflussen. Bei den erwähnten Faktoren handelt es sich jedoch um die wesentlichen und in praktisch jeder Publikation zur Zukunft des Gesundheitswesen als kausal zum Finanzierungsdefizit beitragend genannten. Als ausgabensteigernd wird immer wieder auch das Vorliegen von Informationsasymmetrien und der sich theoretisch aus diesen ergebenden Phänomene der adversen Selektion und des ex ante sowie ex post Moral Hazard erwähnt. Da aber der effektive Einfluss dieser Phänomene auf das Wachstum der Kosten des Gesundheitswesens – so logisch er auch in der Theorie ist – empirisch nicht eindeutig belegbar ist, sind sie in die Aufzählung nicht eingeschlossen.

Was weitere die Finanzierbarkeit beeinflussende Faktoren angeht, so bietet Kocher (2011) einen guten Überblick, der in langjähriger Recherche- und Auswertungsarbeit aus der Literatur zum und der Berichterstattung über das Gesundheitswesen 75 Gründe für die Finanzierungsprobleme im Gesundheitswesen zusammengetragen hat. Die 22 am häufigsten genannten Gründe sind hierbei die folgenden (in abnehmender Reihenfolge der Häufigkeit ihrer Nennung): Medizinisch-technischer Fortschritt/ Innovationen, Alterung/ steigende Lebenserwartung/ demografische Entwicklung, Anspruchshaltung/ Erwartungen von Bevölkerung und Patienten, Höhere Ärzte- und Spitaldichte/ hohes und wachsendes Angebot, Wachsender Wohlstand, Fehlende oder falsche Sparanreize/ Fehlanreize, Medizinischer Überkonsum/ Mengenausweitung durch Leis-

- der technologische Fortschritt,
- der demographische Wandel (doppelte Alterung (double aging))[19] und
- die epidemiologische Transition.

Eine ausführliche Beschreibung dieser Faktoren sowie ihrer jeweiligen Auswirkung auf die Kosten des Gesundheitswesens und/ oder die zur Finanzierung des Gesundheitswesens zur Verfügung stehenden Mittel muss an dieser Stelle unterbleiben, da sie zu weit führen und vom eigentlichen Anliegen dieser Arbeit ablenken würde. Allgemein kann jedoch gesagt werden, dass die epidemiologische Transition die zu finanzierende Nachfrage nach Gesundheits(dienst)leistungen (Q_{nGDL}) in die Höhe treibt und der technologische Fortschritt sowohl Q_{nGDL} als auch den Preis der Gesundheits(dienst)leistungen (P_{GDL}) erhöht. Aufgrund des sog. Sisyphus-Syndroms verstärkt der technologische Fortschritt zudem den demo-

tungserbringer/ unnötige Leistungen, zu grosser Leistungskatalog (Grundversicherung)/ Ausdehnung der Versicherungsdeckung, Wachsende Spezialisierung und Technisierung/ Apparatemedizin, Verbesserter Zugang zu qualitativ hochstehender Behandlung, Zunahme chronischer Krankheiten, Föderalismus/ ‚Kantönligeist', Medikalisierung gesellschaftlicher Probleme, immer teurere Medikamente, Bevölkerungszunahme, immer teurere Forschung und Spitzenmedizin, kurative statt präventive Medizin/ Prävention unterentwickelt, Kommerzialisierung, Verwaltungsaufwand, Produktivitätssteigerung bei Dienstleistungen nur beschränkt möglich (Baumol), allgemeine Teuerung, Nachfragesteuerung durch die Angebotsseite.

19 Unter dem Ausdruck „doppelte Alterung" bzw. „double aging" ist das Phänomen zu verstehen, dass sich in einer Bevölkerung sowohl eine steigende Lebenserwartung als auch eine sinkende Geburtenrate beobachten lassen und damit der Anteil älterer Menschen aufgrund entsprechender Veränderungen sowohl von Zähler als auch Nenner des sog. Altenquotienten steigt: „Aufgrund der steigenden Lebenserwartung und sinkenden Geburtenraten nimmt nicht nur die absolute Zahl, sondern auch der relative Anteil älterer Menschen an der Gesamtbevölkerung zu." (Marckmann, 2010a: 5; 2007: 97) Wollte man dieses Phänomen mit möglichst wenig Worten beschreiben, so könnte man von Geriatrisierung bzw. Vergreisung sprechen oder sagen: „Immer mehr Ältere werden immer älter." (Frevel & Dietz, 2008: 141)

Der Altenquotient setzt die Anzahl der Menschen, die 65 Jahre und älter sind (Zähler), ins Verhältnis zu der Gruppe der 20- bis 64-jährigen Menschen (Nenner), d.h. der Gruppe der Erwerbsfähigen. Der Altenquotient gibt also an, wie viele über 64-jährige Menschen auf 100 Menschen im Alter von 20 bis 64 Jahren kommen. Der Jugendquotient stellt das Verhältnis der Anzahl der unter 20-jährigen Menschen (Zähler) zu der Anzahl der 20- bis 64-jährigen Menschen (Nenner) dar. Der Jugendquotient gibt entprechend an, wie viele unter 20-jährige Menschen auf 100 Menschen im Alter von 20 bis 64 Jahren kommen. Als Gesamtquotient wird die Summe aus dem Alten- und Jugendquotient bezeichnet. Diese Definitionen sind entnommen aus Statistisches Bundesamt (2009). Jugend-, Alten- und Gesamtquotienten werden hierbei wesentlich durch die Geburtenrate beeinflusst, welche das „Größenverhältnis der aufeinander folgenden Generationen" (Birg, 2013: 36) entscheidend bestimmt.

graphischen Wandel, indem er zur Steigerung der Lebenserwartung beiträgt. Der dritte Faktor im Bunde, der demographische Wandel, wirkt sowohl auf die für die Finanzierung von Gesundheits(dienst)leistungen verfügbaren Mittel (GE) als unter Umständen auch auf Q_{nGDL}: Während die sinkende bzw. zu tiefe Geburtenrate sich sicher negativ auf GE auswirkt, ist bezüglich des Einflusses der steigenden Lebenserwartung auf die Finanzierbarkeit des Gesundheitswesens die empirische Datenlage nicht so eindeutig, als dass klar entschieden werden könnte, ob diese Entwicklung einen wesentlich mengenausweitenden Einfluss hat oder nicht (entsprechend ist letzterer Zusammenhang in der nachstehenden Abbildung (vgl. Abbildung 9) nur mit einer gestrichelten Linie festgehalten).

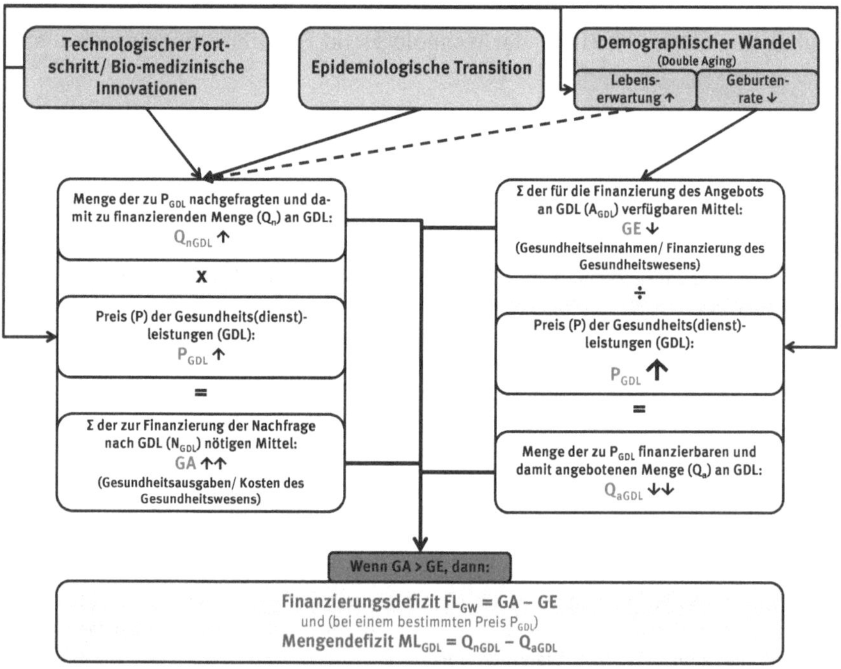

Abb. 9: Die wesentlichen Ursachen der Entstehung des Finanzierungsdefizits FL_{GW} im Gesundheitswesen

Unsere Gesundheitswesen sehen sich also einer Entwicklung gegenüber, durch die – und diese Aussage ist auch heute noch und vor allem auch mit Hinblick auf die Zukunft gültig – „die Grundlagen des Gesundheitssystems erodieren, während gleichzeitig die Belastungen zunehmen" (Donges et al., 2002: 10); die Kosten werden weiter steigen und die zur Finanzierung zur Verfügung stehenden Mittel werden sinken. Und wenn dem so ist, dann lässt sich über kurz oder lang eben „nur noch" Q_{aGDL}, aber nicht Q_{nGDL} finanzieren: „‚Macht, was ihr könnt, bezahlt wird alles' diese Überfluss-Illusion lässt sich inskünftig nicht mehr aufrechterhalten." (Höffe, 2010; vgl. auch 2008: 304) Wenn wir das bisher Gesagte rekapitulieren und zusammenfassen, so können wir festhalten: Die grundlegende Herausforderung, der sich unsere Gesundheitswesen bzw. der kollektiv zwangsfinanzierte Teil unserer Gesundheitswesen gegenübersieht, besteht darin, ihre Finanzierung angesichts und trotz des sich aus dem stetig-graduellen Wachstum der Kosten des Gesundheitswesens (GA) sowie dem stetig-graduellen Rückgang der zur Finanzierung des Gesundheitswesens zur Verfügung stehenden Mittel (GE) ergebenden chronischen Finanzierungsdefizits (FL_{GW}) sicherzustellen.[20]

20 Manche Autoren bezeichnen dieses Problem auch als Problem der Mittelknappheit (wie z. B. Marckmann (2007; 2008; 2010)), oder auch als Problem der Ressourcenknappheit (wie z. B. Neumann (2012)), wobei man synonym hierzu auch von Mittel-/ Ressourcenbegrenztheit sprechen könnte. Es ist allerdings ein wenig unglücklich, im Zusammenhang mit der Finanzierungsproblematik den Begriff Mittelknappheit zu verwenden. Es ist zwar richtig, dass die Finanzierungslücke insofern eine Situation der Mittelknappheit darstellt, da die zur Finanzierung vorhandenen Mittel (GE) in geringerem Ausmaß vorhanden als die zur Finanzierung benötigten Mittel (GA) und damit „knapp" sind. Diese Knappheit ist jedoch nicht so zu verstehen, dass keine zusätzlichen Mittel vorhanden sind, die man zum Stopfen der Finanzierungslücke verwenden könnte. Vielmehr handelt es sich bei dieser Knappheit um eine „verteilungsbedingte Knappheit" (Müller, 2010: 172), die durch entsprechende Umverteilung der eigentlich ausreichend vorhandenen Mittel und zuletzt Verschuldung zumindest theoretisch behoben werden kann. Wenn von Mittelknappheit im Gesundheitswesen die Rede ist, dann ist damit grundsätzlich nicht ein absolut-unbehebbares, sondern ein – momentan noch – relativ-behebbares Fehlen von Mitteln zu verstehen. Um diesen Unterschied deutlich zu machen, wird im Rahmen dieser Arbeit nicht von Mittelknappheit, sondern von Finanzierungslücke bzw. Finanzierungsdefizit gesprochen.

Wie Arnade (2010: 9) richtigerweise erwähnt, lassen sich im Gesundheitswesen neben der Knappheit finanzieller Mittel auch diverse andere Formen von Ressourcenknappheit ausmachen: „Etwa der Mangel an Pflegekräften oder an sozialen Diensten in poststationären Versorgungseinrichtungen. Unzureichend ist auch die Möglichkeit, unheilbar Kranke auf Palliativstationen zu begleiten. Ein weiteres Beispiel für „naturgegebene" Knappheit findet sich im Bereich der Organtransplantation, da ein Missverhältnis zwischen Transplantationsbedarf auf der einen und verfügbaren Organen auf der anderen Seite besteht." Da bis auf letztere Erscheinungsform alle Knappheitserscheinungen auf fehlende finanzielle Mittel zurückzuführen sind (höhere finanzielle Mittel erlauben die Einstellung von mehr Pflegekräften, den vermehrten Bau von poststationären Versorgunsgeinrichtungen oder auch den Betrieb von mehr Palliativbetten), können diese unter die Knappheit finanzieller Mittel subsumiert werden.

3 Maßnahmen zur Sicherstellung der Finanzierbarkeit des Gesundheitswesens

Die Frage, die sich direkt im Anschluss hieran stellt und geradezu nach Beantwortung schreit, ist folgende: Wie kann die Finanzierung unserer Gesundheitswesen angesichts und trotz des sich aus dem dauerhaften Missverhältnis bzw. stetig-graduellen Auseinanderdriften von GE und GA ergebenden chronischen Finanzierungsdefizits FL_{GW} sichergestellt werden? Die Antwort hierauf ist an sich relativ einfach: Wenn die Bedingung der Finanzierbarkeit unserer Gesundheitswesen darin besteht, dass GA = GE, dann kann die Finanzierbarkeit unserer Gesundheitswesen nur dann sichergestellt werden, wenn die Finanzierungslücke FL_{GW} geschlossen wird. In Anbetracht dieser simplen Tatsache müsste die eben gestellte Frage an sich somit richtiger lauten: Wie kann sichergestellt werden, dass GA = GE? Um dies zu erreichen, bieten sich grundsätzlich die folgenden beiden als komplementär zu betrachtenden Ansatzpunkte bzw. Strategien an (vgl. Abbildung 10):

(a) **Bekämpfung der Ursachen der Finanzierungslücke FL_{GW}** (Ursachenbekämpfung):
Man versucht zu verhindern, dass FL_{GW} überhaupt entsteht. Dies geschieht, indem man die Faktoren bekämpft, die ursächlich dazu beitragen, dass die zur Finanzierung unserer Gesundheitswesen zur Verfügung stehenden Mittel (GE) sinken, der Preis der Gesundheits(dienst)leistungen (P_{GDL}) steigt und/ oder die in Anspruch genommene Menge an Gesundheits(dienst)leistungen (Q_{nGDL}) steigt.

(b) **Bekämpfung der Finanzierungslücke FL_{GW}** (Symptombekämpfung):
Man versucht FL_{GW} durch das Ergreifen von nicht ursächlich wirkenden Maßnahmen zu bekämpfen.

Berücksichtigt man die im vorangegangenen Kapitel eingeführten kausal zum Entstehen des Finanzierungsdefizits im Gesundheitswesen beitragenden Faktoren (technologischer Fortschritt, demographischer Wandel, epidemiologische Transition), dann stehen zur Schließung des Finanzierungsdefizits FL_{GW} im Gesundheitswesen somit folgende Maßnahmen zur Verfügung (vgl. Abbildung 10):

Es dürfte vollkommen klar sein, dass die zu präferierende, da nachhaltigere, Strategie zur Schließung der Finanzierungslücke FL_{GW} in der Bekämpfung der Ursachen von FL_{GW} besteht. Wirklich lösen lässt sich das chronische Finanzierbarkeitsproblem unserer Gesundheitswesen nämlich nur, wenn dessen Ursachen beseitigt werden. Das Symptom, an dessen Auftreten wir merken, dass mit unseren Gesundheitswesen etwas nicht stimmt (die Finanzierungslücke FL_{GW}), würde mit der Beseitigung der Ursachen dann ganz von alleine verschwinden. Insofern wäre

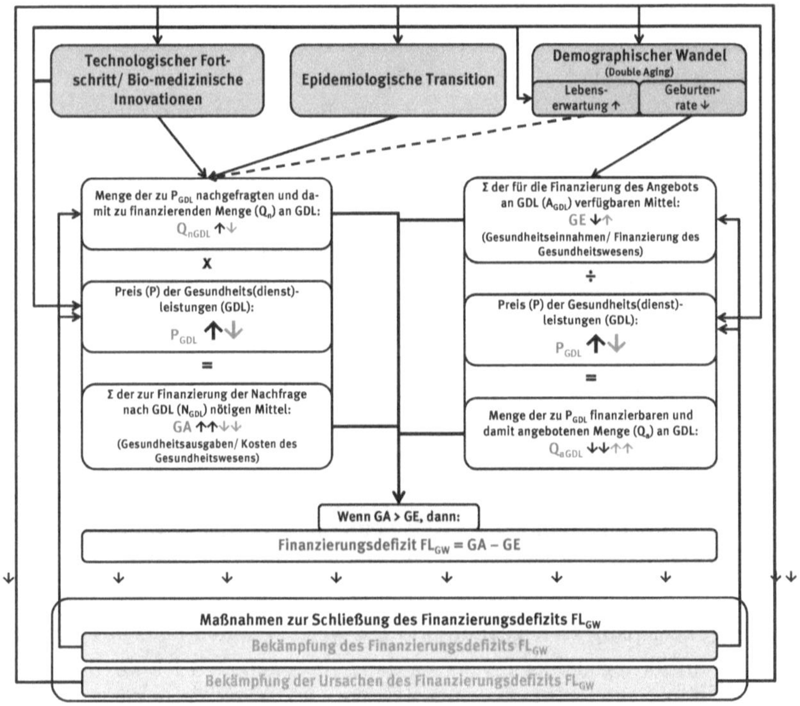

Abb. 10: Maßnahmen zur Schließung des Finanzierungsdefizits FL_{GW} im Gesundheitswesen

zu erwarten, dass diese Arbeit in ihrem weiteren Verlauf Möglichkeiten diskutiert, wie die Faktoren, die kausal zum Entstehen der Finanzierungslücke FL_{GW} beitragen (der technologische Fortschritt, der demographische Wandel und die epidemiologische Transition), so beeinflusst werden können, dass sie ihren die Finanzierbarkeit des Gesundheitswesens schädigenden Einfluss verlieren und FL_{GW} somit gar nicht erst entsteht.

Auch wenn dieses Unterfangen lohnend und wertvoll wäre, wird diese Arbeit jedoch nichtsdestotrotz einen anderen Weg einschlagen. Das postulierte Primat der Strategie „Bekämpfung der Ursachen der Finanzierungslücke" relativiert sich nämlich immer dann, wenn das Auftreten des Problems durch Faktoren verursacht wird, die sich nicht oder zumindest nur langfristig eliminieren lassen, das Problem aber bereits gegenwärtig beschwerliche Symptome zeitigt. In einem solchen Fall kann eine kurzfristig wirkende Symptomlinderung, also die Strategie der direkten Bekämpfung der Finanzierungslücke FL_{GW}, angezeigt sein – auch wenn sie die Ursachenbekämpfung nicht substituieren kann oder auf deren Kosten gehen sollte. Nur die Symptome zu lindern, wäre gleichbedeutend mit einem Segler, der zwar ständig das durch ein unter der Wasseroberfläche liegende Leck eintretende Wasser (Symptom) aus seinem Boot schöpft, aber das Loch (Ursache), durch das das Wasser jeweils aufs Neue in sein leckgeschlagenes Boot dringt, nicht flickt; aber ohne das Symptom zu lindern, d.h. das Boot zuerst (und allenfalls auch mehrfach) auszupumpen, ist an ein Stopfen des Lecks gar nicht erst zu denken.

Wenn wir uns vor diesem Hintergrund die kausal zum Entstehen der Finanzierungslücke FL_{GW} beitragenden Faktoren näher betrachten, so haben diese gemeinsam, dass es sich bei dem technologischen Fortschritt, dem demographischen Wandel sowie der epidemiologischen Transition um langfristig wirkende Trends oder Entwicklungen handelt, die sich nur schwer beeinflussen lassen, die sich nur in langer Frist umkehren lassen und/ oder die wir nicht einschränken wollen. Entsprechend können wir Marckmann (2007: 98; vgl. auch 2010: 5) zustimmen, der der Meinung ist, dass das Finanzierungsproblem uns „auf absehbare Zeit erhalten bleiben (wird), da die kostentreibenden Faktoren nicht zu eliminieren sind". Da der technologische Fortschritt, der demographische Wandel sowie die epidemiologische Transition aber bereits heute an der Finanzierung unserer Gesundheitswesen rütteln und negativ auf ihre finanzielle Gesundheit wirken,[21] wird man nicht umhin kommen, sich mit der Frage auseinanderzusetzen, wie dieser Entwicklung kurzfristig zu begegnen und mit welchen Mitteln das aus ihr resultierende Finanzierungsdefizit FL_{GW} kurzfristig zu bekämpfen ist. Zur Beantwortung dieser Frage, d.h. der Frage, durch welche ihr chronisches Finanzierungsdefizit ($FL_{\mathbf{GW}}$) bekämpfenden Maßnahmen die Finanzierung des kollektiv zwangsfinanzierten Teils unserer Gesundheitswesen angesichts des stetig-graduellen Wachstums der Kosten des Gesundheitswesens (GA) sowie des stetig-graduellen Rückgangs der zur Finanzierung des Gesundheitswesens zur Verfügung stehenden Mittel (GE) sichergestellt werden kann, möchte diese Arbeit einen Beitrag leisten. Dies bedeutet, um es nochmals zu betonen, nicht, dass Bemühungen um die Beseitigung der Ursachen der Finanzierungslücke unterlassen werden sollen; es bedeutet nur, dass es in Anbetracht der Tatsache, dass das Finanzierungsdefizit uns bereits heute drückt, wichtig und richtig ist, sich – parallel zur Ursachenbekämpfung – auch Gedanken darüber zu machen, wie das Symptom selbst bekämpft bzw. gelindert werden kann.

21 Insofern ist das Finanzierungsproblem nicht nur ein chronisches, sondern ein chronisch-akutes Problem, d.h. ein chronisches Problem, das dauerhaft akut ist.

4 Maßnahmen zur Bekämpfung der Finanzierungslücke: Rationalisierung, Mittelerhöhung, Rationierung

Welche Maßnahmen zur Bekämpfung der Finanzierungslücke FL_{GW} stehen uns also zur Verfügung? Um das sich aus dem Missverhältnis der benötigten (GA) und verfügbaren (GE) Mittel (GA > GE) ergebende Finanzierungsdefizit in Höhe von $FL_{GW} = GA - GE$ (wobei $GA - GE > 0$) auszugleichen, kann man naheliegenderweise entweder die zur Verfügung stehenden Mittel erhöhen (GE↑) oder die benötigten Mittel senken (GA↓). Während ersteres nur durch das Einschießen zusätzlicher Mittel erfolgen kann, kann zweiteres auf zwei Arten bewerkstelligt werden: Da sich GA aus dem Produkt der nachgefragten Menge an Gesundheits(dienst)leistungen und deren Preis ergibt ($GA = Q_{nGDL} \times P_{GDL}$), sinkt GA, wenn entweder die Menge der nachgefragten Gesundheits(dienst)leistungen (Q_{nGDL}) oder deren Preis (P_{GDL}) sinken. Entsprechend – und wie auch ein Blick in die wirtschaftsethische, gesundheitsökonomische und gesundheitsethische Literatur bestätigt (vgl. hierzu z. B. Strech & Marckmann, 2012: 142 ff; Strech, 2011b: 51 ff; Hensen, 2011: 24 ff; Marckmann, 2010a: 7 f; 2007: 99 f; Zimmermann-Acklin, 2007: 60 ff; Gosepath, 2007a: 29) – stehen drei generische Strategien (und als vierte Option eine Kombination aus diesen) zur Verfügung, möchte man das sich aus der Differenz von GA und GE ergebende Finanzierungsdefizit FL_{GW} ausgleichen (vgl. auch Abbildung 11):

- Erhöhung der zur Verfügung stehenden Mittel (GE ↑)
- Rationalisierung (P_{GDL} ↓),
- Rationierung (Q_{nGDL} ↓) oder
- eine Kombination aus Mittelerhöhung, Rationalisierung und/ oder Rationierung.

Diese drei Strategien sollen auf den folgenden Seiten diskutiert und hinsichtlich der Wirksamkeit und Sinnhaftigkeit ihres Einsatzes evaluiert werden.

4.1 Erhöhung der Mittel

Die Strategie der Mittelerhöhung versucht das Problem der Finanzierungslücke durch einen Eingriff auf der Seite der einem Gesundheitswesen zur Finanzierung der nachgefragten Gesundheits(dienst)leistungen zur Verfügung stehenden finanziellen Mittel (GE) anzugehen: Die Lücke wird durch eine Erhöhung von GE geschlossen. Wie Henke & Hesse (2009: 280) erwähnen, lassen sich die grundsätzlichen Formen der Mittelaufbringung „einerseits in die Selbstbeteiligung der Patienten und andererseits in Versicherungsbeiträge und Steuern aufteilen" (Henke & Hesse, 2009: 280). Entsprechend können die dem Gesundheitswesen zur

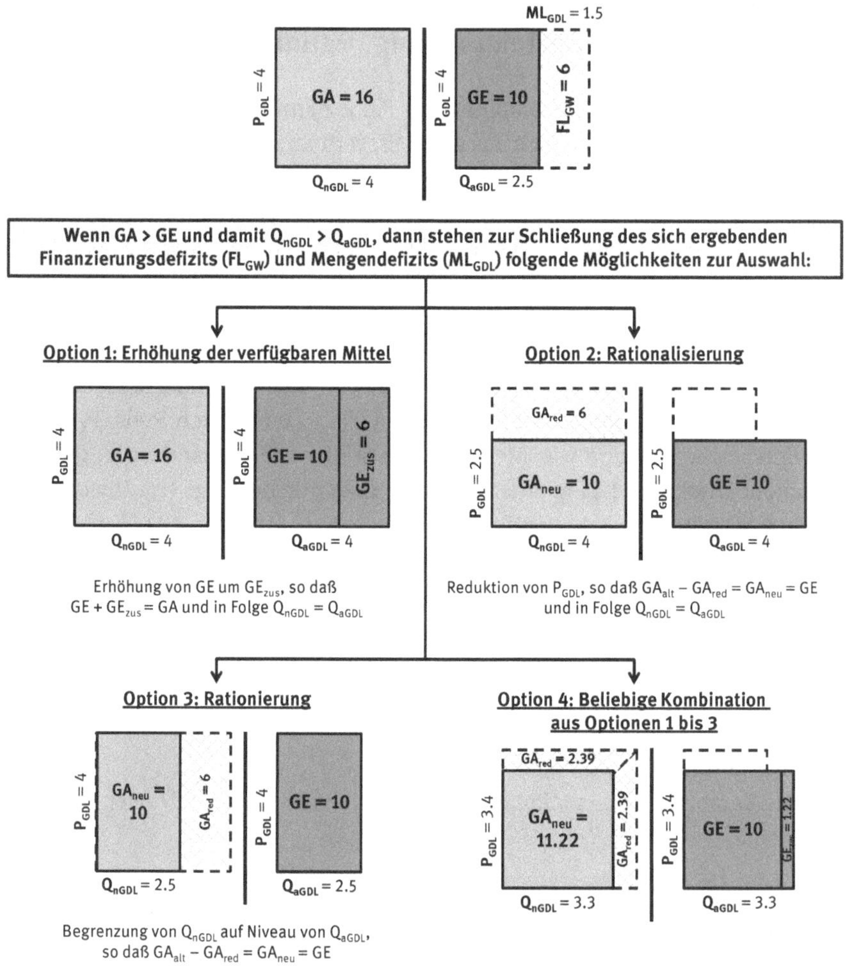

Abb. 11: Möglichkeiten der Bekämpfung des Finanzierungsdefizits (FL_{GW}) im Gesundheitswesen

Verfügung stehenden Mittel also durch eine Erhöhung der Selbstbeteiligung der Patienten, der Versicherungsbeiträge und/ oder der Steuern ausgedehnt werden.

In der Praxis stellt sich die Umsetzung dieser Option jedoch als durchaus schwierig dar, da die zusätzlichen Mittel nicht wie Manna vom Himmel fallen, sondern von irgendwoher genommen werden müssen. Sowohl als Einzelwesen als auch als Gesellschaft steht uns nur eine endliche Menge an Ressourcen und damit auch finanziellen Mitteln zur Verfügung. Dies bedeutet zum einen, dass wir die zur Finanzierung der Nachfrage nach Gesundheits(dienst)leistungen verfügbaren

Mittel nicht unbegrenzt erhöhen können; es bedeutet aber auch, dass jede Aufstockung der verfügbaren Mittel mit Opportunitätskosten (Verzichtskosten) verbunden ist, deren Berücksichtigung zur Folge hat, dass diese Strategie früher oder später an die Grenze ihrer Sinnhaftigkeit stößt. Die Erhöhung der dem Gesundheitswesen zur Verfügung stehenden Mittel um z. B. eine Geldeinheit hat notwendigerweise zur Folge, dass diese Geldeinheit irgendwo anders nicht mehr zur Verfügung steht, sei es nun für den individuellen Konsum oder für andere Politikbereiche. Für den individuellen Konsum steht diese Geldeinheit dann nicht mehr zur Verfügung, wenn z. B. in einem durch Sozialversicherung finanzierten Gesundheitswesen die Krankenversicherungsprämien oder in einem steuerfinanzierten Gesundheitswesen die (dem Gesundheitswesen zukommenden) Steuern entsprechend erhöht werden. Die Erhöhung der Mittel für das Gesundheitswesen geht auf Kosten anderer Politikbereiche (z. B. Bildung, Forschung, Verkehr, Kunst, Wissenschaft, ...), wenn in einem steuerfinanzierten Gesundheitswesen – ohne dass hierfür der Steuersatz angehoben wird – der dem Gesundheitswesen zugedachte Anteil am gesammten Steueraufkommen auf Kosten anderer Bereiche erhöht wird: „Der Gesundheitssektor konkurriert mit anderen Bereichen wie z. B. Bildung, Umweltschutz, Bekämpfung von Armut, Arbeitslosigkeit und Wohnungsnot oder die innere Sicherheit um prinzipiell begrenzte öffentliche Finanzmittel. Eine weitere Erhöhung der Gesundheitsausgaben kann deshalb nur mit Einschränkungen in anderen sozialstaatlichen Bereichen erkauft werden." (Marckmann, 2010a: 7; vgl. 2007: 99; vgl. auch Schockenhoff, 2012: 105, Strech & Marckmann, 2012: 143 sowie Schott, 2001: 39)

Die Erhöhung der dem Gesundheitswesen zur Verfügung stehenden Mittel würde jedoch nicht nur auf Kosten des privaten Konsums oder anderer Politikbereiche gehen, sondern hätte darüber hinaus auch negative Konsequenzen für die Gesundheit: Denn die Gesundheit einer Person (und damit auch einer Gesellschaft) wird nicht nur durch Investitionen in das Gesundheitswesen, sondern auch durch Investitionen in andere Politikbereiche (v. a. Arbeit, Bildung, Verkehr) gefördert. Die Erhöhung der dem Gesundheitswesen zur Verfügung stehenden Mittel hat also Opportunitätskosten, die ab einem gewissen Punkt schlichtweg zu hoch werden. Was gegen die Erhöhung der Mittel im Gesundheitswesen spricht, ist somit letzten Endes das sog. „Gesetz vom abnehmenden Grenznutzen" (auch: erstes Gossensches Gesetz):[22] „Demnach steigt mit kontinuierlich zunehmenden

22 Dieses Gesetz lautet in seiner von Hermann Heinrich Gossen vorgelegten Formulierung: „Die Größe eines und desselben Genusses nimmt, wenn wir mit Bereitung des Genusses ununterbrochen fortfahren, fortwährend ab, bis zuletzt Sättigung eintritt." (Gossen, 1854: 4 f) Das Gesetz besagt also, dass die zweite Ableitung einer Nutzenfunktion negativ ist, d. h. der zunehmende Konsum eines bestimmten Gutes (unter der Annahme eines kardinal meßbaren Nutzens) mit dem

Gesundheitsausgaben der aus einer eingesetzten Geldeinheit resultierende Nutzen ab einer bestimmten Ausgabenhöhe in immer geringerem Maße. Letzlich tendiert der Nutzenzuwachs gegen Null. Eine Geldeinheit kann deshalb u.U. in einem anderen Bereich – z.B. durch die Gewährleistung sauberen Wohnens und Arbeitens – sehr viel nutzenbringender eingesetzt werden." (Kamm, 2006: 12 (FN 5)) So muss aus ökonomischer Sicht „auf die Bereitstellung zusätzlicher Kapazitäten im Gesundheitswesen oder auf die Erbringung medizinischer Leistungen verzichtet werden, deren Nutzen noch positiv ist, wenn mit einem anderweitigen Einsatz der dafür eingesetzten (knappen) Mittel ein höherer Nutzenzuwachs für die Gesellschaft erzielt werden kann" (Sommer, 2001b: 4).

Selbst wenn ausreichend Mittel vorhanden wären, um die Finanzierungslücke FL_{GW} zu schließen, stellt sich also immer noch die Frage, ob wir auch bereit sind, diese durch das Einschießen zusätzlicher Mittel zu schließen. Auch wenn wir es uns also leisten könnten, dass die Kosten des Gesundheitswesens – wie z.B. von Colombier (2012: 65) für die Schweiz prognostiziert – im Jahre 2060 auf 17.1% des BIP gestiegen sein werden, ist damit nicht gesagt, dass es auch sinnvoll ist, die Zunahme von 6.1% (im Vergleich zum Jahr 2011 (11%)) zu finanzieren und sich damit hinsichtlich der Finanzierbarkeit anderer wichtiger Aufgaben einzuschränken. Das Instrument der Mittelerhöhung findet seine Grenze somit nicht nur im Fehlen von finanziellen Mitteln (absolute Grenze der Finanzierbarkeit), sondern darüber hinaus – und oftmals früher – im Fehlen der Finanzierungsbereitschaft (relative Grenze der Finanzierbarkeit). Und letzere sollte – zumindest aus ökonomischer Sicht – nur solange gegeben sein, wie der Grenznutzen der Erhöhung der Mittel für das Gesundheitswesen um eine Geldeinheit über dem Grenznutzen aller alternativen Verwendungen dieser Geldeinheit liegt (oder zumindest gleich hoch ist wie dieser).[23] Wann dieser Punkt erreicht ist, kann nicht

---

Phänomen einhergeht, dass jede zusätzlich konsumierte Einheit einen immer geringeren Zusatznutzen (Grenznutzen) stiftet.

23 Bei Schlander & Schwarz (2005: 179) findet sich folgende Definition des Begriffes Finanzierbarkeit: „Wir nehmen die obere Grenze der Finanzierbarkeit dann als erreicht an, wenn die einmal erreichte Höhe nicht gesundheitsbezogener Aufwendungen durch steigende Gesundheitsausgaben reduziert würde. Das bedeutet, dass für jeden gegebenen Zeitpunkt maximal der gesamte für konsumtive Ausgaben verfügbare Zuwachs des Bruttoinlandsprodukts für zusätzliche Gesundheitsausgaben verwendet werden könnte." (Schlander & Schwarz, 2005: 179; vgl. Adam, 2007: 570f; Schlander, Schwarz & Thielscher, 2004: 86 sowie 97) Streng genommen handelt es sich hierbei jedoch nicht um ein Kriterium der Finanzierbarkeit, sondern um eine Aussage dazu, wie weit die Finanzierungsbereitschaft gehen sollte. Denn finanzierbar wären die steigenden Kosten des Gesundheitswesens an sich auch dann, wenn das Wachstums durch eine Reduktion nicht gesundheitsbezogener Aufgaben finanziert werden würde; die steigenden Kosten des Gesundheitswesen sind theoretisch so lange finanzierbar, bis sie das gesamte BIP verschlingen.

allgemeingültig bestimmt werden, da er nicht zuletzt auch von politischen Aushandlungsprozessen und Präferenzen bestimmt wird, die von Gesundheitswesen zu Gesundheitswesen variieren; was aber allgemeingültig bestimmt werden kann, ist, dass dieser Punkt einmal erreicht wird und zwar bei weitem nicht erst dann, wenn die Kosten des Gesundheitswesens 100 % des BIP ausmachen.

4.2 Rationalisierung (Effizienzsteigerung)

Das Ziel der Rationalisierung besteht darin, „Wirtschaftlichkeitsreserven zu nutzen" (Dallman, 2011: 5) bzw. Effektivitäts- und Effizienzreserven auszuschöpfen, allerdings „ohne dass der medizinische Nutzen für den Patienten darunter leidet" (Schott, 2001: 31):[24] „Bei einer Rationalisierung wird versucht, mit weniger Ressourceneinsatz ein vergleichbares Resultat oder mit gleichem Ressourceneinsatz ein besseres Resultat zu erzielen." (Aidelsburger, Krauth & Wasem, 2006: 67; vgl. Marckmann & in der Schmitten, 2011: 307)[25] Dies geschieht vor allem „durch Optimierung der Handlungsabläufe" (Sommer, 2001a: 12; vgl. Wallner 2004, 226 ff), sowohl auf der Mittelverwendungs- als auch der Mittelherkunftsseite. Als Folge der Rationalisierungsmaßnahmen sinken letzten Endes die Kosten der Erbringung bzw. Herstellung der Gesundheits(dienst)leistungen und damit deren Preis (P_{GDL}). Und dies hat wiederum zur Folge, dass bei gleichbleibender Höhe der zur Finanzierung der Gesundheits(dienst)leistungen zur Verfügung stehenden Mittel (GE) die Menge der finanzierbaren Gesundheits(dienst)leistungen (Q_{aGDL}) steigt, während sich gleichzeitig – bei gleichbleibender Menge an zu finanzierenden Gesundheits(dienst)leistungen (Q_{nGDL}) – die zur Finanzierung dieser Gesundheits(dienst)leistungen nötigen Mittel (GA) reduzieren.

Wie Dallmann richtigerweise betont, hat die Rationalisierung jedoch ihre Grenzen: „Allerdings – und darin ist man sich in der Fachdebatte über alle Konflikte hinweg einig – wird mit Rationalisierung allein die Kostenentwicklung im Gesundheitswesen nicht in den Griff zu bekommen sein." (Dallman, 2011: 5)

---

24 Letzterer Aspekt unterscheidet die Rationalisierung von der Rationierung: „Rationierende Massnahmen entziehen einem Patienten einen medizinischen Nutzen, rationalisierende Massnahmen nicht. Unterscheidungskriterium ist demzufolge die negative Auswirkung auf die Gesundheit des Patienten." (Schott, 2001: 32)

25 Offermanns (2011: 34) beschreibt Rationalisierung wie folgt: „Unter Rationalisierung wird im Allgemeinen die Ausschöpfung von Wirtschaftlichkeitsreserven, d. h. die Verbesserung der Effizienz bzw. der Produktivität der Prozesse verstanden. Primär geht es um die Erhöhung der Wertschöpfung für die Patienten und um den Nutzen der Leistungen (Value for money). Rationalisierungsmaßnahmen zielen darauf ab, durch Optimierung der Input-Output-Relation zur Nutzenmaximierung beizutragen."

Dies liegt vor allem daran, dass Rationalisierungen nur einen einmaligen kostensenkenden Effekt haben; sie erlauben „in der Regel nur einmalige, im Ausmaß begrenzte Einsparungen, während medizinischer Fortschritt und demographischer Wandel die Kosten anhaltend in die Höhe treiben“ (Marckmann, 2010a: 7; vgl. 2007: 98 f). Ein Prozess kann nur einmal optimiert werden, während die vor allem durch technische Neuerungen, demographische Entwicklung und epidemiologische Transition getriebene Kostenentwicklung weiterläuft. Wie Zimmermann-Acklin (2007: 61) anmerkt, lässt sich Rationalisierung zudem (z. B. in Form des Verzichts auf überflüssige Behandlungen) „im klinischen Alltag nur bedingt umsetzen, da Entscheidungssituationen oft komplex sind und sich nicht auf einfache Ja/Nein-Entscheidungen reduzieren lassen (z. B. im Fall von Intensivbehandlungen bei Patienten in kritischen Situationen)“. Da der Behandlungsgegenstand der Medizin Menschen und keine Maschinen sind, kann in vielen Fällen nicht vorhergesagt werden, welche Therapie anschlägt und welche nicht; so lässt sich oft nur ex post feststellen, was überflüssig war und was nicht. Anders ausgedrückt: Ein gewisses Maß an trial-and-error und damit Ineffizienz gehört zum Wesen der Medizin. Zudem erfordern Rationalisierungen oftmals strukturelle Veränderungen und sind deswegen nicht nur aufwändig, sondern nur mit zeitlicher Latenz wirksam.

4.3 Rationierung

Hinsichtlich der Frage, was genau unter der dritten Strategie zur Bekämpfung des Finanzierungsdefizits im Gesundheitswesen, der Rationierung, zu verstehen ist, herrscht in der Literatur keine Einigkeit (vgl. Schultheiss, 2000). Analysiert man die entsprechende Literatur, so lassen sich jedoch zwei unterschiedliche Definitionsansätze ausmachen, von denen der eine Rationierung mit Vorenthaltung und der andere mit Zuteilung gleichsetzt. Zu ersterer Kategorie gehören z. B. die folgenden Definitionen:

- Rationierung ist „the deliberate and systematic denial of certain types of services, even when they are known to be beneficial, because they are deemed too expensive“ (Relman, 1990: 1809).
- Rationierung liegt vor, „wenn die von der Solidargemeinschaft abgedeckten Leistungen unter dem Niveau des anerkannt medizinisch Notwendigen liegen. Bezogen auf die Mikroebene ist dann von Rationierung auszugehen, wenn aus Gründen der Mittelknappheit an sich notwendige medizinische Maßnahmen vorenthalten werden müssen.“ (Fuchs, 1998: 43; vgl. Fuchs, 2010b: 437)

- „Rationing can be defined as the withholding of potentially beneficial health care through financial or organisational features of the healthcare system in question." (Cappelen, 1999: 1426)
- „Rationing is the withholding of necessary services." (Ubel, 2000: 24)[26]
- „Rationierung (i.w.S.) meint jede institutionelle Regelung, die gewisse Individuen vom Zugang zu Ressourcen ausschließt." (Kopetsch, 2001: 73)
- „Rationierung meint das Vorenthalten notwendiger oder nützlicher Leistungen bzw. die Einschränkung des Zugangs zu denselben aus finanziellen Gründen oder wegen einer durch andere Faktoren bedingten Ressourcenknappheit." (Zimmermann-Acklin, 2007: 58)[27]
- „Von einer Rationierung sollte man demnach sprechen, wenn einem Patienten (vorübergehend oder dauerhaft) eine medizinische Maßnahme aus Kostengründen vorenthalten wird, die diesem im Vergleich zu anderen Maßnahmen einen Nutzengewinn geboten hätte." (Markmann, 2008: 891)

Breyer (2007) ist allerdings hinsichtlich der Gleichsetzung von Rationierung und Vorenthaltung notwendiger oder zumindest nützlicher Güter und Leistungen (resp. Leistungsbegrenzung oder Leistungseinschränkung) skeptisch bzw. erachtet er diese aus zwei Gründen für falsch.[28] Zum einen erweckt der Begriff Vorenthaltung den nicht zutreffenden Eindruck, „dass die betroffene Person überhaupt nicht in den Genuss der fraglichen Leistung kommt" (Breyer, 2007: 110). Dies ist jedoch nicht immer der Fall, da gewisse Formen der Rationierung (nämlich die weiche Rationierung)[29] einen Zukauf der rationierten Güter und Leistungen explizit erlauben. Zum anderen liegt einer solchen Gleichsetzung die nicht immer

26 vgl. auch Ubel & Goold (1998: 209): „Instead we favor a broad interpretation of health care rationing, whereby rationing encompasses any explicit or implicit measures that allow people to go without beneficial health care services." Ähnlich definieren Hurst et al. (2006: 1138) Rationierung als „withholding interventions that could be of benefit on the grounds of scarcity or excessive cost".

27 In ähnlicher Weise definiert auch die Arbeitsgruppe „Rationierung" der Schweizerischen Akademie der Medizinischen Wissenschaften (SAMW), der Thomas Zimmermann-Acklin angehörte, in ihrem Bericht zur Rationierung im Schweizer Gesundheitswesen (Schweizerische Akademie der Medizinischen Wissenschaften, 2007: 9): „Rationierung umfasst implizite oder explizite Mechanismen, die dazu führen, dass einer Person eine nützliche Leistung im Rahmen der Gesundheitsversorgung nicht zur Verfügung steht."

28 Ähnlich sieht es auch Müller (2010: 177), für den „die Gleichsetzung der Begriffe Rationierung und Vorenthaltung […] einer problematischen Engführung und einer missverständlichen Darstellung der Situation gleich(kommt)".

29 Für eine genaue Beschreibung dieser sowie weiterer Formen der Rationierung siehe Kapitel 2.1 des Anhangs.

zutreffende bzw. erst zu beweisende Annahme zugrunde, „dass derjenige, dem etwas vorenthalten wird, einen (zumindest moralischen, wenn nicht rechtlichen) Anspruch besitzt, der nicht erfüllt wird." (Breyer, 2007: 110) Aufgrund dieser mit der Gleichsetzung von Rationierung mit Vorenthaltung einhergehenden Probleme – die nebenbei bemerkt auch ein Grund dafür sind, dass der Begriff Rationierung ein schlechtes Image besitzt und Sozialpolitiker ihn fast schon so scheuen wie der Teufel das Weihwasser – versteht der zweite Definitionsansatz unter Rationierung die Zuteilung von beschränkt bzw. zu knapp vorhandenen Gütern und/ oder Leistungen auf einen bestimmten Empfängerkreis:[30]

- Klein, Day & Redmayne (1996: 11) bezeichnet Rationierung als Strategie „for coping with demand under the constraints of budget limits, by any one individual".
- „Rationierung im Gesundheitswesen ist die Zuteilung bzw. die Verteilung von knappen und begrenzt vorhandenen Gesundheitsgütern ebenso wie pflegerischer oder medizinischer Maßnahmen unter der Bedingung, dass die Nachfrage größer ist als das Angebot." (Mack, 2001: 21)
- „Rationierung bedeutet die Zuteilung von Gütern, die kollektiv (d. h. aus Zwangsabgaben) finanziert wurden, an bestimmte Personen, die dafür nichts (oder nicht den vollen Marktpreis) bezahlen müssen." (Breyer, 2007: 111)
- „Rationing pertains to the activity of allocating available resources to different uses, ends and/or beneficiaries." (Brouwer & Rutten, 2012: 225)
- „Im weitesten Sinne ist Rationierung synonym mit Allokation d. h. mit der Entscheidung, welches von vielen konkurrierenden Bedürfnissen befriedigt wird, wenn dazu erforderliche Ressourcen knapp sind." (Breyer, Zweifel & Kifmann, 2013: 230)

Wie ist aber nun mit diesen definitorischen Streitigkeiten umzugehen? Soll Rationierung negativ mit Vorenthaltung oder positiv mit Allokation (bzw. Zuteilung oder Verteilung) gleichgesetzt werden? Bevor wir aber die Suche nach einer Definition aufgeben und dem Vorschlag von Marckmann (2008: 391; vgl. auch 2005:

---

30 In Markmann (2008: 891; vgl. 2005: 190) findet sich folgende – wie sich aus dem Kontext ergibt, allerdings nicht von ihm vertretene – Definition von Rationierung, die weder dem ersten noch dem zweiten Definitionsansatz zugerechnet werden kann: „Rationierung ist demnach ein Vorgang, bei dem medizinische Leistungen zu einem festgelegten Preis unterhalb markträumender Preise in einer geringeren Menge zugänglich gemacht werden, als sie von den Individuen zu diesem subventionierten Preis nachgefragt würden." Diese Definition weist allerdings eine Schwäche auf: Sie beschreibt im Kern eigentlich die Festlegung einer Preisobergrenze – was, wenn die Preisobergrenze unter dem Marktpreis liegt, natürlich einen knappheitsevozierenden Effekt hat. Aber Rationierung ist ja nicht die Herstellung von Knappheit, sondern der Umgang mit dieser. Insofern kann diese Definition für unsere Zwecke unberücksichtigt bleiben.

190) folgen, anstelle des Begriffs Rationierung einen anderen Begriff wie z. B. „den weniger kontroversen und belasteteten Begriff der Leistungsbegrenzung" zu verwenden, lohnt sich ein genauerer Blick auf die Definitionen, denn: Letzten Endes stellen beide Definitionsansätze zwei Seiten ein und derselben Medaille dar. Wieso, soll nachfolgend kurz erläutert werden: Um sinnvoll von Rationierung sprechen zu können, muss die Bedingung erfüllt sein, dass die nachgefragte bzw. zu finanzierende Menge eines Gutes größer ist als die angebotene bzw. finanzierbare Menge dieses Gutes. Auf das vorliegende Thema angewandt muss also die Bedingung gelten, dass die zu finanzierende Menge an Gesundheits(dienst)leistungen Q_{nGDL} größer ist als die finanzierbare Menge an Gesundheits(dienst)leistungen Q_{aGDL}: Anlaß zur Rationierung ist somit die Situation, dass GA > GE, weil $Q_{nGDL} > Q_{aGDL}$. Die Strategie der Rationierung versucht, dem sich hieraus ergebenden Finanzierungsdefizit durch eine Begrenzung von Q_{nGDL} auf (maximal) das Niveau von Q_{aGDL} beizukommen. Die Nachfrage nach Gesundheits(dienst)leistungen wird also nur solange befriedigt, bis die Menge an finanzierbaren Gesundheits(dienst)leistungen erreicht ist; die über diese Mengenobergrenze hinausgehende Nachfrage nach Gesundheits(dienst)leistungen (also: $Q_{nGDL} - Q_{aGDL}$) bleibt unbefriedigt. Hieraus ergibt sich die eigentliche Herausforderung in der Umsetzung der Rationierung, die in der Beantwortung der Frage besteht, welcher Teil der Nachfrage genau befriedigt werden soll, welcher nicht und warum. Wenn von einem Gut 80 Einheiten finanzierbar sind bzw. zur Verfügung stehen, jedoch 100 Menschen je eine Einheit dieses Gutes möchten, wie soll entschieden werden, welche 80 Menschen dieses Gut erhalten und welche 20 Menschen leer ausgehen? Der Unterschied zwischen den beiden Definitionsansätzen besteht vor diesem Hintergrund darin, dass das Verständnis von Rationierung als Vorenthaltung primär die 20 Menschen im Blick hat, die leer ausgehen, während das Verständnis von Rationierung als Zuteilung sich auf die 100 bzw. 80 Menschen konzentriert, denen etwas zugeteilt wird. Rationierung verstanden als Vorenthaltung betont, dass 20 Menschen nichts erhalten; Rationierung verstanden als Zuteilung rückt hingegen in den Vordergund, dass 80 Menschen etwas erhalten. So betrachtet, wird deutlich, dass sich das positive Verständnis von Rationierung als Zuteilung nicht gegen das negative Verständnis von Rationierung als Vorenthaltung ausspielen lässt; es handelt sich letzten Endes – wie bei der Frage, ob das Glas halb voll oder halb leer ist – nur um zwei unterschiedliche Perspektiven auf das gleiche Phänomen.

Die vorliegende Arbeit folgt im Bewusstsein hierum einer beide Blickwinkel berücksichtigenden Definition. Allgemein gesprochen ist Rationierung die einen Teil der Nachfrage zwangsläufig unbefriedigt lassende Allokation einer bestimmten vorhandenen Menge eines bestimmten Gutes oder einer bestimmten Leistung auf eine bestimmte Anzahl von Menschen, gesetzt dem Fall, dass die von diesem Gut oder dieser Leistung angebotene bzw. vorhandene Menge nicht ausreicht, um die Nachfrage nach diesem Gut oder dieser Leistung zu befriedigen. Anders formuliert könnte man auch sagen: Rationierung ist die selektive, d. h. einen Teil der Nachfrage zwangsläufig unbefriedigt lassende, Befriedigung der Nachfrage nach einem bestimmten Gut oder einer bestimmten Leistung, gesetzt dem Fall, dass die von diesem Gut oder dieser Leistung angebotene bzw. vorhandene Menge nicht ausreicht, um die Nachfrage nach diesem Gut oder dieser Leistung zu befriedigen. Sie auf unser Thema münzend kann diese Definition wie folgt umformuliert werden: Rationierung bedeutet die selektive Befriedigung der Nachfrage nach Gesundheits(dienst)leistungen (Q_{nGDL}), die wenigstens den über das finanzierbare Angebot an Gesundheits(dienst)leistungen (Q_{aGDL}) hinausgehenden Teil der Nachfrage ($Q_{nGDL} - Q_{aGDL}$) unbefriedigt lässt und so dafür sorgt, dass das Finanzierungsdefizit FL_{GW} geschlossen wird, welches sich daraus ergibt, dass die nachgefragte bzw. zu finanzierende Menge an Gesundheits(dienst)leistungen (Q_{nGDL}) die finanzierbare Menge an Gesundheits(dienst)leistungen (Q_{aGDL}) übersteigt. Oder kurz: Rationierung bedeutet die selektive Befriedigung der Nachfrage nach Gesundheits(dienst)leistungen (Q_{nGDL}), die wenigstens den über das finanzierbare Angebot an Gesundheits(dienst)leistungen (Q_{aGDL}) hinausgehenden Teil der Nachfrage ($Q_{nGDL} - Q_{aGDL}$) unbefriedigt lässt.

Diese Definition bedarf allerdings noch einer kleinen Ergänzung bzw. Schärfung: In der Definition ist die Rede von einer selektiven Befriedigung der Nachfrage. Mit dem Hinweis auf die Selektivität ist zum einen ausgedrückt, dass nicht die gesamte Nachfrage befriedigt wird; dies geht in ausreichendem Maß aus dem bisher Gesagten hervor. Zum anderen ist damit aber auch ausgedrückt, dass Rationierung idealerweise immer nur kriteriengeleitet, d. h. auf Basis eines Rationierungskriteriums (auch: Zuteilungsalgorithmus)[31] bzw. eines Sets von Rationierungskriterien[32], erfolgen kann;[33] dieser Aspekt kommt jedoch momentan noch nicht ausreichend zum Tragen. Es ist deswegen angebracht, anstelle von „selektiver Befriedigung“ von „kriteriengeleitet-selektiver Befriedigung“ zu sprechen. Damit soll zum Ausdruck gebracht werden, dass durch die Rationierung nur derjenige Teil der Nachfrage befriedigt wird, der das entsprechend gewählte Ra-

31 Für eine Übersicht über die wesentlichen der im Zusammenhang mit Rationierung im Gesundheitswesen diskutierten zur Rationierung heranziehbaren Rationierungs- bzw. Priorisierungskriterien sowie eine Abgrenzung der oftmals synonym verwendeten Begriffe „Rationierung“ und „Priorisierung“ siehe Kapitel 2.2 des Anhangs.

32 Hierunter ist eine Kombination mehrerer Rationierungskriterien zu verstehen.

33 Es ist an dieser Stelle bewusst von „kann“ und nicht „soll“ die Rede, da auch die willkürliche Allokation einem – wenn auch nicht gerade begrüßenswerten – Rationierungskriterium folgt, nämlich der Willkür.

tionierungskriterium erfüllt. Wir können also als finale Definition von Rationierung als Strategie zur Bekämpfung des Finanzierungsdefizits im Gesundheitswesen (FL_{GW}) festhalten: Rationierung bedeutet die kriteriengeleitet-selektive Befriedigung der Nachfrage nach Gesundheits(dienst)leistungen (Q_{nGDL}), die wenigstens den über das finanzierbare Angebot an Gesundheits(dienst)leistungen (Q_{aGDL}) hinausgehenden Teil der Nachfrage ($Q_{nGDL} - Q_{aGDL}$) unbefriedigt lässt. Oder anders formuliert: Rationierung bedeutet die kriteriengeleitet-selektive Nichtbefriedigung des über das finanzierbare Angebot an Gesundheits(dienst)leistungen (Q_{aGDL}) hinausgehenden Teils ($Q_{nGDL} - Q_{aGDL}$) der Nachfrage nach Gesundheits (dienst)leistungen (Q_{nGDL}).

4.4 Evaluation der Strategien: Die Unausweichlichkeit der Rationierung

Wie aus der in den vorangegangenen Kapiteln geleisteten Beschreibung der drei grundsätzlich zur Verfügung stehenden Strategien zur Bekämpfung bzw. Schließung des Finanzierungsdefizits FL_{GW} deutlich geworden sein sollte, sind nicht alle drei Strategien gleich wirksam. Rationalisierung und Mittelerhöhung stoßen mehr oder weniger schnell an die Grenzen ihrer Wirksamkeit und/ oder Sinnhaftigkeit:

> „Gewöhnlich vorgeschlagene alternative Maßnahmen zur Rationierung wie die Rationalisierung oder Effizienzsteigerung, die Aufstockung der finanziellen Mittel und die Verstärkung von Marktelementen bieten keine realistischen – d. h. angemessene, realisierbare oder effektive – Alternativen zur Rationierung bzw. Leistungsbegrenzung.“ (Zimmermann-Acklin, 2008: 19)[34]

Insofern wird es sich nicht vermeiden lassen, früher oder später die dritte Strategie zur Bekämpfung des chronischen Finanzierungsdefizits im Gesundheitswesen zu bemühen, nämlich die Rationierung. Ihr Einsatz wird entsprechend von einer Vielzahl von Autoren auch als „notwendig“ (Nagel, 2013: VI), „unausweichlich“ (Marckmann, 2010a: 7), „unvermeidlich“ (Obermann, 1999: 110) bzw. „already inevitable“ (Dietrich, 2002: 129) betrachtet; Rationierung im Gesundheitswesen ist „a fact of life“ (Shani, 2012: 427):

---

34 vgl. hierzu auch Deutscher Ethikrat (2011: 20 f): „Es ist anzunehmen, dass trotz des Ausschöpfens aller Rationalisierungspotenziale in Zukunft das erwiesenermaßen medizinisch Notwendige nicht in vollem Umfang allen Patienten solidarisch finanziert zur Verfügung gestellt werden kann. [...] Dann stellt sich unweigerlich die Frage, nach welchen Kriterien die Zuteilung von Gesundheitsleistungen geregelt und umgesetzt werden sollte.“

> „Es geht nicht um die Frage, ob rationiert wird, sondern nur um die Frage, wie rationiert wird. Unter Ökonomen entsteht hier keine Diskussion, unter Philosophen sollte sie ebenso wenig entstehen. Aber die eben gemachte Feststellung ist schon allein darum wichtig, weil in vielen öffentlichen Diskussionen immer wieder der Eindruck erweckt wird, als sei Rationierung als solche schon ein inakzeptabler Anschlag auf unsere sozialen Sicherungssysteme oder die Konsequenz einer verfehlten Gesundheitspolitik." (Nida-Rümelin & Rechenauer, 2007: 114)

> „Nicht ob wir rationieren wollen, sondern wie – unter Anwendung welcher Methoden, Kriterien und Wege der politischen Entscheidungsfindung – wir es tun sollen, steht heute zur Debatte." (Zimmermann-Acklin, 2008: 18)[35]

Rationiert wird also – früher oder später – auf jeden Fall: „Wir steuern unausweichlich nicht nur auf eine Rationalisierung, sondern ganz dezidiert auf eine Rationierung von Gesundheitsgütern zu." (Krämer, 2007: 35) Die Unausweichlichkeit der Rationierung besteht jedoch primär nicht in ihrer zukünftigen Unvermeidbarkeit. Sie ist vor allem auch deswegen und insofern unausweichlich, als sie – wie Studien belegen – in unseren Gesundheitswesen bereits heute Realität und an der Tagesordnung ist. Nach einer Studie von Strech et al. (2009; 2008)[36] gaben 13 % der 524 von den Autoren befragten Kliniker aus den Bereichen Kardiologie und Intensivmedizin an, in den sechs Monaten vor der Befragung min-

35 Ähnlich sieht es auch Buyx (2005a: 269): „War die grundsätzliche Erforderlichkeit von Leistungseinschränkungen in der deutschen Gesundheitsversorgung noch vor wenigen Jahren durchaus strittig, so sind sich zum gegenwärtigen Zeitpunkt die an medizinischen Allokationsdebatten beteiligten Mediziner, Ökonomen, Juristen und Philosophen darin einig, dass eine medizinische Versorgung, die alle nach jeweils neuestem Kenntnisstand zu Gebote stehenden präventiven und therapeutischen Chancen umfassen würde, auf Dauer unbezahlbar ist. Dies gilt auch unter der Voraussetzung, dass alle Möglichkeiten zur Behebung von Ineffizienzen ohne Abstriche am Leistungsniveau ausgeschöpft werden könnten, denn solche Rationalisierungsreserven sind beschränkt. Selbst unter der Bedingung eines gegenüber dem heutigen Stand deutlich erhöhten Gesamtbudgets für das Gesundheitswesen wird sich eine Vorenthaltung von Leistungen, deren Gewährung für den Patienten von einem spürbaren positiven gesundheitlichen Nutzen wäre, nicht vermeiden lassen."

36 Eine unter Leitern von 1000 Intensivstationen in Deutschland durchgeführte Studie von Boldt & Schöllhorn (2008) kommt zu ähnlichen Erkenntnissen: Nach dieser Studie sind 67 % der Befragten der Meinung, dass „Rationierung im Bereich der Intensivmedizin bereits stattfindet" (Boldt & Schöllhorn, 2008: A995) – auch wenn 52 % angaben, „dass es keine Rationierung rung in der Intensivmedizin geben sollte" (Boldt & Schöllhorn, 2008: A995); „32 Prozent (sahen) ihre therapeutischen Entscheidungen gelegentlich und neun Prozent häufig durch ökonomische Umstände beeinflusst" (Boldt & Schöllhorn, 2008: A996). In einer von Kern, Beske & Lescow (1999) durchgeführten Umfrage unter 457 Ärzten (n = 457) gaben 73.1 % der Befragten an, dass Rationierung (vor allem in ihrer impliziten Ausprägung) aus ihrer Sicht bereits Realität sei. In einer ähnlichen Umfrage waren wenige Jahre vorher nur 59 % der 4575 befragten Ärzte der Auffassung, „daß bereits heute Rationierung im Gesundheitswesen stattfindet" (Beske, Hallauer & Kern, 1997: A2401).

destens einmal pro Woche eine für den Patienten nützliche Maßnahme aus Kostengründen nicht durchgeführt bzw. durch eine preiswertere und zugleich weniger effektive Leistung ersetzt zu haben. Nur 22% der Befragten konnten von sich sagen, dies in den sechs Monaten vor der Befragung nie getan zu haben. Eine weniger Jahre früher durchgeführte Studie, in der 656 Internisten aus Norwegen, der Schweiz, Italien und Großbritannien befragt wurden, kommt zu ähnlichen Ergebnissen (Hurst et al., 2006):[37] 56% der Befragten hatten in den sechs Monaten vor der Befragung mindestens einmal eine für den Patienten nützliche Maßnahme aus Kostengründen nicht durchgeführt bzw. durch eine preiswertere und zugleich weniger effektive Leistung ersetzt. Vor diesem Hintergrund ist die vom Deutschen Ethikrat (2011: 8) konstatierte „Zurückhaltung der Politik, das Rationierungsthema als zumindest langfristig ernst zu nehmendes Thema anzuerkennen" nicht ganz nachvollziehbar. Rationierung ist ein Thema, über das nachgedacht und das offen diskutiert werden muss.

5 Rationierung nach Selbstverschulden: Moralisch zulässig oder nicht?

Wenn es unumgänglich ist, Rationierung als Strategie zur Bekämpfung des Finanzierungsdefizits im Gesundheitswesen einzusetzen, dann ist es auch unumgänglich, sich so mit dem Instrument Rationierung auseinanderzusetzen, dass sein Einsatz zumindest bewusst und reflektiert geschieht.[38] Im Rahmen dieser Auseinandersetzung ist insbesondere über das Kriterium bzw. die Kriterien nachzudenken, die zur Rationierung herangezogen werden sollen. Denn: Ohne die Definition eines die Rationierung leitenden Kriteriums bzw. Kriteriensets ist der Einsatz von Rationierung nicht nur nicht wünschenswert, sondern darüber hinaus gar nicht möglich. Wenn also rationiert werden muss und wenn nur kriteriengeleitet rationiert werden kann, dann sollte – so muss es unser Anspruch sein – das die Rationierung leitende Kriterium bzw. Kriterienset bewusst und reflektiert gewählt und damit nicht nur den Rationierenden, sondern auch den Rationierten

---

37 In Strech (2011a) finden sich Hinweise auf weitere Studien, die belegen, dass Rationierung im ambulanten wie stationären Bereich bereits heute in verschiedenen europäischen Ländern stattfindet.

38 Dass dies nicht immer der Fall ist, darauf weist Dietrich (2002: 129) hin: „In view of the current situation of scarcity which will become even worse in future the ways of rationing mentioned should be used consistently. We have to remember that rationing medical resources is already inevitable now. At present, however, the decision-makers let themselves be guided by arbitrary criteria or highly dubious ‚social worth'-considerations."

bekannt sein, dass und anhand welchen Kriteriums oder anhand welcher Kriterien rationiert wird.[39] Die im Zusammenhang mit dem Einsatz von Rationierung als Instrument zur Bekämpfung der Finanzierungslücke unserer Gesundheitswesen (FL_{GW}) zuvorderst zu beantwortende Frage lautet also: Anhand welches Kriteriums bzw. welches Kriteriensets soll Rationierung im Gesundheitswesen konkret erfolgen?

Da diese Arbeit es rein schon aus Platzgründen nicht leisten kann, alle in der wirtschaftsethischen, gesundheitsökonomischen sowie gesundheitsethischen Literatur vorfindbaren[40] oder denkbaren Priorisierungs- bzw. Rationierungskriterien mit der gebotenen Sorgfalt zu diskutieren und gegeneinander abzuwägen, muss sie einen Schwerpunkt setzen. Im Bemühen um philosophische Tiefe statt Breite wird sich die vorliegende Arbeit hierbei einem einzelnen Kriterium widmen und zwar einem „bislang tabuisierten Kriterium" (Nass, 2009: 15), das zu den umstrittensten der zur Diskussion stehenden Priorisierungs- bzw. Rationierungskriterien gehört und für manche gar als „unacceptable" (Huzum, 2010: 112; vgl. 2008: 192) gilt:[41] dem Rationierungskriterium ***Selbstverschulden*** (auch: Ei-

---

39 Denn: Wie gegen Ende von Kapitel 2.1 des Anhangs dargelegt, ist eine offen-explizite Rationierung einer verdeckt-impliziten oder offen-impliziten Rationierung in jedem Fall vorzuziehen.

40 Für eine Übersicht über die wesentlichen in der wirtschaftsethischen, gesundheitsökonomischen sowie gesundheitsethischen Literatur vorfindbaren Priorisierungs- bzw. Rationierungskriterien siehe Kapitel 2.2 des Anhangs.

41 Bezüglich dieses Kriteriums besteht, wie Buyx (2010: 222) – allerdings ohne damit ihre eigene Position zu bezeichnen – anmerkt, „ein Konsens, dass es unfair ist, das Gesundheitsverhalten der Menschen zu „bestrafen" und etwa bei Therapieentscheidungen oder bei der medizinischen Ressourcenallokation zu berücksichtigen". Auf der anderen Seite gibt es allerdings auch Stimmen, die Selbstverschulden als Rationierungskriterium durchaus positiv gegenüberstehen: So ist z. B. Dietrich der Auffassung, „dass der Aspekt des Eigenverschuldens bei der Allokation knapper Gesundheitsgüter eine maßgebliche Rolle spielen sollte" (Dietrich, 2001: 371); an anderer Stelle merkt Dietrich (2002: 113) an, dass „causal responsibility ought to play a decisive role in the allocation of limited medical resources" und dass Selbstverschulden ein „more suitable criterion for rationing scarce medical resources than other criteria which might alternatively be considered, such as patients' age" sei. Nach Cappelen & Norheim (2006: 312) ist es möglich, „to assign a limited but significant role to individual responsibility in the rationing of health-care resources". Brudney (2007: 46) schreibt, dass „there are circumstances under which we may justifiably make it significantly less likely that an agent will obtain a scarce, life-saving resource – namely, if the agent has engaged in conduct that deliberately or negligently puts her in competition for the resource in question with others who have not engaged in conduct that deliberately or negligently puts them in competition for the resource in question". Buyx (2008) ist der Auffassung, dass Eigenverantwortung im Hinblick auf Rationierung „as one criterion among others in a matrix or algorithm" (Buyx, 2008: 273; vgl. 2009: 349) dienen sollte. Ähnlich und auch wenn sie der Meinung ist, dass „it would be unjust to refuse care to people in need, even if it is clear that they were responsible for their condition" (Denier, 2005: 233; vgl. Denier, 2007: 284; Denier, Gastmans & Vandevelde, 2012:

genverschulden, Selbstverschuldung, Eigenverschuldung, Eigenverantwortung, Selbstverantwortung, Mitverschulden).

Damit, dass sich diese Arbeit dem Kriterium Selbstverschulden widmet, ist allerdings noch nicht allzuviel gesagt. Denn: Was soll mit der Fokussierung auf dieses Kriterium erreicht werden? Sich über ein Rationierungskriterium Gedanken

---

12), betont Denier, „that those who choose to run health risks cost the rest of us money, and it is fair that they should pay it back, either by paying larger insurance premiums or by forgoing health care for their self-induced conditions" (Denier, 2007: 283; vgl. Denier, 2005: 228; vgl. Denier, 2007: 284; Denier, Gastmans & Vandevelde, 2012: 12). Im Zusammenhang seiner Diskussion des Umgangs mit der Lücke zwischen verfügbaren und benötigten Lebertransplantaten verteidigt Glannon (2009: 23) die Auffassung, dass „those who develop diseases they could have prevented have a weaker claim to receive treatment for them". Wie Umfragen zeigen, scheint auch die Öffentlichkeit den Einsatz von Selbstverschulden als Rationierungskriterium durchaus zu befürworten. So wurden die Teilnehmer einer kürzlich durchgeführten repräsentativen Bevölkerungsbefragung (n = 2'031) danach befragt, ob verschiedene gesundheitsgefährdende Verhaltensweisen (ungesunde Ernährung, hoher Alkoholkonsum, Rauchen, Extremsport, Sonnenbaden/Solarium, Drogenkonsum, Bewegungsmangel, Therapie non-compliance) mit höheren Zuzahlungen verbunden sein und damit als Posteriorisierungskriterium in Betracht gezogen werden sollten (vgl. Diederich & Schreier, 2010): Im Schnitt, d. h. über die Verhaltensweisen hinweg, gaben knapp 64 % der Befragten an, dass sie höhere Zuzahlungen von Patienten für diese Verhaltensweisen befürworteten. Als Fazit dieser Befragung halten die Autoren fest, „dass Eigenverantwortung als Posteriorisierungskriterium bei Entscheidungen über die gesundheitliche Versorgung von der Bevölkerung mehrheitlich akzeptiert wird" (Diederich & Schreier, 2010: 901). Zu ähnlichen Ergebnissen wie die Studie von Diederich & Schreier (2010) kommen für den Bereich der Organspende Ahlert & Schwettmann (2012: 203) in einer Studie mit 1'350 Befragten (n = 1'350): „Das eigene Mitverschulden des Erkrankten, etwa durch Medikamenten- oder Drogenmissbrauch, wurde von 53 Prozent negativ beurteilt und somit als prioritätssenkender Faktor akzeptiert." Von den übrigen 47 % waren nur 8 % der Meinung, dass eigenes Mitverschulden „auf keinen Fall" eine Rolle spielen sollte, während 39 % angaben, dass eigenes Mitverschulden am Organversagen „eher nicht" als Posteriorisierungskriterium berücksichtigt werden sollte (vgl. Ahlert & Schwettmann (2012: 202)).

Und so figurieren z. B. die Aufsätze, die sich mit der Eigenverantwortung befassen, im von Zimmermann-Acklin & Halter (2007) herausgegebenen Sammelband „Rationierung und Gerechtigkeit im Gesundheitswesen" im mit „Umstrittene Rationierungskriterien und -methoden" überschriebenen dritten Teil des Buches; neben der Eigenverantwortung gelten auch die Berücksichtigung der Kosteneffektivität und Alters als umstritten. Auch für Cappelen & Norheim (2006) gehört das „responsibility criterion" (Cappelen & Norheim, 2006: 314) zum „set of contested criteria" (Cappelen & Norheim, 2006: 314) der Allokation knapper Gesundheitsressourcen. Von dieser Klasse an Rationierungskriterien unterscheiden sie ein „set of accepted criteria" (Cappelen & Norheim, 2006: 314) und ein „set of [...] unacceptable criteria" (Cappelen & Norheim, 2006: 314), wobei zum letzteren aus ihrer Sicht folgende Rationierungskriterien gehören: „race, ethnicity, religion, sex, social status, sexual orientation and physical or mental disability" (Cappelen & Norheim, 2006: 314); zu den akzeptierten Kriterien gehören für sie: „1. The severity of disease, if untreated. 2. The benefit from the intervention. 3. The cost-effectiveness of the intervention. 4. The quality of evidence on 1–3." (Cappelen & Norheim, 2006: 314)

zu machen, bedeutet letzten Endes immer, sich zu überlegen, was dafür und was dagegen spricht, das jeweilige Kriterium zur Rationierung einzusetzen. Da eine Grundanforderung für den Einsatz eines Rationierungskriteriums seine moralische Unbedenklichkeit bzw. Zulässigkeit ist, ist das Kriterium Selbstverschulden noch vor allen Überlegungen zu seiner juristischen Unbedenklichkeit oder seiner Umsetzbarkeit und Praktikabilität dahingehend zu prüfen, inwiefern es moralisch, d. h. aus moralphilosophischer Sicht, zulässig ist. Eine solche Prüfung tut nicht zuletzt auch deswegen Not, da Selbstverschulden als Rationierungskriterium in den allermeisten Fällen nicht auf Basis einer systematischen Auseinandersetzung mit seiner moralischen (Un)Zulässigkeit, sondern aufgrund „kaum zu überwindender" (Marckmann, 2010b: 219) praktischer Schwierigkeiten abgelehnt wird – was die unglückliche Konsequenz hat, dass eine vertiefte moralphilosophische Auseinandersetzung mit diesem Kriterium unterbleibt. Diesem Mangel möchte die vorliegende Arbeit abhelfen. Wenn diese Arbeit sich dem Rationierungskriterium Selbstverschulden widmet, dann möchte sie also einen moralphilosophischen Blick auf dieses Rationierungskriterium werfen und konkret folgende Forschungsfrage beantworten:

($FF_{weit'}$) Inwieweit stellt – unter der Annahme, dass Rationierung zur Bekämpfung des chronischen Finanzierungsdefizits des kollektiv zwangsfinanzierten Teils des Gesundheitswesens unausweichlich ist – Selbstverschulden ein aus moralphilosophischer Sicht zulässiges Rationierungskriterium dar?[42]

5.1 Rationierung nach Selbstverschulden = Zur-Verantwortung-Ziehen für vergangenes gesundheitsschädliches Gesundheitsverhalten

Um die Frage ($FF_{weit'}$) beantworten zu können, ist es hilfreich, sich zunächst Klarheit darüber zu verschaffen, wie Rationierung nach Selbstverschulden genau funktioniert bzw. um was für einen Vorgang es sich hier genau handelt: Was tut, wer anhand des Kriteriums Selbstverschulden rationiert, eigentlich genau? Die Idee der Rationierung nach Selbstverschulden besagt im Kern, dass jemand, der durch sein gesundheitsschädliches Verhalten zur Entstehung eines Schadens

---

42 Der Fokus der Betrachtung liegt hierbei auf dem Einsatz von Selbstverschulden als alleiniges Rationierungskriterium. Wenn dieser moralphilosophisch fragwürdig ist, dann verbietet sich damit auch der Einsatz des Rationierungskriteriums Selbstverschulden im Rahmen eines Sets an Rationierungskriterien. Wenn er es nicht ist, dann stellt sich in einem zweiten Schritt die Frage, welche weiteren (moralphilosophisch zulässigen) Kriterien das Kriterienset enthalten sollte und wie diese zueinander stehen; dieser weitergehenden Problemstellung kann sich die vorliegende Arbeit jedoch nicht annehmen.

an seinem Gesundheitszustand, welcher durch Inanspruchnahme kollektiv zwangsfinanzierter Gesundheits(dienst)leistungen behoben werden kann, beigetragen hat, keinen oder einen nur eingeschränkten Zugang zu den kollektiv zwangsfinanzierten Gesundheits(dienst)leistungen erhalten soll:

> „Wer bewusst die Gefährdung seiner eigenen Freiheit (wie etwa Kettenraucher oder Extremsportler) in Kauf nimmt, muss im Falle notwendiger Rationierungen die Verantwortung übernehmen und entsprechend Einbußen bei den öffentlichen Gesundheitsleistungen hinnehmen. [...] Wer offensichtlich unverantwortlich handelt, kann im dadurch ursächlich bedingten Krankheitsfall nicht die volle Bezahlung der Behandlung von der Solidargemeinschaft erwarten." (Nass, 2009: 13)

> „Just as a person can forfeit his or her right to liberty by criminal behavior, one could argue that a person can forfeit his or her right to health care by failing to act responsibly. It is unfair that those contributing to the insurance pool pay the extra costs of those who voluntarily engage in risky actions that increase their need for medical services, and it is fair to withhold societal funds from needy persons whose medical needs resulted from voluntary risk taking." (Shani, 2012: 427)

Rationiert man zum Zwecke der Bekämpfung bzw. Schließung des chronischen Finanzierungsdefizits im Gesundheitswesen (FL_{GW}) nach dem Kriterium Selbstverschulden, dann bedeutet dies nichts anderes, als dass die Entscheidung, ob und inwieweit die Kosten einer bestimmten Nachfrage nach Gesundheits(dienst) leistungen durch Rückgriff auf einen Pool an kollektiv-zwangsfinanzierten Mitteln ($GE_{öffentlich}$) finanziert werden oder nicht, davon abhängig gemacht wird, ob und inwieweit der jeweilige Nachfrager den Gesundheitsschaden, den er durch die Inanspruchnahme von Gesundheits(dienst)leistungen ausgleichen möchte, durch vergangenes gesundheitsschädliches Verhalten selbst verschuldet hat oder nicht. Und dies bedeutet letzten Endes nichts anderes als jemanden in einer bestimmten Form für sein gesundheitsschädliches Verhalten zur Verantwortung zu ziehen:[43]

> "What does it mean to hold somebody responsible in the context of health policy? We shall say that any health policy that links either the relative payment for treatment or the extent of treatment to factors that are under an individual's control holds that person responsible. [...] For example, since smoking increases the risk for cancer and cardiovascular disease, people who freely decide to smoke should be held accountable for this choice." (Cappelen & Norheim, 2005: 476)

Hinter der Frage ($FF_{weit'}$), ob und inwiefern Selbstverschulden ein moralphilosophisch akzeptables Rationierungskriterium darstellt oder nicht, steht somit letzten Endes die Frage, ob und inwiefern es moralphilosophisch zulässig ist, die ein kollektiv zwangsfinanziertes Gesundheitswesen konstituierenden Menschen für ihr gesund-

43 Entsprechend wird in der Literatur anstelle von Rationierung nach Selbstverschulden nicht selten auch von „rationing by responsibility" (Denier, 2005: 228) gesprochen.

heitsschädliches Verhalten dadurch zur Verantwortung zu ziehen, dass ihre aus ihrem gesundheitsschädlichen Verhalten resultierende Nachfrage[44] nach kollektiv zwangsfinanzierten Gesundheits(dienst)leistungen nicht befriedigt wird. Diese Formulierung ist jedoch noch ein wenig zu unpräzise, denn: Wenn jemand zur Verantwortung gezogen wird, dann muss es logischerweise jemanden geben, der zur Verantwortung zieht; und dieser jemand sind nahliegenderweise die zu einem Gesundheitswesen zusammenschlossenen Menschen selbst. Hinter der Frage nach der moralphilosophischen Zulässigkeit von Selbstverschulden als Rationierungskriterium bzw. der moralphilosophischen Zulässigkeit des Zur-Verantwortung-Ziehens für vergangenes gesundheitsschädliches Verhalten steht somit die Frage, inwieweit es aus moralphilosophischer Sicht zulässig ist, dass sich die zu einem kollektiv zwangsfinanzierten Gesundheitswesen zusammengeschlossenen Menschen gegenseitig für ihr gesundheitsschädliches Verhalten zur Verantwortung ziehen.[45] Die in Frage stehende moralische Zulässigkeit (permissibility) ist grundsätzlich dann gegeben, wenn es den zu einem kollektiv zwangsfinanzierten Gesundheitswesen zusammengeschlossenen Menschen wenigstens nicht moralisch verboten ist, sich gegenseitig für ihr gesundheitsschädliches Verhalten zur Verantwortung zu ziehen. Vor diesem Hintergrund kann die oben aufgeworfene Frage (FF_{weit}'), zu deren Beantwortung diese Arbeit einen Beitrag leisten möchte, also wie folgt reformuliert werden:

(FF_{weit}) Ist es – unter der Annahme, dass Rationierung zur Bekämpfung des chronischen Finanzierungsdefizits des kollektiv zwangsfinanzierten Teils des Gesundheitswesens unausweichlich ist – den zu einem kollektiv zwangsfinanzierten Gesundheitswesen zusammengeschlossenen Menschen moralisch erlaubt, einen dieses Gesundheitswesen mitkonstituierenden Menschen M für sein gesundheitsschädliches Verhalten dadurch zur Verantwortung zu ziehen, dass die Kosten, die sich daraus ergeben, dass M zur Behebung einer aus V resultierenden Schädigung seines Gesundheitszustands (K_V) eine bestimmte Menge an Gesundheits(dienst)leistungen (Q_{MnGDL}) in Anspruch nimmt, nicht aus kollektiv zwangsfinanzierten Mitteln finanziert werden?[46]

44 Hierunter ist diejenige Nachfrage nach Gesundheits(dienst)leistungen zu verstehen, die nötig ist, um die Verschlechterung des Gesundheitszustands, die aus dem gesundheitsschädlichen Verhalten des betreffenden Menschen resultiert, auszugleichen.

45 Andre, Velasquez & Mazur (1993) formulieren ähnlich, dass zur Beantwortung der Frage „of whether society should subsidize health care associated with unhealthy behaviors" (eine Frage, deren Beantwortung sie als „critical" erachten) das Ausmaß geklärt werden müsse, „to which we are justified in holding people responsible for the consequences of their behaviors".

46 Diese Frage kann im Grunde auch negativ formuliert werden: Ist es – unter der Annahme, dass Rationierung zur Bekämpfung des chronischen Finanzierungsdefizits des kollektiv zwangsfi-

5.2 Warum Rationierung nach Gesundheitsverhalten? Oder: Ein genauerer Blick auf die epidemiologische Transition

Seine Tabuisierung macht es zwar sicherlich lohnend, sich mit dem Rationierungskriterium Gesundheitsverhalten auseinanderzusetzen. Ob Tabuisierung aber einen notwendigen oder gar zureichenden Grund darstellt, um eine moralphilosophische Beschäftigung mit diesem Thema in Form einer Monographie zu rechtfertigen, sei dahingestellt. Was eine vertiefte moralphilosophische Auseinandersetzung mit dem Rationierungskriterium Gesundheitsverhalten jedoch auf jeden Fall rechtfertigt, ja sie für jeden mit Gesundheitspolitik Befassten unumgänglich macht, ist seine enge Verknüpfung mit einer der bereits erwähnten wesentlichen Ursachen des chronischen Finanzierungsdefizits unserer Gesundheitswesen, nämlich der epidemiologischen Transition.

Kennzeichnend für diese „epidemiologische Morbiditätsverschiebung“ (Buyx, 2010: 221) bzw. „epidemiological transition“ (Omran, 1971) ist, dass die „pandemics of infection are gradually displaced by degenerative and man-made diseases as the chief form of morbidity and primary cause of death“ (Omran, 1971: 516). Diese Transition zeichnet sich also dadurch aus, dass sich im Laufe und parallel zu seiner wirtschaftlichen Entwicklung die in einem Land bzw. einer Gesellschaft vorherrschenden Krankheiten und Todesursachen von akuten und infektiösen zu chronisch-degenerativen Krankheiten, Nichtansteckungskrankheiten sowie psychosomatischen und psychischen Indikationen verändern,[47] wobei „cardiovascular diseases, mainly heart

---

nanzierten Teils des Gesundheitswesens unausweichlich ist – den zu einem kollektiv zwangsfinanzierten Gesundheitswesen zusammengeschlossenen Menschen moralisch *verboten*, einen dieses Gesundheitswesen mitkonstituierenden Menschen M für sein gesundheitsschädliches Verhalten dadurch zur Verantwortung zu ziehen, dass die Kosten, die sich daraus ergeben, dass M zur Behebung einer aus V resultierenden Schädigung seines Gesundheitszustands (K_V) eine bestimmte Menge an Gesundheits(dienst)leistungen (Q_{MnGDL}) in Anspruch nimmt, nicht aus kollektiv zwangsfinanzierten Mitteln finanziert werden?

47 Jemand gilt als chronisch krank, wenn er wegen derselben Diagnose (Krankheit) mindestens ein Jahr lang mindestens einmal pro Quartal behandelt wird. Eine Nichtansteckungskrankheit (non-communicable disease (NCD)) ist dadurch gekennzeichnet, dass es sich bei einer solchen um eine Krankheit handelt, die nicht infektiös und nicht zwischen Menschen übertragbar sind.

Die World Health Organization (WHO) weist darauf hin, dass im Umgang mit den Begrifflichkeiten auf Genauigkeit Wert gelegt werden sollte: „Part of the confusion that surrounds chronic diseases is that they appear under different names in different contexts. Sometimes the term ‚noncommunicable diseases‘ is used to make the distinction from infectious or ‚communicable‘ diseases. Yet several chronic diseases have an infectious component to their cause, such as cervical cancer and liver cancer. ‚Lifestyle-related‘ diseases is a term sometimes used to emphasize the contribution of behaviour to the development of chronic diseases. In fact, these diseases are

disease and stroke, cancer, chronic respiratory diseases, and diabetes" (WHO, 2005a: 35) die wichtigsten Erkrankungen darstellen: „As a country develops, the types of diseases that affect a population shift from primarily infectious, such as diarrhoea and pneumonia, to primarily noncommunicable, such as cardiovascular disease and cancers." (WHO, 2009: 2f) Deutschland, die Schweiz und Österreich bzw. die Länder der ersten Welt haben diese „transition from infectious to degenerative disease predominance" (Omran, 1971: 525) bzw. diesen Wandel der Krankheitsbilder und Todesursachen hinter sich und befinden sich nun im „age of degenerative and man-made diseases" (Omran, 1971: 517) bzw. „age of delayed degenerative disease" (Olshansky & Ault, 1986: 361); entsprechend wird die Morbiditäts- und auch Mortalitätsstruktur der Bevölkerung dieser Länder kaum noch durch die Prävalenz von Infektionskrankheiten, sondern weitgehend durch die zunehmende Prävalenz von chronischen Erkrankungen (z. B. Übergewicht, Fettleibigkeit/ Adipositas, Typ 2-Diabetes, Bluthochdruck, koronare Herzkrankheit) bestimmt. Wie weit dieser Prozess vorangeschritten ist, zeigt sich daran, dass die Mortalitätsrate in unseren Gesundheitswesen mittlerweile zu etwas über 90% durch chronische und Nichtansteckungskrankheiten bestimmt wird (vgl. Abbildung 12):

Proportional mortality (% of total deaths, all ages; 2008 estimated prevalence (%))		Deutschland	Schweiz	Österreich	Luxemburg
Noncommunicable Diseases (NCDs)	Cardiovascular diseases (CVDs)	45	38	42	40
	Cancers	26	27	27	28
	Respiratory diseases	4	4	4	5
	Diabetes	3	2	5	1
	Other NCDs	13	19	13	14
	(Total NCDs)	(91)	(90)	(91)	(88)
Communicable, maternal, perinatal and nutritional conditions		5	4	3	6
Injuries		4	6	6	6

Abb. 12: „Noncommunicable Diseases Country Profiles" für die deutschsprachigen Länder (Eigene Darstellung auf Basis von Daten aus: WHO, 2011a: 24, 80, 114, 181)[48]

Im Zusammenhang mit diesem „Panoramawechsel der großen Volkskrankheiten" (Bormann, 2012: 57) ist nun besonders die Beobachtung interessant, dass die

heavily influenced by environmental conditions and are not the result of individual choices alone; ‚lifestyles' are, of course, equally important for communicable diseases." (WHO, 2005a: 35)

48 Die Zahlen für das Fürstentum Liechtenstein sind in dem Bericht der WHO (WHO, 2011a) nicht enthalten, da das Fürstentum nicht Mitglied der WHO ist.

meisten dieser Erkrankungen durch einige wenige Risikofaktoren begünstigt werden. Wirft man einen Blick in die entsprechende Literatur, so werden die folgenden Faktoren als die die Entstehung von chronischen Krankheiten am meisten begünstigenden Risikofaktoren angesehen (vgl. Abbildung 13 sowie auch WHO, 2011a: 5; WHO, 2011b: 1 f; Beaglehole et al., 2011: 1440; World Bank, 2011: 7; Busse et al., 2010: 12; Sassi, 2010: 24, 27; WHO, 2009: V, 2f; Magnusson, 2007; Cappelen & Norheim, 2005: 477; WHO, 2005a: 48 ff; WHO, 2002: 52 ff, 163):

Table 1: Ranking of selected risk factors: 10 leading risk factor causes of death by income group, 2004

	Risk factor	Deaths (millions)	Percentage of total		Risk factor	Deaths (millions)	Percentage of total
	World				*Low-income countries*[a]		
1	High blood pressure	7.5	12.8	1	Childhood underweight	2.0	7.8
2	Tobacco use	5.1	8.7	2	High blood pressure	2.0	7.5
3	High blood glucose	3.4	5.8	3	Unsafe sex	1.7	6.6
4	Physical inactivity	3.2	5.5	4	Unsafe water, sanitation, hygiene	1.6	6.1
5	Overweight and obesity	2.8	4.8	5	High blood glucose	1.3	4.9
6	High cholesterol	2.6	4.5	6	Indoor smoke from solid fuels	1.3	4.8
7	Unsafe sex	2.4	4.0	7	Tobacco use	1.0	3.9
8	Alcohol use	2.3	3.8	8	Physical inactivity	1.0	3.8
9	Childhood underweight	2.2	3.8	9	Suboptimal breastfeeding	1.0	3.7
10	Indoor smoke from solid fuels	2.0	3.3	10	High cholesterol	0.9	3.4
	Middle-income countries[a]				*High-income countries*[a]		
1	High blood pressure	4.2	17.2	1	Tobacco use	1.5	17.9
2	Tobacco use	2.6	10.8	2	High blood pressure	1.4	16.8
3	Overweight and obesity	1.6	6.7	3	Overweight and obesity	0.7	8.4
4	Physical inactivity	1.6	6.6	4	Physical inactivity	0.6	7.7
5	Alcohol use	1.6	6.4	5	High blood glucose	0.6	7.0
6	High blood glucose	1.5	6.3	6	High cholesterol	0.5	5.8
7	High cholesterol	1.3	5.2	7	Low fruit and vegetable intake	0.2	2.5
8	Low fruit and vegetable intake	0.9	3.9	8	Urban outdoor air pollution	0.2	2.5
9	Indoor smoke from solid fuels	0.7	2.8	9	Alcohol use	0.1	1.6
10	Urban outdoor air pollution	0.7	2.8	10	Occupational risks	0.1	1.1

[a] Countries grouped by gross national income per capita – low income (US$ 825 or less), high income (US$ 10 066 or more).

Abb. 13: Aufstellung der 10 häufigsten zum Tode führenden Risikofaktoren (nach Einkommensgruppe) für das Jahr 2004 (aus: WHO, 2009: 11)

Analysiert man diese Risikofaktoren (genauer gesagt: die für die Länder mit hohem Bruttosozialprodukt pro Kopf und damit auch unsere Gesundheitswesen geltenden Risikofaktoren (Quadrant unten rechts)), so fällt auf, dass acht der zehn Risikofaktoren etwas mit dem individuellen Gesundheitsverhalten zu tun haben. Die Hälfte dieser acht Risikofaktoren (Tabakkonsum, mangelnde Bewegung, unausgewogene Ernährung (zu wenig Obst und Gemüse) und Alkoholkonsum) sind dabei den Gesundheitszustand direkt beeinflussende Verhaltensweisen, die andere Hälfte (zu hoher Blutdruck, Übergewicht, zu hohe Glukose- und Cholesterinwerte) sind Zustände (bzw. Vorstufen chronischer Erkrankungen), die (wenn nicht vollkommen, so doch in zumindest nicht unwesentlichem Ausmaß) aus diesen Verhaltensweisen resultieren.[49] Betrachtet man die Entwicklung der Bedeutung dieser Risikofaktoren über die Zeit hinweg (und damit in Relation zur wirtschaftlichen Entwicklung eines Landes), so kann zusätzlich von einer epidemiologischen Transition von einer Risikotransition („risk transition") gesprochen werden (vgl. Abbildung 14), bei der die mit dem individuellen Verhalten zu tun habenden Risikofaktoren im Vergleich zu den übrigen an Bedeutung gewinnen:

Figure 2: The risk transition. Over time, major risks to health shift from traditional risks (e.g. inadequate nutrition or unsafe water and sanitation) to modern risks (e.g. overweight and obesity). Modern risks may take different trajectories in different countries, depending on the risk and the context.

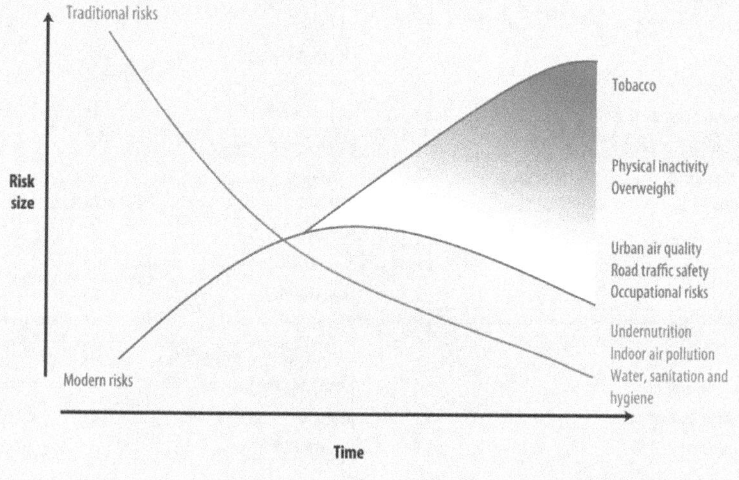

Abb. 14: Die Transition der Krankheits- und Mortalitätsrisiken (aus: WHO, 2009: 3)

49 Diese beiden Gruppen von Risikofaktoren sind somit nicht auf der gleichen logischen Ebene zu sehen. Entsprechend werden z. B. in WHO (2005a: 50) diese beiden Risikofaktorgruppen so dargestellt, dass die erste Gruppe (das Gesundheitsverhalten) die zweite Gruppe (die Vorstufen der chronischen Erkrankungen) beeinflusst (bzw. erstere zur Entstehung zweiterer beiträgt) und zweitere dann zur Entstehung der chronischen Krankheiten führt.

Die Auswirkung dieser Entwicklung auf unsere Gesundheitswesen sollte offensichtlich sein: „Most of the leading risk factors contributing to the burden of disease in high income countries can be attributed to unhealthy life styles." (Cappelen & Norheim, 2005: 476) Diese letzten Endes nur eine Tatsache konstatierende Einschätzung wird auch von McGinnis, Williams-Russo & Knickman (2002) gestützt, die darauf hinweisen, dass das individuelle Verhalten das größte Gewicht unter den die Gesundheit bestimmenden Gesundheitsdeterminanten besitzt, auch wenn Gesundheit letzten Endes das Ergebnis der Kombination einer Reihe von Faktoren ist:

> "On a population basis, using the best available estimates, the impacts of various domains on early deaths in the United States distribute roughly as follows: genetic predispositions, about 30 percent; social circumstances, 15 percent; environmental exposures, 5 percent; behavioral patterns, 40 percent; and shortfalls in medical care, 10 percent. But more important than these proportions is the nature of the influences in play where the domains intersect. Ultimately, the health fate of each of us is determined by factors acting not mostly in isolation but by our experience where domains interconnect. Whether a gene is expressed can be determined by environmental exposures or behavioral patterns. The nature and consequences of behavioral choices are affected by our social circumstances. Our genetic predispositions affect the health care we need, and our social circumstances affect the health care we receive." (McGinnis, Williams-Russo & Knickman, 2002: 83; vgl. auch McGinnis & Foege, 1993 sowie Schroeder, 2007: 1222)

Eine ganze Reihe von anderen Autoren und weiteren Studien unterstreichen ebenfalls die hohe Bedeutung des individuellen Verhaltens für den Gesundheitszustand. So schreibt z. B. Callahan (1986: 205), dass „nothing is more evident in the statistics of public health than the role played by individual health behavior in contributing to accidents, illness and disease".[50] Dies sieht auch Schmidt (2008: 3) in folgender (so nicht nur für Großbritannien gültigen) Aussage so: „In 1948, the task for the new British welfare state was to deal with the five ‚giants of too little': too little income, work, education, housing, and health care. Now new giants have emerged: the ‚giants of too much'. Excessive consumption of alcohol, tobacco, and food have significantly affected both population health and health care budgets." In einer Reihe von heute als Klassiker geltenden und seinerzeit in den Jahren zwischen 1964 und 1974 in Alameda County (Kalifornien) mit 6'928 Erwachsenen durchgeführten Studien haben Breslow, Belloc und Enstrom (vgl. Belloc & Bres-

50 vgl. hierzu auch Iglehart (1990: 4): „Amidst the daily drumbeat of expressed concerns over the uncontrolled rise in the cost of medical care in the United States, there is a largely ignored fact; most illnesses and premature death are caused by human habits of living that people choose for themselves: alcohol and other drug abuse, tobacco smoking, nutritional preferences, and reckless driving."

low, 1972; Belloc, 1973; Breslow & Enstrom, 1980) gezeigt, dass die Morbidität und Mortalität eines Menschen durch sieben Verhaltensweisen („never smoking cigarettes, regular physical activity, moderate or no use of alcohol, 7–8 hr sleep/day regularly, maintaining proper weight, eating breakfast, and not eating between meals“ (Breslow & Enstrom, 1980: 469)) beeinflusst werden. Wie ihre Studien zeigen, ist der Gesundheitszustand derjenigen Menschen, die all diese Verhalten an den Tag legten, signifikant besser als der Gesundheitszustand derjenigen Menschen, die dies nicht tun. So besitzt z. B. ein 45-jähriger Mann, der keine, ein oder zwei dieser Verhaltensweisen an den Tag legt, eine Restlebenserwartung von 21.6 Jahren, während die Restlebenserwartung eines 45-jährigen Mannes, der sechs oder sieben Verhaltensweisen aufweist, bei 33.1 Jahren liegt. Ein weiteres Ergebnis der Studien war, dass der Gesundheitszustand von Menschen im Alter von 75 oder mehr Jahren, die sich in allen sieben Gesundheitsverhalten üben, dem Gesundheitszustand von 35–44-jährigen Menschen entspricht, die weniger als drei dieser Gesundheitsverhalten an den Tag legen (Belloc & Breslow, 1972: 419 f).

Die Ergebnisse der Studien von Breslow, Belloc und Enstrom sind seither mehrfach bestätigt worden (vgl. z. B. Haveman-Nies et al., 2002), nicht zuletzt durch eine mit 23'153 deutschen Teilnehmern im Alter zwischen 35 und 65 Jahren über einen Zeitraum von knapp 8 Jahren durchgeführte Studie (vgl. Ford et al., 2009), in der die Zusammenhänge zwischen vier Gesundheitsverhaltensfaktoren[51] und dem Auftreten chronischer Erkrankungen („type 2 diabetes mellitus, myocardial infarction, stroke, and cancer“ (Ford et al., 2009: 1355)) untersucht wurden. Das Ergebnis der Studie (vgl. auch Abbildung 15) spricht für sich und bedarf eigentlich keines weiteren Kommentars außer dem der Autoren: „After adjusting for age, sex, educational status, and occupational status, the hazard ratio for developing a chronic disease decreased progressively as the number of healthy factors increased. Participants with all 4 factors at baseline had a 78 % [...] lower risk of developing a chronic disease [...] than participants without a health factor. [...] Adhering to 4 simple healthy lifestyle factors can have a strong impact on the prevention of chronic diseases.“ (Ford et al., 2009: 1355)

Zu ähnlichen Einsichten kommt eine Studie aus dem Jahr 2011 (vgl. Chiuve et al., 2011). In dieser in den USA durchgeführten Studie, die 81'722 Krankenschwestern über 26 Jahre (Juni 1984 – Juni 2010) begleitete, wurde die Auswirkung von vier gesunden Lebensstilen („not smoking, body mass index of less than 25, exercise duration of 30 minutes/day or longer, and top 40 % of the alternate

51 Die vier Faktoren lauten wie folgt: „never smoking, having a body mass index lower than 30 [...], performing 3.5 h/wk or more of physical activity, and adhering to healthy dietary principles (high intake of fruits, vegetables, and whole-grain bread and low meat consumption)“ (Ford et al., 2009: 1355)

Table 2. Adjusted[a] HRs for Incident Chronic Disease (Cancer, Diabetes, Myocardial Infarction, Stroke) by Combination of Individual Healthy Factors Among 23 153 Participants Aged 35 to 65 Years From the European Prospective Investigation Into Cancer and Nutrition–Potsdam Study

Combination	Never Smoker	BMI <30	PA ≥3.5 h/wk	Diet Index >Median	No.	No. of Events	PY of Follow-up	Unadjusted Rate per 1000 PY	Adjusted HR (95% CI)
1	0	0	0	0	924	209	6510	32.1	1 [Reference]
2	1	0	0	0	517	84	3854	21.8	0.67 (0.52-0.87)
3	0	1	0	0	4164	411	32 270	12.7	0.43 (0.36-0.51)
4	0	0	1	0	296	53	2173	24.4	0.76 (0.56-1.03)
5	0	0	0	1	524	92	3830	24.0	0.79 (0.61-1.01)
6	1	1	0	0	2915	175	23 753	7.4	0.28 (0.23-0.34)
7	1	0	1	0	166	25	1172	21.3	0.71 (0.47-1.09)
8	1	0	0	1	665	103	4889	21.1	0.64 (0.50-0.82)
9	0	1	0	1	2726	219	21 317	10.3	0.39 (0.32-0.48)
10	0	1	1	0	1466	124	11 350	10.9	0.36 (0.29-0.45)
11	0	0	1	1	268	21	2070	10.1	0.34 (0.22-0.54)
12	1	1	1	0	1135	76	9018	8.4	0.30 (0.23-0.39)
13	1	1	0	1	3364	196	27 058	7.2	0.27 (0.22-0.33)
14	1	0	1	1	273	27	2032	13.3	0.42 (0.28-0.63)
15	0	1	1	1	1660	95	12 881	7.4	0.30 (0.23-0.38)
16	1	1	1	1	2100	96	16 636	5.8	0.23 (0.18-0.29)
Total					23 153	**2006**	**180 815**		

Abbreviations: BMI, body mass index (calculated as weight in kilograms divided by height in meters squared); CI, confidence interval; HR, hazard ratio; PA, physical activity; PY, person-years.

[a] Stratified by age and adjusted for sex, educational status, and occupational status.

Abb. 15: Adjusted Hazard Ratios for Incident Chronic Disease by Combination of Individual Healthy Factors (aus: Ford et al., 2009: 1359)

Mediterranean diet score, which emphasizes high intake of vegetables, fruits, nuts, legumes, whole grains, and fish and moderate intake of alcohol“ (Chiuve et al., 2011: 62)) auf das Risiko an plötzlichem Herztod („sudden cardiac death“) zu sterben („defined as death occurring within 1 hour after symptom onset without evidence of circulatory collapse“ (Chiuve et al., 2011: 62)). Die Studie kommt zu dem Ergebnis, dass das das Risiko, an einem plötzlichen Herztod zu sterben, proportional zu der Zahl der eingehaltenen vier Regeln gesunden Lebens abnimmt. Alles in allem, so errechnen die Autoren, könnten 81 % aller plötzlichen Herztode von Frauen vermieden werden, wenn diese sich an die vier Regeln gesunden Lebens halten würden.

Auf unser Thema angewendet bedeutet dies, dass die epidemiologische Transition zu einem nicht unwesentlichen Teil dem individuellen gesundheitsschädlichen Lebens- und Ernährungsstil, also dem Gesundheitsverhalten, einer Vielzahl der ein Gesundheitswesen (mit-)konstituierenden Menschen geschuldet ist,[52] der sich – über die Jahre geführt – letzten Endes in Form von chronischen Erkrankungen manifestiert (vgl. Abbildung 16).

Doch damit nicht genug: Die epidemiologische Transition ist nämlich nicht nur einfach eine von vielen Ursachen des chronischen Finanzierungsdefizits im Gesundheitswesen, sondern hinsichtlich der zeitlichen und der Kausalitätsordnung der wichtigste der das chronische Finanzierungsdefizit verursachenden Faktoren. Allgemein gesprochen sind die im Gesundheitswesen anfallenden Kosten nämlich davon abhängig, dass das Gesundheitswesen in Anspruch genommen wird, d. h. dass die Gesundheit eines ein Gesundheitswesen mitkonstituierenden Menschen durch Erbringung einer Gesundheits(dienst)leistung durch einen anderen Menschen vor Verschlechterung bewahrt, verbessert oder (wieder-) hergestellt wird. Der auslösende Faktor für die Inanspruchnahme des Gesundheitswesens ist somit üblicherweise der Ungesundheits- oder zumindest der

---

52 vgl. hierzu Sassi (2010: 24). „However, industrialisation and prosperity have been accompanied by increases in the incidence of a number of chronic diseases. [...] Lifestyles have played an important part in the health changes described here.“

In diesem Zusammenhang ist insbesondere auch der bisher vernachlässigte Aspekt der sog. „compliance“ bzw. „adherence“ zu erwähnen. Nicht nur das Gesundheitsverhalten vor dem Aufsuchen des Arztes, sondern auch das Verhalten danach, hat gewichtige Auswirkungen auf den Gesundheitszustand. Beispiele hierfür sind: „Patient nonadherence is not limited to medications alone. It can also take many other forms; these include the failure to keep appointments, to follow recommended dietary or other lifestyle changes, and to follow other aspects of treatment or recommended preventive health practices.“ (Atreja, Bellam & Levy, 2005: 4) Wie Atreja, Bellam & Levy (2005: 4) erwähnen, verursacht Nichtbefolgung des Behandlungsplans „125,000 deaths annually and accounts for 10 % to 25 % of hospital and nursing home admissions“ und ist „one of the largest and most expensive disease categories“.

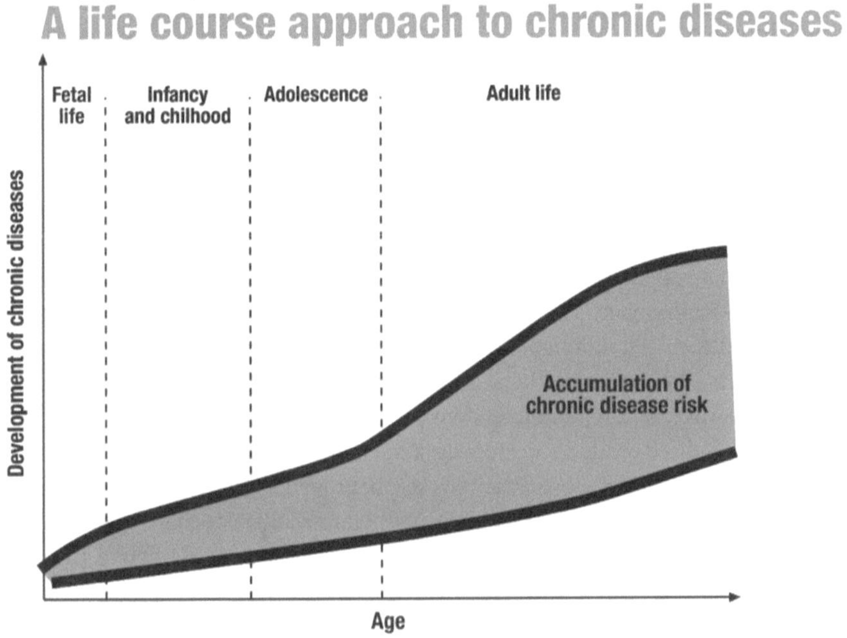

Abb. 16: Akkumulation der Risikofaktoren über die Lebenszeit eines Menschen (aus: WHO, 2005a: 50)

schlechte Gesundheitszustand der ein Gesundheitswesen (mit)konstituierenden Menschen, welchem diese durch Inanspruchnahme einer Gesundheits(dienst) leistung Abhilfe zu schaffen suchen.[53] Insofern kommt denjenigen Ursachen des Finanzierungsdefizits besonderes Gewicht zu, die ihre kostensteigernde oder einnahmensenkende Wirkung durch direkten Einfluss auf den (Un-)Gesund-

53 Der Vollständigkeit halber ist hierzu noch zu erwähnen, dass natürlich auch primäre Prävention, d. h. das Bemühen um die Verhütung von Krankheiten bzw. die Nichtverschlechterung des Gesundheitszustandes, zur Inanspruchnahme von Gesundheits(dienst)leistungen führen kann. Prävention spielt jedoch in diesem Zusammenhang insofern keine wesentliche Rolle, da es sich bei ihr um eine Investition in die Zukunft handelt, durch die mittel- bis langfristig Kosten eingespart werden – ganz im Sinne des bekannten Ausspruchs: Vorbeugen ist besser als Heilen. Dies hat auch eine Schweizer Studie gezeigt (vgl. Wieser et al. (2010) sowie Brunold (2010)), nach der der gesellschaftliche Nutzen der Prävention (gemessen als Return on Investment (ROI) für jede zur Prävention eingesetzte Geldeinheit) die Kosten der Präventionsmaßnahmen um ein Vielfaches übersteigt: Im Bereich der Tabakprävention beträgt der ROI 41 und im Bereich der Alkoholprävention 23.

heitszustand der zu einem Gesundheitswesen zusammengeschlossenen Menschen entfalten.

Besieht man sich vor diesem Hintergrund die wesentlichen Ursachen des chronischen Finanzierungsdefizits unserer Gesundheitswesen so wird deutlich, dass nicht alle das gleiche Gewicht haben: Hinsichtlich der zeitlichen und der Kausalitätsordnung verdient die epidemiologische Transition am meisten Beachtung, da sie den größten Einfluss auf den (Un-)Gesundheitszustand der in einem Gesundheitswesen zuammengeschlossenen Menschen ausübt; denn sie ist direkt und kausal dafür verantwortlich, dass die in einem Gesundheitswesen zuammengeschlossenen Menschen Gesundheits(dienst)leistungen in Anspruch nehmen müssen. Wir können also schlussfolgern: Wenn das individuelle gesundheitsschädliche Gesundheitsverhalten die wesentliche Ursache der epidemiologischen Transition ist und letztere wiederum der hinsichtlich der zeitlichen und der Kausalitätsordnung wichtigste zur Entstehung des chronischen Finanzierungsdefizits unserer Gesundheitswesen beitragende Faktor ist, dann ist das individuelle gesundheitsschädliche Gesundheitsverhalten der ein Gesundheitswesen (mit-)konstituierenden Menschen die hinsichtlich der zeitlichen und der Kausalitätsordnung wichtigste zur Entstehung des chronischen Finanzierungsdefizits unserer Gesundheitswesen beitragende Ursache.

Wenn wir diese Einsicht vor dem Hintergrund der Tatsache betrachten, dass, wie in Kapitel II.2.1 dargelegt, die Kosten des kollektiv zwangsfinanzierten Teils unserer Gesundheitswesen in stärkerem Ausmaß ansteigen als die privat finanzierten Kosten des Gesundheitswesens, so können wir einen weiteren wichtigen Schluss ziehen: Die kostensteigernde Wirkung des gesundheitsschädlichen Verhaltens der zu einem Gesundheitswesen zusammengeschlossenen Menschen trifft vor allem den kollektiv zwangsfinanzierten Teil des Gesundheitswesens. Die Finanzierung der Kosten, die aus dem individuellen gesundheitsschädlichen Gesundheitsverhalten der zu einem Gesundheitswesen zusammengeschlossenen Menschen resultieren, erfolgt in immer größerem und überproportionalem Ausmaß über das Instrument der kollektiven Zwangsfinanzierung; und das bedeutet letzten Endes nichts anderes, als dass die aus dem individuellen gesundheitsschädlichen Gesundheitsverhalten der zu einem Gesundheitswesen zusammengeschlossenen Menschen resultierenden Kosten auf die Allgemeinheit überwälzt werden.

Wir haben es hier also mit einem zunehmenden Ungleichgewicht zu tun, das Widmer (2011: 177) nicht zu Unrecht als „sozialpolitische Zeitbombe“ bezeichnet: Während das individuelle gesundheitsschädliche Verhalten auf der Kostenseite des Gesundheitswesens eine wesentliche, nämlich kostensteigernde, Rolle spielt, kommt ihm, wenn es darum geht, die Kosten des Gesundheitswesens gegenzufinanzieren, eine – relativ gesehen – geringe, ja sogar abnehmende Bedeutung zu.[54] Auf der einen Seite steigen die zu finanzierenden Kosten des Gesundheitswesens durch die zunehmende Prävalenz von Krankheiten, die aus dem individuellen gesundheitsschädlichen Verhalten der in dem jeweiligen Gesundheitswesen zusammengeschlossenen Menschen (sowie ihrer diesem Verhalten zugrundeliegenden individuellen gesundheitsschädlichen Haltung) resultieren. Auf der anderen Seite speist sich der Topf der zur Finanzierung verfügbaren Mittel zu einem immer geringeren Anteil aus individuell-freiwilligen und verstärkt aus von der Allgemeinheit zwangsfinanzierten Mitteln.[55]

Momentan scheinen unsere Gesundheitswesen also nach der Maxime „Lebt, wie ihr wollt, die Allgemeinheit bezahlt" zu funktionieren – einer Maxime allerdings, die sich über kurz oder lang nicht mehr aufrechterhalten lassen und als Illusion entpuppen dürfte, da die Allgemeinheit früher oder später nicht mehr fähig und/ oder bereit sein wird, für die aus dem individuellen Gesundheitsverhalten resultierenden Kosten aufzukommen. Man könnte auch sagen: Die dem kollektiv zwangsfinanzierten Teil des Gesundheitswesens zugrundeliegende So-

---

54 Andre, Velasquez & Mazur (1993) drücken dies wie folgt aus: „Individuals with unhealthy habits pay only a fraction of the costs associated with their behaviors; most of the expense is borne by the rest of society in the form of higher insurance premiums, government expenditures for health care, and disability benefits."

55 Da der kollektiv zwangsfinanzierte Teil des Gesundheitswesens auf der „Solidarität der Gesunden mit den Kranken" (Widmer, 2011: 120) beruht (man sollte wohl eher von Zwangssolidarität bzw., wenn man es netter ausdrücken möchte, institutionalisierter Solidarität sprechen), bedeuten diese Entwicklungen nichts anderes, als dass die Solidarität der Allgemeinheit in immer höherem Maße beansprucht wird. Über alle Altersgruppen hinweg betrachtet waren in Deutschland im Jahr 2009 85.4% der Bevölkerung gesund und 14.6% krank oder unfallverletzt (Bundesministerium für Gesundheit, 2012: 38). Wie Widmer anmerkt, verursachen „80 Prozent der Bevölkerung, die relativ gesunde Mehrheit der Bevölkerung, [...] nur 20 Prozent der Kosten. [...] Die restlichen 20 Prozent der Bevölkerung beanspruchen 80 Prozent der Kosten." (Widmer, 2011: 89 sowie 92; vgl. auch Widmer et al. (2007: 70) sowie Beck (2011: 30))

Weitere im kollektiv zwangsfinanzierten Teil unserer Gesundheitswesen grundsätzlich beobachtbare Formen der Solidarität sind die Solidarität der jüngeren mit den älteren Menschen, die Solidarität der höheren Einkommen zugunsten der kleineren Einkommen (bzw. der Reichen mit den Armen) und die Solidarität von Männern mit Frauen (vgl. Widmer, 2011: 119 ff); ob diese Solidaritätsformen beobachtet werden können, hängt dabei davon ab, wie genau die kollektive Zwangsfinanzierung funktioniert. Bohrmann (2006: 205) differenziert (für Deutschland) zwischen vier typischen solidarischen Ausgleichsprozessen der gesetzlichen Krankenversicherung (GKV), wobei er den naheliegendsten Ausgleich, den zwischen Gesunden und Kranken, nicht erwähnt: Generationenausgleich (zwischen Berufstätigen und nicht mehr Berufstätigen bzw. noch nicht Berufstätigen), Einkommensumverteilung (zwischen Einkommensstarken und Einkommensschwachen), Geschlechterumverteilung (zwischen Männern und Frauen), Familienlastenausgleich (zwischen Ledigen und und Verheirateten und Kinderlosen und Kinderreichen).

lidarität resp. die Bereitschaft der Allgemeinheit zur kollektiven (Zwangs-)Finanzierung des Gesundheitswesens kann auch überstrapaziert werden.

Die Rationierung anhand des Kriteriums des Selbstverschuldens bzw. des gesundheitsschädlichen Verhaltens hilft dabei, die oben erwähnte sozialpolitische Zeitbombe zu entschärfen: Indem das Gesundheitsverhalten zum Maßstab dafür gemacht wird, ob eine bestimmte Nachfrage der zu einem Gesundheitswesen zusammengeschlossenen Menschen nach Gesundheits(dienst)leistungen befriedigt wird oder nicht, wird dem kostensteigernden Effekt des gesundheitsschädlichen Verhaltens ein auf der Finanzierungsseite wirkendes Gegengewicht beigesellt. Das Ungleichgewicht, das sich daraus ergibt, dass das Gesundheitsverhalten auf der Kostenseite eine wesentliche und auf der Finanzierungsseite keine bzw. nur eine marginale Rolle spielt, wird so beseitigt.[56] Und dies ist der Grund, der eine vertiefte moralphilosophische Auseinandersetzung mit dem Rationierungskriterium Gesundheitsverhalten (im Gegensatz zu der Vielzahl anderer Rationierungskriterien, mit denen man sich befassen könnte) nicht nur rechtfertigt, sondern geradezu gebietet.

6 Auf dem Weg zu einer Antwort auf (FF_{weit})

Wie in Kapitel II.5.1 herausgearbeitet worden ist, möchte diese Arbeit einen Beitrag zur Beantwortung der Frage (FF_{weit}) leisten, inwiefern (unter der Annahme, dass Rationierung zur Bekämpfung des chronischen Finanzierungsdefizits des kollektiv zwangsfinanzierten Teils des Gesundheitswesens unausweichlich ist) die zu einem kollektiv zwangsfinanzierten Gesundheitswesen zusammengeschlossenen Menschen aus moralphilosophischer Sicht dazu berechtigt sind, einzelne dieses Gesundheitswesen mitkonstituierende Menschen für ihr gesundheitsschädliches Verhalten dadurch zur Verantwortung zu ziehen, dass die Kosten ihrer aus ihrem gesundheitsschädlichen Verhalten resultierenden Nachfrage nach einer bestimmten Menge an Gesundheits(dienst)leistungen nicht aus kollektiv zwangsfinanzierten Mitteln finanziert werden.

56 Da Rationierung eine Strategie zur Bekämpfung des Finanzierungsdefizits, aber nicht der Ursachen des Finanzierungsdefizits unserer Gesundheitswesen darstellt, hilft ihr Einsatz somit auch nicht (zumindest nicht vordergründig), die epidemiologische Transition zu bekämpfen. Um einen Wandel der Morbiditätsstruktur zu bewirken, sind andere Maßnahmen gefragt – Maßnahmen, die jedoch nur mittel- bis langfristige Wirkung zeitigen können und somit – so nötig sie auch sind – nicht geeignet sind, um das unsere Gesundheitswesen bereits heute drückende Finanzierungsdefizit kurzfristig zu schließen.

Wo aber anfangen bei der Suche nach einer Antwort? Besieht man sich die Frage genauer, so scheint das Konzept der Verantwortung den naheliegendsten Ansatzpunkt hierfür zu bieten. Denn um wissen zu können, ob und inwieweit es moralisch zulässig ist, jemanden in einer bestimmten Form für etwas Bestimmtes zur Verantwortung zu ziehen, muss zuerst geklärt werden, wann und unter welchen Bedingungen jemand grundsätzlich zur Verantwortung gezogen werden darf. Der erste Schritt bei der Suche nach einer Antwort besteht also darin, sich genauer mit dem Konzept Verantwortung auseinanderzusetzen und verstehen zu lernen, (1) was es überhaupt bedeutet, jemanden zur Verantwortung zu ziehen, und (2), welche Bedingungen hierzu grundsätzlich erfüllt sein müssen. Das folgende Kapitel nimmt sich dieser Aufgabe an und arbeitet in seinen Teilkapiteln III.1 bis III.4 den Verantwortungsbegriff in seinen Facetten sowie die Voraussetzungen heraus, die erfüllt sein müssen, damit jemand für etwas zur Verantwortung gezogen werden kann. Auf dieser Basis wird dann die bisher noch breit formulierte Frage (FF_{weit}), zu deren Klärung diese Arbeit einen Beitrag leisten möchte, weiter verfeinert (vgl. Kapitel III.5).

III Verantwortung[57]

1 Die beiden grundlegenden Formen der Verantwortung

Verantwortung scheint eine komplizierte Sache zu sein. Wirft man einen Blick in die Literatur, wird schnell klar, dass Verantwortung eine Vielzahl von Facetten zu haben scheint, die es auseinanderzuhalten bzw. zu explizieren gilt, wenn man über sie – nicht nur im Kontext von Gesundheit und Rationierung – nachdenkt und schreibt. Wie facettenreich der Begriff der Verantwortung ist und in wie vielen Schattierungen er verwendet werden kann, zeigt uns Herbert L. A. Hart (1968: 211) an folgendem von ihm hübsch konstruierten Beispiel:

> "As captain of the ship, X was responsible for the safety of his passengers and crew. But on his last voyage he got drunk every night and was responsible for the loss of the ship with all aboard. It was rumored that he was insane, but the doctors considered that he was responsible for his actions. Throughout the voyage he behaved quite irresponsibly, and various incidents in his career showed that he was not a responsible person. He always maintained that the exceptional winter storms were responsible for the loss of the ship, but in the legal proceedings brought against him he was found criminally responsible for his negligent conduct, and in separate civil proceedings he was held legally responsible for the loss of life and property. He is still alive and he is morally responsible for the deaths of many women and children." (Hart, 1968: 211)

Die in diesem Beispiel angesprochenen Begriffsschattierungen gilt es sauber zu analysieren und zu einem Gesamtbild zusammenzufügen, soll Verantwortung nicht zu einer leeren und damit der Beliebigkeit anheimgestellten Worthülse verkommen. Dieser Aufgabe widmet sich das vorliegende Kapitel. Was meinen wir also genau, wenn wir Begriffe wie „Verantwortung", „verantworten" oder „verantwortlich" benutzen? Bei einer analytischen Annäherung an eine Antwort kann uns folgender – in drei inhaltlich identischen Formulierungen aufgeführter – Beispielsatz helfen, der sich – auch wenn seine Bedeutung auf den ersten Blick klar zu sein scheint – bei genauerem Hinsehen und Nachdenken als eindeutig zwei- bzw. mehrdeutig entpuppt:[58]

---

57 Teile dieses Kapitels basieren – in gewissen Teilen wörtlich – auf in Erk (2012a) publiziertem Material, denken dieses jedoch weiter und korrigieren es, wo nötig.

58 Wenn wir hingegen nur aussagen, dass A verantwortlich ist, so kann damit im Gegensatz zu diesen Aussagen auch ausgesagt werden, dass A ein verantwortungsbewusstes (im Gegensatz zu unverantwortliches bzw. verantwortungsloses) Wesen ist resp. Verantwortung als Haltung besitzt.

A ist verantwortlich für X. =

A trägt Verantwortung für X. =

A verantwortet X.

Um herauszuarbeiten, auf welche Arten diese Aussage genau verstanden werden kann, ist es hilfreich, sich das anzuschauen, wofür A verantwortlich ist, nämlich X. Was hier in den Blick zu nehmen ist, ist jedoch nicht die (vielleicht erwartete) Frage, was genau X ist, sondern ob X in der Vergangenheit oder der Zukunft liegt.

Grundsätzlich kann X in einem bestimmten Verhalten ($V_{T/U}$) oder einer Konsequenz eines Verhaltens $V_{T/U}$ (K_V) bestehen.[59] Je nachdem, ob es sich bei X um ein bereits an den Tag gelegtes Verhalten $V_{T/U}$ von A bzw. um eine bereits eingetretene Konsequenz K_V eines vergangenen Verhaltens $V_{T/U}$ von A oder um ein in der Zukunft liegendes Verhalten $V_{T/U}$ von A bzw. eine noch nicht eingetretene Konse-

59 Mit der Abkürzung $V_{T/U}$ soll angedeutet werden, daß das Verhalten sowohl ein Tun als auch ein Unterlassen beinhalten kann. Unter die Konsequenzen von $V_{T/U}$ (K_V) fallen alle aus $V_{T/U}$ resultierenden Sachverhalte, Zustände, Ergebnisse, Ereignisse und/ oder Folgen; allgemein gesprochen kann als Konsequenz alles betrachtet werden, „what follows causally from one's actions or behavior“ (Dworkin, 1981: 28). Folgenden Arten von Konsequenzen können grundsätzlich unterschieden werden:

- mögliche vs. effektiv eingetretene Konsequenzen von $V_{T/U}$,
- direkte vs. indirekte (bzw. unmittelbare vs. mittelbare) Konsequenzen von $V_{T/U}$,
- vorbedachte vs. nicht vorbedachte Konsequenzen von $V_{T/U}$,
- vorhersehbare vs. unvorhersehbare Konsequenzen von $V_{T/U}$,
- vorhergesehene vs. unvorhergesehene Konsequenzen von $V_{T/U}$,
- beabsichtigte vs. nicht beabsichtigte (bzw. intendierte vs. nicht intendierte) Konsequenzen von $V_{T/U}$.

Die drei letztgenannten Unterscheidungen hängen insofern zusammen, als daß nur Konsequenzen, die vorhergesehen waren, beabsichtigte Konsequenzen, und nur Konsequenzen, die vorhersehbar waren, vorhergesehene Konsequenzen sein können.

Nach Thomas von Aquin (vgl. Iª-IIae q. 20 a. 5 co.) ist eine Konsequenz („eventus sequens“) entweder vorbedacht („praecogitatus“) oder nicht. Vorbedacht ist sie dann, wenn sie sowohl vorhergesehen und beabsichtigt ist (vgl. Iª-IIae q. 73 a. 8 co.). Nicht vorbedachte Konsequenzen sind in Kauf genommene Nebenfolgen, wobei diese danach unterschieden werden können, ob sie in einem starken Sinn bzw. wissend oder einem schwachen Sinn bzw. unwissend in Kauf genommen werden. Konsequenzen sind in einem starken Sinn in Kauf genommen, wenn sie vorhergesehen, aber nicht beabsichtigt sind. Konsequenzen sind in einem schwachen Sinn in Kauf genommen, wenn sie nicht vorhergesehen und nicht beabsichtigt sind; auch Konsequenzen, von denen man nichts weiß, sind insofern in Kauf genommen als wir immer wissen, daß unser $V_{T/U}$ unabsehbare Folgen hat; wir nehmen also in Kauf, was wir nicht wissen. Bezüglich dieser Konsequenzen sind wiederum zwei Fälle zu unterscheiden (vgl. Iª-IIae q. 20 a. 5 co.), je nachdem, ob die betreffende Konsequenz K_V wesentlich (secundum se) mit $V_{T/U}$ verbunden ist (d. h. zwangsläufig bzw. in den meisten Fällen aus dieser folgt) oder nur beiläufig (per accidens).

quenz K_V eines (vergangenen oder zukünftigen) Verhaltens $V_{T/U}$ von A handelt, hat die Aussage „A ist verantwortlich für X“ einen grundlegend unterschiedlichen Gehalt. Die beiden sich aus der Beantwortung der Frage nach der zeitlichen Relation von X zur jeweiligen Gegenwart ergebenden Bedeutungsdimensionen des Verantwortungsbegriffs werden üblicherweise als „prospektive Verantwortung“ und „retrospektive Verantwortung“ bezeichnet:[60]

- **Retrospektive Verantwortung:** Trägt A Verantwortung für X und steht X für ein vergangenes Verhalten $V_{T/U}$ von A bzw. eine bereits eingetretene Konsequenz K_V eines vergangenen Verhaltens $V_{T/U}$ von A, dann ist A retrospektiv (bzw. in einem retrospektiven Sinn) verantwortlich für X.
- **Prospektive Verantwortung:** Trägt A Verantwortung für X und steht X für ein in der Zukunft liegendes Verhalten $V_{T/U}$ von A bzw. eine noch nicht eingetretene Konsequenz K_V eines (vergangenen oder zukünftigen) Verhaltens $V_{T/U}$ von A, dann ist A prospektiv (bzw. in einem prospektiven Sinn) verantwortlich für X.

Bevor erläutert werden soll, was genau unter der rückwärtsgewandten bzw. vorwärtsgewandten Form der Verantwortlichkeit verstanden wird, sei eine weitere Einsicht erwähnt, die sich aus dem obigen Beispielsatz herauslesen lässt. Wenn wir die Aussage „A ist verantwortlich für X“ in ihre Bestandteile zerlegen, wird ersichtlich, dass das Konzept der Verantwortung ein mindestens zweiteiliges

---

60 Die hier gewählten Begrifflichkeiten „prospektive Verantwortung“ und „retrospektive Verantwortung“ lehnen sich an Zimmerman (1985) an, der zwischen „prospective responsibility“ und „retrospective responsibility“ unterscheidet. Während gewisse Autoren (vgl. ten Have (1994) sowie Marckmann (2005a: 302f)) die Zimmerman'schen Begriffe übernommen haben, haben andere Autoren sich für die gleiche Unterscheidung andere Ausdrücke einfallen lassen: Birnbacher (2001b) spricht von „ex post responsibility“ und „ex ante responsibility“. Knight & Stemplowska (2011: 11) bezeichnen prospektive Verantwortung als „responsibility as obligation (A is responsible for X in the sense that A has some obligations with regard to X)“. Peter Cane (2002: 29) verwendet für retrospektive Verantwortung den Ausdruck „historic responsibility“. Turoldo (2009: 1198f) spricht von „antecedent responsibility“ und „consequent responsibility“ als Formen der Verantwortung, die relevant sind, bevor bzw. nachdem eine Handlung stattgefunden hat. Schmidt (2012a: 444 und 446; 2009: 22f) differenziert zwischen „responsibility in a forward-looking sense“ und einer „responsibility in a backward-looking sense“, wobei erstere gleichbedeutend ist mit der Aussage „X should do p, as ...“ und die Zuschreibung von zweiterer u. a. die Erfüllung der Bedingung „X has played a certain causal role in having brought about p“ voraussetzt. Ähnlich unterscheidet Feiring (2008) zwischen einer „forwardlooking notion of responsibility“ und einer „backwardlooking notion of responsibility“. Höfling (2009: 516) unterscheidet ebenfalls zwischen „prospektiver Verantwortung“ und „retrospektiver Verantwortung“; für zweitere verwendet er auch den Ausdruck „Zuständigkeitsverantwortung“.

Konzept[61] ist, das (mindestens) sowohl ein Verantwortungssubjekt (A) als auch ein Verantwortungsobjekt oder -gegenstand (X) voraussetzt. Dies ist jedoch auch gleich wieder zu relativieren, da die Tatsache, dass zwischen prospektiver und retrospektiver Verantwortung unterschieden werden kann, zeigt, dass über das Verantwortungssubjekt und Verantwortungsobjekt hinaus auch die spezifische Form der Verantwortung (Verantwortungsart) angegeben werden muss, die das Verantwortungssubjekt trägt; das macht den Verantwortungsbegriff zu einem (mindestens) dreiteiligen Relations- bzw. Strukturbegriff. Um sinnvoll über Verantwortung nachdenken und reden zu können, muss also zumindest geklärt werden, wer wofür wie verantwortlich ist:

> Wer (Verantwortungssubjekt) ist wofür (Verantwortungsobjekt) wie (Verantwortungsart) verantwortlich?

Allgemein gesprochen und wie später noch (vgl. Kapitel IV.6) gezeigt wird, kommen als Verantwortungssubjekte nur Personen oder Gruppen von Personen in Frage. Was das Verantwortungsobjekt angeht, so besteht dieses immer in einem Verhalten $V_{T/U}$ des Verantwortungssubjekts und/ oder den Konsequenzen K_V des Verhaltens $V_{T/U}$ des Verantwortungssubjekts. Wir können als Grundgerüst des Konzeptes der Verantwortung somit formulieren:

> Wofür (Verantwortungsobjekt) ist Person P (Verantwortungssubjekt) wie (Verantwortungsart) verantwortlich?

2 Prospektive Verantwortung

Was bedeutet es, einer Person P prospektive Verantwortung zuzuschreiben bzw. von einer Person P zu sagen, dass sie prospektiv für X verantwortlich ist? Im Kern ist damit ausgesagt, dass P in der Zukunft ein bestimmtes Verhalten $V_{T/U}$ an den Tag zu legen hat (wenn X in einem bestimmten Verhalten $V_{T/U}$ besteht) oder dafür zu sorgen hat, dass ein bestimmter Zustand oder Sachverhalt, der als Konsequenz K_V eines nicht näher bestimmten Verhaltens $V_{T/U}$ von P auftritt, Realität wird (wenn X nicht in einem bestimmten Verhalten $V_{T/U}$ besteht). Unabhängig vom konkreten Inhalt der prospektiven Verantwortung bedeutet dies, dass P nicht frei ist, sich

61 Der Verantwortungsbegriff wird auch als „mehrstelliger Relations- bzw. Strukturbegriff“ (Maring, 2001: 13) bzw als. „mehrstelliger Relationsbegriff“ (Werner, 2006: 542; vgl. 1994) bezeichnet. Werner (2006: 542; vgl. 1994) weist in diesem Zusammenhang darauf hin, dass Verantwortung je nach Autor über die Angabe eines Verantwortungssubjekts und Verantwortungsobjekts (auch: Verantwortungsgegenstand) hinausgehend auch als drei-, vier-, fünf- oder auch sechsteilige Relation konzipiert wird.

nicht so zu verhalten, wie es von ihr erwartet wird bzw. dass P's Freiheit eingeschränkt ist. Und dies ist – wie noch gezeigt werden wird – genau das Kennzeichen einer Pflicht (vgl. Kapitel IV.2). Prospektive Verantwortung zu tragen bedeutet somit nichts anderes, als eine Pflicht zu besitzen; wir tragen prospektive Verantwortung insofern wir eine Pflicht haben.[62] Die Aussage „P ist prospektiv verantwortlich für X" ist somit gleichbedeutend mit der Aussage „P besitzt eine Pflicht mit Inhalt X"; wenn P prospektive Verantwortung für X besitzt, so ist damit also nicht gesagt, dass P prospektive Verantwortung für seine Pflicht mit Inhalt X besitzt (er also die prospektive Verantwortung hat, seiner Pflicht nachzukommen), sondern schlichtweg dass P eine Pflicht mit Inhalt X besitzt. Wir können also festhalten:

> Eine Person P trägt prospektive Verantwortung für X (wobei X in einem in der Zukunft liegenden Verhalten VT/U oder einer noch nicht eingetretenen Konsequenz KV eines vergangenen Verhaltens VT/U bestehen kann), wenn und weil P eine Pflicht mit Inhalt X besitzt.[63]

Um das Konzept der prospektiven Verantwortung verstehen zu können, ist es also nötig, sich mit dem Konzept der Pflicht auseinanderzusetzen, was in einem der nachfolgenden Kapitel geschehen soll (vgl. Kapitel IV). Nichtsdestotrotz zwingt uns die Erkenntnis, dass die Begriffe „Pflicht" und „prospektive Verantwortung" synonym zu verstehen sind, zu einem weiteren Denkschritt. Wie sich an der Definition ablesen lässt, erfolgt die Zuschreibung der prospektiven Verantwortung nicht willkürlich, sondern aufgrund eines Standards. Es gibt einen Grund, weshalb einer Person P prospektive Verantwortung zugeschrieben wird, nämlich das

---

62 Die Gleichsetzung von prospektiver Verantwortung und Pflicht ist in der Literatur gemeinhin akzeptiert: „Responsibility in this sense is akin to duty, other-ascribed or self-ascribed, and often talk of responsibility in this sense is just a linguistic variant of talk of duties and obligations." (Birnbacher, 2001b: 10) Ähnlich bestätigt Werner (2006: 541; vgl. 1994), dass „wir mit der Wendung „P ist verantwortlich für X" zum Ausdruck (bringen), dass P gewisse auf X bezogene Verpflichtungen hat".

63 Gewisse Autoren (vgl. Curcio, 2008: 52f) schlagen vor, prospektive Verantwortung zudem durch die Angabe eines Verantwortungsadressaten zu bestimmen, also anzugeben, wem gegenüber die prospektive Verantwortung besteht. Dies ist zwar grundsätzlich nicht falsch, jedoch ergibt sich der Verantwortungsadressat aus der Spezifikation der der prospektiven Verantwortung zugrundliegenden Pflicht. Da es aber auch Pflichten gibt, die niemandem geschuldet sind (sog. unvollkommene oder Liebespflichten; vgl. hierzu Kapitel IV.3), d. h. kein Gegenüber haben, kann es entsprechend auch der Fall sein, dass eine prospektive Verantwortung keinen Verantwortungsadressaten hat. Aus diesem Grund ist es nicht sinnvoll, den Verantwortungsadressaten in die allgemeine Formulierung des Verantwortungsbegriffs oder die Formulierung der prospektiven Verantwortung aufzunehmen.

Vorliegen einer Pflicht: P ist prospektiv verantwortlich, wenn und weil sie eine Pflicht besitzt.[64] Diese Tatsache zwingt uns nun, die weiter oben gegebene Beschreibung des Verantwortungsbegriffs als zwei- bzw. dreiteiligen, die Elemente Verantwortungssubjekt, Verantwortungsobjekt und Verantwortungsart umfassenden Strukturbegriff, um eine weitere Komponente zu ergänzen. Um sinnvoll über Verantwortung sprechen zu können, bedarf es darüber hinaus der Angabe eines Verantwortungsstandards bzw. eines Verantwortungsgrunds, also eines Grundes, weswegen ein Verantwortungsobjekt eine bestimmte Form der Verantwortung für etwas trägt. In dieser Form ergänzt, stellt sich der Verantwortungsbegriff allgemein gesprochen als vierstelliger Relations- bzw. Strukturbegriff dar:

> Wofür (Verantwortungsobjekt) ist Person P (Verantwortungssubjekt) wie (Verantwortungsart) weswegen (Verantwortungsstandard/ -grund) verantwortlich?

3 Retrospektive Verantwortung

Mit der retrospektiven Verantwortung verhält es sich (leider) nicht ganz so einfach wie mit der prospektiven Verantwortung. Wie oben erwähnt, richtet diese Form der Verantwortung ihren Blick auf vergangenes Verhalten $V_{T/U}$ einer Person bzw. eine bereits eingetretene Konsequenz K_V eines vergangenen Verhaltens $V_{T/U}$ einer Person. Ein solcher Blick zurück weist nun jedoch verschiedene Facetten auf, wie sich am einfachsten an einem Beispiel erläutern lässt: Wenn eine Person P als retrospektiv verantwortlich für ihre Gesundheit erachtet wird, dann bedeutet dies, dass P's in der Vergangenheit liegendes Verhalten $V_{T/U}$ kausal zu P's aktuellem Gesundheitszustand geführt hat bzw. dass P's heutige Gesundheit eine Konsequenz K_V von P's vergangenem Verhalten $V_{T/U}$ ist. Retrospektive Verantwortung scheint also etwas mit der Feststellung von Kausalitätsbeziehungen zu tun zu haben. Doch das ist noch nicht alles: Ist eine solche einmal festgestellt, stellt sich die Frage, ob die retrospektiv kausalverantwortliche Person für ihr vergangenes Verhalten $V_{T/U}$ und/ oder die Konsequenzen ihres Verhaltens K_V mit einer bestimmten Reaktion (z. B. Lob/ Belohnung, Tadel/ Strafe) bedacht, d. h. zur Verantwortung gezogen werden kann. Retrospektive Verantwortung kann somit in (mindestens) zwei Aspekte unterteilt werden, die man als (retrospektive) Kau-

64 Auch wenn eine prospektive Verantwortung im Vorliegen einer Pflicht begründet ist, so fällt letztere genausowenig wie die prospektive Verantwortung einfach vom Himmel. Das Vorliegen einer Pflicht ist ebenfalls begründungspflichtig. Wie genau verschiedene Arten von Pflichten (positive, konventionelle, moralische Pflichten), die dann wiederum prospektive Verantwortungen begründen, begründet werden, wird in Kapitel IV.4.2 beschrieben.

salverantwortung und (retrospektive) Rechtfertigungsverantwortung bezeichnen kann.[65]

---

65 Für diese Unterscheidung scheinen sich bisher (noch) keine einheitlichen Begrifflichkeiten durchgesetzt zu haben. In der Literatur finden sich eine ganze Reihe unterschiedlicher, inhaltlich jedoch in vielen Fällen praktisch gleichbedeutender Begriffspaare, wobei manche Autoren Retrospektivverantwortung nicht nur in zwei, sondern drei Dimensionen gliedern:

- Dworkin (1981) unterscheidet zwischen „role-responsibility", „causal-responsibility" und „liability-responsibility", wobei erstere ungefähr mit prospektiver Verantwortung gleichgesetzt werden kann, wobei er anstelle von „liability-responsibility" mnachmal einfach nur von „liability" spricht. Dworkin verwendet auch den Begriff „culpability", wobei er hierunter etwas versteht, das zwischen „causal-responsibility" und „liability-responsibility" liegt: „To make a claim about the culpability of individuals for their poor health status is to claim three things: that the individual was in some way at fault in behavior; that the faulty behavior produced the lowered health status; that the faultiness of the behavior created the damage to health." (Dworkin, 1981: 30) Eine ähnliche Unterscheidung wie die von Dworkin findet sich auch bei Bolt, Verweij & van Delden (2007: 152 f), die zwischen „causale verantwoordelijkheid", „attributieve verantwoordelijkheid" und „substantiele verantwoordelijkheid" differenzieren, wobei letztere mit Dworkins „role-responsibility" und zweitere mit „liability-responsibility" gleichgesetzt werden kann.
- Gary Watson (1996) unterscheidet zwischen Verantwortung verstanden als „attributability" und Verantwortung verstanden als „accountability", wobei erstere der Kausalverantwortung und zweitere der Rechtfertigungsverantwortung entspricht.
- Garrath Williams (2009) verwendet für die Unterscheidung zwischen (retrospektiver) Kausalverantwortung und (retrospektiver) Rechtfertigungsverantwortung die Begriffe „causal responsibility" und „liability responsibility".
- Das Konzept der prospektiven Verantwortung nicht erwähnend, unterteilt Wikler das Konzept der Verantwortung in einer kausale und eine Rechenschaftskomponente: „Insistence that individuals are „responsible" for their own health may stem from a conflation of two different phenomena: an individual's life-style playing a causal role in producing illness, and that individual being at fault and accountable for his or her life-style and illness." (Wikler, 1978: 333)
- Hart (1968: 221 ff; vgl. Vincent, 2011: 16 ff) unterscheidet zwischen „role-responsibility", „causal responsibility", „outcome-responsibility", „liability-responsibility" und „capacity-responsibility", wobei der Unterscheidung zwischen Kausal- und Rechtfertigungsverantwortung diejenige zwischen „causal responsibility" und „liability-responsibility" entspricht und „role-responsibility" ungefähr mit der oben dargelegten Prospektivverantwortung identifiziert werden kann. Unter „capacity-responsibility" versteht Hart die Voraussetzung für „liability-responsibility": Von jemand zu sagen, dass er „capacity-responsibility" besitzt „is used to assert that a person has certain normal capacities. [...] The capacities in question are those of understanding, reasoning, and control of conduct." (Hart, 1968: 227) Bei Abwesenheit eines oder mehrerer dieser Kriterien „persons may be said to be 'suffering from diminished responsibility'" (Hart, 1968: 228), wobei Hart mit „responsibility" hier „liability-responsibility" meint.
- Knight & Stemplowska (2011) unterscheiden zwischen „responsibility as obligation", „causal responsibility", „agent responsibility", „consequential responsibility" und „moral

3.1 (Retrospektive) Kausalverantwortung

Der Kausalverantwortung geht es um die Klärung der Frage, ob einer oder mehreren Person(en) eine kausale Rolle bei der Hervorbringung dessen zugeschrieben werden kann, für das sie als verantwortlich bezeichnet wird: „A is causally responsible for X when A has caused X“ (Knight & Stemplowska, 2011: 11). Der

---

responsibility“. Erstere kann mit dem oben dargelegten Konzept der prospektiven Verantwortung gleichgesetzt werden. Die mit der Kausalverantwortung gleichzusetzende „causal responsibility“ definieren sie wie folgt: „A is causally responsible for X when A has caused X“ (Knight & Stemplowska, 2011: 11). Damit einer Person „agent responsibility“ zugeschrieben werden kann, muss ihr zum einen Kausalverantwortung nachgewiesen werden können und zum anderen muss das kausale Verhalten ein bewusstes gewesen sein: „To attribute agent responsibility for X we need to find both a causal link between the person and X (i.e. attribute causal responsibility) as well as establish, in addition, that X stems appropriately from that person's agency.“ (Knight & Stemplowska, 2011: 12) Für den Aspekt der Rechtfertigungsverantwortung verwenden sie „consequential responsibility“ („To say that a person is consequentially responsible for X is to say that the burdens and benefits that come with or constitute X are justly his or hers to bear (or to enjoy).“ (Knight & Stemplowska, 2011: 13)) und „moral responsibility“ („A is morally responsible for X when he is blameworthy or praiseworthy for X“ (Knight & Stemplowska, 2011: 11)), wobei sie letztere (neben „legal responsibility“) als Unterkategorie von ersterer sehen, welche die Konsequenz („burdens and benefits“) in Form von Lob und Tadel spezifiziert.
- Zimmerman (1988) differenziert Rechtfertigungsverantwortung in „appraisability“ (auch: „inward accountability“) und „liability“ (auch: „outward accountability“), womit er zwischen der Feststellung der Lobens- oder Tadelnswürdigkeit einer Person („appraisability“) und dem effektiven Lob/Tadel unterscheiden möchte.
- Höffe (vgl. 1989: 15; 1993: 20) spricht anstelle von Rechtfertigungsverantwortung von „Rechenschaftsverantwortung“, von der er „Aufgabenverantwortung“ (auch: Rollenverantwortung, Zutsändigkeitsverantwortung) (verstanden als prospektive Verantwortung), „Handlungsverantwortung“ (kausale Verantwortung) und „Haftungsverantwortung“ (worunter er das der Rechenschaftsverantwortung folgende effektive Tragen z. B. einer Strafe versteht) abgrenzt.
- Lenk & Maring (1993: 233f) unterscheiden zwischen Handlungsfolgenverantwortung (auch: Kausalhandlungsverantwortung), Rollen- oder Aufgabenverantwortung, allgemeiner moralischer sowie allgemeiner rechtlicher Verantwortung und reflexiver Metaverantwortung. Während sie unter letzterer im Grunde eine spezielle prospektive Verantwortung verstehen, nämlich die Verantwortung für die Formulierung moralischer Normen, entspricht die Handlungsfolgenverantwortung der Kausalverantwortung, die Rollen- oder Aufgabenverantwortung der prospektiven Verantwortung und die allgemeine moralische sowie rechtliche Verantwortung der Rechenschaftsverantwortung.
- Günther (2006: 296) unterscheidet zwischen „Zurechnungsverantwortung“ und „Aufgabenverantwortung“, wobei erstere für ihn im Sinne der retrospektiven und zweitere im Sinne der prospektiven Verantwortung zu verstehen ist.

Verantwortungsstandard der Kausalverantwortung, d. h. der Grund, weswegen ein Verantwortungssubjekt diese Form der Verantwortung trägt, ist Kausalität; jemand ist kausalverantwortlich, wenn ihm Kausalität für das Verantwortungsobjekt (X) nachgewiesen werden kann. Wann hat aber eine Person P X kausal verursacht?

Allgemein gesprochen hat P X dann verursacht, wenn X in einem vergangenen Verhalten $V_{T/U}$ von P besteht oder wenn ein vergangenes Verhalten $V_{T/U}$ von P dazu geführt hat, dass X und nicht nicht-X der Fall ist, d. h. wenn X eine Konsequenz K_V eines vergangenen Verhaltens $V_{T/U}$ von P ist.[66] Damit jedoch nicht genug: Denn in beiden Fällen wird implizit vorausgesetzt, dass P auch kausal für das Verhalten $V_{T/U}$ war. Dass dies jedoch nicht immer der Fall ist, wird deutlich, wenn wir uns vor Augen führen, dass P einer anderen Person bewusst, also wissentlich und willentlich, auf den Fuß getreten sein oder von einer dritten Person geschubst worden sein kann, so dass sie der zweiten Person bei der Suche nach Gleichgewicht aus Versehen auf den Fuß getreten ist. Während wir in beiden Fällen eine Kausalverantwortung von P für das Auf-den-Fuß-Treten in dem Sinn bejahen können, dass P und niemand anderes der anderen Person tatächlich auf den Fuß getreten ist, so hat die Kausalverantwortung von P im zweiten Fall eine andere Qualität. Im Unterschied zum ersten Fall war in diesem nämlich das Verhalten $V_{T/U}$ nicht von P ausgegangen bzw. war kein bewusstes Verhalten.[67] Von der retrospektiven Kausalverantwortung im oben dargelegten weiten (bzw. externen oder äußerlichen) Sinn ist somit eine retrospektive Kausalverantwortung im engen Sinn abzugrenzen, die auch als interne oder innere Kausalverantwortung bezeichnet werden kann:[68]

---

66 Das Verhalten muss hierbei, wie Birnbacher (2001b: 13) anmerkt, „at least be a contributing cause (working together with other causal factors) to whatever is at stake".

67 Anstelle von bewusstem Verhalten könnte man auch freiwilligem Verhalten sprechen. Eine Person handelt bewusst bzw. freiwillig, wenn sie wissentlich und willentlich handelt und der Ursprung des Verhaltens $V_{T/U}$ somit in der handelnden Person selbst liegt (vgl. Aristoteles, Nikomachische Ethik, 1111 a 20). Eine Person handelt unfreiwillig, wenn sie aus Unwissen und/ oder unter Zwang (d. h. gegen ihren Willen) handelt (Aristoteles, Nikomachische Ethik, 1110 a 1). Bei erzwungenem $V_{T/U}$ liegt laut Aristoteles der Urspung des $V_{T/U}$ außerhalb der Person (Nikomachische Ethik, 1110a.1; vgl. 1110b.15); deswegen kann P in solchen Fällen nicht kausal für $V_{T/U}$ sein. Bei $V_{T/U}$ aus Unwissenheit (vgl. Aristoteles, Nikomachische Ethik, 1111 a 1 f) muss zudem zwischen unwissentlichem $V_{T/U}$, dem Reue folgt, und unwissentlichem $V_{T/U}$, dem keine Reue folgt, unterschieden werden; nur ersteres kann wirklich als unfreiwillig bezeichnet werden, zweiteres ist einfach nicht freiwillig (vgl. Aristoteles, Nikomachische Ethik, 1111 a 20 und 1110 b 15 f).

68 Die Notwendigkeit der Differenzierung der Kausalverantwortung sehen auch Knight & Stemplowska (2011), die zu diesem Zweck das Konzept der „agent responsibility" einführen: „To attribute agent responsibility for X we need to find both a causal link between the person and X (i. e. attribute causal responsibility) as well as establish, in addition, that X stems appropriately

(Retrospektive) äußere Kausalverantwortung: Eine Person P trägt eine (retrospektive) äußere Kausalverantwortung für X (wobei X in einem vergangenen Verhalten $V_{T/U}$ oder einer bereits eingetretenen Konsequenz K_V eines vergangenen Verhaltens $V_{T/U}$ bestehen kann), wenn es sich bei X um ein vergangenes Verhalten $V_{T/U}$ von P handelt oder wenn ein vergangenes Verhalten $V_{T/U}$ von P dazu geführt hat, dass X und nicht nicht-X der Fall ist, d.h. wenn X eine bereits eingetretene Konsequenz K_V eines vergangenen Verhaltens $V_{T/U}$ von P ist.

(Retrospektive) innere Kausalverantwortung: Eine Person P trägt (retrospektive) innere Kausalverantwortung für X (wobei X in einem vergangenen Verhalten $V_{T/U}$ oder einer bereits eingetretenen Konsequenz K_V eines vergangenen Verhaltens $V_{T/U}$ bestehen kann), wenn P äußerliche Kausalverantwortung für X trägt und wenn das vergangene Verhalten $V_{T/U}$ von P ein bewusstes (d.h. wissentliches und willentliches) $V_{T/U}$ von P war.

3.2 (Retrospektive) Rechtfertigungsverantwortung

Während die Zuschreibung von prospektiver Verantwortung normativer und die retrospektiver Kausalverantwortung deskriptiver Natur ist, stellt die Zuschreibung von Rechtfertigungsverantwortung einen wertenden und evaluativen Vorgang dar – sie hat nämlich, im Gegensatz zur prospektiven und zur Kausalverantwortung Konsequenzen. Im Zentrum der Rechtfertigungsverantwortung steht die Frage, ob eine Person P für ein vergangenes Verhalten $V_{T/U}$ oder für die Konsequenz K_V eines vergangenen Verhaltens $V_{T/U}$ zur Rechenschaft gezogen werden kann bzw.

---

from that person's agency. Thus a person who breaks a window because she is thrown against it by a sudden gust of wind may be casually responsible for breaking the window but would not normally be seen as agent responsible for it if we believe that the force of the wind simply overrode her agency." (Knight & Stemplowska, 2011: 12) Eine dieser Vorstellung von Verantwortung nicht unähnliche Form der Verantwortung vertritt auch Hart (1968: 227f), wenn er von „capacity-responsibility" spricht und worunter er versteht, „that a person has certain normal capacities. [...] The capacities in question are those of understanding, reasoning, and control of conduct." (Hart, 1968: 227)

Die Unterscheidung zwischen zwei Formen von Kausalverantwortung ist auch in den Ausführungen von Velasquez (1983: 3f) zum Thema moral responsibility zu finden: „Moral responsibility is the kind of responsibility that is attributed to an agent only for those actions that originate in the agent, insofar as the action derived from the agent's intentions (the mens rea requirement) and from the same agent's bodily movements (the actus reus requirement). [...] An agent originates an action in this sense when (i) he forms a plan of action or intention in his mind and (2) he executes this intention through bodily movements over which he has direct control."

sich für ein vergangenes Verhalten $V_{T/U}$ oder für die Konsequenz K_V eines vergangenen Verhaltens $V_{T/U}$ verantworten muss. Der Rechtfertigungsverantwortung geht es um eine angemessene Reaktion auf die Tatsache, dass P ein bestimmtes Verhalten $V_{T/U}$ an den Tag gelegt hat oder durch ein bestimmtes Verhalten $V_{T/U}$ eine Konsequenz K_V herbeigeführt hat. Für etwas im Sinne von Rechtfertigungsverantwortung verantwortlich zu sein, bedeutet letzten Endes „to be worthy of a particular kind of reaction – praise, blame, or something akin to these – for having performed it" (Eshleman, 2009).[69]

Diese Reaktion (bzw. die Verantwortungskonsequenz) kann hierbei drei Formen annehmen: Sie kann entweder positiv, neutral oder negativ ausfallen. Eine negative Konsequenz äußert sich gemeinhin in einer Bestrafung oder Tadel, eine positive Konsequenz besteht üblicherweise in einer Belohnung oder Lob und eine neutrale Konsequenz liegt dann vor, wenn eine Reaktion ausbleibt bzw. das Verantwortungssubjekt keine Konsequenzen zu tragen hat.[70] Welche der Konsequenzen zum Tragen kommt, hängt davon ab, ob das Verantwortungssubjekt eine prospektive Verantwortung besessen hat, die mit dem zusammenhängt, wofür es zur Rechenschaft gezogen wird (X).[71] Für diesen Zusammenhang gibt es nun drei

---

69 Martin (2001: 96) unterscheidet zwischen drei Arten von „blame": „Blame proper, however, involves one or more of the following. Attitude blame consists of negative attitudes and emotions such as resentment, indignation, anger, contempt, or hatred (in blaming others), or guilt, shame, depression, or self-hatred (in blaming oneself). These attitudes and emotions have varying degrees of intensity, from mild to vehement [...]. Censure blame are acts of public criticism, expanding ‚censure' from its usual meaning of formal reprimand to include all verbal and physical expressions, from snide remarks and hostile denunciations to shunning and other body language. Liability blame is assigning liabilities (costs, penalties, punishment) for harmful consequences."

70 Im Fall einer neutralen Reaktion, d. h. wenn das Verantwortungssubjekt keine Konsequenzen zu tragen hat, macht es streng genommen nicht allzuviel Sinn, von Rechtfertigungsverantwortung zu sprechen. Es reicht deswegen aus, sich auf die positive und negative Reaktion zu beschränken.

71 Wobei es sich bei X um ein vergangenes Verhalten $V_{T/U}$ oder eine bereits eingetretene Konsequenz K_V eines vergangenen Verhaltens $V_{T/U}$ handeln kann. Auch wenn er oft nicht ausreichend differenziert dargestellt wird und der begrifflichen Schärfung bedarf, so bestätigt eine Reihe von Autoren diesen grundsätzlichen Zusammenhang zwischen prospektiver und Rechtfertigungsverantwortung: So ist z. B. Höffe der Auffassung, dass „in jeder Rechtfertigungsverantwortung begrifflich eine Aufgabenverantwortung vorausgesetzt ist" (Höffe, 1989: 16). Vedder (2008: 341; vgl. Hart, 1968: 223) schreibt: „It is important to see that the two cannot be dealt with completely separately in the sense that the first cannot be understood adequately without the second. We only hold people morally responsible (in the retrospective sense) if they had a responsibility (in the prospective sense) to perform or not to perform the action in question at the time when they actually did or did not perform that action. To put it differently, it only makes sense to hold a person responsible, retrospectively, for action or omission X when he or she was under a relevant duty or obligation regarding X." Eine ähnliche Aussage findet sich auch bei Duff (2005: 443): „Our prospective responsibilities help determine our retrospective responsibilities: we hold a parent re-

grundsätzliche Möglichkeiten: Das Verantwortungssubjekt kann eine Pflicht mit Inhalt X (Pflicht dafür zu sorgen, dass X), eine Pflicht mit Inhalt nicht-X (Pflicht dafür zu sorgen, dass nicht-X (¬X)) oder keine in Zusammenhang mit X stehende Pflicht besessen haben (vgl. Abbildung 17).

Wenn eine Person P für X zur Rechenschaft gezogen werden soll und P eine Pflicht mit Inhalt X besessen hat, dann bedeutet dies, dass P dafür zur Rechenschaft gezogen werden soll, dass sie getan hat, was zu tun sie verpflichtet war. Diese Konstellation zeitigt üblicherweise keine bzw. eine neutrale Konsequenz, so dass an sich nicht von Rechtfertigungsverantwortung gesprochen werden kann. Anders sieht die Sache aus, wenn P für X zur Rechenschaft gezogen werden soll und P eine Pflicht mit Inhalt nicht-X besessen hat. In diesem Fall hat P durch die Realisierung von X gegen ihre Pflicht verstoßen, dafür zu sorgen, dass nicht-X (der Fall ist), und kann deswegen mit einer Strafe oder Tadel belegt werden. In der dritten möglichen Konstellation hat das Verantwortungssubjekt keinerlei prospektive Verantwortung besessen, die im Zusammenhang mit dem steht, wofür es zur Rechenschaft gezogen werden soll (X); P hat also weder eine Pflicht mit Inhalt X (Pflicht, dass X (der Fall ist)) noch eine Pflicht mit Inhalt nicht-X (Pflicht, dass

---

trospectively responsible for her child's truancy only insofar as it was her prospective responsibility to ensure that he attended school." (Duff, 2005: 443) Bei Long (1999: 125) lesen wir: „The two kinds of responsibility – retrospective and prospective – are linked, in that the wrongs we can be held retrospectively responsible for are precisely those that it was our prospective responsibility to avoid." (Long, 1999: 125) Und auch Dworkin (1981: 28) weist darauf hin, dass prospektive Verantwortung (die bei ihm unter der Bezeichnung „role-responsibility" läuft) die Grundlage für Rechtfertigungsverantwortung ist: „The relationships between role-responsibility, causal-responsibility, and liability-responsibility are complex [...]. But, roughly speaking, each category serves as a foundation for reasoning about the next. One's role-responsibilities determine one's liabilities and obligations. They also serve to determine causal influences. It is the gardener's failure to water the lawn that caused the marigolds to die, not mine – although neither of us watered the lawn. In turn, what one causes determines for what one can be held accountable and for what one is liable." Ähnlich sehen es auch Marckmann, Möhrle & Blum (2004: 716): „Prospektive und retrospektive Verantwortung sind nicht unabhängig voneinander, sondern stehen in einer über die normativen Standards vermittelten Korrespondenzbeziehung. Nur wenn jemand eine – über bestimmte normative Standards ausgewiesene – prospektive Verantwortung für eine Person oder einen Zustand besitzt, kann er auch retrospektiv zur Rechenschaft gezogen werden, wenn er die Verpflichtungen nicht gemäß der vorgegebenen Standards erfüllt hat."

In diesem Zusammenhang sei erwähnt, dass die Beziehung zwischen prospektiver und Rechtfertigungsverantwortung nicht nur dergestalt ist, dass die Rechtfertigungsverantwortung nicht ohne die prospektive gedacht werden kann, sondern dass auch die prospektive auf die Rechtfertigungsverantwortung hingeordnet ist: „Prospektive ohne retrospektive Verantwortung bleibt leer." (Werner, 1994) Soll heißen: Wenn die Zuschreibung einer Pflicht nicht mit einem Sanktionsmechanismus für das Nichteinhalten dieser Pflicht gekoppelt ist, dann bleibt sie zahnlos.

Verantwortungssubjekt (Person P) P hat *eine* in Zusammenhang mit Verantwortungsobjekt (X) stehende ***Pflicht besessen***		Verantwortungssubjekt (Person P) P hat *keine* in Zusammenhang mit Verantwortungsobjekt (X) stehende ***Pflicht besessen***
P hatte Pflicht mit Inhalt X (Pflicht, daß X)	P hatte Pflicht mit Inhalt Nicht-X (Pflicht, daß nicht-X)	P hatte weder eine Pflicht mit Inhalt X noch eine Pflicht mit Inhalt nicht-X (keine Pflicht, daß X noch nicht-X)
↓ X war P geboten ↓	↓ X war P verboten ↓	↓ P war nicht verpflichtet zu X und X war P nicht verboten ↓
neutrale Konsequenz/ keine Reaktion, wenn P X	negative Konsequenz/ negative Reaktion (Strafe, Tadel), wenn P X	neutrale Konsequenz/ keine Reaktion, wenn P X; allenfalls positive Konsequenz/ positive Reaktion (Belohnung, Lob), wenn P X

Abb. 17: Mögliche Formen der Verantwortungskonsequenz

nicht-X (der Fall ist)) besessen. In diesem Fall stellt sich also die Frage, ob das Verantwortungssubjekt für etwas zur Rechenschaft gezogen werden kann, das zu tun ihm freigestellt war, d. h. das zu tun ihm nicht geboten und nicht verboten war. Was man sicher sagen kann ist, dass die Verantwortungskonsequenz auf jeden Fall keine negative sein kann, da das Verantwortungssubjekt keine Pflicht verletzt hat. Die Verantwortungskonsequenz kann also nur in einer neutralen oder allenfalls positiven Reaktion bestehen.[72]

Soviel zur Verantwortungskonsequenz, zur der es noch viel zu sagen gäbe, die jedoch nicht im Fokus dieser Arbeit stehen wird und deswegen für unsere Zwecke auch nicht weiter vertieft zu werden braucht. Die für unsere Zwecke wichtige Erkenntnis ist die, dass zur Beschreibung der Rechtfertigungsverantwortung eine Aussage zur Verantwortungskonsequenz gemacht werden muss, diese jedoch davon abhängig ist, ob das Verantwortungssubjekt eine mit dem Verantwortungsobjekt X zusammenhängende Pflicht besessen hat oder nicht. Das (Nicht-) Vorliegen einer solchen Pflicht kann entsprechend als Teil des Verantwortungsstandards betrachtet werden. Anders ausgedrückt bedeutet dies: Um eine sinnvolle Aussage über die Rechtfertigungsverantwortung machen zu können, d. h. um klären zu können, ob und wie ein Verantwortungssubjekt für ein Verantwortungsobjekt zur Rechenschaft gezogen werden kann, muss man zuerst wissen,

72 Welche von beiden Optionen eintritt, hängt vom zur Diskussion stehenden Verantwortungsobjekt ab. Diese Frage ist für die Zwecke dieser Arbeit jedoch nicht weiter von Relevanz.

welche mit dem Verantwortungsobjekt im Zusammenhang stehenden Pflichten das Verantwortungssubjekt besessen hat bzw. besitzt.

Aus dem bisher zur Verantwortungskonsequenz Gesagten erhellt sich darüber hinaus noch ein weiterer Aspekt des Verantwortungsstandards der retrospektiven Rechtfertigungsverantwortung: Das Verantwortungsobjekt (X) muss dem Verantwortungssubjekt zugerechnet werden können. Es wäre Willkür, jemanden für etwas zur (Rechtfertigungs-)Verantwortung zu ziehen, an dessen Zustandekommen er in keiner Weise beteiligt war. Eine weitere conditio sine qua non dafür, dass einer Person P überhaupt Rechtfertigungsverantwortung für X zugeschrieben werden kann, besteht also darin, dass P dafür, wofür sie zur Rechtfertigungsverantwortung gezogen werden soll (X), sowohl innere als auch äußere Kausalverantwortung trägt. Oder wie Beck es ausdrückt: „In diesem Licht stellt die feststellbare Kausalverantwortung eine notwendige Bedingung für die Zuschreibung von Rechtfertigungsverantwortung dar, während die Zuschreibung letzterer eine zusätzliche normative Begründung erfordert." (Beck, 2013: 247 f) Das Verantwortungssubjekt kann für eine Konsequenz K_V seines Verhaltens $V_{T/U}$ nur in dem Umfang zur Rechenschaft gezogen werden, in dem sein Verhalten nicht nur theoretisch, sondern faktisch zum Entstehen der Konsequenz K_V beigetragen hat. Wenn neben seinem Verhalten auch das Verhalten anderer Personen auschlaggebend dafür war, dass die Konsequenz so zustandegekommen ist, wie sie zustandegekommen ist, dann kann das Verantwortungssubjekt nur für seinen Beitrag rechtfertigungsverantwortlich gemacht werden.[73]

Damit sind wir jedoch hinsichtlich der Überlegungen zum Verantwortungsstandard immer noch nicht am Ende angelangt. Denn selbst wenn einer Person P sowohl innere als auch äußere Kausalverantwortung für ein Verantwortungsobjekt X zugeschrieben werden kann und selbst wenn sie zusätzlich eine Pflicht mit Inhalt nicht-X hatte, dann ist damit nicht automatisch gesagt, dass P für X zur Rechenschaft gezogen und mit einer negativen Reaktion (Strafe, Tadel) bedacht werden kann. Es können nämlich Gründe vorliegen, die dies verhindern, indem sie

73 Cappelen & Norheim (2005) sind hier leicht anderer Meinung, da sie der Auffassung sind, „that individuals should be held responsible for their choices, not for the consequences of their choices" (Cappelen & Norheim, 2005: 478). Alles andere würde bedeuten „to hold people responsible for differences in luck" (Cappelen & Norheim, 2005: 479), da die Konsequenzen einer Handlung zu verschiedenen Zeiten und in Abhängigkeit der Umstände anders ausfallen können. Entsprechend ist es für sie nur im „special case where the outcome depends solely on the individual's choices and not on any other factors" (Cappelen & Norheim, 2005: 478) zulässig, „that individuals should be held responsible for the consequences of their actions" (Cappelen & Norheim, 2005: 478 f).

P exkulpieren.[74] Um zu wissen, ob ein Verantwortungssubjekt zur (Rechtfertigungs-)Verantwortung gezogen werden kann, muss also zusätzlich zur Kausalverantwortung und der prospektiven Verantwortung auch noch geprüft werden muss, ob besondere Exkulpationsgründe vorliegen oder nicht. Der Verantwortungsstandard der Rechtfertigungsverantwortung setzt sich somit aus vier Aspekten zusammen: Rechtfertigungsverantwortung kann nur dann zugeschrieben werden, wenn man weiß, ob P eine Zusammenhang mit X stehende Pflicht be-

74 Ein Beispiel für einen solchen Exkulpationsgrund, der im Rahmen dieser Arbeit zwar nicht annähernd in der gebotenen Tiefe diskutiert werden kann, auf den jedoch nichtsdestotrotz hingewiesen werden soll, ist die sog. „Doctrine of Double Effect (DDE)". Dieses manchmal auch als „Principle of Side Effects" oder „Doctrine of the Voluntarium Indirectum" bezeichnete Prinzip findet in Fällen Anwendung, in denen ein Verhalten $V_{T/U}$ zwei Konsequenzen K_V zeitigt, wobei die eine Konsequenz intendiert und eine andere zwar nicht intendiert, aber vorhergesehen war (vgl. IIª-IIae q. 64 a. 7 co.). Es besagt im Kern, dass „sometimes it is permissible to bring about as a merely foreseen side effect a harmful event that it would be impermissible to bring about intentionally" (McIntyre, 2011). Die DDE erlaubt es, P von Rechtfertigungsverantwortung freizusprechen, wenn folgende Bedingungen erfüllt sind: „(i) The act considered independently of its evil effect is not in itself wrong; (ii) the agent intends the good and does not intend the evil either as an end or as a means; and, (iii) the agent has proportionately grave reasons for acting, addressing his relevant obligations, comparing the consequences, and, considering the necessity of the evil, exercising due care to eliminate or mitigate it." (Cavanaugh, 2006: 36; vgl. auch Mangan, 1949: 43; Connell, 1967: 1021)

Manchmal wird als Exkulpationsgrund auch das „Principle of Alternate Possibilities (PAP)" angeführt, zuammen mit dem „Principle of Possible Action (PPA)" und dem „Principle of Possible Prevention (PPP)". Das PAP, das besagt, dass „a person is morally responsible for what he has done only if he could have done otherwise" (Frankfurt, 1969: 829; 1988: 1), ist jedoch nicht aufrechtzuerhalten, da es – wie Frankfurt (1969; 1988) richtigerweise argumentiert – in gewissen Fällen durchaus möglich ist, das zu wollen, wozu man keine Alternative hat. Die Abwesenheit alternativer Handlungsmöglichkeiten allein ist also kein automatischer Exkulpationsgrund, sondern bedarf der komplementären Betrachtung des effektiven Willens des Verantwortungssubjekts. Hieran ändert auch die von Balzer (2005: 65) vorgeschlagene Umformulierung von PAP in PAP' nichts, nach der die Zuschreibung von Rechtfertigungsverantwortung nicht davon abhängt, „ob er imstande gewesen ist, anstelle von A eine andere Handlung A' zu vollziehen; es genügt, daß er imstande gewesen ist, A einfach zu unterlassen" (Balzer, 2005: 65).

Die von van Inwagen (1978) formulierten und manchmal auch als Exkulpationsgründe erwähnten PPA und PPP besagen, dass „a person is morally responsible for failing to perform a given act only if he could have performed that act" (van Inwagen, 1978: 204) bzw. dass „a person is morally responsible for a certain state of affairs only if (that state of affairs obtains and) he could have prevented it from obtaining" (van Inwagen, 1978: 210). PPA und PPP sind im Grunde jedoch überflüssig, da ihr Auftreten durch den allgemein anerkannten Grundsatz „ultra posse nemo obligatur" bzw. „ought implies can" verhindert wird (vgl. Erk, 2011: 156 ff); ist dieser Grundsatz nicht erfüllt, liegt gar keine Pflicht vor, so dass eine Grundbedingung für die durch PPA und PPP implizierte Zuschreibung negativer Verantwortungskonsequenzen gar nicht gegeben ist.

sessen hat, wenn P für X sowohl innere als auch äußere Kausalverantwortung trägt und keine Exkulpationsgründe vorliegen.

Im Gegensatz zu den bisher diskutierten Arten der Verantwortung reicht es also nicht aus, die Rechtfertigungsverantwortung anhand der vier bereits bekannten Elemente (Verantwortungssubjekt, Verantwortungsart, Verantwortungsobjekt, Verantwortungsstandard) zu beschreiben. Sie muss zusätzlich durch mindestens ein weiteres Element, nämlich die Verantwortungskonsequenz, bestimmt werden. Damit jedoch nicht genug, denn darüber hinaus ist ein zweites zusätzliches Element vonnöten: die Verantwortungsinstanz. Wie unser Sprachgebrauch zeigt, wird ein Verantwortungssubjekt zur Rechtfertigungsverantwortung gezogen; es gibt also jemanden oder etwas, der bzw. das zieht. Und die Stelle, die dies tut, indem sie die Verantwortungskonsequenz anhand eines Verantwortungsstandards festsetzt, ist die Verantwortungsinstanz. Sie ist die Stelle, vor der sich das Verantwortungssubjekt zu verantworten hat. Die Verantwortungsinstanz kann jedoch nicht losgelöst vom Verantwortungsstandard betrachtet werden: Die Verantwortungsinstanz kann das Verantwortungssubjekt nur dann zur (retrospektiven) Rechenschaftsverantwortung ziehen, wenn die im Zusammenhang mit X stehende Pflicht dergestalt war, dass das Verantwortungssubjekt sie gegenüber der Verantwortungsinstanz besessen hat.[75]

Der Begriff der retrospektiven Rechtfertigungsverantwortung stellt also einen nicht nur vier-, sondern sechsteiligen Relations- bzw. Strukturbegriff dar, der anhand der Elemente Verantwortungssubjekt, Verantwortungsobjekt, Verantwortungsart, Verantwortungsstandard, Verantwortungsinstanz und Verantwortungskonsequenz zu spezifizieren ist. Anders ausgedrückt könnte man sagen, dass der (retrospektiven) Rechtfertigungsverantwortung folgende Frage zugrundeliegt:

> Wer (Verantwortungssubjekt) muss sich vor oder gegenüber wem (Verantwortungsinstanz) wofür (Verantwortungsobjekt) mit welcher sich woran bemessenden (Verantwortungsstandard) Konsequenz (Verantwortungskonsequenz) verantworten?

Wenn wir das bisher Gesagte zusammenfassen, so kann die (retrospektive) Rechtfertigungsverantwortung als sechsteiliger Relations- bzw. Strukturbegriff in allgemeiner Form wie folgt formuliert werden:

75 Dies bedeutet, anders ausgedrückt, dass es sich bei der im Zusammenhang mit X stehenden Pflicht um eine vollkommene Pflicht gehandelt haben muss (für die Unterscheidung zwischen vollkommenen und unvollkommenen Pflichten siehe Kapitel IV.3.2 sowie IV.3.3).

> **(Retrospektive) Rechtfertigungsverantwortung:** Eine Person P trägt eine (retrospektive) Rechtfertigungsverantwortung für X (wobei X in einem vergangenen Verhalten $V_{T/U}$ oder einer bereits eingetretenen Konsequenz K_V eines vergangenen Verhaltens $V_{T/U}$ bestehen kann), wenn P von einer dazu kompetenten Stelle[76] mit einer positiven Reaktion (Belohnung, Lob) oder einer negativen Reaktion (Strafe, Tadel) bedacht wird.
>
> Die Reaktion kann eine positive (Belohnung, Lob) sein, wenn und weil P für X keine prospektive Verantwortung getragen hat (d. h. keine vollkommene Pflicht mit Inhalt X oder nicht-X (keine vollkommene Pflicht, X zu tun oder zu unterlassen) besessen hat), P für X innere Kausalverantwortung trägt, P für X äußere Kausalverantwortung trägt und keine Exkulpationsgründe vorliegen.
>
> Die Reaktion ist eine negative (Strafe, Tadel), wenn und weil P für Nicht-X prospektive Verantwortung getragen hat (d. h. eine vollkommene Pflicht mit Inhalt nicht-X (Pflicht, X zu unterlassen) besessen hat), P für X innere Kausalverantwortung trägt, P für X äußere Kausalverantwortung trägt und keine Exkulpationsgründe vorliegen.

Alternativ zu dieser Formulierung der (retrospektiven) Rechtfertigungsverantwortung und diese noch etwas weiter präzisierend könnte man auch zwischen positiver und negativer (retrospektiver) Rechtfertigungsverantwortung unterscheiden:

> **(Retrospektive) negative Rechtfertigungsverantwortung**: Eine Person P trägt negative (retrospektive) Rechtfertigungsverantwortung für X (d. h. für ein vergangenes Verhalten $V_{T/U}$ oder eine bereits eingetretene Konsequenz K_V eines vergangenen Verhaltens $V_{T/U}$), wenn und weil P prospektive Verantwortung für nicht-X (d. h. eine vollkommene Pflicht mit Inhalt nicht-X (Pflicht, X zu unterlassen bzw. nicht zu tun)) getragen hat, P für X innere Kausalverantwortung trägt, P für X äussere Kausalverantwortung trägt, keine Exkulpationsgründe vorliegen und P von einer dazu kompetenten Instanz zum Ausgleich des durch die Tatsache, dass X (der Fall ist), verursachten Verstosses gegen die Gerechtigkeit mit einer negativen Reaktion (Strafe, Tadel) bedacht worden ist.

---

76 Die Stelle ist dann als kompetent zu betrachten, wenn sie das Gegenüber der vollkommenen Pflicht von P ist oder wenn das Gegenüber der vollkommenen Pflicht von P ihr eine Vertretungskompetenz übertragen hat.

(Retrospektive) positive Rechtfertigungsverantwortung: Eine Person P trägt positive (retrospektive) Rechtfertigungsverantwortung für X (d.h. für ein vergangenes Verhalten $V_{T/U}$ oder eine bereits eingetretene Konsequenz K_V eines vergangenen Verhaltens $V_{T/U}$), wenn und weil P keine prospektive Verantwortung für X (d.h. keine vollkommene Pflicht mit Inhalt X oder nicht-X (keine vollkommene Pflicht, X zu tun oder zu unterlassen)) getragen hat, P für X innere Kausalverantwortung trägt, P für X äussere Kausalverantwortung trägt, keine Exkulpationsgründe vorliegen und P für die Tatsache, dass X (der Fall ist), von einer dazu kompetenten Instanz mit einer positiven Reaktion (Belohnung, Lob) bedacht worden ist.

4 Verantwortung: Ein zusammenfassender Überblick

Wenn wir die vorangegangenen Kapitel zusammenfassen, so können wir sagen, dass von Verantwortung grundlegend in zweierlei Hinsicht gesprochen werden kann, nämlich in prospektiver und retrospektiver Hinsicht. Während das Tragen prospektiver Verantwortung gleichbedeutend mit dem Tragen einer Pflicht ist, kann die retrospektive Verantwortung in die beiden Teilaspekte Kausalverantwortung und Rechtfertigungsverantwortung untergliedert werden, wobei die Kausalverantwortung nochmals in innere und äußere Kausalverantwortung unterschieden werden muss. Während prospektive und Kausalverantwortung vierstellige Relations- bzw. Strukturbegriffe darstellen, die anhand der Elemente Verantwortungssubjekt, Verantwortungsobjekt, Verantwortungsart und Verantwortungsstandard beschrieben werden müssen, stellt die Rechtfertigungsverantwortung einen sechsteiligen Relations- bzw. Strukturbegriff dar, zu dessen vollständiger Beschreibung darüber hinaus noch die Elemente Verantwortungsinstanz und Verantwortungskonsequenz nötig sind. Die nachfolgende Abbildung (vgl. Abbildung 18 auf nächster Seite) gibt eine zusammenfassende Übersicht, wie eine solche Beschreibung in jeweils allgemeingültiger Form aussieht.

5 Rationierung nach Gesundheitsverhalten als Zuschreibung von Rechenschaftsverantwortung

Was helfen uns die obigen Überlegungen zum Verantwortungsbegriff im Hinblick auf das Ziel dieser Arbeit weiter? Das grundsätzliche Anliegen dieser Arbeit ist es, wie weiter oben (vgl. Kapitel II.5) festgehalten, einen Beitrag zur Beantwortung der Frage (FF_{weit}) zu leisten, die sich wie folgt liest:

		Verantwortungs- -subjekt		-art		-objekt (bzw. -bereich)	-instanz	-konsequenz		-standard (bzw. -grund)
normativ	Prospektive Verantwortung	Person P	trägt	prospektive Verantwortung	für X,	wobei X in a) einem in der Zukunft liegenden Verhalten $V_{T/U}$ oder b) einer noch nicht eingetretenen Konsequenz K_V eines Verhaltens $V_{T/U}$ bestehen kann	(nicht relevant)	(nicht relevant)	wenn und weil	P eine Pflicht mit Inhalt X besitzt.
deskriptiv	Retrospektive Verantwortung: Kausalverantwortung – äußere	Person P	trägt	retrospektive äußere Kausalverantwortung	für X,	wobei X in a) einem vergangenen Verhalten $V_{T/U}$ oder b) einer bereits eingetretenen Konsequenz K_V eines vergangenen Verhaltens $V_{T/U}$ bestehen kann,	(nicht relevant)	(nicht relevant)	wenn und weil	äußere Kausalität vorliegt, d.h. wenn und weil a) es sich bei X um ein vergangenes Verhalten $V_{T/U}$ von P handelt oder b) es sich bei X um eine bereits eingetretene Konsequenz K_V eines vergangenen Verhaltens $V_{T/U}$ von P handelt
deskriptiv	Retrospektive Verantwortung: Kausalverantwortung – innere			retrospektive innere Kausalverantwortung			(nicht relevant)	(nicht relevant)		innere Kausalität vorliegt, d.h. wenn und weil a) P äußere Kausalverantwortung für X trägt und b) wenn das vergangene Verhalten $V_{T/U}$ von P ein bewußtes (d.h. wissentliches und willentliches) Verhalten $V_{T/U}$ von P war.
evaluativ	Retrospektive Verantwortung: Rechenschaftsverantwortung	Person P	trägt	retrospektive Rechenschaftsverantwortung	für X,	wobei X in a) einem vergangenen Verhalten $V_{T/U}$ oder b) einer bereits eingetretenen Konsequenz K_V eines vergangenen Verhaltens $V_{T/U}$ bestehen kann,	wenn P von einer dazu kompetenten Stelle	mit einer negativen Reaktion (Strafe, Tadel) bedacht wird,	weil	a) P für Nicht-X prospektive Verantwortung getragen hat (d.h. eine vollkommene Pflicht mit Inhalt nicht-X (vollkommene Pflicht, X zu unterlassen) besessen hat), b) P für X innere Kausalverantwortung trägt, c) P für X äußere Kausalverantwortung trägt und d) keine Exkulpationsgründe vorliegen.
evaluativ	Retrospektive Verantwortung: Rechenschaftsverantwortung							mit einer neutralen oder positiven Reaktion (Belohnung, Lob) bedacht wird,	weil	a) P keine im Zusammenhang mit X stehende prospektive Verantwortung getragen hat (d.h. keine vollkommene Pflicht mit Inhalt X oder nicht-X (keine vollkommene Pflicht, X zu tun oder zu unterlassen) besessen hat), b) P für X innere Kausalverantwortung trägt, c) P für X äußere Kausalverantwortung trägt und d) keine Exkulpationsgründe vorliegen.

Abb. 18: Prospektive Verantwortung, retrospektive Kausalverantwortung und retrospektive Rechtfertigungsverantwortung im Überblick

(FF_{weit}) Ist es – unter der Annahme, dass Rationierung zur Bekämpfung des chronischen Finanzierungsdefizits des kollektiv zwangsfinanzierten Teils des Gesundheitswesens unausweichlich ist – den zu einem kollektiv zwangsfinanzierten Gesundheitswesen zusammengeschlossenen Menschen moralisch erlaubt, einen dieses Gesundheitswesen mitkonstituierenden Menschen M für sein gesundheitsschädliches Verhalten dadurch zur Verantwortung zu ziehen, dass die Kosten, die sich daraus ergeben, dass M zur Behebung einer aus V resultierenden Schädigung seines Gesundheitszustands (K_V) eine bestimmte Menge an Gesundheits(dienst)leistungen (Q_{MnGDL}) in Anspruch nimmt, nicht aus kollektiv zwangsfinanzierten Mitteln finanziert werden?

Wenn wir diese Frage vor dem Hintergrund des zum Konzept Verantwortung Gesagten betrachten, so wird deutlich, dass es im Kern dieser Frage um die moralische Zulässigkeit der Zuschreibung von (retrospektiver) Rechtfertigungsverantwortung geht. Wie im vorangegangenen Kapitel dargelegt, handelt es sich bei der (retrospektiven) Rechtfertigungsverantwortung um einen sechsteiligen Relations- bzw. Strukturbegriff, der anhand der Elemente Verantwortungssubjekt, Verantwortungsobjekt, Verantwortungsart, Verantwortungsstandard, Verantwortungsinstanz und Verantwortungskonsequenz beschrieben werden muss. Wenn wir die obige Frage nach diesen sechs Elementen aufschlüsseln bzw. versuchen, die logischen Bestandteile der Frage mit den sechs Elementen in Verbindung zu bringen, liest sich die Frage (FF_{weit}) wie folgt:

(FF_{weit}) Ist es – unter der Annahme, dass Rationierung zur Bekämpfung des chronischen Finanzierungsdefizits des kollektiv zwangsfinanzierten Teils des Gesundheitswesens unausweichlich ist –

- *den zu einem kollektiv zwangsfinanzierten Gesundheitswesen zusammengeschlossenen Menschen* ***(Verantwortungsinstanz)***

moralisch erlaubt,

- *einen dieses Gesundheitswesen mitkonstituierenden Menschen M* ***(Verantwortungssubjekt)***
- *für sein vergangenes gesundheitsschädliches Verhalten V* ***(Verantwortungsobjekt)***
- *dadurch zur retrospektiven Rechtfertigungsverantwortung zu ziehen* ***(Verantwortungsart)***,
- *dass die Kosten, die sich daraus ergeben, dass M zur Behebung einer aus V resultierenden Schädigung seines Gesundheitszustands (K_V) eine bestimmte Menge an Gesundheits(dienst)leistungen (Q_{MnGDL}) in Anspruch*

nimmt, nicht aus kollektiv zwangsfinanzierten Mitteln finanziert werden ***(Verantwortungskonsequenz)?***

Gleicht man die in der Frage erwähnten mit der Liste der zur vollständigen Formulierung der (retrospektiven) Rechenschaftsverantwortung notwendigen sechs Elementen ab, so zeigt sich, dass das Element Verantwortungsstandard momentan noch nicht explizit adressiert und entsprechend zu ergänzen ist. Der Verantwortungsstandard der (retrospektiven) Rechtfertigungsverantwortung, d. h. der Grund, weswegen ein Verantwortungssubjekt diese Form der Verantwortung trägt, umfasst, wie in Abbildung 18 (siehe Kapitel III.4) dargestellt, vier Komponenten, wobei die genaue Ausprägung der ersten Komponente davon abhängt, ob die Verantwortungskonsequenz in einer positiven oder negativen Reaktion besteht. Da es sich bei der in der obigen Frage erwähnten Verantwortungskonsequenz um eine negative Reaktion handelt (das gesundheitsschädliche Verhalten von M wird nicht belohnt, sondern im Gegenteil mit einer Strafe bedacht), müssen somit folgende Bedingungen erfüllt sein, damit M überhaupt (retrospektive) Rechenschaftsverantwortung zugeschrieben werden kann:

- *M muss für Nicht-X prospektive Verantwortung getragen haben (Bedingung des Bestehens von prospektiver Verantwortung):*
  M muss gegenüber den mit ihm zu einem Gesundheitswesen zusammengeschlossenen Menschen die moralische Pflicht besessen haben, das gesundheitsschädliche Verhalten V zu unterlassen bzw. den Schaden an seinem Gesundheitszustand (Konsequenz K_V) nicht durch eigenes gesundheitsschädliches Verhalten V herbeizuführen.
  - *M muss seine prospektive Verantwortung für Nicht-X verletzt haben:*
    M muss für X (retrospektive) äußere Kausalverantwortung tragen (Bedingung des Bestehens von (retrospektiver) äußerer Kausalverantwortung):
    Es muss sich (a) bei dem gesundheitsschädlichen Verhalten V um ein vergangenes Verhalten von M gehandelt haben und es muss sich (b) bei dem durch die Inanspruchnahme einer bestimmten Menge an Gesundheits(dienst)leistungen zu behebenden Schaden am Gesundheitszustand von M um eine Konsequenz K_V aus M's vergangenem gesundheitsschädlichen Verhalten V gehandelt haben (d. h. das vergangene Verhalten V von M muss nicht nur theoretisch, sondern auch faktisch ein gesundheitsschädliches Verhalten gewesen sein).
  - *M muss für X (retrospektive) innere Kausalverantwortung tragen (Bedingung des Bestehens von (retrospektiver) äußerer Kausalverantwortung):*
    Es muss sich bei dem vergangenen gesundheitsschädlichen Verhalten V von M um ein bewusstes (d. h. wissentliches und willentliches) Verhalten gehandelt haben.

- *Es dürfen keine Exkulpationsgründe vorliegen (Bedingung des Nichtbestehens von Exkulpationsgründen).*

Wenn wir also die Frage beantworten wollen, inwiefern es den zu einem kollektiv zwangsfinanzierten Gesundheitswesen zusammengeschlossenen Menschen aus moralphilosophischer Sicht erlaubt ist, einzelne dieses Gesundheitswesen mitkonstituierende Menschen für ihr gesundheitsschädliches Verhalten dadurch zur (retrospektiven) Rechtfertigungsverantwortung zu ziehen, dass die Kosten ihrer aus ihrem gesundheitsschädlichen Verhalten resultierenden Nachfrage nach einer bestimmten Menge an Gesundheits(dienst)leistungen nicht aus kollektiv zwangsfinanzierten Mitteln finanziert werden, dann hängt die Antwort auf diese Frage davon ab, ob alle vier der eben genannten Bedingungen erfüllt sind oder nicht.

5.1 (FF_{weit}) oder die Frage, was wir uns gegenseitig schuldig sind

So weit, so gut. Wir kennen also nun die Bedingungen, die erfüllt sein müssen, damit die Zuschreibung retrospektiver Rechtfertigungsverantwortung moralisch zulässig ist. Innerhalb der vier Bedingungen des Verantwortungsstandards besteht jedoch eine gewisse Rangfolge. Das erste Kriterium stellt für unsere Zwecke insofern den primus inter pares dar, als die anderen Kriterien nur dann zu prüfen sind, wenn das erste Kriterium erfüllt ist. Wenn keine Pflicht vorgelegen hat, dann ist es für die Zuschreibung von retrospektiver Rechtfertigungsverantwortung auch unerheblich, ob die anderen drei Bedingungen erfüllt sind oder nicht. Zu prüfen ist also immer zuerst das (Nicht-)Vorliegen einer Pflicht; nur wenn eine solche vorliegt, werden die anderen Kriterien bedeutsam. Oder anders gesprochen: Man kann nur gegen eine Pflicht verstoßen, wenn eine solche überhaupt existiert. Berücksichtigt man diese Differenzierung innerhalb der vier Kriterien des Verantwortungsstandards der retrospektiven Rechtfertigungsverantwortung, dann stellt sich die Frage nach der moralischen Zulässigkeit der Rationierung anhand des Kriteriums Selbstverschulden bzw. Gesundheitsverhalten in erster Linie als eine Frage danach dar, ob die einzelnen ein Gesundheitswesen konstituierenden Menschen einander gegenüber eine moralische Pflicht besitzen, gesundheitsschädliches Verhalten zu unterlassen bzw. Schaden an ihrer Gesundheit zu vermeiden. Wenn eine solche Pflicht nicht besteht, dann ist Rationierung nach Selbstverschulden auf keinen Fall moralisch zulässig. Wenn die einzelnen in einem Gesundheitswesen zusammengeschlossenen Menschen einander gegenüber eine solche Pflicht besitzen, dann ist diese Form der Rationierung aus moralphilosophischer Sicht grundsätzlich zulässig, wobei im Einzelfall jeweils geprüft werden muss, ob die übrigen drei Bedingungen kumulativ erfüllt sind; sind sie es, dann kann retrospektive Rechtfertigungsverantwortung zugeschrieben werden; sind sie es nicht, dann nicht.

Die spezifisch *moralische* Zulässigkeit der Rationierung anhand des Kriteriums Selbstverschulden hängt jedoch nicht nur in erster Linie, sondern, wenn man es genau betrachtet, *allein* davon ab, ob die erste Bedingung des Verantwortungsstandards erfüllt ist oder nicht. Wieso dem so ist, wird deutlich, wenn wir uns vor Augen führen, wonach in (FF_{weit}) eigentlich gefragt wird: Gefragt wird nicht nach der juristischen oder sonst irgendeiner Zulässigkeit der Rationierung nach Selbstverschulden, sondern nach einer besonderen Form ihrer Zulässigkeit, nämlich ihrer moralischen Zulässigkeit. Die Zulässigkeit muss sich also nicht an einem juristischen oder sonst irgendeinem, sondern an einem moralischen Standard bemessen.

Wenn dem so ist und sich die Zulässigkeit der Zuschreibung von (retrospektiver) Rechenschaftsverantwortung anhand der vier Bedingungen des Verantwortungsstandards bemisst, dann muss eine bzw. müssen mehrere der Bedingungen des Verantwortungsstandards einen spezifisch moralischen Standard enthalten. Wenn wir uns vor diesem Hintergrund die vier vom Verantwortungsstandard vorgegebenen Bedingungen der Zuschreibung von Rechtfertigungsverantwortung betrachten, so zeigt sich, dass die erste Bedingung (Bedingung des Bestehens von prospektiver Verantwortung) mit ihrer Forderung des Vorliegens einer moralischen Pflicht einen moralischen Standard, d. h. etwas enthält, anhand dessen beurteilt werden kann, ob Rationierung nach Selbstverschulden moralisch zulässig ist oder nicht. Die Bedingungen zwei bis vier (Bedingung des Bestehens von (retrospektiver) äußerer Kausalverantwortung, Bedingung des Bestehens von (retrospektiver) äußerer Kausalverantwortung, Bedingung des Nichtbestehens von Exkulpationsgründen) sind nicht moralischer Natur, da sie keinen moralischen, sondern nur einen faktischen Standard enthalten, der danach fragt, ob in einem bestimmten Einzelfall gegen die in der ersten Bedingung enthaltene Pflicht auch wirklich verstoßen worden ist oder nicht.

Wenn die zu einem solchen Gesundheitswesen zusammengeschlossenen Menschen einander gegenüber die moralische Pflicht besitzen, gesundheitsschädliches Verhalten V zu unterlassen bzw. Schaden an ihrem Gesundheitszustand (Konsequenz K_V) nicht durch V herbeizuführen, dann ist Rationierung nach Selbstverschulden moralisch zulässig. Die übrigen drei Bedingungen des Verantwortungsstandards entscheiden dann „nur" noch darüber, ob ein bestimmter dieser Menschen für sein vergangenes V zur Rechenschaftsverantwortung gezogen werden kann, d. h. ob Rationierung nach Selbstverschulden im Einzelfall zulässig ist oder nicht. Die wichtigste und grundlegendste Einsicht, die wir aus dem bisher Gesagten gewinnen können, ist somit die, dass das Nachdenken und Reden über die moralische Zulässigkeit der Rationierung nach Selbstverschulden bei der Beantwortung der Frage beginnen muss, welche moralischen Pflichten die zu einem kollektiv zwangsfinanzierten Gesundheitswesen zusammengeschlossenen Menschen hinsichtlich der Verwirklichung ihrer Gesundheit einander gegenüber überhaupt haben.

Bevor aber nun weitergedacht wird, lohnt es sich, ein wenig innezuhalten und einen genaueren Blick auf die Verantwortungskonsequenz zu werfen. Bisher ist stillschweigend akzeptiert worden, dass die Verantwortungskonsequenz darin besteht, dass diejenigen Kosten nicht aus kollektiv zwangsfinanzierten Mitteln finanziert werden, die sich daraus ergeben, dass ein Mensch M zur Behebung einer aus seinem vergangenen gesundheitsschädlichen Verhalten (V) resultierenden Schädigung seines Gesundheitszustands (K_V) eine bestimmte Menge an Gesundheits(dienst)leistungen (Q_{MnGDL}) in Anspruch nimmt. Aber: Ist es moralisch überhaupt zulässig, in genau dieser Form zu reagieren? Wenn man davon ausgeht, dass alle zu einem kollektiv zwangsfinanzierten Gesundheitswesen zusammengeschlossenen Menschen aufgrund des diesem Gesundheitswesen zugrundeliegenden Finanzierungsmechanismus zur Finanzierung des Gesundheitswesens beitragen, dann ist es nicht ohne weiteres einsichtig, wieso es zulässig sein soll, einem einzelnen Menschen M die Finanzierung der von ihm nachgefragten Gesundheitsleistungen zu verwehren; denn M hat aufgrund seines Beitrags zur Finanzierung des Gesundheitswesens wie alle anderen mit ihm ein kollektiv zwangsfinanziertes Gesundheitswesen konstituierenden Menschen auch einen Anspruch auf einen bestimmten Anteil am durch die kollektive Zwangsfinanzierung zustandegekommenen Pool an finanziellen Mitteln. Es muss also auch geklärt werden, inwieweit die zu einem kollektiv zwangsfinanzierten Gesundheitswesen zusammengeschlossenen Menschen einen das Gesundheitswesen mitkonstituierenden Menschen M mit genau dieser Verantwortungskonsequenz zur Verantwortung ziehen dürfen, oder ob dem ein Recht von M entgegensteht.

5.2 Von (FF_{weit}) zu (FF_{eng})

Vor dem Hintergrund des bisher Gesagten dürfte es somit wohl nicht übertrieben sein zu behaupten, dass die Frage nach der moralischen Zulässigkeit der Rationierung nach Selbstverschulden eine Auseinandersetzung damit voraussetzt, was ein kollektiv finanziertes Gesundheitswesen ganz grundlegend und im Innersten zusammenhält.[77] Denn mit dieser Frage wird nach nichts weniger als den ge-

77 Dass in dieser Hinsicht Klärungsbedarf besteht, sehen auch Wils & Baumann-Hölzle (2013) so,

sundheitsbezogenen moralischen Pflichten und Rechten gefragt, die zwischen den zu einem Gesundheitswesen zusammengeschlossenen Menschen bestehen: Auf der einen Seite ist zu klären, welche gesundheitsbezogenen moralischen Pflichten und Rechte der einzelne ein kollektiv zwangsfinanziertes Gesundheitswesen mitkonstituierende Mensch gegenüber den anderen mit ihm zu einem Gesundheitswesen zusammengeschlossenen Menschen besitzt; auf der anderen Seite ist herauszuarbeiten, welche gesundheitsbezogenen moralischen Pflichten und Rechte die zu einem kollektiv zwangsfinanzierten Gesundheitswesen zusammengeschlossenen Menschen einander gegenüber bzw. als Ganzes dem Einzelnen gegenüber besitzen.

Um herauszufinden, ob Rationierung nach Selbstverschulden moralisch zulässig ist oder nicht, d. h. um die dieser Arbeit zugrundeliegende breite Forschungsfrage (FF_{weit}) beantworten zu können, muss also zuerst und grundlegend folgende Forschungfrage ($FF_{eng''}$) beantwortet werden:

($FF_{eng''}$) Welche gesundheitsbezogenen moralischen Pflichten und Rechte bestehen zwischen den zu einem kollektiv zwangsfinanzierten Gesundheitswesen zusammengeschlossenen Menschen?

Wenn wir uns des Weiteren vor Augen führen, dass

– Gesundheit nicht nur ein sich an einer bestimmten Norm bemessender Zustand, sondern darüber hinaus wesentlich auch eine Haltung bzw. genauer gesagt diejenige schwer zu verändernde und stabile Disposition ist, aufgrund derer wir aus den uns zur Verfügung stehenden Verhaltensmöglichkeiten diejenigen auswählen, die unserer Gesundheit zu- oder zumindest nicht abträglich sind resp. die von uns direkt oder indirekt beeinflussbaren Gesundheitsdeterminanten so beeinflussen, dass sie unserer Gesundheit zu- oder zumindest nicht abträglich sind (vgl. Abbildung 19 sowie Erk, 2011: 121 ff),

---

deren Analyse der Probleme unserer Gesundheitswesen in folgender Aussage gipfelt: „Wir leben offenbar in einer Welt, in der wir im Ungewissen darüber sind, was wir einander schuldig sind." (Wils & Baumann-Hölzle, 2013: 12) Thomas Scanlon merkt in seinem mit dem Titel „What We Owe to Each Other" überschriebenen Buch an, dass er sich mit diesem Titel auf eine bestimmte „domain of morality" bezieht, nämlich die „having to with our duties to other people" (1998: 6); er setzt den Ausdruck „jemandem etwas schuldig sein" also mit „jemandem gegenüber eine Pflicht haben" gleich. Ähnlich setzt auch Wenar (2003: 283) in einer Diskussion von Scanlons Theorie diese beiden Ausdrücke gleich, wenn er schreibt: „Yet Scanlon's is a theory not of institutional design, but of individual duty – of what you and I owe to each other, and to each other person in the world." Da der Ausdruck „jemandem etwas (moralisch) schuldig sein" nichts anderes bedeutet als „jemandem gegenüber eine (moralische) Pflicht haben", bestätigt die Analyse von Wils & Baumann-Hölzle im Grunde nur das Anliegen dieser Arbeit, nach der eine Auseinandersetzung mit den dem Gesundheitswesen zugrundeliegenden Pflichten und Rechten Not tut.

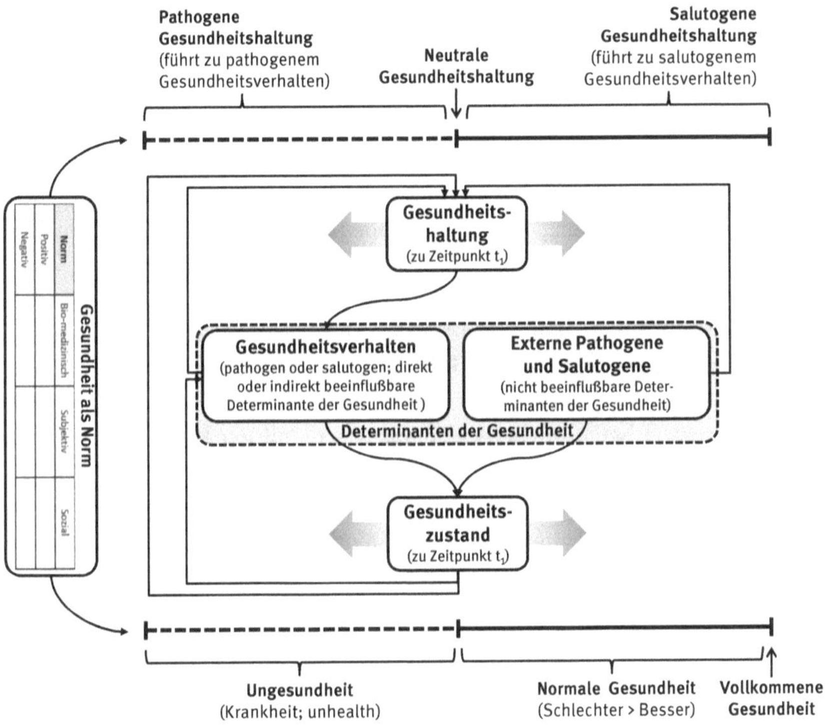

Abb. 19: Gesundheit als Norm, Zustand und Haltung

- das Ziel und der Zweck des Gesundheitswesens (GW_{Ziel}) somit darin besteht, den Gesundheitszustand und die Gesundheitshaltung der ein Gesundheitswesen (mit-)konstituierenden lebendigen Menschen zu erhalten (Krankheitsverhütung), zu verbessern/ fördern (Gesundheitsförderung) und/ oder (wieder-)herzustellen (Therapie/ Intervention/ Kuration bzw. Behandlung und Heilung von Krankheit) und
- ein Gesundheitswesen somit definiert werden kann ($GW_{Definition}$) als die Gesamtheit aller Menschen, Handlungen, Institutionen, Normen, Sachmittel, Geldmittel und Berufe, deren Ziel und Zweck darin besteht, den Gesundheitszustand und die Gesundheitshaltung der das Gesundheitswesen (mit-)konstituierenden lebendigen Menschen zu erhalten (Krankheitsverhütung), zu verbessern/ fördern (Gesundheitsförderung) und/ oder (wieder-)herzustellen (Therapie/ Intervention/ Kuration bzw. Behandlung und Heilung von Krankheit),

dann können und müssen wir die eben formulierte Forschungsfrage ($FF_{eng''}$) in ($FF_{eng'}$) konkretisieren:

($FF_{eng'}$) Welche moralischen Pflichten und Rechte bestehen zwischen den zu einem kollektiv zwangsfinanzierten Gesundheitswesen zusammengeschlossenen lebendigen Menschen hinsichtlich der Erhaltung (Krankheitsverhütung), Verbesserung (Gesundheitsförderung) und/ oder (Wieder-)Herstellung ihres Gesundheitszustandes und ihrer Gesundheitshaltung?

Um dies herauszufinden, wird in einem nächsten Kapitel (Kapitel IV) herausgearbeitet werden, was überhaupt eine Pflicht und was ein Recht ist, was eine nicht-moralische Pflicht bzw. ein nicht-moralisches Recht von einer moralischen Pflicht bzw. einem moralischen Recht unterscheidet, wie moralische Pflichten und Rechte begründet werden und wie das Konzept der Pflicht mit dem eines Rechts zusammenhängt. Die so gewonnen Einsichten erlauben es, die Forschungsfrage ($FF_{eng'}$) weiter zu konkretisieren und in ihre finale Form (FF_{eng}) zu bringen (Kapitel IV.7), bevor in Kapitel VI die konkreten moralischen Pflichten und Rechte herausgearbeitet werden, die die zu einem kollektiv zwangsfinanzierten Gesundheitswesen zusammengeschlossenen Menschen hinsichtlich der Erhaltung (Krankheitsverhütung), Verbesserung (Gesundheitsförderung) und/ oder (Wieder-)Herstellung ihres Gesundheitszustandes und ihrer Gesundheitshaltung einander gegenüber haben.

Da sich, wie gezeigt werden wird (vgl. Kapitel IV.6), moralische Pflichten und Rechte dadurch auszeichnen, dass sie im Personsein des Menschen begründet sind, setzt diese Herausarbeitung allerdings eine Auseinandersetzung darüber voraus, was unter dem Personenbegriff zu verstehen ist und inwieweit er auf alle, einige oder keine Menschen angewendet werden kann. Dieser fundamental wichtigen Aufgabe ist Kapitel V gewidmet. Auf Basis einer Kategorisierung der und einer kritischen Auseinandersetzung mit den wesentlichen der in der Literatur vorzufindenden Definitionsvorschlägen des Personenbegriffs (vgl. Kapitel V.2, V.3 und Kapitel 3 des Anhangs) wird in den Kapiteln V.4 bis V.6 ein Personenverständnis erarbeitet, nach dem ein Seiendes S genau dann eine Person P ist, wenn S eine rationale Seele als actus primus besitzt.

Von diesem Personenbegriff ausgehend werden dann in dem sich anschließenden Kapitel (vgl. Kapitel VI) die moralischen Pflichten und Rechte deduziert, welche die die zu einem kollektiv zwangsfinanzierten Gesundheitswesen zusammengeschlossenen Menschen qua ihres so verstandenen Personseins hinsichtlich der Erhaltung (Krankheitsverhütung), Verbesserung (Gesundheitsförderung) und/ oder (Wieder-)Herstellung ihres Gesundheitszustandes und ihrer Gesundheitshaltung einander gegenüber haben.

IV Moralische Pflichten und Rechte

1 Wozu wir frei sind und wozu nicht: Pflichten und Freiheitsrechte

Wenn man herausfinden möchte, welche moralischen Pflichten und Rechte zwischen den zu einem kollektiv zwangsfinanzierten Gesundheitswesen zusammengeschlossenen lebendigen Menschen hinsichtlich der Erhaltung (Krankheitsverhütung), Verbesserung (Gesundheitsförderung) und/ oder (Wieder-) Herstellung ihres Gesundheitszustandes und ihrer Gesundheitshaltung bestehen, dann ist es nötig, sich mit den Konzepten Pflicht und Recht auseinanderzusetzen: Was meinen wir, wenn wir sagen, dass jemand zu etwas moralisch verpflichtet ist? Wie hängen die Konzepte Pflicht und Recht, die nicht selten als „zwei Seiten derselben Medaille“ (Lepsius, 2002: 108) bezeichnet werden, zusammen? Was bedeutet es, eine moralische Pflicht bzw. ein moralisches Recht im Gegensatz zu einer nicht-moralischen Pflicht bzw. einem nicht-moralischen Recht zu haben? Woher kommen moralische Pflichten und Rechte? Dieses Kapitel dient der Beantwortung dieser Fragen und leistet so die konzeptionelle Vorarbeit, die nötig ist, um die oben (vgl. Kapitel III.5.2) formulierte Forschungsfrage (FF_{eng}'), die am Ende dieses Kapitels (vgl. Kapitel IV.7) in ihre finale Form (FF_{eng}) gebracht werden wird, beantworten zu können.

Wenn wir danach fragen, welche Pflichten ein bestimmter Mensch hat, dann versuchen wir damit, innerhalb des diesem Menschen zur Verfügung stehenden gesamten Verhaltens- bzw. Handlungsraumes dasjenige Verhalten zu bestimmen, zu dem dieser Mensch moralisch verpflichtet ist, d. h. das er nicht frei zu tun oder zu unterlassen ist. Grundlegend gesprochen kann ein Verhalten bzw. eine Handlung φ[78], zu dem bzw. der wir verpflichtet sind, entweder geboten oder nicht geboten (freigestellt) und verboten oder nicht verboten (erlaubt) sein. Kombiniert

---

78 φ („phi“) spezifiziert den Inhalt einer Pflicht (oder auch eines Rechtes) bzw. ist deren, wie Pogge es treffend ausdrückt „behavioural substance“ (Pogge, 2009: 123). Es kann, wie später noch genauer dargelegt wird, nicht nur ein Tun, sondern auch ein Unterlassen (Nicht-Tun) beinhalten. Um Missverständnisse auszuschließen, ist es sinnvoller, von Verhalten als von Handlungen zu sprechen. Denn mit dem Begriff einer Handlung verbinden wir meist ein aktives Tun und übersehen manchmals, dass auch ein Unterlassen, das also auch ein Nicht-Tun eine Handlung ist, nur eben eine passive Handlung. Der Begriff des Verhaltens bringt diesen Nachteil nicht mit sich. Im Rahmen dieser Arbeit umfasst der Begriff Verhalten sowohl das äußere (d. h. von anderen bzw. außen wahrnehmbare) Verhalten (Handlungen/ Tun/ Werke, Worte sowie deren Unterlassung), aber auch das innere (d. h. von anderen bzw. außen nicht wahrnehmbare) Verhalten (Gedanken, Wollen/ Wünsche/ Begierden, aber auch deren Unterlassung).

man die hieraus resultierenden Möglichkeiten, so ergeben sich folgende, unseren gesamten Verhaltens- und Handlungsraum abdeckenden und sich gegenseitig ausschließenden Kategorien von Verhalten und Handlungen (vgl. Abbildung 20):

		Verhalten eingeschränkt	Verhalten nicht eingeschränkt
	Ein Verhalten φ kann sein...	**... geboten** (φ muß; ¬φ darf nicht/ verboten)	**... nicht geboten** (φ freigestellt/ darf)
Verhalten eingeschränkt	**... verboten** (φ darf nicht; ¬φ muß/ geboten)	**Logisch nicht möglich**	Verbot (Verbotspflicht)
Verhalten nicht eingeschränkt	**... nicht verboten** (φ erlaubt/ darf)	Gebot (Gebotspflicht)	Freiheit (Freiheitsrecht)

Abb. 20: Aufteilung des Handlungsraums anhand der Kategorien Pflicht/ Nicht-Freiheitsrecht und Freiheitsrecht/ Nicht-Pflicht

Ein gebotenes und nicht verbotenes Verhalten φ ist ein Gebot (auch: Gebotspflicht). Ein Verhalten φ, das zwar nicht geboten, aber verboten ist, ist ein Verbot (auch: Verbotspflicht). Ein Verhalten φ, das weder verboten noch geboten ist, d. h. das erlaubt und freigestellt ist, stellt eine sog. Freiheit (auch: Freiheitsrecht)[79] dar. Handlungen oder Verhalten, die gleichzeitig geboten und verboten

79 Koller (1992: 74) schlägt als Begriffsalternative zu „Freiheitsrecht" den Begriff „Gestaltungsrecht" vor. In der englischsprachigen Literatur finden sich als Bezeichung für diese Art von Recht: liberty-right, privilege (so wurde es ursprünglich von Hohfeld bezeichnet), license, permission. Die Klasse der Freiheitsrechte (liberty-rights) stellt neben den später zu behandelnden Anspruchsrechten (claim-rights) sowie den Kompetenzrechten (power-rights; auch: Befugnis, Kompetenz) und den Immunitätsrechten (immunity-rights; auch: Immunität) einen von vier elementaren Typen von Rechten bzw. der sog. nach Wesley Newcomb Hohfeld (1913; 1917) benannten und vom ihm ursprünglich zur Klassifikation von positiven Rechten (legal rights) entwickelten sog. „Hohfeldian incidents" (Wenar, 2011) dar. Für eine umfassende Analyse und Darstellung dieser vier Rechtstypen siehe Wenar (2005; 2008; 2013). Nach Wenar ist das von Hohfeld entwickelte analytische Schema „by far the most widely accepted analysis of the logical structure of rights, and [...] is used by the majority of contemporary rights theorists" (Wenar, 2008: 253). Für die Zwecke

sind, sind logisch nicht denkbar und können daher auch nicht als eigene Klasse berücksichtigt werden.[80] Wenn jedes Verhalten und jede Handlung φ in eine dieser drei Kategorien (Gebotspflicht, Verbotspflicht, Freiheitsrecht) fällt, dann können wir daraus schließen, dass unser gesamter Verhaltens- und Handlungsraum, d. h. alles uns mögliche Tun und Nicht-Tun (Unterlassung), zum einen in den Bereich der Pflichten und zum anderen in den Bereich der Nicht-Pflichten bzw. Freiheitsrechte unterteilt werden kann, wobei der Bereich der Pflichten in die Teilbereiche der Gebote und Verbote zu differenzieren ist (vgl. Abbildung 21):

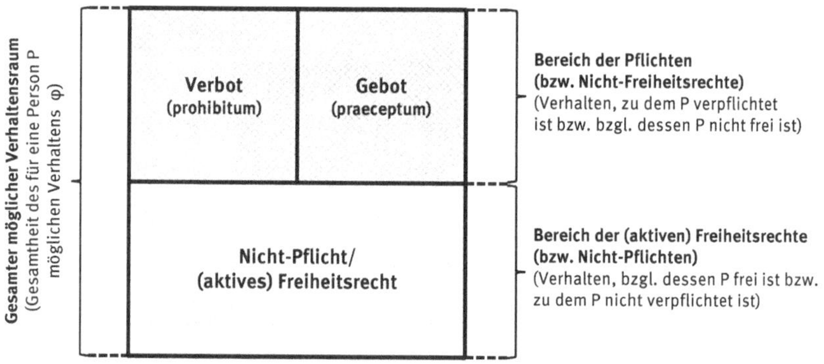

Abb. 21: Aufteilung des Handlungsraums anhand der Kategorien Pflicht/ Nicht-Freiheitsrecht und Freiheitsrecht/ Nicht-Pflicht

2 Pflichten und Rechte als zweiteilige Prädikate

Als zwei sich gegenseitig ausschließende Kategorien können Pflicht und Freiheitsrecht unter jeweils negativem Bezug aufeinander definiert werden. Eine Pflicht ist nichts anderes als die Einschränkung der Freiheit des Pflichtinhabers

dieser Arbeit ist eine Beschäftigung mit den beiden „Hohfeldian first-order incidents", also den Rechtstypen Anspruchsrecht und Freiheitsrecht, ausreichend; die Rechtstypen Kompetenzrecht und Immunitätsrecht (die sog. „Hohfeldian second-order incidents"), die Rechte über first-order Rechte darstellen, können außen vor gelassen werden. Für eine Übersicht über die Rechtsarten Kompetenzrecht und Immunitätsrecht siehe Erk (2012d; 2011: 147) sowie Koller (2012: 156).

80 Diese Aussage ist dahingehend zu relativieren, dass ein solcher Konflikt nur innerhalb der gleichen Klassen von Pflichten logisch nicht möglich ist. Ein Verhalten φ kann nicht gleichzeitig moralisch geboten und moralisch verboten sein, genauso wie es nicht gleichzeitig rechtlich geboten und rechtlich verboten sein kann. Es ist jedoch logisch denkbar, dass ein Verhalten φ gleichzeitig moralisch geboten und rechtlich verboten ist (oder vice versa). Zur Unterscheidung zwischen moralischen, legalen und konventionellen Pflichten und Rechten vgl. Kapitel IV.4.2.

bzw. ist im Kern nichts anderes als das Nichtvorhandensein eines Freiheitsrechts.[81] Der Inhaber einer Pflicht mit Inhalt φ ist nicht frei, sich in Bezug auf φ so zu verhalten, wie er möchte, sondern unterliegt einem „constraint on behavior" bzw. „behavioral constraint" (Thomson, 1990: 64). Eine Pflicht ist somit eine Verhaltenseinschränkung bzw. eine Nicht-Freiheit. Wir können diesen kleinsten gemeinsamen Nenner aller Pflichten in folgender provisorischer Definition festhalten:

$\text{Pflicht}_{\textbf{Definition provisorisch}}$: A hat eine Pflicht zu φ, wenn A kein Freiheitsrecht FR zu φ hat.

Entsprechend ist ein Freiheitsrecht in grundlegender Weise durch nichts anderes als das Nichtvorhandendensein einer Pflicht gekennzeichnet.[82] Ein Freiheitsrecht bezeichnet ein Verhalten, zu dem sein Inhaber nicht verpflichtet ist, d.h. bzgl. dessen er die Wahl hat, es an den Tag zu legen oder nicht, ohne durch eine gegenteilige Pflicht daran gehindert zu sein. Ein Freiheitsrecht bezeichnet somit zunächst einmal die Abwesenheit eines „constraint on behavior" und damit eine „behavioral freedom". Hierbei ist zu berücksichtigen, dass eine Pflicht in Form eines Gebots als auch Verbots auftreten kann. Von einem Freiheitsrecht zu (mit Inhalt) φ kann also nur dann gesprochen werden, wenn das Verhalten φ nicht nur nicht verboten, sondern auch nicht geboten ist; denn in beiden Fällen liegt ein „behavioral constraint" und damit per definitionem eine Nichtfreiheit vor. Wir können also entsprechend provisorisch definieren:

$\text{Freiheitsrecht}_{\textbf{Definition provisorisch 1}}$: A hat ein Freiheitsrecht FR zu φ, wenn A keine Pflicht zu φ und wenn A keine Pflicht zu nicht-φ (¬φ) hat.

In diesen beiden Definitionen sind zwei wesentliche Elemente des Rechts- bzw. Pflichtbegriffs enthalten, nämlich das Subjekt des Rechts bzw. der Pflicht (auch: Rechtsinhaber bzw. Pflichtinhaber; A) sowie der Inhalt der Pflicht bzw. des Rechts (auch: Gegenstand, Objekt; φ). Nachfolgend soll auf diese beiden Aspekte des Konzepts eines Recht bzw. einer Pflicht eingegangen werden.

---

81 vgl. hierzu Salmond (1920: 195): „A duty is the absence of liberty."

82 vgl. hierzu Jones (1994: 17): „To have a liberty-right is to be free of a duty to the contrary." Wenar (2011) definiert inhaltlich gleich: „A has a privilege to φ if and only if A has no duty not to φ."

2.1 Der Inhalt einer Pflicht/ eines Rechts (φ)

Der Inhalt einer Pflicht bzw. eines Rechts φ kann grundsätzlich jedes einzelne Verhalten aus der Gesamtheit des für eine Person P möglichen Verhaltens sein.[83] Wie oben bereits kurz erwähnt, kann ein Verhalten grundsätzlich danach unterschieden werden, ob es sich bei ihm um ein Tun oder ein Nicht-Tun bzw. Unterlassen handelt.[84] Wie die Bezeichnungen im Grunde schon verraten, handelt es sich bei einem Tun um ein Verhalten, das darin besteht, dass etwas getan wird, und bei einem Unterlassen um ein Verhalten, das darin besteht, dass etwas nicht getan, also unterlassen, wird. In beiden Fällen ist der Handelnde aktiv, jedoch auf eine jeweils andere Art und Weise: Wenn jemand etwas tut, legt er ein positives aktives Verhalten an den Tag; wenn er etwas unterlässt, zeigt er ein negatives aktives Verhalten.[85] Ein Beispiel für ein positives aktives Verhalten wäre, wenn z. B. eine Person singt; wenn sie nicht singt, liegt eine Unterlassung des Singens resp.

---

83 Wenar (2011) grenzt vier sog. „realms of rights" voneinander ab. Das „realm of *rights of conduct*" umfasst „rights concerning how agents should *act*", während die drei anderen „realms", die „realms of epistemic, of affective, and of conative rights" die „realms of rights of rights to believe, to feel and to want" bezeichnen. Wenar macht also einen Unterscheid zwischen Rechten (und analog dazu auch Pflichten) zu einem Verhalten und solchen zu einem Glauben, zu einem Fühlen und zu einem Wollen (wobei aus seiner Sicht die letzteren drei Rechtsgruppen nur Freiheitsrechte enthalten („What is distinctive about the three realms of rights beyond the rights of conduct is that they contain only privilege-rights." (Wenar, 2011)). So wertvoll diese Differenzierung ist und so wichtig die in ihr aufgeworfene Frage ist (nämlich: Können glauben, fühlen und wollen als ein Verhalten bezeichnet werden?), wird sie im Rahmen dieser Arbeit nicht weiter berücksichtigt werden. Vielmehr gehen die nachfolgenden Überlegungen von der Annahme aus, dass die eben gestellte Frage mit „ja" beantwortet werden kann, dass also Verhalten auch Akte des Glaubens, Fühlens und Wollens in sich einschließt.

84 Das Verhalten φ kann grundsätzlich auch in der Herbeiführung eines bestimmten Zustands bestehen. Die Pflicht besteht dann in der Ergreifung der geeigneten Mittel, d. h. der Wahl des geeigneten Verhaltens, um diesen Zustand herbeizuführen. Hierbei ist jedoch zu prüfen, ob der Zustand sich durch ein Bündel an unterschiedlichen Handlungen herbeiführen lässt oder durch eine einzelne Handlung, d. h. durch ein einzelnes Tun oder Unterlassen. In ersterem Fall handelt es sich um eine nichtspezifizierte Pflicht, die letzten Endes jedoch ein Bündel an einzelnen Unterlassungs- und/ oder Leistungspflichten darstellt, das – meist aus pragmatischen Gründen – nicht ausgedeutscht ist.

85 Die Einfügung des Wörtchens „aktiv" ist an sich überflüssig, da ein Verhalten immer etwas aktives ist. Es ist jedoch hilfreich, da es daran erinnert, dass auch ein Unterlassen ein aktives Verhalten ist. Für den Unterschied zwischen Tun und Unterlassen finden sich neben den Begriffspaaren Tun – Unterlassen sowie positives Verhalten – negatives Verhalten auch folgende, die gleiche Differenz ausdrückende Begriffspaare: Tätigwerden – Nichttätigwerden, positive Handlung – negative Handlung, positive action – negative action, act – ommission, action – inaction, doing – allowing.

ein negatives aktives Verhalten vor. Wenn wir diese Unterscheidung auf die Klasse der Freiheitsrechte und Pflichten anwenden, dann ergeben sich die folgenden grundlegenden Arten von Freiheitsrechten und Pflichten, die in der Realität aber selten in Reinform anzutreffen sein dürften (vgl. Abbildung 22):

Recht bzw. Pflicht / Verhalten φ besteht in einem…	Freiheit	Pflicht: Gebot	Pflicht: Verbot
Tun (positives aktives Verhalten)	**Freiheit zu einem Tun** (= Freiheit zu einer Unterlassung)	**Gebot zu einem Tun** (= Verbot einer Unterlassung)	**Verbot eines Tuns** (= Gebot zu einer Unterlassung)
		Positive Pflicht	**Negative Pflicht**
Bsp. Verhalten φ = Singen	A darf oder darf nicht singen. (= A darf oder darf nicht unterlassen zu singen.)	A muß singen. (= A darf nicht unterlassen zu singen.)	A darf nicht singen. (= A muß unterlassen zu singen.)
Nicht-Tun/ Unterlassen (negatives aktives Verhalten)	**Freiheit zu einer Unterlassung** (= Freiheit zu einem Tun)	**Gebot zu einer Unterlassung** (= Verbot eines Tuns)	**Verbot einer Unterlassung** (= Gebot zu einem Tun)
		Negative Pflicht	**Positive Pflicht**
Bsp. Verhalten φ = Unterlassen zu singen/ Nicht-Singen	A darf oder darf nicht unterlassen zu singen. (= A darf oder darf nicht singen.)	A muß unterlassen zu singen. (= A darf nicht singen.)	A darf nicht unterlassen zu singen. = A muß singen.

Abb. 22: Konkretisierungen des Inhalts einer Pflicht bzw. einer Freiheit φ

Freiheitsrechte können in Reinform entweder als Freiheit zu einem Tun oder als Freiheit zu einer Unterlassung auftreten, je nachdem, ob φ ein positives Verhalten (ein Tun) oder negatives Verhalten (ein Nicht-Tun bzw. ein Unterlassen) bezeichnet. Betrachtet man sich diese beiden Freiheitsformen jedoch ein wenig genauer, so wird deutlich, dass sie beide identisch sind. Für ein Freiheitsrecht spielt es letzten Endes keine Rolle, ob φ ein Tun oder Unterlassen beinhaltet; das Ergebnis ist das gleiche. Warum dem so ist, wird deutlich, wenn wir uns die oben gegebene provisorische Definition eines Freiheitsrechts anschauen. Danach bedeutet der Besitz einer Freiheit zu einem Verhalten φ letzten Endes nichts anderes, als zwischen φ und nicht-φ (¬φ) wählen zu können, d. h. eine positive Handlung tun oder unterlassen und eine negative Handlung unterlassen oder tun zu können. Die Freiheit zu einem Verhalten φ besteht immer in der Möglichkeit wählen zu können, das Verhalten φ, wenn es in einem Tun besteht, nicht nur tun, sondern auch nicht tun, d.h. auch unterlassen, bzw. es, wenn es in einem Unterlassen besteht, nicht nur unterlassen, sondern auch nicht unterlassen, d.h. auch tun zu können. Ein Freiheitsrecht in Reinform ist also immer gleichzeitig Freiheit zu einem Tun und zu einer Unterlassung.

Ein wenig anders verhält es sich bei der in die beiden Kategorien Gebot und Verbot zerfallenden Klasse der Pflichten. Diese können entweder als Gebot zu einem Tun, Verbot eines Tuns, Gebot zu einer Unterlassung oder Verbot einer Unterlassung auftreten. Betrachtet man sich diese Formen einer Pflicht genauer, wird jedoch auch hier deutlich, dass gewisse Kategorien miteinander identisch sind. So ist das Gebot zu einem Tun nichts anderes als das Verbot einer Unterlassung in leicht anderer Formulierung und das Verbot eines Tuns nichts anderes als das Gebot zu einer Unterlassung. Für diese beiden Klassen von Pflichten haben sich die Begriffe „positive Pflicht" (für das Gebot zu einem Tun und das Verbot einer Unterlassung) und „negative Pflicht" (für das Verbot eines Tuns und das Gebot zu einer Unterlassung) eingebürgert. Diese Begrifflichkeit ist vor allem auch im Hinblick auf die später einzuführende Klasse der passiven Rechte (Anspruchsrechte) relevant, innerhalb derer auch zwischen positiven und negativen Anspruchsrechten unterschieden wird.

Ein Freiheitsrecht ist also immer aktiv sowie gleichzeitig positiv und negativ. Eine Pflicht ist immer aktiv, kann darüber hinaus jedoch als positive Pflicht (Gebot zu einem Tun oder Verbot einer Unterlassung) oder negative Pflicht (Verbot eines Tuns oder Gebot zu einer Unterlassung) auftreten.

2.2 Das Subjekt einer Pflicht/ eines Rechts (A)

Im Hinblick auf das Subjekt des Rechts bzw. der Pflicht, d.h. den Rechtsinhaber bzw. Pflichtinhaber A, kann in Anlehnung an Koller (2012: 153f) zwischen drei Arten von Rechten unterschieden werden: Partikulare Rechte kommen „nur bestimmten einzelnen Personen" (Koller, 2012: 154), lokale Rechte „nur den Angehörigen einer bestimmten (lokal oder sachlich) begrenzten Personengruppe" (Koller, 2012: 154) und universelle Rechte „allen Menschen" (Koller, 2012: 154) zu.[86]

Während diese Unterscheidung annimmt, dass die jeweiligen Rechte und Pflichten jeweils von Individuen besessen werden, dass es sich also um individuelle[87] Rechte und Pflichten handelt, wird in der Literatur gemeinhin zusätzlich

86 Auch wenn Koller, diese Unterscheidung nur im Zuammenhang mit Rechten trifft, kann man analog auch von universellen, lokalen und partikularen Pflichten sprechen.

87 Anstelle des Begriffs „individuelles Recht" bzw. „individuelle Pflicht" findet sich in der Literatur auch die Bezeichnung „subjektive Rechte" (vgl. Stepanians, 2007: 9), wobei letztere die

zwischen individuellen Rechten/ Pflichten (individual rights/ duties) und Gruppenrechten bzw. Gruppenpflichten (group rights/ duties), also Rechten/ Pflichten von Gruppen von Personen, differenziert (vgl. u. a. Jones, 2008). Hinsichtlich des Problems, wie es überhaupt möglich sein kann, dass eine Gruppe von Personen Rechte/ Pflichten haben kann, stehen sich die sog. „collective conception" und die „corporate conception" von Gruppenrechten/ Gruppenpflichten gegenüber. Diese beiden Konzeptionen unterscheiden sich dahingehend, dass bei zweiterer im Gegensatz zur ersten ein Gruppenrecht/ eine Gruppenpflicht nicht gemeinsam von den einzelnen Gliedern der betreffenden Gruppe gehalten wird, sondern von der Gruppe als und qua Gruppe: „On the corporate conception, a group does have moral standing qua group and it bears its rights as a single integral entity rather than as so many individuals who possess a joint claim." (Jones, 1999: 363). Während nach dieser Vorstellung eine Gruppe von Personen eine „moral entity in their own right" (Jones, 2008) bzw. „a being and status analogous to those of an individual person" (Jones, 2008) besitzt, geht die sog. „collective conception" davon aus, dass es sich bei Gruppenrechten/ -pflichten um Rechte und Pflichten handelt „that are shared in and held jointly by the group's members" (Jones, 2008).

Gemäß der collective conception stellt ein Gruppenrecht/ eine Gruppenpflicht also eine Aggregation der individuellen Rechte bzw. Pflichten der Glieder der Gruppe dar, so dass sich das Gruppenrecht/ die Gruppenpflicht letzten Endes in ein Bündel von n individuellen Rechten/ Pflichten auflösen lässt.[88] Da nicht einsichtig ist, wie einer Gruppe von Personen als Gruppe Rechte/ Pflichten zukommen können, ohne dass diese Rechte/ Pflichten auch den individuellen Personen zukommen, die diese Gruppe bilden, bzw. wie die einer Gruppe zugeschriebenen Rechte/ Pflichten von einer Gruppe qua Gruppe ohne Mitwirkung einer oder mehrerer der die Gruppe (mit)konstituierenden Personen ausgeübt werden können, ist hinter die sog. „corporate conception" von Gruppenrechten/

---

unglückliche, da irreführende Assoziation hervorruft, dass mit subjektiven Rechten und Pflichte solche Rechte und Pflichten gemeint sein könnten, die von einem Geschmacksurteil abhängig sind. Insofern ist die Bezeichnung „individuell" vorzuziehen.

88 James Griffin entwickelt diese Position am Beispiel des üblicherweise einem Staat zugeschriebenen Rechts auf Nichtintervention: „It is an obvious thought, then, that a state's sovereignty and right to non-intervention might just be, in some way, an aggregation of these individual rights. Perhaps it is because, and only because, all of its citizens have the right that we are willing to say that a state has it." (Griffin, 2003: 180 f) Ähnlich sieht es auch Schwenkenbecher (2011: 91): „To say that a state has a moral duty ultimately means that its members, politicians, public servants and 'ordinary' citizens have duties to contribute to achieving the collective end the collective duty entails."

-pflichten zumindest ein großes Fragezeichen zu setzen.[89] Wenn von Gruppenrechten/ Gruppenpflichten gesprochen wird, kann sinnvollerweise nur die Rede von Gruppenrechten/ Gruppenpflichten im Sinne der „collective conception" sein. Für den Rahmen dieser Arbeit ist es aber nicht nötig, zwischen individuellen Rechten/ Pflichten auf der einen und Gruppenrechten/ -pflichten im Sinne der „collective conception" auf der anderen Seite zu unterscheiden. Denn ein im Sinne der „collective conception" verstandenes Gruppenrecht/ eine so verstandene Gruppenpflicht (also ein Kollektivrecht bzw. eine Kollektivpflicht) besagt streng genommen nichts anderes, als dass eine bestimmte Anzahl von Personen jeweils ein individuelles Recht bzw. eine individuelle Pflicht besitzen. Ein Kollektivrecht bzw. eine Kollektivpflicht ist somit nichts anderes als die Sammelbezeichnung für ein (lokales oder universales) individuelles Recht/ eine (lokale oder universale) individuelle Pflicht, das/ die von allen Mitgliedern einer Gruppe von Personen besessen wird. Eine Gruppe von Personen, deren Mitglieder ein bestimmtes lokales individuelles Recht/ eine bestimmte lokale individuelle Pflicht besitzen, besitzt im Sinne der „collective conception" ein Gruppenrecht bzw. eine Gruppenpflicht. Ebenso kann hinsichtlich der von allen Personen besessenen universellen individuellen Rechte und Pflichten jeweils von einem Gruppenrecht bzw. einer Gruppenpflicht im Sinne der „collective conception" der Gemeinschaft aller Personen gesprochen werden.

Somit können wir hinsichtlich des Inhabers einer Pflicht/ eines Rechts (A) folgende (individuelle) Rechte und Pflichten unterscheiden:

- Partikulare (individuelle) Pflichten/ Rechte: von einer Person besessene Rechte/ Pflichten
- Lokale (individuelle) Pflichten/ Rechte: von einigen (d. h. mehr als einer, aber weniger als allen) Personen besessene Rechte/ Pflichten

---

89 Dies nicht zuletzt auch deswegen, da eine Gruppe von Menschen nicht die Merkmale des Personseins aufweist, wie sie weiter unter erarbeitet werden (vgl. Kapitel V). An dieser Stelle könnte der skeptische Leser natürlich anmerken, dass das Recht neben natürlichen auch juristische Personen kennt, d. h. auch Gruppen von natürlichen Personen einen von den natürlichen Personen unabhängigen und eigenen juristischen Status verleiht. Hierzu ist jedoch zu sagen, dass es sich bei dem Konstrukt der juristischen Person um eine sog. gesetzliche bzw. Rechtsfiktion handelt, d. h. eine gesetzliche Anordnung, nach der ein Umstand (z. B. aus pragmatischen Gründen) als gegeben zu behandeln ist, obwohl er in Wirklichkeit nicht vorliegt. Die Personalität der juristischen Person ist also keine tatsächliche, sondern nur eine fingierte, deren Rechtsfähigkeit nur eine künstliche ist; oder wie es der deutsche Rechtsgelehrte Friedrich Carl von Savigny ausdrückte: eine juristische Person ist „eine Person welche blos zu juristischen Zwecken angenommen wird" (von Savigny, 1840: 236). Der Verweis auf das Recht hilft also nicht weiter, da das Recht sich bewusst ist, dass es hier nur mit einer Fiktion bzw. einer eigentlich nicht zutreffenden Annahme operiert.

- Universelle (individuelle) Pflichten/ Rechte: von allen Personen besessene Rechte/ Pflichten

3 Pflichten und Rechte als dreiteilige Relationsprädikate

Der Rechts- und Pflichtbegriff gewinnt weiter an Schärfe, wenn wir uns vor Augen führen, dass zu seiner vollständigeren Formulierung neben den Komponenten Subjekt (Rechts- bzw. Pflichtinhaber; A) und Objekt (Gegenstand bzw. Inhalt des Rechts/ der Pflicht; φ) auch ein Gegenüber B gehört.[90] Rechte und Pflichten sind nicht nur von jemandem innegehabt, sondern sind auch grundsätzlich – auch wenn es hier Ausnahmen gibt – mit einem Gegenüber B zu denken.

3.1 Das Gegenüber einer Pflicht/eines Rechts (B)

Hinsichtlich des Gegenübers eines Rechts oder einer Pflicht hat sich die Unterscheidung zwischen Rechten und Pflichten[91] eingebürgert, die einer bestimmten Person oder einer Gruppe von bestimmten Personen gegenüber, und solchen Rechte und Pflichten, die gegenüber niemand Bestimmtem, sondern gegenüber allen Personen innegehabt werden. Erstere werden als Rechte bzw. Pflichten „in personam"[92], zweitere als Rechte bzw. Pflichten „in rem"[93] bezeichnet (vgl. Jones, 1994: 15). Rechte und Pflichten in personam sind Rechte und Pflichten mit einem bestimmten Gegenüber (wobei es sich bei dem Gegenüber um eine bestimmte

---

90 Wie Koller schreibt, handelt es sich bei Rechten um ein „dreistelliges Relationsprädikat" (Koller, 2012: 153; 1997: 252). Ähnlich bezeichnet Finnis eine Rechtsbeziehung als „a three-term relation between one person, one act-description, and one other person" (Finnis, 1982: 199; vgl. auch 201).

91 Auch wenn diese Unterscheidung üblicherweise im Zusammenhang mit Rechten diskutiert wird, so ist sie problemlos auch auf Pflichten anwendbar.

92 Wie Austin (1885: 369 f) anmerkt, ist der Ausdruck „in personam" „an elliptical or abridged expression for 'in personam certam sive determinatam'". Pogge (2009: 123) nennt ein Recht in personam ein Recht „conceived in personal terms".

93 Die Bezeichnung „in rem" darf hierbei nicht unbedingt wörtlich als Recht an einer Sache verstanden werden: „It denotes that the right in question avails against persons generally; and not that the right in question is a right over a thing." (Austin, 1885: 370) Auf der anderen Seite ist ein Recht an einer Sache eben genau auch dadurch ausgezeichnet, dass es eben gegen alle gilt; wenn dem nicht so wäre, könnte man nicht von einem Recht an der Sache sprechen. Jedoch verstellt eine Übersetzung mit „an der Sache" die dahinterliegende Idee, dass ein solches Recht/ eine solche Pflicht gegen alle gilt.

Einzelperson oder um eine bestimmte Gruppe von Personen handeln kann); Rechte und Pflichten in rem sind Rechte und Pflichten mit einem Gegenüber, das nicht näher bestimmt zu werden braucht, da es alle umfasst.[94] So verstanden sind Rechte und Pflichten in rem absolute, gegen alle innegehabten Rechte und Pflichten, während Rechte und Pflichten in personam relative Rechte und Pflichten sind, die nur gegen ausgewählte Andere gelten: „Rechte in personam haben nur wenige (mindestens einen) bestimmte Adressaten, während Rechte in rem sich unbestimmt gegen alle (nicht mit dem Rechtsträger identischen) Individuen richten." (Stepanians, 2007: 12) In Analogie zu seiner den Rechtsinhaber konkretisierenden Unterscheidung von Rechten in partikulare, lokale und universelle Rechte führt Koller zusätzlich zu der Unterscheidung zwischen Rechten in rem und Rechten in personam[95] zudem die Klasse der „gemeinschaftsbezogene(n) oder kommunale(n) Rechte" (Koller, 2012: 154) ein. Letztere – von ihm auch als „Rechte in rem publicam" (Koller, 1992: 81) bezeichneten – Rechte umfassen diejenigen Rechte, „die weder gegenüber jedermann noch gegenüber bestimmten Einzelpersonen, sondern gegenüber einem Kollektiv bestehen" (Koller, 2012: 154). Wenn wir uns zudem vor Augen führen, dass nicht alle Rechte bzw. Pflichten ein Gegenüber besitzen, können wir hinsichtlich ihres Gegenübers (B) folgende Rechte und Pflichten unterscheiden:

- Pflichten/ Rechte mit Gegenüber (vollkommene Pflichten/ Rechte)
  - Absolute Pflichten/ Rechte
    - Rechte/ Pflichten in rem (generelle Rechte/ Pflichten): Rechte/ Pflichten gegenüber allen Personen
  - Relative Pflichten/ Rechte
    - Rechte/ Pflichten in rem publicam (kommunale Rechte/ Pflichten): Rechte/ Pflichten gegenüber einigen bestimmten (d. h. mehr als einer, aber weniger als allen) Personen
    - Rechte/ Pflichten in personam (spezielle Rechte/ Pflichten): Rechte/ Pflichten gegenüber einer bestimmten Person
- Pflichten/ Rechte ohne Gegenüber (unvollkommene Pflichten/ Rechte)

94 In diesem Zusammenhang kann festgestellt werden, dass die Trennung zwischen Rechten und Pflichten in rem und in personam logisch nicht vollkommen trennscharf ist, da ein Recht/ eine Pflicht in rem auch als Bündel von n Rechten/ Pflichten in personam verstanden werden kann. Hohfeld (1917: 718) bezeichnet in personam Rechte als „paucital rights" and in rem Rechte als „multital rights"; Salmond (1920: 202) benutzt die Begriffe „real rights" (für Rechte in rem) und „personal rights" (für Rechte in personam).

95 Koller (2012: 154) verwendet die Bezeichnungen „generell" (für in rem) bzw. „speziell" (für in personam).

3.2 Pflichten mit Gegenüber: Rechtspflichten und Anspruchsrechte

Hinsichtlich des Vorhandenseins eines Gegenübers werden gemeinhin zwei Klassen von Pflichten unterschieden, nämlich vollkommene Pflichten und unvollkommene Pflichten. Eine vollkommene Pflicht (auch: Rechtspflicht; geschuldete Pflicht) von A zu φ zeichnet sich dadurch aus, dass sie einem Gegenüber B geschuldet ist, so dass B ein Anspruchsrecht (claim-right) gegenüber A darauf besitzt, dass A φ auch effektiv realisiert.[96] Ein Anspruchsrecht[97] mit Inhalt φ zeichnet sich somit dadurch aus, dass sein Besitz den Anspruch auf Realisierung des geschuldeten Verhaltens φ verleiht.[98] Für Onora O'Neill ist es ein „exceptionless logical point that where anyone is to have a right there must be identifiable others (either all others or specified others) with accurately corresponding obligations“ (O'Neill, 2005: 431). Im Gegensatz zum Freiheitsrecht, das ein aktives Recht und damit ein Recht ist, selber etwas tun/ unterlassen zu dürfen („right of action“ (Raphael, 1967: 56)), handelt es sich bei einem Anspruchsrecht um ein passives Recht, d. h. ein Recht auf ein von einer anderen Person geschuldetes Verhalten φ („right of recipience“ (Raphael, 1967: 56)): „to possess a claim-right is to be owed a duty“ (Jones, 1994: 16).[99] Wenn B ein Anspruchsrecht gegenüber A

---

96 vgl. hierzu Birnbacher (2007: 131): „In den beiden letzteren Bedeutungen von „moralisches Recht“ implizieren Rechte moralische Pflichten auf seiten anderer. Diese Pflichten werden traditionell vollkommene Pflichten genannt.“ Aufgrund der wesentlichen Verwebung von Anspruchsrecht und vollkommener Pflicht werden vollkommene Pflichten auch als Rechtspflichten bezeichnet. Cruft (2004: 354) bezeichnet vollkommene Pflichten als „relational duties“. Die hier eingeführte Unterscheidung entspricht also nicht der Kant'schen Unterscheidung zwischen vollkommenen und unvollkommenen Pflichten, nach der eine unvollkommene Pflicht zwar widerspruchsfrei gedacht, aber nicht widerspruchsfrei gewollt, und eine vollkommene Pflicht weder widerspruchsfrei gedacht noch widerspruchsfrei gewollt werden kann.

97 Koller (1992: 74) verwendet für die von Hohfeld als „rights stricto sensu“ bezeichneten (und jeweils mit einer „duty stricto sensu“ korrespondierenden) Anspruchsrechte auch den Begriff „Forderungsrechte“.

98 vgl. Wenar (2013: 207 („A person holding a claim-right is owed a duty by some other person (s).“)), Koller (1997: 257 („Anspruchsrechte sind Rechte, die ihrem Inhaber einen Anspruch auf ein bestimmtes Verhalten anderer Personen (der Adressaten) verleihen.“)) sowie Jones (1994: 14 („A claim-right is necessarily a right against a person or persons who owe the corresponding duty to the right-holder.“)).

99 vgl. hierzu auch Rainbolt (2006: 13): „Active rights are rights to do something oneself. My right to drive my truck is an active right. Passive rights are rights that another person do or not do something.“ An anderer Stelle schreibt Jones (1994: 21): „Liberty rights are ‚active‘ in that they concern what the right-holder himself is entitled to do or not to do. From the same perspective, claim-rights are ‚passive‘ in that they concern what others are obliged to do or not to do in respect of the right-holder.“

hat, dann hat A eine vollkommene Pflicht gegenüber B. Wir können entsprechend definieren:[100]

Anspruchsrecht$_{\text{Definition provisorisch}}$:	B hat gegenüber A ein Anspruchsrecht AR auf φ, wenn A gegenüber B eine mit AR korrespondierende vollkommene Pflicht (Rechtspflicht) RP zu φ und wenn A kein Freiheitsrecht FR zu φ hat.
Rechtspflicht$_{\text{Definition provisorisch}}$:	A hat gegenüber B eine vollkommene Pflicht (Rechtspflicht) RP zu φ, wenn B gegenüber A ein mit RP korrespondierendes Anspruchsrecht AR auf φ und wenn A kein Freiheitsrecht FR zu φ hat.

In Abhängigkeit davon, ob das Verhalten φ, auf das B gegenüber A einen Anspruch hat, in einem Tun oder Unterlassen besteht, wird innerhalb der Klasse der passiven Rechte des Weiteren zwischen positiven und negativen Anspruchsrechten unterschieden (vgl. Jones, 1994: 15):[101]

- **Positive Anspruchsrechte**
  Positive Anspruchsrechte (auch: Leistungsrechte) „verschaffen den Inhabern gegenüber anderen einen Anspruch auf ein aktives Tun bzw. auf die Erbrin-

100 vgl. hierzu auch Wenar (2013): „A has a claim that B φ if and only if B has a duty to A to φ." Koller (1997: 257) erachtet als Definitionsmerkmal eines Anspruchsrecht zudem die Durchsetzbarkeit des Anspruchs: „Person x hat gegenüber y ein Anspruchsrecht auf das Verhalten v gdw. y gegenüber x die Pflicht hat, v zu realisieren, und es x erlaubt ist, gegen y nötigenfalls Schritte zu unternehmen, um v zu erzwingen."

101 vgl. Finnis (1982: 200): „A claim-right is always either, positively, a right to be given something (or assisted in a certain way) by someone else, or negatively, a right not to be interfered with or dealt with or treated in a certain way, by someone else." Ähnlich schreibt Rainbolt: „Passive rights are subdivided into positive and negative rights. A positive right is a right that another person do something. A negative right is a right that another person not do something." (Rainbolt, 2006: 13) Da es sich bei Freiheitsrechten um aktive, d. h. mit dem Verhalten des Rechtsinhabers befassten Rechten handelt, ist die Unterscheidung positiv/ negativ auf diese Klasse an Rechten nicht anwendbar. Es würde keinen Sinn machen, von einem positiven Freiheitsrecht zu sprechen, da durch das Adjektiv „positiv" auf das verwiesen wird, was jemand anderes als der Rechtsinhaber tun oder unterlassen soll, während der Begriff „Freiheitsrecht" nur eine Aussage zu dem Verhalten des Rechtsinhabers macht und keinerlei Hinweis auf ein Verhalten einer anderen Person als der des Rechtsinhaber enthält. Entsprechend betont Stepanians, dass es sich bei der Unterscheidung in positive und negative Rechte nur „um eine Unterscheidung innerhalb der Klasse der passiven Rechte, genauer: in der Klasse der Anspruchsrechte" (Stepanians, 2007: 11) handelt.

gung gewisser Leistungen“ (Koller, 1997: 257).[102] Ein positives Anspruchsrecht korrespondiert mit der oben bereits eingeführten positiven (Rechts-)Pflicht.

- **Negative Anspruchsrechte**
  Ein negatives Anspruchsrecht (auch: Abwehrrecht, Schutzrecht, Recht auf Nichteinmischung) gibt dem Rechtsinhaber einen Anspruch darauf, „daß andere Personen bestimmte Handlungen unterlassen oder ein Handeln des Inhabers dulden“ (Koller, 1997: 257).[103] Ein Abwehrrecht korrespondiert mit der oben bereits eingeführten negativen (Rechts-)Pflicht (Unterlassungspflicht).
  In diesem Zusammenhang ist es wichtig, den grundlegenden Unterschied zwischen einem negativen Anspruchsrecht und einem Freiheitsrecht zu betonen, zumal diese beiden Rechtsformen leider nicht selten verwechselt werden.[104] Zum besseren Verständnis hilft ein Blick in die Welt des Sports: In einem Fußballspiel stehen sich zwei Mannschaften gegenüber, die beide das Freiheitsrecht haben, ein Tor zu ihren Gunsten zu schießen. Dies bedeutet erst einmal nichts anderes, als dass sie von keinerlei Pflicht (vollkommen oder unvollkommen) daran gehindert werden, den Ball im Tor der jeweils gegne-

---

102 vgl. Wenar (2011): „The holder of a positive right is entitled to provision of some good or service.“ Boshammer (2003: 30) schreibt: „Im Gegensatz zu Schutz- und Abwehrrechten sichern positive Rechte Ansprüche ihrer Träger auf bestimmte Güter und werden darum auch Anspruchrechte bezeichnet. Sie verpflichten zu bestimmten Formen aktiver Unterstützung des Rechtsinhabers in Bezug auf den von ihm zu Recht beanspruchten Rechtsgegenstand.“ Narveson beschreibt positive Anspruchsrechte wie folgt: „A ‚positive‘ right, by contrast, is one that entails positive duties, that is, duties to do and not merely to refrain. Such duties will in general be duties to help the rightholder (to some degree that would have to be further clarified by the theorist) provided that the rightholder both wants and in some sense needs the help in question.“ (1991: 336)

103 vgl. Wenar (2011): „The holder of a negative right is entitled to non-interference.“ Narveson beschreibt negative Anspruchsrechte wie folgt: „A ‚negative‘ right is one imposing only negative duties on others, namely, duties not to do various things; in particular, negative rights entail duties not to prevent the rightholder from doing what she is being said to have a right to do, or from doing with her property what she thereby has the right to do with it.“ (1991: 336) Nach Boshammer (2003: 29) begründen negative Anspruchsrechte „negative Pflichten, und gemeint sind damit Pflichten, etwas Bestimmtes nicht zu tun. Die Verpflichteten haben den jeweiligen Rechtsinhaber in der durch das Recht gekennzeichneten Hinsicht in Ruhe zu lassen.“

104 Ein Beispiel hierfür ist z. B. Boshammer (vgl. 2003: 29), der – die Unterscheidung zwischen aktiven und passiven Rechten übersehend und entgegen der dieser Arbeit zugrundliegenden Definition eines Freiheitsrechts als aktives Recht – negative Anspruchsrechte unglücklicherweise auch als Freiheitsrechte bezeichnet. Wenn man in der Literatur auf den Ausdruck „Freiheitsrecht“ stößt, so ist also Vorsicht geboten und jeweils genau zu prüfen, ob der Autor wirklich von einem Freiheitsrecht (also einer Nicht-Pflicht) spricht oder damit unscharf das meint, was im Rahmen dieser Arbeit als negatives Anspruchsrecht bezeichnet wird.

rischen Mannschaft unterzubringen. Sie haben die Freiheit, ein Tor zu erzielen oder nicht. In diesem Recht ist aber nicht schon automatisch das negative Anspruchsrecht der einen Mannschaft an die jeweils andere Mannschaft enthalten, dass die eine Mannschaft von der jeweils gegnerischen Mannschaft nicht daran gehindert werden darf, auch ein Tor zu erzielen.[105] Bei einem Fußballspiel prallen also im Grunde zwei miteinander in Konkurrenz stehende Freiheitsrechte aufeinander. Aber man kann nicht sagen, dass sich aus den involvierten Freiheitsrechten irgendwelche negativen Anspruchsrechte ableiten lassen bzw. in diesen impliziert sind. Beide Mannschaften sind zwar daran gebunden, einen Torerfolg nur mit fairen Mitteln herbeizuführen, jedoch ergibt sich diese Pflicht nicht aus dem Freiheitsrecht, sondern aus dem Regelwerk.

3.3 Pflichten ohne Gegenüber: Liebespflichten

Während alle Anspruchsrechte mit einer Pflicht korrespondieren, gilt dieser Zusammenhang andersherum jedoch nicht zwingend, da es durchaus auch Pflichten

---

105 Insofern ist die von Koller (1997) vorgeschlagene und auf einer Unterscheidung zwischen sog. „unbewehrten" und „bewehrten" Freiheitsrechten aufbauende Definition von Freiheitsrechten nicht sinnvoll. Währende erstere für Koller nur „in der bloßen Erlaubnis zu einem bestimmten Verhalten oder, was dasselbe bedeutet, in der Abwesenheit einer entgegenstehenden Pflicht" (Koller, 1997: 258) bestehen, sind zweitere zusätzlich „verbunden mit einem Gewaltverbot, das anderen die Pflicht auferlegt, das erlaubte Handeln nicht gewaltsam zu verhindern" (Koller, 1997: 258). Da für Koller Freiheiten nur dann Sinn machen, wenn sie bewehrte sind, definiert er ein Freiheitsrecht wie folgt als bewehrtes Freiheitsrecht: „Person x hat gegenüber y ein Freiheitsrecht auf das Verhalten v gdw. x gegenüber y die Erlaubnis hat, v zu realisieren, und x gegenüber y zugleich ein Anspruchsrecht besitzt, durch y nicht gewaltsam an der Realisierung von v gehindert zu werden, wobei v eine Handlungsalternative darstellt." (Koller, 1997: 259) Streng genommen handelt es sich bei einer bewehrten Freiheit im Kollerschen Sinne jedoch nicht um eine Grundform eines Rechts (ein sog. „atomic incident" (Wenar: 2011)), sondern ein komplexes, aus mehreren atomic incidents zusammengesetztes Recht, d. h. ein „cluster-right" (Thomson, 1990) bzw. „molecular right" (Wenar, 2005: 225; 2011). Kollers bewehrte Freiheit setzt sich im Grunde aus einem Freiheitsrecht und einem Anspruchsrecht zusammen. Das, was eigentlich unter einem Anspruchsrecht zu verstehen ist, wäre jedoch in Kollers unbewehrter Freiheit zu finden, die er aber leider unter den Tisch fallen lässt. Der Anspruch auf Durchsetzbarkeit der Freiheit ist also nicht Teil der Definition eines als atomic incident verstandenen Freiheitsrechts; es bezeichnet die Freiheit, selbst etwas tun oder unterlassen zu dürfen, darf aber auf keinen Fall mit einem negativen Anspruchsrecht verwechselt werden! Wie Stepanians hierzu richtigerweise anmerkt, handelt es sich bei einem „im Sinne eines Freiseins von Behinderungen durch andere" (2007: 11) verstandenen Freiheitsrecht, „nicht um ein Freiheits-, sondern um ein Anspruchsrecht" (Stepanians, 2007: 11).

gibt, die nicht mit einem Anspruchsrecht korrespondieren.[106] Der Inhaber einer solchen unvollkommenen Pflicht (auch: Liebes- oder Tugendpflicht; ungeschuldete Pflicht) zu φ hat somit kein (zumindest kein menschlich-irdisches) Gegenüber B, das einen Anspruch auf φ hätte. Wir können eine unvollkommene Pflicht also wie folgt definieren:

$\text{Liebespflicht}_{\textbf{Definition provisorisch}}$: A hat eine unvollkommene Pflicht (Liebespflicht) LP zu φ, wenn zwar gegenüber A kein Anspruchsrecht AR zu einem eigenen Verhalten mit

106 So schreibt z. B. Cruft (2004: 354): „It does not follow, however, that a Hohfeldian claim exists whenever any duty exists." Bei Gosepath (2007b: 219) lesen wir: „Ein spezifisches Merkmal unvollkommener Pflichten ist, dass sie niemandem im Besonderen geschuldet sind. […] Deshalb entspricht einer unvollkommenen Pflicht kein Anspruchsrecht eines bestimmten Rechtsanspruchshalters." Und auch Birnbacher (2007: 131) unterscheidet zwischen vollkommenen und unvollkommenen Pflichten: „Demgegenüber werden Pflichten, denen keine (Freiheits- oder Anspruchs-)Rechte gegenüberstehen, traditionell als unvollkommene Pflichten bezeichnet." Raphael & Mayo (1965: 226) bezeichnen vollkommene Pflichten als „duties of perfect obligation" und vollkommene Pflichten als „duties of imperfect obligation": „Duties have been traditionally divided into duties of perfect obligation, which do imply correlative rights, and duties of imperfect obligation which do not." (Raphael & Mayo, 1965: 226) Die Unterscheidung zwischen vollkommenen und unvollkommenen Pflichten kommt auch aus der folgenden Aussage zum Vorschein: „Someone who fails to perform a duty does wrong, but someone who fails to perform a duty owed to another wrongs that other." (Wenar, 2013: 209)

Demgegenüber und abweichend von dem dieser Arbeit zugrundeliegenden Verständnis versteht Koller (2012: 151) unter vollkommenen Pflichten solche, „die gegenüber einzelnen Personen bestehen", und unter unvollkommenen Pflichten solche, „die nicht bestimmten einzelnen Menschen, sondern einer Personenallgemeinheit oder einem Gemeinwesen im Ganzen geschuldet werden". Wie Rainbolt (2000: 233) ausführt, lassen sich in der Literatur mindestens acht unterschiedliche Formen der Differenzierung zwischen vollkommenen und unvollkommenen Pflichten finden, von denen die hier verwendete nur eine (nämlich Nummer 2) ist (wobei die Unterscheidungen 5 bis 8 allesamt Kant geschuldet sind): „1. Obligations which imply a right to compel performance vs. obligations which do not imply such a right […]. 2. Obligations which imply a correlative right vs. obligations which do not imply such a right […]. 3. Obligations with a legal sanction for non-performance vs. obligations without such a sanction […]. 4. Obligations whose universal violation would make human life intolerable vs. obligations whose universal violation would not have this effect […]. 5. Obligations to perform actions whose maxim cannot be thought as a universal law without contradiction vs. obligations to perform actions whose maxim can be thought as a universal law without contradiction but cannot be willed as a universal law without contradiction […]. 6. Obligations which allow no exceptions in the interests of inclination vs. obligations which allow exceptions in the interest of inclination […]. 7. Obligations to do certain acts vs. obligations to adopt certain ends […]. 8. Obligations without latitude vs. obligations with latitude […]."

Inhalt φ oder nicht-φ besteht, aber A kein Freiheitsrecht FR zu φ hat.

Wie sieht es mit dem Gegenüber eines Freiheitsrechts aus? Wie oben erwähnt, hat eine Person A ein Freiheitsrecht zu φ, wenn A keine Pflicht zu φ oder nicht-φ (¬φ) hat. Da eine Pflicht nun entweder eine vollkommene oder eine unvollkommene sein kann, ist diese Aussage dahingehend zu präzisieren, dass A ein Freiheitsrecht zu φ hat, wenn A weder eine vollkommene noch eine unvollkommene Pflicht zu φ oder nicht-φ (¬φ) hat. Und da eine vollkommene Pflicht von A mit einem Anspruchsrecht von B korrespondiert, enthält somit auch die Definition eines Freiheitsrechts einen Hinweis auf ein Gegenüber. Wir können die bisher nur provisorische Definition eines Freiheitsrechts also wie folgt präzisieren:

Freiheitsrecht$_{\textbf{Definition provisorisch 2}}$: A hat ein Freiheitsrecht zu φ, wenn A keine unvollkommene Pflicht zu φ oder nicht-φ (¬φ) und wenn B gegenüber A kein Anspruchsrecht AR auf φ oder nicht-φ hat.[107]

4 Pflichten und Rechte als begründete fünfteilige Relationsprädikate

Über die aus der Unterscheidung eines Verhaltens in verboten, geboten, erlaubt und freigestellt abgeleiteten Begriffe der Pflicht und der Freiheit sowie deren Formulierung als dreistelliges Relationsprädikat, sind wir bei der (provisorischen) Definition der Konzepte vollkommene Pflicht, unvollkommene Pflicht, Anspruchsrecht und Freiheitsrecht angelangt. Allerdings ist die Vorstellung eines Rechts bzw. einer Pflicht als dreiteiliges Relationsprädikat immer noch ein wenig zu kurz gesprungen. Zwei Aspekte sind noch zu ergänzen: der von einer Pflicht/

107 Finnis (1982: 199) definiert Freiheitsrechte wie folgt: „A has a liberty (relative to B) to φ, if and only if B has no-claim-right ('a no-right') that A should not φ. [...] A has a liberty (relative to B) not to φ, if and only if B has no-claim-right ('a no-right') that A should φ." Analog zu der Unterscheidung zwischen vollkommenen und unvollkommenen Pflichten könnte man verleitet sein, zwischen vollkommenen Freiheitsrechten und unvollkommenen Freiheitsrechten unterscheiden. Erstere sind Freiheiten, die die Abwesenheit einer vollkommenen Pflicht, zweitere solche, die die Abwesenheit einer unvollkommenen Pflicht bezeichnen. Da von einer Freiheit aber nur gesprochen werden kann, wenn sowohl die Existenz einer vollkommenen als auch einer unvollkommenen Pflicht negiert werden kann, muss die Definition eines Freiheitsrechts beide Pflichtformen gleichzeitig ausschließen.

einem Recht Begünstige bzw. Betroffene (C) und die Begründung einer Pflicht/ eines Rechts (Z).

4.1 Der von einer Pflicht/ einem Recht Begünstige bzw. Betroffene (C)

Zu einem Recht bzw. einer Pflicht gehört nicht nur ein Subjekt (Rechts- bzw. Pflichtinhaber; A), Objekt (Gegenstand bzw. Inhalt des Rechts/ der Pflicht; φ) und Gegenüber B, sondern darüber hinaus auch ein – nicht zwingend mit dem Gegenüber B identischer – Adressat C, der von φ begünstigt bzw. betroffen ist. Ein Beispiel für einen Fall, in dem Gegenüber und begünstigte bzw. betroffene Person nicht identisch sind, ist der Vertrag auf Leistung an einen Dritten (auch: unechter Vertrag zu Gunsten Dritter), in dem es neben den beiden Vertragsparteien eine dritte Partei gibt, die zwar die zwischen den Vertragsparteien vereinbarte Leistung entgegennehmen kann, aber nicht forderungsberechtigt ist. Mit einem Vertrag auf Leistung an einen Dritten schließt eine Person A mit einem Gegenüber B einen Vertrag, in dem sich A gegenüber B zu einem Verhalten φ zugunsten von C verpflichtet. B hat somit das mit dieser Pflicht korrespondierende positive Anspruchsrecht gegenüber A, dass A das Verhalten φ zugunsten von C realisiert. Das Verhalten φ ist in dieser Konstellation gegenüber B geschuldet, aber betrifft C.

Hinsichtlich der von φ begünstigten bzw. betroffenen Person C können folgende Formen von Rechten und Pflichten unterschieden werden (für die sich in der Literatur allerdings keine spezifischen Kurzbezeichnungen finden):

- Rechte/ Pflichten, deren Begünstige bzw. Betroffene alle Personen sind
- Rechte/ Pflichten, deren Begünstige bzw. Betroffene einige bestimmte (d. h. mehr als eine, aber weniger als alle) Personen sind
- Rechte/ Pflichten, deren Begünstiger bzw. Betroffener eine bestimmte Personen ist

Diese Unterscheidung kann nun allerdings dahingehend differenziert werden, ob C mit A oder B identisch ist bzw. ob A und/ oder B eine Teilmenge von C darstellen.[108] Insofern können also hinsichtlich der von φ begünstigten bzw. betroffenen Person C genau genommen nicht nur die obigen drei, sondern folgende Formen von Rechten und Pflichten unterschieden werden:

- Pflichten/ Rechte betreffend alle Personen (C), wobei immer $B \subset C$ und $A \subset C$

108 Die Aussage, dass z. B. A eine (echte) Teilmenge von C darstellt, wird mathematisch ausgedrückt als: $A \subset C$ (siehe hierzu auch FN 126). Es sei an dieser Stelle der Vollständigkeit halber angemerkt, dass A und B nicht identisch sein können und A auch keine Teilmenge von B (oder umgekehrt) sein kann. Es gilt also: $A \neq B$, $A \not\subset B$, $B \not\subset A$.

- Pflichten/ Rechte betreffend einige bestimmte (d. h. mehr als eine, aber weniger als alle) Personen (C), wobei
  - $B \subset C$ und $A \subset C$ oder
  - $B \subset C$ und $A \not\subset C$ oder
  - $B \not\subset C$ und $A \subset C$ oder
  - $B \not\subset C$ und $A \not\subset C$
- Pflichten/ Rechte betreffend eine bestimmte Person (C), wobei
  - $C = B$ und $C \neq A$ oder
  - $C \neq B$ und $C = A$ oder
  - $C \neq B$ und $C \neq A$

4.2 Die Begründung einer Pflicht/ eines Rechts (Z)

Rechte und Pflichten fallen nicht einfach vom Himmel, sondern bedürfen einer Begründung. Es muss nicht nur jeweils klar sein, wer wem gegenüber ein Recht/ eine Pflicht mit welchem Inhalt betreffend wen hat, sondern darüber hinaus auch, warum dieses Recht/ diese Pflicht existiert. Hinsichtlich ihrer Begründung lassen sich nun drei verschiedene Arten von Rechten und Pflichten unterscheiden: „Moral rights are grounded in moral reasons, legal rights derive from the laws of the society, customary rights exist by local convention." (Wenar, 2011) Die unterschiedliche Begründung dieser drei Arten von Rechten und Pflichten schließt allerdings nicht aus, dass alle drei den gleichen Inhalt haben können (wie z. B. das Recht, nicht ermordet zu werden).

Legale Rechte und Pflichten[109] verdanken ihre Existenz der Legiferierung durch eine als legitim wahrgenommene Autorität. Sie sind „typically conferred by specific rules recorded in handbooks of regulations that can be observed and studied by the citizens subject to the rules" (Feinberg, 1973: 84). Legale Rechte und Pflichten sind somit von einem dafür zuständigen Organ in einem dafür vorgesehenen ordentlichen Verfahren gesetzte und kodifizierte, d. h. niedergeschrie-

109 Legale Rechte und Pflichten werden oft auch als positive Rechte und Pflichten bezeichnet, wobei sich die Bezeichnung vom lateinischen Verb „ponere" (zu Deutsch: setzen, stellen, legen) ableitet und positive Rechte und Pflichten in diesem Sinne gesetzte Rechte und Pflichten sind. Die Bezeichnung ist jedoch leider etwas verwirrend, da sie leicht mit der Unterscheidung zwischen positiven und negativen Anspruchsrechten bzw. Pflichten verwechselt werden kann. Birnbacher bezeichnet legale Rechte auch als „juridische Rechte", worunter er solche Rechte versteht, die „Bestandteile faktisch geltender Rechtssysteme" (2011: 149) sind. Feinberg (1973: 84) und Rainbolt (2006: 13) sprechen anstelle von „legal rights" auch von „institutional rights" und fassen die von Wenar erwähnten „moral rights" und „customary rights" als „non-institutional rights" zusammen.

bene bzw. in einer Rechtssammlung festgehaltene Rechte und Pflichten. Aufgrund der Tatsache, dass es sich bei legalen Rechten und Pflichten um von einem Rechtssystem bzw. einer Rechtsordnung[110] zugeschriebene Rechte und Pflichten handelt, ist ihr Schicksal mit der sie jeweils enthaltenden Rechtsordnung verbunden; hört eine Rechtsordnung auf zu existieren, verlieren auch alle in dieser enthaltenen Rechte und Pflichten ihre Gültigkeit. Legale Rechte und Pflichten können aber nicht nur nicht länger als die Rechtsordnung existieren, in der sie enthalten sind, sie können auch erst frühestmöglich mit dem Entstehen einer solchen Ordnung zu existieren beginnen. Legale Rechte und Pflichten sind darüber hinaus nicht nur zeitlich begrenzt, sondern können aufgrund der Tatsache, dass die sie enthaltenen Rechtsordnungen nur eine lokal begrenzte Gültigkeit haben, auch lokal variieren. Mit anderen Worten: Legale Rechte und Pflichten sind relativ.

Die zweite hinsichtlich ihrer Begründung unterschiedene Art von Rechten und Pflichten ist die der konventionellen Rechte und Pflichten.[111] Im Unterschied zur Klasse der legalen Rechte und Pflichten ist die Existenz dieser Rechte und Pflichten unabhängig von Legiferierungsprozessen, da sie in Sitte, Brauch und/oder Gewohnheit („social practice" (Frey, 1980: 7)) begründet bzw. deren Ausfluss sind: „Conventional rights are rights conferred by custom." (Rainbolt, 2006: 13)[112] In Abgrenzung zu den legalen Rechten und Pflichten, die man als gesetzt bezeichnen könnte, haben wir es hier also mit sozusagen „gewordenen" Rechten und Pflichten zu tun. Für ihre Existenz und Gültigkeit sind konventionelle Rechte und Pflichten nicht auf eine Inklusion in eine Rechtsordnung angewiesen; auch wenn sie sich natürlich in legalen Rechten und Pflichten ausdrücken können, sind sie ihrem Wesen nach vorpositiv[113] (d. h. existieren und gelten, ohne dass sie in einer Rechtsordnung enthalten sind bzw. im Gesetz stehen) und teilweise auch überpositiv (d. h. existieren und gelten, wenn sie legalen Rechten und Pflichten widersprechen). Wie legale Rechte und Pflichten sind konventionelle Rechte und

110 Worunter die Gesamtheit der in diesem Rechtssystem bzw. einer Rechtsordnung enthaltenen legalen Rechte und Pflichten zu verstehen ist.

111 Konventionell ist hier im Sinne von herkömmlich, üblich bzw. überkommen, d. h. sich aus sozialer Praxis (Konvention) ableitend, zu verstehen. Wenar bezeichnet diese Klasse von Rechten und Pflichten als „customary" (Wenar, 2011), andere Autoren bezeichnen sie auch als „conventional" (vgl. Rainbolt, 2006: 13).

112 vgl. auch Feinberg (1973: 84): „A conventional right is one derived from established customs and expectations whether or not recognized by law (e. g. an old woman's right to a young man's seat on a subway train)." Als Beispiel für ein konventionelles Recht gibt Rainbolt (2006: 13) folgendes Recht an: „The rules about forming a line at a ticket counter create conventional rights."

113 Anstelle des Präfix „vor-" kann auch das Präfix „prä-" verwendet werden, so dass man neben der Bezeichnung „vorpositiv" auch die Bezeichnung „präpositiv" verwenden kann.

Pflichten aufgrund der Tatsache, dass sie sozialer Praxis entspringen und diese von Gebiet zu Gebiet variieren kann, hinsichtlich Gültigkeit, Zeit und Ort relativ.

Neben diesen konventionellen und damit relativen vor- oder überpositiven Rechten und Pflichten gibt es auch eine Klasse an Rechten und Pflichten, die nicht nur vor- oder überpositiv, sondern auch vor- oder überkonventionell und damit absolut sind. Diese unabhängig von Gesetzgebungsverfahren/ Legiferierung, aber auch Aushandlungsprozessen und Vertragsverhandlungen sowie Gewohnheiten, Sitten oder Bräuchen (sozialer Praxis) vor und über allen legalen und konventionellen Rechten und Pflichten existierenden Rechte und Pflichten werden als moralische Rechte und Pflichten bezeichnet; sie existieren „as independently of social practice as they do of legislative enactment" (Feinberg, 1992: 152). Raymond Frey (1980: 7) hat diese Merkmale in einer konzisen Definition ausgedrückt:

> „A moral right is a right which is not created by or the product of community legislation or social practice, which persists even in the face of contrary legislation or practice, and which prescribes the boundary beyond which neither individuals nor the community may go in pursuit of their overall ends." (Frey, 1980: 7)

Wenn dem so ist, wodurch sind dann aber moralische Rechte und Pflichten begründet? Wie der Name bereits sagt, bedürfen moralische Rechte und Pflichten einer *moralischen* Begründung; sie leiten sich ab von „moral reasoning, not by whatever institutional factors happen to obtain" (Tasioulas, 2007: 76) bzw. „from some objective and universal principles of morality" (Feinberg, 1992: 152).[114] Anders ausgedrückt: Moralische Rechte und Pflichten sind durch Ableitung aus einer moralischen Theorie begründet (hierzu mehr in Kapitel IV.6). Dies bedeutet auch, dass moralische Rechte und Pflichten nicht einklagbar- oder erzwingbar sind bzw. erst dann einklagbar- oder erzwingbar sind, wenn sie positiviert worden sind. Die Tatsache, dass sie übertreten werden, ändert nichts daran, dass sie trotz Übertretung oder Missachtung Gültigkeit besitzen.

5 Zwischenfazit: Die grundlegenden Formen einer Pflicht bzw. eines Rechts

Wenn wir das bisher zum Thema Rechte und Pflichten Gesagte zusammenfassen, so können wir festhalten, dass Rechte und Pflichten begründete fünfteilige Relationsprädikate sind. Zur vollständigen Beschreibung einer Pflicht und eines

---

114 vgl. auch Rainbolt (2006: 13): „Moral rights are those rights created by moral rules and principles."

Recht gehört nicht nur die Antwort auf die Frage „Wer hat eine Pflicht/ ein Recht wozu/ worauf?“ oder auf die Frage „Wer hat wem gegenüber eine Pflicht/ ein Recht wozu/ worauf?“, sondern darüber hinaus auf die Frage „Wer hat weswegen wem gegenüber eine Pflicht/ ein Recht wozu/ worauf betreffend wen?“. Um ein Recht oder eine Pflicht vollständig zu beschreiben, muss also grundsätzlich eine Aussage zu jeder der folgenden Dimensionen getätigt werden:

- Subjekt der Pflicht/ des Rechts (Rechts- bzw. Pflichtinhaber; A),
- Objekt der Pflicht/ des Rechts (Gegenstand bzw. Inhalt des Rechts/ der Pflicht; φ),
- Gegenüber der Pflicht/ des Rechts (B),
- von der Pflicht/ dem Recht Begünstiger bzw. Betroffener (C),
- Begründung der Pflicht/ des Rechts (Z).

Über diese allgemeine Charakterisierung von Rechten und Pflichten hinausgehend, kann zwischen den folgenden vier grundlegenden Formen einer Pflicht bzw. eines Rechts unterschieden werden:

1) **Rechtspflicht**
(immer aktiv; auch: vollkommene Pflicht, geschuldete Pflicht, duty of perfect obligation, relational duty)
Eine Rechtspflicht $RP_{AB\varphi CZ}$ ist eine mit einem Anspruchsrecht $AR_{BA\varphi CZ}$ korrespondierende und durch Z begründete Pflicht von A gegenüber B zu einem eigenen Verhalten mit Inhalt φ betreffend C.

A hat gegenüber B eine durch Z begründete Rechtspflicht $RP_{AB\varphi CZ}$ zu einem Verhalten mit Inhalt φ betreffend C, wenn B gegenüber A ein mit $RP_{AB\varphi CZ}$ korrespondierendes Anspruchsrecht $AR_{BA\varphi CZ}$ auf ein Verhalten von A mit Inhalt φ betreffend C und wenn A kein Freiheitsrecht $FR_{A\varphi ZC}$ zu einem eigenen Verhalten mit Inhalt φ hat.

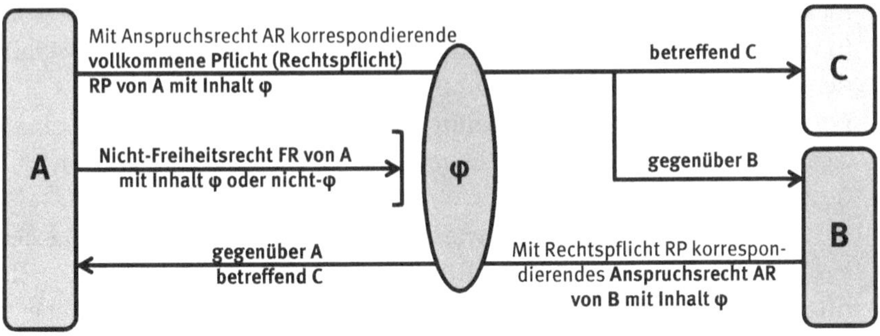

Abb. 23: Vollkommene bzw. Rechtspflicht RP

Rechtspflichten können zudem jeweils als Gebot oder Verbot auftreten, so dass genau genommen innerhalb der Klasse der Rechtspflichten noch zwischen Rechtsgeboten ($RG_{AB\varphi CZ}$) und Rechtsverboten ($RV_{AB\varphi CZ}$) unterschieden werden kann.

2) **Ansprucksrecht**

(passives Recht: Recht auf fremdes Verhalten; auch: claim-right, Forderungsrecht)

Ein Anspruchsrecht $AR_{BA\varphi CZ}$ ist ein mit einer Rechtspflicht $RP_{AB\varphi C}$ korrespondierendes und durch Z begründetes passives Recht von B gegenüber A auf ein Verhalten von A mit Inhalt φ betreffend C.

B hat gegenüber A ein durch Z begründetes Anspruchsrecht $AR_{BA\varphi CZ}$ auf ein Verhalten von A mit Inhalt φ betreffend C, wenn A gegenüber B eine mit $AR_{BA\varphi CZ}$ korrespondierende Rechtspflicht $RP_{AB\varphi CZ}$ zu einem eigenen Verhalten mit Inhalt φ betreffend C und wenn A kein Freiheitsrecht $FR_{A\varphi ZC}$ zu einem eigenen Verhalten mit Inhalt φ hat.

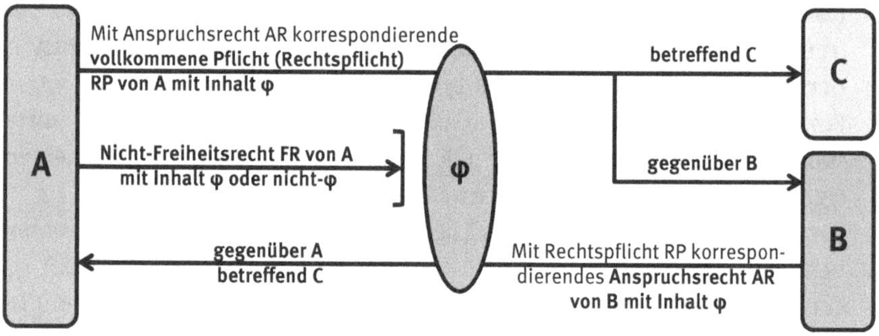

Abb. 24: Anspruchsrecht AR

3) **Liebespflicht**

(immer aktiv, auch: Tugendpflicht, unvollkommene Pflicht, ungeschuldete Pflicht, duty of imperfect obligation)

Eine Liebespflicht $LP_{A\varphi CZ}$ ist eine durch Z begründete Pflicht von A zu einem eigenen Verhalten mit Inhalt φ betreffend C. Liebespflichten besitzen kein Gegenüber B.

A hat eine durch Z begründete Liebespflicht $LP_{A\varphi CZ}$ zu einem eigenen Verhalten mit Inhalt φ betreffend C, wenn gegenüber A kein Anspruchsrecht $AR_{BA\varphi CZ}$ zu einem eigenen Verhalten mit Inhalt φ oder nicht-φ besteht, aber A trotzdem kein Freiheitsrecht $FR_{A\varphi ZC}$ zu einem eigenen Verhalten mit Inhalt φ hat.

Liebespflichten können jeweils als Gebot oder Verbot auftreten, so dass genau genommen innerhalb der Klasse der Liebespflichten noch zwischen Liebesgeboten ($LG_{A\varphi CZ}$) und Liebesverboten ($LV_{A\varphi CZ}$) unterschieden werden kann.

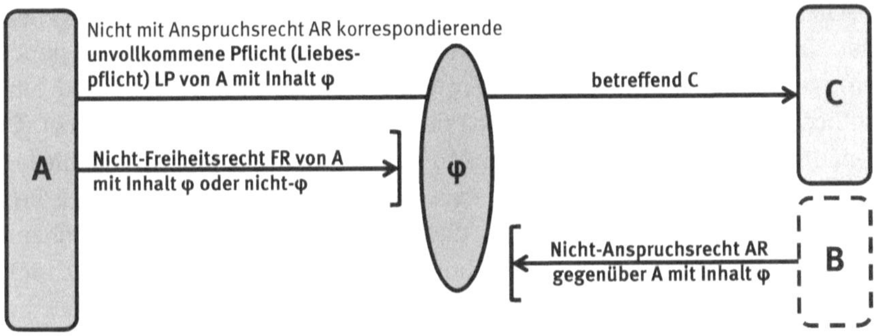

Abb. 25: Unvollkommene bzw. Liebespflicht LP

4) **Freiheitsrecht**
(aktives Recht: Recht auf eigenes Verhalten; auch: liberty-right, Gestaltungsrecht, privilege, license, permission)

Ein Freiheitsrecht $FR_{A\varphi ZC}$ ist ein durch Z begründetes aktives sowie gleichzeitig positives und negatives Recht von A zu einem eigenen Verhalten mit Inhalt φ betreffend C. Freiheitsrechte besitzen kein Gegenüber B.

A hat ein Freiheitsrecht $FR_{A\varphi ZC}$ zu einem eigenen Verhalten mit Inhalt φ betreffend C, wenn A keine Liebespflicht LP zu einem eigenen Verhalten mit Inhalt φ oder nicht-φ (¬φ) hat und wenn A keine Rechtspflicht RP zu einem eigenen Verhalten mit Inhalt φ oder nicht-φ (¬φ) hat, d. h. wenn gegenüber A kein Anspruchsrecht AR zu einem eigenen Verhalten mit Inhalt φ oder nicht-φ besteht.

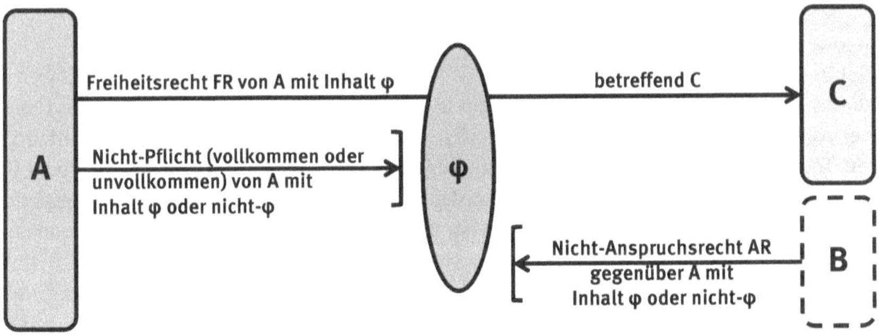

Abb. 26: Freiheitsrecht FR

Des Weiteren wurde herausgearbeitet, dass hinsichtlich der Begründung eines Rechts/ einer Pflicht (Z) zwischen legalen, konventionellen und moralischen, hinsichtlich des Inhabers eines Rechts/ einer Pflicht (A) zwischen partikularen, lokalen und universellen, hinsichtlich des Inhalts eines Rechts/ einer Pflicht (φ) zwischen positiven und negativen, hinsichtlich des Gegenübers eines Rechts/ einer Pflicht (B) zwischen speziellen (in personam), kommunalen (in rem publicam), generellen (in rem) und solchen ohne bestimmtes Gegenüber und hinsichtlich des von einem Recht/ einer Pflicht Betroffenen oder Begünstigten (C) ebenfalls zwischen diversen Formen von Rechten und Pflichten unterschieden werden kann. Kombiniert man die eben dargelegten grundsätzlich möglichen Formen von Rechten und Pflichten mit diesen zusätzlichen Dimensionen, anhand derer diese Rechte und Pflichten beschrieben werden können, so ergibt sich folgendes Bild bzw. folgender morphologischer Kasten[115] (vgl. Abbildung 27).

Diese Abbildung ist so zu lesen, dass, nachdem bestimmt worden ist, über welche(s) der sieben grundsätzlich denkbaren Rechte bzw. Pflichten man gerade spricht, das entsprechende Recht bzw. die entsprechende Pflicht weiter ausdifferenziert werden kann und muss. Dies geschieht, indem für jede der bei dem jeweiligen Recht bzw. der jeweiligen Pflicht angegebenen Variablen Z, A, φ, B und C eine der in der jeweiligen Variablenzeile aufgeführten Ausprägungen gewählt wird. So ist ein Freiheitsrecht $FR_{A\varphi Z}$ bzgl. der Parameter A, φ und Z zu spezifizieren (bzw. pro Parameter eine Ausprägung zu wählen), während die Parameter B und C für ein solches Recht keine Relevanz haben. Eine Liebespflicht $LP_{A\varphi CZ}$ (bzw. ein Liebesgebot $LG_{A\varphi CZ}$ oder ein Liebesverbot $LV_{A\varphi CZ}$) ist bzgl. der Paramter A, φ, C und Z zu spezifizieren, während der Parameter B für ein solches Recht keine Relevanz hat. Eine Rechtspflicht $RP_{AB\varphi CZ}$ (bzw. ein Rechtsgebot $RG_{AB\varphi CZ}$ oder ein Rechtsverbot $RV_{AB\varphi CZ}$) und ein Anspruchsrecht $AR_{BA\varphi CZ}$ ist bzgl. aller fünf Paramter (A, B, φ, C und Z) zu spezifizieren.[116] Erst wenn dies getan ist, sind wir der Tatsache gerecht geworden, dass es sich bei Rechten und Pflichten um fünfteilige Relationsprädikate handelt.

---

115 Ein morphologischer Kasten (auch: Zwicky-Box (nach deren „Erfinder", dem Schweizer Astrophysiker Fritz Zwicky) genannt) zerlegt ein (kompliziertes) Problem in Teilaspekte (Parameter), die in einer Spalte untereinander aufgelistet werden. In einem nächsten Schritt werden für jeden Teilaspekt Ausprägungen bzw. Lösungsmöglichkeiten gesucht und zeilenweise dem jeweiligen Teilaspekt zugeordnet. Somit ergibt sich für das ursprüngliche Problem ein Gesamtlösungsfeld, aus dem einzelne Lösungen durch Kombination von je einer Ausprägung pro Parameter entwickelt werden können.

116 In diesem Zusammenhang ist zu betonen, dass ein passives Recht bzw. Anspruchsrecht per definitionem ein bestimmtes Gegenüber (B) haben muss. Ein Anspruchsrecht kann also nur in personam (speziell), in rem publicam (kommunal) oder in rem (generell), aber nicht ohne Gegenüber sein.

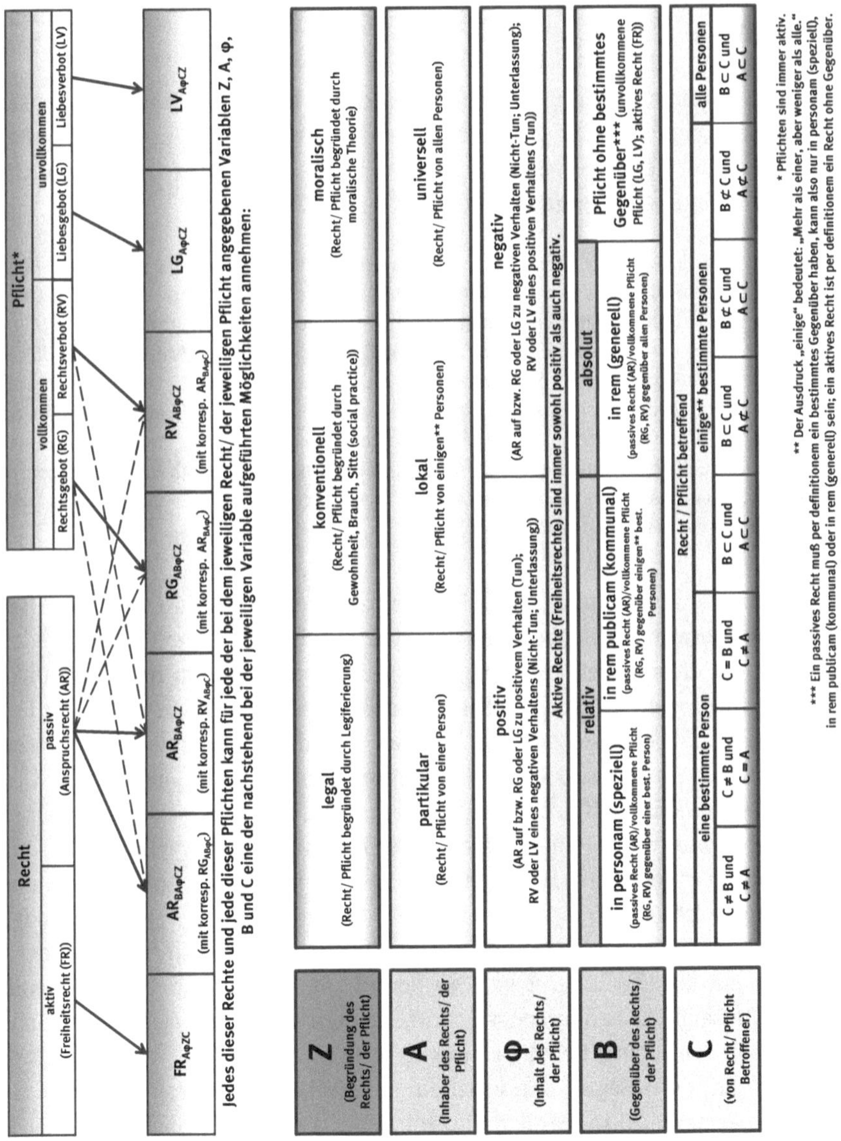

Abb. 27: Arten von Rechten und Pflichten (Morphologischer Kasten)

6 Personsein als Begründung moralischer Rechte und Pflichten

Wie eben erwähnt, bedürfen Rechte und Pflichten, wenn es sich um moralische und nicht irgendwelche anderen Rechte und Pflichten handeln soll, einer Begründung unter Bezug auf eine moralische Theorie. Wie Wenar (2011) ausführt, stehen uns hierfür zwei grundlegende moralische Theorien zur Verfügung:

> „Status theories hold that human beings have attributes that make it fitting to ascribe certain rights to them, and make respect for these rights appropriate. Instrumental theories hold that respect for particular rights is a means for bringing about some optimal distribution of interests. [...] Status theorists hold that rights should be respected because it is fitting to do so, and not because of the good consequences that will flow from so doing. By contrast, within an instrumental theory good consequences are the justification for promulgating and enforcing rights. [...] A status-based justification thus begins with the nature of the rightholder and arrives immediately at the right. The instrumental approach starts with the desired consequences (like maximum utility) and works backward to see which rights-ascriptions will produce those consequences." (Wenar, 2011)

Ohne auf die durchaus umstrittene Frage einzugehen, ob beide Ansätze zur Begründung moralischer Rechte und Pflichten gleichwertig vertretbar sind oder nicht, macht diese Arbeit eine ausgewählte Statustheorie zum Ausgangspunkt ihrer Überlegungen. So wird im Folgenden davon ausgegangen, dass eine Begründung moralischer Rechte und Pflichten nur durch den Rückgriff auf das Konzept des Personseins (d.h. den Status, eine Person zu sein) möglich ist. Obwohl der Personenbegriff in der Antike ohne normative Konnotation und in einer Weise verwendet wurde, „der überhaupt nicht anzumerken war, daß „Person" eines Tages dazu dienen würde, den Menschen zu bezeichnen, sofern er ein unableitbarer Wert an sich ist" (Brasser, 1999: 17), ist man sich heute mehr oder weniger darin einig, dass der Begriff „Person" nicht nur ein deskriptiver, sondern auch ein präskriptiver Begriff ist. Der Begriff „Person" ist nicht nur ein eine neutrale Tatsache konstatierender Begriff, sondern stellt darüber hinaus für nahezu alle an der Debatte Beteiligten (für manche explizit und für andere implizit) einen präskriptiven Begriff dar; er ist ein „gemischt empirisch normativer Ausdruck" (Spaemann, 2002: 45) oder, wie Birnbacher (1997: 9) es schlicht und einfach ausdrückt, „ein Begriff, der Pflichten und Rechte zuschreibt".[117] Der Arbeit liegt also folgende, gemeinhin als gültig anerkannte Prämisse (P1) zugrunde:[118]

117 Die Wichtigkeit des Personenbegriffs wird von Wolfgang Kersting (2001: 325) unterstrichen: „Der Personenbegriff steht im systematischen Zentrum der praktischen Philosophie. Will sie gelingen, muss sie ihren Ausführungen ein angemessenes Personenverständnis zugrunde legen." In

(P1) Einem Seienden S kommen die moralischen Rechte R_1, ..., R_n und Pflichten P_1, ..., P_n zu, wenn S eine Person ist.

Hinter dieser Prämisse steht die Einsicht, dass ein Seiendes als Person zu bezeichnen bedeutet, diesem Seienden einen moralischen Status (auch: moral status, moral standing), d. h. einen Status als moralisch relevantes Seiendes, zuzuerkennen.[119] Ein Seiendes als Person zu bezeichnen, bedeutet, es aus dem Bereich der moralischen Neutralität in den der moralischen Relevanz zu heben, es zu einem moralischen Subjekt zu machen und damit anzuerkennen, dass dieses Seiende Träger von moralischen Rechten und Pflichten sein kann und ist. So verstanden ist die Aussage, dass ein Seiendes eine „Person" ist oder ihm „Personsein" zukommt, nur die in einem Wort zusammengefasste Abkürzung der Antwort auf die Frage danach, was ein Seiendes moralisch relevant macht bzw. ihm moralischen Status verleiht. Die oben erwähnte Prämisse (P1) beruht somit auf den folgenden bzw. stellt selbst eine Konklusion aus den folgenden Prämissen (P1a) und (P1b) dar:

(P1a) Einem Seienden S kommen die moralischen Rechte R_1, ..., R_n und Pflichten P_1, ..., P_n zu, wenn S moralischen Status besitzt.
(P1b) S besitzt moralischen Status, wenn S eine Person ist.

Konklusion (C1) = (P1):
(P1) Einem Seienden S kommen die moralischen Rechte R_1, ..., R_n und Pflichten P_1, ..., P_n zu, wenn S eine Person P ist.

Im Fokus dieser Arbeit steht nun jedoch nicht alles Seiende, sondern eine bestimmte Klasse des Seienden, nämlich die zu einem kollektiv zwangsfinanzierten

Abgrenzung zum Personenverständnis des Rechts und den dort vorfindbaren Kategorien einer natürlichen und einer juristischen Person, geht es im Rahmen dieser Arbeit um das Personsein im moralischen Sinn.

118 Auch wenn manche Autoren – meist auf Basis des Vorwurfs einer vermeintlichen Komplexität, Unschärfe bzw. mangelnden Fassbarkeit und Umstrittenheit des Personenbegriffs – vorschlagen, „bioethische Diskussionen ohne den Rückgriff auf den Personenbegriff zu führen oder ihm zumindet eine weniger zentrale Funktion zuzuweisen, als ihm momentan zugewiesen wird" (Birnbacher, 1997: 24; vgl. auch Birnbacher, 2001a: 317 sowie 2002: 43; Macklin, 1984: 95; English, 1975; Beauchamp, 1999; Gordijn, 1999), so anerkennen sie doch – implizit oder explizit – die herausgehobene Bedeutung und Wichtigkeit sowie den normativen Gehalt dieses Begriffs.

119 Zum Begriff des „moral status" schreibt Warren (1997: 21): „To have moral status is to be morally considerable, or to have moral standing. It is to be an entity towards which moral agents have, or can have, moral obligations. If an entity has moral status, then we may not treat it in just any way we please."

Gesundheitswesen zusammengeschlossenen Menschen und damit Menschen generell. Entsprechend kann die Prämisse (P1) für die Zwecke dieser Arbeit wie folgt zu (P1′) angepasst werden:

(P1′) Einem Menschen M kommen die moralischen Rechte $R_1, \ldots, R_n$ und Pflichten $P_1, \ldots, P_n$ zu, wenn M eine Person P ist.

7 Schärfung der Forschungsfrage ($FF_{eng'}$)

Die bisherigen Ausführungen dieses Kapitels erlauben es uns nun, die in Kapitel III.4.2 formulierte Forschungsfrage ($FF_{eng'}$) weiter zu konkretisieren und in ihre finale Form (FF_{eng}) zu bringen. ($FF_{eng'}$) fragt danach, welche moralischen Pflichten und Rechte die in einem kollektiv zwangsfinanzierten Gesundheitswesen zusammengefassten Menschen hinsichtlich der Erhaltung, Verbesserung und/ oder (Wieder-)Herstellung ihres Gesundheitszustandes und ihrer Gesundheitshaltung einander gegenüber haben. Wir haben nun das Konzept der Pflicht analysiert und diskutiert, wie dieses mit dem Konzept eines Rechts zusammenhängt und was nicht-moralische Pflichten/ Rechte von moralischen Pflichten/ Rechte unterscheidet. Wir wissen zudem, dass moralische Pflichten und Rechte fünfteilige Relationsprädikate sind, die grundsätzlich hinsichtlich der folgenden fünf Parameter spezifiziert werden müssen:[120]
- Subjekt der Pflicht/ des Rechts (Rechts- bzw. Pflichtinhaber; A),
- Objekt der Pflicht/ des Rechts (Gegenstand bzw. Inhalt des Rechts/ der Pflicht; φ),
- Gegenüber der Pflicht/ des Rechts (B),
- von der Pflicht/ dem Recht Begünstiger bzw. Betroffener (C),
- Begründung der Pflicht/ des Rechts (Z).

Wir wissen nun auch, dass Recht nicht gleich Recht und Pflicht nicht gleich Pflicht ist, sondern sich vier idealtypische Arten von moralischen Pflichten und Rechten unterscheiden lassen, wobei die ersten beiden per definitionem immer als Tandem auftreten:
- moralische Rechtspflicht $RP_{AB\varphi CZ}$,
- moralisches Anspruchsrecht $AR_{BA\varphi CZ}$,
- moralische Liebespflicht $LP_{A\varphi CZ}$,
- moralisches Freiheitsrecht $FR_{A\varphi ZC}$.

120 Wobei an dieser Stelle anzumerken ist, dass Parameter B auf die sog. Liebespflichten und Freiheitsrechte per definitionem keine Anwendung finden kann.

Zudem wissen wir aufgrund von (P1′) im Hinblick auf die Begründung moralischer Pflichten und Rechte (Z), dass einem Menschen M moralische Pflichten und Rechte insofern und nur dann zukommen, wenn M eine Person P ist.

Auf Basis dieser Erkenntnisse können wir die Forschungsfrage ($FF_{eng'}$) konkretisieren und in ihre finale Form (FF_{eng}) bringen. Hierzu ist es hilfreich, sich vor Augen zu führen, wonach ($FF_{eng'}$) genau fragt: ($FF_{eng'}$) fragt nach denjenigen gesundheitsbezogenen moralischen Rechten und Pflichten, die zwischen den in einem kollektiv zwangsfinanzierten Gesundheitswesen zusammengefassten Menschen bestehen resp. die die in einem kollektiv zwangsfinanzierten Gesundheitswesen zusammengefassten Menschen einander gegenüber haben. Da Liebespflichten ($LP_{A\varphi CZ}$) und Freiheitsrechte ($FR_{A\varphi ZC}$) jedoch kein Gegenüber haben, sind diese logischerweise von der Fragestellung ausgeschlossen, da sie nicht zwischen jemandem bestehen und somit auch niemandem gegenüber innegehabt werden können. Entsprechend fordert uns ($FF_{eng'}$) nur dazu auf, nach den gesundheitsbezogenen moralischen Rechtspflichten ($RP_{AB\varphi CZ}$) und Anspruchsrechten ($AR_{BA\varphi CZ}$) zu suchen, die zwischen den zu einem kollektiv zwangsfinanzierten Gesundheitswesen zusammengeschlossenen Menschen bestehen. Wenn wir diese Einschränkung berücksichtigen, dann liest sich die finale Form (FF_{eng}) der Forschungsfrage ($FF_{eng'}$) wie folgt:

(FF_{eng}) Welche im Personsein bzw. der Personalität des Menschen begründeten moralischen Rechtspflichten RP_1, ..., RP_n und welche moralischen Anspruchsrechte AR_1, ..., AR_n haben die zu einem kollektiv zwangsfinanzierten Gesundheitswesen zusammengeschlossenen lebendigen Menschen hinsichtlich der Erhaltung (Krankheitsverhütung), Verbesserung (Gesundheitsförderung) und/ oder (Wieder-)Herstellung ihres Gesundheitszustandes und ihrer Gesundheitshaltung einander gegenüber?

Die Beschäftigung mit dieser Frage ist nicht zuletzt auch deswegen von großer Wichtigkeit und Bedeutung, da ihre Beantwortung die conditio sine qua non ist, um überhaupt sinnvoll über (soziale) Gerechtigkeit im Gesundheitswesen sprechen zu können. Betrachtet man die Debatte über die Reform unserer Gesundheitswesen, so sind sich praktisch alle Kommentatoren einig, dass das Gesundheitswesen, das als Ergebnis am Ende der Reform herauskommen sollte, auf jeden Fall das Prädikat „gerecht" verdienen sollte. Gerechtigkeit ist nun aber, wie ich an anderer Stelle dargelegt habe (vgl. Erk, 2012c sowie 2013a), primär nicht ein eine bestimmte Verteilung bezeichnender Zustand, ebensowenig wie sie nur auf Gleichheit verkürzt werden kann. Gerechtigkeit ist vielmehr eine Tugend; sie ist diejenige Tugend, aufgrund der derjenige, der diese Tugend besitzt, jedem sein Recht zukommen lässt: „justice is a habit whereby a man renders everybody his right by a constant and perpetual will" (Erk, 2012c: 36; vgl. Erk, 2013a: 33).[121] Gerechtigkeit ist demnach nicht geeignet, um zu definieren, wem welche Rechte zukommen; sie sorgt nur dafür, dass die vorab bestimmten Rechte auch respektiert werden. Um jedem sein Recht zukommen zu lassen, um also gerecht zu sein, müssen wir bereits wissen, welche Rechte im Umgang mit den anderen Menschen zu berücksichtigen sind. Und genau dies soll ja durch die Beantwortung der Forschungsfrage geklärt werden; diese Arbeit stellt die unabdingbare Vorarbeit für die Herstellung eines gerechten Gesundheitswesens dar.

Wenn wir die Vorstellung von Gerechtigkeit als Tugend ernst nehmen, dann kann ein Gesundheitswesen an sich, d. h. als Gesundheitswesen, nicht gerecht sein, da ihm die Eigenschaften fehlen, die für den Besitz einer Tugend vorausgesetzt sind, nämlich Vernunft und freier Wille. Nichtsdestotrotz können wir in einem übertragenen Sinne in zweierlei Hinsicht von einem gerechten Gesundheitswesen sprechen: Die Vorstellung von einem gerechten Gesundheitswesen kann zum einen so verstanden werden, dass ein Gesundheitswesen dann gerecht ist, wenn alle es (mit-)konstituierenden Menschen die Tugend der Gerechtigkeit besitzen, d. h. gerecht sind. Dies wäre aus einer individualethischen Perspektive betrachtet ein gerechtes Gesundheitswesen. Zum anderen kann ein Gesundheitswesen aus einer sozialethischen, d. h. die normative Ordnung eines sozialen Ganzen betreffenden Perspektive dann als gerecht betrachtet werden, wenn es so organisiert und strukturiert ist, dass es zumindest nicht verunmöglicht, dass jedem seine Rechte zukommen können, d. h. wenn es nicht strukturell-systematisch gegen Rechte verstößt. Für die Frage der Reform des Gesundheitswesens bedeutet dies, dass zur gerechten Lösung dieser gesellschaftlichen Herausforderung nicht

---

121 Die Definition von Thomas von Aquin, an die sich diese Formulierung lehnt, lautet im Original: „iustitia est habitus secundum quem aliquis constanti et perpetua voluntate ius suum unicuique tribuit." (IIª-IIae q. 58 a. 1 co.) An anderen Stellen wird die wesentliche Bedeutung des Geschuldeten für das Konzept der Gerechtigkeit noch deutlicher: „Manifestissime autem ratio debiti [...] apparet in iustitia, quae est ad alterum [...]; sed in his quae sunt ad alterum, manifeste apparet quod homo est alteri obligatus ad reddendum ei quod debet." (IIª-IIae q. 122 a. 1 co.) Vgl. auch IIª-IIae q. 56 a. 2 co. („iustitia maxime respicit rationem debiti, quod requiritur ad praeceptum, quia iustitia est ad reddendum debitum alteri."), Iª-IIae q. 100 a. 2 ad 2 („iustitia proprie dicta attendit debitum unius hominis ad alium"), Contra Gentiles, lib. 2 cap. 28 n. 3 („iustitiae actus sit reddere unicuique quod suum est"), IIª-IIae q. 58 a. 11 s.c. („iustitia est quae unicuique quod suum est tribuit" (siehe auch De Officiis I, 24) und De veritate, q. 23 a. 6 ad 3 („ratio iustitiae debitum requirit"). Siehe hierzu auch Oderberg (1997: 227): „with justice one considers the other person as distinct from oneself and gives them what belongs to them, whether or not one feels empathy or compassion."

nur eine Reform der Strukturen nötig ist, sondern darüber hinaus auch eine Reform der Gesinnungen (Einstellungen, Erwartungen und Verhaltensweisen).[122]

Einschränkend ist an dieser Stelle jedoch auch gleich zu sagen, dass, wenn wir die obige Definition der Gerechtigkeit ernst nehmen, Gerechtigkeit im Grunde nur mit Anspruchsrechten und Rechtspflichten zu tun haben kann; Liebespflichten und Freiheitsrechte werden streng genommen nicht von der Gerechtigkeit erfasst. Nur wenn jemand ein Anspruchsrecht an mich hat, kann ich ihm sein Recht zukommen lassen, d. h. mich gemäß meiner mit dem Anspruchsrecht korrespondierenden Rechtspflicht verhalten; wenn ein solches Anspruchsrecht gegen mich nicht vorliegt, gibt es auch kein Recht, das ich anderen zukommen lassen kann. Wie bereits oben erwähnt, sind Liebespflichten dadurch gekennzeichnet, dass sie nicht mit einem korrespondierenden Anspruchsrecht einhergehen, sondern Pflichten ohne Gegenüber sind. Gegen eine Liebespflicht zu verstoßen stellt also keinen Verstoß gegen die (menschliche) Gerechtigkeit dar, da keinem Menschen sein Recht verweigert wird! Bei den Freiheitsrechten liegt der Fall ähnlich. Ein Freiheitsrecht zu einem Verhalten φ zu besitzen, bedeutet zunächst einmal nichts anderes, als dass man weder verpflichtet ist, φ an den Tag zu legen, noch dass man dazu verpflichtet ist, φ nicht an den Tag zu legen. Der Besitz eines Freiheitsrechts besagt jedoch nicht, dass niemand anderes den das Freiheitsrecht besitzenden Menschen daran hindern darf, auch von seinem Freiheitsrecht Gebrauch zu machen. Ein Freiheitsrecht ist eben kein negatives Anspruchsrecht; es beinhaltet somit keinen Unterlassungsanspruch, sondern macht nur eine Aussage darüber, dass der Rechtsinhaber bzgl. des Rechtsinhaltes φ keinerlei Pflicht unterliegt. Ein Freiheitsrecht ist also nichts, was jemanden zugekommen werden lassen kann, da es eben nichts ist, worauf sein Inhaber einen Anspruch hat. Streng genommen kann gegen ein solches Recht gar nicht verstoßen werden; es kann nur nicht genutzt werden.

Wir können es bei diesen exkursorischen Bemerkungen zur Gerechtigkeit bewenden lassen und uns wieder dem eigentlichen Thema dieser Arbeit zuwenden, zumal diese kein Traktat über Gerechtigkeit im Gesundheitswesen darstellt, sondern dem Problem der moralischen Zulässigkeit der Rationierung nach Selbstverschulden und damit der Forschungsfrage (FF_{weit}) gewidmet ist. Da der

122 Ähnlich schreibt Arthur Utz, dass die Suche nach einer Lösung der sozialen Frage – d. h. der Frage „nach den Ursachen jener Störungen, welche die Verwirklichung des Sozialgerechten im Gesellschaftsganzen verhindern, und nach den Mitteln, diese Ursachen zu beseitigen" (Utz, 1964: 300) – immer zweierlei umfassen: „1. Umgestaltung des Geistes der Menschen durch sittliche Besserung und Neuorientierung im Sozialdenken, 2. Neuformung der Organisation, d. h. der Institutionen." (Utz, 1964: 305) Konkret versteht Utz unter Institutionen „die organisierten Maßnahmen zur Verwirklichung des Gemeinwohls" (Utz, 1964: 303).

nächste Schritt der Beantwortung von (FF_{weit}) im Suchen einer Antwort auf (FF_{eng}) besteht, bedeutet dies für uns, den Fokus wieder auf (FF_{eng}) zu richten. Um die Forschungsfrage (FF_{eng}) beantworten zu können, müssen wir als Nächstes eruieren, welche moralischen Rechtspflichten RP_1, ..., RP_n und welche Anspruchsrechte AR_1, ..., AR_n einem Menschen zukommen, wenn und insofern eine Person ist. Hierzu ist es jedoch zuerst nötig, zu analysieren, was eine Person ist bzw. was das Personsein resp. die Personalität ausmacht. Eine Antwort auf diese Frage soll im nächsten Kapitel (vgl. Kapitel V) gegeben werden.

V Personalität: Was und wer ist eine Person?

1 Was und wer ist eine Person?

> „The human person is one of those common realities which like time – as St. Augustine so aptly noted – everyone knows what it is until asked to define it." (Moraczewski, 1990: 79)

Wie in Prämisse (P1') festgehalten, kommen einem Menschen M die moralischen Rechte $R_1, ..., R_n$ und Pflichten $P_1, ..., P_n$ zu, wenn M eine Person P ist. Woher wissen wir aber nun, ob ein Mensch M eine Person P ist? Sind alle Menschen Personen oder kommt der Personenstatus nur einigen oder gar keinem Menschen zu? Wenn alle Menschen Personen sind, dann sind auch die zu einem kollektiv zwangsfinanzierten Gesundheitswesen zusammengeschlossenen Menschen Personen; entsprechend kämen die im Personsein begründeten moralischen Rechte $R_1, ..., R_n$ und Pflichten $P_1, ..., P_n$ notwendigerweise allen zu einem kollektiv zwangsfinanzierten Gesundheitswesen zusammengeschlossenen Menschen zu. Wenn nicht alle Menschen Personen sind, dann besitzen (unter Umständen) auch nicht alle zu einem kollektiv zwangsfinanzierten Gesundheitswesen zusammengeschlossenen lebendigen Menschen die gleichen moralischen Rechte und Pflichten. An der Frage, ob der Begriff „Person", der ohne Übertreibung als „Schlüsselbegriff der Philosophie der Gegenwart" (Kannetzky & Tegtmeyer, 2007: 5) bezeichnet werden kann und „in rechtlichen wie ethisch-moralischen Kontexten grundlegend ist" (Wald, 2005: 20), etwas anderes besagt als der Begriff „Mensch" scheiden sich jedoch die Geister. Dies liegt daran, dass sich „bis heute keine durchweg akzeptierte Theorie der Person" (Wald, 2005: 20) findet bzw. immer noch umstritten (resp. nicht von allen akzeptiert ist), was Personsein ausmacht. Die Literatur zu den Fragen „Was ist eine Person?" bzw. „Wer ist eine Person?" – Fragen, die nach Goodmann (1988: xiii) „perhaps the most important issue in ethics today" darstellen – ist praktisch unüberschaubar,[123] vor allem wenn man den Blick über den

---

123 Was die Etymologie des Begriffes angeht, so wird gemeinhin angenommen, dass der Begriff „Person" ursprünglich aus dem Bereich der Grammatik und des antiken römischen und griechischen Theaters stammt, wo die Begriffe „persona" und „πρόσωπον" (sprich: prósopon) als Bezeichnung für die in Komödien und Tragödien von den Schauspielern getragenen Masken, durch die die Stimmen der Schauspieler durchklangen („personare"), verwendet wurde. Neben der Herleitung aus der Verbwurzel „personare", lassen sich auch, so zu lesen bei Wils (1997: 36), eine Herleitung von „per se sonans" oder „per se una" ausmachen; ersterer Begiff betont hierbei die Selbständigkeit, zweiterer die Einheit der Person. Unabhängig von der genauen Etymologie war es der christliche Schriftsteller Tertullian (ca. 160 – ca. 225 n. Ch.), der im späten zweiten oder frühen dritten Jahrhundert nach Christus in seinem Werk „Adversus Praxean", einer Apologie der

Tellerrand der deutschsprachigen Monographien und Aufsätze hinaus ausweitet und sich in der angelsächsischen Debatte umtut.

Glücklicherweise stehen wir dieser Flut an publizierten Gedanken nicht ohnmächtig gegenüber. Denn die Vielzahl und Vielfalt der angebotenen Antworten auf die eben gestellten Fragen lässt sich kategorisieren und auf eine Handvoll an (bzw. um genau zu sein: drei) Definitionsansätzen zurückführen, die dann hinsichtlich ihrer Prämissen analysiert und kritisch diskutiert werden können. Genau dies möchte dieses Kapitel leisten. Hierzu werden in einem ersten Schritt mögliche Grundpositionen zum Verhältnis der Begriffe „Mensch" und „Person" dargelegt (Kapitel V.2), bevor aus dem sich aus einer ausführlichen Analyse der in der Literatur vorfindbaren Definitionen des Personseins ergebendem Material drei idealtypische Definitionsansätze herausgearbeitet werden (Kapitel V.3). Diese werden dann vor dem Hintergrund ihrer grundlegenden Gemeinsamkeit, nämlich der Annahme, dass Personen lebendige Wesen sind, analysiert und diskutiert (Kapitel V.4 und V.4), bevor in Kapitel V.6 auf dieser Basis sowohl die Frage „Was ist eine Person?" als auch die Frage „Wer ist eine Person?" beantwortet werden.

2 Grundpositionen zur Beziehung der Begriffe „Mensch" und „Person"

Grundsätzlich ist davon auszugehen, dass die Begriffe „Mensch" und „Person" keine intensionale, d.h. keine Bedeutungsgleichheit haben, sondern zwei unterschiedliche Sachverhalte bezeichnen.[124] Wenn die Begriffe „Mensch" und „Person" das Gleiche bedeuten würden, wäre die seit Jahrhunderten währende Diskussion über die Beziehung zwischen diesen beiden Begriffen müßig. Denn dann hätte man nur darüber debattiert, ob – übertragen gesprochen – ein Apfel ein Apfel ist bzw. alle Äpfel Äpfel sind. Die Frage, die sich jedoch im Hinblick auf

---

katholischen Lehre der Dreifaltigkeit und Einheit Gottes, den Begriff als erster in den Bereich der Philosophie und Theologie übertrug.

124 Intension bezeichnet, allgemein gesprochen, den Begriffsinhalt. Entsprechend schreibt Kunzmann (2012: 10): „er (der Personbegriff) besagt anderes als der des Mensch-Seins". Der Begriff „Mensch" ist im Gegensatz zum präskriptiven Begriff „Person" ein deskriptiver Begriff. Er beschreibt und erläutert eine biologische Tatsache, nämlich dass jedes lebendige Seiende, das aufgrund seiner genetischen (Erb-)Information (Desoxyribonukleinsäure (DNS)) der biologischen Art Homo sapiens sapiens zugerechnet werden kann, ein Mensch ist. Allein aus der Aussage, dass ein Seiendes S ein Mensch ist, lässt sich aber nicht ohne weiteres schlussfolgern, dass S in irgendeiner Form moralisch relevant ist bzw. moralischen Status hat; dafür müßte S auch eine Person sein.

das Verhältnis der Begriffe „Mensch“ und „Person“ stellt und den Kern der moralphilosophischen Debatte über den Personenbegriff bildet, lautet, ob und inwieweit die beiden Begriffe auch hinsichtlich ihrer Extension, d. h. ihres Begriffsumfangs,[125] auseinanderfallen oder nicht. Diese Frage zu stellen bedeutet danach zu fragen, ob und inwieweit die Gesamtheit alles Seienden, das der Begriff „Mensch“ bezeichnet (d. h. die Menge {Menschen}), mit der Gesamtheit alles Seienden, das der Begriff „Person“ bezeichnet (d. h. der Menge {Personen}), in Deckung zu bringen ist oder nicht.

Wenn man nun darüber nachdenkt, in welcher Beziehung die Begriffe „Mensch“ (verstanden als Angehöriger der biologischen Spezies Homo sapiens sapiens) und „Person“ zueinander stehen, so kann dies in zweifacher Weise geschehen. Zum einen können wir aus der Perspektive des Begriffes „Mensch“ darüber nachdenken, ob das Subjekt „Mensch“ über die Kopula „ist“ mit dem Prädikat „Person“ belegt werden kann; zum anderen können wir aus der Perspektive des Begriffes „Person“ darüber nachdenken, ob das Subjekt „Person“ über die Kopula „ist“ mit dem Prädikat „Mensch“ belegt werden kann. Entsprechend ergeben sich folgende sechs Möglichkeiten der Beziehung (B) zwischen diesen beiden Begriffen:

Subjekt „Mensch“ und Prädikat „Person“

(B1) Jeder Mensch ist eine Person. (= Alle Menschen sind Personen.)
(B2) Nicht jeder Mensch ist eine Person. (= Einige Menschen sind Personen.)
(B3) Kein Mensch ist eine Person.

Subjekt „Person“ und Prädikat „Mensch“

(B4) Jede Person ist ein Mensch. (= Alle Personen sind Menschen.)
(B5) Nicht jede Person ist ein Mensch. (= Einige Personen sind Menschen.)
(B6) Keine Person ist ein Mensch.

Wenn man sich diese Möglichkeiten nun genauer besieht, so können aus diesen die folgenden weiteren Einsichten deduziert werden: Zum einen schließen sich B1, B2 und B3 gegenseitig aus. Wenn eine dieser drei Beziehungen gilt (bzw. wahr ist), dann können die anderen beiden nicht gleichzeitig auch gelten bzw. wahr sein. Dies bedeutet jedoch nicht, dass aus der Unwahrheit z. B. der Aussage B1 logisch zwingend auf die Wahrheit der Aussagen B2 und B3 geschlossen werden kann. Das Gleiche gilt für B4, B5 und B6, die sich ebenfalls in gleicher Weise gegenseitig

125 Unter Extension bzw. Begriffsumfang ist die Menge der Elemente zu verstehen, auf die der jeweilige Begriff zutrifft.

ausschließen. Zum anderen wird deutlich, dass B3 und B6 inhaltlich identisch sind bzw. dass die Schnittmenge der Begriffe Mensch und Person in beiden Fällen in einer leeren Menge ({} bzw. Ø) resultiert; wenn kein Mensch eine Person ist, dann kann auch keine Person ein Mensch sein. Die Aussage „Kein Mensch ist eine Person" ist somit gleichbedeutend mit der Aussage „Keine Person ist ein Mensch". Oder anders ausgedrückt: Der Wahrheitsgehalt der einen Aussage bestimmt den Wahrheitsgehalt der anderen; wenn B3 wahr ist, dann ist auch B6 wahr, wenn B3 nicht wahr ist, dann ist auch B6 nicht wahr und vice versa. B1 und B4 bzw. B2 und B5 können hingegen nicht in dieser Form gleichgesetzt werden. Aus der Aussage, dass jeder Mensch eine Person ist, kann nicht ohne weiteres geschlussfolgert werden, dass auch jede Person ein Mensch ist. Dies liegt daran, dass wir B1 nicht ansehen, ob die Menge {Personen} eine echte oder eine unechte Teilmenge der Menge {Menschen} darstellt, d. h. ob zusätzlich zu B1 entweder B4 oder B5 gilt.[126] Auf Basis dieser Erkenntnisse lassen sich die folgenden sechs Grundpositionen (GP) zur Beziehung zwischen den Begriffen Mensch und Person unterscheiden:

(GP1) Wenn B1, dann nicht-B2, nicht-B3 und nicht-B6; über B4 und B5 keine logisch zwingende Aussage möglich.
(GP2) Wenn B2, dann nicht-B1, nicht-B3 und nicht-B6; über B4 und B5 keine logisch zwingende Aussage möglich.
(GP3) Wenn B3, dann nicht-B1, nicht-B2 und B6 sowie nicht-B4 und nicht-B5.
(GP4) Wenn B4, dann nicht-B5, nicht-B6 und nicht-B3; über B1 und B2 keine logisch zwingende Aussage möglich.
(GP5) Wenn B5, dann nicht-B4, nicht-B6 und nicht-B3; über B1 und B2 keine logisch zwingende Aussage möglich.
(GP6) Wenn B6, dann nicht-B4, nicht-B5 und B3 sowie nicht-B1 und nicht-B2.

Da diese Darstellung etwas unübersichtlich ist, sind diese Zusammenhänge in der nachfolgenden Abbildung auch noch in tabellarischer Form aufgearbeitet (vgl. Abbildung 28). Die Tabelle wird hierbei *zeilenweise von links nach rechts* gelesen, so dass ausgehend von der Annahme der Gültigkeit einer Beziehung B1, ..., B6

126 Der Ausdruck, dass die Menge A eine echte Teilmenge von B ist (mathematisch ausgedrückt als: $A \subset B$), bedeutet, dass die Menge B die Menge A umfasst; so ist z. B. die aus einem Element bestehende Menge $A = \{x\}$ eine echte Teilmenge der Menge $B = \{x, y, z\}$, da A zwar einige, aber nicht alle Elemente von B enthält. Demgegenüber ist A eine unechte Teilmenge von B (mathematisch ausgedrückt als: $A \subseteq B$), wenn die Menge A alle Elemente der Menge B enthält; in diesem Fall kann die Menge B die Menge A nicht umfassen, da B nicht mehr Elemente als A enthält. Die Menge $A = \{x, y, z\}$ ist somit eine unechte Teilmenge der Menge $B = \{x, y, z\}$; man könnte also auch schreiben: $A = B$.

abgelesen werden kann, welche logisch zwingende Aussage über die Gültigkeit der anderen fünf Beziehungen gemacht werden kann und darf.

… ist, dann ist …		B1 Jeder Mensch ist eine Person.	B2 Nicht jeder Mensch ist eine Person.	B3 Kein Mensch ist eine Person.	B4 Jede Person ist ein Mensch.	B5 Nicht jede Person ist ein Mensch.	B6 Keine Person ist ein Mensch.
Jeder Mensch ist eine Person.	wahr	wahr	nicht wahr	nicht wahr	wahr oder nicht wahr	wahr oder nicht wahr	nicht wahr
Nicht jeder Mensch ist eine Person.	wahr	nicht wahr	wahr	nicht wahr	wahr oder nicht wahr	wahr oder nicht wahr	nicht wahr
Kein Mensch ist eine Person.	wahr	nicht wahr	nicht wahr	wahr	nicht wahr	nicht wahr	wahr
Jede Person ist ein Mensch.	wahr	wahr oder nicht wahr	wahr oder nicht wahr	nicht wahr	wahr	nicht wahr	nicht wahr
Nicht jede Person ist ein Mensch.	wahr	wahr oder nicht wahr	wahr oder nicht wahr	nicht wahr	nicht wahr	wahr	nicht wahr
Keine Person ist ein Mensch.	wahr	nicht wahr	nicht wahr	wahr	nicht wahr	nicht wahr	wahr

Graphische Darstellung

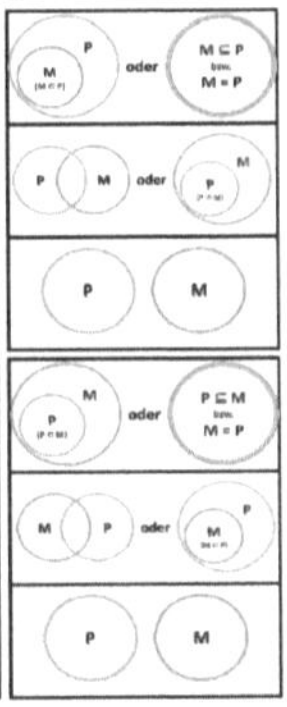

Abb. 28: Die sechs nicht vollständig determinierten Grundpositionen (GP) bezüglich der Beziehung zwischen den Begriffen Mensch und Person[127]

Diese Übersicht verdeutlicht die bereits oben erwähnte Einsicht, dass aus der Wahrheit von jeweils B1, B2, B4 oder B5 allein nicht sicher auf den Wahrheitsgehalt der jeweils anderen Aussagen geschlossen werden kann. Nur in den Grundpositionen, in denen davon ausgegangen wird, dass B3 und B6 wahr sind, ist der Wahrheitsgehalt jeweils aller anderen Beziehungen sicher bestimmt. In allen anderen Fällen bleibt der Wahrheitsgehalt von immer zwei Beziehungen unbestimmt. In einem nächsten Schritt soll nun versucht werden, die bisher nicht determinierten Grundpositionen GP1, GP2, GP4 und GP5 zu determinieren.[128]

---

127 Während aus der Wahrheit einer der Aussagen B1, B2, B3, B4, B5 oder B6 die oben dargestellten Aussagen hinsichtlich der Wahrheit der jeweils anderen Aussagen logisch zwingend abgeleitet werden können, ist ein solcher logischer Schluss aus der Unwahrheit der Aussagen B1, B2, B3, B4, B5 oder B6 nicht möglich. Aus der Unwahrheit von z. B. B1 lässt sich keine logisch zwingende Aussage bzgl. der Wahrheit der Aussagen B2, …, B6 ableiten, außer der, dass diese wahr sein können oder nicht.

128 Eine Grundposition (GP) ist dann nicht determiniert bzw. nicht vollständig determiniert, wenn ausgehend von der Annahme der Gültigkeit einer Beziehung (B) nicht sicher auf den Wahrheitsgehalt aller jeweils anderen Beziehungen geschlossen werden kann. Wenn also ausgehend von und auf Basis der Annahme, dass z. B. B1 wahr ist, nicht mit logischer zwingender Sicherheit gesagt werden kann, ob B2, …, B5 jeweils wahr oder falsch sind, dann ist GP1 eine (hinsichtlich ihres Wahrheitsgehaltes) nicht (vollständig) determinierte Grundposition.

Hierfür müssen zuerst die Gründe dafür gefunden werden, dass diese Grundpositionen nicht logisch zwingend determiniert werden können. Diese Gründe können aus der obigen Abbildung relativ einfach herausgelesen werden. Die Unschärfe von GP1 und GP4 rühren daher, dass die Menge {Personen} eine echte oder eine unechte Teilmenge der Menge {Menschen} und die Menge {Menschen} eine echte oder eine unechte Teilmenge der Menge {Personen} bilden kann. Die Unschärfe von GP2 und GP5 ist darin begründet, dass nicht sicher bestimmt werden kann, ob die Menge {Personen} eine echte Teilmenge der Menge {Menschen} bildet oder ob die Mengen {Personen} und {Menschen} nur eine Teilmenge haben und ob die Menge {Menschen} eine echte Teilmenge der Menge {Personen} bildet oder ob die Mengen {Personen} und {Menschen} nur eine Schnittmenge besitzen. Diese Unschärfen gilt es in einem nächsten Schritt aufzulösen.

GP1 ist nur dann nicht determiniert, wenn keine Aussage darüber getroffen werden kann, ob B4 und B5 gelten oder nicht; dies gilt auch für GP2. In ähnlicher Weise ist GP4 nur dann nicht determiniert, wenn man nicht weiß, ob B1 und B2 gelten oder nicht. Wenn wir z. B. annehmen, dass B1 wahr ist (und damit die Wahrheit von B2, B3 und B6 ausgeschlossen ist), können B4 und B5 jeweils wahr oder nicht wahr sein (wobei die Wahrheit der einen Beziehung die der anderen logisch ausschließt, da die Wahrheit von B6 ja bereits ausgeschlossen wurde). Ist B5 gültig (und B4 damit logisch zwingend nicht gültig), d. h. ist es nicht ausgeschlossen, dass es nichtmenschliche Personen gibt, dann ist die Menge {Personen} eine echte Teilmenge der Menge {Menschen}; B1 und B4 sind in diesem Fall inhaltlich nicht deckungsgleich, sondern die Menge {Menschen} in der Menge {Personen} eingeschlossen. Ist B5 nicht gültig (und B4 damit logisch zwingend gültig), d. h. wenn ausgeschlossen ist, dass es nichtmenschliche Personen gibt, dann ist die Menge {Personen} eine unechte Teilmenge der Menge {Menschen}; B1 und B4 sind in diesem Fall deckungsgleich. Man kann nun diesen Gedankengang für alle nicht vollständig determinierten Grundpositionen durchspielen. Hat man dies getan, erhält man folgende hinsichtlich ihres Wahrheitsgehaltes vollständig determinierten Grundpositionen, mit denen die nicht vollständig determinierten Grundpositionen GP1, GP2, GP4 und GP5 ersetzt werden können:

(GP1a) Wenn B1 und nicht-B5, dann B4 sowie nicht-B2, nicht-B3 und nicht-B6.
(= Wenn B1 und B4, dann nicht-B5 sowie nicht-B2, nicht-B3 und nicht-B6.)

(GP1b) Wenn B1 und B5, dann nicht-B4 sowie nicht-B2, nicht-B3 und nicht-B6.
(= Wenn B1 und nicht-B4, dann B5 sowie nicht-B2, nicht-B3 und nicht-B6.)

(GP2a) Wenn B2 und nicht-B5, dann B4 sowie nicht-B1, nicht-B3 und nicht-B6.
(= Wenn B2 und B4, dann nicht-B5 sowie nicht-B1, nicht-B3 und nicht-B6.)

(GP2b) Wenn B2 und B5, dann nicht-B4 sowie nicht-B1, nicht-B3 und nicht-B6.
(= Wenn B2 und nicht-B4, dann B5 sowie nicht-B1, nicht-B3 und nicht-B6.)

(GP4a) Wenn B4 und nicht-B2, dann B1 sowie nicht-B5, nicht-B3 und nicht-B6.
(= Wenn B4 und B1, dann nicht-B2 sowie nicht-B5, nicht-B3 und nicht-B6.)

(GP4a) Wenn B4 und B2, dann nicht-B1 sowie nicht-B5, nicht-B3 und nicht-B6.
(= Wenn B4 und nicht-B1, dann B2 sowie nicht-B5, nicht-B3 und nicht-B6.)

(GP5a) Wenn B5 und nicht-B2, dann B1 sowie nicht-B5, nicht-B3 und nicht-B6.
(= Wenn B5 und B1, dann nicht-B2 sowie nicht-B5, nicht-B3 und nicht-B6.)

(GP5b) Wenn B5 und B2, dann nicht-B1 sowie nicht-B5, nicht-B3 und nicht-B6.
(= Wenn B5 und nicht-B1, dann B2 sowie nicht-B5, nicht-B3 und nicht-B6.)

Wenn wir die obige tabellarische Auflistung der Grundpositionen um diese Fälle ergänzen bzw. die nicht determinierten Grundpositionen GP1, GP2, GP4 und GP5 durch ihre jeweils zwei vollständig determinierten Varianten ersetzen, stellen sich die Grundpositionen wie in Abbildung 29 aufgeführt dar. Wir können nun zwischen den folgenden zehn vollständig determinierten Grundpositionen (vGP) bezüglich der Beziehung zwischen den Begriffen „Mensch“ und „Person“ unterscheiden:

Analysiert man diese zehn vollständig determinierten Grundpositionen (vGP), so wird deutlich, dass gewisse Grundpositionen – wenn auch auf unterschiedlichen Wegen – zum gleichen Ergebnis kommen bzw. die gleiche Aussage enthalten. Auch wenn sich hinsichtlich der Frage nach der Beziehung der Begriffe „Mensch“ und „Person“ zehn vollständig determinierte Grundpositionen (vGP) ableiten lassen, so gibt es also streng genommen nur die folgenden fünf distinkten vollständig determinierten Grundpositionen (dGP), wie sie auch in Abbildung 30 dargestellt sind:

(dGP1) Jeder Mensch ist eine Person und jede Person ist ein Mensch.
(dGP2) Jeder Mensch ist eine Person, aber nicht jede Person ist ein Mensch.
(dGP3) Nicht jeder Mensch ist eine Person, aber jede Person ist ein Mensch.
(dGP4) Nicht jeder Mensch ist eine Person und nicht jede Person ist ein Mensch.
(dGP5) Kein Mensch ist eine Person und keine Person ist ein Mensch.

In der Literatur haben sich nun Bezeichnungen für diese distinkten Grundpositionen bzw. zumindest für ausgewählte distinkte Grundpositionen etabliert. So unterscheidet Dieter Birnbacher (vgl. 1997: 9 f; 2002: 31 f; 2006: 53 f) im Hinblick auf die Debatte um die Beziehung zwischen Mensch und Person zwischen zwei „polar entgegengesetzten Schulmeinungen“ (Birnbacher, 2002: 31), nämlich der sog. „Äquivalenz-Doktrin“ und der sog. „Nichtäquivalenz-Doktrin“. Für Vertreter der Äquivalenz-Doktrin unterscheiden sich die Begriffe „Mensch“ und „Person“ zwar hinsichtlich ihrer Bedeutung (Intension), jedoch nicht hinsichtlich ihres Begriffsumfangs (d. h. der Menge der Elemente, auf die die Begriffe zutreffen (Ex-

vGP		Grundposition (GP)	Wenn …	… ist, dann ist …	B1 Jeder Mensch ist eine Person.	B2 Nicht jeder Mensch ist eine Person.	B3 Kein Mensch ist eine Person.	B4 Jede Person ist ein Mensch.	B5 Nicht jede Person ist ein Mensch.	B6 Keine Person ist ein Mensch.	Graphische Darstellung
vGP 1	entspricht	GP 1a	B1 Jeder Mensch ist eine Person. wahr und B4 Jede Person ist ein Mensch. wahr und B5 Nicht jede Person ist ein Mensch. nicht wahr		wahr	nicht wahr	nicht wahr	wahr	nicht wahr	nicht wahr	M ⊆ P bzw. M = P
vGP 2	entspricht	GP 1b	B1 Jeder Mensch ist eine Person. wahr und B4 Jede Person ist ein Mensch. nicht wahr und B5 Nicht jede Person ist ein Mensch. wahr		wahr	nicht wahr	nicht wahr	nicht wahr	wahr	nicht wahr	P, M (M ⊂ P)
vGP 3	entspricht	GP 2a	B2 Nicht jeder Mensch ist eine Person. wahr und B4 Jede Person ist ein Mensch. wahr und B5 Nicht jede Person ist ein Mensch. nicht wahr		nicht wahr	wahr	nicht wahr	wahr	nicht wahr	nicht wahr	M, P (P ⊂ M)
vGP 4	entspricht	GP 2b	B2 Nicht jeder Mensch ist eine Person. wahr und B4 Jede Person ist ein Mensch. nicht wahr und B5 Nicht jede Person ist ein Mensch. wahr		nicht wahr	wahr	nicht wahr	nicht wahr	wahr	nicht wahr	M, P
vGP 5	entspricht	GP 3	B3 Kein Mensch ist eine Person. wahr		nicht wahr	nicht wahr	wahr	nicht wahr	nicht wahr	wahr	P, M
vGP 6	entspricht	GP 4a	B4 Jede Person ist ein Mensch. wahr und B1 Jeder Mensch ist eine Person. wahr und B2 Nicht jeder Mensch ist eine Person. nicht wahr		wahr	nicht wahr	nicht wahr	wahr	nicht wahr	nicht wahr	P ⊆ M bzw. P = M
vGP 7	entspricht	GP 4b	B4 Jede Person ist ein Mensch. wahr und B1 Jeder Mensch ist eine Person. nicht wahr und B2 Nicht jeder Mensch ist eine Person. wahr		nicht wahr	wahr	nicht wahr	wahr	nicht wahr	nicht wahr	M, P (P ⊂ M)
vGP 8	entspricht	GP 5a	B5 Nicht jede Person ist ein Mensch. wahr und B1 Jeder Mensch ist eine Person. wahr und B2 Nicht jeder Mensch ist eine Person. nicht wahr		wahr	nicht wahr	nicht wahr	nicht wahr	wahr	nicht wahr	P, M (M ⊂ P)
vGP 9	entspricht	GP 5b	B5 Nicht jede Person ist ein Mensch. wahr und B1 Jeder Mensch ist eine Person. nicht wahr und B2 Nicht jeder Mensch ist eine Person. wahr		nicht wahr	wahr	nicht wahr	nicht wahr	wahr	nicht wahr	M, P
vGP 10	entspricht	GP 6	B6 Keine Person ist ein Mensch. wahr		nicht wahr	nicht wahr	wahr	nicht wahr	nicht wahr	wahr	P, M

Abb. 29: Die zehn vollständig determinierten Grundpositionen (vGP) bezüglich der Beziehung zwischen den Begriffen „Mensch“ und „Person“

Abb. 30: Die fünf distinkten vollständig determinierten Grundpositionen (dGP) bezüglich der Beziehung zwischen den Begriffen „Mensch“ und „Person“

tension)); entsprechend sind für Vertreter dieser Doktrin „alle Personen Menschen und alle Menschen bzw. menschliche Wesen Personen“ (Birnbacher, 1997: 10; 2006: 54).[129] Den Vertretern dieser Doktrin stehen für Birnbacher all diejenigen Denker gegenüber, für die die Begriffe „Mensch“ und „Person“ nicht nur hinsichtlich ihrer Bedeutung, sondern auch hinsichtlich ihres Begriffsumfanges auseinanderfallen. Laut Birnbacher sind sich alle in diesem Lager zusammengefassten Personen darin einig, dass „einige Menschen bzw. menschliche Wesen [...] keine Personen“ (Birnbacher, 1997: 10; 2006: 54) sind. Die Position, die Birnbacher als Nichtäquivalenz-Doktrin bezeichnet, unterschreibt jedoch nicht nur

129 Kunzmann (2012: 10) verwendet für die Position, dass „Personen [...] alle Menschen und nur Menschen“ sind und „zumindest dem Umfang des Begriffs, nicht seinem Inhalt nach, [...] Mensch und Person äquivalent“ sind, anstelle der Bezeichnung Äquivalenz-Doktrin die Bezeichnung „Äquivalenzthese“.

diese Aussage, sondern leugnet darüberhinaus, „daß alle Personen Menschen oder menschliche Wesen sind" (Birnbacher, 1997: 10; 2006: 54).

Wenn wir Birnbachers Unterscheidung zwischen einer Äquivalenz-Doktrin und einer Nichtäquivalenz-Doktrin mit dem vergleichen, was weiter oben hinsichtlich der Beziehung zwischen den Begriffen Mensch und Person herausgearbeitet wurde, so können wir folgendes festhalten:

- Vertreter der Äquivalenz-Doktrin bejahen die Beziehung B1 (Jeder Mensch ist eine Person) und die Beziehung B4 (Jede Person ist ein Mensch). Sie können somit den Grundpositionen GP1a oder GP4a und damit der determinierten Grundposition dGP1 zugeordnet werden. Die Begriffe „Person" und „Mensch" sind aus Sicht der Äquivalenz-Doktrin deckungsgleich.[130]
- Vertreter der Nichtäquivalenz-Doktrin bejahen die Beziehung B2 (Nicht jeder Mensch ist eine Person bzw. einige Menschen sind keine Personen) und die Beziehung B5 (Nicht jede Person ist ein Mensch bzw. einige Personen sind keine Menschen). Sie können somit den Grundpositionen GP2b oder GP5b und damit der determinierten Grundposition dGP4 zugeordnet werden. Die Begriffe „Person" und „Mensch" weisen aus Sicht der Nichtäquivalenz-Doktrin eine mehr oder weniger große Schnittmenge auf, jedoch umfasst keiner von den beiden Begriffen den jeweils anderen.

Vor dem Hintergrund der oben herausgearbeiteten grundsätzlich möglichen distinkten Grundpositionen hat Birnbachers Unterscheidung zwischen Äquivalenz- und Nichtäquivalenz-Doktrin die Schwäche, dass sie nur zwei der fünf möglichen Positionen abzudecken vermag; die restlichen drei distinkten Grundpositionen fallen leider unter den Tisch, obwohl sie durchaus eigenständige und in der Literatur so anzutreffende Positionen bilden. Es macht aus diesem Grunde Sinn, einer Äquivalenz-Doktrin nicht absolut eine Nichtäquivalenz-Doktrin gegenüberzustellen, sondern zwischen jeweils starken und schwachen bzw. vollkommenen und unvollkommenen (partiellen) Formen zu differenzieren. Ein Vorschlag, wie die so abgestuften Positionen der Äquivalenz bzw. Nichtäquivalenz der Begriffe Mensch und Person mit den distinkten Grundpositionen (dGP) korrespondieren, findet sich in der folgenden Abbildung (vgl. Abbildung 31). Gleichzeitig macht die Abbildung auch deutlich, welche beiden Prämissen von Vertretern

130 Wenn Birnbacher Robert Spaemann als „dezidierten Vertreter der Äquivalenz-Doktrin" (Birnbacher, 1997: 12; 2006: 58) bezeichnet, so wird dies der Position von Spaemann nicht gerecht. Auch wenn es stimmt, dass für ihn alle Menschen Personen sind, so steht Spaemenn der Idee, dass auch andere als menschliche Wesen Personen sein können, durchaus offen gegenüber, da er nämlich z. B. Gott Personenstatus zugesteht (vgl. Spaemann, 2002: 45 f). Spaemann ist also nicht ein Vertreter von dGP1, sondern von dGP2 und damit einer partiellen Person-Mensch-Äquivalenz.

der jeweiligen Position verteidigt werden müssen, um sich von den anderen determinierten Grundpositionen abzugrenzen:

Distinkte Grundposition (dGP)		Von einem Vertreter der jeweiligen dGP zu verteidigende Prämissen: Subjekt „Mensch“ und Prädikat „Person“				Subjekt „Person“ und Prädikat „Mensch“			
		Jeder Mensch ist eine Person. (B1)	Nicht jeder Mensch ist eine Person. (B2)	Kein Mensch ist eine Person. (B3)		Jede Person ist ein Mensch. (B4)	Nicht jede Person ist ein Mensch. (B5)	Keine Person ist ein Mensch. (B6)	
dGP 1	$P \subseteq M$ bzw. $M \subseteq P$ bzw. $P = M$	Jeder Mensch ist eine Person.	X	X	und	Jede Person ist ein Mensch.	X	X	Vollkommene Äquivalenz
dGP 2	P, M $(M \subset P)$	Jeder Mensch ist eine Person.	X	X	und	X	Nicht jede Person ist ein Mensch.	X	Partielle Person-Mensch-Äquivalenz
dGP 3	M, P $(P \subset M)$	X	Nicht jeder Mensch ist eine Person.	X	und	Jede Person ist ein Mensch.	X	X	Partielle Mensch-Person-Äquivalenz
dGP 4	M, $P \cap M$, P	X	Nicht jeder Mensch ist eine Person.	X	und	X	Nicht jede Person ist ein Mensch.	X	Partielle Nicht-äquivalenz
dGP 5	P, M	X	X	Kein Mensch ist eine Person.	und	X	X	Keine Person ist ein Mensch.	Vollkommene Nicht-äquivalenz

Abb. 31: Formen der Äquivalenz und Nichtäquivalenz zwischen den Begriffen „Mensch“ und „Person“

Vertreter von dGP 1, d. h. Birnbachers Äquivalenz-Doktrin, vertreten in diesem Sinne eine Position der vollkommenen Äquivalenz der Begriffe „Mensch“ und „Person“, da für sie sowohl alle Menschen Personen und alle Personen Menschen sind. Vertreter der determinierten Grundpositionen 2 und 3 vertreten eine Position der partiellen Äquivalenz, da für sie die Begriffe „Mensch“ und „Person“ teilweise zusammenfallen, wenn auch auf jeweils unterschiedliche Weise. Für dGP 2 sind zwar alle Menschen Personen, aber nicht alle Personen Menschen; der Begriff „Mensch“ ist somit im Begriff „Person“ eingeschlossen, aber nicht umgekehrt. Aus diesem Grunde schlage ich vor, diese Position als partielle Person-Mensch-Äquivalenz zu bezeichnen, um zu zeigen, dass die Begriffe „Mensch“ und „Person“ nur als partiell äquivalent betrachtet werden und zwar in der Form, dass die Menge {Personen} die Menge {Menschen} als echte Teilmenge umfasst; aus diesem Grund ist in der Bezeichnung dieses spezifischen Äquivalenzverständnisses der Begriff „Person“ als der umfassendere dem Begriff „Mensch“ vorangestellt. Analog hierzu kann die von dGP 3 vertretene Position als partielle Mensch-Person-Äquivalenz bezeichnet werden, da für sie der Begriff „Person" im Begriff „Mensch" eingeschlossen ist, aber nicht umgekehrt; als umfassenderer Begriff ist in der Bezeichnung dieser Position der Begriff „Mensch" dem Begriff „Person" vorangestellt. Die Position dGP 4, die von Birnbacher als Nichtäquivalenz-Doktrin bezeichnet wird, sollte genauer und besser Position der „partiellen Nichtäquivalenz" heißen, da sie zwar nicht alle Menschen für Personen und nicht alle Personen für Menschen hält, jedoch trotzdem eine gewisse Überschneidung, d. h. Äquivalenz, der Begriffe Mensch und Person nicht ausschließt. Position dGP 5, für die die Mengen {Personen} und {Menschen} keinerlei Überschneidungen aufweisen und die damit streng genommen das eigentliche Gegenstück zu Birnbachers Nichtäquivalenz-Doktrin darstellt, kann konsequenterweise als Position der vollkommenen Nichtäquivalenz bezeichnet werden.

Wie aus obiger Abbildung ebenfalls hervorgeht, beruht jede dGP auf der Zustimmung zu jeweils zwei Beziehungen, wobei eine aus dem Bereich der drei Möglichkeiten genommen ist, die sich ergeben, wenn der Begriff Mensch als Subjekt mit dem Prädikat Person in Beziehung gebracht wird, und die andere aus dem Bereich derjenigen drei Möglichkeiten, die sich ergeben, wenn der Begriff Person als Subjekt mit dem Prädikat Mensch in Beziehung gebracht wird. Entsprechend können alle in der Debatte über die Beziehung zwischen den Begriffen Mensch und Person vertretenen Meinungen danach geordnet werden, welche der drei Beziehungen B1, B2 oder B3 und welche der drei Beziehungen B4, B5 oder B6 der jeweilige Denker bejaht.

Um sich zu den Beziehungen B1, ..., B6 eine Meinung bilden zu können und um festzustellen, ob sich die Begriffe Mensch und Person nicht nur hinsichtlich ihrer Bedeutung (Intension), sondern auch hinsichtlich ihres Begriffsumfangs (d. h. der Menge der Elemente, auf die der Begriff zutrifft (Extension)) unterscheiden, ist es nötig, sich mit der Frage zu beschäftigen, was denn eine Person ist bzw. das Personsein ausmacht. Denn, um den mit dem Personenstatus verbundenen Anspruch bzw. die mit diesem einhergehenden moralischen Rechte R_1, ..., R_n und Pflichten P_1, ..., P_n zu verstehen, „müssen wir wissen, wie er zustande kam" (Spaemann, 1996: 26; vgl. auch 262). Erst auf dieser Basis kann entschieden werden, welche der distinkten Grundpositionen dGP 1, ..., dGP 5 den Zusammenhang zwischen den Begriffen „Mensch" und „Person" richtig wiedergibt. Um herauszufinden bzw. konkludieren zu können, welche der fünf möglichen distinkten Grundpositionen (dGP 1, ..., dGP 5) aufrechterhalten werden kann,[131] ist die Prämisse (P1') also um die beiden folgenden Prämissen (P2) und (P3) zu ergänzen:

131 Denn als distinkte Grundpositionen schließen sich diese gegenseitig aus. Von den fünf möglichen distinkten Grundpositionen (dGP1, ..., dGP5) kann somit nur eine wahr sein.

(P1′) Einem Menschen M kommen die moralischen Rechte $R_1, \ldots, R_n$ und Pflichten $P_1, \ldots, P_n$ zu, wenn M eine Person P ist.
(P2) Ein Seiendes S ist eine Person P genau dann, wenn ...
(P3) Jeder Mensch M ist ein Seiendes S, aber nicht jedes Seiende S ist ein Mensch M.

Ist (P2) einmal komplettiert, d.h. setzt man anstelle der Pünktchen in (P2) eine Aussage ein, dann ergibt sich daraus Konklusion (C2), die nichts anderes ist als eine der fünf möglichen distinkten Grundpositionen (dGP 1, ..., dGP 5):

(C2) **Entweder** (C2a) Jeder Mensch ist eine Person und jede Person ist ein Mensch (= (dGP 1)).
oder (C2b) Jeder Mensch ist eine Person, aber nicht jede Person ist ein Mensch (= (dGP 2)).
oder (C2c) Nicht jeder Mensch ist eine Person, aber jede Person ist ein Mensch (= (dGP 3)).
oder (C2d) Nicht jeder Mensch ist eine Person und nicht jede Person ist ein Mensch (= (dGP 4)).
oder (C2e) Kein Mensch ist eine Person und keine Person ist ein Mensch (= (dGP 5)).

Und ist dieser Schritt einmal getan, dann ergibt sich daraus die folgende Konklusion (C3):

(C3) **Entweder** (C3a) Die moralischen Rechte $R_1, \ldots, R_n$ und Pflichten $P_1, \ldots, P_n$ kommen jedem Menschen M zu.
oder (C3b) Die moralischen Rechte $R_1, \ldots, R_n$ und Pflichten $P_1, \ldots, P_n$ kommen nicht jedem, aber auch nicht keinem Menschen M zu.
oder (C3c) Die moralischen Rechte $R_1, \ldots, R_n$ und Pflichten $P_1, \ldots, P_n$ kommen keinem Menschen M zu.

Wenden wir uns also Prämisse (P2) und damit der Frage zu, was ein Seiendes S zu einer Person P macht bzw. was eine Person P ist.

3 Was ist eine Person? Eine Kategorisierung der Definitionsansätze

Wie im vorangegangenen Kapitel herausgearbeitet, hängt die Antwort auf die Frage, wer eine Person ist, von der Antwort auf die Frage ab, was eine Person ist. Erst wenn wir die Prämisse (P2) komplettiert haben, können wir wissen, welche der fünf bzw. drei Varianten der Konklusionen (C2) und (C3) die richtigen sind. Was also ist eine Person? Die Antworten auf diese Frage, die ohne Untertreibung als „hotly debated“ (Bishop Merrill, 1998: 1) bezeichnet werden kann, sind auf den ersten Blick fast so zahlreich wie die Autoren, die sich dazu geäußert haben. Um sich trotz der hohen Zahl an Vorschlägen einen Überblick über das Feld zu verschaffen, bietet Kapitel 3 des Anhangs dem interessierten Leser eine chronologisch (d. h. nach Erscheinungsdatum) geordnete Zusammenstellung von knapp 80 Personendefinitionen. Diese Auflistung der in der relevanten Literatur vorfindbaren Antworten auf die Frage „Was ist eine Person?“ ist zwar nicht erschöpfend, d. h. deckt nicht alle Autoren ab, die sich zum Personenbegriff geäußert haben und äußern, kann jedoch als durchaus repräsentativ betrachtet werden und ist zudem für die Zwecke dieser Arbeit mehr als ausreichend. Sie zeigt nämlich nicht nur die Bandbreite der in der Diskussion stehenden Definitionsvorschläge auf, sondern umfasst auch eine ausreichende Zahl an Elementen, so dass sich in ihr bereits deutlich die idealtypischen Definitionsansätze und Argumentationsmuster zeigen, unter die sich die einzelnen Definitionen subsumieren lassen.

Geht man die einzelnen Definitionen in solch kategorisierender Absicht durch, so wird – wie auch in Abbildung 32 dargelegt – deutlich, dass gewisse Definitionen als ausschlaggebendes Merkmal des Personseins den Besitz einer bestimmten Fähigkeit bzw. einer Reihe bestimmter Fähigkeiten betrachten. Während sie sich hierin zwar einig sind, weichen diese Definitionen jedoch dahingehend voneinander ab, ob ein Seiendes S die Fähigkeit(en) nur besitzen oder auch ausüben muss, damit S eine Person ist. Gewisse Definitionen weichen hiervon dahingehend ab, dass sie zwar auch die Wichtigkeit von Fähigkeiten betonen, jedoch stipulieren, dass es ausreicht, wenn diese nicht vom betreffenden Seienden selbst besessen werden, sondern von der Art bzw. Spezies, der das Seiende angehört. Eine zweite Gruppe von Definitionen betrachtet nicht den Besitz einer bestimmten Fähigkeit bzw. bestimmter Fähigkeiten als ausschlaggebend für das Personsein, sondern den Besitz einer bestimmten, nämlich rationalen Natur. Und für eine dritte Gruppe von Definitionen hängt das Personsein davon ab, ob ein Seiendes als Person anerkannt wird bzw. ob es in Beziehung zu anderen Personen steht.

Wie der Blick in die Literatur enthüllt, kann also allgemein gesprochen zwischen drei grundlegend voneinander verschiedenen Definitionsansätzen des Personseins unterschieden werden, innerhalb derer sich dann wieder diverse Argumentationsmuster ausmachen lassen. Hinsichtlich der Frage „Was ist eine Person?“ stehen sich also die folgenden drei Definitionsansätze gegenüber:

- ein funktionalistisch-empirischer Definitionsansatz,
- ein relationaler Definitionsansatz und
- ein ontologischer Definitionsansatz.

	vom Autor vertretene Definition des Personseins / Autor	Eine Person ist ein Seiendes, das				
		eine bestimmte Fähigkeit/ bestimmte Fähigkeiten besitzt	eine bestimmte Fähigkeit/ bestimmte Fähigkeiten besitzt und ausübt	zu einer Art/ Spezies gehört, deren Vertre-ter eine bestimmte Fähigkeit/ bestimmte Fähigkeiten üblicher-weise besitzen bzw. ausüben	eine bestimmte Natur/ Seele besitzt	von anderen Personen als Person anerkannt wird/ in Beziehung zu anderen Personen steht
1	Anicius Manlius Severinus Boëthius				X	
2	Thomas von Aquin				X	
3	Richard von Sankt Viktor				X	
4	John Locke		X			
5	Gottfried Wilhelm Leibniz		X			
6	Immanuel Kant	X				
7	Max Scheler				X	
8	Peter Coffey				X	
9	Edith Stein				X	
10	Eberhard Welty				X	
11	Papst Pius XII.				X	
12	Peter Strawson		X			
13	Daniel Callahan		X			
14	Joseph Donceel				X	
15	Bernard Gert		X			
16	Harry Frankfurt	X				
17	Joseph Fletcher		X			
18	Michael Tooley		X			
19	Tristram Engelhardt		X			
20	Mary Anne Warren		X			
21	Anthony Meredith Quinton	X				
22	Jane English		X			
23	David Wiggins	X				
24	Emerich Coreth		X			
25	Daniel Dennett		X			
26	Robert C. Solomon		X			
27	Teresa Iglesias				X	
28	Derek Parfit		X			
29	Jenny Teichman			X		
30	Michael Lockwood	X				
31	Charles Taylor		X			
32	Melanie Phillips & John Dawson		X			
33	John Harris	X				
34	Oliver O'Donovan				X	
35	Jeremy Brown		X			
36	Peter Carruthers	X				
37	Karen Grandstrand Gervais	X				
38	Allen Buchanan	X				
39	Amélie Oksenberg Rorty	X				
40	Robert E. Joyce	X			X	
41	Roland Puccetti	X				
42	Peter A. French		X			
43	Germain Grisez				X	
44	Joel Feinberg & Barbara Baum Levenbook		X			
45	Helga Kuhse & Peter Singer	X				
46	Axel Honneth		X			
47	John Finnis	X			X	
48	Robert Larmer	X				
49	Clemens Breuer				X	
50	Norbert Hörster		X			
51	Dieter Birnbacher	X				
52	Roger Scruton	X				
53	Thomas Scanlon			X		
54	David Coffey					X
55	Joseph Raz	X				
56	Francis Beckwith				X	
57	Robert Spaemann				X	
58	Tom Kitwood					X
59	John Polkinghorne	X				
60	Günter Rager		X			
61	Paola Cavalieri	X				
62	Jeff McMahan		X			
63	Paul Ramsey				X	
64	Ludger Honnefelder	X			X	
65	Julian Nida-Rümelin	X				
66	Jürgen Habermas					X
67	Patrick Lee & Robert George				X	
68	David DeGrazia	X				
69	Cécile Fabre		X			
70	Lynne Rudder Baker		X			
71	Heikki Ikaheimo	X				
72	Simon J. Evnine	X				
73	Jason T. Eberl & Brandon P. Brown	X				
74	Matthew Hall		X			
75	Bernd Ladwig		X			
76	Alberto Giubilini & Francesca Minerva	X				
77	Anna-Karin Margareta Andersson	X				
			57		20	3

Abb. 32: Wer/ was ist eine Person? Kategorisierte Darstellung ausgewählter Positionen (Eigene Darstellung auf Basis einer Literaturrecherche (vgl. Anhang, Kapitel 3))

Diese drei Definitionsansätze sollen nachfolgend näher beschrieben und analysiert werden.

3.1 Der funktionalistisch-empirische Definitionsansatz des Personseins und seine Spielarten

Der weitaus überwiegende Teil der Definitionsansätze zum Personsein beruht auf folgendem Argumentationsmuster (A), das Personsein als „empirisch feststellbare Qualität" (Eibach, 2001: 66) versteht:

(A1) Ein Seiendes S ist eine Person P genau dann, wenn S die Fähigkeiten $F_1, ..., F_n$ besitzt.

Dieser Argumentationsansatz geht davon aus, dass sich am Besitz einer mehr oder minder großen Zahl an (empirisch beobachtbaren) Fähigkeiten entscheidet, ob ein Seiendes eine Person ist oder nicht. Eine Person ist nach diesem Argumentationsmuster also als ein Seiendes definiert, das in empirisch nachweisbarer Weise etwas Bestimmtes kann oder tut. Wenn man sich diejenigen der in Kapitel 3 des Anhangs und in den ersten drei Spalten von Abbildung 32 zusammengestellten Definitionen besieht, die diesem Argumentationsmuster folgen, dann wird deutlich, dass diese nicht einen homogenen Block darstellen, sondern sich sowohl hinsichtlich der Anzahl (n) als auch hinsichtlich der Art der vorausgesetzten Fähigkeiten $F_1, ..., F_n$ unterscheiden.

- So lassen sich Definitionen ausmachen, die nur eine Fähigkeit F als konstitutiv für das Personsein postulieren ($n = 1$) und solche, die das Personsein am Besitz von mehreren Fähigkeiten festmachen ($n > 1$). Ansätze, die auf einer Fähigkeit aufbauen, betrachten den Besitz dieser Fähigkeit F als eine notwendige und hinreichende Bedingung für das Personsein. In Definitionen, die mehrere Fähigkeiten $F_1, ..., F_n$ für das Personsein voraussetzen, stellt jede einzelne dieser Fähigkeiten nur eine für sich genommen notwendige Bedingung für das Personsein dar, während die hinreichende Bedingung für das Personsein im Besitz der Summe (Σ) aller vorausgesetzten Fähigkeiten $F_1, ..., F_n$ besteht.
- Hinsichtlich der Art der vorausgesetzten Fähigkeiten lassen sich Definitionsansätze ausmachen, die den Besitz einer oder mehrerer geistig-intellektueller, körperlicher oder sozialer Fähigkeiten für das Personsein voraussetzen – oder eine Kombination davon. Ein Schwerpunkt ist hierbei jedoch sicherlich bei Definitionsansätzen zu sehen, die das Personsein an eine oder mehrere geistig-intellektuelle Fähigkeiten ((Selbst-)Bewusstsein, Reflexion, ...) knüpft.

Zusätzlich zu den Aspekten der Anzahl und der Art der vorausgesetzten Fähigkeiten $F_1, ..., F_n$, kann eine weitere Unterscheidungslinie innerhalb des fähigkeitsorientierten Argumentationsansatzes anhand der Frage gezogen werden, wie genau das betreffende Seiende die vorausgesetzten Fähigkeiten $F_1, ..., F_n$ zu besitzen hat bzw. in welcher Form die vorausgesetzten Fähigkeiten $F_1, ..., F_n$ vorzuliegen haben. Es ist in diesem Zusammenhang das Verdienst von Aristoteles, in seinem Werk „De Anima" (Περὶ Ψυχῆς; lies: Perí Psychēs) herausgearbeitet zu haben, dass es nicht ausreicht, nur zwischen „vorhanden" und „nicht vorhanden" zu unterscheiden. Wie Aristoteles erwähnt, kann eine Fähigkeit, wie z. B. die Fähigkeit zu lesen, auf zwei Arten besessen werden resp. der Wirklichkeit nach (auch: in Wirklichkeit; aktuell; in actu) vorhanden sein (vgl. hierzu auch Kapitel V.5.3.1.2 sowie Erk, 2012b: 108 sowie 2014: 129 f). Wenn wir von jemandem sagen, dass er eine Fähigkeit F (z. B. die Fähigkeit zu lesen) aktuell besitzt, so können wir damit zweierlei meinen:

- A besitzt die Fähigkeit zu lesen aktuell und liest (gerade).
- A besitzt die Fähigkeit zu lesen aktuell, liest aber (gerade) nicht.

Worin besteht der Unterschied zwischen diesen beiden Fällen? Der Unterschied besteht nicht im Besitz der Fähigkeit; denn in beiden Fällen besitzt A die betreffende Fähigkeit wirklich bzw. aktuell; in beiden Fällen kann A lesen. Der Unterschied besteht vielmehr darin, dass die Fähigkeit zu lesen im zweiten Fall zwar aktuell besessen wird, aber darüberhinaus ein Potential aufweist, das im ersten Fall nicht mehr vorhanden ist, weil es bereits aktualisiert worden ist. Mit anderen Worten: Im zweiten Fall ist die Fähigkeit zu lesen sowohl aktuell als auch potentiell vorhanden.

Der Unterschied zwischen diesen beiden Formen der Existenz bzw. wirklichem Vorhandensein einer Fähigkeit wird durch die Unterscheidung zwischen „actus primus" und „actus secundus" abgebildet. Eine Fähigkeit zu besitzen und diese nicht zu gebrauchen entspricht hierbei der einen Art von wirklichem Vorhandensein der Fähigkeit (actus primus; „ἐντελέχεια ἡ πρώτη" (De Anima, 412a27; lies: entelécheia hē prōtē)), der Gebrauch dieser Fähigkeit der anderen Art (actus secundus; „ἐνέργεια" (lies: enérgeia)).[132]

---

132 Die nicht unumstrittene Frage, was genau unter der aristotelischen (und gemeinhin mit „Akt" übersetzten) Wortneuschöpfung „ἐντελέχεια" (lies: entelecheia) zu verstehen ist und inwieweit sie synomym zur ebenfalls aristotelischen (und unglücklicherweise oft ebenfalls mit „Akt" übersetzten) Wortneuschöpfung „ἐνέργεια" (lies: enérgeia) ist, die von ihm üblicherweise als Gegensatz zu Potenz bzw. Vermögen („δύναμις" (dynamis)) verwendet wird, kann und muss an dieser Stelle nicht behandelt werden. Das Wort entelecheia ist ein Kompositum aus den drei Worten ἐν (lies: en), τέλος (lies: telos) und ἔχειν (lies: echein) und bedeutet damit wörtlich so viel wie, „sein

Wenn A die Fähigkeit zu lesen im Sinne von actus primus besitzt, dann bedeutet das, dass A zwar lesen kann, aber von dieser Fähigkeit (gerade) keinen Gebrauch macht („ἔχειν καὶ μὴ ἐνεργεῖν" (lies: échein kai mē energeín) (De Anima, 412a25)). Eine Fähigkeit im Sinne von actus secundus zu besitzen bedeutet hingegen, von der durch den Besitz der Fähigkeit gegebenen Möglichkeit der Ausübung auch aktuell Gebrauch zu machen(„operatio et usus principii habiti" (Sententia De Anima, lib. 2 l. 2 n. 7; vgl. auch lib. 2 l. 1 n. 19): „operatio est actus secundus" (Contra Gentiles, lib. 2 cap. 59 n. 16)). Im Vergleich zum actus secundus besitzt der actus primus noch nicht verwirklichte Potenz, die durch den Gebrauch der Fähigkeit aktualisiert wird.[133]

Während in diesen beiden Fällen die betreffende Fähigkeit der Wirklichkeit nach (auch: in Wirklichkeit; aktuell; in actu) besessen wird, zeigt uns der Fall des actus secundus, dass etwas nicht nur vorhanden oder nicht vorhanden, sondern auch der Möglichkeit nach (auch: in Möglichkeit; dem Vermögen nach; potentiell; in potentia) besessen bzw. vorhanden sein kann.

Analog zur Unterscheidung zwischen actus primus und actus secundus können wir auch im Bereich des Möglichen eine Unterscheidung treffen, nämlich zwischen potentia prima und potentia secunda (vgl. De Anima, 417a20). Wenn A z. B. die Fähigkeit zu lesen der Möglichkeit nach („δύναμις" (lies: dynamis)) besitzt, dann kann dies zweierlei bedeuten:

- A besitzt die Fähigkeit zu lesen aktuell, liest aber (gerade) nicht.
- A besitzt die Fähigkeit zu lesen aktuell nicht, kann sich diese aber aneignen.

Zum einen kann A die Fähigkeit zu lesen zwar nicht besitzen, aber in der Lage sein, sich diese Fähigkeit anzueignen; in diesem Fall besitzt A die Fähigkeit zu lesen in sog. erster Potenz (potentia prima) bzw. existiert die Fähigkeit zu lesen in potentia prima. Zum anderen kann A die Fähigkeit zu lesen zwar besitzen, aber von dieser Fähigkeit (gerade) keinen Gebrauch machen; in diesem Fall besitzt A die Fähigkeit zu lesen in sog. zweiter Potenz (potentia secunda) bzw. existiert die Fähigkeit zu lesen in potentia secunda. Auf beide Fälle trifft die Aussage, dass A potentiell lesen

---

Ziel in sich haben". Ein Schlüssel zum Verständnis des Begriffs entelecheia, der nicht vollkommen synonym zu energeia zu sehen ist, liegt dabei in der Stelle, in der Aristoteles entelecheia wie folgt definiert: „τοῦ δυνάμει ὄντος λόγος ἡ ἐντελέχεια" (lies: tou dynámei óntos lógos hē entelécheia) (Aristoteles, De Anima, 415b15). Entelecheia wäre demnach als aktueller Besitz einer Fähigkeit zu sehen, der die Idee bzw. das Ziel ihres potentiellen Gebrauchs (den guten Gebrauch) bereits in sich trägt (actus primus) (vgl. hierzu Seifert, 1997: 48 f), energeia (actus secundus) wäre die konkrete Ausübung der Fähigkeit. Siehe hierzu auch FN 175 und 199.

133 vgl. hierzu Iª q. 76 a. 4 ad 1: „actus primus dicitur in potentia respectu actus secundi, qui est operatio"

kann, zu; im einen Fall kann P jedoch sowohl aktuell als auch potentiell lesen, im anderen Fall nur potentiell.[134]

Wenn wir das bisher Gesagte zusammenfassen, können wir zwischen den folgenden vier Fällen des Besitzes einer Fähigkeit unterscheiden:

- **Potentia prima:** A besitzt Fähigkeit F aktuell (bzw. der Wirklichkeit nach) nicht, kann F aber potentiell besitzen.
- **Potentia secunda:** A besitzt Fähigkeit F aktuell (bzw. der Wirklichkeit nach), macht (gerade) keinen Gebrauch von F, kann aber potentiell Gebrauch von F machen.
- **Actus primus:** A besitzt Fähigkeit F aktuell (bzw. der Wirklichkeit nach), kann potentiell Gebrauch von F machen, macht aber (gerade) keinen Gebrauch von F.
- **Actus secundus:** A besitzt Fähigkeit F aktuell (bzw. der Wirklichkeit nach) und macht (gerade) Gebrauch von F.

Wenn wir uns die beiden mittleren Fälle genauer besehen, dann wird deutlich, dass sie im Grunde inhaltsgleich sind; die Bezeichnungen „actus primus" und „potentia secunda" sagen also das Gleiche aus. In beiden dieser Fälle liegen actus und potentia in miteinander gemischter Form vor; beide bezeichnen ein aktuell Seiendes mit Potential. Entsprechend sind – wie auch aus der folgenden Abbildung (vgl. Abbildung 33) herausgelesen werden kann – hinsichtlich der Formen des Besitzes einer Fähigkeit F nicht vier, sondern nur drei Arten zu unterscheiden.[135]

Eine Fähigkeit, die sowohl aktuell als auch potentiell vorhanden ist, also ein aktuell Seiendes mit Potential darstellt, entspricht einer im Sinne von potentia secunda bzw. actus primus besessenen Fähigkeit; in diesem Fall ist eine Fähigkeit als Möglichkeit vorhanden. Eine Fähigkeit, die zwar nicht aktuell, aber potentiell vorhanden ist, entspricht einer im Sinne von potentia prima besessenen Fähigkeit; es liegt also die Möglichkeit zu einer Fähigkeit vor. Eine Fähigkeit, die aktuell, aber nicht potentiell vorhanden ist, entspricht einer im Sinne von actus secundus besessenen Fähigkeit, also einer vollkommen verwirklichten Fähigkeit, die aktuell vorhanden keinerlei Aktualisierungspotential mehr in sich hat. Von einer Unfä-

134 Wie die Potenz auf ihre Verwirklichung angelegt ist, so ist auch der die potentia prima auf die Verwirklichung im actus primus und diese wiederum auf die Verwirklichung im actus secundus angelegt („primus actus est ratio et causa secundi" (Summa Theologiae III, q. 85 a. 6 co)). Entsprechend kann Thomas von Aquin sagen: „Actus secundus est perfectior quam actus primus" (Contra Gentiles, lib. 1 cap. 45 n. 4; vgl. auch Iª q. 105 a. 5 co.; De potentia, q. 5 a. 5 arg. 14)

135 Für Beispiele von Vertretern dieser Position siehe die weiter oben bzw. zu Beginn des Kapitels V.3 stehende Abbildung 32.

Fähigkeit F existiert...	**aktuell** (auch: der Wirklichkeit nach; in Wirklichkeit; in actu)	**nicht aktuell**
potentiell (auch: der Möglichkeit nach; in Möglichkeit; dem Vermögen nach; in potentia)	(aktuell) besessene, nicht aktualisierte, aber (potentiell) aktualisierbare Fähigkeit	(aktuell) nicht besessene, aber (potentiell) besitzbare Fähigkeit
	Fähigkeit als Möglichkeit (Ungenutzte Fähigkeit)	**Möglichkeit zu einer Fähigkeit** (Erlernbare Fähigkeit; relative Unfähigkeit)
	F existiert in **potentia secunda bzw. actu primo**	F existiert in **potentia prima**
	Beispiel: Fähigkeit zu lesen besessen, nicht genutzt, aber nutzbar → P kann lesen, liest aber gerade nicht	**Beispiel:** Fähigkeit zu lesen nicht besessen, aber erlernbar → P kann nicht lesen, aber kann lesen lernen
nicht potentiell	(aktuell) vorhandene und aktualisierte Fähigkeit	(aktuell) nicht besessene und (potentiell) nicht besitzbare Fähigkeit
	aktualisierte Fähigkeit (Genutzte Fähigkeit)	**absolute Unfähigkeit**
	F existiert in **actu secundo**	**F kann nicht existieren**
	Beispiel: Fähigkeit zu lesen besessen und genutzt → P kann lesen und liest	**Beispiel:** Fähigkeit zu lesen weder besessen noch besitzbar → P kann weder lesen noch lesen lernen

Abb. 33: Unterscheidung zwischen Potentia prima, Potentia secunda (= Actus primus) und Actus secundus

higkeit kann man entsprechend dieser Logik streng genommen nur dann sprechen, wenn eine Fähigkeit weder aktuell noch potentiell vorhanden ist, wenn sie also nicht nur nicht vorhanden ist, sondern darüber hinaus nicht einmal der Möglichkeit nach vorhanden ist bzw. sein kann.[136]

Auf Basis dieser Unterscheidungen wird deutlich, dass das oben erwähnte erste Argumentationsmuster (A1) in die folgenden drei Argumentationsmuster

---

136 siehe hierzu auch Feser (2014: 41): „Combining these senses of the expressions, we can illustrate their relationship as follows. A man's having the substantial form of a rational animal is a first actuality; his having the power of speech is a second actuality relative to this first actuality. Having the power of speech is however itself a first actuality relative to the actual exercise of that power, which is a second actuality relative to the mere having of the power. Similar distinctions can be made vis-a-vis potentiality. Someone who knows no English has the potential to speak it insofar as he might learn English. That is a „first potentiality" for speaking English. Once he does learn the language he has a kind of standing ability to speak it on particular occasions if he wishes to. That is a „second potentiality" for speaking English. (This second potentiality is in turn a first actuality insofar as it is a power that can be distinguished from the exercise of the power. The actual exercise of the power to speak English would, accordingly, be in turn a second actuality.)"

ausdifferenziert werden kann.[137] Da es sich bei den Argumentationsmustern (A1a), (A1b) und (A1c) jeweils um Mindestanforderungen des Personseins bzw. um eine

---

137 Dass es nur drei und nicht vier Argumentationsmuster sind, wie man es als Resultat einer Vier-Felder-Matrix erwarten könnte, ergibt sich aus der Tatsache, dass im Rahmen eines funktionalistisch-empirischen Definitionsansatzes, der ein wie auch immer geartetes Vorhandensein einer Fähigkeit bzw. einer Reihe von Fähigkeiten $F_1, ..., F_n$ für das Personsein voraussetzt, eine nicht aktuell und nicht potentiell vorhandene Fähigkeit, also eine absolute Unfähigkeit, logischerweise nicht geeignet ist, um für das Personsein zu argumentieren. Insofern ist aus dieser Kombination von Akt und Potenz kein Argumentationsmuster ableitbar. Die einzige Möglichkeit, wie aus einer weder aktuell noch potentiell besessenen Fähigkeit aus einer funktionalistisch-empirischen Sicht für das Personsein eines Menschen argumentiert werden kann, ist zu sagen, dass es nicht ausschlaggebend ist, ob das betreffende Seiende die für das Personsein notwendige Fähigkeit F gegenwärtig aktuell und/ oder potentiell besitzt, sondern ob S F in der Vergangenheit einmal aktuell besessen hat. Wenn dies der Fall ist, S also einmal Person war, dann, so könnte man argumentieren, ist S auch jetzt Person. Entsprechend wären auch die folgenden beiden Argumentationsmuster denkbar:

(A1y) Ein Seiendes S ist eine Person P genau dann, wenn S die Fähigkeiten $F_1, ..., F_n$ zwar gegenwärtig weder aktuell noch potentiell besitzt, $F_1, ..., F_n$ aber zu einem früheren Zeitpunkt aktuell besessen und davon Gebrauch gemacht hat. (vergangener Besitz der Fähigkeiten $F_1, ..., F_n$ im Sinne von actus secundus)

(A1z) Ein Seiendes S ist eine Person P genau dann, wenn S die Fähigkeiten $F_1, ..., F_n$ zwar gegenwärtig weder aktuell noch potentiell besitzt, $F_1, ..., F_n$ aber zu einem früheren Zeitpunkt aktuell besessen hat, auch wenn S davon niemals Gebrauch gemacht hat. (vergangener Besitz der Fähigkeiten $F_1, ..., F_n$ im Sinne von potentia secunda/ actus primus)

Diese beiden Argumentationsmuster werden im Rahmen dieser Arbeit allerdings nicht weiter verfolgt.

Feinberg & Levenbook (1993) unterscheiden hinsichtlich der Klassen von Personseinsargumenten zwischen folgenden Positionen (der Buchstabe C steht jeweils als Abkürzung für eine „list of person-making characteristics“ (Feinberg & Levenbook, 1993)):

- „Species Criterion“: „All and only members of the biological species Homo sapiens, ‘whoever is conceived by human beings,’ are moral persons and thus are entitled to full and equal protection by the moral rule against homicide.“
- „Modified Species Criterion“: „All and only members of species generally characterized by C, whether the species is Homo sapiens or another and whether or not the particular individual in question happens to possess C, are moral persons entitled to full and equal protection by the moral rule against homicide.“
- „Strict Potentiality Criterion“: „All and only those creatures who either actually or potentially possess C (that is, who either have C now or would come to have C in the natural course of events) are moral persons now, fully protected by the rule against homicide.“
- „Modified or Gradualist Potentiality Criterion“: „Potential possession of C confers not a right, but only a claim, to life, but that claim keeps growing stronger, requiring ever stronger reasons to override it, until the point when C is actually possessed, by which time it has become a full right to life.“

Aussage dazu handelt, welche Schwelle mindestens übersprungen werden muss, damit ein Seiendes S eine Person P ist, schließen die Argumentationsmuster (A1a) und (A1b) das oder die unter ihm stehenden Argumentationsmuster jeweils mit ein bzw. erachten diese als zulässig. Denn auf ein Seiendes S, auf das (A1b) zutrifft, trifft logischerweise auch (A1a) zu, und auf ein Seiendes S, auf das (A1c) zutrifft, treffen logischerweise auch (A1a) und (A1b) zu. Das Argumentationsmuster (A1c) hingegen ist exklusiv in dem Sinne, dass es die Gültigkeit von (A1a) und (A1b) ausschließt.[138]

- „Actual-Possession Criterion“: „At any given time (t), all and only those creatures who actually possess C are moral persons at t, whatever species or category they may happen to belong to.“

Wie nachfolgend gezeigt werden wird, ist die Feinbergsche Klassifikation jedoch etwas unsauber, da sie zwar zwischen aktuellem und potentiellem Besitz einer Fähigkeit unterscheidet, jedoch diese nicht konsequent anwendet. Feinbergs „Species Criterion“ (ob modifiziert oder nicht) stellt streng genommen keinen Ansatz dar, der auf der gleichen Ebene wie die Feinbergs „Potentiality Criteria“ stehen; sie sind vielmehr eine logische Konsequenz aus der Nichtnachweisbarkeit von etwas nur oder teilweise potentiell Vorhandenem – ein Problem, dessen sich diese Arbeit weiter unten (konkret: im Anschluss an die im Text nachstehend zu findende Auflistung der ausformulierten Argumentationsmuster (A1a), (A1b) und (A1c)) annimmt.

138 Vor diesem Hintergrund betrachtet, scheinen die folgenden Kritiken von Dieter Birnbacher und Stanley Benn nicht mehr als eine logische Selbstverständlichkeit auszudrücken und damit letzten Endes zahnlos zu sein. So schreibt Birnbacher: „Es führt kein Weg daran vorbei, daß wenn der Personenstatus an bestimmte Fähigkeiten gekoppelt wird, der Besitz dieser Fähigkeiten – und nicht der Besitz der Fähigkeit zum Erwerb dieser Fähigkeiten – über den Personenstatus entscheidet.“ (Birnbacher, 1997: 16; 2006: 66) Stanley Benn drückt den gleichen Gedanken noch etwas pointierter aus: „For if A has rights only because he satisfies some condition P, it does not follow that B has the same rights now because he satisfies some condition P, it does not follow that B has the same rights now because he could have property P at some time in the future. It only follows that he will have rights when he has P. He is a potential bearer of rights, as he is a potential bearer of P. A potential president of the United States is not on that account Commander-in-Chief.“ (Benn, 1973: 143) Was diese beiden Kritiken im Grunde aussagen ist, dass (A1a) und (A1b) nicht bejaht werden können, wenn (A1c) als gültig betrachtet wird. Wenn das Personsein durch ein Set an aktuell besessenen und aktualisierten Fähigkeiten konstituiert wird, dann reicht der Besitz dieser Fähigkeiten im Sinne von potentia prima oder potentia secunda/ actus primus per definitionem nicht aus, um einem Seienden S Personsein zuzusprechen. Feinberg & Levenbook (1993) haben diese „the logical point about potentiality“ genannt: „It is a logical error [...] to deduce actual rights from merely potential (but not yet actual) qualification for those rights. What follows from potential qualification [...] is potential, not actual, rights; what entails actual rights is actual, not potential, qualification.“ Wenn man (A1a) vertritt, dann können Wesen, die das darin angelegte Kriterium nicht erfüllen, nicht volle Personenrecht, sondern höchstens „immature right(s)“ (Feinberg & Levenbook, 1993) zugestanden werden. An dieser Logik gibt es an sich nichts zu rütteln, jedoch hängt diese Sicht an einer Bedingung, nämlich dass (A1c) in der Tat gültig ist und nicht (A1a) oder (A1b). Aber das wäre natürlich erst noch zu beweisen...

(A1a) Ein Seiendes S ist eine Person P genau dann, wenn (A1b), wenn (A1c) oder wenn S die Fähigkeiten $F_1, ..., F_n$ zwar aktuell nicht besitzt, $F_1, ..., F_n$ aber potentiell besitzen kann. (Besitz der Fähigkeiten $F_1, ..., F_n$ im Sinne von potentia prima)

(A1b) Ein Seiendes S ist eine Person P genau dann, wenn (A1c) oder wenn S die Fähigkeiten $F_1, ..., F_n$ aktuell besitzt, (gerade) keinen Gebrauch von den aktuellen Fähigkeiten $F_1, ..., F_n$ macht, aber potentiell Gebrauch von den aktuellen Fähigkeiten $F_1, ..., F_n$ machen kann. (Besitz der Fähigkeiten $F_1, ..., F_n$ im Sinne von potentia secunda/ actus primus)

(A1c) Ein Seiendes S ist eine Person P genau dann, wenn S die Fähigkeiten $F_1, ..., F_n$ aktuell besitzt und (gerade) Gebrauch von $F_1, ..., F_n$ macht. (Besitz der Fähigkeiten $F_1, ..., F_n$ im Sinne von actus secundus)

Wenn wir die Argumentationsmuster (A1a) und (A1b) genauer betrachten, drängen sich nun aber zwei Fragen auf: Zum einen ist zu fragen, woher wir im Falle von (A1a) wissen können, dass ein Seiendes S die Fähigkeiten $F_1, ..., F_n$ potentiell besitzen kann. Woher können wir also wissen, ob und dass ein Seiendes S die Fähigkeit zu lesen entwickeln kann, wenn es sie momentan nicht besitzt? Zum anderen ist zu fragen, woher wir im Falle von (A1b) wissen können, dass ein Seiendes S die Fähigkeiten $F_1, ..., F_n$ im Sinne eines actus primus besitzt, wenn wir nicht schon beobachtet haben, dass ein Seiendes S die Fähigkeiten $F_1, ..., F_n$ mindestens einmal ausgeübt hat. Woher können wir also wissen, ob und dass ein Seiendes S lesen kann, wenn wir noch nicht beobachtet haben, dass S mindestens einmal gelesen hat? Beide Fragen schneiden im Grunde das gleiche Problem an, nämlich das Problem, dass ein fähigkeitenorientierter Argumentationsansatz des Personseins Schwierigkeiten mit der logisch zwar denkbaren, aber eben empirisch nicht nachweisbaren Klasse von in erster oder zweiter Potenz besessenen Fähigkeiten hat. Denn: Wie kann man wissen und belegen, dass etwas vorhanden ist, wenn man es nicht beobachten kann? Dieses Problem hätte ungelöst dramatische Konsequenzen, da nicht wirklich einsichtig ist, wie auf Basis von in erster oder zweiter Potenz besessenen Fähigkeiten $F_1, ..., F_n$ der Personenstatus vergeben werden kann, wo sich die Fähigkeiten doch aufgrund ihrer Potentialität per definitionem empirisch nicht nachweisen lassen. Der Personstatus wäre so an den Besitz von etwas gekoppelt, dessen Besitz nur behauptet, aber nicht nachgewiesen werden kann.

Um dieses Problem zu lösen, stehen zwei Wege offen: Entweder man modifiziert die beiden Argumentationsmuster (A1a) und (A1b) dahingehend bzw. versieht sie mit einer dahingehenden Zusatzqualifikation, dass die in ihnen angelegten Voraussetzungen als erfüllt gelten, wenn S die Fähigkeiten $F_1, ..., F_n$ bereits einmal aktualisiert, d. h. aus dem Zustand der potentia in den des actus überführt hat. Dies hat jedoch zur Folge, dass (A1a) und (A1b) im Grunde zu (A1c) kollabieren. Oder man erbringt den nötigen empirischen Nachweis – und so wird das Problem von den das Argumentationsmuster (A1a) oder (A1b) vertretenden Autoren üblicherweise gelöst – über die Artzugehörigkeit des betreffenden Seienden. (A1a) und (A1b) sind in diesem Fall so zu modifizieren bzw. zu ergänzen, dass die in (A1a) und (A1b) angelegten Voraussetzungen als erfüllt gelten, wenn S zu einer Art gehört, deren Vertreter die Fähigkeiten F_1, ..., F_n üblicherweise in aktualisierter Form besitzen (bzw. im Laufe ihrer Entwicklung aktualisieren). Und dies bedeutet letzten Endes nichts anderes, als dass die in (A1a) und (A1b) angelegten Voraussetzungen als erfüllt gelten, wenn S zu einer Art gehört, an deren typischen Vertretern sich die Fähigkeiten F_1, ..., F_n üblicherweise in aktualisierter Form empirisch nachweisen lassen. Die beiden Argumentationsmuster läsen sich in ihrer entsprechend des zweiten Vorgehens angepassten Form als (A1a‘) oder (A1b‘) wie folgt:

(A1a′) Ein Seiendes S ist eine Person P genau dann, wenn (A1b), wenn (A1c) oder wenn S die Fähigkeiten F_1, ..., F_n zwar aktuell nicht besitzt, F_1, ..., F_n aber potentiell besitzen kann. (Besitz der Fähigkeiten F_1, ..., F_n im Sinne von potentia prima)
Der Nachweis gilt als erbracht, wenn S zu einer Art gehört, an deren typischen Vertretern sich die Fähigkeiten F_1, ..., F_n üblicherweise in aktualisierter Form empirisch nachweisen lassen.

(A1b′) Ein Seiendes S ist eine Person P genau dann, wenn (A1c) oder wenn S die Fähigkeiten F_1, ..., F_n aktuell besitzt, (gerade) keinen Gebrauch von den aktuellen Fähigkeiten F_1, ..., F_n macht, aber potentiell Gebrauch von den aktuellen Fähigkeiten F_1, ..., F_n machen kann. (Besitz der Fähigkeiten F_1, ..., F_n im Sinne von potentia secunda/ actus primus)
Der Nachweis gilt als erbracht, wenn S zu einer Art gehört, an deren typischen Vertretern sich die Fähigkeiten F_1, ..., F_n üblicherweise in aktualisierter Form empirisch nachweisen lassen.

Um die Nichtbeobachtbarkeit nichtaktualisierter Fähigkeiten kompensieren zu können, müssen die beiden Argumentationsmuster (A1a) und (A1b) also eine Zusatzqualifikation in Kauf nehmen, die das Problem zwar nicht vollkommen zu lösen, jedoch abzumildern vermag. Das Anbringen dieser Zusatzqualifikation hat jedoch seinen Preis: Die beiden Argumentationsmuster (A1a′) und (A1b′) kollabieren damit letzten Endes zu einem einzigen Argumentationsmuster (A1ab‘):[139]

139 Ein auf diesen Beinen stehendes Argumentationsmuster (A1ab‘) entzieht sich dem von Peter Singer (vgl. 1975) populär gemachten Vorwurf des „Speziezismus“ („speciesism“; wie Singer

(A1ab′) Ein Seiendes S ist eine Person P genau dann, wenn S zu einer Art gehört, an deren typischen Vertretern sich die Fähigkeiten $F_1, ..., F_n$ üblicherweise in aktualisierter Form empirisch nachweisen lassen.

Da bei einer funktionenorientierten Definition von Personsein notwendigerweise Wert auf die Nachweisbarkeit des Besitzes der in der jeweiligen Definition geforderten Fähigkeiten $F_1, ..., F_n$ gelegt werden muss, sollte auch das Argumentationsmuster (A1c) entsprechend dieser Anforderung angepasst werden. Wenn wir also nun das Kriterium der Nachweisbarkeit in (A1c) einführen, kommen wir zu folgendem Argumentationsmuster (A1c′):

(A1c′) Ein Seiendes S ist eine Person P genau dann, wenn sich an S die Fähigkeiten $F_1, ..., F_n$ in aktualisierter Form empirisch nachweisen lassen.

Unsere Liste von ursprünglich drei Argumentationsmustern des funktionalistisch-empirischen Definitionsansatzes des Personseins ist also nun auf die zwei Argumentationsmuster (A1ab′) und (A1c′) geschrumpft. Wenn wir noch einen Schritt weiterdenken, kann jedes dieser beiden Argumentationsmuster dahingehend befragt werden, was sich für Konsequenzen ergeben, wenn die in ihm enthaltenen Bedingungen des Personseins erfüllt sind oder nicht. Unter der Annahme, dass (A1ab′) oder (A1c′) gilt, ist die Konsequenz für den Fall, dass die in (A1ab′) oder (A1c′) enthaltenen Bedingungen erfüllt sind, ganz einfach: Das betreffende Seiende S, das die Kriterien erfüllt, ist eine Person, hat damit moralischen Status und somit die moralischen Rechte $R_1, ..., R_n$ und Pflichten $P_1, ..., P_n$.

Spannend wird es nun aber, wenn wir uns fragen, was passiert, wenn (A1ab′) oder (A1c′) nicht erfüllt sind. Im Falle der Geltung und Nichterfüllung von (A1ab′)

(vgl. 1989: Endnote 4) anmerkt, hat er den Begriff „speciesism“ von Richard D. Ryder übernommen, welcher ihn bereits im Jahr 1970 geprägt hatte (vgl. Ryder, 2010)). Für Peter Singer ist der Speziezismus die Haltung, nach der aufgrund einer aus seiner Sicht willkürlichen Differenz, nämlich der Zugehörigkeit zu einer biologischen Art, Angehörigen dieser Art aufgrund ihrer Zugehörigkeit zu dieser biologischen Art moralische Rechte zugesprochen werden. So schreibt Singer (1975: 21; vgl. auch 9): „The only thing that distinguishes the infant from the animal, in the eyes of those who claim it has a „right to life“, is that it is, biologically, a member of the species Homo sapiens, whereas chimpanzees, dogs, and pigs are not. But to use this difference as the basis for granting a right to life to the infant and not to the other animals is, of course, pure speciesism. It is exactly the kind of arbitrary difference that the most crude and overt kind of racist uses in attempting to justify racial discrimination.“ Singer stellt die von ihm kritisierte Position aber leider ein wenig zu unterkomplex und damit falsch dar. Wie die Herleitung von Argumentationsmuster (A1ab‘) deutlich macht, hängt das Personsein nach diesem nicht von der Zugehörigkeit zu einer biologischen Art qua Zugehörigkeit ab, sondern ist in einer bestimmten Form des Besitzes von Fähigkeiten $F_1, ..., F_n$ begründet, welche eben nur über die Artzugehörigkeit nachweisbar ist.

liegt die Sache relativ einfach, da in diesem Fall das betreffende Seiende S keine Person, sondern eine Nicht-Person ist. Als solche hat S keinen moralischen Status und somit auch keine moralischen Rechte $R_1, ..., R_n$ und Pflichten $P_1, ..., P_n$. Im Hinblick auf (A1c′) gestaltet sich die Angelegenheit etwas komplizierter: Wenn (A1c‘) gilt und wenn ein Seiendes S die darin enthaltenen Kriterien nicht erfüllt, so ist sich die moralphilosophische Literatur einig darüber, dass S zwar keinen vollen moralischen Status besitzt, also nicht Person ist; sie ist sich aber nicht einig darüber, ob S eine Nicht-Person ist, d. h. keinerlei moralischen Status hat (wie eigentlich auf Basis der Prämissen geschlussfolgert werden müsste), oder ob S nicht vielmehr eine sog. „potentielle Person“ ist, der zumindest ein gewisses Maß an moralischem Status zugestanden werden kann.[140] Personsein wäre in diesem Fall kein Schwarz-Weiß-Konzept, nach dem man entweder eine Person ist oder nicht, sondern ein graduelles Konzept, bei dem zwischen Personsein und Nicht-Personsein theoretisch unendlich viele Abstufungen des Mehr-oder-Weniger-Personseins zu finden sind. Wenn wir die Vorstellung der Existenz von so etwas wie einer potentiellen Person einmal ernst nehmen (und auch von der Frage absehen, wie genau in der Praxis bestimmt werden soll, wem wann weswegen wie viel Prozent des Personsein zukommen),[141] ergibt sich jedoch ein bereits erwähntes

140 Unter einer potentiellen Person (auch: potential person, potential future person oder future person) wird hierbei gemeinhin „an entity which is not currently a person but which is capable of developing into a person, given certain biologically and/or technically possible conditions“ (Warren, 1977: 275) verstanden. Langerak (1988: 253) unterscheidet darüber hinausgehend noch zwischen potentiellen und möglichen Personen: „An actual person is a being that meets a sufficient condition (whatever that may be) for personhood and thereby has a strong claim to life as normal adult human beings. Roughly, a capacity for personhood is possessed by any being not currently exhibiting that capacity, but who has proceeded in the course of its development to the point where it could currently exhibit it (for example, a temporarily unconscious person). A potential person is a being, not yet a person, that will become an actual person in the normal course of its development (for example, a human fetus). A possible person is a being that could, under certain causally possible conditions, become an actual person (for example, a human sperm or egg).“ Neben Warren (1973; 1977) und Langerak (1988) findet sich das Konzept des potentiellen Personsein z. B. auch in Tooley, (1985: 34), Steinbock (1992: 67 f), Ford (2002: 65), Hoerster (2002), Singer, (2011: 153 ff), Giubilini & Minerva (2013) oder Williams (2013).

141 Aus meiner Sicht resultiert die Idee von potentiellen Personen aus der falschen Anwendung der Konzepte Akt und Potenz, die – wie es bei funktionalistisch-empirischen Definitionsansätzen eigentlich logisch wäre – nicht auf die das Personsein jeweils konstituierenden Fähigkeiten $F_1, ..., F_n$ angewendet wird, sondern auf das Personsein selbst. Wenn man das Personsein durch ein Set an Fähigkeiten $F_1, ..., F_n$ konstituiert sieht, dann macht es an sich keinen Sinn, von einem „potential for becoming a person“ (Warren, 1973: 57) zu sprechen. Entweder die Fähigkeiten sind in der von der jeweiligen Definition als relevant erachteten Form vorhanden (und die Definition von Person damit erfüllt) oder nicht; oder anders ausgedrückt: ein Seiendes S ist entweder eine Person oder nicht.

Problem: Wie lässt sich nachweisen, dass ein Seiendes S potentiell eine Person werden kann? Dieses Problem lässt sich – wie ebenfalls bereits erwähnt – nur lösen, indem wir S nicht als Individuum betrachten, sondern als Vertreter einer biologischen Art. Wenn die Art so beschaffen ist, dass ihre Vertreter die Fähigkeiten F_1, ..., F_n üblicherweise in aktualisierter Form besitzen bzw. im Laufe ihrer Entwicklung aktualisieren bzw. dass sich an deren typischen Vertretern die Fähigkeiten F_1, ..., F_n üblicherweise in aktualisierter Form empirisch nachweisen lassen, dann ist S zumindest eine potentielle Person. Die Position des potentiellen Personseins (A1c″) wird somit zu einer Spielart des Argumentationsmusters (A1ab′), auch wenn sie anders hergeleitet wird:

(A1c″) Ein Seiendes S ist eine potentielle Person P genau dann, wenn und solange S (A1c′) nicht erfüllt, aber einer Art gehört, an deren typischen Vertretern sich die Fähigkeiten F_1, ..., F_n üblicherweise in aktualisierter Form empirisch nachweisen lassen.

Wenn wir diese Ergebnisse zusammenfassen, dann lassen sich innerhalb des funktionalistisch-empirischen Definitionsansatzes von Personsein folgende drei Argumentationsmuster unterscheiden, die die ganze Bandbreite der möglichen Argumentation abdecken bzw. denen sich jede funktionalistisch-empirische Definition des Personseins zuordnen lassen sollte:

(A1ab′) Ein Seiendes S ist eine Person P genau dann, wenn S zu einer Art gehört, an deren typischen Vertretern sich die Fähigkeiten F_1, ..., F_n üblicherweise in aktualisierter Form empirisch nachweisen lassen.

(A1c′) Ein Seiendes S ist eine Person P genau dann, wenn sich an S die Fähigkeiten F_1, ..., F_n in aktualisierter Form empirisch nachweisen lassen.

(A1c″) Ein Seiendes S ist eine potentielle Person P genau dann, wenn und solange S (A1c′) nicht erfüllt, aber zu einer Art gehört, an deren typischen Vertretern sich die Fähigkeiten F_1, ..., F_n üblicherweise in aktualisierter Form empirisch nachweisen lassen.

Da jedoch nicht alle funktionalistisch-empirischen Definitionen in der hier vorgebrachten Konsequenz ausformuliert und unter Umständen auf einer Vorstufe der drei Argumentationsmuster (A1ab′), (A1c′) und (A1c″) stehengeblieben sind, macht es Sinn, nicht nur das Endprodukt unseres klassifikatorischen Gedankengangs, sondern auch den Weg dorthin zusammenfassend darzustellen. Diesem Zweck dient die folgende Abbildung, die die drei Argumentationsmuster des funktionalistisch-empirischen Definitionsansatzes des Personseins (A1ab′), (A1c′) und (A1c″) sowie ihre jeweilige Herleitung darstellt (vgl. Abbildung 34). Mit Hilfe dieser Darstellung sollte es einfach sein, die zu einem funktionalistisch-empirischen Definitionsansatz gehörigen Argumente einem der drei funktionalistisch-empirischen Argumentationsmuster zuzuordnen.

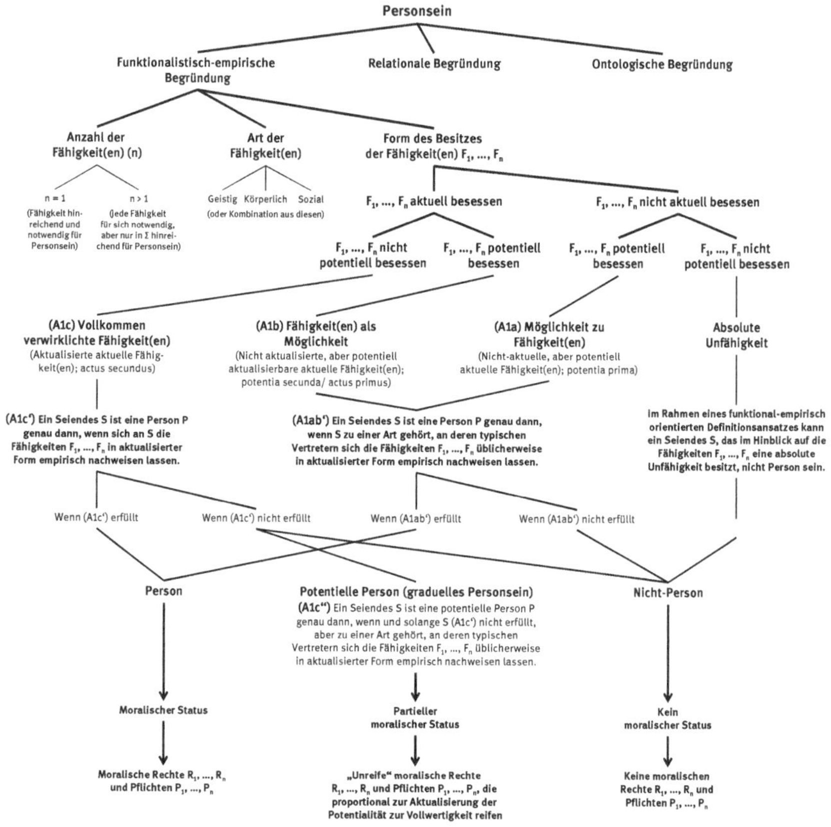

Abb. 34: Der funktionalistisch-empirische Definitionsansatz des Personseins und seine Argumentationsmuster

Wenn wir nun diejenigen der in Kapitel 3 des Anhangs aufgeführten Definitionen genauer analysieren, die dem funktionalistisch-empirischen Definitionsansatz zuzurechnen sind, so wird relativ schnell deutlich: Die Fähigkeit F resp. die Fähigkeiten $F_1, ..., F_n$, die von praktisch all diesen Definitionen empirisch nachweisbar besessen werden müssen, lassen sich – so divers auch die von ihnen verwendeten Begrifflichkeiten sein mögen – unter zwei Oberbegriffen subsumieren, nämlich Vernunft und freier Wille, wobei diese wiederum unter dem Begriff „Rationalität" zusammengefasst werden können. Urteilsfähigkeit, Zukunftsbewusstsein, Erinnerungsfähigkeit, Selbst- oder Ichbewusstsein, Selbstdistanz, Präferenzen zweiter Stufe, Autonomie, aber auch Moralität, Übernahme von Verpflichtungen oder soziale Fähigkeiten sind im Grunde nur direkt oder indirekt aus der Fähigkeit „Rationalität" abgeleitete oder mit dieser einhergehende Fähigkeiten. Selbst die Fähigkeit zu lieben (in einem die emotionale Form des Liebens im Sinne des Verliebtseins übersteigenden Sinn), kann letzten Endes nur dann möglich sein, wenn Rationalität im Sinne von Vernunft und freiem Willen vorhanden ist. Insofern können wir die obige allgemeingültige Beschreibung des funktionalistisch-empirischen Definitionsansatzes des Personseins dahingehend einschränken, dass wir nicht von einer Fähigkeit F oder einer Reihe von Fähigkeiten F_1, ..., F_n sprechen, sondern diese Platzhalter mit konkretem Inhalt, nämlich Rationalität, füllen. Entsprechend kann das dem funktionalistisch-empirischen Definitionsansatz zugrundeliegende Argumentationsmuster (A1) wie folgt angepasst werden:

(A1′) Ein Seiendes S ist eine Person P genau dann, wenn S die Fähigkeit Rationalität (F_R) besitzt.

In späteren Kapiteln dieser Arbeit wird deswegen angenommen, dass aus Sicht des funktionalistisch-empirischen Definitionsansatzes Personsein im wie auch immer gearteten Besitz der Fähigkeit Rationalität resp. rationaler Fähigkeiten (F_R) besteht und begründet ist.

3.2 Der relationale Definitionsansatz des Personseins und seine Spielarten

Eine zweite Klasse an Definitionsansätzen des Personseins kann als „relational" bezeichnet werden. Während der funktionalistisch-empirische Definitionsansatz dadurch gekennzeichnet ist, dass ein Seiendes, um eine Person zu sein, eine Reihe an Fähigkeiten F_1, ..., F_n in der ein oder anderen Form besitzen muss, so ist das Personsein nach dem relationalen Definitionsansatz – wie er z. B. von Kitwood (1997) vertreten wird – eine direkte Funktion bestimmter Formen von Anerkennung bzw. Beziehungen. Laitinen (2002: 474; vgl. 2007) umschreibt diese Position wie folgt: „To be recognized as a person constitutes one's being an actual person. No one, with whatever capacities, can be more than a potential person, if not taken to be a person by others." Nach dieser Sichtweise kann ein Seiendes S, selbst wenn es einen funktionalistisch-empirischen oder ontologischen Definitionsansatz erfüllt, nie mehr als eine potentielle Person sein, wenn S nicht von einem oder mehreren Seienden (als Person) anerkannt wird bzw. in einer durch Anerkennung geprägten Beziehung zu einem oder mehreren Seienden steht. Denn erst dadurch, dass ein Seiendes S zum Objekt der Anerkennung durch ein Seiendes wird, wird S zu einer Person; S ist nicht, wird nicht und entwickelt sich nicht aus sich selbst zu einer Person, sondern S wird durch praktische Bestätigung (Anerkennung) zu einer Person gemacht, wobei der konkrete Inhalt der Anerkennung (z. B. Liebe, Respekt, Achtung, Solidarität, ...) mit I bezeichnet werden kann. Der relationale Definitionsansatz beruht also in allgemeiner Form auf folgendem Argumentationsmuster:[142]

(A2) Ein Seiendes S ist eine Person P genau dann, wenn S Anerkennung in Form von I entgegengebracht wird.

Die geforderte Anerkennung kann nun in der Beziehung des Seienden S zu sich selbst oder in der Beziehung des Seienden zu einem bzw. mehreren anderen Seienden auftreten; S kann sich selbst anerkennen oder von anderen Seienden anerkannt werden. Entsprechend kann (A2) in die folgenden beiden Argumentationsmuster differenziert werden:

(A2a) Ein Seiendes S ist eine Person P genau dann, wenn S von S Anerkennung mit Inhalt I entgegengebracht wird.

(A2b) Ein Seiendes S ist eine Person P genau dann, wenn S von einem oder mehreren anderen Seienden S_1, ..., S_n Anerkennung mit Inhalt I entgegengebracht wird.

Wenn man (A2a) genauer betrachtet, so wird deutlich, dass es sich bei diesem Argument im Grunde nur um ein verkapptes funktionalistisch-empirisches Argumentationsmuster handelt. Denn, um (A2a) erfüllen zu können, muss S gewisse Fähigkeiten an den Tag legen, wobei diese Fähigkeiten dadurch gekennzeichnet sind, dass sie mit dem Wörtchen „Selbst-" beginnen. Um sich selbst anerkennen zu können bzw. Fähigkeiten wie Selbstachtung, Selbstrespekt oder Selbstvertrauen an den Tag legen zu können, bedarf es nicht zuletzt der Fähigkeit zu Selbstbewusstsein (und allenfalls noch anderer Selbst-Fähigkeiten). Entsprechend müssen wir (A2a) anpassen und konkretisieren:

(A2a′) Ein Seiendes S ist eine Person P genau dann, wenn S die zur Anerkennung von S mit Inhalt I nötigen Fähigkeit(en) Selbst-F_1, ..., Selbst-F_n besitzt.

Der Clou des relationalen Definitionsansatzes ist es nun aber, dass er Personsein als etwas Passives betrachtet: Eine Person ist nicht jemand, der etwas kann, tut, hat oder ist, sondern jemand, an dem etwas vollzogen wird. Diesem Anspruch

142 Für Beispiele von Vertretern dieser Position siehe die weiter oben bzw. zu Beginn des Kapitels V.3 stehende Abbildung 32.

kann (A2a′) streng genommen jedoch nicht genügen, da es ja immer das Seiende S, dessen Personsein in Frage steht, ist, das zu sich selbst in Beziehung steht. Wenn man auch bildlich gesprochen von einer Beziehung von S zu sich selbst sprechen kann, so ist diese Beziehung nicht von der für den relationalen Definitionsansatz charakteristischen Passivität von S gekennzeichnet. Entsprechend kann (A2a′) – entgegen dem ersten Eindruck – nicht als genuines Argumentationsmuster des relationalen Definitionsansatzes, sondern nur als Spielart des funktionalistisch-empirischen Definitionsansatzes (A1) verstanden werden. (A2a′) spielt damit für die weiteren Überlegungen zum relationalen Definitionsansatz keine Rolle.

Bleibt also noch (A2b) übrig. Betrachtet man sich dieses Argumentationsmuster, so scheint hier ein nicht unwesentliches Problem auf. Wie dargelegt (vgl. Kapitel IV.6), ist der Personenbegriff nicht nur ein deskriptiver, sondern ein präskriptiver Begriff: Einem Seienden S ist ein bestimmter Umgang geschuldet, wenn, insofern und weil S eine Person ist. Der relationale Personenbegriff bzw. das relationale Argumentationsmuster (A2b) offenbart vor diesem Hintergrund einen logischen Widerspruch. (A2b) besagt letzten Endes nämlich nichts anderes, als dass Personsein nicht die Voraussetzung für einen bestimmten Umgang mit einem Seienden ist, sondern die Konsequenz eines bestimmten Umgangs mit einem Seienden: Ein Seiendes hat demnach moralischen Status nicht, wenn, insofern und weil es eine Person ist, sondern es ist eine Person, wenn, insofern und weil man auf eine bestimmte Art und Weise mit ihm umgeht. Es ist ein Unterschied, das Personsein eines Seienden S durch entsprechende Anerkennungsakte praktischer Bestätigung anzuerkennen (d. h. sich entsprechend der moralischen Rechte und Pflichten der Person zu verhalten) oder einem Seienden S Personsein aufgrund von S gegenüber erfolgten Anerkennungsakten zuzusprechen.

Im ersteren Fall wird S *als* Person anerkannt. Diese Anerkennung ist jedoch nichts anderes als das Verhalten, das die Anderen, aber auch S selbst, aufgrund des mit dem Personsein einhergehenden moralischen Status von S gegenüber S an den Tag zu legen haben (und wenn sie es nicht an den Tag legen, dann verletzen sie eine entsprechende moralische Pflicht); S war dabei aber schon vor und bleibt unabhängig von der Anerkennung seines moralischen Status eine Person. In zweiterem Fall wird S erst durch das anerkennende Verhalten Anderer zur Person gemacht, ist es also bis zum Zeitpunkt der Anerkennung nicht. Eine relationale Begründung des Personseins, wie sie das Argumentationsmuster (A2b) vertritt, dreht also das Verhältnis zwischen Personsein resp. moralischem Status und Anerkennung um bzw. entleert den Begriff des Personseins jedes normativen Gehalts. Denn: Was wird durch den Akt der Anerkennung anerkannt bzw. durch Akte der Liebe, Respekt, Achtung, Solidarität etc. praktisch bestätigt? Wenn es nicht etwas gibt, auf das mit diesen Akten reagiert wird, wenn diese Akte nicht bereits durch das Personsein hervorgerufen werden, dann wird aus dem Konzept des Personseins ein willkürlich angewendetes Prädikat (da nicht klar bzw. der Willkür der Anderen anheimgestellt ist, wann wem warum Personsein zugesprochen werden soll) oder eine Spielart einer „Was Du nicht willst, das man Dir tu, das füg' auch keinem Andern zu"–Reziprozitätsmaxime (da wir anderen Seienden den Personenstatus nur zusprechen bzw. diese nur anerkennen, wenn, insofern und weil wir selbst auch anerkannt werden wollen). Der Personenbegriff wäre damit aber entweder unbrauchbar oder Ergebnis kontraktualistischen Denkens – und somit in beiden Fällen nichts, was moralische (und damit präpositive und prä-konventionelle) Rechte und Pflichten begründen könnte. Entsprechend kann das Argumentationsmuster (A2b) keine Rolle in unseren weiteren Überlegungen zum Personenbegriff und der Frage spielen, welche moralischen Rechte und Pflichten dieser begründet.

3.3 Der ontologische Definitionsansatz des Personseins und seine Spielarten

Wie oben erwähnt, findet sich in der Literatur neben dem funktionalistisch-empirischen sowie dem relationalen auch ein ontologischer Definitionsansatz des Personseins. Unter diesem können alle Definitionen vereint werden, bei denen Personsein etwas mit „Natur", „Wesen", „Existenz", „Sein", „Seinsmodus", „Substanz" zu tun hat bzw. die eine Person als „Träger einer bestimmten Natur" oder „Träger eines bestimmten Wesens" o. ä. konzipieren.[143] Konkret können z. B. die Personendefinitionen von Boëthius, Thomas von Aquin, Iglesias, Stein, Beckwith, Lee & George und Spaemann diesem Definitionsansatz zugeordnet

143 Wie Wald (2005) betont, sollte die Bezeichnung „ontologisch" nicht dahingehend verstanden werden, dass die anderen Definitionsansätze ohne Ontologie auskommen (zum besseren Verständnis der folgenden Aussage sein darauf hingewiesen, dass Wald mit dem Ausdruck „bewußtseinstheoretischer Personbegriff" Definitionsansätze meint, die im Rahmen dieser Arbeit als funktionalistisch-empirische Definitionsansätze des Personsein beschrieben werden): „So impliziert die Bezeichnung „substanzontologischer Personenbegriff" für das antik-mittelalterliche Verständnis menschlicher Personalität nicht, dass Rationalität als Selbstbewußtsein für diesen Personbegriff nur am Rande von Bedeutung wären; impliziert ist nur, dass die Wirklichkeit des Selbstbewußtseins aus einer anderen Perspektive ins Spiel gebracht wird. Umgekehrt sollte die Bezeichnung „bewußtseinstheoretischer Personbegriff" als historischer Ausgangspunkt neuzeitlicher Persontheorien nicht dazu verleiten, hier eine nicht-ontologische oder „metapyhsikfreie" Konzeption von Personalität zu unterstellen. Auch die Definition der Person im direkten Rückgriff auf den Bewußtseinsbegriff impliziert eine Ontologie, die allerdings nicht mit Substanzen arbeitet, sondern mit Eigenschaften." (Wald, 2005: 11)

werden.[144] Allgemein ausgedrückt folgt der ontologische Definitionsansatz folgendem Argumentationsmuster (A3):[145]

(A3) Ein Seiendes S ist eine Person P genau dann, wenn S eine bestimmte Natur N besitzt.

Besieht man sich die eben erwähnten Definitionen, die diesem Definitionsansatz zugerechnet werden können, so fällt auf, dass sie alle die zu besitzende Natur als eine vernünftige oder rationale bezeichnen. Während also für praktisch alle funktionalistisch-empirischen Definitionsansätze der Besitz von mit Rationalität verbundenen Fähigkeiten (F_R) ausschlaggebend für das Personsein ist (vgl. Kapitel V.3.1), so spielt Rationalität auch im ontologischen Definitionsansatz eine herausgehobene Rolle – jedoch mit dem Unterschied, dass für die entsprechenden funktionalistisch-empirischen Definitionsansätze die Rationalität qua Rationalität, d. h. als Fähigkeit, wichtig und personenstatusvermittelnd ist, während für die ontologischen Definitionsansätze nicht die Rationalität als Fähigkeit (d. h. für sich genommen) wichtig und personenstatusvermittelnd ist, sondern die rationale Natur (N_R), in der diese Fähigkeiten begründet sind. Was im ontologischen Definitionsansatz das Personsein begründet ist also nicht die Fähigkeit Rationalität (F_R), sondern deren Grund und Ursache. Entsprechend können wir (A3) wie folgt anpassen:

(A3′) Ein Seiendes S ist eine Person P genau dann, wenn S eine rationale Natur N_R besitzt.

---

144 Für weitere Beispiele von Vertretern dieser Position siehe die weiter oben bzw. zu Beginn des Kapitels V.3 stehende Abbildung 32.

145 Wie Kettern (1992: 72) erläutert, wird mit „Natur der Sache alles bezeichnet, was einem existierenden Wesen immer und überall zukommt“. In diesem Zusammenhang ist zu erwähnen, dass der ontologische Definitionsansatz von nicht wenigen Autoren falsch verstanden und damit letzten Endes – so können die Aussagen zumindest gelesen werden – auf den funktionalistisch-empirischen Definitionsansatz reduziert wird, wie die beiden folgenden Aussagen von Birnbacher zeigen:

- „Bereits die klassiche Definition der Person durch Boethius, persona est naturae rationabilis individua substantia, enthält den Verweis auf die den Menschen als Gattung auszeichnende, aber nicht allen individuellen Menschen zu jeder Zeit zu Gebote stehende Vernunftfähigkeit.“ (Birnbacher, 2002: 33)
- „Mimimalistisch ist der Personenbegriff Spaemanns, der sich im wesentlichen auf A1 beschränkt.“ (Birnbacher, 2001a: 313)

Boëthius und Spaemann geht es nicht um Vernunftfähigkeit oder Intentionalität und Fähigkeit zu Urteilen (das sind die von Birnbacher in seiner Kriterienliste des Personsein unter A.1 zusammengefassten Elemente), sondern um Vernunftnatur, also eine bestimmte Art von substantiellem Sein.

Wie bei der Analyse von Argumentationsmuster (A1) kann auch an dieser Stelle gefragt werden, wie eine solche Natur besessen werden soll. In Kapitel V.3.1 wurde in diesem Zusammenhang zwischen drei Formen des Besitzes einer Fähigkeit unterschieden: Eine Fähigkeit F kann als potentia prima (Besitz nicht aktuell bzw. nicht der Wirklichkeit nach, aber potentiell bzw. der Möglichkeit nach), potentia secunda/ actus primus (Besitz aktuell bzw. der Wirklichkeit nach und potentiell bzw. der Möglichkeit nach) oder actus secundus (Besitz aktuell bzw. der Wirklichkeit nach, aber nicht potentiell bzw. nicht der Möglichkeit nach) besessen werden. Diese Unterscheidung kann auch auf den Besitz einer rationalen Natur angewendet werden, so dass man zwischen dem Besitz einer rationalen Natur (N_R) im Sinne von potentia prima, im Sinne von potentia secunda/ actus primus und im Sinne von actus secundus unterscheiden kann.

(A3′a) Ein Seiendes S ist eine Person P genau dann, wenn (A3′b), wenn (A3′c) oder wenn S eine rationale Natur N_R zwar aktuell nicht besitzt, N_R aber potentiell besitzen kann. (Besitz der rationalen Natur N_R im Sinne von potentia prima)

(A3′b) Ein Seiendes S ist eine Person P genau dann, wenn (A3′c) oder wenn S eine rationale Natur N_R aktuell besitzt, N_R (gerade) nicht verwirklicht, aber N_R potentiell verwirklichen kann. (Besitz der rationalen Natur N_R im Sinne von potentia secunda/ actus primus)

(A3′c) Ein Seiendes S ist eine Person P genau dann, wenn S eine rationale Natur N_R aktuell besitzt und N_R (gerade) verwirklicht. (Besitz der rationalen Natur N_R im Sinne von actus secundus)

An dieser Stelle begegnet uns jedoch wieder ein Problem, das schon bei der Analyse der Argumentationsmuster (A1a) und (A1b) aufgefallen ist und dessen Lösung wir auch hier übernehmen können: Woher können wir wissen bzw. woran können wir festmachen, dass ein Seiendes S eine rationale Natur N_R besitzt? Oder mit den Worten gefragt, die wir bereits oben verwendet haben: Wie kann man wissen und belegen, dass etwas vorhanden ist, wenn man es nicht beobachten kann? Eine befriedigende Antwort auf diese Frage kann letzten Endes nur über Rekurs auf – im Fall von (A3′c) – die Aktualisierung einer Reihe an mit einer rationalen Natur N_R korrespondierenden[146] Fähigkeiten F_1, ..., F_n bzw. auf – im Fall von (A3′a) oder (A3′b) – die Zugehörigkeit zu einer Art gegeben werden, deren Vertreter die mit einer rationalen Natur N_R korrespondierenden Fähigkeiten F_1, ...,

146 Mit „korrespondierenden Fähigkeiten“ sind diejenigen (rationalen) Fähigkeiten gemeint, die mit dem Besitz einer rationalen Natur N_R üblicherweise einhergehen. Hierzu sind vor allem z. B. Rationalität, Intelligenz und (Selbst-)Bewusstsein zu rechnen.

F_n üblicherweise in aktualisierter Form besitzen (bzw. im Laufe ihrer Entwicklung aktualisieren).[147] Entsprechend ergeben sich aus den drei vorläufigen Argumentationsmustern (A3′a), (A3′b) und (A3′c) die folgenden beiden angepassten Argumentationsmuster (A3′ab′) und (A′3c′):

(A3′ab′) Ein Seiendes S ist eine Person P genau dann, wenn S zu einer Art gehört, an deren typischen Vertretern sich die mit dem Besitz einer rationalen Natur N_R einhergehenden Fähigkeiten F_1, ..., F_n üblicherweise in aktualisierter Form empirisch nachweisen lassen.

(A3′c′) Ein Seiendes S ist eine Person P genau dann, wenn S eine rationale Natur N_R aktuell besitzt und N_R (gerade) verwirklicht, d. h. wenn sich an S die mit dem Besitz einer rationalen Natur N_R einhergehenden Fähigkeiten F_1, ..., F_n in aktualisierter Form empirisch nachweisen lassen.

Unter der Annahme, dass (A3′ab′) oder (A′3c′) gilt, ist die Konsequenz für den Fall, dass die in (A3′ab′) oder (A′3c′) enthaltenen Bedingungen erfüllt sind, ganz einfach: Das betreffende Seiende S, das die Kriterien erfüllt, ist eine Person, hat damit moralischen Status und die diesem entsprechenden moralischen Rechte R_1, ..., R_n und Pflichten P_1, ..., P_n. Was ist aber der Fall, wenn (A3′ab′) oder (A′3c′) nicht erfüllt sind? Für den Fall, dass (A3′ab′) gilt, aber nicht erfüllt ist, ist die Sache relativ einfach: Das betreffende Seiende S ist keine Person, sondern eine Nicht-Person, und hat somit keinen moralischen Status und somit auch keine moralischen Rechte R_1, ..., R_n und Pflichten P_1, ..., P_n. Im Hinblick auf (A3′c′) ist der Fall nicht

147 Hiermit ist nicht die Frage angesprochen, wie wir überhaupt „Natur“ oder „Wesen“ erkennen können, sondern nur wie man feststellen kann, ob und wann ein Seiendes eine rationale Natur hat oder nicht. Was eine rationale Natur ausmacht, muss allerdings bereits im Vorfeld bestimmt worden sein. Die Annäherung an die Erkenntnis von Natur bzw. Wesen erfolgt hierbei durch das Mittel der Abstraktion, also „jenes Verfahren, durch den der Verstand die Welt erobert“ (Habermehl, 1933: 37). Fridolin Utz äußert sich zum Erkennen von „Natur“ wie folgt: „Die menschliche Natur ist ein Universale, das nicht als solches existiert und immer nur in Einzelwesen erkennbar ist. [...] Wie vollzieht sich nun unsere Erkenntnis der menschlichen Natur? Die Antwort lautet: Durch Abstraktion, das heißt durch das Herauslösen der dem Menschen allgemein und dauerhaft zukommenden Bestimmungen aus der Vielzahl der individuellen und wandelbaren Gegebenheiten. Dabei müssen wie uns allerdings darum bemühen, die allgemeinen Bestimmungen des Menschen möglichst vollständig zu erfassen, um einseitige und damit notwendig fehlerhafte Schlußfolgerungen zu vermeiden.“ (Utz, 1998d: 15 f) Ontologische Einsichten sind damit „abstraktive Realerkenntnis“ (Kettern, 1992: 76) und notwendigerweise „zum guten Teil ein geistiges Substrakt der Physik“ (Linhardt, 1932: 42 f). So betont auch Spaemann die Tatsache, dass wir letzten Endes ohne Sinnesdaten nicht auskommen bzw. dass „es qualitative Merkmale der Spezies Mensch sind, die uns die Abstraktion möglich machen“ (Spaemann, 1996: 19). Zur Bedeutung der Abstraktion in der Metaphysik vgl. auch Weissmahr (1991: 51 ff (§89 ff)).

ganz so klar: Wenn (A3′c′) gilt und wenn ein Seiendes S die darin enthaltenen Kriterien nicht erfüllt, so ist man sich gemeinhin einig darüber, dass S keinen vollen moralischen Status besitzt, also nicht Person ist; jedoch ist man sich nicht einig darüber, ob S auch eine Nicht-Person ist, d. h. keinerlei moralischen Status hat (wie eigentlich auf Basis der Prämissen geschlussfolgert werden müsste) oder ob S nicht eine sog. „potentielle Person" ist, der zumindest ein gewisses Maß an moralischem Status zugestanden werden kann. Der Nachweis, dass ein Seiendes S eine in diesem Sinne potentielle Person ist, kann – wie bei (A1c″) auch – nur erbracht werden, indem S als Vertreter einer biologischen Art betrachtet wird. Wenn die Art, der S angehört, so beschaffen ist, dass sich an ihren typischen Vertretern die mit und durch den Besitz einer rationalen Natur N_R einhergehenden Fähigkeiten F_1, ..., F_n üblicherweise in aktualisierter Form empirisch nachweisen lassen, dann ist S zumindest eine potentielle Person. Die Position des aus Sicht eines ontologischen Definitionsansatzes potentiellen Personseins (A3′c″) wird somit zu einer Spielart des Argumentationsmusters (A3′ab′), auch wenn sie anders hergeleitet wird:

(A3′c″) Ein Seiendes S ist eine potentielle Person P genau dann, wenn und solange S (A3′c′) nicht erfüllt, aber zu einer Art gehört, an deren typischen Vertretern sich die mit dem Besitz einer rationalen Natur N_R einhergehenden Fähigkeiten F_1, ..., F_n üblicherweise in aktualisierter Form empirisch nachweisen lassen.

Wenn wir diese Ergebnisse zusammenfassen, dann lassen sich innerhalb des funktionalistisch-empirischen Definitionsansatzes von Personsein die folgenden drei Argumentationsmuster unterscheiden, denen sich jede ontologische Definition zuordnen lassen sollte:

(A3′ab′) Ein Seiendes S ist eine Person P genau dann, wenn S zu einer Art gehört, an deren typischen Vertretern sich die mit dem Besitz einer rationalen Natur N_R einhergehenden Fähigkeiten F_1, ..., F_n üblicherweise in aktualisierter Form empirisch nachweisen lassen.

(A3′c′) Ein Seiendes S ist eine Person P genau dann, wenn S eine rationale Natur N_R aktuell besitzt und N_R (gerade) verwirklicht, d. h. wenn sich an S die mit dem Besitz einer rationalen Natur N_R einhergehenden Fähigkeiten F_1, ..., F_n in aktualisierter Form empirisch nachweisen lassen.

(A3′c″) Ein Seiendes S ist eine potentielle Person P genau dann, wenn und solange S (A3′c′) nicht erfüllt, aber zu einer Art gehört, an deren typischen Vertretern sich die mit dem Besitz einer rationalen Natur N_R einhergehenden Fähigkeiten F_1, ..., F_n üblicherweise in aktualisierter Form empirisch nachweisen lassen.

Wie für den funktionalistisch-empirischen Definitionansatz auch, macht es Sinn, nicht nur das Endprodukt, sondern auch den Weg, auf dem die drei Argumentationsmuster (A3′ab′), (A3′c′) und (A3′c″) zustandegekommen sind, zusammenfassend darzustellen. Diesem Zweck dient die folgende Abbildung, welche die drei Argumentationsmuster des ontologischen Definitionsansatzes des Personseins ((A3′ab′), (A3′c′) und (A3′c″) sowie ihre Herleitung darstellt (vgl. Abbildung 35):

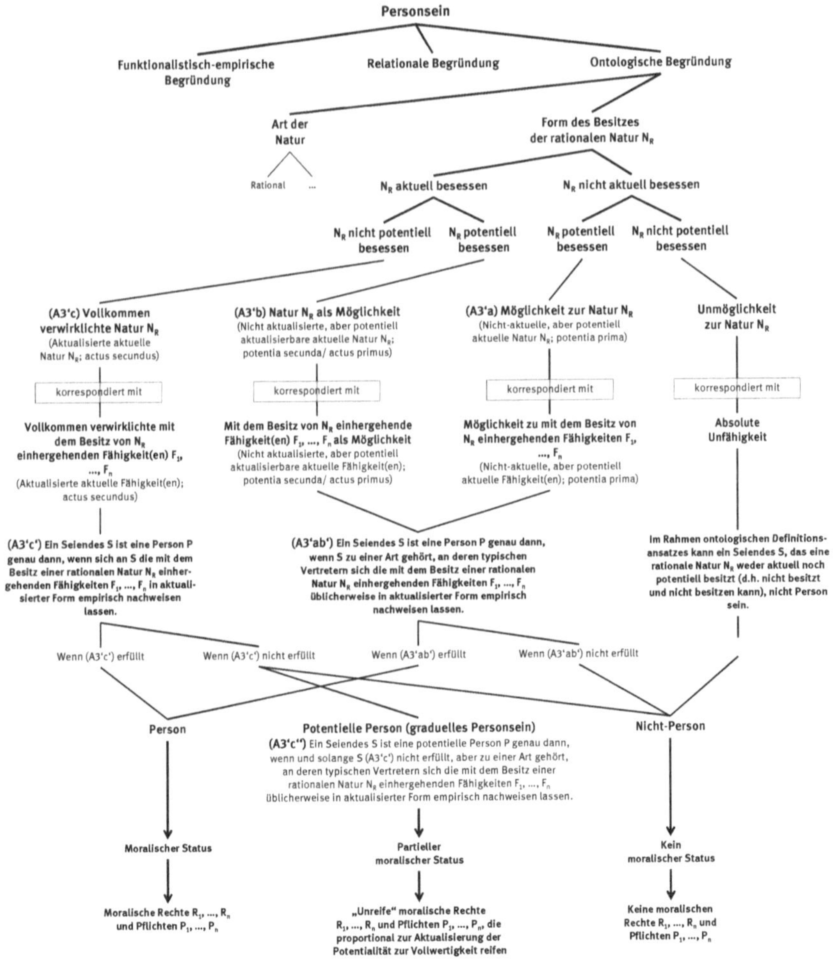

Abb. 35: Der ontologische Definitionsansatz des Personseins und seine Argumentationsmuster

Wie beim funktionalistisch-empirischen Definitionsansatz auch, können wir die Beschreibung des ontologischen Definitionsansatzes des Personseins vereinfachen. Im ontologischen Definitionsansatz wird bzw. muss auf eine Fähigkeit F oder eine Reihe von Fähigkeiten $F_1, ..., F_n$ Bezug genommen werden, da der Besitz einer rationalen Natur N_R sich anders nicht nachweisen lässt. Um nicht abstrakt von Fähigkeiten sprechen zu müssen und da sich eine rationale Natur sinnvollerweise in Fähigkeiten äußert, die alle unter den Oberbegriffen Vernunft und freier Wille bzw. genauer dem der Rationalität zusammengefasst werden können, wird in späteren Kapiteln dieser Arbeit deswegen angenommen, dass es sich bei den mit dem Besitz einer rationalen Natur N_R einhergehenden Fähigkeiten $F_1, ..., F_n$ um rationale Fähigkeiten F_R handelt.

4 Zwischenfazit: Personsein als Besitzen von rationalem Leben

Im vorhergehenden Kapitel sind drei funktionalistisch-empirische und drei ontologische Argumentationsmuster zum Personsein herausgearbeitet worden. Streng genommen stellen zwei von diesen nicht Kriterien für volles Personsein und damit vollen moralischen Status auf, sondern nur für potentielles Personsein, dem ein moralischer Status zukommt, der zwischen dem einer Person und dem einer Nicht-Person liegt und graduell abgestuft ist sowie variieren kann. Anhand der Frage sortiert, wer was bzw. welches Kriterium wie bzw. in welcher Form erfüllen muss, damit ein Seiendes S eine Person bzw. eine potentielle Person ist (und damit in parallele und vergleichbare Form gebracht), lesen sich die sechs Argumentationsmuster wie folgt (vgl. Abbildung 36):

Man könnte sich nun mit dieser Auslegeordnung zufriedengeben oder den Personenbegriff mit Hinweis auf die Vielzahl der Argumentationsmuster und Definitionsvorschläge als wenig brauchbar zur Begründung des moralischen Status von Seiendem verwerfen (wie es z.B English, 1975; Macklin, 1984: 95; Beauchamp, 1999; Gordijn, 1999 oder Birnbacher, 1997; 2001a; 2002 vorschlagen). Der Philosoph als ein die Weisheit und damit den letzten wahren Grund der Dinge liebend Suchender (vgl. hierzu Erk, 2012a: 28 ff) nimmt die Vielzahl der Meinungen jedoch zum Anlaß, sich die Frage zu stellen, welchem dieser sechs Argumentationsmuster vernünftigerweise zu folgen ist und welchen nicht. Welchem der sechs Argumentationsmuster ist zu folgen? Welches der sechs Argumentationsmuster kann aufrechterhalten werden? Um diese Fragen zu klären, soll allerdings nicht an dem angesetzt werden, was die Argumentationsmuster bzw. die Definitionsansätze, deren Spielarten die Argumentationsmuster sind, voneinander trennt,

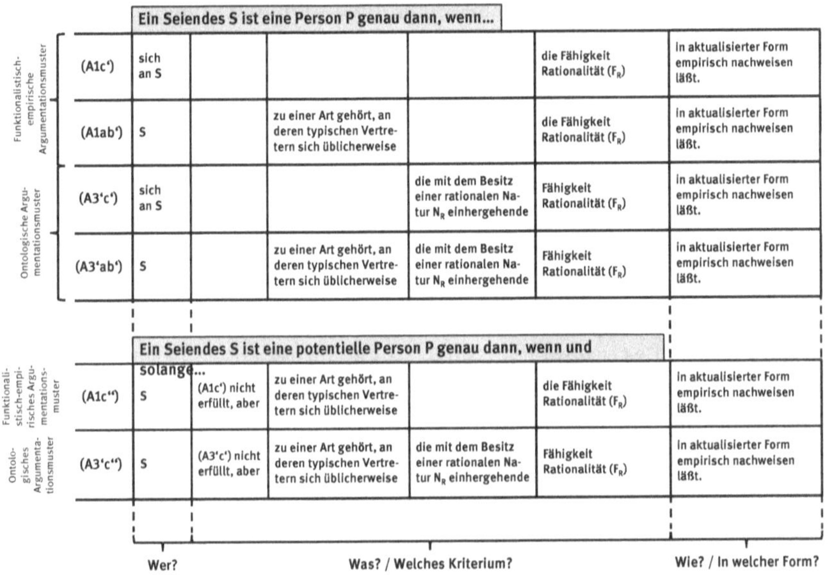

Abb. 36: Vergleich der funktionalistisch-empirischen und ontologischen Argumentationsmuster des Personseins

sondern, was ihnen gemeinsam ist. Hier sind vor allem zwei Gemeinsamkeiten zu erwähnen.

Die erste Gemeinsamkeit ist gleichzeitig auch der Kern dessen, was die beiden Definitionsansätze des Personseins voneinander trennt. Wie die obige Abbildung (vgl. Abbildung 36) zeigt, unterscheiden sich die Definitionsansätze nicht durch den Einbezug der Artzugehörigkeit, denn beide operieren in den ihn zurechenbaren Argumentationsmustern einmal mit und einmal ohne die Forderung der Artzugehörigkeit. Der Unterschied liegt woanders: Während die funktionalistisch-empirischen Argumentationsmuster als Kriterium des Personseins im Wesentlichen den Besitz der Fähigkeit Rationalität F_R postulieren (die entweder vom in Frage stehenden Seienden S oder von der Art, der S angehört, in bestimmter Form besessen werden muss), sehen die ontologischen Argumentationsmuster Personsein nicht im Besitz von F_R selbst begründet, sondern im Besitz einer rationalen Natur N_R, welche die von den funktionalistisch-empirischen Argumentionsmustern geforderte Fähigkeit F_R überhaupt erst ermöglicht. Wenn wir davon ausgehen, dass eine rationale Natur N_R zu besitzen nichts anderes bedeutet als Rationalität als Natur zu besitzen und dass die Fähigkeit Rationalität F_R zu besitzen nichts anderes bedeutet als Rationalität als Fähigkeit zu besitzen, dann macht dies die erste Gemeinsamkeit des ontologischen und des funktionalistisch-empirischen Definitionsansatzes deutlich: Auch wenn der ontologische und der funktionalistisch-empirische Definitionsansatz eine jeweils andere Art ihres Vorhandenseins postulieren, so sind sich beide darin einig, dass das, was in einer bestimmten Form vorhanden sein muss, damit ein Seiendes eine Person ist, Rationalität R ist. Ein Seiendes ist dann Person, wenn es in einer von dem jeweiligen Definitionsansatz als relevant erachteten Form rational ist bzw. Rationalität R in einer von dem jeweiligen Definitionsansatz als relevant erachteten Form besitzt. Auch wenn sie sich darüber streiten, ob R von einem Seienden S als Fähigkeit oder als Natur besessen werden muss, um eine Person zu sein, stellt der Besitz von R für beide Definitionsansätze das Personsein vermittelnde und begründende Element dar. Um durch ihr Besessenwerden (unabhängig von der Art des Besessenwerdens) moralischen Status, damit Personsein und die diesen entsprechenden moralischen Rechte und Pflichten vermitteln zu können, muss Rationalität R aber selbst einen moralischen Wert besitzen. Wir können also präzisieren: Auch wenn sie sich darüber streiten, ob Rationalität R von einem Seienden S als Fähigkeit (F_R) oder als Natur (N_R) besessen werden muss, um eine Person P zu sein, stellt R sowohl für den funktionalistisch-empirischen und den ontologischen Definitionsansatz des Personseins das Personsein vermittelnde und begründende Element dar.

Darüber hinaus gibt es noch eine zweite Gemeinsamkeit, die zwar in den wenigsten Definitionen explizit, jedoch in allen implizit enthalten ist: Alle Denker, Philosophen und Autoren, die sich mit dem Personenbegriff befassen, scheinen sich darin einig zu sein, dass sich der Kreis des Seienden, das überhaupt Person sein kann, nur auf dasjenige Seiende beschränkt, das lebendig ist. So findet sich in der moralphilosophischen Debatte meines Wissens keine Definition des Personseins, die ihr Urheber auch auf unbelebte Materie wie z. B. Steine oder Stühle anwendet oder angewendet sehen möchte; vielmehr schreiben alle Definitionen Personsein nur belebtem Seienden (allen oder einigen Menschen sowie allenfalls auch allen oder einigen Tieren und/ oder Pflanzen) zu. Es besteht also allgemeiner Konsens darüber, dass nur belebtes (auch: lebendes, lebendiges) Seiendes S_L, also Seiendes, das lebt bzw. Leben in sich hat, überhaupt eine Person sein kann.[148] Wie

148 Diese Einsicht kommt auch in folgender Aussage von Sarah Bishop Merrill (1998: 1) zum Ausdruck: „The person is to ethics as the cell is to biology: the minimal basic unit of life." Ähnlich äußert sich auch Seifert (2003: 55): „Nur ein lebendiger Mensch oder ein lebendiger Geist (oder auch eine lebendige ‚getrennte Seele') ist Mensch und ist Person, nicht der Leichnam." Diese Einsicht findet sich bereits bei Boëthius (1918: ch. 2): „neque in non uiuentibus corporibus personam posse dici manifestum est (nullus enim lapidis ullam dicit esse personam), neque rursus eorum uiuentium quae sensu carent (neque enim ulla persona est arboris), nec uero eius quae intellectu ac ratione deseritur (nulla est enim persona equi uel bouis ceterorumque animalium quae muta ac sine ratione uitam solis sensibus degunt), at hominis dicimus esse personam, dicimus dei, dicimus angeli."

hilft uns diese Einsicht weiter? Sie zeigt uns die zentrale Bedeutung des Lebensbegriffs für das Personsein. Wenn nicht jedes Seiende S eine Person sein kann, sondern nur ein belebtes Seiendes S_L, dann scheint Leben eine Vorbedingung des Personseins zu sein bzw. Personsein wesentlich mit dem Vorhandensein von Leben und damit dem Leben selbst zusammenzuhängen. Diese Aussage muss jedoch auch gleich wieder präzisiert werden: Daraus, dass die moralphilosophische Diskussion genau darum kreist, ob allem belebtem Seienden S_L Personsein zugesprochen werden kann oder nicht, d.h. ob nur (alle oder einige) Menschen oder auch (alle oder einige) Tiere und/ oder Pflanzen Personen sind, kann geschlossen werden, dass Personsein nicht an Leben generell geknüpft ist, sondern nur an bestimmte Formen des Lebens; Personsein besteht im Haben einer bestimmten Form von Leben. Wenn wir wissen, dass ein Seiendes eine Person ist, dann können wir hieraus sicher deduzieren, dass das betreffende Seiende lebt, d.h. ein lebendiges Seiendes S_L ist; wenn wir aber wissen, dass ein Seiendes lebt, dann können wir hieraus nicht sicher schlussfolgern, dass das betreffende Seiende S_L auch eine Person ist. Personsein besteht nämlich nicht im Besitz von Leben an sich. Vielmehr ist ein Seiendes S eine Person, wenn S eine bestimmte Form von Leben besitzt, nämlich personales Leben. Was aber ist personales Leben? Aus der ersten Gemeinsamkeit wissen wir, dass das Personsein vermittelnde und begründende Element die Rationalität R ist. Hieraus können wir schließen, dass es sich bei der besonderen Form von Leben, das den moralischen Status des Personseins besitzt, um durch Rationalität gekennzeichnetes Leben, um rationales Leben handeln muss. Mit anderen Worten: Personales Leben (L_P) ist rationales Leben (L_R). Personsein ist somit eine Beigabe bzw. Konsequenz des Besitzes von rationalem Leben L_R: *Ein Seiendes S ist demnach eine Person P, wenn S rationales Leben (L_R), d.h. Leben besitzt, das durch den Besitz des das Personsein vermittelnden und begründenden Elements der Rationalität R gekennzeichnet ist.* Auf Basis der beiden Gemeinsamkeiten zwischen dem funktionalistisch-empirischen und dem ontologischen Definitionsansatz können wir die oben eingeführte Prämisse (P2)[149] somit wie folgt komplettieren:

(P2′) Ein Seiendes S ist eine Person P genau dann, wenn S rationales Leben L_R besitzt.

Wir wissen also nun, dass sich der funktionalistisch-empirische und der ontologische Definitionsansatz des Personseins gleichzeitig eins und uneins sind. Sie sind sich darüber uneins, ob eine Person durch den Besitz einer rationalen Natur

149 Zur Erinnerung sei erwähnt, dass (P2) folgenden Inhalt hat: „Ein Seiendes S ist eine Person P genau dann, wenn ...“

oder rationaler Fähigkeiten zu definieren ist; aber sie sind sich darin einig, dass Personsein im Besitz von rationalem Leben besteht. Wenn wir diese beiden Feststellungen zusammenführen, können wir als Ergebnis der bisherigen Diskussion festhalten, dass sich der funktionalistisch-empirische und der ontologische Definitionsansatz des Personseins darüber streiten, ob rationales Leben im Besitz einer rationalen Natur oder rationaler Fähigkeiten besteht. Diese Erkenntnis hilft uns dabei zu entscheiden, welchem Definitionsansatz zu folgen und welcher zu verwerfen ist. Denn während die Aussage „Ein Seiendes S ist eine Person P, wenn sie rationale Fähigkeiten F_R besitzt" resp. die Aussage „Ein Seiendes S ist eine Person P, wenn sie eine rationale Natur N_R besitzt" nicht ohne weiteres überprüft werden können, so ist es gelungen, durch die Identifizierung der den beiden Definitionsansätzen zugrundeliegenden Gemeinsamkeit einen Referenzpunkt (tertium comparationis) einzuführen, nämlich „rationales Leben". Anhand dieses Referenzpunktes kann nun in einem nächsten Schritt beurteilt werden, ob der funktionalistisch-empirische oder der ontologische Definitionsansatz des Personseins aufrechterhalten werden kann: Um diese Entscheidung treffen zu können, müssen wir als Nächstes prüfen, ob rationales Leben im Besitz von rationalen Fähigkeiten oder im Besitz einer rationalen Natur besteht. Ist ersterer Fall zu bejahen, ist dem funktionalistisch-empirischen Definitionsansatz bzw. einem der ihm zurechenbaren Argumentationsmuster zuzustimmen und der ontologische Definitionsansatz des Personseins zu verwerfen; ist zweiterer Fall zu bejahen, ist dem ontologischen Definitionsansatz bzw. einem der ihm zurechenbaren Argumentationsmuster zuzustimmen und der funktionalistisch-empirische Definitionsansatz des Personseins zu verwerfen.

Der Schlüssel zum Verständnis dessen, was eine Person ist, liegt also letzten Endes im Verständnis dessen, was rationales Leben und damit, was Leben ist: „Die Antwort auf die Frage, was ‚Leben' ist, entscheidet daher mit darüber, wie es ethisch zu bewerten ist, welche Handlungen zulässig oder unzulässig sind oder wozu sie dienen." (Kather, 2003: 14) Der Klärung der Frage, was Leben ist und was unter rationalem Leben zu verstehen ist, widmet sich das sich direkt anschließende Kapitel.

5 (Rationales) Leben[150]

„Wenn wir nachdenken über unser Leben, sollte uns eigentlich die Tatsache, daß wir am Leben sind, am meisten überraschen." (Reinhold Schneider)

150 Teile dieses Kapitels basieren – in gewissen Teilen wörtlich – auf in Erk (2014) publiziertem Material, denken dieses jedoch weiter und korrigieren es, wo nötig.

Die Frage nach dem Leben ist „die Grundfrage, die allen Fragen zugrunde liegt" (Brenner, 2009: 7), die „Mutter aller Fragen" (Gould, 1997: 35). Auch wenn es um das Personsein geht, kommt man – wie gegen Ende des vorangegangenen Kapitels gezeigt wurde – nicht umhin, seine Überlegungen mit der Suche nach einer Antwort auf die folgenden Fragen zu beginnen: Was ist Leben? Und was macht Leben zu rationalem Leben? Dieses Kapitel hat es sich zur Aufgabe gemacht, diese Fragen zu beantworten, um so zur Schärfung des Personenbegriffs sowie zur Lösung des Problems beizutragen, welchem Seienden Personsein zukommt und welchem nicht.

5.1 Merkmale des Lebens

Üblicherweise wird die Beantwortung der Frage „Was ist Leben?" der Kompetenz der Naturwissenschaft und hier insbesondere der Biologie als der Naturwissenschaft zugesprochen, die den Begriff „Leben" (βίος; lies: bíos) in ihrem Namen trägt und als Wissenschaft des Lebendigen gilt. Wenn wir die Biologie dazu befragen, was sie uns über das Leben sagen kann, so ist zuvorderst festzustellen, dass sie mit Leben belebtes Seiendes (S_L) bzw. all das bezeichnet, was lebt; aus Sicht der Biologie könnte man anstelle von Leben (z. B. im Ausdruck „Alles Leben auf der Erde") auch einfach von Lebewesen sprechen.

Wirft man einen Blick in die Lehrbücher der Biologie, so zeigt sich, dass alles Leben, d. h. Lebewesen auf der Erde eine Reihe von Gemeinsamkeiten aufweisen: (a) Alle Lebewesen bestehen aus mindestens einer Zelle;[151] (b) die verschiedenen Zellen der Lebewesen sind aus den gleichen Arten von Molekülen aufgebaut; (c) alle Lebewesen besitzen einen genetischen Code, in dem die Informationen für ihren Aufbau und ihre Organisation in Form von langkettigen Nucleinsäuren gespeichert sind.

Damit ist aber noch nicht allzuviel gewonnen. Die drei Gemeinsamkeiten aller Lebewesen geben uns zwar Kriterien an die Hand, aufgrund derer wir eine Aussage darüber treffen können, ob es einem bestimmten aus Materie bestehenden Seienden überhaupt möglich ist, ein Lebewesen zu sein; wenn ein aus Materie bestehendes Seiendes nicht aus Zellen aufgebaut ist, dann kann dieses Seiende schlichtweg kein Leben besitzen. Aber selbst wenn wir von einem Seienden wissen, dass es aus Zellen zusammengesetzt ist, welche aus Molekülen aufgebaut sind und einen genetischen Code enthalten, so ist damit noch nicht sicher gesagt,

151 In diesem Sinne ist die Aussage zu verstehen, dass subzellulares Lebens nicht möglich bzw. die kleinste strukturelle Einheit des Lebens die Zelle ist.

dass dieses Seiende auch wirklich lebt. Denn auch ein Leichnam ist – zumindest bis zu einem gewissen Stadium der Dekomposition – noch auch Zellen zusammengesetzt, welche aus Molekülen aufgebaut sind und einen genetischen Code enthalten. Woher wissen wir also, dass wir es bei einem bestimmten Seienden mit einem Lebewesen im wahrsten Sinne des Wortes, d.h. mit einem Seienden zu tun haben, das nicht nur Leben besitzen kann, sondern auch aktuell lebt, d.h. Leben besitzt?

Konsultiert man mit dieser Frage im Hinterkopf Lehrbücher der Biologie, so findet man folgende praktisch einhellige Antwort: Ein Seiendes gilt dann als belebt, wenn sich an ihm bestimmte aktualisierte Fähigkeiten bzw. Aktivitäten beobachten lassen:
- „Leben ist eine organisierte genetische Einheit, die zu Stoffwechsel, Fortpflanzung und Evolution fähig ist." (Purves, Sadava, Orians & Heller, 2006: 2)
- „Wir erkennen das Leben an dem, was Lebewesen tun." (Campbell & Reece, 2011: 3)
- „Wenn es auch nicht möglich ist, Leben wissenschaftlich exakt zu beschreiben, so können wir es doch an seinen Funktionen erkennen: an Stoffwechsel, Wachstum, Bewegung, Vermehrung und Vererbung." (Buselmaier, 2012: 4)
- Plaxco & Groß (2012: 6) definieren Leben als „selbstreplizierendes, evolvierendes chemisches System".

Während in den obigen Definitionen bereits einige solche Lebewesen charakterisierende Aktivitäten angesprochen sind, zeigt ein vertiefter Blick in die Literatur, dass die zur Beschreibung des Lebens herangezogenen Merkmale üblicherweise folgende Funktionen bzw. Aktivitäten umfassen (vgl. hierzu stellvertretend Jessop, 1988; Bedau, 1996: 334–337; Brenner, 2009: 51–70; Purves, Sadava, Orians & Heller, 2006: 2f; Campbell & Reece, 2011: 4; Plattner & Hentschel, 2011: 39; Buselmaier, 2012: 4; Albert et al., 2012: 2; Menche, 2012: 1ff):[152]
- Stoffwechsel (Stoff- und Energieumwandlung; Metabolismus (Katabolismus und Anabolismus))
- Wachstum und Entwicklung (Morphogenesis)
- Regeneration
- Regulation und Anpassung (Aufrechterhaltung von Homöostase bzw. Ordnung (niedrige Entropie)), Reaktion

152 Wie durch die Pünktchen beim letzten Aufzählungszeichen angedeutet, ist diese Zusammenstellung nicht als abschließend zu betrachten; sie umfasst jedoch praktisch alle wesentlichen in der Literatur vorfindbaren Merkmale von Leben. Der genaue Umfang der Liste ebenso wie die genauen Begrifflichkeiten, die von Autor zu Autor variieren, sind für unsere Zwecke jedoch nicht weiter relevant.

- Informationsaufnahme und -verarbeitung (Kommunikation; Irritabilität)
- Reproduktion (Fortpflanzung, Vermehrung, Vererbung (procreation))
- ...

Wenn wir die Biologie dazu befragen, was sie uns bezüglich des Was des Lebens sagen kann, so finden wir also die Antwort, dass zu leben bedeutet, bestimmte Aktivitäten bzw. Lebenszeichen an den Tag zu legen. Mit einer solchen Liste an Lebenszeichen gilt es nun jedoch richtig umzugehen. Denn so sehr sie geeignet ist, die Bandbreite der Aktivitäten aufzuzeigen, in denen sich Leben äußern kann, so wenig darf sie als Katalog all der Aktivitäten verstanden werden, die ein Seiendes kumulativ an den Tag legen muss, damit von ihm gesagt werden kann, dass es Leben besitzt. Dies wäre insofern realitätsfremd als sich nicht alle in der Liste enthaltenen Merkmale bei allen Wesen, die wir als belebt erachten, nachweisen lassen. So können z.B. gewisse Fisch-, Frosch- und Insektenarten bei Temperaturen von unter null Grad überleben, ohne Zeichen von Kommunikation, Reaktion, oder Stoffwechsel aufzuweisen:

> „Hundreds of species of terrestrial insects survive long periods of freezing while they overwinter. At the extreme, insects of the high arctic, such as woolly bear caterpillars [...] may spend 10 months of the year frozen solid at temperatures that descend to −50 °C [...] or even lower. [...] But of the greatest interest [...] are a group of amphibians and reptiles that survive freezing during their winter hibernation. [...] While frozen, all these animals show no movement, respiration, heart beat or blood circulation, and [...] barely detectable neurological activity." (Storey & Storey, 1990: 62f; vgl. auch 1996: 368f)[153]

Da sich die eben erwähnte Raupe während eines arktischen Sommers nicht ausreichend Vorrat anfressen kann, um sich verpuppen zu können, lässt sie sich mehrere Jahre hintereinander – teilweise bis zu 14 Jahre – einfrieren, um im nächsten Jahr weiterfressen zu können. Erst wenn sie ausreichend gefressen hat, um den nächsten Schritt ihrer Entwicklung machen zu können, verpuppt sie sich und wird zur Motte. Auch wenn sich an ihr im gefrorenen Zustand praktisch keinerlei Merkmale des Lebens beobachten lassen und es den Anschein hat als, ob sie tot ist, so dürfte kaum jemand die Auffassung vertreten, dass die Raupe jedes Jahr auf's Neue stirbt, wenn sie sich gegen Ende der frostfreien Periode einfrieren lässt. Unsere Intuition sagt uns vielmehr, dass die Raupe die ganze Zeit über lebendig ist, d.h. den Frost überlebt und somit auch im gefrorenen Zustand lebt.

153 Als weitere Beispiele könnten neben der im Zitat erwähnten und auf der kanadischen Ellesmere-Insel beheimateten Raupe auch der Waldfrosch (Rana Sylvatica; wood frog) oder das Bärtierchen (Tardigrada; water bear) genannt werden.

Angesichts und aufgrund solcher Beispiele wäre es realitätsfremd und verfehlt zu fordern, dass ein Wesen alle in obiger Liste enthaltenen Merkmale des Lebens kumulativ an den Tag legen muss, damit von ihm gesagt werden kann, dass es Leben besitzt. Es reicht bereits, wenn ein Merkmal erfüllt ist.[154]

So wertvoll die Einsichten sind, die durch den naturwissenschaftlichen Blick der Biologie auf das Leben gewonnen werden können, so wenig helfen sie uns allerdings, die diesem Kapitel zugrundeliegende Frage, nämlich die Frage „Was ist Leben?", zu beantworten. Anhand der Merkmale des Lebens kann nur die Frage beantwortet werden, woran erkannt werden kann, dass ein Seiendes S lebt, d.h. ein belebtes Seiendes S_L ist. Doch: Zu wissen, woran wir erkennen, dass etwas lebt, hilft uns nicht weiter, eine Aussage darüber zu machen, was Leben ist.

Warum dem so ist, wird deutlich, wenn wir den Begriff „Leben" in den beiden Fragen z.B. mit dem Begriff „Wind" ersetzen. Wenn wir die Antwort auf die Frage „Woran erkennen wir, dass der Wind weht?"[155] kennen, so ist damit nicht wirklich etwas für die Beantwortung der Frage „Was ist Wind?" gewonnen. Zu wissen, dass der Wind weht, beinhaltet keine Aussage darüber, was da genau weht. Zu wissen, dass der Wind weht, beinhaltet keine Aussage darüber, was da genau weht. Die Frage „Was ist Leben?" unter Rückgriff auf die Merkmale des Lebens zu beantworten wäre also gleichbedeutend damit, sich zufriedenzugeben, wenn die Frage „Was ist Wind?" mit „Wind ist, wenn es im Wald rauscht oder die Blätter an den Bäumen wackeln" beantwortet wird. Hier liegt ein offensichtlicher Denkfehler vor, den wir beim Nachdenken über das Phänomen Leben ebensowenig tolerieren sollten, wie wir ihn tolerieren, wenn wir über den Wind nachdenken. Zu defi-

---

154 Diese Aussage ist jedoch richtig zu verstehen: Es reicht bereits, wenn *irgendein* Merkmal erfüllt ist. Es wäre falsch, das Vorhandensein von Leben an das Vorhandensein nur eines bestimmten Aktivitätsmerkmals (z.B. Stoffwechsel) zu knüpfen. Denn das Herausgreifen eines Merkmals (oder auch einer beliebigen Teilmenge an Merkmalen) opfert die Reichhaltigkeit der Aktivitäten, in denen sich Leben äußern kann, einem willkürlichen und unserer Erfahrung widersprechenden Reduktionismus: „It loses the fullness of the content of life and the sense for the polymorphism of the appearances of life." (Seifert, 1997: 38)

In dieser Beschränkung auf ein Merkmal des Lebendigen liegt auch das große Irritationspotential des Hirntodkriteriums; denn es ist in der Tat mehr als kontraintuitiv und grenzt für manche an Willkür, Personen nur aufgrund des Ausfalls ihrer Gehirnfunktionen für tot zu erklären, obwohl sie bekanntlich eine Vielzahl anderer Merkmale des Lebens zeigen, d.h. u.a. atmen, schwitzen, Gänsehaut bekommen, weinen und ein Kind zeugen bzw. empfangen können, sich warm anfühlen, einen intakten Kreislauf besitzen, deren Haut heilt, wenn sie verletzt wird, und die für die Entnahme von Organen betäubt werden.

155 Oder wie der Schweizer fragen würde: „Woran erkennen wir, dass es windet?" Das Verb „winden" (im Sinne von: der Wind weht) ist besser geeignet, die parallele Struktur der Fragen „Was ist Wind?"/ „Woran erkennen wir, dass der Wind weht?" zu den Fragen „Was ist Leben?"/ „Woran erkennen wir, dass etwas lebt?" aufzuzeigen.

nieren, dass Leben das ist, woran sich die charakteristischen Merkmale des Lebens beobachten und nachweisen lassen, würde bedeuten, die Ursache mit dem Symptom bzw. oberflächliche Phänomene mit der Sache an sich, d. h. der Ursache der Phänomene, zu verwechseln. Denn was ist denn das, was sich da in Aktivitäten äußert, die aus Sicht der Naturwissenschaft konstitutiv für das Leben sind? Auf der Ebene des Beobachtbaren lassen sich zwar wichtige Erkenntnisse gewinnen, jedoch helfen uns diese nicht, die gestellte Frage nach dem Was des Lebens zu beantworten. Auch wenn die Beschäftigung damit wichtig ist,[156] so ist der Hinweis darauf, was Lebewesen tun, wenn sie leben, nicht ausreichend, um zu verstehen, was Leben ist.

Um eine Antwort auf die „Was ist Leben?“ geben zu können, sind wir vielmehr gezwungen den Schritt hinter das Augenscheinliche und damit hinter die Merkmale zu machen, die uns die Biologie als Kennzeichen des Lebens angibt. Und diesen Schritt hinter das Augenscheinliche hilft uns die Philosophie machen, die nach „rational intuitions into the essence of life and into the intelligible causes of the observed phenomena“ (Seifert, 1997: 30) sucht. Wie Brenner darlegt, vermag nur die Philosophie Orientierung hinsichtlich der Frage zu geben, was Leben ist, da „die Naturwissenschaft, die den Gegenstand dieser Frage im Namen führt, die Biologie, aus systematischen Gründen nicht wirklich fragt, was Leben ist“ (Brenner, 2009: 10). Sie kann es genau genommen gar nicht, da der naturwissenschaftliche Erklärungsansatz nicht aus dem Korsett der aus seiner Sicht zulässigen Methoden, der Empirie, schlüpfen und somit nur das erkennen kann, was er auch beobachten und messen kann. Die biologischen Lebensdefinitionen sind somit per methodum auf ein im Grunde rein funktionalistisches Verständnis von Leben begrenzt. Es scheinen, wie Scherer (2010: 175) anmerkt, „vorsichtig formuliert [...] fundamentale Erkenntnisgrenzen der empirischen Biologie zu existieren“, die die naturwissenschaftliche Deutungshoheit des Phänomens Lebens anzweifeln lassen. Dies ist nicht so zu verstehen, dass die Philosophie der Naturwissenschaft ihren Platz streitig machen sollte; es macht aber deutlich, dass jeder Wissenschaft gewisse durch die Methode gegebene Erkenntnisgrenzen innewohnen, die es zu respektieren gilt. Leben entzieht sich der naturwissenschaftlichen Methode und das, wie Seifert (1997) darlegt, nicht nur relativ (d. h. dass die Naturwissenschaft heute aufgrund ihrer methodisch-technologischen Grenzen nicht in der Lage ist, Leben zu erklären), sondern absolut.[157]

---

156 vgl. Oderberg (2007: 177): „Since we come to know essences via the properties of things, we come to know life too via the characteristic behaviour of living things.“

157 So wie niemand auf die Idee kommen würde, Fragen der Moral mit naturwissenschaftlich-empirischen Methoden zu beantworten, sollte sich auch die Philosophie davor hüten, sich in den Kompetenzbereich der Naturwissenschaften einzumischen (vgl. hierzu Seifert, 1997: 112–116). Die

5.2 Leben als Fähigkeit zu endogener Aktivität

Dieser Schritt in die Philosophie nimmt seinen Ausgang von dem philosophischen Axiom, dass man nicht geben kann, was man nicht hat (a thing cannot give what it does not have; „nulla res potest dare quod non habet" (De libero arbitrio, lib. 2, 17)). Auch wenn uns dieses Axiom in dieser Form nicht direkt weiterhilft, so lässt sich die hinter diesem stehende und nur eine logische Selbstverständlichkeit aufgreifende Überlegung auf die uns hier interessierende Thematik übertragen. Denn genausowenig wie man nicht geben kann, was man nicht hat, kann man eine Aktivität nicht an den Tag legen, wenn man nicht die Fähigkeit besitzt, diese Aktivität an den Tag zu legen. Damit ein Lebewesen eines, mehrere oder alle der im vorangehenden Kapitel aufgelisteten Merkmale des Lebens an den Tag legen kann, muss es die Fähigkeit besitzen, dies zu tun.

> „It is true, Aristotle concedes, that you can only know that a faculty exists when it is active and that its activity allows us to determine its nature. But this does not imply that the faculty only exists when it is being used. Previous to this activity there must be an ability to act, just as previous to change there must be ability to become a new thing. Without this ability there would neither be any activity nor change." (Elders, 1993: 160 f)[158]

Den empirisch beobachtbaren Aktitvitätsmerkmalen des Lebens muss somit etwas zugrundeliegen, das sie überhaupt erst möglich macht. Und dieses etwas ist

---

empirischen Wissenschaften setzen viele Konzepte (wie z. B. die Logik, das Argument, Wahrheit) voraus, die sie mit ihren Methoden nicht klären können, sondern übernehmen müssen; und die Philosophie muss ihre Ergebnisse, wenn diese den sicheren empirischen Erkenntnissen widersprechen, neu überdenken. In diesem Zusammenhang warnt Seifert (1997: 120) vor allem vor einer Einmischung der Naturwissenschaft in den Bereich der Philosophie: „The greater danger is for scientists to think they know philosophy than for philosophers to think they know science. While philosophy does not turn a philosopher into a scientist, many people think that anyone is prepared to philosophize. This is true in that every woman and man has some philosophical assumptions and can in principle know philosophical truths. But the proper exposition and understanding of philosophical truth is not an easy task and it requires deep reflection and proper training, as well as philosophical talent and a fundamental attitued of openness toward being." Aber auch die Einmischung der Philosophie in anderen Wissenschaftsbereiche kann fatal sein: „When philosophers try to solve problems of empirical science with their methods, the disastrous result may be a restriction placed upon empirical science that lasts for centuries." (Seifert, 1997: 114) Dies bedeutet nicht, dass Wissenschaftler aus anderen Wissenschaftsbereichen keine großen Philosophen sein können oder Philosophen keine großen Naturwissenschaftler. Es mahnt aber zur Vorsicht, wenn man sich in anderen Wissenschaftsgefilden bewegt; denn der Grat zwischen Meinung und Wissen ist schmal.

158 vgl. hierzu auch Coffey (1918: 301): „Now existence is the actuality of essence and action is the actuality of operative power or faculty."

das Leben. Leben der Grund dafür, dass die beobachtbaren Merkmale des Lebens überhaupt zustande kommen. Leben ist nicht (bzw. nur in einem übertragenen Sinn) das, was lebt, sondern das, was alles, das lebt, be-lebt, d. h. befähigt, die Merkmale des Lebens an den Tag zu legen. Leben ist „the only appropriate cause and actuality in terms of which these phenomena become intelligible and find their root and origin" (Seifert, 1997: 35); es ist „that irreducible power and actuality of which we comprehend that it must lie at the root of all the activities and marks of living organisms" (Seifert, 1997: 34). Leben zu besitzen bedeutet die Fähigkeit zu besitzen, Merkmale des Lebens an den Tag legen zu können. Mit anderen Worten: Leben ist die Fähigkeit, die Merkmale des Lebens an den Tag zu legen; zu leben bedeutet entsprechend, diese Merkmale an den Tag zu legen.

Diese Aussage muss jedoch noch etwas präzisiert werden. Wenn wir nochmals einen genauen Blick auf die Liste mit den Merkmalen des Lebens werfen, so zeigt sich, dass alle Merkmale des Lebens Gemeinsamkeiten aufweisen, die es uns erlauben, diese Präzisierung vorzunehmen:

- Was alle in der obigen Liste versammelten Merkmale auszeichnet und sie als erste Gemeinsamkeit verbindet ist die Tatsache, dass es sich bei ihnen allen um aktives Verhalten handelt. Egal welches Merkmal man herausgreift, im Kern haben wir es immer mit irgendeiner Art von Aktivität zu tun. Stoffwechsel, Wachstum und Entwicklung, Regeneration, Regulation und Anpassung, Reaktion, Informationsaufnahme und -verarbeitung, Reproduktion sind alles Dinge, die Lebewesen tun. Allen Merkmalen des Lebens ist somit gemeinsam, dass sie unterschiedliche Varianten und Ausdrucksformen von Aktivität bzw. Tätigkeit (operatio) darstellen.[159] Wenn wir sagen, dass Leben

159 Thomas von Aquin spricht im Zusammenhang mit Leben von Bewegung (motus; movement) anstelle von Aktivität (vgl. hierzu De veritate, q. 4 a. 8 co.; Iª q. 18 a. 1 co.; Iª q. 18 a. 2 co.; Sentencia De anima, lib. 2 l. 1 n. 9; Sentencia De anima, lib. 2 l. 5 n. 7; Super Sent., lib. 3 d. 35 q. 1 a. 1 co.). Diese fasst er nicht als rein räumliche Bewegung, sondern als Gegenteil von Ruhe (quies; rest) und damit letzten Endes als jedwede Art von Aktivität oder Tätigkeit (operatio) auf, die u. a. auch Denken, Wollen und Fühlen einschließt: „When Scholastic philosophers speak of „motion," they mean change of any kind. This would include local motion, but also includes change with respect to quantity, change with respect to quality, and (in an extended sense of „motion") change from one substance to another. More to the point, for the Scholastic all such change involves the actualization of a potency." (Feser, 2014: 119; also cf. Iª q. 2 a. 3 co.)

Auch bei Lebewesen, die sich nicht von einem Ort zum anderen bewegen können (z. B. Bäume), kann somit von Bewegung gesprochen werden, sofern sie irgendwelche Aktivität an den Tag legen. In diesem Sinne versteht z. B. Thomas von Aquin Leben als Fähigkeit zu endogener (selbstinduzierter) Bewegung bzw. zu Selbstbewegung (self-movement). Da der Bewegungsbegriff jedoch zu stark mit Bewegung durch Raum und Zeit konnotiert ist, wird hier von dieser Gleichsetzung abgesehen.

die Fähigkeit ist, Merkmale des Lebens an den Tag legen zu können, so bedeutet dies letzten Endes nichts anderes, als dass Leben die Fähigkeit ist, wie auch immer geartete Aktivität bzw. Tätigkeit (operatio) zu entfalten.[160]

– Diese von Lebewesen an den Tag gelegte Aktivität zeichnet sich dadurch aus, dass sie ihren Ursprung nicht außerhalb des betreffenden Lebewesens, sondern in ihm hat. Bei allen Merkmalen des Lebens handelt es sich um (bewusst oder unbewusst) von den Lebewesen selbst und nicht von außen induzierte Aktivitäten; die Lebewesen werden aus eigener Kraft aktiv bzw. können aus eigener Kraft aktiv werden.[161] Mit anderen Worten: Die Wirkursache (causa efficiens; causa movens)[162] der jedes Lebewesen auszeichnenden Aktivität

---

160 Anhand der Frage, welche Tätigkeiten ein Wesen an den Tag legen kann, lassen sich „three irreducibly different forms of life" unterscheiden: „First there is vegetative or plant life, which is characterized by the capacities for nutrition, growth, and reproduction. Second, there is animal life, which like vegetative life involves nutrition, growth, and reproduction but adds to these its own distinctive capacities, namely sensation, appetite, and locomotion. Finally, there is human life, which includes all the basic capacities of vegetative and animal life – nutrition, growth, reproduction, sensation, appetite, and locomotion – and adds to them the distinctive human capacities for intellectual activity and volitional action." (Feser, 2014b: 19)

161 Laut Oderberg zeichnet sich die von Lebewesen an den Tag gelegte Aktivität nicht nur dadurch aus, dass sie ihren Ursprung im Lebewesen hat, das sie an den Tag legt, sondern dass sie darüberhinaus der Selbstvervollkommnung dieses Lebewesen dient (bzw. dienen kann): „Living things act for themselves in order to perfect themselves, where by perfection I mean that the entity acts so as to produce, conserve, and repair its proper functioning as the kind of thing it is – not to reach a state of absolute perfection, which is of course impossible for any finite being." (Oderberg, 2007: 180) Lebewesen sind, mit anderen Worten, nicht nur zu „transient causation" („in transient causation, the activity terminates in something distinct from the agent" (Oderberg 2013: 213; vgl. Oderberg, 2007: 180, 195; Feser, 2014a: 90; Feser, 2014b: 18), sondern darüber hinaus zu „immanent causation" („causation that originates with an agent and terminates in that agent for the sake of its self-prefection" (Oderberg 2013: 213; vgl. Oderberg, 2007: 180, 195; Feser, 2014a: 90; Feser, 2014b: 18) fähig bzw. zeigen nicht nur „transient causation", sondern darüber hinaus auch „immanent causation": „Living things, unlike non-living things, exercise immanent causation: this is a kind of causation that begins with the agent and terminates in the agent for the sake of the agent. Transient causation, on the other hand, is the causation of one thing or event (or state, process, etc.) by another where the effect terminates in the former." (Oderberg, 2007: 180) Ein Beispiel für „immanent causation" wäre das Verdauen von Nahrung; ein Beispiel von „transient causation" wäre ein Felsblock, der einen Abhang herunterrollt und dabei einen anderen Felsblock anstößt, welcher daraufin ein parkendes Auto trifft und verbeult.

162 Die Wirkursache bezeichnet das „principium motus" (Sentencia De anima, lib. 2 l. 7 n. 10) bzw. das „principium permutationis et quietis" (Sententia Metaphysicae, lib. 5 l. 2 n. 3) (vgl. auch Metaphysics, 1013a 24 ff; Physics, 194b 16 ff as well as 198a 21 f). Wenn man sich vor Augen führt, dass unter „Prinzip" der Ursprung bzw. die Ursache von etwas (ἀρχή (lies: archē) und damit das zu verstehen ist, wovon etwas seinen Ausgang nimmt (vgl. Iª q. 33 a. 1 co.; Sententia Metaphysicae, lib. 5 l. 1 n. 13), ist mit der Wirkursache von Aktivität der Ursprung der Aktivität gemeint.

liegt in den Lebewesen selbst und nicht außerhalb von ihnen: „Illud enim proprie vivere dicimus quod in seipso habet principium motus vel operationis cuiuscumque." (De veritate, q. 4 a. 8 co.)

Ein Beispiel aus dem Alltag hilft dies zu verdeutlichen: Gemeinhin sagen wir nicht nur von Lebewesen, sondern auch von Bauwerken, dass sie wachsen. Der wesentliche Unterschied besteht jedoch darin, dass letztere im Gegensatz zu Lebewesen nicht aktiv, d. h. aus sich heraus, wachsen können, sondern nur passiv, d. h. vermittels von außen wirkender Ursachen (Architekt, Ingenieur, Handwerker, Bauarbeiter, etc.). Ein Gebäude kann nur in dem Ausmaß wachsen, wie externe Kräfte an ihm wirken; im Gegensatz dazu kann ein Lebewesen aus eigener Kraft in die Höhe wachsen. Wenn man von Leben als Fähigkeit spricht, dann ist damit also keine passive, sondern immer eine aktive Fähigkeit gemeint, d. h. eine Fähigkeit, (bewusst oder unbewusst) aus sich selbst, d. h. selbst und aus eigener Kraft, tätig zu werden.

Diese Erkenntnisse erlauben es uns nun, die oben getätigte Aussage zu konkretisieren, nach der Leben die Fähigkeit ist, die Merkmale des Lebens an den Tag zu legen. Wie deutlich geworden sein sollte, ist es letzten Endes für das Verständnis von Leben nicht wichtig, welche Aktivitäten bzw. Tätigkeiten (operationes) ein Lebewesen genau an den Tag legt bzw. legen kann. Ausschlaggebend ist, wie es dies tut, nämlich aus sich selbst heraus: „Propria autem ratio vitae est ex hoc, quod aliquid est natum movere seipsum, large accipiendo motum, prout etiam intellectualis operatio motus quidam dicitur. Ea enim sine vita esse dicimus, quae ab exteriori tantum principio moveri possunt." (Sentencia De anima, lib. 2 l. 1 n. 9)

Ein Lebewesen, das Leben besitzt, besitzt die Fähigkeit, aus eigener Kraft aktiv werden zu können bzw. aus eigener Kraft selbst Aktivität, Tätigkeit und Verhalten an den Tag legen zu können. Zusammengefasst: ***Leben ist die Fähigkeit zu endogener, d. h. im und vom Lebewesen selbst ausgelöster, Aktivität bzw. Tätigkeit (operatio).*** Ein Seiendes S besitzt Leben, wenn es die Fähigkeit zu endogener Aktivität besitzt; es lebt, wenn es endogene Aktivität an den Tag legt, d. h. wenn es die in ihm angelegten Potentialitäten aus eigenem Antrieb und aus sich selbst heraus aktualisieren kann bzw. aktualisiert.

5.3 Die Seele als Lebensprinzip

Wie im vorangehenden Kapitel dargelegt, zeichnet sich die Aktivität, die ein Lebewesen an den Tag legt, dadurch aus, dass das principium operationis, d. h. das, wovon die Aktivität des Lebewesens ihren Ausgang nimmt, in dem Lebewesen selbst liegt. Lebewesen tragen das Prinzip bzw. den Ursprung und die Ursache ihrer Aktivität in sich. Die Aktivitäten, die ein Lebewesen an den Tag legt, „are all manifestations of the life principle of organic beings" (Oderberg, 2007: 181). Und dieses Lebensprinzip, die Quelle aller Fähigkeiten und Aktivitäten eines Lebewesens, wird in der Philosophie als „Seele" (soul; anima; ψυχή (lies: psychē)) bezeichnet: „Anima dicitur esse primum principium vitae in his, quae apud nos vivunt; animata enim viventia dicimus, res vero inanimatas vita carentes." (Iª q. 75 a. 1 co.)[163] Die Seele als Leben vermittelndes Prinzip ist es, die ein Seiendes belebt und damit zu einem belebten Seienden (S_L) macht.[164] Ein Wesen besitzt Leben und damit die Fähigkeit zu endogener Aktivität, wenn und nur wenn es eine Seele besitzt: „Corpus autem, vivificatum per animam, ex seipso movetur: sed corpus mortuum vel immobile manet, vel ab exteriori tantum movetur." (Contra Gentiles, lib. 3 cap. 139 n. 17)

Um zu verstehen, was genau diese Seele ist, von der hier die Rede ist, und um sie nicht mit Dingen zu verwechseln, die nichts mit ihr zu tun haben, bedarf es jedoch der richtigen Denkausrüstung. Nur so ist es möglich, die Aussage nachzuvollziehen, nach der die Seele Akt und Form eines jeden Lebewesens ist („corporis viventis actus et forma" (Sentencia De anima, lib. 2 l. 3 n. 9; vgl. Super Sent., lib. 2 d. 3 q. 1 a. 6 co.)).

5.3.1 Die metaphysischen Grundlagen des Seelenbegriffs

Die zum Verständnis der Seele nötige Denkausrüstung gibt uns die Wissenschaft des Nicht-Sinnlichen, die Metaphysik, in der von ihr entwickelten Unterscheidung zwischen „Materie" und „Form" sowie derjenigen zwischen „Akt" und „Potenz".[165] Der Erläuterung dieser das Verhältnis von Sein und Wandel verstehen helfenden metaphysischen bzw. ontologischen Kategorien dienen die folgenden

---

163 An anderer Stelle bezeichnet Thomas von Aquin die Seele auch als „principium a quo egreditur operatio" (Q. d. de anima, a. 1 ad 11), „principium diversarum operationum." (Sentencia De anima, lib. 2 l. 1 n. 20), „principium vivendi in omnibus viventibus" (Sentencia De anima, lib. 2 l. 5 n. 9), „principium operum vitae" (Sentencia De anima, lib. 2 l. 3 n. 9), „primum principium vitae" (Iª q. 75 a. 1 co.), „quo vivimus primum" (Sentencia De anima, lib. 2 l. 4 n. 10).

Zum Verständnis der letzten Bezeichnung ist anzufügen, dass die Begriffe „primum" und „principium" Synonyme darstellen (vgl. Expositio Posteriorum, lib. 1 l. 4 n. 16).

164 vgl. hierzu auch Sentencia De anima, lib. 1 l. 6 n. 14 („animam ingredi corpus est vivificare corpus") sowie Sentencia De anima, lib. 1 l. 1 n. 6 („certa est [...] quod anima vivificet").

165 Es sei angemerkt, daß die metaphysischen Konzepte Materie und Form sowie Akt und Potenz Ergebnis eines Abstraktionsprozesses darstellen. So sehr sie logisch notwendig sind, um Wandel und Sein erklären zu können, so wenig handelt es sich bei ihnen um empirisch nachweisbare Größen.

drei Kapitel, wobei das erste dieser Kapitel einen Exkurs über die Sinnhaftigkeit des Nachdenkens über diese Kategorien beinhaltet.

5.3.1.1 Exkurs: Von der Notwendigkeit der Metaphysik

> „One of the defining features of contemporary moral philosophy in nearly all its guises is the lack of serious concern for metaphysics – not as a discipline in itself, but as a necessary foundation for ethics." (Oderberg, 2010: 44)

> „Jene, die jegliche Metaphysik verschmähen, beherbergen insgeheim die allerplumpeste." (Gómez Dávila, 1992: 54)

Der Hinweis, dass die nächsten Kapitel einem Exkurs über Dinge wie Akt und Potenz oder Form und Materie gewidmet sein werden, ist gleichbedeutend mit der Aussage, dass es in den nächsten Kapiteln um Metaphysik bzw. Ontologie gehen wird. Dies bedarf insofern einer kurzen Rechtfertigung als leider immer noch die Einschätzung von Linhardt (1932: 42) zutrifft:

> „Metaphysik in der Ethik und Sozialethik ist jedem Positivismus ein Dorn im Auge. Unter Soziologen, Wirtschaftstheoretikern, Ethikern ist teilweise immer noch das empirisch-naturwissenschaftliche Verfahren Trumpf und das philosophisch-metaphysische Verfahren wissenschaftliches Aergernis." (Linhardt, 1932: 42; vgl. Utz, 1986: 180 f)[166]

166 Dass diese Einschätzung immer noch zutrifft kann an einem die zeitgenössische bioethische Debatte prominent beeinflussenden Denker gesehen werden, für den eine metaphyische Begründung des Personsein „die mißliche Konsequenz (hätte), dass man sich nicht mehr über Personen verständigen könnte und paradoxerweise ein Materialist den Begriff gar nicht mehr gebrauchen könnte. Falls wir den Allgemeingültigkeitsanspruch der Ethik aufrechterhalten wollen, könnten wir uns nicht einmal an einer solchen metaphysischen Konzeption orientieren, denn dann würde die moralische Norm nur noch für die nachvollziehbar sein, die an die metaphysische Person hinter dem empirischen Menschen glauben." (Birnbacher, 1997: 16; 2006: 66) Diese Aussage ist nun allerdings – mit Verlaub – doch etwas komisch und zumindest widersprüchlich. Birnbacher sagt im Kern, dass eine metaphysische Begründung des Personenbegriffs deswegen unterbleiben solle, da Materialisten (und mit ihnen auch Anhänger des Empirismus und verwandter Positionen) mit einem solchen Personengriff nichts anfangen könnten. Birnbacher scheint nun aber kein Problem damit zu haben, dass bei einer dezidiert nicht-metaphysischen Begründung des Personenbegriffs (und Birnbacher selbst vertritt ja einen empirisch-funktionalistischen Personenbegriff) diejenigen, die den Materialismus (und mit ihm auch den Empirismus und verwandte Positionen) ablehnen, nichts mehr mit dem Personenbegriff anfangen können. Auch hier wäre ja der Allgemeingültigkeitsanspruch im Birnbach'schen Verständnis verletzt, da sich sicherlich ein Vertreter der letzteren Position finden lässt. Aber da die Vertreter eines metapyhsichen Personenbegriffs heute in der Minderzahl sind, ist es wohl weniger schlimm, einen für diese kleinere Gruppe an Moralphilosophen unbrauchbaren Personenbegriff zu postulieren als den Personenbegriff für die Mehrheit der Moralphilosophen unbrauchbar zu machen. Birnbacher

Woher kommt diese Ablehnung? Sie ist letzten Endes im Wesen der Metaphysik bzw. ihrer Ausgangsprämisse begründet. Der Metaphysiker „geht davon aus, dass es möglich ist, unbedingt gültige Aussagen auch über empirisch nicht nachprüfbare Momente der Wirklichkeit zu formulieren" (Weissmahr, 1991: 14 (§11)) bzw. „über die unmittelbare Erfahrung hinaus universale Seinsprinzipien und Wesensgehalte" (Utz, 1983a: 51) zu erfassen. Aufgrund dieser Annahme wirkt das Wort „Metaphysik" auf nicht Wenige „abstoßend, wenn nicht gar erschreckend, weil damit ihrer Meinung nach etwas angezeigt wird, was empirisch nie verifizierbar sei" (Utz, 1986: 180). Die Sinnhaftigkeit der Beschäftigung mit Metaphysik hängt davon ab, ob die grundlegende Prämisse dieser philosophischen Disziplin verteidigt werden kann oder nicht. Dieses Kapitel hat es sich entsprechend zur Aufgabe gemacht, die oben genannte Prämisse zu verteidigen und so aufzuzeigen, warum es nicht nur sinnvoll, sondern unumgänglich ist, Metaphysik zu betreiben, ja wieso Philosophie und Denken ohne Metaphysik unmöglich ist.

Wie steht es also um die Sinnhaftigkeit der These, dass es möglich ist, unbedingt gültige Aussagen auch über empirisch nicht nachprüfbare Momente der Wirklichkeit zu formulieren? Gegen die (u. a. auch von Kant vertretene) Position, dass der Mensch keine wahren Aussagen über die Wirklichkeit machen kann, die der naturwissenschaftlichen Methode der Empirie nicht zugänglich ist, steht das sog. Argument der „Retorsion" (das im Grunde dem vom Aristoteles zur Verteidigung des Satzes vom Widerspruch verwendeten negativen Beweis entspricht),[167] nach dem es Dinge gibt, die wir, um sie zu widerlegen, voraussetzen müssen:

> „Die Behauptung, niemand könne über die der Empirie nicht zugängliche Wirklichkeit wahre Aussagen machen, kann nur wahr sein, wenn wir überhaupt wissen, worüber wahre Aussagen gemacht werden können. Die von den Gegnern der Metaphysik aufgestellte Behauptung impliziert also ein Wissen hinsichtlich der grundsätzlichen Reichweite unseres Wissens." (Weissmahr, 1991: 31 (§48))

Die Grenzen unseres Wissens nur über die Empirie, also die Mittel der Naturwissenschaft zu definieren, resultiert letzten Endes entweder in einer tautologi-

---

scheint hier das philosophische Streben nach Erkenntnis der Wahrheit durch Demoskopie und Pragmatismus zu ersetzen.

167 Retorsionsargumente sind dadurch gekennzeichnet, „daß man in der Beweisführung das Argument des Gegners gegen ihn wendet" (Weissmahr, 1991: 32 (§50)). Ein Retorsionsargument bzw. negativer Beweis beweist die Wahrheit einer Aussage dadurch, indem man zeigt: „die ihr kontradiktorisch entgegengesetzte Aussage hebt sich wegen des durch ihre Behauptung mitgesetzten Widerspruchs auf" (Weissmahr, 1991: 33 (§50)). Diese Art von Argumenten sind „im höchstem Maße beweiskräftig" (Weissmahr, 1991: 33 (§50)), da sie einen latenten Selbstwiderspruch in der (kontradiktorischen) Gegenposition aufdecken.

schen und damit inhaltsleeren Aussage[168] oder basiert auf Prämissen, die genau das, was widerlegt werden soll, voraussetzen:

> „Die Behauptung also, niemand könne über die der Empirie nicht zugängliche Wirklichkeit wahre Aussagen machen, kann nur wahr sein, wenn uns ein aus der Empirie nicht herleitbares, sich aber trotzdem auf Realität beziehendes Wissen zur Verfügung steht. Das bedeutet aber, daß die aufgestellte Behauptung einen Widerspruch impliziert. [...] Die Wahrheit der Aussage hängt von einer stillschweigend gemachten Annahme ab, die dem, was in der Aussage ausdrücklich behauptet wird, widerspricht." (Weissmahr, 1991: 31 (§48); vgl. 49 (§86))[169]

Die Negierung der Möglichkeit wahrer Aussagen über eine nichtempirische Realität oder auch die Leugnung einer solchen Realität muss ein Wissen um nichtempirisch Wirkliches voraussetzen. Wir können gar nicht anders als die Existenz einer nichtempirischen Realität bejahen bzw. notwendig annehmen, „weil man sie ohne eine ‚contradictio exercita' (ohne einen im Vollzug einer bewußten Tat ge-

---

168 Diese Tautologie könnte man wie folgt formulieren: „Man kann über das, was den Mitteln der Empirie nicht zugänglich ist (d. h. durch Wahrnehmung überprüfbare Prozesse der materiellen Welt), keine wahren Aussagen machen, da wahre Aussagen nur darüber gemacht werden können, was den Mitteln der Empirie zugänglich ist."

In der dieser Aussage zugrundliegenden Tautologie sieht Weissmahr (1991: 22 ff (§26 ff)) auch die wesentliche Kritik an der Philosophie Immanuel Kants, die nur zu beanstanden ist, wenn man an ihren Prämissen ansetzt: „Unter den von Kant angenommenen Bedingungen wissenschaftlicher Erkenntnis ist Metaphysik als theoretische Wissenschaft schlechterdings nicht möglich. Kant hat aber nicht gezeigt, daß die von ihm gemachten Voraussetzungen hinsichtlich der menschlichen Erkenntnis unausweichlich sind. Vor allem hat er nicht gezeigt, daß realitätsbezogene Erkenntnis überhaupt auf die Erkenntnis der raumzeitlich bestimmten Gegenstände beschränkt ist. Er hat nicht gezeigt, daß allein die sinnliche Anschauung uns mit der Wirklichkeit in Kontakt zu bringen vermag [...]." (Weissmahr, 1991: 24 (§32f)).

169 Gemäß Weissmahr (1991: 32 (§49)) sind zwei weitere Beispiele für sich so selbstwidersprechende Gedankengänge, der des Skeptizismus und der des Determinismus: „Der radikale Skeptizismus hebt sich, sobald er als Standpunkt ausdrücklich formuliert wird, notwendig auf. Denn die Behauptung, es gäbe keine Gewißheit in unserem Erkennen, muß sich selbst als gewiß betrachten, um als Behauptung ernst genommen werden zu können. [...] Wenn jemand für den totalen Determinismus und gegen die Willensfreiheit Argumente vorlegt, dann bringt er damit seine Überzeugung zum Ausdruck, daß sein Gegner durch rationale Argumente von der Wahrheit des Determinismus überzeugt werden kann, d. h. sein Urteil aufgrund der eingesehenen Gründe selbst zu bilden vermag. Das wäre aber unmöglich, wenn seine Behauptung zuträfe, denn dann wäre jede Überzeugung, jeder angenommene Standpunkt, aber auch jede Argumentation bloß Folge notwendig ablaufender Prozesse, auf die man durch rationale Argumente nicht den geringsten Einfluß ausüben könnte."

setzten Widerspruch)[170] nicht leugnen kann" (Weissmahr, 1991: 63 (§114)). Wir können also Messer (1955: 90) nur zustimmen, wenn er schreibt: „Keine Wissenschaft, schon gar nicht die Ethik, kann ohne metaphysische Axiome auskommen im Sinne von Annahmen, die durch die Sinneserfahrung nicht bewiesen werden können."[171] Eine Analyse der metaphysische Einsichten ablehnenden Positionen ergibt dann auch, dass alle diese Positionen an dem einen oder anderen Punkt in ihrer Argumentation eine metaphysische Prämisse setzen, ohne es selbst zu merken: „Was den Essentialismus[172] angeht, so ist zu bemerken, daß

---

170 D.h. man kann etwas nicht leugnen, ohne sich im Vollzug der Leugnung, also beim Leugnen, zu widersprechen.

171 vgl. hierzu auch Utz (1964: 68): „Ohne den Schritt ins Metaphysische ist also eine wahre Sozialethik einfach nicht möglich." An anderer Stelle schreibt Utz (1983a: 51): „Daß hinter der unmittelbaren Erfahrung des hic et nunc irgendwelche Gesetzmäßigkeiten liegen, scheint von allen Empirikern vorausgesetzt zu werden, sonst würden sie nicht hypothetisch vor ihre Untersuchungen irgendeine Aussage setzen, die sie dann zu falsifizieren oder verifizieren suchen. Der Rechtsphilosoph hält die Erkenntnis, daß der Mensch mit einer unverlierbaren und unantastbaren Würde ausgestattet ist, für unveränderlich und evident. [...] Es muß also so etwas wie Universalerkenntnis geben, die sich abzuheben weiß von der augenblicklichen Wertvorstellung."

172 Der Essentialismus (auch „Wesensschau" (Utz, 1983c: 56)) sucht die Natur eines Seienden zu ergründen, also das, „was einem existierenden Wesen immer und überall zukommt" (Utz, 1983c: 56). Oderberg (2007: 18 f; vgl. auch 2010: 60 ff) umschreibt die fünf (auch für diese Arbeit geltenden) Prämissen dieser auf Aristoteles und Thomas von Aquin zurückgehenden, von zeitgenössischen Denkern wie u. a. Josef Pieper oder Arthur Utz vertretenen und von Oderberg genauer „Real Essentialism" genannten Denkschule wie folgt: „Real essentialism starts with certain prior commitments, and it is right that these should be made clear from the outset. [...] First, there is a real world, by which I mean a world that is wholly objective. [...] The overall position he (the essentialist; Anm.d.V.) holds is that there is a real world, and that the things in it are all real in the sense that they are beings of one kind or another and their being is not a matter of opinion or conjecture. [...] Secondly, the reference to being indicates that the real essentialist starts from the classic Aristotelian position that metaphysics is the study of being qua being: being in all its manifestations and varieties, classified according to a suite of concepts and categories that derive from the Aristotelian tradition. [...] Essences are real, they encompass all kinds of being and, thirdly, they are knowable. The essentialist is committed to the view that the human mind can come to know the essence of things. Knowledge of the truth just is the conformity of the mind to the way things are, and so knowledge of essence is the conformity of the mind to the natures of things. The knowledge is frequently only partial and incomplete, but it is no part of the real essentialist worldview that humans can always achieve complete, adequate knowledge of the essences of things. [...] Fourthly, real essentialism holds that knowledge of essence is captured by means of real definition. As Fine puts it, '[j]ust as we may define a word, or say what it means, so we may define an object, or say what it is' (Fine, 1994: 2). [...] To define something just means, literally, to set forth its limits in such a way that one can distinguish it from all other things of a different kind. [...] Putting the point again in Aristotelian terminology [...], to give the definition of something is to say what it is, to give the ti esti or to ti en einai of the object. Put simply, the real essentialist position

ohne die Annahme der Wesensgleichheit der Menschen noch kein Ethiker ausgekommen ist und es auch keine allgemeingültige Menschenrechtserklärung gäbe.“ (Utz, 1994: 5)[173]

Wir können es bei diesen Ausführungen zur Frage der Sinnhaftigkeit der Metaphysik bewenden lassen. Die Antwort spricht aufgrund der ihr zugrundeliegenden Logik im Grunde für sich und verliert durch zu viele Worte nur an Prägnanz: Ohne Rückgriff auf die Metaphysik ist ernsthafte Moralphilosophie nicht möglich. Oder anders ausgedrückt: „Die Metaphysik steht demnach am Anfang und am Ende der Ethik.“ (Messner, 1955: 97) Nach diesem Exkurs können wir nun dazu übergehen, in die grundlegenden Kategorien der Metaphysik bzw. Ontologie einzuführen, beginnend mit den Kategorien Akt und Potenz.

5.3.1.2 Akt und Potenz

> „Our knowledge of act and potency is a reflection of the world of beings in motion.“ (Reith, 1958: 84)

Wenn wir die Welt um uns herum betrachten, so sehen wir eine sich ständig bewegende, wandelnde und verändernde und doch seiende Welt. Auf der einen Seite sehen wir, dass da nicht nichts, sondern dass da etwas ist, dass wir sind.[174] Dass etwas existiert ist das Anhypotheton, d. h. der voraussetzlungslose und unmittelbar einsichtige Beginn des Denkens

---

is that it is possible to say correctly what things are. Fifthly, the real essentialist holds that the world is orderly and hence that things are classifiable.“

173 vgl. hierzu auch Utz (1983b: 77): „Eigenartigerweise arbeiten gerade diejenigen, die naturgegebene Prinzipien abstreiten und in den Raum der Ideologie verbannen, notwendigerweise selbst mit solchen Prinzipien. Wie könnten sie sonst Freiheit als einen absoluten Wert gesellschaftlichen Zusammenseins begründen? Die Begründung ist nur möglich im Hinblick auf die naturhafte Würde des Menschen. Es ist daher widerspruchsvoll, die Begründungen von sozialen Werten aus der Natur als Ideologie abzulehnen.“

174 Dass etwas existiert ist das Anhypotheton, d. h. der voraussetzlungslose und unmittelbar einsichtige Beginn des Denkens. Entsprechend schreibt Thomas von Aquin, dass die Erkenntnis des Seienden die erste Erkenntnis ist, die der Mensch macht: „id quod primo cadit in intellectu, est ens“ (Iª-IIae q. 55 a. 4 ad 1; vgl. auch Iª-IIae q. 94 a. 2 co.; De veritate, q. 1 a. 1 co.; Sententia Metaphysicae, lib. 1 l. 2 n. 11 sowie lib. 1 d. 8 q. 1 a. 3 co., lib. 4 l. 6 n. 10, lib. 10 l. 4 n. 15, lib. 11 l. 5 n. 1; De potentia, q. 9 a. 7 ad 15) Ähnlich lesen wir bei Parmenides: „οὔτε γὰρ ἂν γνοίης τό γε μὴ ἐὸν [οὐ γὰρ ἀνυστόν] οὔτε φράσαις· τὸ γὰρ αὐτὸ νοεῖν ἐστίν τε καὶ εἶναι.“ (Parmenides, DK 28, Fragment 5) Übersetzt lautet dieses Fragment: „Denn weder kann man erkennen, was nicht ist – dies ist unausführbar – noch es aussprechen: denn dasselbe ist Denken und Sein.“ Alternativ könnte man den letzten Teilsatz auch übersetzen mit: „denn, dass man es erkennt, heißt zugleich: dass es ist“ oder „denn (das Seiende) denken und sein ist dasselbe“.

Doch auf der anderen Seite sehen wir, dass alles Seiende nicht einfach nur ist, sondern sich auch irgendwie verändert: „Veränderung, Entstehen, Vergehen, Wirken erfahren wir nicht nur in der uns umgebenden Welt, sondern auch und sogar vor allem in uns selbst, in unserem eigenen Werden und Wirken." (Weissmahr, 1991: 135 (§268)) Wie aber können diese beiden grundlegenden Kategorien unserer Erfahrung, das Sein und das Werden, zusammengedacht werden? Schließen sie sich nicht gegenseitig aus? Denn: Wie kann etwas werden, wenn es schon ist? Und wie kann etwas sein, wenn es sich wandelt bzw. erst wird? Wie kann sich Seiendes in sich, d. h. als Seiendes, verändern?

Akt und Potenz als zwei Arten von Seiendem

Hinter diesen Fragen steckt das sog. „parmenideische Dilemma", auf das auch Aristoteles eingeht (vgl. Physik, 191a 23–34 (Buch 1, Kapitel 8)) und das folgendermaßen umschrieben werden kann:

> „Seiendes kann weder entstehen noch vergehen. Was nämlich neu entsteht, entsteht entweder aus dem, was ist, oder aus dem, was nicht ist. Wenn es aus dem entstehen soll, was ist, dann kann es sich nicht um ein wirkliches Entstehen handeln, denn es gibt (da alles Seiendes ist) nichts Neues, nichts im Vergleich zum Gewesenen Verschiedenes. Wenn es aber aus dem entstehen soll, was nicht ist, dann behauptet man eine Unmöglichkeit, denn aus Nichts wird nichts, das Nichts kann keine Erklärung für das Entstehen von etwas sein." (Weissmahr, 1991: 136 (§270))

Im Zentrum des parmenideischen Dilemmas steht also folgende Frage: Wie kann es also Veränderung, Werden, Bewegung geben, wenn alles Seiende bereits ist und aus nichts nicht etwas werden kann (ex nihilo nihil fit)?

> „Das, was ist, muß also sowohl bleiben, was es ist, als auch zu einem anderen werden. Einerseits muß es bleiben, sonst könnte man nicht von Veränderung, sondern nur von einer Ablösung des einen durch etwas anderes reden. Andererseits muß es zu einem anderen werden, sonst hat sich nichts verändert. Die Veränderung besagt also sowohl Identität (Kontinuität) als auch Differenz (Diskontinuität), und zwar hinsichtlich desselben, nämlich des Seins." (Weissmahr, 1991: 137 (§270))

Wie lässt sich dieses Dilemma lösen? Für Heraklit von Ephesus lag die Lösung darin, dass er dem Sein das Sein absprach; für ihn war alles Veränderung und Werden. Auf der anderen Seite des Antwortspektrums finden wir Parmenides von Elea, für den der wahrgenommene Wandel nur Schein und alles Sein war. So unterschiedlich sie auch sein mögen, so haben diese beiden Lösungen gemeinsam, dass sie das Problem des Verhältnisses von Sein und Wandel lösen, indem sie entweder dem Sein oder dem Wandel die Existenz absprechen. Diese beiden

Vorschläge kapitulieren jedoch im Grunde vor dem Problem, da sie es nicht lösen, sondern einfach einen Teil von ihm eliminieren und damit die Problemstellung ändern.

Andere Denker haben im Problem des Verhältnisses von Sein und Werden jedoch keinen der Intuition entgegenstehenden kontradiktorischen, nach einem Entweder-Oder verlangenden Widerspruch gesehen, sondern die Realität sowohl von Wandel als auch von Sein bejaht. So kam Aristoteles, der die Vorschläge seiner beiden Landsmänner kannte, zu der Einsicht, dass sowohl Wandel als auch Sein wirklich sind, man von Veränderung aber nur dann reden kann, „wenn das veränderliche Seiende innerlich differenziert ist, wenn es also nicht nur bestimmt, sondern auch unbestimmt ist" (Weissmahr, 1991: 138 (§274); vgl. auch Koren, 1960: 107).

Man muss sich also nicht für Wandel und gegen Sein oder gegen Wandel und für Sein entscheiden. Zwischen dem sinnenfällig bestimmten Seienden und dem Nichtseienden gibt es auch unbestimmtes, der Möglichkeit nach Seiendes, das sein kann und damit in einem gewissen Sinne, aber noch nicht vollumfänglich ist: „The only possible explanation for the fact that reality is able to take on new kinds of existence, whether substantial or accidental, is that there is some principle of potentiality inherent in reality." (Oderberg, 2007: 62) Wenn man alles, was es gibt, nur in Sein und Nichtsein einteilt, dann vermag diese Einteilung der Realität nicht gerecht zu werden (vgl. Hüntelmann, 2013: 34). Das, was wird, entsteht nicht aus aktuell Vorhandenem allein, noch kommt es aus dem Nichts; es wird vielmehr mit Hilfe von aktuell Vorhandenem aus dem besonderen Seinszustand der Möglichkeit in die Wirklichkeit überführt. Seiendes kann sich verändern, wenn und weil ihm die Möglichkeit inhäriert, etwas zu sein, was es (noch) nicht ist. Wenn wir über Seiendes sprechen, müssen wir nach Aristoteles also zwei Arten von real Seiendem unterscheiden:

– Akt = das der Wirklichkeit nach Seiende
  (auch: das aktuell Seiende; das bestimmte Seiende; das wirklich Seiende; das der Verwirklichung nach Seiende; das Seiende, welches sich im Zustande der Wirklichkeit befindet/ das Seiende im Zustande der Wirklichkeit (bzw. Verwirklichtkeit); Wirklichkeit; englisch: act; being in act; griechisch: ἐνεργείᾳ ὄν (lies: energeía on)[175]; lateinisch: ens actu; ens in actu)

175 Wie Elders (1993: 161) erwähnt, ist ἐνέργεια (lies: enérgeia) eine Wortschöpfung von Aristoteles. Der Begriff ist verwandt mit ἐνεργός (lies: energós), was so viel aktiv (ἐν ἔργῳ (lies: en érgo)) bedeutet, und scheint eine Zusammenziehung aus den Worten ἐν ἔργῳ εἶναι (lies: en érgo eínai) zu sein. Energeia bezeichnet damit einen Zustand der Aktivität. Siehe hierzu auch FN 132 und 199.

– Potenz = das der Möglichkeit nach Seiende
(auch: das potentiell Seiende; das bestimmbare, aber noch unbestimmte Seiende; das möglich Seiende; das Seiende, welches sich im Zustande des Möglichen befindet/ das Seiende im Zustande des Möglichen; Möglichkeit; englisch: being in potency; potentiality; potency; potential; capacity; power; griechisch: δυνάμει ὄν (lies: dynámei on); lateinisch: ens potentia; ens in potentia)[176]

Alles, was ist, existiert entweder nur der Wirklichkeit (in actu) nach oder der Wirklichkeit (in actu) und der Möglichkeit (in potentia) nach.[177] Das dem Vermögen nach Seiende (ens in potentia) ist hinsichtlich des wirklich Seienden (ens in actu) ein Nichtseiendes; es ist „jedoch kein schlechthin Nichtseiendes, denn als (weiter) bestimmbares ist es schon. Also ist es ein ‚relatives Nichtseiendes'." (Weissmahr, 1991: 138 (§274))[178] In dieser Differenzierung des Begriffs des Seienden in Akt und Potenz liegt die Lösung des parmenideischen Dilemmas:

176 Das potentiell Seiende kann weiter unterschieden werden in „potentia logica" („the objective possibility that something which does not exist may exist" (Elders, 1993: 163)) und „potentia realis" („the potentiality really present in things as constituent element of being" (Elders, 1993: 164)). Potentia logica (potentia ad esse) besagt also, dass es nicht unmöglich ist, dass etwas sein kann – und damit auch, dass etwas nicht notwendigerweise existiert, dass etwas sein kann oder nicht sein kann. Potentia realis bezeichnet demgegenüber die Möglichkeit, die in einer Sache „steckt" und nach der etwas nicht sein oder nicht sein kann, sondern nach der etwas so oder anders sein kann.

Potentia realis kann wiederum unterteilt werden in die sog. „potentia activa" (auch: potentia actionis; potentia operativa; potentia agentis; potentia ad agere) und die „potentia passiva" (auch: potentia passionis; potentia passiva; potentia receptiva; potentia pure materialis; potentia ad esse; potentia ad essendum) (vgl. De potentia, q. 1 a. 1 co.). Passive Potenz ist hierbei die „potentiality of receiving something" (Elders, 1993: 164) und aktive Potenz „active potency of bringing about an effect" (Elders, 1993: 164): „Active potency is capable of a degree of self-determination, whereas passive potency is determined exclusively from without." (Elders, 1993: 164) Eine aktive Potenz ist das Vermögen von etwas, sich verändern zu können („a positive capacity with respect to coming-to-be" (Reith, 1958: 87)); passive Potenz ist die Möglichkeit, von etwas verändert zu werden: „Potentia activa est principium agendi in aliud, potentia vero passiva est principium patiendi ab alio." (Iª q. 25 a. 1 co.) Siehe hierzu auch Super Sent., lib. 1 d. 42 q. 1 a. 1 ad 1 („illud etiam quod recipit actionem agentis, potentiam habere dicatur; et haec est potentia passiva") sowie Super Sent., lib. 1 d. 42 q. 1 a. 1 ad 1 („potentiae activae respondet operatio vel actio, in qua completur potentia activa").

177 Alles, was ist, ist somit entweder aus Akt und Potenz zusammengesetzt ist oder reiner Akt (actus purus; vgl. FN 231). Es kann jedoch nichts geben, das reine Potenz ist, denn „if a thing were purely potential and in no way actual, it would not exist" (Feser, 2014: 38; 31).

178 Akt und Potenz haben also auf gewisse Weise gemeinsam, dass sie sind: „Dupliciter autem dicitur aliquid ens, uno modo, simpliciter, quod scilicet est ens actu; alio modo, secundum quid, quod scilicet est ens in potentia." (IIIª q. 10 a. 3 co.; vgl. De potentia, q. 3 a. 1 ad 12). Auch ein

> „Thus when we say that a thing comes to be, this does not mean that non-being becomes being, but merely that being-in-potency becomes being-in-act, and this does not imply any contradiction. Therefore, being and change are both intelligible, and there is no reason to reject the reality of either." (Koren, 1960: 107)

> „Being-in-potency is thus a middle ground between being-in-act on the one hand, and sheer nothingness or non-being on the other. And change is not a matter of being arising from nothing, but rather of being-in-act arising from being-in-potency. it ist he actualization of a potential – of something previously non-actual but still real." (Feser, 2014: 33)

Unter Wandel ist demnach der Übergang von einem ens in potentia zu einem ens in actu zu verstehen; Wandel beschreibt den Prozess der Aktualisierung einer Potenz, welche aber nicht nicht, sondern bereits auf eine ihr eigene Art ist. Dies bedeutet aber auch, dass ein Seiendes nur im Rahmen des ihm Möglichen verändert werden oder sich verändern kann; es kann nur zu dem werden, was es der Möglichkeit nach bereits ist; aus ihm kann aber nicht etwas werden, was es nicht bereits der Möglichkeit nach ist. Was nicht sein kann, wird auch nicht (sein); oder anders gesagt: Nur Potenzen lassen sich aktualisieren.[179] Akt und Potenz sind also insofern aufeinander bezogen als Akt immer das Ergebnis der Verwirklichung (Aktualisierung) einer Potenz ist. Akt ist verwirklichte Potenz.

In diesem Zusammenhang ist es jedoch angebracht, zwischen dem Akt, der das Resultat der Verwirklichung einer aktiven Potenz, und dem Akt, der das Resultat der Verwirklichung einer passiven Potenz ist, zu unterscheiden. Während eine passive Potenz als „principium passionis" (Sententia Metaphysicae, lib. 5 l. 14 n. 10) die Ursache dafür ist, daß mit oder an einem Seiendem etwas geschehen

potentiell Seiendes ist ein Seiendes, wenn auch ein „ens imperfectum" (Sententia Metaphysicae, lib. 5 l. 9 n. 5), das der Vervollkommnung fähig ist (ens imperfectum capax perfectionis).

179 Potenz ist somit nichts anderes als die wirkliche Möglichkeit eines Akts („Potentiality can be defined as possibility or capability of an act (posse ad actum), i.e. of a realization and completion." (Elders, 1993: 162); „Potency may be described by means of its relationship to act as the capacity for an act" (Koren, 1960: 120)). Potenz und Akt sind „in the first instance correlative" (Elders, 1993: 162). Diese Aussage ist jedoch dahingehend richtigzustellen, als nur Potenz zwingend auf Akt als Vollendung bezogen ist; Akt als solcher hat jedoch keinen zwingenden Bezug auf Potenz, außer dass es neben dem sog. „actus impurus" („which is the act of a potentiality" (Elders, 1993: 163)) auch den sog. „actus purus" gibt, einen Akt, der nicht das Ergebnis eines Werdensprozesses ist. Actus purus, reiner Akt, ist „a doing and a completeness which are not the result of a process of becoming but which always exist in pure actuality" (Elders, 1993: 162); siehe hierzu auch FN 231. Für die Beziehung zwischen Akt und Potenz siehe auch Koren (1960: 120) sowie Oderberg (2007: 64 f).

kann, ist eine aktive Potenz als „principium agendi“ (Iª q. 25 a. 1 co.)[180] die Ursache dafür, daß ein Seiendes selbst aktiv sein, d. h. auf sich selber oder ein anderes Seiendes anderes wirken kann. Ein Bagger hat die passive Potenz bewegt zu werden; ein Mensch hat die aktive Potenz, sich selbst zu bewegen. Eine aktive Potenz ist somit immer eine Fähigkeit (power; capacity), die, wenn sie aktualisiert wird, in einer Tätigkeit resultiert. Mit anderen Worten: Der Akt einer aktiven Potenz ist immer eine Aktivität bzw. Tätigkeit (operatio).

> „Active potency [...] is the capacity to bring about an effect, and passive potency [...] ist he capacity to be affected. Fire's capacity to melt rubber is an active potency, whereas rubber's capacity to be melted is a passive potency. An active potency is a power; a passive potency is a potentiality in the strict sense.“ (Feser, 2014: 39)

Potenz kann nur durch Akt aktualisiert werden

Grundsätzlich kann etwas also nur das werden, was es der Möglichkeit nach bereits ist. Wie wird aber aus einem potentiell Seienden ein aktuell Seiendes? Eine Potenz kann sich grundsätzlich nicht selbst aktualisieren, sondern muss durch etwas bereits wirklich Seiendes aktualisiert werden. Ein potentiell Seiendes kann nur durch ein aktuell Seiendes in die Wirklichkeit überführt werden: „Pure potency cannot actualize itself: nothing can bring itself into existence, but whatever does come into existence requires some actual agency to effect this, at least in part.“ (Oderberg, 2007: 63; cf. Feser, 2014: 38, 105)[181] Aktuell Seiendes kommt nur durch Wirken von etwas schon aktuell Seiendem zustande.[182] Das, was im Zustand der Möglichkeit existiert, kann nur von etwas, was bereits im Zustand der Wirklichkeit existiert, in den Zustand der Wirklichkeit überführt werden.[183]

---

180 An anderer stelle spricht Thomas von Aquin anstelle von „principium agendi“ auch von „principium operationis“ (Super Sent., lib. 1 d. 42 q. 1 a. 1 ad 3) oder „principium transmutationis“ (Sententia Metaphysicae, lib. 9 l. 1 n. 9).

181 vgl. hierzu auch Weissmahr (1991: 147 (§294)): „(Real-)möglich ist das, was noch nicht ist, aber sein kann. Das Mögliche ist deshalb möglich, weil es Seiendes gibt, das es hervorbringen kann. [...] Was wirklich möglich ist, kann also nicht unabhängig vom Vorhandensein einer Ursache, die es hervorbringen kann, bestimmt werden.“ Siehe hierzu auch Iª q. 3 a. 1 co., Iª-IIae q. 9 a. 1 co., Contra Gentiles, lib. 1 cap. 16 n. 3, Contra Gentiles, lib. 2 cap. 78 n. 10 sowie Sentencia De Anima, lib. 2 l. 1 n. 18.

182 vgl. hierzu In Physic., lib. 8 l. 8 n. 1, 2 und 7 sowie Metapysik 1049b 24 f (Buch 9, Kapitel 8). In diesem Sinne ist das Wirkliche sowohl der Zeit als auch dem Begriff nach früher als das Mögliche (vgl. Contra Gentiles, lib. 2 cap. 78 n. 10; Sentencia De Anima, lib. 2 l. 1 n. 18; Sententia Metaphysicae, lib. 9 l. 7 n. 1; Sententia Metaphysicae, lib. 1 l. 12 n. 8).

183 Die Einsicht, dass etwas vom Zustand der Potenz nur durch etwas, das bereits im Zustand der Wirklichkeit existiert in den Zustand des Akts überführt werden kann (vgl. Iª q. 2 a. 3 co.), ist letzten

Wenn wir uns einen Baum vorstellen, wird diese etwas abstrakt klingende Einsicht, dass der Akt die Potenz bewegt bzw. nur ein Akt die Potenz in den Akt überführen kann, klarer: Ein Baum ist potentiell (im Sinne von passiver Potenz) ein Tisch, jedoch kann diese Potenz nur dann verwirklicht werden, wenn ein Tischler die nötigen Arbeiten vornimmt. Während bei der passiven Potenz die Wirkursache einer Veränderung eine äußere sein muss, ist eine aktive Potenz dadurch gekennzeichnet, dass sie ihre Wirkursache in sich selbst hat.[184] Ein

---

Endes gleichbedeutend mit der Einsicht, dass alles, was wird, einen Grund hat: „If a potency is actualized, that can only be because some already actual cause actualized it." (Feser, 2014: 105) Entsprechend wird diese Einsicht auch als „principle of causality" bezeichnet. In diesem Zusammenhang ist zu erwähnen, daß „the immediate cause of an effect is simultanous with it [...]. Cause and effect are not two events, but two elements of one event. [...] It makes no sense to think of a cause producing without its effect being produced, or an effect being produced without its cause producing it." (Feser, 2014: 14)

Die im „principle of causality" angesprochenen Wirkursachen werden dahingehend unterschieden, ob es sich um einen „principal (efficient) cause" oder einen „instrumental (efficient) cause" handelt (vgl. Feser, 2014: 148 ff). Ein Stock, der einen Stein bewegt, ist nur ein instrumental (efficient) cause, der von einem principal (efficient) cause, nämlich der Hand, die den Stock bewegt, abhängt; der Stock für sich hat jedoch nicht die active potency, einen Stein geschweige denn sich selbst zu bewegen.

Eine Konkretisierung des „principle of causality" ist das „principle of proportionate causality", nach dem „whatever is in an effect must be in some way in its cause" (Feser, 2014: 154 ff). Denn nichts kann geben, was es nicht hat (nemo dat quod non habet).

Es muß jedoch betont werden, daß das „principle of causality" nicht besagt, daß alles einen Grund hat: „In order to be caused (whether caused to exist or caused to undergo some change), a thing must in some way be a mixture of act and potency, since to change ot come into being is to go from potency to act. But then what is pure act actuality and thus devoid of potency not only need not have a cause, but could not have had one. Hence it is false to say that everything has a cause. The principle of causality says that what changes requires a cause, that what comes into being has a cause, that what is composite, contingent or merely participates in being needs a cause, and in general that what goes from potency to act requires a cause. But that is very different from saying that everything has a cause." (Feser, 2014: 107)

Desweiteren darf das „principle of causality" nicht mit dem „principle of sufficient reason" verwechselt werden (cf. Feser, 2014: 107 f), welches besagt, dass „there is a sufficient reason or adequate necessary objective explanation for the being of whatever is and for all attributes of any being." (Wuellner, 1956: 15) Nach dem „principle of sufficient reason" ist alles verstehbar.

184 In diesem Zusammenhang ist anzumerken, dass „causation is just the manifestation of a power" (Feser, 2014: 60). Um genauer zu sein, wird die Aktualisierung einer Potenz als „efficient causation" (auch: „teleological causation") bezeichnet. Wie Feser (2014: 88) ausführt, ist eine Wirkursache (efficient cause) „that which brings something into existence or changes it in some way".

Da jede Potenz jedoch eine Potenz zu etwas bzw. „for some specific outcome or range of outcomes" (Feser, 2014: 91; 160) ist, enthält jede Potenz Finalität (finality; directedness). Im Gegensatz zur Wirkursache ist die Finalursache (final cause) „an end, goal, or purpose, „that for the

Birkensame ist potentiell (im Sinne von aktiver Potenz) eine Birke und verwirklicht dieses Potential (unter den richtigen Rahmenbedingungen) durch Wirken eines schon Seienden, das es selbst ist.

5.3.1.3 Form und Materie

Wir wissen nun, dass Wandel und Bewegung als Übergang eines relativ Nicht-Seienden bzw. möglichen Seienden (Potenz) zu einem wirklich Seienden (Akt) resp. als „Übergang von etwas in Potenz zu etwas im Akt" (Hüntelmann, 2012: 41) erklären lässt. Veränderung ist allerdings immer Veränderung von einem Seienden, von etwas. Alles was ist, muss also, weil es ist, zum einen aus Akt, jedoch zum anderen gleichzeitig auch, wenn Veränderung möglich sein soll, aus Potenz bestehen.[185] Wie sollen wir uns das aber konkret vorstellen? Was an einem Seienden ist Akt und was ist Potenz? Um dies nachvollziehbar erklären zu können, ist ein Rekurs auf die metaphysischen Konzepte Form und Materie vonnöten: Aus Sicht des Essentialismus ist jedes sinnlich wahrnehmbare Seiende und damit auch jedes konkrete Lebewesen als primäre Substanz[186] ein sog. „hylemorphic com-

---

sake of which" something exists or occurs." (Feser, 2014: 88). Final- und Wirkursache hängen insofern zusammen als dass, wenn A von Natur aus bzw. charakteristischerweise Wirkursache von B ist, die Realisierung von B die Finalursache von A sein muss; oder wie Feser (2014: 97; 100) es ausdrückt: „To make efficient causal regularities intelligible we need to attribute finality to efficient causes". Diese Einsicht wird auch als „principle of finality" bezeichnet, nach dem „omne agens agit propter finem".

185 Entsprechend schreibt Oderberg (2007: 62), dass die fundamentale Annahme des Essentialismus darin besteht, dass „every finite material body has a twofold composition, being a compound of act and potency".

186 Eine Substanz ist allgemein gesprochen „ein Seiendes, das in sich und nicht in einem anderen ist" (Hüntelmann, 2012: 56; vgl. auch 2013: 62 ff); es ist ein Seiendes, das „completam per se subsistentem separatim ab aliis" (IIIª q. 16 a. 12 ad 2; vgl. Sententia Metaphysicae, lib. 5 l. 10 n. 6; Iª q. 29 a. 2 co.) existiert. Von der Klasse der Substanzen ist die Klasse der Akzidentien abzugrenzen; als Akzidenz wird ein Seiendes bezeichnet, das in einem anderen, nämlich einer Substanz als ihrem Träger ist. Primäre Substanzen sind darüber hinaus – und in Abgrenzung von sekundären Substanzen – „that which is neither in a subject nor said-of a subject" (Erk, 2011: 243); Welty drückt dies wie folgt aus: „Im allgemeinsten Sinne versteht die Seinsphilosophie unter Substanz jenes Sein, das aus Wesensanlage, aus Wesensbeschaffenheit nicht einem anderen einhaftet, sondern in sich selber und durch sich selber zu existieren vermag." (Welty, 1935: 79) Eine primäre Substanz – auch „Hypostase" genannt (vgl. Iª q. 29 a. 1 ad 2) – ist „a concrete, particular, existing individual, which is one in number and separable, by which we should understand that it is capable of existing independently of anything else" (Erk, 2011: 243). Eine sekundäre Substanz ist dagegen etwas, das zwar auch nicht in einem anderen ist, das jedoch von einem anderen, nämlich einer primären Substanz, ausgesagt wird; es ist soz. die Art, zu der die primäre Substanz gehört. Für eine pound" (Oderberg, 2007: 170), d. h. ein aus den beiden Prinzipien Materie (auch: Stoff; griechisch: ὕλη (lies: hýlē); lateinisch: materia) und (substantieller) Form (griechisch: μορφή (lies: morphḗ); lateinisch: forma) bestehendes Kompositum (substantia composita). Jede substantia composita ist nur dadurch und insoweit seiend (d. h. ein „ens actu" (Sentencia De Anima, lib. 2 l. 1 n. 5)), dass sich in ihm die Prinzipien Materie und Form miteinander verbunden haben. Materie kann hierbei grob gesprochen als das Material bzw. der Stoff verstanden werden, aus dem etwas besteht, während (substantielle) Form das strukturelle Prinzip bzw. den „Bauplan" darstellt, nach dem die Materie zu einem bestimmten Wirklichsein organisiert bzw. geformt wird. Form ist „the real constituent principle by virtue of which a thing is determined to be of a specific kind" (Oderberg, 2007: 68) bzw. das, „wodurch etwas ist, was es ist" (Hüntelmann, 2012: 43).[187] Mit anderen Worten: Die Form ist als die bestimmte oder bestimmende Ordnung das, was die Materie zu einem bestimmten Seienden (τόδε τι (lies: tode ti)) macht und damit einem Seienden seine Eigentümlichkeit verleiht: „Form is that intrinsic principle by which a thing exhibits whatever permanencem perfection, and identity that it does. [...] Matter, by contrast, is that intrinsic principle by which a thing exhibits the changeability, imperfection, and diversity that it does." (Feser, 2014: 162)

Übersicht über den Substanzbegriff vgl. Erk, 2011: 243 f. Das Gegenstück zur Substanz, die sog. Akzidenzien, sind „specifications of substance" (Reith, 1958: 81). Es ist charakteristisch für ein Akzidenz in einer Subtanz zu sein (vgl. Quodlibet IX, q. 3 ad 1: „Accidentis esse est inesse." bzw. Quodlibet IX, q. 3 ad 2: „substantia est res cuius naturae debetur esse non in alio; accidens vero est res, cuius naturae debetur esse in alio.").

187 Im Fokus der Betrachtung des Prinzips Form stehen an dieser Stelle nur die sog. substantiellen bzw. Wesensformen (substantial forms). Es ist dieses „artbestimmende Wesensprinzip, das in der Verbindung mit der materiellen Potenz eine materielle Substanz, ein körperliches Ding, konstituiert" (Hüntelmann, 2012: 49). Neben diesen substantiellen Formen gibt es auch noch akzidentielle Formen, die sich „auf die äußerlichen Bestimmungen, die Eigenschaften eines Dinges" (Hüntelmann, 2012: 49) beziehen. Das, was eine Kuh wesenhaft zu einer Kuh oder einen Stein wesenhaft zu einem Stein macht, ist jeweils ihre substantielle Form; das, was eine Kuh zu einer braunen Kuh oder einen Stein zu einem runden Stein macht, ist jeweils eine akzidentielle Form: „Forma substantialis in hoc a forma accidentali differt quia forma accidentalis non dat esse simpliciter, sed esse tale [...] Forma autem substantialis dat esse simpliciter [...]." (Iª q. 76 a. 4 co.)

Die Farbe einer Kuh hat keine Auswirkung auf ihr Kuh-Sein, sondern ist nur eine äußerliche Eigenschaft, die so oder auch anders sein könnte. Dass etwas ist, was es ist, darüber bestimmen substantielle Formen; dass ewas so ist, wie es ist, darüber bestimmen akzidentielle Formen. Während ein Seiendes jedoch seine substantielle Form nicht verlieren kann, ohne aufzuhören zu sein, was es ist, kann es akzidentielle Formen verlieren und wechseln, ohne dadurch aufzuhören zu existieren. Kurz gesagt: Substantielle Formen geben Sein, akzidentielle Formen geben So-Sein. Die Unterscheidung zwischen Substanz und Akzidentien geht zurück auf Aristoteles, der in seinem Werk Κατηγορίαι (lies: Kategoríai) zwischen zehn Klassen (Kategorien) von Seiendem unterscheidet (vgl. Kategorien, 1 b 25 – 2a4 sowie Erk, 2011: 241 ff).

Wenn es die Form ist, die Materie zu einem bestimmten Seienden macht, dann bedeutet dies jedoch automatisch auch, dass die (substantielle) Form letzten Endes der Grund dafür ist, dass dieses Seiende überhaupt ist. Diese Einsicht ist in dem philosophischen Axiom „forma dat esse" (form gives being) ausgedrückt, nachdem die Form einem Seienden dessen Sein vermittelt.[188]

Wenn man weiß, dass jedes materielle Seiende sowohl aus (immaterieller) Form und Materie als auch aus Akt und Potenz zusammengesetzt ist, kann daraus geschlussfolgert werden, dass diese Seinsprinzipien aufeinander bezogen sein müssen. Auf Basis des bisher Gesagten sollte die Zuordnung relativ einfach möglich sein: Es ist ein Charakteristikum von Materie, dass sie potentiell sein kann, was sie aktuell nicht ist (sie ist Potenz, d. h. Möglichkeit zu etwas oder Mögliches),[189] wobei die in der Materie angelegte Möglichkeit durch die Form nur deswegen in die Wirklichkeit überführt werden kann, da Form etwas bereits Wirkliches (Akt; actus) ist:[190] „The determinable substratum of potency is what the Scholastic means by matter, and the determining patterns that exist once the potency is actualized is what is meant by form. [...] Matter is, essentially, that which

188 In seiner umfassenderen Formulierung lautet dieses Axiom wie folgt: „forma dat esse, materia autem recipit" (Sententia Metaphysicae, lib. 5 l. 2 n. 13) bzw. „forma dat esse materiae" (De ente et essentia, cap. 3; De principiis naturae, cap. 1; Q. d. de anima, a. 10 ad 2). Woher die Form wiederum ihr Sein erhält ist eine zwar wichtige Frage, die jedoch den Rahmen dieses Buches sprengen würde.

189 Wenn wir die Vorstellung von Materie als Potenz zu Ende denken, müssen wir davon ausgehen, dass es zumindest theoretisch eine sog. Erstmaterie (materia prima; primordial matter) gibt, die reine (passive) Potenz ist (vgl. Oderberg, 2007: 71 ff; Hüntelmann, 2012: 47). Als solche enthält sie keinerlei Bestimmung durch eine akzidentielle oder substantielle Form und hat keine Ausdehnung, Masse, Farbe etc.; das einzige, was sie hat, ist die Potenz, Formen aufzunehmen. Sie ist vollkommen unbestimmtes Sein, an das die Frage, was es ist, gar nicht gestellt werden kann, da es hierfür einer Form bedürfte: „it has no appearance and does not of itself come in arrangements" (Oderberg, 2007: 76). Entsprechend kann sie auch nicht sinnenhaft wahrgenommen werden; denn was wir wahrnehmen können ist nur „sensible, or secondary, or proximate matter, since they are all already informed by the substantial form of the essential kind to which they belong" (Oderberg, 2007: 72). Das Holz des Baumes, das Gold eines Goldstücks, der Marmor einer Fliese oder die Muskeln eines Menschen – sie alle sind materia secunda, die eine bestimmte substantielle Form zu dem macht, was sie sind. Streng genommen ist es jedoch nicht die Sekundärmaterie, die sich mit einer substantiellen Form zu einem Seienden verbindet, sondern die Erstmaterie (die durch die Verbindung aber zur Zweitmaterie wird). Wenn wir davon sprechen, dass jedes Seiende ein Kompositum aus Materie und Form ist, so ist damit gemeint, dass es ein Kompositum aus Erstmaterie und substantieller Form ist.

190 Thomas von Aquin drückt dies wie folgt aus: „per formam unumquodque est actu" (Sentencia De anima, lib. 2 l. 7 n. 11; vgl. auch Sentencia libri De anima, lib. 2 l. 1 n. 5; Iª q. 76 a. 1 co.; Contra Gentiles, lib. 2 cap. 30 n. 11).

needs actualizing in change; form is, essentially, that which results from the actualization.“ (Feser, 2014: 161)[191]

Dem Begriffspaar Akt – Form steht somit das Begriffspaar Materie – Potenz gegenüber; jedes Seiendes ist insofern aus Akt und Potenz zusammengesetzt als es aus Form und Materie besteht.[192] Die Unterscheidung Form/ Materie hilft ein Seiendes in seiner ontologischen Statik zu beschreiben, während die Unterscheidung Akt/ Potenz die Dynamik eines Seienden, d. h. seine Veränderung in Zeit und Raum erklären hilft.

5.3.2 Leben als Besitz der substantiellen Form „Seele“

Nach diesem Ausflug in die Metaphysik können wir die auf dem Weg gewonnenen Erkenntnisse in einem nächsten Schritt dazu verwenden, unsere Antwort auf die Frage, was Leben ist, zu verfeinern. Aufgrund des bisher Gesagten wissen wir, dass Leben der Grund dafür ist, dass ein Lebewesen Aktivitätsmerkmale des Lebens an den Tag legen, d. h. leben kann. Leben zu besitzen bedeutet nichts anderes als die Fähigkeit zu besitzen, Aktivitätsmerkmale des Lebens an den Tag zu legen. Oder anders gesagt: Leben ist die Fähigkeit, Aktivitätsmerkmale des Lebens an den Tag zu legen. Wie sollen wir uns dies aber genau vorstellen?

Um entscheiden zu können, welcher der drei Formen des Besitzes einer Fähigkeit (vgl. Kapitel V.3.1) der Besitz von Leben entspricht, ist es nötig, sich vor Augen zu führen, dass nicht nur die Möglichkeit, Aktivitätsmerkmale an den Tag zu legen, sondern die Existenz eines jeden Lebewesens an sein Leben gekoppelt ist. Ein lebendiges Seiendes S_L existiert nur dann als ein bestimmtes, als dieses lebendige Seiende S_L (d. h. als primäre Substanz), wenn es auch lebt. Die Aussage „Ein Seiendes S lebt“ enthält damit notwendigerweise die Aussage „Ein Seiendes S ist bzw. existiert als dieses bestimmte Seiende S“: „“To live,“ then, refers to a specific mode of existing proper to living things.“ (Seifert, 1997: 57)[193] Sokrates ist

191 In diesem Zusammenhang weist Feser (2014: 161) darauf hin, dass „any determining, actualizing pattern counts as a „form“ in this sense – a form is not merely the shape of a thing , nor always a matter of the spatial configuration of parts (though shape and spatial configuration are kinds of forms). Being blue, being hot, being soft, etc. are all forms in the relevant sense.“

192 Der Umkehrschluss ist jedoch nicht zulässig: „Everything composed of form and matter is thereby composed of act and potency, but not everything composed of act and potency is composed of form and matter.“ (Feser, 2014: 163) Denn da Akt ohne Potenz existieren kann (während Potenz nie ohne Akt existieren kann), können gewissen Formen (z. B. die Seele) ohne Materie existieren, obwohl Materie nicht ohne Form existieren kann.

193 vgl. auch De Anima, 415b15: „τὸ δὲ ζῆν τοῖς ζῶσι τὸ εἶναί ἐστιν“ (lies: to de zēn tois zōsi to einai estin); „agere sequitur ad esse in actu“ (Contra Gentiles, lib. 3 cap. 69 n. 20). Wald (2005: 70) drückt dies wie folgt aus: „Die Seele als grundlegende und erste Wirklichkeit des Leibes ist damit

nur so lange Sokrates, wie Sokrates lebt; Sokrates' Leichnam war, aber ist nicht mehr Sokrates.

Wenn Leben die Voraussetzung dafür ist, dass ein lebendiges Seiendes S_L ist und ist, was es ist, dann scheint Leben Akt und damit substantielle Form eines lebendigen Seienden S_L zu sein. Wir können also deduzieren: Leben ist die substantielle Form von Lebewesen. Diese spezifische substantielle Form, die jeder lebenden substantia composita innewohnt, und dieser ihr Sein und Leben verleiht, bezeichnen Thomas von Aquin und Aristoteles als „Seele" (anima; ψυχή (lies: psychḗ)): „Est enim de ratione animae, quod sit forma alicuius corporis" (Iª q. 75 a. 5 co.; vgl. auch De Anima, 415b). Die Form „Seele" zeichnet sich dadurch aus, dass sie der Materie, die sie durchformt, nicht nur Sein verleiht, sondern diese darüber hinaus belebt. Unter Seele ist also die von der Materie als physikalisch-chemischem Aufbau eines körperlichen Lebewesens unterschiedene substantielle Form zu verstehen, die die Ursache dafür ist, dass das betreffende körperliche Lebewesen ist und lebendig ist (vgl. Sentencia De Anima, lib. 2 l. 1 n. 15).[194] Kurz gesagt: Die Seele ist die substantielle Form eines lebendigen Körpers bzw. einer lebendigen substantia composita.[195]

als diejenige Kraft bezeichnet, die die vollständige Existenz und das spezifische Sein eines jeden Lebewesens bewirkt und erhält." Und bei Spaemann lesen wir: „Sein ist actualitas. Die actualitas des Lebendigen ist das Leben." (Spaemann, 1987: 374)

194 vgl.: „ab anima est, et quod sit, et quod sit corpus vivum" (Sentencia De anima, lib. 2 l. 1 n. 15) sowie „anima est principium et causa viventis corporis" (Sentencia De Anima, lib. 2 l. 7 n. 10) sowie (De Anima, 415b8): „ἡ ψυχὴ τοῦ ζῶντος σώματος αἰτία καὶ ἀρχή" (lies: hē psychḗ tou zōntos sōmatos aitía kai archḗ). Als substantielle Form (vgl. Sentencia De Anima, lib. 2 l. 1 n. 13) und damit auch essentia ist die Seele im Körper aber nicht als ihr „administrator" (Iª q. 90 a. 4 co.) oder wie ein Handwerker mit seinem Werkzeug (oder, wie Platon es sieht (vgl. Phaidon, 115c 2–115e 4), wie der Schiffer mit seinem Schiff) verbunden, d. h. ist nicht nur Wirkursache, sondern „sie ist in ihm so, wie sich mit dem Bröckchen verflüssigten Silbers die ihm eingeprägte Form [Wappen, Bildnis, Adler] zu der einen, so gestalteten Münze verbindet" (Pieper, 1968: 57); siehe hierzu auch De unitate intellectus contra Averroistas, cap. 1: „anima unitur corpori non sicut nauta navi, sed sicut forma." Die Seele ist auf die Vereinigung mit einem menschlichen Körper angelegt und findet erst in einer solchen ihre natürliche Vollendung (vgl. Iª q. 90 a. 4 co.).

Aus der Definition der Seele als substantielle Form, d. h. als Form einer Substanz, wird auch ersichtlich, wieso nur der ganze Mensch Person sein kann, aber nicht z. B. ein Finger oder Organ eines Menschen. Letztere können nicht als Person bezeichnet werden, da sie keine Substanzen im metaphysischen Sinne sind, d. h. kein Seiendes sind, das nicht in einem anderen Seienden enthalten bzw. Teil eines anderen Seienden ist (vgl. IIIª q. 16 a. 12 ad 2). Ein Organ eines Menschen ist keine Substanz, da es Teil von etwas ist – und damit kann es nur Teil einer Person, aber nicht selbst Person sein.

195 vgl. Iª q. 75 a. 1 co. („animata enim viventia dicimus, res vero inanimatas vita carentes."), Phaidon, 105d („ψυχὴ ἄρα ὅτι ἂν αὐτὴ κατάσχῃ, ἀεὶ ἥκει ἐπ' ἐκεῖνο φέρουσα ζωήν; ἥκει μέντοι,

Als Form ist die Seele notwendigerweise auch Akt: „et hoc est anima, actus, secundum quem corpus vivit“ (Sentencia De Anima, lib. 2 l. 1 n. 12). Substantielle Form ist jedoch nicht einfach actus, sondern actus primus;[196] entsprechend ist auch die Seele nicht einfach actus, sondern wird genauer als actus primus spezifiziert (vgl. Sentencia De Anima, lib. 2 l. 1 n. 23 sowie De Anima, 412a27; 412b7). Wenn die Seele actus primus ist, dann ist damit gesagt, dass die Seele nicht als actus „qui est operatio“ (Sentencia De Anima, lib. 2 l. 1 n. 19) zu verstehen ist; vielmehr ist sie das der operatio zugrundeliegende „principium operationis“ (Sentencia De Anima, lib. 2 l. 2 n. 6).[197] Wenn actus primus dem Besitz und actus secundus dem Gebrauch einer Fähigkeit bzw. der Aktualisierung einer Möglichkeit entspricht (vgl. Kapitel V.3.1 bzw. Abbildung 33), dann bedeutet das, dass mit dem Besitz einer Seele als actus primus gewisse für diese Seele charakteristische Fähigkeiten (Seelenvermögen („δύναμις […] ψυχῆς“ (lies: dýnamis […] psychḗs) (De Anima, 413b1))[198] besessen werden – und zwar so, dass durch den Besitz einer Seele ein Lebewesen alle für diese Seele charakteristischen Seelenvermögen, deren Betätigung wir dann als Merkmale des Lebendigen werten, aktuell als Vermögen (d. h. als actus primus) und damit unabhängig davon besitzt, ob das betreffende Lebewesen von diesen Gebrauch macht (actus secundus) oder nicht.[199] Die empirisch beobachtbaren Merkmale des Lebens sind also letzten

ἔφη.“ (lies: psychḗ ara hóti av autḗ katáschē, aeí hḗkei ep′ ekeíno phérousa zōḗn? Hḗkei méntoi, ephḗ.)) sowie Iª q. 76 a. 1 co.; Sentencia De Anima, lib. 2 l. 3 n. 15 sowie lib. 2 l. 7 n. 11.

196 vgl. Contra Gentiles, lib. 2 cap. 59 n. 16: „operatio est actus secundus; forma autem per quam aliquid habet speciem, est actus primus.“

197 vgl. auch Sentencia De Anima, lib. 2 l. 1 n. 20: „Anima enim, cum sit forma perfectissima inter formas rerum corporalium, est principium diversarum operationum“. Unter „Prinzip“ versteht Thomas von Aquin das, wovon etwas seinen Ausgang nimmt (vgl. Iª q. 33 a. 1 co. sowie Sententia Metaphysicae, lib. 5 l. 1 n. 13).

198 Thomas von Aquin bezeichnet die Seelenvermögen als „operationes animae“ (Sentencia De Anima, lib. 2 l. 3 n. 11) und die Seele entsprechend als „principium operum vitae“ (Sentencia De Anima, lib. 2 l. 3 n. 9). Aristoteles nennt als Beispiele für solche Vermögen einer menschlichen Seele Vernunft, Wahrnehmung, Bewegung und Ernährung (vgl. De Anima, 413a20).

199 vgl. Iª q. 76 a. 1 co.: „Manifestum est autem quod primum quo corpus vivit, est anima. Et cum vita manifestetur secundum diversas operationes in diversis gradibus viventium, id quo primo operamur unumquodque horum operum vitae, est anima, anima enim est primum quo nutrimur, et sentimus, et movemur secundum locum; et similiter quo primo intelligimus.“ Wenn dem so ist, ist darin auch die Erklärung dafür zu sehen, warum Aristoteles die Seele nicht energeia, sondern entelecheia nennt, da – wie er im neunten Buch seiner Metaphysik darlegt (1050a 22) – mit energeia Aktivsein bzw. Aktivität bezeichnet werden (vgl. hierzu auch FN 175 und 132).

Endes nichts anderes als actūs secundi bzw. operationes, denen die Form „Seele" als actus primus bzw. principium operationis zugrunde liegt.[200]

Dass diese Lesart dem entspricht, was Thomas von Aquin und Aristoteles auszusagen im Sinn hatten, wird deutlich, wenn man sich vor Augen führt, dass beide die Seele nicht als Form bzw. actus primus eines *lebendigen* Körpers, sondern eines Körpers „*habentis in potentia vitam*" (Sentencia De Anima, lib. 2 l. 1 n. 11; vgl. De Anima, 412a20: „δυνάμει ζωὴν ἔχοντος" (lies: dynámei zōḗn échontos)) bezeichnen. Thomas von Aquin und Aristoteles weisen darauf hin, dass sie mit diesem Ausdruck nicht einen Körper bezeichnen, der keine Seele besitzt; vielmehr verstehen sie darunter einen Körper, der eine Seele genannte Form als actus primus besitzt, die damit verbundenen Seelenvermögen jedoch nicht nutzt (vgl. Sentencia De Anima, lib. 2 l. 2 n. 6 f. sowie De Anima, 412b20). Ein beseelter Körper hat also nicht das Vermögen zu leben, sondern besitzt Leben als Vermögen, weil er beseelt ist; damit dies der Fall sein kann, muss Leben aber bereits aktuell vorhanden bzw. besessen sein.[201]

Leben ist also der Besitz der substantiellen Form „Seele" – und damit aller der für die jeweilige Seele charakteristischen Seelenvermögen, deren Gebrauch bzw. Ausübung wir als Lebenszeichen bezeichnen. Die Seele als principium operationis ist zwar auf operatio hin angelegt, Leben äußert sich in Tätigsein und Aktivität; jedoch darf es nicht auf diese reduziert werden. Auch wenn wir uns einem Verständnis des Phänomens Leben nur über das Sinnenfällige annähern können, so sind Lebenszeichen eben nur Zeichen (Ausdrucksformen) des Lebens, aber nicht das Leben selbst.[202] Denn Leben ist Haben einer bestimmten (substantiellen) Form, nämlich einer Seele, im Sinne von actus primus.[203] Oder kurz: Leben ist der Besitz bzw. das Besitzen von Seele.[204]

---

200 Wichtig ist in diesem Zusammenhang zu betonen, dass die menschliche Seele nicht nur die Form-, Wirk- und Finalursache (vgl. De Anima, 415b10 sowie Sentencia De Anima, lib. 2 l. 7 n. 10 ff.) ausgewählter Fähigkeiten des Menschen ist, sondern aller menschlichen Fähigkeiten. Für eine Darlegung der durch die menschliche Seele gegebenen Seelenvermögen vgl. Erk (2011: 109 ff.).

201 vgl. Sentencia De Anima, lib. 2 l. 2 n. 5: „anima est forma substantialis viventis corporis, et ea remota non remanet corpus vivum nisi aequivoce."

202 vgl. auch Iª q. 18 a. 2 co. („vivere nihil aliud est quam esse in tali natura, et vita significat hoc ipsum, sed in abstracto; sicut hoc nomen cursus significat ipsum currere in abstracto.") sowie Iª q. 54 a. 1 ad 2 („vita non hoc modo se habet ad vivere, sicut essentia ad esse; sed sicut cursus ad currere, quorum unum significat actum in abstracto, aliud in concreto.").

203 In diesem Lichte ist die Oderberg'sche Definition von Leben zu lesen: „Life is the natural capacity of an object for self-perfective immanent activity." (Oderberg, 2007: 180)

204 Von toten Seelen – so der Titel eines Romans von Nikolaj (Wassiljewitsch) Gogol (Die toten Seelen; Мёртвые души (lies: mjortwije duschi)) – kann also nur in einem übertragenen Sinne gesprochen werden, denn der Ausdruck „tote Seele" ist ein Widerspruch in sich selbst, eine

5.3.3 Was und wann ist Tod?

Woher wissen wir aber, dass ein Seiendes eine Seele hat, wenn wir die Seele nur indirekt über ihre Äußerungen, d. h. die Lebenszeichen, wahrnehmen können? Diese Frage zu stellen bedeutet nichts anderes als danach zu fragen, was und wann Tod ist.[205] Wenn wir über diese Frage nachzudenken beginnen, kommen wir schnell an einen Punkt, an dem wir merken, dass es praktisch nicht möglich ist, diese Frage in positiver Form zu beantworten. Wir können zwar sagen, dass der Tod das einzig Sichere in unserem irdischen Leben ist; wir können auch sagen, dass der Tod am Ende eines Prozesses steht, den wir gemeinhin als „Sterben" bezeichnen – ein Prozess, den wir alle durchlaufen müssen, wenn auch jeweils auf unterschiedlichen Wegen und in unterschiedlicher zeitlicher Ausdehnung. Da der Tod als Zustand (im Gegensatz zum Prozess des Sterbens) unserer Erfahrung entzogen ist (bzw. wir unsere Erfahrung niemandem mehr mitteilen können), können wir den Tod letzten Endes nur über das definieren, was er nicht ist, was seine Negation ist, was in kontradiktorischem Widerspruch zu ihm steht: Leben.

Die Frage „Was ist Tod?" kann und muss in einem ersten Schritt also schlicht und einfach beantwortet werden mit: Tod ist die Abwesenheit von Leben. Eine grundlegende Einsicht in das Eigentliche des Todes besteht somit darin, dass das Sterben der sich vollziehende Prozess und der Zustand des Todes der vollzogene, abgeschlossene Prozess des Verlustes des Lebens ist. Im Tod haben wir nicht primär irgendwelche Gehirnströme, die Integrität unseres Organismus oder unsere Herz-Lungentätigkeit verloren, sondern unser Leben. Die Todesdefinition lautet in allgemeingültiger Form also: Der Tod ist der abgeschlossene und irreversible Verlust des Lebens („vitae privatio" (De Veritate, q. 13 a. 4 ad 2)). Da zu leben bedeutet, die Form Seele zu besitzen, besteht der Tod im abgeschlossenen und irreversiblen Verlust der Seele bzw. im abgeschlossenen und irreversiblen Verlust of that union by which the soul is joined to the body as its form (cf. De Veritate, q. 13 a. 4 ad 2; De generatione et corruptione, lib. 1 l. 15 n. 5; Compendium theologiae, lib. 1 cap. 230; Phaedo, 64c). Um zu wissen, dass und wann eine Person tot ist,

---

contradictio in adjecto. In diesem Sinne können wir auch nicht sinnvoll von künstlichem Leben sprechen, denn Leben als Form ist etwas, das wir weitergeben, aber nicht machen können. Wir können Lebewesen schaffen, aber nicht Leben.

205 Genau genommen ist hiermit natürlich auch nach dem Beginn des Lebens. Wie Thomas von Aquin darlegt, kann eine Form Materie nur dann informieren, wenn die Materie so organisiert ist, dass sie diese Form auch aufnehmen kann (vgl. De Anima, a. 9 ad 16; De Potentia, q. 3 a. 12 co.; Contra Gentiles, lib. 2 cap. 89 n. 3). Die Form „rationale Seele" kann also nicht einer Pflanze innewohnen, da Pflanzen nicht die nötige Infrastruktur haben, um die durch den Besitz einer rationalen Seele besessenen Fähigkeiten jemals ausüben zu können. Für die Frage, ab wann Menschen eine rationale Seele besitzen können siehe FN 212.

müssen wir also wissen, dass und wann eine Person keine Seele mehr besitzt. Ab wann kann dies mit Sicherheit gesagt werden?

Aus der Tatsache, dass sich an einem Körper gewisse Lebenszeichen beobachten lassen, kann man sicher schließen, dass der betreffende Körper ein principium operationis, d.h. eine Seele und damit Leben besitzt, das diese Lebenszeichen ermöglicht. Daraus, dass an einem Körper gewisse Lebenszeichen nicht beobachtet werden bzw. keine Lebenszeichen beobachtet werden, kann jedoch nicht ohne weiteres geschlossen werden, dass dieser Körper keine Seele (mehr) besitzt. Von einem Menschen, der spricht, wissen wir sicher, dass er Sprachfähigkeit besitzt; von einem Menschen, der nicht spricht, können wir nicht sicher sagen, ob er gerade schweigt, aber sprachfähig ist, oder ob er stumm ist und damit keine Sprachfähigkeit besitzt. Um mit Gewissheit auf die Abwesenheit von Seele und damit Leben schließen zu können, bedarf es der grundsätzlichen Unmöglichkeit von Lebensäußerungen; und diese ist nur dann sicher gegeben, wenn sich die körperlich-materielle Infrastruktur in einem Zustand befindet, der mit Lebensäußerungen inkompatibel ist bzw. diese verunmöglicht. Die Abwesenheit von Seele, d.h. der Tod, lässt sich also nicht sicher feststellen, wenn die durch den Besitz der Seele gegebenen Seelenvermögen an einem Körper nicht beobachtet werden, sondern nur dann, wenn sie nicht mehr beobachtet werden können, d.h. es unmöglich ist, dass dieser Körper noch Lebensäußerungen zeigen kann.

Da die Seele als actus primus nicht nur ausgewählten, sondern allen beobachtbaren Merkmalen des Lebens zugrunde liegt, bedeutet dies, dass es nicht ausreicht, dass die Äußerung eines oder nur ausgewählter Lebensmerkmale unmöglich ist; vielmehr muss jegliche Lebensäußerung unmöglich sein. Der Tod eines Lebewesens kann also erst dann sicher festgestellt werden, wenn sein Körper keinerlei wie auch immer geartete Merkmale des Lebendigen zeigen kann. Um den Tod feststellen zu können und zu vermeiden, eine Person nicht vorschnell für tot zu erklären, bedarf es also Kriterien, anhand derer sich sicher bestimmen lässt, dass ein Körper keine Merkmale des Lebens zeigen kann. Die Medizin hat hierzu die sog. unsicheren und sicheren Zeichen des Todes entwickelt. Wenn sich diese an einem Körper nachweisen lassen, kann sicher davon ausgegangen werden, dass der betreffende Körper keine wie auch immer gearteten Merkmale des Lebendigen zeigen kann. Wir können also festhalten: Der Tod (= Abwesenheit von Leben) eines Seienden S gilt als nachweislich sicher festgestellt, wenn sich an S keinerlei beobachtbaren Merkmale des Lebendigen nachweisen lassen und S in kumulierter Form die unsicheren Todeszeichen[206] und zudem die frühen sicheren Zeichen des

206 Die unsicheren Todeszeichen (wie z.B. Leichenblässe (palor mortis), Leichenkälte (algor mortis), Atemstillstand, fehlender Puls bzw. Herz-Kreislauf-Stillstand, fehlende Reflexe, Be-

Todes (Leichenflecken (livores mortis) und Leichenstarre (rigor mortis))[207] aufweist.[208]

In diesem Zustand ist der Körper von S sicher nicht mehr fähig, d. h. ausreichend organisiert, um der Seele von S und den mit ihrem Besitz einhergehenden Fähigkeiten eine ausreichende materielle Grundlage zu sein. Dieses Todeskriterium steht zudem in Übereinstimmung mit der Einsicht, dass die Seele eine sog. „unitive function" besitzt, d. h. dass der menschliche Leib durch die Seele zu einer Einheit integriert und verbunden wird; entsprechend löst sich der menschliche Körper auf, d. h. zeigt die sicheren und unsicheren Todeszeichen, wenn die Seele, sein „uniting principle", ihn verlassen hat (vgl. Contra Gentiles, lib. 2 cap. 58 n. 8; De Veritate, q. 25 a. 6 co.).

Nimmt man die in diesem Kapitel herausgearbeitete Todesdefinition zum Maßstab, so wird deutlich, dass der Hirntod, egal ob als Ganz- oder Teilhirntod verstanden, kein Todeskriterium sein kann. Es grenzt an Willkür, Personen nur aufgrund des irreversiblen Ausfalls ihrer Gehirnfunktionen für tot zu erklären, obwohl sie bekanntlich eine Vielzahl anderer Merkmale des Lebens zeigen, d. h. u. a. atmen, schwitzen, Gänsehaut bekommen, weinen und ein Kind zeugen bzw. empfangen können, sich warm anfühlen, einen intakten Kreislauf besitzen, deren Haut heilt, wenn sie verletzt wird, und die für die Entnahme von Organen betäubt werden: „The organism of patients who are correctly diagnosed as „whole brain dead" continues to function as an integrated whole: patients digest food, regulate salt and water homeostasis, maintain their temperature, grow hair, heal wounds,

---

wusstlosigkeit, Augenhornhauttrübung, Muskelatonie) sind unsicher, da sie zwar sicher post mortem auftreten, aber auch bei lebenden Personen (z. B. bei Vergiftungen) angetroffen werden können.

207 Von diesen frühen sicheren Todeszeichen, zu denen auch Verletzungen gezählt werden können, die mit dem Leben unvereinbar sind (z. B. Trennung des Kopfes vom Rumpf), werden die späten sicheren Todeszeichen (wie z. B. Fäulnis und Verwesung, Mumifizierung, Besiedelung mit Kleintieren, Skelettierung, Leichenwachsbildung) unterschieden.

208 An dieser Stelle soll mit einer leider weit verbreiteten Mär aufgeräumt werden, nämlich der, dass sich an (sogar begrabenen) Leichnamen noch Wachstumsprozesse beobachten lassen. Dies ist nicht der Fall bzw. trügt hier der Schein: Das vermeintliche Wachstum von Haaren und Nägeln kommt nicht durch durch Wachstumsprozesse zustande (die ja noch auf vorhandenes Leben schließen lassen würden), sondern ist das Ergebnis von Zersetzungsprozessen des Leichnams. Das Umgebungsgewebe schrumpft und lässt damit Haare und Nägel länger erscheinen: „Alsbald vertrocknen auch Fingerbeeren und Akren, die Konsistenz wird derber, die Farbe rötlich-bräunlich. Diese Vertrocknungen mit ‚Verkürzung' der Fingerbeeren bzw. Zehenspitzen lassen die Nägel ‚wachsen', d. h. sie wirken aufgrund der Gewebeverkürzung länger als vorher. Dies gilt auch für das ‚Wachstum' von Barthaaren (der Flüssigkeitsverlust der Gesichtshaut kann zum Hervortreten von Barthaaren führen)." (Henßge & Madea, 2004: 119)

fight infections, react to stress, grow in length, go through puberty, and even gestate fetuses.“ (Monteverde & Rid, 2012)

Zu guter Letzt soll an dieser Stelle mit einer leider weit verbreiteten Mär aufgeräumt werden, nämlich der, dass sich an (sogar begrabenen) Leichnamen noch Wachstumsprozesse beobachten lassen. Dies ist nicht der Fall bzw. trügt hier der Schein: Das vermeintliche Wachstum von Haaren und Nägeln kommt nicht durch durch Wachstumsprozesse zustande (die ja noch auf vorhandenes Leben schließen lassen würden), sondern ist das Ergebnis von Zersetzungsprozessen des Leichnams. Das Umgebungsgewebe schrumpft und lässt damit Haare und Nägel länger erscheinen (vgl. hierzu auch Erk, 2014: FN 23).

5.4 (Rationales) Leben (L_R)

Es bleibt noch ein letzter Schritt zu tun. Weiter oben (vgl. Kapitel V.4) haben wir die Prämisse (P2′) eingeführt, nach der ein Seiendes genau dann eine Person P ist, wenn S rationales Leben L_R besitzt. Wir wissen nun, was Leben ist, müssen jedoch, um den Gehalt dieser Prämisse verstehen zu können, noch herausarbeiten, was rationales Leben (L_R) ist. Auf Basis der bisher gewonnenen Einsichten in das Phänomen Leben sollte dies relativ einfach möglich sein.

Leben ist die substantielle Form von Lebewesen, d.h. das, wodurch sie existieren und wodurch sie sind, was sie sind. Damit ein Seiendes als Lebewesen existiert, muss es also diese spezifische substantielle Form und damit das besitzen, was wir beim Menschen Seele nennen.[209] Rationales Leben ist entsprechend die (substantielle) Form, durch die rationale Lebewesen existieren und sind, was sie sind. Wenn Leben das Haben der Form Seele als actus primus ist, dann ist rationales Leben das Haben der Form rationale Seele als actus primus. Diese Einsicht findet in folgender Prämisse (P8) ihren Ausdruck:

(P8) Ein Seiendes S besitzt rationales Leben L_R genau dann, wenn S eine rationale Seele als actus primus besitzt.

Und wenn die Form Seele als actus primus zu besitzen bedeutet, alle für diese Seele charakteristischen Seelenvermögen, deren Betätigung wir dann als Merk-

---

209 vgl. hierzu Heinzmann (1994: 44f): „Die Seele ist es, die einen Körper mit bestimmter phänomenal und physikalisch-chemisch beschreibbarer Beschaffenheit von innen her so organisiert, dass er ein menschlicher Leib mit typisch menschlichen Funktionen und Verhaltensweisen ist und als solcher bezeichnet werden kann, und die nicht mehr vorhanden und am Werk ist, wenn der lebende Leib sich in eine Leiche verwandelt hat.“

male des Lebendigen werten, aktuell als Vermögen (d.h. als actus primus) zu besitzen (unabhängig davon, ob das betreffende Lebewesen von diesen Gebrauch macht (actus secundus) oder nicht), dann bedeutet das für den Besitz einer rationalen Seele folgendes: Die Form rationale Seele als actus primus zu besitzen bedeutet, alle für diese Seele charakteristischen Seelenvermögen, nämlich die Rationalität (R bzw. F_R), aktuell als Vermögen (d.h. als actus primus) zu besitzen (unabhängig davon, ob das betreffende Lebewesen von diesen Gebrauch macht (actus secundus) oder nicht). Die Aussage, dass ein Seiendes bzw. eine primäre Substanz eine rationale Form als actus primus besitzt, darf also – wenn wir uns das oben Gesagte vor Augen führen – nicht dahingehend verstanden werden, dass diese primäre Substanz die *Fähigkeit zur Rationalität*, sondern dass sie *Rationalität als Fähigkeit* besitzt. Die Fähigkeit, von der im Zusammenhang mit actus primus die Rede ist, ist notwendigerweise immer schon aktuell und wirklich vorhanden – selbst wenn sie nicht genutzt wird oder wenn die Materie, mit der zusammen die Form als actus primus die substantia composita bildet, eine Nutzung nicht oder nicht mehr ermöglicht. Wir können die Prämisse (P2′) also wie folgt präzisieren:

(P2″) Ein Seiendes S ist eine Person P genau dann, wenn S eine rationale Seele als actus primus besitzt.

Wie können wir aber wissen, dass ein Seiendes eine rationale Seele als actus primus besitzt? Am einfachsten ist es, wenn es die mit dem Besitz einer rationalen Seele verbundenen Fähigkeiten aktualisiert oder (mindestens) einmal aktualisiert hat, d. h. sich diese als actus secundus (mindestens einmal) beobachten lassen. In diesen Fällen wissen wir sicher, dass das betreffende Seiende eine rationale Seele als actus primus besitzt. Was aber, wenn das betreffende Seiende seine Rationalität (1) noch nicht aktualisiert hat, (2) nicht aktualisieren kann oder (3) nicht mehr aktualisieren kann?

Um letzteren Fall klären zu können, müssen wir uns vor Augen führen, dass jedes Seiende nur eine substantielle Form besitzen kann. Ein Seiendes kann nicht gleichzeitig etwas und etwas anderes sein; ein Stein kann nicht gleichzeitig ein Stein und eine Glühbirne sein. Wenn ein Seiendes nicht weniger und nicht mehr als eine substantielle Form besitzen kann, dann muss die rationale Seele nicht nur die Grundlage der rationalen Fähigkeiten, sondern aller mit dem Besitz von Leben verbundenen Fähigkeiten dieses Lebewesens, also aller Lebensäußerungen sein. Die rationale Seele ist also nicht nur der Grund der Rationalität, sondern aller empirisch beobachtbaren Merkmale des Lebens (z.B. Stoffwechsel, Wachstum und Entwicklung, Regeneration, Regulation/ Anpassung, Reaktion/ Irritabilität, Informationsaufnahme/ -verarbeitung, Kommunikation, Reproduktion, Motilität, ...). Wenn dem so ist, ist es nur naheliegend, davon auszugehen, dass ein

Seiendes S, das keine rationalen Fähigkeiten mehr aktualisieren kann (weil z. B. wie bei Hirntoten die infrastrukturell-materiellen Voraussetzungen dafür fehlen), immer noch eine rationale Seele besitzt, solange sich an S wie auch immer geartete Lebenszeichen beobachten lassen.[210]

Die ersten beiden Fälle lassen sich mit Hilfe einer Überlegung lösen, die wir bereits in Kapitel V.3.1 zur Frage angestellt haben, wie man wissen und belegen kann, dass etwas vorhanden ist, wenn man es nicht beobachten kann. Die Antwort auf diese Frage war, dass der Besitz einer Fähigkeit F im Sinne von actus primus/potentia secunda als gegeben gelten kann, wenn ein Seiendes zu einer Art gehört, an deren typischen Vertretern sich F üblicherweise in aktualisierter Form empirisch nachweisen lässt.[211] Das bedeutet für das uns an dieser Stelle beschäftigende Problem, dass wir davon ausgehen müssen, dass ein Seiendes S, das die mit dem Besitz einer rationalen Seele verbundenen Vermögen (insbesondere der rationalen) noch nicht aktualisiert hat oder nicht aktualisieren kann, eine rationale Seele besitzt, wenn es ein lebendes Seiendes S_L ist (d. h. wenn sich an ihm irgenwelche Merkmale des Lebens nachweisen lassen) und zu einer Art gehört, an deren typischen Vertretern sich die Fähigkeit Rationalität (F_R) üblicherweise in aktualisierter Form empirisch nachweisen lässt.

Diese Überlegungen erlauben es uns nun, folgende weitere Prämisse (P4) einzuführen, die uns dabei hilft, zu entscheiden, ob alle Menschen Personen sind oder nicht:[212]

(P4) Ein Seiendes S besitzt eine rationale Seele als actus primus genau dann, wenn sich an S die Fähigkeit Rationalität (F_R) in aktualisierter Form empi-

---

210 Entsprechend muss davon ausgegangen werden, dass auch hirntote Menschen noch eine rationale Seele besitzen und damit lebendig sind.

211 Oderberg (2007: 162) nennt dies „normal, typical or paradigmatic instantiation".

212 Diese Prämisse hat den Vorteil, dass sie die Frage, ab wann ein Mensch eine rationale Seele besitzt (ab dem Zeitpunkt der abgeschlossenen Verschmelzung von Ei und Samenzelle oder später), überflüssig macht. Aus diesem Grund soll an dieser Stelle auch nicht weiter auf das Problem der Sukzessivbeseelung eingegangen werden. An sich stellt die Idee der Sukzessivbeseelung aber auch kein Problem dar, da die diesem zugrundeliegende Biologie – wie ich an anderer Stelle unter Heranziehung diverser Quellen dargelegt habe (vgl. Erk, 2011: 253 ff (dort v. a. FN 250); 2012b: 107; zusätzlich zu den dort erwähnten Quellen siehe auch: Regan (1992); Heaney (1992)) – falsch und das Problem somit zahnlos ist. Zudem hat, wie Bruch (1981) aufzeigt, die überwiegende Mehrheit der Theologen, die aufgrund von fehlerhaftem medizinischen Wissen die Theorie der sukzessiven Beseelung des Menschen vertreten haben, durchaus nicht – wie oft vermutet wird – automatisch auf die Zulässigkeit der Abtreibung geschlossen. Im Gegenteil: „Sie waren sich darüber einig, daß die Beseitigung des unbeseelten Fötus zwar weniger schlimm als die der bereits beseelten Leibesfrucht, aber dennoch grundsätzlich als schwer sündhaft zu beurteilen sei." (Bruch, 1981: 277)

risch nachweisen lässt oder wenn sich an S mindestens ein Merkmal des Lebens in aktualisierter Form empirisch nachweisen lässt (bzw. sich an S keine sicheren Todeszeichen nachweisen lassen) und S zu einer Art gehört, an deren typischen Vertretern sich die mit dem Besitz einer rationalen Seele einhergehende Fähigkeit Rationalität (F_R) üblicherweise in aktualisierter Form empirisch nachweisen lässt.

Diese Formulierung enthält jedoch noch überflüssige Teile, da die erste Bedingung im Grunde keine Alternative zur zweiten darstellt (wie es das „oder" zwischen beiden andeutet), sondern in der zweiten enthalten ist. Wenn sich an S mindestens ein Merkmal des Lebens in aktualisierter Form empirisch nachweisen lässt (bzw. S keine sicheren Todeszeichen aufweist) und S zu einer Art gehört, an deren typischen Vertretern sich die mit dem Besitz einer rationalen Seele einhergehende Fähigkeit Rationalität (F_R) üblicherweise in aktualisierter Form empirisch nachweisen lässt, dann sind hierin auch alle unter die erste Bedinungen zu rechnenden Fälle enthalten. Wir können (P4) also in (P4′) vereinfachen:

(P4′) Ein Seiendes S besitzt eine rationale Seele als actus primus genau dann, wenn sich an S mindestens ein Merkmal des Lebens in aktualisierter Form empirisch nachweisen lässt (bzw. sich an S keine sicheren Todeszeichen nachweisen lassen) und S zu einer Art gehört, an deren typischen Vertretern sich die mit dem Besitz einer rationalen Seele einhergehende Fähigkeit Rationalität (F_R) üblicherweise in aktualisierter Form empirisch nachweisen lässt.

Mit dieser Präzisierung sind wir nun an einem Punkt angelangt, an dem wir ein Fazit ziehen und die Frage beantworten können, was und wer eine Person ist.

6 Zusammenfassung: Was und wer ist eine Person?

Nachdem nun herausgearbeitet worden ist, was besessen wird, wenn man von einem Seienden aussagt, dass es (rationales) Leben besitzt, können wir nun die in den vorangehenden Kapiteln gesponnenen Fäden resp. die in den vorangehenden Kapiteln eingeführten Prämissen zusammenführen. Bis hierher konnten die folgenden vier wesentlichen Prämissen etabliert werden:

(P1) = (C1) Einem Seienden S kommen die moralischen Rechte $R_1, \ldots, R_n$ und Pflichten $P_1, \ldots, P_n$ zu, wenn S eine Person P ist.

(P2″) Ein Seiendes S ist eine Person P genau dann, wenn S eine rationale Seele als actus primus besitzt.

(P3) Jeder Mensch M ist ein Seiendes S, aber nicht jedes Seiende S ist ein Mensch M.

(P4′) Ein Seiendes S besitzt eine rationale Seele als actus primus genau dann, wenn sich an S mindestens ein Merkmal des Lebens in aktualisierter Form empirisch nachweisen lässt (bzw. sich an S keine sicheren Todeszeichen nachweisen lassen) und S zu einer Art gehört, an deren typischen Vertretern sich die mit dem Besitz einer rationalen Seele einhergehende Fähigkeit Rationalität (F_R) üblicherweise in aktualisierter Form empirisch nachweisen lässt.

Wie ein Blick auf diese Prämissen zeigt, kann aus der Kombination von (P2″) und (P4′) eine neue Konklusion (C4) gezogen werden. Aus der Prämisse (P2″), dass ein Seiendes S genau dann eine Person P ist, wenn S eine rationale Seele als actus primus besitzt, und aus der Prämisse (P4′), dass ein Seiendes S genau dann eine rationale Seele als actus primus besitzt, wenn sich an S mindestens ein Merkmal des Lebens in aktualisierter Form empirisch nachweisen lässt (bzw. sich an S keine sicheren Todeszeichen nachweisen lassen) und S zu einer Art gehört, an deren typischen Vertretern sich die mit dem Besitz einer rationalen Seele einhergehende Fähigkeit Rationalität (F_R) üblicherweise in aktualisierter Form empirisch nachweisen lässt, kann folgende Schlussfolgerung deduziert werden:

(P5) = (C4) Ein Seiendes S ist eine Person P genau dann, wenn sich an S mindestens ein Merkmal des Lebens in aktualisierter Form empirisch nachweisen lässt (bzw. sich an S keine sicheren Todeszeichen nachweisen lassen) und S zu einer Art gehört, an deren typischen Vertretern sich die mit dem Besitz einer rationalen Seele einhergehende Fähigkeit Rationalität (F_R) üblicherweise in aktualisierter Form empirisch nachweisen lässt.[213]

---

213 Stellt man dem in in (P5) bzw. (C4) enthaltenen Personenverständnis die sechs in Abbildung 36 (vgl. Kapitel V.4) dargestellten Argumentationsmuster des Personseins gegenüber, so zeigt sich, dass dieses dem Argumentationsmuster (A3'ab') entspricht. Zur Erinnerung: Das Argumentationsmuster (A3'ab') besagt, dass ein Seiendes S genau dann eine Person P ist, wenn S zu einer Art gehört, an deren typischen Vertretern sich üblicherweise die mit dem Besitz einer rationalen Natur N_R einhergehende Fähigkeit Rationalität (F_R) in aktualisierter Form empirisch nachweisen lässt. Wie können sich aber das in (P5) bzw. (C4) und das in (A3'ab') enthaltene Personenverständnis entsprechen, wenn im einen von „rationaler Seele" resp. „rationaler Form" und im anderen von „rationaler Natur" die Rede ist? Der Grund hierfür liegt darin, dass die Begriffe „Natur" (altgriechisch: φύσις (lies: phýsis); lateinisch: natura) und „Form" das Gleiche ausdrücken und synonym verwendet werden können, denn: „forma igitur rei naturalis est eius natura" (Contra Gentiles, lib. 4 cap. 35 n. 4; vgl. auch Iª q. 29 a. 1 ad 4; Boëthius, 1918: Kapitel 1; Iª q. 76 a.

Mit (P5) bzw. (C4) haben wir jedoch nicht einfach nur eine weitere Prämisse für die Argumentationskette, an der gerade gearbeitet wird, sondern auch die Definition des Begriffes „Person" gefunden:

Person$_{\textbf{Definition}}$: Eine Person P ist ein Seiendes S, an dem sich mindestens ein Merkmal des Lebens in aktualisierter Form empirisch nachweisen lässt (bzw. sich an S keine sicheren Todeszeichen nachweisen lassen) und das zu einer Art gehört, an deren typischen Vertretern sich die mit dem Besitz einer rationalen Seele einhergehende Fähigkeit Rationalität (F_R) üblicherweise in aktualisierter Form empirisch nachweisen lässt.

Wenn (P5) bzw. (C4) für alles Seiende gilt, dann gilt es aufgrund von (P3) auch für alle Menschen. Entsprechend können wir (P5) bzw. (C4) zu (P5′) bzw. (C4′) umformulieren:

(P5′) = (C4′) Ein Mensch M ist eine Person P genau dann, wenn sich an M mindestens ein Merkmal des Lebens in aktualisierter Form empirisch nachweisen lässt (bzw. sich an M keine sicheren Todeszeichen nachweisen lassen) und M zu einer Art gehört, an deren typischen

1 s.c.; De Potentia, q. 9 a. 2 ad 11 und 31). Zu sagen, dass ein Seiendes S eine rationale Natur besitzt, ist somit gleichbedeutend damit zu sagen, dass S eine rationale Form besitzt. Da es bei dem in (A3'ab') erwähnten Seienden letzten Endes um belebtes Seiendes bzw. Menschen geht und da die Form alles belebten Seienden und damit auch aller Menschen die Seele ist, kann der Ausdruck „rationale Natur N_R" in (A3'ab') durch „rationale Seele" ersetzt werden. So angepasst besagt das Argumentationsmuster (A3'ab'), dass ein Seiendes S genau dann eine Person P ist, wenn S zu einer Art gehört, an deren typischen Vertretern sich üblicherweise die mit dem Besitz einer rationalen Seele einhergehende Fähigkeit Rationalität (F_R) in aktualisierter Form empirisch nachweisen lässt. Und das ist auch genau das, was in (P5) bzw. (C4) zu lesen ist. Die Tatsache, dass (P5) bzw. (C4) zudem noch fordert, dass sich an S mindestens ein Merkmal des Lebens in aktualisierter Form empirisch nachweisen lassen muss (bzw. sich an S keine sicheren Todeszeichen nachweisen lassen), fällt nicht ins Gewicht, da es bei dem in (A3'ab') erwähnten Seienden sowieso um belebtes Seiendes bzw. lebende Menschen geht; entsprechend ist die Voraussetzung der Lebendigkeit implizit auch in (A3'ab') enthalten.

Wenn die im vorangegangenden Kapitel herausgearbeitete Vorstellung von Leben nur dem Argumentationsmuster (A3'ab') entspricht, sind die übrigen Argumentationsmuster und mit diesen auch der funktionalistisch-empirische Definitionsansatz des Personseins zu verwerfen. Dies gilt auch für die beiden Argumentationsmuster, die einem Seienden potentiellen Personenstatus zusprechen, da ein potentieller Personenstatus auf Basis des in (P5) bzw. (C4) enthaltenen Personenverständisses logisch nicht möglich ist. Nach diesem gibt es keine potentiellen Personen, sondern nur Personen mit Potential, nämlich dem Potential der Aktualisierung der in dem Besitz einer rationalen Seele als actus primus angelegten Fähigkeiten, v. a. der der Rationalität.

Vertretern sich die mit dem Besitz einer rationalen Seele einhergehende Fähigkeit Rationalität (F_R) üblicherweise in aktualisierter Form empirisch nachweisen lässt.

Wie oben erwähnt worden ist, geht die Frage, was eine Person ist, der Frage, wer alles eine Person ist, logisch voraus. Das Wissen darum, was eine Person ist, versetzt uns nun in die Lage, aus den in Kapitel V.2 entwickelten distinkten (vollständig) determinierten Grundpositionen zum extensionalen Verhältnis der hinsichtlich ihrer Intension (Begriffsinhalt) auseinanderfallenden Begriffe „Mensch" und „Person" (dGP) diejenige Grundposition zu bestimmen, welche als wahr aufrechtzuerhalten ist. Zur Erinnerung: Die fünf für (C2) in Frage kommenden distinkten Grundpositionen lauten wie folgt:
- (dGP1) Jeder Mensch ist eine Person und jede Person ist ein Mensch.
- (dGP2) Jeder Mensch ist eine Person, aber nicht jede Person ist ein Mensch.
- (dGP3) Nicht jeder Mensch ist eine Person, aber jede Person ist ein Mensch.
- (dGP4) Nicht jeder Mensch ist eine Person und nicht jede Person ist ein Mensch.
- (dGP5) Kein Mensch ist eine Person und keine Person ist ein Mensch.

Um sich für eine dieser Positionen entscheiden zu können, gilt es zunächst herauszufinden, ob alle Menschen, einige Menschen oder kein Mensch die in (P5′) bzw. (C4′) geforderten Bedingungen des Personseins erfüllt. Konkret gilt es hierbei zu entscheiden, ob alle Menschen, einige Menschen oder kein Mensch zu einer Art gehört, an deren typischen Vertretern sich die mit dem Besitz einer rationalen Seele einhergehende Fähigkeit Rationalität (F_R) üblicherweise in aktualisierter Form empirisch nachweisen lässt. Da die Bezeichnung „Mensch" nur ein verkürzter Ausdruck für „Angehöriger der biologischen Art Homo sapiens sapiens" ist, sind per definitionem alle Menschen Angehörige der biologischen Art Homo sapiens sapiens und alle Angehörigen der biologischen Art Homo sapiens sapiens Menschen. Aufgrund dieser Tatsache, und da ohne viel argumentativen Aufhebens bejaht werden kann, dass die biologische Art Homo sapiens sapiens eine Art darstellt, an deren typischen Vertretern sich die Fähigkeit Rationalität (F_R) üblicherweise in aktualisierter Form empirisch nachweisen lässt, kann geschlussfolgert werden, dass alle Menschen zu einer Art gehören, an deren typischen Vertretern sich die Fähigkeit Rationalität (F_R) üblicherweise in aktualisierter Form empirisch nachweisen lässt. Dies bedeutet nun, dass jeder Mensch M dann eine Person ist, wenn sich an M mindestens ein Merkmal des Lebens in aktualisierter Form empirisch nachweisen lässt (bzw. sich an M keine sicheren Todeszeichen nachweisen lassen). Somit ist jeder Mensch, sobald und solange er lebt, eine Person. Da ersteres ab dem Zeitpunkt der abgeschlossenen Verschmelzung von Ei und Samenzelle (Gametogamie) der Fall ist, ist jeder Mensch ab dem Zeitpunkt seiner Existenz als lebende menschliche Zygote[214] eine Person.[215] Zweiteres ist gegeben, solange sich an dem betreffenden Menschen keine sicheren Todeszeichen nachweisen lassen. Wir können also festhalten: Jeder lebendige Angehörige der Spezies Homo sapiens sapiens und damit jeder lebendige Mensch M ist eine Person P. Da wir üblicherweise aber sowieso nur lebendige Menschen als Menschen bezeichnen (ein toter Mensch ist ein Leichnam (eines Menschen)) und der Ausdruck „lebendiger Mensch" somit in gewisser Weise eine Tautologie darstellt, kann stattdessen auch gesagt werden: Jeder Mensch M ist eine Person P.

Vor diesem Hintergrund betrachtet, können von den fünf distinkten Grundpositionen (dGP) drei Grundpositionen, nämlich (dGP3), (dGP4) und (dGP5) als falsch verworfen werden. Welche der beiden übrig bleibenden distinkten Grundpositionen kann für sich beanpruchen, wahr zu sein: (dGP1) oder (dGP2)? Um dies entscheiden zu können, müssen wir die Frage beantworten, ob alle, einige oder keine Personen Menschen sind, d. h. ob nur Menschen die Bedingungen des Personseins erfüllen oder nicht. Auch diese Frage kann relativ einfach beantwortet werden. Auf unserem Planeten gibt es neben dem Menschen keine andere biologische Art, an deren Vertretern sich die Fähigkeit Rationalität (F_R) auf einem auch nur annähernd gleichen Niveau nachweisen lassen könnte; natürlich weisen

214 Definitionsgemäss stellt die menschliche Zygote die erste (diploide) Zelle des menschlichen Embryos dar, welche aus der Verschmelzung (Gametogamie; Syngamie; gemeinhin auch bezeichnet als Empfängnis (conception)) der beiden gegengeschlechtlichen menschlichen haploiden Gameten (Geschlechtszellen; Keimzellen) Eizelle (Oocyte; weiblich) und Samenzelle (Spermium; männlich) entsteht. Die Gametogamie ist ein Prozess von ungefähr 24 Stunden Dauer, der zum einen die Plasmogamie (auch: Zytogamie; Verschmelzung der Zellmembranen und -plasmen) und zum anderen die Karyogamie (Verschmelzung der Zellkerne) umfasst.

Wie die Studien des Anatomen Erich Blechschmidt (vgl. 2000; 2002; 2003) zur Morphologie der frühen vorgeburtlichen Stadien des Menschen zeigen (deren Ergebnisse – in Kunststoffmodelle gegossen – übrigens die an der Universität Göttingen beheimatete „Humanembryologische Dokumentationssammlung Blechschmidt" bilden), ist ein aus der Verschmelzung der beiden menschlichen Gameten Eizelle und Samenzelle entstandene Embryo übrigens von Anfang an ein menschliches Individuum. Es gibt kein „Tier-Mensch-Übergangsfeld" (Blechschmid, 2002: 167), da „ein menschlicher Keim individualspezifische Chromosomen besitzt und deshalb nicht die Entwicklung von Pflanzen und Tieren wiederholen kann" (Blechschmid, 2002: 58) und „gerade die frühen Stadien der menschlichen Embryonalentwicklung sich sehr deutlich von der Frühentwicklung anderer Spezies unterscheiden" (Blechschmid, 2002: 57). Die Aussage, dass die aus der Verschmelzung der beiden menschlichen Gameten Eizelle und Samenzelle entstandene Zygote sich (über die Entwicklungsstadien Embryo und Fötus) zum Menschen entwickelt, ist aus Sicht der Biologie somit eindeutig falsch.

215 Wir können also Spaemann zustimmen, der – wenn auch auf anderem Begründungsweg – zu der Konklusion kommt, dass Personsein nicht später beginnen kann „als die Existenz eines neuen, mit dem elterlichen Organismus nicht identischen menschlichen Lebens" (Spaemann, 2012: 40).

gewisse Tierarten Spuren von rationalem Verhalten auf, jedoch ist dies in keiner Weise vergleichbar mit der Rationalität des Menschen, die sich nicht zuletzt in der Kultur und der Fähigkeit zu lieben äußert.[216] Es wäre aber zu weit gegriffen, aus der Tatsache, dass bisher außer der biologischen Art Mensch keine Art gefunden worden ist, an deren typischen Vertretern sich die Fähigkeit Rationalität (F_R) üblicherweise in aktualisierter Form empirisch nachweisen lässt, zu schließen, dass alle Personen notwendigerweise Menschen sein müssen. Die hier entwickelte Personendefinition kann grundsätzlich auch lebendiges Seiendes erfassen, das zu einer nicht-menschlichen Art gehört, an deren typischen Vertretern sich F_R üblicherweise in aktualisierter Form empirisch nachweisen lässt.[217]

Aus dem Gesagten ergibt sich, dass von den für (C2) in Frage kommenden fünf distinkten Grundpositionen nur die zweite distinkte Grundposition (dGP2) aufrechthalten werden kann. Somit ist anstelle des Platzhalters (C2) die Konklusion (C2b) einzusetzen:

(C2b) Jeder Mensch ist eine Person, aber nicht jede Person ist (notwendigerweise) ein Mensch.

Ist dieser Schritt einmal getan, dann ergibt sich hieraus automatisch, dass von den drei für (C3) zur Auswahl stehenden Konklusionen[218] nur (C3a) aufrechtzuerhalten ist. Wir können also (C3) durch (C3a) substituieren:

(C3a) Die moralischen Rechte R_1, ..., R_n und Pflichten P_1, ..., P_n kommen jedem Menschen M zu.

---

216 Damit ist nicht gesagt, dass andere Lebewesen wie Dinge behandelt werden können und wir ihnen gegenüber nicht auch moralische Pflichten haben; es besagt nur, dass ihnen nicht der moralische Status des Personseins zukommt, sie also keine Personen sind.

217 Insofern kann der Vorwurf des Speziezismus die hier entwickelte Personendefinition nicht treffen. Unter Speziezismus ist „an unjustified preference for the members of the human species, on the basis of the mere fact that they are human" (Reichlin, 1997: 20) zu verstehen. Eine solche Präferenz ist in keiner Weise auszumachen; es ist nicht so, dass eine bzw. die menschliche Art privilegiert wird, sondern alle vernunftbegabten Arten zählen gleichrangig. Wenn sich also rationales Leben auf anderen Planeten entdecken lassen sollte, dann sind deren lebende individuelle Vertreter auch Personen.

218 Zur Erinnerung: Bezüglich (C3) standen in Kapitel V.2 die folgenden Möglichkeiten zur Wahl: (C3a) Die moralischen Rechte R_1, ..., R_n und Pflichten P_1, ..., P_n kommen jedem Menschen M zu. (C3b) Die moralischen Rechte R_1, ..., R_n und Pflichten P_1, ..., P_n kommen nicht jedem, aber auch nicht keinem Menschen M zu. (C3c) Die moralischen Rechte R_1, ..., R_n und Pflichten P_1, ..., P_n kommen keinem Menschen M zu.

Da die zu einem kollektiv zwangfinanzierten Gesundheitswesen zusammengeschlossenen Menschen zweifelsohne Menschen sind, können wir für die Zwecke dieser Arbeit (C3a) ohne Probleme in (C3a′) umformulieren:

(C3a′) Die moralischen Rechte $R_1, \dots, R_n$ und Pflichten $P_1, \dots, P_n$ kommen jedem Menschen M und damit auch allen zu einem kollektiv zwangsfinanzierten Gesundheitswesen zusammengeschlossenen Menschen zu.

Wenn wir nun alle Teile der Argumentation zusammenfügen, dann sieht die komplette bis hierher etablierte Argumentationskette wie folgt aus (vgl. Abbildung 37):[219]

So weit, so gut. Wir wissen nun, was eine Person ist und dass jeder Mensch (und damit auch jeder der zu einem kollektiv zwangsfinanzierten Gesundheitswesen zusammengeschlossenen Menschen) eine Person ist. Damit sind wir zwar einen wesentlichen Schritt weiter, aber noch nicht am Ziel: Denn um (FF_{eng}) beantworten zu können (deren Beantwortung ja die Voraussetzung für die Beantwortung von (FF_{weit}) ist), müssen wir herausfinden, welche moralischen Rechtspflichten $RP_1, \dots, RP_n$ und welche moralischen Anspruchsrechte $AR_1, \dots, AR_n$ das Personsein bzw. die Personalität des Menschen begründet. Der Beantwortung dieser Frage widmet sich das folgende Kapitel (Kapitel VI).

219 Die Abbildung ist von oben nach unten zu lesen und so zu verstehen, dass die jeweils unter einem Querstrich stehende (und auch als Konklusion (C) bezeichnete) Prämisse die logische Ableitung aus den zwei oder drei über dem Querstrich stehenden Prämissen (P) ist.

(P1a)	*Einem Seienden S kommen die moralischen Rechte R_1, ..., R_n und Pflichten P_1, ..., P_n zu, wenn S moralischen Status besitzt.*
(P1b)	*S besitzt moralischen Status, wenn S eine Person ist.*
(C1) = (P1)	*Einem Seienden S kommen die moralischen Rechte R_1, ..., R_n und Pflichten P_1, ..., P_n zu, wenn S eine Person P ist.*
(P2')	*Ein Seiendes S ist eine Person P genau dann, wenn S rationales Leben L_R besitzt.*
(P8)	*Ein Seiendes S besitzt rationales Leben L_R genau dann, wenn S eine rationale Seele als actus primus besitzt.*
(C5) = (P2'')	*Ein Seiendes S ist eine Person P genau dann, wenn S eine rationale Seele als actus primus besitzt.*
(P4')	*Ein Seiendes S besitzt eine rationale Seele als actus primus genau dann, wenn sich an S mindestens ein Merkmal des Lebens in aktualisierter Form empirisch nachweisen läßt (bzw. sich an S keine sicheren Todeszeichen nachweisen lassen) und S zu einer Art gehört, an deren typischen Vertretern sich die mit dem Besitz einer rationalen Seele einhergehende Fähigkeit Rationalität (F_R) üblicherweise in aktualisierter Form empirisch nachweisen läßt.*
(C4) = (P5)	*Ein Seiendes S ist eine Person P genau dann, wenn sich an S mindestens ein Merkmal des Lebens in aktualisierter Form empirisch nachweisen läßt (bzw. sich an S keine sicheren Todeszeichen nachweisen lassen) und S zu einer Art gehört, an deren typischen Vertretern sich die mit dem Besitz einer rationalen Seele einhergehende Fähigkeit Rationalität (F_R) üblicherweise in aktualisierter Form empirisch nachweisen läßt.*
(P3)	*Jeder Mensch M ist ein Seiendes S, aber nicht jedes Seiende S ist ein Mensch M.*
(C4') = (P5')	*Ein Mensch M ist eine Person P genau dann, wenn sich an M mindestens ein Merkmal des Lebens in aktualisierter Form empirisch nachweisen läßt (bzw. sich an M keine sicheren Todeszeichen nachweisen lassen) und M zu einer Art gehört, an deren typischen Vertretern sich die mit dem Besitz einer rationalen Seele einhergehende Fähigkeit Rationalität (F_R) üblicherweise in aktualisierter Form empirisch nachweisen läßt.*
(P6)	*Die einzige bekannte Art, an deren typischen Vertretern sich F_R üblicherweise in aktualisierter Form empirisch nachweisen läßt, ist die biologische Art Homo sapiens sapiens.*
(P7)	*Jeder Mensch ist ein Vertreter der biologischen Art Homo sapiens sapiens.*
(C2b)	***Jeder Mensch ist eine Person, aber nicht jede Person ist (notwendigerweise) ein Mensch.***
(C3a)	***Die moralischen Rechte R_1, ..., R_n und Pflichten P_1, ..., P_n kommen jedem Menschen M zu.***
(C3a')	***Die moralischen Rechte R_1, ..., R_n und Pflichten P_1, ..., P_n kommen jedem Menschen M und damit auch allen zu einem kollektiv zwangsfinanzierten Gesundheitswesen zusammengeschlossenen Menschen zu.***

Abb 37: Schematische Übersicht über das Argument der Personalität aller Menschen

VI Die moralischen Pflichten und Rechte der zu einem Gesundheitswesen zusammengeschlossenen Personen

1 Drei Ansatzpunkte zur Ableitung moralischer Pflichten und Rechte aus dem Personsein des Menschen

Im vorangegangenen Kapitel wurde herausgearbeitet, dass Personsein durch den Besitz einer rationalen Seele als actus primus bestimmt ist (vgl. (P2″)). Der Besitz einer rationalen Seele gilt als nachgewiesen, wenn sich an einem Seienden S mindestens ein Merkmal des Lebens in aktualisierter Form empirisch nachweisen lässt (bzw. sich an S keine sicheren Todeszeichen nachweisen lassen) und wenn S zu einer Art gehört, an deren typischen Vertretern sich die mit dem Besitz einer rationalen Seele einhergehende Fähigkeit Rationalität (F_R) üblicherweise in aktualisierter Form empirisch nachweisen lässt (vgl. (P4′)). Des Weiteren wurde gezeigt, dass alle Menschen Personen sind (vgl. (C2b)). Da einem Seienden S die moralischen Rechte $R_1, ..., R_n$ und Pflichten $P_1, ..., P_n$ zukommen, wenn S eine Person P ist (vgl. (P1) bzw. (C1)), konnte entsprechend geschlussfolgert werden, dass die moralischen Rechte $R_1, ..., R_n$ und Pflichten $P_1, ..., P_n$ jedem Menschen M und damit auch allen zu einem kollektiv zwangsfinanzierten Gesundheitswesen zusammengeschlossenen Menschen zukommen (vgl. (C3a′)). Worauf jedoch noch keine Antwort gegeben worden ist, ist die Frage, welche moralischen Rechte $R_1, ..., R_n$ und Pflichten $P_1, ..., P_n$ denn im Personsein begründet sind. Als Nächstes gilt es also, die beiden Platzhalter „moralische Rechte $R_1, ..., R_n$" und „moralische Pflichten $P_1, ..., P_n$" mit Inhalt zu füllen und herauszuschälen, welches überhaupt die moralischen Pflichten und Rechte sind, die jede Person qua ihres Personseins besitzt. Da (FF_{eng}) jedoch nicht nach allen im Personsein begründeten moralischen Pflichten und Rechten fragt, sondern nur nach den gesundheitsbezogenen moralischen Rechtspflichten $RP_1, ..., RP_n$ und den gesundheitsbezogenen Anspruchsrechten $AR_1, ..., AR_n$ ist es ausreichend, wenn wir uns im Rahmen dieser Arbeit mit der Frage befassen, welche gesundheitsbezogenen moralischen Rechtspflichten $RP_1, ..., RP_n$ und Anspruchsrechte $AR_1, ..., AR_n$ im Personsein begründet sind und damit allen zu einem kollektiv zwangsfinanzierten Gesundheitswesen zusammengeschlossenen lebendigen Menschen zukommen. Dieser Aufgabe – und damit der Beantwortung von (FF_{eng}) – widmet sich dieses Kapitel: Es möchte herausarbeiten, welche gesundheitsbezogenen moralischen Rechtspflichten $RP_1, ..., RP_n$ und welche gesundheitsbezogenen moralischen Anspruchsrechte AR_1, ..., AR_n das im vorangegangenen Kapitel herausgearbeitete Verständnis des Personseins konkret begründet.

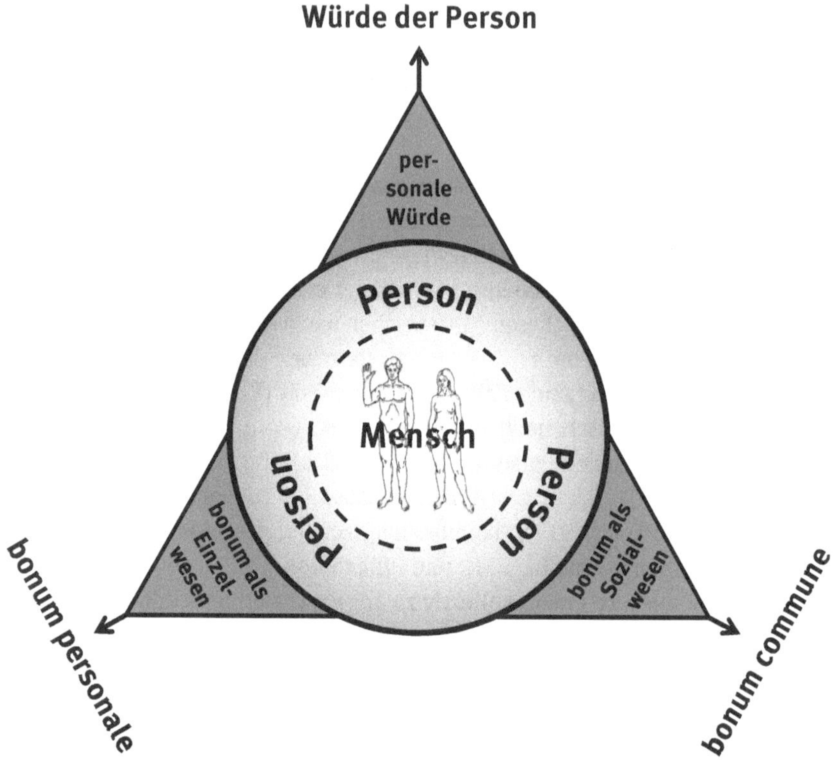

Abb. 38: Drei Ansatzpunkte zur Ableitung moralischer Rechte und Pflichten aus dem Personsein des Menschen

Das oben entwickelte Personenverständnis liefert uns drei Anflugschneisen, um eine Antwort auf die Frage zu finden, welche moralischen Rechtspflichten RP_1, ..., RP_n und Anspruchsrechte AR_1, ..., AR_n das Personsein begründet (vgl. Abbildung 38). Eine Reihe von moralischen Anspruchsrechten und vollkommenen moralischen Pflichten kann aus der mit dem Personsein einhergehenden (personalen) Würde abgeleitet werden (vgl. Kapitel VI.2); weitere moralische Anspruchsrechte und Rechtspflichten lassen sich finden, wenn man sich vor Augen führt, dass die (rationale) Seele, deren Besitz das Personsein ausmacht, Form bzw. actus primus der Person ist (vgl. Kapitel VI.3); und eine dritte Klasse an moralischen Rechtspflichten und Anspruchsrechten ergibt sich aus der Sozialität der

Person, d. h. der Tatsache, dass Personen nicht nur gemeinschaftsfähig, sondern auch -bedürftig sind, und als Gemeinschaft dem bonum commune verpflichtet sind (vgl. Kapitel VI.4).

2 In der Gesundheit als Teil der zu respektierenden personalen Würde begründete moralische Rechte und Pflichten

> „Im letzten geht es nicht um Verwaltungsmethoden, sondern um das gesellschaftliche Ordnungsbild, an dem die Sozialpolitik sich ausrichten muß. Dieses Ordnungsbild wird aber vom Menschenbild bestimmt, so daß der Mensch in seiner personalen Würde und in seiner sozialen Wesensanlage die Norm für den Aufbau der sozialen Sicherheit sein muß." (Höffner, 1956: 12)

Ein erster Grund dafür, dass Personsein moralische Rechte $R_1, ..., R_n$ und Pflichten $P_1, ..., P_n$ begründen kann, besteht darin, dass eine Person ein Seiendes darstellt, dem eine spezielle Form von Wert (value; bonum), nämlich personale Würde, zukommt. Der Begriff „Person" ist ein „Nomen dignitatis" (Spaemann, 2002: 45; 1996: 13), d. h. eine Würde ausdrückende und zuschreibende Bezeichnung (Würdebezeichnung; dignity-conferring name):

> „Persona, sicut dictum est, significat quamdam naturam cum quodam modo existendi. Natura autem, quam persona in sua significatione includit, est omnium naturarum dignissima, scilicet natura intellectualis secundum genus suum. Similiter etiam modus existendi quem importat persona est dignissimus, ut scilicet aliquid sit per se existens." (De potentia, q. 9 a. 3 co.; vgl. Iª q. 29 a. 3 co. sowie ad 2)

> „Jemanden im ethischen Zusammenhang als Person zu bezeichnen, heißt ihn – unabhängig von den mannigfachen begriffsgeschichtlich anzutreffenden Verwendungsweisen und sonstigen gegenwärtigen Konnotationen des Terminus – als Wesen zu bezeichnen, dem nicht nur ein bestimmter Wert, sondern Würde zukommt, d. h. ein Anspruch auf Unantastbarkeit, der nur im gleichen Anspruch einer anderen Person seine Grenze findet." (Baumgartner, Honnefelder, Wickler & Wildfeuer, 1998: 239)

> „Person ist [...] wesenhaft nicht einfach eine neutrale Angelegenheit, sondern Träger einer besonderen Würde, eines einzigartigen Wertes, der alle vitalen Werte and alle rassischen Eigenschaften, die der nationalsozialistische Antipersonalismus verherrlichte, unendlich überragt." (Seifert, 2003: 57)

> „Würde aber ist im Unterschied zum Wert das, was keinen Preis hat. Und den Träger solcher Würde nennen wir ‚Person'. Wir billigen ihm einen Status zu, der uns zu der Bereitschaft nötigt, alle Handlungen, deren Folgen ihn betreffen, ihm gegenüber zu rechtfertigen." (Spaemann, 2012: 30)

Was bedeutet es aber, (personale) Würde und damit einen besonderen, seinen Besitzer in einer bestimmten Form aus der Neutralität hebenden Wert zu besitzen?

2.1 Personale Würde und der ihr geschuldete Respekt

Etwas, das wertvoll ist, besitzt eine positive, es aus der Neutralität hebende Bedeutung; wenn man ein Seiendes als wertvoll bezeichnet, dann meint man damit gemeinhin, dass das Bezeichnete „positive importance" (Seifert, 1997: 95) besitzt. Diese positive Bedeutung kann grundsätzlich entweder von subjektiven Empfindungen abhängig oder objektiv gegeben und damit subjekt-unabhängig sein. Die an das Personsein gebundene Würde der Person impliziert letzteres, nämlich eine subjekt-unabhängige positive Bedeutung bzw. „von jeder Setzung und Willkür unabhängigen positiven Bedeutsamkeit" (Seifert, 2003: 59); sie stellt einen objektiven Wert dar, eine „inherent, intrinsic preciousness" (Seifert, 1997: 96) bzw. eine „objective in-dwelling positive importance" (Seifert, 1997: 96). Dies ist deswegen bedeutend, da objektive Werte im Gegensatz zu subjektiven eine adequäte Reaktion nicht nur von ausgewählten (d. h. den subjektiven Wert empfindenden), sondern von allen Personen verlangen:

> „Whether one chooses or rejects something which is agreeable, but is indifferent from the point of view of value, depends upon one's own pleasure. Whether one does or does not eat an excellent meal is up to oneself. But the positive value calls for an affirmation, and the negative value for a refusal on our part. Confronted with these, the way in which one should behave is not left to one's arbitrary pleasure; instead it should be the subject of preoccupation and the right response should be given, for interest in and adequate responses on our part are due to values." (von Hildebrand, 1950: Chapter I)

(Personale) Würde als spezifischer Wert von Personen stellt nun die höchste Form eines objektiven, intrinsischen Wertes dar;[220] sie ist „an excellence of value" (Seifert, 1997: 98) und ihre Verletzung „constitutes not merely an immoral act but a special moral outrage" (Seifert, 1997: 99). Wenn Würde ein intrinsischer Wert ist,

---

220 Wie ich an anderer Stelle dargelegt habe (vgl. Erk, 2011: 235), kann sich die Würde eines Seienden grundsätzlich aus vier Quellen speisen bzw. lassen sich vier Dimensionen von Würde unterscheiden: „inherent, inflorescent as well as attributed/bestowed dignity, whereby the aspect of inflorescent dignity shall be subdivided into dignity of actual rational consciousness and acquired dignity". Als Würde, die allen Personen und damit allen Menschen zukommt, stellt Personenwürde die Quelle der inhärenten Würde und damit das Mindestmaß an Würde dar, das im Gegensatz zu den drei anderen Würdedimensionen nicht verloren werden kann, da die Quelle dieser Würdedimension nicht verloren werden kann.

dann ist ihre Verletzung ein intrinsisches malum: „Dignity indicates a ‚sacrosanctness' of the person which makes the person's value inviolable for any reason whatsoever." (Seifert, 1997: 99) Anders ausgedrückt: Objektive und damit von aller Willkür unabhängige Werte schränken unser aller Freiheit ein; sie sind „Gegenstand moralischer Forderungen" (Seifert, 2003: 61), auferlegen uns einen „behavioral constraint" und damit eine Pflicht, nämlich die Pflicht, diesen Wert zu achten: „They do not leave us in our arbitrariness but impose a call to respect them, to respond to them, to show interest in them." (Seifert, 1997: 96) Personenwürde ist – das wird an sich von niemand ernsthaft bestritten[221] – etwas, das Respekt verdient; sie ist „something deserving of respect" (Kass, 2008: 308).

> „One of the central concerns of moral reasoning is that we recognise and respect the dignity and worth of persons. It can be argued that it is this concern which underlies the idea that persons possess certain inalienable rights, even in the absence of those rights' being acknowledged by society." (Larmer, 1995: 241)

> „Dignity is bound up with respect: to say that people have dignity is to say that they ought to be respected." (Dan-Cohen, 2002: 290)

> Von der Würde der Person „geht eine Verpflichtung aus[...], sie zu achten, ihr die gebührende Ehrfurcht und jene *affirmatio propter seipsam* zuteil werden zu lassen, die ihr gebührt." (Seifert, 2003: 62)

Die Würde der Person, diese „in sich ruhende Kostbarkeit" (Seifert, 2003: 61), ist „ein zu achtender Anspruch" (Schaber, 2008: 190); sie macht ihren Träger kostbar. Sie verdient jedoch mehr als nur gefühlten Respekt, mehr als unser Verhalten nicht beeinflussende Achtung oder Bewunderung; sie verdient sich in einem konkreten Verhalten äußernden „observantia-respect" (vgl. hierzu Erk, 2011: 288 ff).[222] Personen haben das Recht, dass im Umgang mit ihnen die durch ihre Würde bestimmten Grenzen des Umgangs mit ihnen nicht überschritten werden:

---

221 Dass Personenwürde etwas ist, das zu respektieren ist, wird auch von der World Health Organization (WHO) betont, die „respect for the dignity of the person" (WHO, 2007: 19) ein- und Gesundheitssysteme auffordert, sich nicht nur auf Krankheit zu fokussieren, sondern „on the person as a whole, whose body and mind are linked and who needs to be treated with dignity and respect" (WHO, 2007: V) – auch wenn die WHO leider nicht deutlich macht, was sie unter Personsein und Würde versteht.

222 Feinberg (1973) unterscheidet zwischen drei Arten von Respekt: „respekt", „observantia" und „reverentia". Erstere bezeichnet eine „uneasy and watchful attitude that has 'the element of fear' in it" (Feinberg, 1973: 1), die dritte genannten Form von Respekt beschreibt „the special feeling of profound awe and respect we have in the presence of something extraordinary or sublime, a feeling that both humbles and uplifts us" (Dillon, 2010). „Reverentia" und „respekt" sind somit zwei Seiten der gleichen Medaille, da sie beide Gefühle darstellen, wobei das eine positiv-erhe-

> „Jemanden nicht nur im Personenstandsregister zu führen, sondern ihm ausdrücklich „Personsein" zuzuschreiben, heißt, ihn als jemanden anzuerkennen, der beanspruchen kann, daß man auf eine bestimmte Weise mit ihm umgeht." (Spaemann, 1996: 13)

> „Die Verwendung des Begriffs „Person" ist gleichbedeutend mit einem Akt der Anerkennung bestimmter Verpflichtungen gegen denjenigen, den man so bezeichnet. [...] Die Verwendung des Begriffs [...] ist mehr als die Feststellung, dass etwas der Fall ist. Es ist die Erhebung eines Anspruchs. Und um diesen Anspruch zu verstehen, müssen wir wissen, wie er zustande kam." (Spaemann, 1996: 26; vgl. auch 262)

Anders ausgedrückt: Personenwürde auferlegt jedem Gegenüber einer Person die grundlegende moralische Pflicht, diese Würde durch ein ihr entsprechendes Verhalten gegenüber dem Träger dieser Würde, der Person, zu achten und diese nicht zu verletzen. Dieser Pflicht steht ein korrespondierendes Anspruchsrecht der Person gegenüber, nämlich das moralische Anspruchsrecht auf Respektierung der Personenwürde durch observantia-Respekt. Die Würde der Person begründet also die Rechtspflicht zum bzw. das Anspruchsrecht auf observantia-Respekt.

Was aber ist der konkrete Inhalt (φ) dieser Pflicht zum bzw. dieses Anspruchsrechts auf observantia-Respekt? Zu was sind wir Personen gegenüber aufgrund ihrer personalen Würde verpflichtet? Ganz grundlegend sind wir dazu

---

bend und das andere eher negativ gefärbt ist. Im Gegensatz dazu stellt „observantia" Respekt in einem praktischen Sinne dar; observantia-Respekt betrachtet das zu respektierende Objekt „as making a rightful claim on our conduct, as deserving moral consideration in its own right" (Dillon, 2009). Entsprechend äußert sich diese Form von Respekt nicht nur in einem Gefühl, sondern in einem konkreten Verhalten.

Die beiden Grundkategorien einer emotionalen und einer handlungsrelevanten Form von Respekt aufnehmend (wenn er sie auch leicht anders interpretiert), unterscheidet Darwall (1977; 2006: 122 ff) zwischen „recognition respect" und „appraisal respect". Ersterer Respekt besteht „in a disposition to weigh appropriately in one's deliberations some feature of the thing in question and to act accordingly" (Darwall, 1977: 38) und „in giving appropriate consideration or recognition to some feature of its object in deliberating about what to do" (Darwall, 1977: 38). Diese Form des Respekts, die sich grundsätzlich mit Feinbergs „observantia" deckt, ist für Darwall allen Personen geschuldet (aber nicht nur diesen, denn sein Objekt ist „dignity or authority" (Darwall, 2006: 123)): „It is just this sort of respect which is said to be owed to all persons. To say that persons as such are entitled to respect is to say that they are entitled to have other persons take seriously and weigh appropriately the fact that they are persons in deliberating about what to do" (Darwall, 1977: 38). Die andere Form des Respekts, „appraisal respect", die im Gegensatz zum „recognition respect" nicht „universell, unbedingt und absolut" (Schmetkamp, 2012: 151; 65), sondern „partikular, graduell, bedingt sowie komparativ" (Schmetkamp, 2012: 150; 66) ist, „consists in a positive appraisal of a person or his qualities" (Darwall, 1977: 39) bzw. „is esteem that is merited or earned by conduct or character" (Darwall, 2006: 122); entsprechend bezeichnet Schmetkamp diesen Respektaspekt als „Wertschätzungrespekt [...] gegenüber moralisch guten Charakteren" (2012: 46) bzw. als „Wert- oder Hochschätzungsrespekt" (2012: 61).

verpflichtet, sie nicht als Person zu negieren, d. h. sie nicht ihres Personseins zu berauben bzw. ihnen nicht das zu nehmen, was sie substantiell zu Personen macht und ihnen ihre personale Würde verleiht. Wie im vorangegangenen Kapitel herausgearbeitet wurde (vgl. Kapitel V.6), ist ein Seiendes S eine Person, wenn S eine rationale Seele als actus primus besitzt, wobei S eine rationale Seele als actus primus besitzt, wenn sich an S mindestens ein Merkmal des Lebens in aktualisierter Form empirisch nachweisen lässt (bzw. sich an S keine sicheren Todeszeichen nachweisen lassen) und S zu einer Art gehört, an deren typischen Vertretern sich die mit dem Besitz einer rationalen Seele einhergehende Fähigkeit Rationalität (F_R) üblicherweise in aktualisierter Form empirisch nachweisen lässt. Personsein hängt somit von zwei substantiellen Bedingungen ab: Lebendigkeit und Zugehörigkeit zu einer rationalen biologischen Art.

Wenn der Anspruch auf Respektierung der Personenwürde darin besteht, eine Person nicht dessen zu berauben, was sie substantiell zu einer Person macht, und Lebendigkeit sowie die Zugehörigkeit zu einer rationalen biologischen Art der substantielle Grund des Personseins sind, dann hat eine Person qua Personsein ein Anspruchsrecht darauf, dass ihr weder ihr Leben noch ihre Zugehörigkeit zu der rationalen biologischen Art, zu der sie gehört, genommen werden. Während die Zugehörigkeit zu einer rationalen biologischen Art etwas ist, das wir in unserem alltäglichen Umgang miteinander nicht beeinflussen können, liegt es sehr wohl in unserer Macht, das Leben einer Person zu nehmen. Auch wenn also zwei Anspruchsrechte aus dem Personsein fließen, so ist für unsere Zwecke realistischerweise nur das Anspruchsrecht auf Leben von Belang. Indem wir das Leben einer Person respektieren, respektieren wir also ihre Würde. Wenn die Respektierung einer Person darin besteht, ihr nicht das zu nehmen, was sie substantiell zu einer Person macht, und dieses etwas ihr Leben ist, dann können wir daraus schließen, dass eine Person zu respektieren bedeutet, sie nicht (wissentlich und willentlich) um ihr Leben zu bringen bzw. ihr nicht (wissentlich und willentlich) ihr Leben zu nehmen.[223]

223 Dass Personen dieses Anspruchsrecht besitzen, ist eine der praktisch nicht bestrittenen Einsichten der Moralphilosophie: „The principle that the destruction of persons is very seriously wrong is not itself very controversial: very few philosophically informed people […] would wish to reject it." (Tooley, 2009: 132) Vor dem Hintergrund dieser engen Verknüpfung der Konzepte Person, Würde und Recht/Pflicht ist auch die folgende Aussage von Sulmasy zu verstehen: „Dignity is the ground of rights, not a synonym for rights." (Sulmasy, 2007: 10) Schaber (2008: 189 f) drückt den gleichen Gedanken wie folgt aus: „Würde ist keine natürliche, sondern eine normative Eigenschaft. Und zwar eine, die […] tatsächlich eine begründende Aufgabe im Blick auf die moralischen Rechte des Menschen erfüllt. […] Die moralischen Rechte von Personen sind in der Tat in ihrer Würde begründet."

Der Respekt vor der Würde der Person verbietet somit jede Form von Mord und Totschlag, inkl. z. B. Abtreibung, Euthanasie, verbrauchende embryonale Stammzellenforschung u. ä.. Dies bedeutet aber auch, dass einer Person nicht nur verboten ist, das Leben einer anderen Person zu nehmen, sondern es ihr auch verboten ist, ihr eigenes Leben zu nehmen. Der Respekt vor der Würde der Person geht jedoch weiter als das: Er schließt nicht nur jedes Verhalten ein, durch das eine Person um ihr Leben gebracht wird, sondern auch Verhalten, durch das das Leben einer Person Schaden nimmt. Wenn Person A dem Leben von Person B gerade so schadet, dass B durch die ihm von A zugefügte Schädigung sein Leben nicht verliert, dann stellt dies ebenso einen Verstoß gegen die Pflicht A dar, die personale Würde von B zu achten, wie wenn A B um sein Leben bringen würde.

Wenn wir den in Kapitel IV.6 entwickelten morphologischen Kasten der Rechte und Pflichten zu Hilfe nehmen, können wir näher bestimmen, mit was für einem Recht und was für einer Pflicht wir es hier genau zu tun haben. Wie bereits erwähnt, haben wir es bei dem Recht auf Leben mit einem Anspruchsrecht $AR_{Ba\varphi CZ}$ zu tun, das durch Bezug auf die moralische Statustheorie des Personseins bzw. die Würde der Person begründet (Z) und damit moralischer Natur ist. Inhaber des Anspruchsrechts (B) sind alle Personen P qua ihres Personseins, wobei der von diesem Anspruchsrecht Betroffene (C) der Inhaber des Anspruchsrechts selbst ist und das Anspruchsrecht gegenüber allen anderen Personen gilt (A). Der Inhalt dieses Anspruchsrechts (φ) ist dahingehend spezifiziert, dass alle Personen es zu unterlassen haben, den Inhaber des Anspruchsrechts (wissentlich und willentlich) um sein Leben zu bringen bzw. seinem Leben (wissentlich und willentlich) zu schaden; es verbietet ein Tun und gebietet eine Unterlassung und ist damit ein negatives Anspruchsrecht. Bei dem sich aus dem Personsein ableitenden Recht auf Leben handelt es sich somit um ein den jeweiligen Rechtsinhaber betreffendes universelles negatives moralisches Anspruchsrecht in rem.

Wenn wir uns die mit diesem Anspruchsrecht korrespondierende vollkommene Pflicht $RP_{Ab\varphi CZ}$ genauer anschauen, können wir sagen, dass diese, weil das sie begründende bzw. mit ihr korrespondierende Anspruchsrecht ein Recht in rem ist, jeder Person auferlegt und damit eine universelle Pflicht ist. Sie ist jedoch nicht nur gegenüber allen, sondern auch von allen Personen geschuldet, weswegen sie darüber hinaus eine generelle Pflicht bzw. eine Pflicht in rem ist. Es handelt sich also um eine das Gegenüber der Pflicht (= Inhaber des korrespondierenden Anspruchsrechts) betreffende universelle generelle negative moralische Rechtspflicht, die es dem Inhaber dieser Rechtspflicht verbietet, irgendetwas zu tun, das dem Leben des Inhabers des korrespondierenden Anspruchsrechts schadet oder diesen um sein Leben bringt, und die es ihm gebietet, alles zu unterlassen, was dem Leben des Inhabers des korrespondierenden Anspruchsrechts schadet oder diesen um sein Leben bringt (Verbot eines Tuns und Gebot einer Unterlassung).

Die hier herausgearbeitete Anspruchsrecht/Rechtspflicht-Beziehung ist allerdings dahingehend einzuschränken, dass es hier nur um ungerechtfertigte Schädigungen am Leben des Anspruchsrechtsinhabers gehen kann; ein Akt der z. B. für den Angreifer lethalen Selbstverteidigung stellt insofern keinen Verstoß gegen diese Pflicht dar.

Das oben beschriebene in der Würde der Person begründete und zwischen allen Personen bestehende Anspruchsrecht/Rechtspflicht-Verhältnis kann konkret wie folgt zusammengefasst werden bzw. umfasst folgendes passives Recht und folgende vollkommene Pflicht:

$\text{Anspruchsrecht}_{\text{Respekt Personenwürde}}$ (bzw. $\text{nAR}_{\text{Respekt Personenwürde}}$):
Jede Person hat gegenüber jeder anderen Person das in ihrer Personenwürde begründete universelle negative moralische Anspruchsrecht in rem, dass ihr nicht ungerechtfertigterweise das Leben genommen oder ihrem Leben ungerechtfertigterweise geschadet wird.

↑ ↑ ↑ ↑

Mit diesem Anspruchsrecht korrespondiert folgende vollkommene Pflicht:

↓ ↓ ↓ ↓

$\text{Rechtspflicht}_{\text{Respekt Personenwürde}}$ (bzw. $\text{nRP}_{\text{Respekt Personenwürde}}$):
Jede Person hat gegenüber jeder anderen Person[224] die in deren Personenwürde begründete universelle generelle negative moralische Rechtspflicht, nichts zu tun (Verbot eines Tuns) und alles zu unterlassen (Gebot einer Unterlassung), was dem Leben einer anderen Person ungerechtfertigterweise schadet oder diese ungerechtfertigterweise um ihr Leben bringt.

Mit anderen Worten: Jede Person besitzt allen anderen Personen gegenüber sowohl $\text{nAR}_{\text{Respekt Personenwürde}}$ als auch $\text{nRP}_{\text{Respekt Personenwürde}}$. Graphisch können das $\text{nAR}_{\text{Respekt Personenwürde}}$ und die $\text{nRP}_{\text{Respekt Personenwürde}}$ bzw. die sich aus der Würde der Person ergebenden und zwischen allen (und damit auch allen zu einer Gemeinschaft zusammengeschlossenen) Personen bestehenden Anspruchsrecht/ Rechtspflicht-Beziehungen wie folgt darstellen (vgl. Abbildung 39):

224 Streng genommen besteht diese Rechtspflicht zuerst einmal nur gegenüber dem Inhaber von $\text{nAR}_{\text{Respekt Personenwürde}}$. Da aber alle Personen Inhaber von $\text{nAR}_{\text{Respekt Personenwürde}}$ sind, kann vereinfachend auch gesagt werden, dass $\text{nRP}_{\text{Respekt Personenwürde}}$ gegenüber allen Personen besteht.

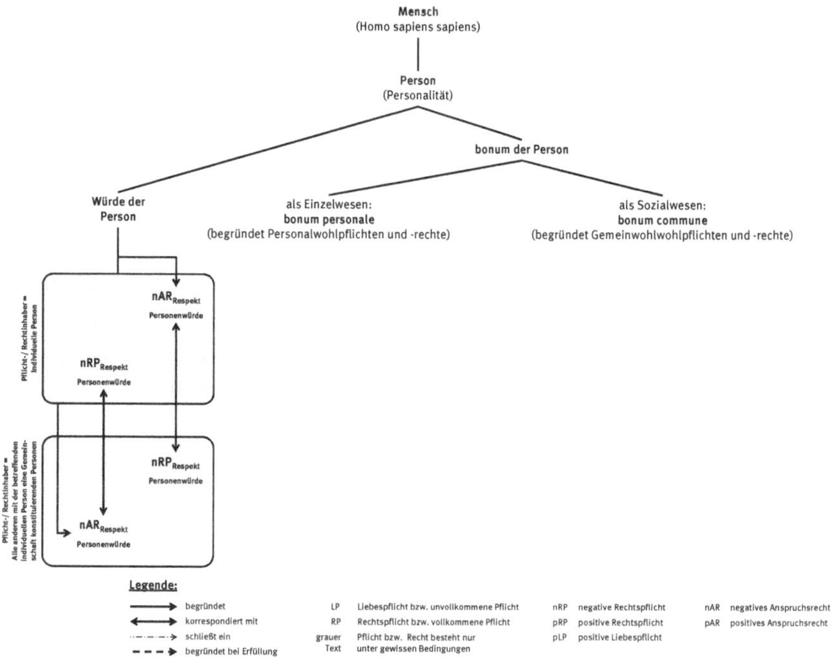

Abb. 39: Die sich aus der Würde der Person ergebenden und zwischen einer Gemeinschaft von Personen bestehenden moralischen Pflichten und (Anspruchs-)Rechte

2.2 Exkurs: Impliziert eine negative Pflicht automatisch eine positive Pflicht?

Für einige Autoren gehen die eben explizierte Rechtspflicht $nRP_{\text{Respekt Personenwürde}}$ und das eben explizierte Anspruchsrecht $nAR_{\text{Respekt Personenwürde}}$ allerdings nicht weit genug. Sie sind nämlich der Auffassung, dass negative Pflichten zwangsweise resp. automatisch positive Pflichten und negative Anspruchsrechte zwangsweise resp. automatisch positive Anspruchsrechte implizieren bzw. generieren. Ein Vertreter dieser Position ist James Griffin: „Many of the negative duties correlated with human rights (for example, not denying autonomy) themselves involve positive duties (for example, ensuring conditions for the exercise of autonomy)." (Griffin, 2000: 43) Ähnlich sieht es auch Henry Shue, für den „basic rights", d. h. solche Rechte, deren Ausübung „is essential to the enjoyment of all other rights" (Shue, 1996: 19), sowohl negative als auch positive Pflichten implizieren: „If everyone has a right to y, and the enjoyment of x is necessary for the enjoyment of y, then everyone also has a right to x." (Shue, 1996: 32)[225] So beinhaltet für ihn z. B. das Anspruchsrecht auf körperliche Unversehrtheit (physical security), „not normally a demand simply to be left alone, but a demand to be protected against harm. It is a demand for positive action, or, in the words of our initial account of a right, a demand for social guarantees against at least the standard threats" (Shue, 1996: 38 f). Was ist zu dieser Position zu sagen, nach der negative und positive Pflichten nicht voneinander zu trennen und zu unterscheiden sind bzw. jedes negative Anspruchsrecht sowohl mit einer negativen als auch einer positiven Pflicht korrespondiert (und damit gleichzeitig auch ein positives Anspruchsrecht ist)?

Da ich andernorts (vgl. Erk, 2011: 188 ff) relativ ausführlich zu dieser Frage Stellung genommen habe, reicht es aus, an dieser Stelle nur einen der wesentlichen Punkte zu erwähnen, die gegen diese These der Ununterscheidbarkeit („indistinguishability thesis") sprechen, nach der eine negative Pflicht immer auch eine positive Pflicht und ein negatives Anspruchsrecht immer auch ein positives Anspruchsrecht impliziert bzw. letztere immer in ersteren enthalten sind. Kurz gesagt lautet der Punkt wie folgt: Die These der Ununterscheidbarkeit von negativen und positiven Pflichten bzw. negativen und positiven Anspruchsrechten beruht auf einer mangelnden konzeptionellen Differenzierung des Pflicht- und Anspruchsrechtsbegriffs. Cécile Fabre (2000: 51 ff) hat dieses Problem bereits so treffend beschrieben, dass es am einfachsten ist, sie zu Wort kommen zu lassen:

> „Shue argues that rights ordinarily thought of as negative rights in fact impose positive duties as well as negative duties. Take, for example, the right to physical security: it is respected if one refrains from assaulting people and if steps are taken by the state so as to protect people from assault. [...] Shue's point derives / some of its force from the fact that we do indeed think that we cannot enjoy physical security if steps are not taken by the state to enforce it. However, he cannot infer from this 'demand', as he puts it, the claim that the right to physical security itself imposes a duty on the part of the state to take those steps. He has to explain why we cannot argue that we can make two demands, each encapsulated by a different right: a demand that we not be assaulted, encapsulated by a negative right not to be assaulted, and a demand that we be protected against assaults, encapsulated by a positive right that the state take steps to protect us from potential attackers. [...] / Shue fails convincingly to explain why a right to x imposes both negative and positive duties. The fundamental difficulty with his argument is that, assuming that he is right to say that we have one multifaceted demand for x, this can only apply to very general rights, such a right to physical security and a right to subsistence; it cannot account for the conceptual possibility of talking of the more specific rights in which these general rights can be broken down, such as the right not to be assaulted

225 Dies gilt aus Shues Sicht auch für jedes beliebige moralische Anspruchsrecht (vgl. Shue, 1996: 54 f).

> and the right to be given food, and for the widely held view that we do indeed have such specific rights." (Fabre, 2000: 51 ff)

Auf den Punkt gebracht macht Fabre folgende Aussage: Die „indistinguishability thesis" kann nicht aufrechterhalten werden, da sie die Unterscheidung zwischen einer negativen Pflicht und einem Pflichtencluster bzw. einem negativen Anspruchsrecht und einem Anspruchsrechtscluster vernachlässigt. Während es konzeptionell ohne weiteres möglich ist, dass gewisse Anspruchsrechte mit einem Cluster von Pflichten korrespondieren und dieses Cluster sowohl negative als auch positive Pflichten beinhaltet, so gibt es keinen überzeugenden philosophischen Grund für die These, dass ein negatives Anspruchsrecht immer mit (mindestens) einer negativen und positiven Pflicht korrespondiert – außer vielleicht den Grund der politischen Wünschbarkeit.

Als Fazit können wir also festhalten: Es spricht nichts gegen die im vorigen Kapitel entwickelte Formulierung des sich aus der Würde der Person ableitbaren Anspruchsrecht/Rechtspflicht-Verhältnisses, das zwischen allen Personen besteht und nach dem dem negativen Anspruchsrecht auf Achtung der Personenwürde nur die negative und nicht auch automatisch eine positive Pflicht zur Achtung auf Achtung der Personenwürde gegenübersteht.

2.3 Respektierung der Gesundheit als Teil der Respektierung der Würde der Person

Diese Arbeit fragt nun jedoch nicht nach den generellen zwischen Personen bestehenden Rechten und Pflichten, sondern nach den spezifischen Anspruchsrechten und Rechtspflichten, die zwischen Personen hinsichtlich der Verwirklichung des Gutes Gesundheit bestehen. Es ist in einem nächsten Schritt also zu bestimmen, inwieweit die Respektierung der Personenwürde neben der negativen Rechtspflicht, nichts zu tun und alles zu unterlassen, was dem Leben einer Person ungerechtfertigterweise schadet oder diese ungerechtfertigterweise um ihr Leben bringt, auch den Schutz der Gesundheit beinhaltet.

Wie einfach gezeigt werden kann, ist dies unbestritten der Fall. Denn: Wenn das negative in der Personenwürde begründete Anspruchsrecht auf Leben die negative Rechtspflicht impliziert, u. a. nichts zu tun und alles zu unterlassen, was dem Leben einer Person ungerechtfertigterweise schadet, dann bedeutet dies letzten Endes nichts anderes, als dass man die Würde einer Person nicht nur dann verletzt, wenn man sie ungerechtfertigterweise tötet, sondern dies auch dann tut, wenn man die Qualität des Lebens der Person ungerechtfertigterweise herabsetzt. Zum Leben in einer bestimmten Qualität gehört nun zweifelsohne auch ein Leben in Gesundheit. Entsprechend schließt das direkt aus dem Anspruch auf Respekt vor der Würde der Person fließende Anspruchsrecht auf Respektierung des Lebens der Person als Teilaspekt auch das Anspruchsrecht auf Respektierung der Gesundheit der Person ein. Wenn man sich nun daran erinnert (vgl. Kapitel III.5.2), dass von Gesundheit in den drei Facetten Gesundheitszustand, Gesundheitshaltung und Gesundheitsnorm gesprochen werden kann, dann hilft dies, das Anspruchsrecht auf Respektierung der Gesundheit der Person zu konkretisieren. Dieses Anspruchsrecht schließt somit die Respektierung der Gesundheit der Person Gesundheit sowohl als Zustand, Haltung als auch Norm ein. Letztere Facette der Gesundheit kann im Grunde jedoch wieder gestrichen werden, da man einer Gesundheitsnorm nicht schaden kann.

2.4 Zusammenfassung: Das in der Würde der Person begründete moralische Anspruchsrecht der zu einem Gesundheitswesen zusammengeschlossenen Personen auf Respektierung der Gesundheit

Wenn wir die Erkenntnisse aus Kapitel VI.2.3 mit denen aus seinen Vorgängerkapiteln zusammenführen, können wir das oben formulierte zwischen allen Personen bestehende Anspruchsrechts/Rechtspflichts-Verhältnis im Hinblick auf die Gesundheit wie folgt spezifizieren:

Anspruchsrecht$_{\text{Respekt Personenwürde (Gesundheit)}}$ (bzw. nAR$_{\text{Respekt Personenwürde (Gesundheit)}}$):
Jede Person hat gegenüber jeder anderen Person das in ihrer Personenwürde begründete universelle negative moralische Anspruchsrecht in rem, dass ihr nicht ungerechtfertigterweise die Gesundheit als Zustand oder Haltung genommen oder ihrer Gesundheit als Zustand oder Haltung ungerechtfertigterweise geschadet wird.

↑ ↑ ↑ ↑

Mit diesem Anspruchsrecht korrespondiert folgende vollkommene Pflicht:

↓ ↓ ↓ ↓

Rechtspflicht$_{\text{Respekt Personenwürde (Gesundheit)}}$ (bzw. nRP$_{\text{Respekt Personenwürde (Gesundheit)}}$):
Jede Person hat gegenüber jeder anderen Person[226] die in deren Personenwürde begründete universelle generelle negative moralische Rechtspflicht, nichts zu tun

---

226 Streng genommen besteht diese Rechtspflicht zuerst einmal nur gegenüber dem Inhaber von nAR$_{\text{Respekt Personenwürde (Gesundheit)}}$. Da aber alle Personen Inhaber von nAR$_{\text{Respekt Personenwürde (Gesundheit)}}$ sind, kann vereinfachend auch gesagt werden, dass nRP$_{\text{Respekt Personenwürde (Gesundheit)}}$ gegenüber allen Personen besteht.

(Verbot eines Tuns) und alles zu unterlassen (Gebot einer Unterlassung), was der Gesundheit einer anderen Person als Zustand oder Haltung ungerechtfertigterweise schadet oder diese ungerechtfertigterweise um ihre Gesundheit als Zustand oder Haltung bringt.

Damit sind die ersten beiden Element der Liste dessen, was wir uns gegenseitig hinsichtlich der Verwirklichung des Gutes Gesundheit schuldig sind, gefunden, nämlich das $\text{Anspruchsrecht}_{\text{Respekt Personenwürde (Gesundheit)}}$ und die $\text{Rechtspflicht}_{\text{Respekt Personenwürde (Gesundheit)}}$.

3 In der Gesundheit als Teil des bonum personale begründete moralische Rechte und Pflichten

Das Anspruchsrecht $\text{nAR}_{\text{Respekt Personenwürde}}$ auf bzw. die Pflicht $\text{nRP}_{\text{Respekt Personenwürde}}$ zur Achtung der Würde der Person ist jedoch nicht die einzige Art, auf die Personsein moralische Rechte und Pflichten begründet. Die zweite Form der Begründung nimmt ihren Ausgang in der Einsicht, dass Personsein im Besitz einer Seele genannten rationalen Form als actus primus begründet ist (vgl. (P2″)). Wie oben dargelegt (vgl. Kapitel V.3.1), handelt es sich beim actus primus um eine mit potentia gemischte Art von actus, weswegen actus primus und potentia secunda synonyme Ausdrücke sind. Wenn eine Person P die rationale Form Seele als actus primus besitzt, dann bedeutet das, dass P diese Form sowohl der Wirklichkeit als auch der Möglichkeit nach, und damit aktuell als Vermögen besitzt.

Eine Person P besitzt also eine Reihe an aktuell vorhandenen Vermögen, die jedoch gleichzeitig insofern der Möglichkeit nach vorhanden sind, als sie ausgeübt und somit in den actus secundus überführt werden können. Aus Sicht der essentialistischen Philosophie stehen diese verschiedenen „real states or ways of being“ (Oderberg, 2007: 134) jedoch nicht auf einer Stufe, denn: „semper actus perfectior est potentia“ (Super Sent., lib. 2 d. 44 q. 1 a. 1 ad 2).[227] Vom Akt als Zustand der Perfektion (lateinisch: perfectio; englisch: perfection) zu sprechen ist jedoch nicht dahingehend zu verstehen, „that reality or the things in it are perfect in the familiar sense of all-powerful or lacking in nothing – the qualities attributed to a divine being when we speak to be as perfect“ (Oderberg, 2007: 64).

Was damit ausgesagt wird ist, dass Sein in potentia (egal ob Sein in potentia prima oder in potentia secunda) einen nach oben offenen Seinszustand darstellt,

227 vgl. Sentencia De anima, lib. 3 l. 12 n. 2: „quod est in potentia, inquantum huiusmodi, est imperfectum“

welcher in einen vollkommeneren Seinszustand (Sein in actu primo oder in actu secundo) überführbar ist: „dicitur esse aliquid perfectum, cum de potentia educitur in actum" (Iª q. 4 a. 1 ad 1). Einem Seienden in potentia – obwohl aktuell seiend – fehlt es noch an aktuellem Sein zu seiner Seinsvollkommenheit (fullness of being).[228] Entsprechend ist diese Form des Seins weniger vollkommen als Sein in actu:[229] „Lacking a perfection, in the technical sense, means lacking a property, or the full expression of a property, whose possession enables normal functioning or flourishing as a typical member of a kind." (Oderberg, 2007: 210)[230] Ein in potentia Seiendes ist ein Seiendes, das mehr sein kann, als es ist; ein in actu Seiendes ist ein Seiendes, das mehr ist, als es als in potentia Seiendes war;[231] und ein in actu secundo Seiendes ist ein Seiendes, das nicht mehr mehr sein kann, als es ist. Unter dem Aspekt der Seinsvollkommenheit betrachtet ergibt sich somit folgende Reihung der Arten, auf die ein Seiendes sein kann:

- potentia prima ist weniger (seins)vollkommen als potentia secunda bzw. actus primus;
- potentia secunda bzw. actus primus ist weniger (seins)vollkommen als actus secundus.

---

228 vgl. Iª q. 4 a. 1 ad 1: „transumitur hoc nomen perfectum ad significandum omne illud, cui non deest esse in actu"

229 vgl. Contra Gentiles, lib. 1 cap. 39 n. 6 („Perfectum est aliquid secundum quod est actu. Ergo imperfectum erit secundum quod est deficiens ab actu.") sowie Contra Gentiles, lib. 1 cap. 28 n. 6 („Unumquodque perfectum est inquantum est actu; imperfectum autem secundum quod est potentia cum privatione actus.")

230 Der Ausdruck „perfectio" kann somit am besten im Sinne einer Vervollkommnung (englisch: fulfilment; completion) bzw. Aktualisierung einer potentia hin zur Seinsvollkommenheit (fullness of being) des betreffenden Seienden verstanden werden. Man könnte mit Welty perfectio auch als „möglichste Durchbildung und Verwirklichung aller den Einzelnen gegebenen Anlagen" (Welty, 1935: 291) beschreiben. Ähnlich beschreibt Thomas von Aquin ein Seiendes vollkommen, „cui non deest aliquid eorum quae nata sunt haberi a natura illa" (De virtutibus, q. 2 a. 10 co.).

231 Streng genommen gilt diese Aussage nur für „actūs impuri", jedoch nicht für den „actus purus", der nicht das Ergebnis eines Werdensprozesses ist. Die höchste bzw. vollkommenste Form des Seins ist das Sein als actus purus, wobei actus purus und actus secundus nicht gleichbedeutend sind. Im Gegensatz zum actus secundus, der keine Potentialität mehr enthält, enthält actus purus nicht nur keine Potentialität, sondern hat diese auch nie enthalten. Ohne die Annahme eines actus purus wäre jegliches Sein und Werden undenkbar, da Potenz nur durch das Wirken von Akt aktualisierbar ist („potency is completed by actuality" (Oderberg, 2007: 64)). Gott ist actus purus: „Deus est purus actus, non habens aliquid de potentialitate" (Iª q. 3 a. 2 co.; vgl. auch Iª q. 12 a. 1 co.) Für die Unterscheidung zwischen actus purus und actus impurus siehe auch FN 179.

3.1 Die moralische Pflicht jedes Seienden zu werden, was es ist

Was hat dies alles aber nun mit im Personsein begründeten moralischen Rechten und Pflichten zu tun? Es hat insofern damit zu tun, als jedes Seiende die Pflicht hat, seine Potentialität(en) zu entfalten. Wieso und wie genau soll nachfolgend dargelegt werden. Aus Sicht der hier zugrundegelegten essentialistischen Philosophie bzw. Ontoteleologie leiten sich die grundlegenden moralischen (und in ihrer Gesamtheit üblicherweise als Naturgesetz[232] bezeichneten) Pflichten aus der Notwendigkeit eines Zieles her: „praeceptum legis, cum sit obligatorium, est de aliquo quod fieri debet. Quod autem aliquid debeat fieri, hoc provenit ex necessitate alicuius finis." (Iª-IIae q. 99 a. 1 co.)[233] Um zu wissen, welche moralischen Pflichten Personen haben, müssen wir also danach fragen, welches notwendige Ziel allen Personen gemeinsam ist. Diese Frage kann leichter beantwortet werden, wenn wir uns zuerst allgemein Gedanken über das Ziel machen, das einem jeden Seienden notwendig gesetzt ist. Also: Was ist dieses notwendige Ziel? Das notwendige Ziel eines jeden Seienden ist zunächst einmal das Gute: „bonum habet rationem finis, malum autem rationem contrarii" (Iª-IIae q. 94 a. 2 co.; Iª q. 5 a. 4 co.).[234] Das Gute hat notwendigerweise Zielcharakter. Hieraus kann die grundle-

---

232 Wie Utz (1948) richtig anmerkt, dürfen die Begriffe „Naturgesetz" und „Naturrecht" nicht verwechselt werden, denn: „Das ‚Recht' besagt zunächst keine Verpflichtung, sondern eben eine Berechtigung, einen Anspruch. Naturrecht bedeutet also zunächst ein in der Sache, in der Natur begründetes Recht. [...] Das Gesetz verpflichtet. Das Recht gibt einen Anspruch. Es verpflichtet den andern zur Anerkennung dieses Anspruches." (Utz, 1948: 61f) Das Naturrecht umfasst die Ansprüche (und damit die Anspruchsrechte) des Menschen, die er qua seiner Personalität anderen Menschen gegenüber besitzt, die „der Mitmensch als menschliche Person an uns stellen kann" (Utz, 1948: 62). Siehe hierzu auch FN 237. Das Naturgesetz (auch: natürliches Gesetz; lex naturalis) ist das aus dem Wesen bzw. der Natur eines jeden Seienden fließende Gesetz resp. die jedem Seienden als sein Wesen bzw. als seine Natur gesetzte spezifische Normativität; auch wenn sich gewisse, nämlich rationale Wesen über diese hinwegsetzen können, so beeinträchtigt und beschädigt sich ein Wesen, das sich über die ihm vorgegebene Normativität hinwegsetzt, in seinem Selbststein, d. h. in dem, was es eigentlich selbst ist.

233 sieh hierzu auch IIª-IIae q. 44 a. 1 co.: „Per se quidem debitum est in unoquoque negotio id quod est finis, quia habet rationem per se boni." Entsprechend schreibt Jensen (2013: 174): „Thomas has little room for a categorical imperative. In his mind, all obligations are hypothetical, depending on some end or goal (I-II 99, 1). He has no imperative ‚Seek the truth' hanging in midair with nothing to ground it. Rather, he has the good of truth, from which we perceive that we should pursue the truth. The command or precept depends upon the good after the manner of a hypothetical imperative."

234 Vgl. hierzu auch die beiden folgenden Stellen aus Platons Werken:
- „Σωκράτης: [...] ἆρα καὶ σοὶ συνδοκεῖ οὕτω, τέλος εἶναι ἁπασῶν τῶν πράξεων τὸ ἀγαθόν, καὶ ἐκείνου ἕνεκα δεῖν πάντα τἆλλα πράττεσθαι ἀλλ᾽ οὐκ ἐκεῖνο τῶν ἄλλων; [...] Καλλίκλης: ἔγωγε." (Gorgias, 499e/ 500a)

gendste aller Pflichten abgeleitet werden, das „primum praeceptum legis" (Iª-IIae q. 94 a. 2 co.), nämlich dass das Gute zu tun und das Böse (bzw. Schlechte, Übel) zu meiden ist („bonum est faciendum et prosequendum, et malum vitandum" (Iª-IIae q. 94 a. 2 co.; vgl. auch IIª-IIae q. 79 a. 1)). Diese Aussage ist in dieser Form jedoch noch zu abstrakt, um hieraus irgendwelche konkreten Pflichten ableiten zu können. Denn das Gute an sich können wir nicht tun, sondern nur etwas konkret Gutes: „no one can in acting simply pursue good – one has to pursue some particular good" (Murphy, 2011). Was also ist das konkrete Gute, das jedes Seiende zu erstreben und tun verpflichet ist? Dieses allem Seienden zu tun aufgetragene konkrete Gute besteht in seiner (Seins) Vollkommenheit, in der „Verwirklichung seines Seinkönnens" (Pieper, 2001a: 32; 49), denn das Wesen des Guten besteht in (Seins)Vollkommenheit („Ratio autem boni in perfectione consistit." (Contra Gentiles, lib. 1 cap. 39 n. 5)):[235]

> „Für den Menschen ist das gut, was objektiv verdient, von ihm angestrebt zu werden; was der menschlichen Natur angemessen, „bekömmlich" ist; was den Menschen objektiv vervollkommnet oder seiner Vervollkommnung im Rahmen und nach Maßgabe seiner Bestimmung dient." (Welty, 1935: 219)

> „Das Gute im allgemeinen ist demnach eine Seinsweise: nämlich die von Natur eines Dinges geforderte Seinsvollkommenheit oder Vollwirklichkeit." (Messner, 1955: 42; 46)

> „Das Gute ist das Wirkliche am Ziel seiner Wesensbewegung." (Pieper, 2007: 85)

Die grundlegende Pflicht eines jeden Seienden, weil grundlegendes Gut und damit grundlegendes Ziel eines jeden Seienden, besteht somit darin, seine (Seins)Vollkommenheit zu suchen:

(Sokrates: [...] Scheint es also auch Dir so, dass das Ziel aller Handlungen das Gute ist und dass es um jenes willen nötig ist, dass alles andere getan wird und jenes um des anderen willen? [...] Kallikles: In der Tat.)

– „Σωκράτης: τόδε γε μήν, ὡς οἶμαι, περὶ αὐτοῦ ἀναγκαιότατον εἶναι λέγειν, ὡς πᾶν τὸ γιγνῶσκον αὐτὸ θηρεύει καὶ ἐφίεται βουλόμενον ἑλεῖν καὶ περὶ αὐτὸ κτήσασθαι, καὶ τῶν ἄλλων οὐδὲν φροντίζει πλὴν τῶν ἀποτελουμένων ἅμα ἀγαθοῖς. Πρώταρχος: οὐκ ἔστι τούτοις ἀντειπεῖν." (Philebos, 20d)

(Sokrates: Am notwendigsten aber, wie ich meine, sei das von ihm auszusagen, dass alles, was eine Kenntnis von ihm hat, ihm nachjagt und zustrebt, in der Absicht, es zu ergreifen und für sich zu besitzen, während es sich um alles andere nichts bekümmert, das ausgenommen, was mit dem Guten zugleich erzielt wird. Protarchos: Dagegen ist nichts einzuwenden.)

235 Siehe hierzu auch Contra Gentiles, lib. 1 cap. 38 n. 3 („perfectio uniuscuiusque est bonitas eius"), Iª q. 5 a. 5 co. („unumquodque dicitur bonum, inquantum est perfectum"), Sententia Ethic., lib. 1 l. 1 n. 12 („finale bonum in quod tendit appetitus uniuscuiusque est ultima perfectio eius") sowie De veritate, q. 21 a. 2 co. („cum ratio boni in hoc consistat quod aliquid sit perfectivum alterius per modum finis, omne illud quod invenitur habere rationem finis, habet etiam rationem boni.").

> „Das ganze Reich des endlichen, geschaffenen Seins wird beherrscht und durchherrscht vom Gesetze des Fortschritts, der Entwicklung. Alles Geschaffene soll weiterkommen, sich vervollkommnen. Darum gibt es einen guten Sinn, wenn wir sagen: „Jedes Ding ist seiner eigenen Vervollkommnung wegen da“.“ (Welty, 1935: 87)[236]

> „Das Sittengesetz fordert vom Menschen nur, sein wesenhaftes, in seiner Natur vorgezeichnetes Selbst zu sein. Daher ist jede Pflicht des Menschen im Grunde eine Pflicht der Treue gegenüber seinem wahren Selbst.“ (Messner, 1955: 53)

Das „allererste Grundgesetz der Natur“ (Welty, 1935: 91) ist das der „Selbstbereicherung und Selbsterhöhung“ (Welty, 1935: 87) bzw. der „Selbstvervollkommnung in Eigentätigkeit“ (Welty, 1935: 91):

> „Die persönliche Vollendung zu suchen, ist nicht zunächst ein Recht, sondern eine Pflicht.“ (Utz & Hieronimi, 1969: 41)[237]

Die sich direkt anschließende Frage, wie diese „perfectio“ bzw. (Seins)Vollkommenheit genau zu verstehen ist, können wir mit dem weiter oben zum Verhältnis von Akt und Potenz Gesagten beantworten. Denn die Vollkommenheit, die jedem Seienden zu verwirklichen aufgetragen ist, besteht letzten Endes in nichts an-

---

236 vgl. hierzu vgl. Iª q. 65 a. 2 co.: „Unaquaeque creatura est propter suum proprium actum et perfectionem.“ Welty (1935: 89) drückt dies auch wie folgt aus: „Das personale Selbst des Menschen besagt daher nicht nur Anlage. Mit der Tatsache des Personseins ist es keineswegs getan. Das personale Selbst des Menschen bedeutet zugleich Aufgabe, Verpflichtung, Verantwortung. Der Mensch kann und muß sich entsprechend seiner Natur und deren Forderungen vorwärtsbringen, entsprechend den Kräften und Fähigkeiten seines Personseins entfalten. Das geschieht durch beständiges, ernstes, zielbewußtes Handeln. Auch wir Menschen vervollkommnen uns, indem wir tätig sind.“ An anderer Stelle fasst Welty diesen Gedanken in konziserer Form wie folgt zusammen: „Das personhafte Sein ist nicht nur Anlage, sondern ebenfalls Aufgabe: der Mensch ist strengstens gehalten, in der ihm geziemenden Art tätig zu sein und sich zu entwickeln.“ (Welty, 1951: 42; vgl. Papst Pius XI, 1931: 118) Siehe hierzu auch Pieper (2001a: 35): „Was aber ist […] der Sinn dieses Satzes ‚bonum faciendum est‘? Sein Sinn ist dieser: worauf sich das Wirkliche wesenhaft hinbewegt, darauf soll es sich hinbewegen!“

237 Wie Utz (1948: 62) anmerkt, hat dieser Inhalt letzten Endes nur deswegen verpflichtenden Charakter, „weil er von höherer, zweckbestimmender Vernunft so gewollt ist. […] Unsere Natur ist zweckbestimmt. Sie tritt uns darum als Norm gegenüber, und zwar als eine von Gott gewollte Norm […].“ Derjenige, dem der Mensch durch das Naturgesetz verpflichtet ist, ist Gott: „Die Natur ist dabei der Inhalt der gefordert wird. Das fordernde Recht aber liegt bei Gott. […] Eine naturgesetzliche Verpflichtung ist demnach in erster Linie eine vertikale Verpflichtung, eine Bindung nach oben, eine Pflicht, nach dem Ursprung und Endzweck des Lebens sich hinzubewegen, um dort die Vollendung des Menschseins zu finden.“ (Utz, 1948: 62) Vor diesem Hintergrund sind Liebespflichten als Pflichten zu betrachten, die zwar nicht horizontal, also keinem Mitmenschen, aber durchaus vertikal, also Gott gegenüber, geschuldet sind; streng genommen sind also auch Liebespflichten geschuldete, nämlich Gott geschuldete Pflichten.

derem als der Realisierung der in ihm angelegten Potentialität(en): „Bonum autem est secundum quod materia est perfecta per formam, et potentia per actum proprium: malum autem secundum quod est privata actu debito.“ (Contra Gentiles, lib. 3 cap. 4 n. 4)[238] Eine Potenz besteht im Grunde nur um ihres korrespondierenden Aktes willen; wenn sie aufhört, nach diesem zu streben bzw. sich zu diesem hinzuneigen, dann verliert sie ihren Daseinszweck, ihre „raison d'être“.

> „Applied to any finite being, the term ‚perfect‘ means that this being has attained to the full actuality which we regard as its end, as the ideal of its natural capacity and tendency.“ (Coffey, 1918: 171)

Jedem Seienden ist es also aufgetragen, der Wirklichkeit nach (im Sinne von actus secundus) das zu werden, was es der Möglichkeit nach bereits ist. Das ist sein notwendiges Ziel und seine grundlegende Pflicht. Das zu werden, was man der Möglichkeit nach ist, bedeutet nichts anderes als seine Potentiale zu entfalten und damit seine Form zu verwirklichen, denn „illud per quod res maxime est in actu, est ejus ultimus finis“ (Super Sent., lib. 4 d. 49 q. 1 a. 2 qc. 2 co.). Die jedem Seienden aufgetragene Pflicht zur perfectio (Vortrefflichkeit, (Seins)Vollkommenheit) besteht also darin, sich entsprechend seiner Form bzw. seiner Natur[239] zu verhalten[240]: „In hoc enim consistit uniuscuisque rei bonitas, quod convenienter se

---

238 siehe hierzu auch Iª-IIae q. 3 a. 2 co.: „Unumquodque autem intantum perfectum est, inquantum est actu, nam potentia sine actu imperfecta est.“ sowie Contra Gentiles, lib. 1 cap. 39 n. 6: „Perfectum est aliquid secundum quod est actu. Ergo imperfectum erit secundum quod est deficiens ab actu.“

Wenn das Gute in (Seins)Vollkommenheit besteht, dann ist das Böse/ Übel als diesbezüglicher Mangel zu verstehen (vgl. Pieper, 2001a): „the concept of evil is the concept of something negative – a privation of goodness, of being or reality.“ (Coffey, 1918: 190) Das Böse/ Übel ist jedoch nicht jeder Mangel an Gutem: „Evil, therefore, is not a mere negation or absence of being; it is the absence of a good, or in other words the absence of a reality that should be present.“ (Coffey, 1918: 183) Entsprechend liest sich die Definition des Bösen/Übels wie folgt: „Malum est privatio boni debiti: Evil is the privation of the goodness due to a thing.“ (Coffey, 1918: 183; vgl. hierzu Iª q. 48 a. 5 ad 1: „quia malum privatio est boni, et non negatio pura, [...] non omnis defectus boni est malum, sed defectus boni quod natum est et debet haberi. Defectus enim visionis non est malum in lapide, sed in animali, quia contra rationem lapidis est, quod visum habeat.“)

239 Denn „Form“ und „Natur“ (wie auch „Wesen“) sind synonyme Begriffe: „forma igitur rei naturalis est eius natura“ (Contra Gentiles, lib. 4 cap. 35 n. 4).

240 Unter Verhalten sind jedoch nicht nur oberflächliches Tun oder Unterlassen zu verstehen, sondern darüber hinaus die diesen zugrundeliegende Haltung, aus der diese entspringen. Die Vervollkommnung der durch den Besitz einer Form vermittelten Vermögen erfolgt über die Aneignung der Tugenden (für eine Übersicht über die Tugenden siehe Erk, 2011: 109 ff): „unumquodque dicitur bonum, inquantum est perfectum in esse et in operari. Et haec quidem perfectio non competit creatis bonis secundum ipsum esse essentiae eorum, sed secundum aliquid su-

habet secundum modum suae naturae." (Iª-IIae q. 71 a. 1 co.)[241] Woher wissen wir aber, welche Handlungen und welches Verhalten der Natur bzw. Form eines Seienden entsprechen? Die Form eines Seienden ist unseren Sinnen ja nicht zugänglich!

Um herauszufinden, wie ein Seiendes sich konkret seiner Form bzw. Natur gemäß zu verhalten hat, hilft es, sich vor Augen zu führen, dass alles Seiende eine natürliche Neigung (inclinatio naturalis) zum Guten hat: „omnia alia naturaliter sint inclinata in bonum" (De veritate, q. 22 a. 1 co.)[242] Diese natürliche Neigung

---

peradditum, quod dicitur virtus eorum." (Expositio De ebdomadibus, l. 4; vgl. auch Expositio De ebdomadibus, l. 4: „Intelligitur enim bonitas uniuscuiusque rei virtus ipsius, per quam perficit operationem bonam. Nam virtus est quae bonum facit habentem, et opus eius bonum reddit.") Ähnliches ist in Thomas von Aquins „De regno ad regem Cypri" (De regno, lib. 1 cap. 15) zu lesen: „Videtur autem finis esse multitudinis congregatae vivere secundum virtutem. Ad hoc enim homines congregantur ut simul bene vivant, quod consequi non posset unusquisque singulariter vivens; bona autem vita est secundum virtutem; virtuosa igitur vita est congregationis humanae finis." Die perfectio der Person besteht nach christlichem Verständnis darin, ein Abbild der Vollkommenheiten des Schöpfers darzustellen (vgl. Utz, 1964: 175).

241 vgl. hierzu auch Coffey (1918: 172): „In so far forth as a reality is actual we say it ‚has perfection'. But we do not call it ‚perfect' simply, unless it has all the actuality we conceive to be due to its nature: so long as it lacks any of this it is only perfect secundum quid, i. e. in proportion to the actuality it does possess. Hence we define ‚the perfect' as that which is actually lacking in nothing that is due to its nature." Nach Mercier ist das moralische Gesetz, also die Gesamtheit aller moralischen Rechte und Pflichten, somit nichts anderes als „the expression of the inherent exigencies of our nature and of the relations that arise from it" (Mercier, 1917: 268; vgl. hierzu auch In De divinis nominibus, cap. 10 l. 1 („lex enim Dei est cuilibet creaturae infixa naturalis inclinatio ipsius ad agendum id quod convenit ei secundum naturam") sowie Iª-IIae q. 27 a. 1 co. („Unicuique autem est bonum id, quod est sibi connaturale et proportionatum.")). Da dieses Gesetz in der Natur des menschlichen Person begründet ist, wird es auch als Naturgesetz bezeichnet: „ad legem naturae pertinet omne illud ad quod homo inclinatur secundum suam naturam" (Iª-IIae q. 94 a. 3 co.).

242 Mit „alia" meint der hl. Thomas alles Seiende außer Gott. Thomas von Aquin begründet das Vorhandensein dieser natürlichen Neigung wie folgt: „Unde, cum omnia naturalia naturali quadam inclinatione sint inclinata in fines suos a primo motore, qui est Deus, oportet quod id in quod unumquodque naturaliter inclinatur, sit id quod est volitum vel intentum a Deo. Deus autem, cum non habeat alium suae voluntatis finem nisi seipsum, et ipse sit ipsa essentia bonitatis: oportet quod omnia alia naturaliter sint inclinata in bonum. Appetere autem nihil aliud est quam aliquid petere quasi tendere in aliquid ad ipsum ordinatum. Unde, cum omnia sint ordinata et directa a Deo in bonum, et hoc modo quod unicuique insit principium per quod ipsummet tendit in bonum, quasi petens ipsum bonum; oportet dicere, quod omnia naturaliter bonum appetant." (De veritate, q. 22 a. 1 co.) Die Aussage „omnia alia naturaliter sint inclinata in bonum" (De veritate, q. 22 a. 1 co.) ist gleichbedeutend mit „bonum est quod omnia appetunt" (Iª-IIae q. 94 a. 2 co.; vgl. Iª-IIae q. 8 a. 1 co.), da „appetitus nihil aliud est quam inclinatio appetentis in aliquid" (Iª-IIae q. 8 a. 1 co.).

alles Seienden[243] neigt das jeweilige Seiende jedoch nicht primär auf das Gute in abstracto, sondern auf die konkreten Güter, die seine Vervollkommnung bzw. Natur resp. Form befördern und die deswegen ein (objektives) Gut für das betreffende Seiende darstellen, weil sie seine perfectio befördern.[244] Auch wenn wir kein vollkommenes Wissen über die Natur bzw. Form eines Seienden gewinnen können, so wissen wir doch, dass das, wonach ein Seiendes natürlicherweise strebt, seiner Natur zuträglich ist und es vervollkommnet. Aus den Gütern, die ein Seiendes natürlicherweise erstrebt, können wir folglich indirekt Einblicke – wenn auch unvollkommene[245] – in die Natur des jeweiligen Seienden gewinnen.[246] Um

---

243 Nach Dubray (1907) ist die „inclinatio naturalis“ bzw. der „appetitus naturalis“ „the inclination of a thing to that which is in accord with its nature, without any knowledge of the reason why such a thing is appetible. This tendency originates immediately in the nature of each being, and remotely in God, the author of that nature.“ Anstelle von Neigung bzw. inclinatio kann man auch von einer Disposition (englisch: disposition), Tendenz (englisch: tendency), appetitus (englisch: appetite) oder Hinneigung sprechen. Die „inclinatio naturalis“ ist entsprechend als natürliche Hinneigung auf das zu verstehen, was ein Wesen arttypischerweise normalerweise von sich aus, d. h. ohne bewussten Willen oder bewusste Absicht von Natur aus tut.

Folgende Ausführungen von Jensen (2013: 170 f) eignen sich dazu, den Begriff „inclinatio“ etwas weiter zu erhellen: „The word ‚inclination‘ has something more of an active sense than ‚capacity‘. If we have a capacity, it means that we are able to do something, but of we have an inclination, it means that we are moving out to do it or at least that we are disposed to do it. Aquinas uses this more active sense, for he understands that we are, through our capacities directed to achieve their fulfillment (I-II 91, 2). [...] Our reason is not merely an ability to grasp the truth; it is an endeavor toward the truth. [...] How do we become aware of these inclinations? [...] We become aware of them the same way we become aware of the inclination of a rock, which is to fall, or the inclination of a cat, which is to hunt, namely, by observing behavior. When we see that we are the sort of things that reason, then we understand that we are inclined to reason [...]. Matters are not so simple, no doubt, for human behavior is very complex. But the fundamental idea is the following: by observing behavior, we realize inclination; upon knowing inclination we naturally discover the good.“

244 Entsprechend kann Aristoteles (Politik, 1252b32f) schreiben: „ἡ δὲ φύσις τέλος ἐστίν: οἷον γὰρ ἕκαστόν ἐστι τῆς γενέσεως τελεσθείσης, ταύτην φαμὲν τὴν φύσιν εἶναι ἑκάστου [...].“ Siehe hierzu auch Coffey (1918: 169): „A thing is desirable because it is good. Why then is it good, and therefore desirable? Because it suits the natural needs, and is adapted to the nature, of the being that desires it or tends towards it; because it helps this being, agrees with it, by contributing towards the realization of its end: Bonum est id quod convenit naturæ appetentis: The good is that which suits the nature of the being that desires it. The greatest good for a being is the realization of its end; and the means towards this are also good because they contribute to this realization.“

245 Thomas von Aquin warnt sogar vor einer Überschätzung unserer (geschöpflichen) Erkenntniskraft, die es nicht einmal schafft, die Natur einer Biene zu erkennen („cognitio nostra est adeo debilis quod nullus philosophus potuit unquam perfecte investigare naturam unius muscae. unde legitur, quod unus philosophus fuit triginta annis in solitudine, ut cognosceret naturam apis.“ (In Symbolum Apostolorum, Prooemium)). Aus diesem Grund betont er die Wichtigkeit des

herauszufinden, welche Handlungen und welches Verhalten der Natur bzw. Form eines Seienden entsprechen, müssen wir somit herausfinden, zu welchen Gütern das jeweilige Seiende eine natürliche Neigung hat; und diesen natürlichen Neigungen nachzukommen ist dann die dem jeweiligen Seienden aufgetragene grundlegende moralische Pflicht.[247]

Wir können auf Basis dieser Einsichten somit folgende, einem jeden Seienden zukommende allgemeine (jedoch noch zu konkretisierende) Pflicht formulieren: *Jedes Seiende hat die im Wesen ihrer Form als actus primus begründete moralische Pflicht, ihre im Besitz der Form angelegten Potentialitäten (Seelenvermögen) im Rahmen ihrer Möglichkeiten zu vervollkommnen und zu diesem Zweck im Rahmen ihrer Möglichkeiten bewusst diejenigen Güter zu erstreben, auf die sie aufgrund ihrer natürlichen Neigung (inclinatio naturalis; appetitus naturalis) unbewusst ausgerichtet ist.*

Glaubens, der im Vertrauen auf die Wahrheit von Gottes Offenbarung besteht. Für eine Darlegung, warum Thomas von Aquin trotz dieser vermeintlich pessimistischen (aber letzten Endes doch nur realistischen) Sicht der menschlichen Erkenntniskraft nicht in den Agnostizismus verfällt, siehe Pieper (1963).

Ebenso betont Pieper, dass weder über die Natur des Menschen noch das bonum commune abschließende, das Phänomen umfassend erfassende Aussagen gemacht werden können; was der Mensch eigentlich und endgültig ist, können wir nicht erschöpfend sagen. Hieraus darf aber, so Pieper, nicht geschlussfolgert werden, dass wir überhaupt keine Aussagen über den konkreten Inhalt der menschlichen Natur oder auch des bonum commune machen können: „Vielmehr liegt der Akzent darauf, daß solche Aussagen nicht den Charakter des Erschöpfend-Endgültigen haben können." (Pieper, 2008: 421) Arthur Utz (1986: 40) bestätigt diese Sicht für den Versuch der genauen inhaltlichen Bestimmung des bonum commune: „Und außerdem haben wir zu bedenken, daß keiner, und wäre er auch noch so gescheit, das Gemeinwohl im Sinn seiner letztgültigen Inhaltlichkeit zu bestimmen imstande ist." Für eine Darlegung, warum Thomas von Aquin trotz dieser vermeintlich pessimistischen (aber letzten Endes doch nur realistischen) Sicht der menschlichen Erkenntniskraft nicht in den Agnostizismus verfällt, siehe Pieper (1963).

246 Wie bei der Frage, woher wir wissen, wann ein Seiendes eine rationale Natur besitzt und wann nicht (vgl. Kapitel V.5.3.2 und V.5.3.4), müssen wir uns also auch hier auf das beziehen, was wir mit unseren Sinnen wahrnehmen können. Vgl. hierzu Messner (1955: 43): „Immer erkennen wir die Natur der Dinge aus ihren Wirkungsweisen, die wir vermittels der Erfahrung festzustellen vermögen. Dies ist hinsichtlich der Erkenntnis der menschlichen Natur nicht anders als bei unserer Erkenntnis hinsichtlich der Natur der Tiere oder lebloser Stoffe mit ihren physikalischen und chemischen Anlagen."

247 In diesem Sinne ist auch die folgende Aussage von Pieper (2001a: 49) zu lesen: „Im sittlichen Akt wird – inhaltlich gesehen – genau das gewollt, was auch und zuvor im naturhaften Wollen gemeint war, nämlich die Ausverwirklichung des Seinkönnens; daß der Mensch sein Wesen verwirkliche!" An anderer Stelle drückt Pieper (2001a: 43) dies wie folgt aus: „Das, worauf schon das schöpfungshafte Wesen des Menschen hindrängt, das sich verwirklichen will, eben dies sollen wir in Freiheit und Verantwortung nachvollziehen und fortsetzen: das Sittliche ist, inhaltlich, die Fortsetzung des Ontisch-Guten."

3.2 Die wesenhaften Lebenszwecke der menschlichen Person

Wenn wir über die grundlegenden moralischen Pflichten einer bestimmten Klasse des Seienden, nämlich des Menschen resp. der menschlichen Person, nachdenken, müssen wir also fragen, welches die objektiven Güter sind, nach denen die menschliche Person natürlicherweise strebt. Was also sind die Güter, nach denen die menschliche Person von Natur aus strebt? Hierüber haben sich einige Philosophen Gedanken gemacht und folgende Listen mit objektiven Gütern – bzw. wie Messner sie nennt „existentielle Zwecke“ (Messner, 1960: 39) oder „wesenhafte Lebenszwecke“ (Messner, 1955: 48; 54) – vorgeschlagen (vgl. Oderberg, 2004: 129 sowie Murphy, 2011):

- St. Thomas Aquinas (Iª-IIae q. 94 a. 2 sowie a. 3): conservatio sui esse (Leben), conservatio specie (Fortpflanzung/ Familie; „coniunctio maris et feminae, et educatio liberorum, et similia“ (Iª-IIae q. 94 a. 2 co.)), cognoscere veritatem de Deo, vivere in societate, ignorantiam vitare, alios non offendere, agere secundum virtutem.
- Johannes Messner (1960: 39 f): „Selbsterhaltung (einschließlich der körperlichen Unversehrtheit und der gesellschaftlichen Achtung (persönliche Ehre)); die Selbstvervollkommnung des Menschen in physischer und geistiger Hinsicht (einschließlich der Ausbildung seiner Fähigkeiten zur Verbesserung seiner Lebensbedingungen sowie der Vorsorge für seine wirtschaftliche Wohlfahrt durch Sicherung des notwendigen Eigentums oder Einkommens); die Ausweitung der Erfahrung, des Wissens und der Aufnahmefähigkeit für die Werte des Schönen; die Fortpflanzung durch Paarung und die Erziehung der daraus entspringenden Kinder; die wohlwollende Anteilnahme an der geistigen und materiellen Wohlfahrt der Mitmenschen als gleichwertiges menschliches Wesen; gesellschaftliche Verbindung zur Förderung des allgemeinen Nutzens, der in der Sicherung von Frieden und Ordnung sowie in der Ermöglichung des vollmenschlichen Seins für alle Glieder der Gesellschaft in verhältnismäßiger Anteilnahme an der ihr verfügbaren Güterfülle besteht; die Kenntnis und Verehrung Gottes und die endgültige Erfüllung der Bestimmung des Menschen durch die Vereinigung mit ihm.“[248]

248 An anderer Stelle bietet Messner (vgl. 1955: 48 f) folgende leicht anders lautenden Auflistung der wesenhaften Lebenszwecke des Menschen, die aus seiner Sicht „der unerschütterlich im heutigen sittlichen Bewußtsein begründeten allgemeinmenschlichen Überzeugung entspricht“ (Messer, 1955: 49): Selbsterhaltung einschließlich der körperlichen Unversehrtheit und der gesellschaftlichen Achtung (persönliche Ehre), Selbstvervollkommnung in physischer und psychischer Hinsicht (inkl. Ausbildung der Fähigkeiten zur Verbesserung seiner Lebensbedingungen sowie der Vorsorge für seine wirtschaftliche Wohlfahrt und Sicherung des notwendigen Eigentums

- William K. Frankena (1973: Kapitel 5): life, consciousness, and activity; health and strength; pleasures and satisfactions of all or certain kinds; happiness, beatitude, contentment, etc.; truth; knowledge and true opinions of various kinds, understanding, wisdom; beauty, harmony, proportion in objects contemplated; aesthetic experience; morally good dispositions or virtues; mutual affection, love, friendship, cooperation; just distribution of goods and evils; harmony and proportion in one's own life; power and experiences of achievement; self-expression; freedom; peace, security; adventure and novelty; and good reputation, honour, esteem, etc..
- John Finnis (1982: Kapitel IV.2): Life[249], knowledge, play, aesthetic experience, sociability (friendship), practical reasonableness, religion.
- Germain Grisez (1983: 121f): self-integration, practical reasonableness, authenticity, justice and friendship, religion, life and health, knowledge of truth, appreciation of beauty, playful activities.
- Timothy Chappell (1998: Kapitel 2): Life, truth and the knowledge of truth, friendship, aesthetic value, physical and mental health and harmony, pleasure and the avoidance of pain, reason/ rationality and reasonableness, the natural world, people, fairness, achievements, the contemplation of God (if God exists).
- David S. Oderberg (2000: 41ff (Kapitel 2.2)): Life (including a healthy and integrated existence), pursuit of truth and acquisition of knowledge, friendship, family, work and play, the appreciation of beauty (both in nature and through art), religious belief and practice.
- Philip Devine (2000): Life and health, procreation, friendship, knowledge, aesthetic experience, play, autonomy, harmony with ultimate power.

oder Einkommens), Ausweitung der Erfahrung und des Wissens und der Lebenserfüllung durch die Welt der geistigen Werte, Fortpflanzung durch Paarung und Erziehung der daraus entspringenden Kinder, wohlwollende Anteilnahme an der geistigen und materiellen Wohlfahrt der Mitmenschen als gleichwertiger menschlicher Wesen, gesellschaftliche Verbindungen zwecks Förderung des allgemeinen Nutzens (d.h. v.a. Sicherung von Frieden und Ordnung, Ermöglichung materieller und kultureller Wohlfahrt der Gemeinschaft, Förderung der Kenntnis und Beherrschung der Kräfe der Natur für diesen Zweck), Gewinnung gesicherter Erkenntnis seiner Stellung in der Welt als Ganzes und seiner endgültigen Bestimmung und in Verbindung damit Kenntnis und Verehrung des Schöpfers.

249 Zum „basic good" Leben gehört für Finnis auch die Gesundheit: „Life here includes bodily (including cerebral) health, and freedom from the pain that betokens organic malfunctioning or injury." (Finnis, 1982: 86)

- Mark C. Murphy (2001: ch. 2): Life[250], knowledge, aesthetic experience, excellence in play and work, excellence in agency, inner peace, friendship and community, religion, happiness.
- Alfonso Gómez-Lobo (2002: Kapitel 2): Life[251], the family, friendship, work and play, experience of beauty, (practical and theoretical) knowledge, integrity.
- Martha C. Nussbaum (2006: 76 f): Life, bodily health, bodily integrity, senses, imagination and thought, emotions, practical reason, affiliation, other species, play, control over one's environment.
- Craig Paterson (2008: 50 ff (Kapitel 3.6)):[252] Human life and health, knowledge, truth and contemplation, practical rationality, family and friendship, work and play, beauty (aesthetic experience).

Die in diesen Listen enthaltenen Güter sind das Ergebnis der Analyse der überzeitlichen und überindividuellen Beobachtung der natürlichen Neigungen des Menschen. Die Listen explizieren „propositionally, and in as illuminating a way as possible, what items need be affirmed as intrinsically good in order to make sense out of our inclinations" (Murphy, 2011). Was auf der jeweiligen Liste geführt wird, steht also dort, weil das betreffende Gut etwas ist, nach dem der Mensch natürlicherweise strebt. Wie man sehen kann, überschneiden sich die Listen teilweise (z. B. im Hinblick auf das Gut Leben), während sich gewisse Güter (wie z. B. fairness) nur auf einer oder wenigen Listen finden lassen. Dies ist nicht der Ort, um bzw. ist es für unsere Zwecke nicht nötig, die Abweichungen zwischen den obigen Gütervorschlägen zu diskutieren und aus den einzelnen Vorschlägen eine Art „Masterliste" zu destillieren[253] – zumal auch diese aufgrund der Begrenztheit

---

250 Dieses Gut umfasst für Murphy nicht nur „survival but also [...] physical integrity and health. Thus one is motivated by the good of life not only when one acts to avoid death but also when one acts to avoid any sort of disability or disease or to increase one's level of fitness." (Murphy, 2001: 101 f)

251 Gesundheit ist aus Sicht von Gómez-Lobo (2002: 12) ein Gut, „that is closely connected to the good of life and analogous to it". Das Gut Leben schließt somit die „preservation of life and promotion of health" (Gómez-Lobo, 2002: 13) mit ein.

252 Von diesen „primary goods" unterscheidet Paterson (2008: 55 ff (Kapitel 3.7)) die sog. „non-primary or secondary goods"; zu diesen gehören material goods and power, pleasure and pain, personal autonomy.

253 Der hieran interessierte Leser sei auf Oderberg (2004: 128 ff) verwiesen, der sich dieser Aufgabe angenommen hat und diskutiert, inwieweit Güter wie „pleasure", „avoidance of pain" oder „achievements" wirklich auf dieser Liste stehen können. Er argumentiert hierbei unter anderem, dass einige Elemente der Liste (wie „fairness" oder „inner peace") keine Güter sind, sondern vielmehr mit Tugenden verwechselt worden sind, wobei Tugenden das sind, „what agents have when they pursue the good" (Oderberg, 2004: 138); bei diesen Elementen handelt es also

unserer Einsicht in die Form eines Seienden „nicht den Charakter des Erschöpfend-Endgültigen" (Pieper, 2008: 421) haben kann. Wir können die Listen in ihrer Diversität nebeneinander stehen lassen und zur Beantwortung der Ausgangsfrage dieses Kapitels übergehen, nämlich der Frage nach den grundlegenden sich aus dem Besitz der Form als actus primus ergebenden Pflichten alles Seienden bzw. der menschlichen Person. Die Pflicht besteht, um das bisher Gesagte nochmals auf den Punkt zu bringen, darin, dass es jedem Seienden als Pflicht aufgetragen ist, sich gemäß seiner Natur bzw. Form zu verhalten und die im Besitz dieser als actus primus angelegten Potentialität(en) zu verwirklichen.

Entsprechend hat auch der Mensch bzw. die menschliche Person wie jedes Seiende die Pflicht, sich gemäß seiner bzw. ihrer Form und damit Natur zu verhalten und so zu dem zu werden, was er bzw. sie der Möglichkeit nach bereits ist. Da dieses Verhalten im bewussten Streben nach den objektiven Gütern besteht, auf die der Mensch bzw. die menschliche Person aufgrund seiner bzw. ihrer natürlichen Neigung (inclinatio naturalis; appetitus naturalis) unbewusst ausgerichtet ist und diese objektiven Güter in den obigen Listen versammelt sind, können wir schlussfolgern, dass es die grundlegende Pflicht eines jeden Menschen bzw. einer jeden menschlichen Person ist, zumindest diejenigen Güter bewusst zu erstreben, die den gemeinsamen Kern und kleinsten gemeinsamen Nenner der obigen Güterauflistungen bilden, und so in seinem Verhalten mit den in seiner Natur vorgezeichneten „wesenhaften Lebenszwecken" (Messner, 1955: 48; 54) übereinzustimmen, die „er in seinem Leben verwirklichen müßte, wenn von ihm soll gesagt werden können, er habe seine Möglichkeiten voll realisiert" (Pieper, 2008: 421).[254]

Wie ihre Begründung in den vorangegangenen Abschnitten gezeigt hat, ist diese Pflicht direkt aus einer moralischen Theorie abgeleitet und nicht in einem korrespondierenden Anspruchsrecht begründet; entsprechend steht ihr kein Anspruchsrecht gegenüber und entsprechend hat sie auch keine menschliche Person als Gegenüber (B). Es handelt sich bei dieser Pflicht also um eine unvollkommene Pflicht $LP_{A\varphi CZ}$, die im Wesen der Seele als actus primus der Person begründet ist (Z). Der Inhaber der Pflicht (A) ist jede Person und damit jeder Mensch, so dass es sich um eine universelle Pflicht handelt. Der Inhalt der Pflicht (φ) besteht darin, dass der Inhaber der Pflicht zumindest diejenigen Güter bewusst

---

nicht um Güter bzw. wesenhafte Lebenszwecke, sondern um Mittel, um Güter bzw. wesenhafte Lebenszwecke zu erreichen.

254 Wenn eines dieser Güter – wie Oderberg (2000: 44 f) darlegt – „is turned way from, rejected, or compromised in general, life goes badly for the person who does so. And often, though not always, if a good is turned away from, rejected, or compromised in a given instance or circumstance, life again is not lived well."

erstrebt, die den gemeinsamen Kern der obigen Güterauflistungen bilden und die die im Besitz der Form Seele angelegten Potentialitäten (Seelenvermögen) der Person vervollkommnen; es handelt sich also um eine positive Pflicht (Gebot zu einem Tun; Verbot eines Nicht-Tuns/ einer Unterlassung). Auch wenn die Pflicht kein Gegenüber (B) hat, so betrifft sie jemanden (C) und zwar den Inhaber der Pflicht, so dass C = A. Zusammenfassend können wir dies also so ausdrücken:

Pflicht$_{\text{Potenz}\rightarrow\text{Akt}}$ (bzw. pLP$_{\text{Potenz}\rightarrow\text{Akt}}$):
Jede Person hat die im Wesen ihrer Form Seele als actus primus der Person begründete universelle unvollkommene positive moralische Pflicht, ihre im Besitz der Form Seele angelegten Potentialitäten (Seelenvermögen) im Rahmen ihrer Möglichkeiten zu vervollkommnen und zu diesem Zweck im Rahmen ihrer Möglichkeiten bewusst diejenigen Güter zu erstreben, auf die sie aufgrund ihrer natürlichen Neigung (inclinatio naturalis; appetitus naturalis) unbewusst ausgerichtet ist.

Wir können nun noch einen Denkschritt machen, der uns diese im Wesen der Form Seele als actus primus der Person begründete moralische Pflicht besser zu verstehen hilft. Wie eben dargelegt, handelt es sich bei der Pflicht$_{\text{Potenz}\rightarrow\text{Akt}}$ um eine unvollkommene Pflicht. Doch auch wenn dieser Pflicht kein Anspruchsrecht einer anderen Person gegenübersteht bzw. diese Pflicht keiner anderen menschlichen Person als Gegenüber geschuldet ist, so begründet sie – wie jede andere Pflicht auch – ein Anspruchsrecht auf seiten des Pflichtinhabers. Durch den Besitz einer Pflicht besitzt der Inhaber dieser Pflicht automatisch das Anspruchsrecht, seiner Pflicht nachkommen zu können.[255] Der Inhaber der eben explizierten moralischen Pflicht$_{\text{Potenz}\rightarrow\text{Akt}}$ und damit jede Person hat somit das universelle moralische negative Anspruchsrecht (Anspruchsrecht$_{\text{Erfüllung Pflicht: Potenz}\rightarrow\text{Akt}}$), in der Erfüllung dieser Pflicht nicht behindert zu werden. Dieses Recht ist ein gegenüber allen anderen Personen innegehabtes und damit generelles Recht (bzw. ein Recht in rem). Jede die moralische Pflicht$_{\text{Potenz}\rightarrow\text{Akt}}$ besitzende Person, besitzt entsprechend mit und wegen diesem auch das moralische Anspruchsrecht$_{\text{Erfüllung Pflicht: Potenz}\rightarrow\text{Akt}}$.

---

255 vgl. hierzu Mercier (1917: 270): „Man is created for an end which in excellence surpasses every other end, inasmuch as it consists in the possession of the Absolute Good by contemplation and love. This end implies the full and complete functioning of our highest faculties, and consequently our perfection; it implies the satisfaction of the deepest aspirations of our soul, and consequently our happiness. Since man is created of this state of perfection and happiness, he must tend towards it during his life. He has therefore the right to work out his perfection, the right to act and to live.“

Anspruchsrecht$_{\text{Erfüllung Pflicht: Potenz}\rightarrow\text{Akt}}$ (bzw. nAR$_{\text{Erfüllung LP: Potenz}\rightarrow\text{Akt}}$):
Jeder Inhaber der Pflicht$_{\text{Potenz}\rightarrow\text{Akt}}$ hat das universelle negative moralische Anspruchsrecht in rem, in der Erfüllung der Pflicht$_{\text{Potenz}\rightarrow\text{Akt}}$ nicht behindert zu werden.

Doch damit nicht genug, denn: Während nicht jeder Pflicht ein Anspruchsrecht gegenüberstehen muss, so ist es – wie in Kapitel IV.3.2 dargelegt – ein „exceptionless logical point“ (O'Neill, 2005: 431) und zwingend notwendig, dass jedes Anspruchsrecht mit einer Pflicht korrespondiert. Entsprechend muss auch dem Anspruchsrecht$_{\text{Erfüllung Pflicht: Potenz}\rightarrow\text{Akt}}$ eine Pflicht gegenüberstehen. Die Pflicht, mit der dieses Anspruchsrecht korrespondiert, ist nun jedoch nicht die Pflicht$_{\text{Potenz}\rightarrow\text{Akt}}$. Mit dem universellen negativen moralischen Anspruch, in der Erfüllung seiner Pflicht$_{\text{Potenz}\rightarrow\text{Akt}}$ nicht behindert zu werden, kann logischerweise nur die universelle generelle negative Pflicht korrespondieren, es zu unterlassen, (Verbot eines Tuns und Gebot einer Unterlassung), den Inhaber des Anspruchsrechts$_{\text{Erfüllung Pflicht: Potenz}\rightarrow\text{Akt}}$ an der Erfüllung der Pflicht$_{\text{Potenz}\rightarrow\text{Akt}}$ zu hindern. Das Anspruchsrecht$_{\text{Erfüllung Pflicht: Potenz}\rightarrow\text{Akt}}$ korrespondiert somit mit der Pflicht$_{\text{Nichtbehinderung Erfüllung Pflicht: Potenz}\rightarrow\text{Akt}}$:

Pflicht$_{\text{Nichtbehinderung Erfüllung Pflicht: Potenz}\rightarrow\text{Akt}}$ (bzw. nRP$_{\text{Nichtbehinderung Erfüllung LP: Potenz}\rightarrow\text{Akt}}$):
Jede Person besitzt die mit dem Anspruchsrecht$_{\text{Erfüllung Pflicht: Potenz}\rightarrow\text{Akt}}$ korrespondierende universelle generelle negative Pflicht$_{\text{Nichtbehinderung Erfüllung Pflicht: Potenz}\rightarrow\text{Akt}}$, es zu unterlassen (Verbot eines Tuns und Gebot einer Unterlassung), den Inhaber des Anspruchsrechts$_{\text{Erfüllung Pflicht: Potenz}\rightarrow\text{Akt}}$ an der Erfüllung der Pflicht$_{\text{Potenz}\rightarrow\text{Akt}}$ zu hindern.

Wenn wir das bisher Gesagte zusammenfassen, dann können wir festhalten, dass sich aus dem Wesen der Form Seele als actus primus einer Person die folgenden Pflichten und Rechte ableiten lassen, die man auch Personalwohlpflichten bzw. Personalwohlrechte nennen könnte:

Pflicht$_{\text{Potenz}\rightarrow\text{Akt}}$ (bzw. pLP$_{\text{Potenz}\rightarrow\text{Akt}}$):
Jede Person hat die im Wesen ihrer Form Seele als actus primus der Person begründete universelle unvollkommene positive moralische Pflicht, ihre im Besitz der Form Seele angelegten Potentialitäten (Seelenvermögen) im Rahmen ihrer Möglichkeiten zu vervollkommnen und zu diesem Zweck im Rahmen ihrer Möglichkeiten bewusst diejenigen Güter zu erstreben, auf die sie aufgrund ihrer natürlichen Neigung (inclinatio naturalis; appetitus naturalis) unbewusst ausgerichtet ist.

↓ ↓ ↓ ↓

In dieser unvollkommenen Pflicht ist folgendes Anspruchsrecht begründet:

↓ ↓ ↓ ↓

Anspruchsrecht$_{\text{Erfüllung Pflicht: Potenz→Akt}}$ (bzw. nAR$_{\text{Erfüllung LP: Potenz→Akt}}$):
Jeder Inhaber der Pflicht$_{\text{Potenz→Akt}}$ hat das universelle negative moralische Anspruchsrecht in rem, in der Erfüllung der Pflicht$_{\text{Potenz→Akt}}$ nicht behindert zu werden.

↑ ↑ ↑ ↑

Mit diesem Anspruchsrecht korrespondiert die folgende Pflicht:

↓ ↓ ↓ ↓

**Rechtspflicht$_{\text{Nichtbehinderung Erfüllung Pflicht: Potenz→Akt}}$
(bzw. nRP$_{\text{Nichtbehinderung Erfüllung LP: Potenz→Akt}}$):**
Jede Person besitzt die mit dem Anspruchsrecht$_{\text{Erfüllung Pflicht: Potenz→Akt}}$ korrespondierende universelle generelle negative moralische Pflicht$_{\text{Nichtbehinderung Erfüllung Pflicht: Potenz→Akt}}$, es zu unterlassen (Verbot eines Tuns und Gebot einer Unterlassung), den Inhaber des Anspruchsrechts$_{\text{Erfüllung Pflicht: Potenz→Akt}}$ an der Erfüllung der Pflicht$_{\text{Potenz→Akt}}$ zu behindern.

Graphisch lassen sich diese aus dem bonum personale der Person ergebenden moralischen Rechte und Pflichten bzw. die durch sie begründeten und zwischen den zu einer Gemeinschaft zusammengeschlossenen Personen bestehenden Rechts- und Pflichtbeziehungen wie folgt darstellen (vgl. Abbildung 40).

3.3 Gesundheit als wesenhafter Lebenszweck und bonum der menschlichen Person

Was bedeutet das aber nun im Hinblick auf das uns hier interessierende Thema, nämlich die Gesundheit? Die allgemeine Pflicht$_{\text{Potenz→Akt}}$ aller Personen erstreckt sich dann auch auf die Gesundheit, wenn Gesundheit ein Gut ist, das zu den wesentlichen Lebenszwecken gezählt werden kann. Kann es das? Diese Frage sollte ohne viel Aufhebens bejaht werden können, zumal die Gesundheit – wenn man die oben aufgeführten Listen der wesenhaften Lebenszwecke menschlicher Personen analysiert – praktisch auf allen Listen figuriert – entweder als eigenes Gut oder als wesentlicher Teilaspekt des Gutes Leben. Wir können die Gesundheit also problemlos und wie in Abbildung 41 dargestellt unter die wesenhaften Lebenszwecke der menschlichen Person rechnen, sei es direkt als dem wesenhaften Lebenszweck Leben gleichgestellter Lebenszweck (Option A) oder indirekt als wesentlicher Teilaspekt des wesenhaften Lebenszwecks Leben (Option B).

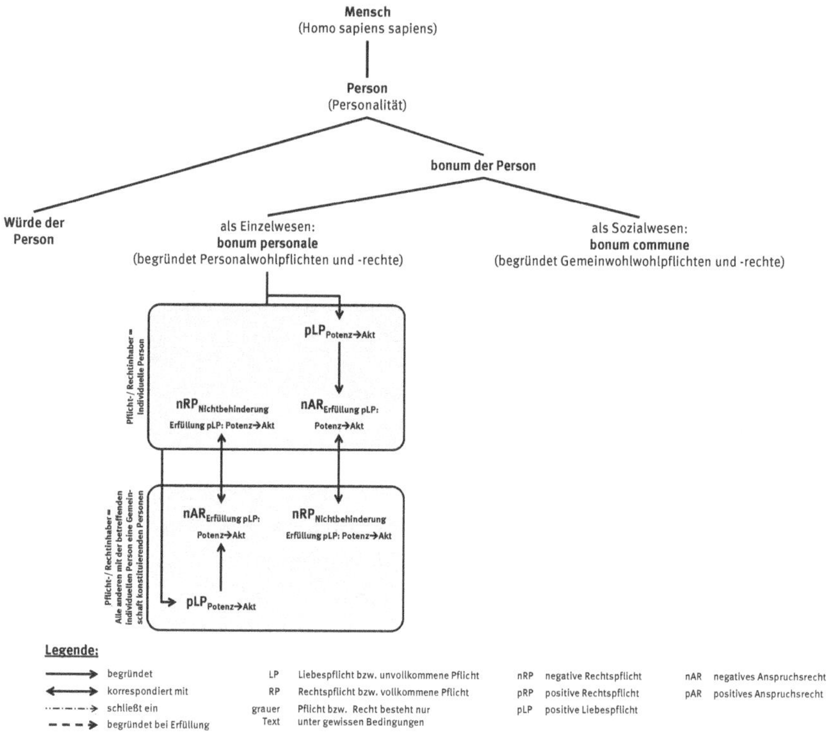

Abb. 40: Die sich aus dem bonum personale der Person ergebenden und zwischen einer Gemeinschaft von Personen bestehenden moralischen Pflichten und (Anspruchs-)Rechte

Gesundheit kann somit zu den intrinsisch wertvollen Gütern gerechnet werden, auf welche die menschliche Person aufgrund ihrer natürlichen Neigung (inclinatio naturalis; appetitus naturalis) unbewusst ausgerichtet ist und die sie bewusst zu erstreben hat, um so ihrer Pflicht nachzukommen, ihre im Besitz der Form Seele angelegten Potentialitäten (Seelenvermögen) und damit sich selbst zu vervollkommnen.[256] In diesem Sinne hat also jede menschliche Person eine Pflicht zur Gesundheit ($\text{Pflicht}_{\text{Gesundheit: Potenz}\rightarrow\text{Akt}}$).[257]

---

256 Gesundheit ist jedoch nicht nur aus Sicht der essentialistisch-teleologischen Philosophie ein wesentliches Gut, sondern wird auch von Denkern anderer Schulen (wenn auch aus anderen Gründen) als wichtig erachtet. Neben seiner Nennung in den im vorangegangenen Kapitel aufgeführten Listen sowie Nennungen in Güterlisten utilitaristischer Denker, figuriert Gesundheit z. B. auch in der (eher rudimentären) Liste mit „primary goods" des Kontraktualisten John Rawls (1999: 54). Diese umfasst Güter, „which it is supposed a rational man wants whatever else he

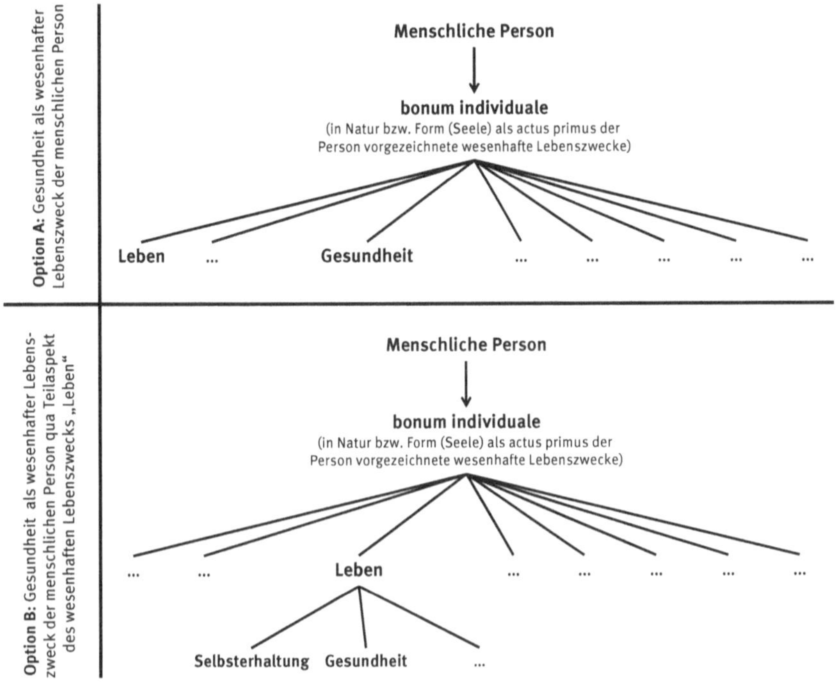

Abb. 41: Gesundheit als wesenhafter Lebenszweck der menschlichen Person

wants" (Rawls, 1999: 79; 54), wobei Rawls diese primären Güter in „social primary goods" und „natural primary goods" (Rawls, 1999: 54) unterteilt. Gesundheit ist hierbei ein den natürlichen primären Gütern zurechenbares Gut (seine Liste dieser Güter umfasst „health and vigor, intelligence and imagination" (Rawls, 1999: 54)), während für Rawls als social primary goods „rights, liberties, and opportunities, and income and wealth" sowie „self-respect" (Rawls, 1999: 54) gelten.

Vor dem Hintergrund des hier Gesagten, ist die von nicht wenigen Gesundheitsökonomen getroffene Annahme, nach der Gesundheit „ein Gut wie jedes andere" (Hajen, Paetow & Schumacher, 2010: 25; Oberender, Hebborn & Zerth, 2006: 22) ist, als kritisch zu beurteilen und zu hinterfragen.

257 Während der hier vertretene Ansatz davon ausgeht, dass die Person die Pflicht zur Gesundheit hat, weil sie ein Gut (bonum) für sie darstellt, gehen nicht wenige Denker (v. a. Vertreter des sog. Capability-Approach wie Nussbaum oder Ruger) heute davon aus, dass die Person ein (Anspruchs-)Recht auf Gesundheit hat, weil sie ein Gut für sie darstellt. So ist z. B. Ruger der Meinung, dass „the capability paradigm offers a philosophical justification for a right to health" (Ruger, 2009: 118). Entsprechend ist sie z. B. der Auffassung, dass – da „health insurance is essential for human flourishing" (Ruger, 2007: 53) – „health policy must ensure universal health insurance to enhance human capabilities and promote individuals' ability to flourish [...]" (Ruger, 2007: 56).

3.4 Zusammenfassung: Die in der Gesundheit als Teil des bonum personale begründeten moralischen (Personalwohl-)Rechte und (Personalwohl-) Pflichten der zu einem Gesundheitswesen zusammengeschlossenen Personen

Auf den vorangegangenen Seiten wurde herausgearbeitet, dass das bewusste Streben nach Gesundheit ein sich aus dem Besitz der Form Seele als actus primus ergebende Pflicht einer jeden menschlichen Person ist, da Gesundheit den wesenhaften Lebenszwecken zugerechnet werden kann. Auf Basis der allgemeinen Formulierung der Pflicht jeder Person zur Vervollkommnung der in ihr angelegten Potentialitäten können wir diese Pflicht zur Gesundheit ($\text{Pflicht}_{\text{Gesundheit: Potenz}\to\text{Akt}}$) wie folgt formulieren, wobei auch hier Gesundheit in ihren beiden Facetten[258] Gesundheitszustand und Gesundheitshaltung zu berücksichtigen ist:

$\text{Pflicht}_{\text{Gesundheit: Potenz}\to\text{Akt}}$ (bzw. $\text{pLP}_{\text{Gesundheit: Potenz}\to\text{Akt}}$):
Jede Person hat die im Wesen ihrer Form Seele als actus primus der Person begründete universelle unvollkommene positive moralische Pflicht, ihre Gesundheit als Zustand und Haltung im Rahmen ihrer Möglichkeiten bewusst zu erstreben und zu vervollkommnen.

Damit ist jedoch noch nicht alles gesagt, was es zu dieser Pflicht zu sagen gibt. Die Verwirklichung bzw. Vervollkommnung der Gesundheit als Zustand und Haltung kann in Abhängigkeit des Ausgangspunktes auf drei Arten geschehen (vgl. Kapitel III.5.2): Krankheitsverhütung, Gesundheitsförderung, Therapie. Durch Krankheitsverhütung wird die Gesundheit erhalten und ein Abrutschen in die Krankheit zu vermeiden versucht; die Gesundheitsförderung dient der Verbesserung der Gesundheit bei bereits gegebener Gesundheit; und die Therapie dient der (Wieder-)Herstellung der Gesundheit im Falle ihrer Abwesenheit. Diese drei Aspekte der Verwirklichung der Gesundheit sind in der Formulierung der eben genannten Pflicht zu berücksichtigen, da ohne sie eine Vervollkommnung der Gesundheit nicht möglich ist. Wenn wir dies berücksichtigen und auf die oben (vgl. Kapitel VI.3.2) herausgearbeiteten allgemeinen Personalwohlpflichten und -rechte anwenden, lassen sich aus dem Wesen der Form Seele als actus primus der Person

---

258 Von Gesundheit als Norm kann – wie bei dem in der Personenwürde begründeten negativen Recht auf Gesundheit auch – in diesem Zusammenhang nicht sinnvollerweise als eigener Gegenstand gesprochen werden, auch wenn die Entwicklung einer Gesundheitsnorm bzw. die Auseinandersetzung mit seiner eigenen subjektiven Gesundheitsnorm sowie den sozialen und biologisch-medizinischen Gesundheitsnormen eine unabdingbare Voraussetzung für die Entwicklung von Gesundheit als Haltung ist.

folgende mit dem uns hier interessierenden Aspekt des bonum personale, der Gesundheit, in Zusammenhang stehende moralischen Pflichten und Rechte ableiten:

$\text{Pflicht}_{\text{Gesundheit: Potenz}\rightarrow\text{Akt}}$ (bzw. $\text{pLP}_{\text{Gesundheit: Potenz}\rightarrow\text{Akt}}$):
Jede Person hat die im Wesen ihrer Form Seele als actus primus der Person begründete universelle unvollkommene positive moralische Pflicht, im Rahmen ihrer Möglichkeiten bewusst ihre Gesundheit als Zustand und Haltung zu erstreben und zu vervollkommnen, d. h. ihre Gesundheit als Zustand und Haltung im Rahmen ihrer Möglichkeiten bewusst zu erhalten (Krankheitsverhütung), zu verbessern/ fördern (Gesundheitsförderung) und/ oder (wieder-)herzustellen (Therapie/ Intervention/ Kuration bzw. Behandlung und Heilung von Krankheit).

↓ ↓ ↓ ↓

In dieser unvollkommenen Pflicht ist folgendes Anspruchsrecht begründet:

↓ ↓ ↓ ↓

$\text{Anspruchsrecht}_{\text{Erfüllung Pflicht Gesundheit: Potenz}\rightarrow\text{Akt}}$
(bzw. $\text{nAR}_{\text{Erfüllung Pflicht Gesundheit: Potenz}\rightarrow\text{Akt}}$):
Jeder Inhaber der PflichtGesundheit: Potenz→Akt hat das universelle negative moralische Anspruchsrecht in rem, in der Erfüllung der PflichtGesundheit: Potenz→Akt nicht behindert zu werden.

↑ ↑ ↑ ↑

Mit diesem Anspruchsrecht korrespondiert die folgende Pflicht:

↓ ↓ ↓ ↓

$\text{Rechtspflicht}_{\text{Nichtbehinderung Erfüllung Pflicht Gesundheit: Potenz}\rightarrow\text{Akt}}$
(bzw. $\text{nRP}_{\text{Nichtbehinderung Erfüllung LP Gesundheit: Potenz}\rightarrow\text{Akt}}$):
Jede Person besitzt die mit dem $\text{Anspruchsrecht}_{\text{Erfüllung Pflicht Gesundheit: Potenz}\rightarrow\text{Akt}}$ korrespondierende universelle generelle negative moralische $\text{Pflicht}_{\text{Nichtbehinderung Erfüllung Pflicht Gesundheit: Potenz}\rightarrow\text{Akt}}$ es zu unterlassen (Verbot eines Tuns und Gebot einer Unterlassung), den Inhaber des $\text{Anspruchsrechts}_{\text{Erfüllung Pflicht Gesundheit: Potenz}\rightarrow\text{Akt}}$ an der Erfüllung der $\text{Pflicht}_{\text{Gesundheit: Potenz}\rightarrow\text{Akt}}$ zu behindern.

Damit haben wir unsere Liste dessen, was wir uns gegenseitig hinsichtlich der Verwirklichung des Gutes Gesundheit schuldig sind, um drei weitere Elemente ergänzt, nämlich um die universelle unvollkommene positive moralische $\text{Pflicht}_{\text{Gesundheit: Potenz}\rightarrow\text{Akt}}$, das universelle negative moralische $\text{Anspruchsrecht}_{\text{Erfüllung Pflicht Gesundheit: Potenz}\rightarrow\text{Akt}}$ und die universelle generelle negative moralische $\text{Rechtspflicht}_{\text{Nichtbehinderung Erfüllung Pflicht Gesundheit: Potenz}\rightarrow\text{Akt}}$. Da die $\text{Pflicht}_{\text{Gesundheit: Potenz}\rightarrow\text{Akt}}$, das $\text{Anspruchsrecht}_{\text{Erfüllung Pflicht Gesundheit: Potenz}\rightarrow\text{Akt}}$ und die $\text{Rechtspflicht}_{\text{Nichtbehinderung Erfüllung Pflicht Gesundheit: Potenz}\rightarrow\text{Akt}}$ ihrem Wesen nach universell sind, kommen diese

Pflichten bzw. dieses Anspruchsrecht logischerweise auch allen ein Gesundheitswesen (mit-)konstituierenden Menschen zu. Denn zum einen sind, wie oben dargelegt (vgl. Kapitel V), alle Menschen Personen, und zum anderen ist die Menge der zu einem Gesundheitswesen zusammengeschlossenen Personen ({$\text{Personen}_{\text{Gesundheitswesen}}$}) immer eine Teilmenge der Menge aller Personen ({Personen}).

4 In der Gesundheit als Teil des bonum commune begründete moralische Rechte und Pflichten

Aus dem vorherigen Kapitel wissen wir, dass Gesundheit den wesenhaften Lebenszwecken jeder Person zugerechnet werden kann und somit ein für die menschliche Person zu erstrebendes individuelles Gut darstellt. Nun ist Gesundheit jedoch unter anderem dadurch gekennzeichnet, dass sie von Faktoren beeinflusst wird, die außerhalb des Einflussbereiches der einzelnen Person liegen (vgl. Kapitel II.5.2 sowie FN 299). Die Gesundheit jeder Person wird zu einem nicht unwesentlichen Grad auch von sog. externen Pathogenen und Salutogenen beeinflusst, die für die einzelne Person nicht beeinflussbare Determinanten ihrer Gesundheit darstellen. Gesundheit kann aus diesem Grund nicht nur als ein für die menschliche Person zu erstrebendes individuelles Gut – als „bonum personale“[259] – verstanden werden, sondern hat darüber hinaus als Gut auch eine soziale und damit sozialethische Dimension, der man üblicherweise dadurch Rechnung zu tragen sucht, dass man die Gesundheit als Teil des sog. „bonum commune“betrachtet.

4.1 Exkurs: Bonum Commune = Common Good?

Auch wenn es innerhalb der Philosophie unterschiedliche Auffassungen darüber gibt, was genau unter dem bonum commune zu verstehen ist, ergibt sich unabhängig von dieser Frage – deren Klärung wir uns im nächsten Kapitel zuwenden – bereits dann ein Problem, wenn man den Begriff nicht definieren, sondern herausfinden möchte, welche der in der Literatur vorfindbaren Übersetzungen sinnvollerweise zu verwenden ist. Um hier Verwechslungen vorzubeugen, ist es

---

259 Bei Thomas von Aquin finden sich als lateinische Ausdrücke für diese Art von Gut, das auch „bonum individuale“ genannt werden kann, auch: „bonum individui“ (I^{a} q. 50 a. 4 ad 3), „bonum suum singulare“ (I^{a} q. 60 a. 5 ad 1), „bonum unius individui“ (Super Sent., lib. 4 d. 31 q. 1 a. 1 arg. 1), „bonum proprii individui“ (Contra Gentiles, lib. 3 cap. 24 n. 8), „bonum unius“ (Contra Gentiles, lib. 3 cap. 69 n. 16) oder „bonum privatum“ (vgl. II^{a}-IIae, q. 152 a. 4 ad 3).

wichtig, das (moral-)philosophische Konzept des bonum commune von Vorstellungen zu trennen, die sich hinter Ausdrücken verbergen, die zwar wie eine direkte Übersetzung des Begriffs „bonum commune" aussehen, jedoch bei genauerem Hinsehen etwas ganz anderes bezeichnen. Dies ist v. a. bei den englischen Ausdrücken „common good" sowie „public good" und bei den deutschen Ausdrücken „Gemeingut", „Kollektivgut" sowie „Allgemeingut" der Fall, die nicht selten gar keinen (moral-)philosophischen Gehalt implizieren, sondern mit denen einer spezifisch ökonomischen Idee Ausdruck verliehen werden soll. Hier gilt es sich um konzeptionelle und begriffliche Genauigkeit zu bemühen. Um also ein Aneinandervorbeireden zu vermeiden, soll in den nächsten Abschnitten dargelegt werden, wie sich das (moral-)philosophische Konzept bonum commune von den ökonomischen Ausdrücken common good, public good, (All)Gemeingut und Kollektivgut unterscheidet.

Die Ökonomie versteht allgemein unter einem Gut ein Mittel, das der Bedürfnisbefriedigung dient (vgl. Milgate, 2008 sowie König, 2006: 2).[260] Um zu verstehen, was Ökonomen unter den eben erwähnten Güterarten verstehen, ist es hilfreich, sich vor Augen zu führen, dass ökonomische Güter anhand der folgenden beiden Fragen unterschieden werden können:

- „Is the good excludable? That is, can people be prevented from using the good?
- Is the good rival in consumption? That is, does one person's use of the good reduce another person's ability to use it?" (Mankiw, 2011: 218)

Mit „common goods" (auch: common resources) oder „Gemeingütern" (auch: Kollektivgütern) wird eine bestimmte sich aus dieser Unterscheidung ergebende Klasse von ökonomischen Gütern bezeichnet, nämlich diejenige Güterklasse, von deren Nutzung potentielle Nutzer bzw. für die Nutzung des Gutes nicht zahlende Nutzer nicht (oder nur mit unverhältnismäßig hohem Aufwand resp. Kosten) ausgeschlossen[261] werden können und bei deren Nutzung Rivalität[262] herrscht:

---

260 Es stellt sich in diesem Zusammenhang die Frage, ob Gesundheit überhaupt als ökonomisches Gut verstanden werden kann. Es mutet ein wenig komisch an, Gesundheit als Mittel der Bedürfnisbefriedigung zu verstehen. Entsprechend ist man auch dazu übergegangen im Zusammenhang mit Gesundheit weniger von „health as public good", sondern „public goods for health" zu sprechen (vgl. Woodward & Smith, 2003). Gesundheit scheint aus dieser Warte ein außerökonomisches Gut zu sein, das durch ökonomische Güter, u. a. public goods und access goods, als Mittel verwirklicht wird.

261 Ausschließbarkeit bedeutet, dass „derjenige, der das Gut eintauscht, erwirbt, kauft, [...] es auch allein nutzen (kann), er kann andere von der Nutzung ausschließen" (Heubel, 2002: 133); dies z. B. durch mangelnde Zuweisung oder Durchsetzbarkeit von Eigentumsrechten am betreffenden Gut. Ausschließbarkeit ist zwingend notwendig, wenn für ein Gut ein Preis oder eine Gebühr

„Common resources are rival in consumption but not excludable." (Mankiw, 2011: 218)[263] Ökonomische Güter, die sich sowohl durch Nicht-Ausschließbarkeit als auch Nicht-Rivalität auszeichnen (wie z. B. ein Straßenschild), werden als „öffentliche Güter" („public goods") bezeichnet:[264] „Public goods are neither excludable nor rival in consumption." (Mankiw, 2011: 218)[265] Die Klasse der „privaten Güter" ist durch Ausschließbarkeit als auch Rivalität gekennzeichnet und die der „Klubgüter" durch Ausschließbarkeit als auch Nicht-Rivalität (innerhalb des Clubs bzw. der Gruppe). Kaul & Mendoza (2003) weisen jedoch darauf hin, dass die Zugehörigkeit eines ökonomischen Gutes zu einer dieser Klassen nur in den wenigsten Fällen fix bzw. naturgegeben ist, sondern eine zeitliche Dimension aufweist: „Society can modify the (non)rivalry and (non)excludability of a good's benefits. Goods often become private or public as a result of deliberate policy choices." (Kaul & Mendoza, 2003: 80) Sie schlagen deswegen vor, die Kategorie der Ausschließbarkeit eines Gutes in „(non)excludable" und „(non)exclusive", also Ausschließbarkeit und Ausgeschlossenheit zu differenzieren, wobei Ausschließ-

---

erhoben werden soll (vgl. Feachem & Sachs (2002: 5): „A good is nonexclusive if people cannot be prevented from consuming it. This makes it difficult or sometimes impossible to charge individuals directly for the consumption of a product or service."). Fehlende Ausschließbarkeit führt u. U. und vor allem in Fällen, in denen nicht ausschließbare Güter mit einem Preis versehen werden, aufgrund des Trittbrettfahrerproblems zu Marktversagen.

262 Rivalität bedeutet, dass „derjenige, der das Gut nutzt, [...] die Nutzungsmöglichkeiten aller anderen Nutzer ein(schränkt)" (Heubel, 2002: 133). Nicht rivalitäre Güter sind Güter, die zur gleichen Zeit von verschiedenen Individuen konsumiert werden können bzw. „which all enjoy in common in the sense that each individual's consumption of such a good leads to no subtractions from any other individual's consumption of that good" (Samuelson, 1954: 387). Anders ausgedrückt: Die Grenzkosten, das Gut einem weiteren Nutzer zur Verfügung zu stellen, betragen bei einem nicht rivalitären Gut Null (vgl. Feachem & Sachs (2002: 4): „A good is nonrivalrous if, for any given level of production, the marginal cost of providing it to an additional consumer is zero."). Bei rivalitären Güter lassen sich also „rival benefits" ausmachen, was bedeutet, „that one person's consumption of a good diminishes its availability for others" (Kaul & Mendoza, 2003: 81). Diese von Paul Samuelson auch als „collective consumptions goods" (Samuelson, 1954: 387) bezeichnete Klasse an Gütern schließt sowohl Klubgüter als auch öffentliche Güter mit ein. Die Eigenschaft der Rivalität wird auch „subtractability" genannt; rivalitäre Güter sind somit „subtractive goods". Nicht-rivalitäre Güter zeichnen sich durch gemeinsame Nutzbarkeit („joint consumption") aus.

263 Güter dieser Klasse laufen somit besonders Gefahr, übernutzt oder erschöpft zu werden – „they may be subject to congestion or depletion" (Feachem & Sachs, 2002: 5).

264 Für eine einführende Übersicht in das Konzept der öffentlichen Güter siehe: Ostrom & Ostrom (1977), Kaul, Grunberg & Stern (1999a), Kaul, Grunberg & Stern (1999b), Feachem & Sachs (2002), Kaul & Mendoza (2003), Woodward & Smith (2003), Hess & Ostrom (2007).

265 vgl. hierzu auch Feachem & Sachs (2002: 4): „Public goods have two unique properties: they are nonrivalrous and nonexclusive."

barkeit als potentielle Ausgeschlossenheit zu betrachten ist.[266] Wenn wir die sich aus Mankiws eben zitierten Fragen resultierende Unterscheidung mit dem Vorschlag von Kaul & Mendoza (2003) kombinieren, ergeben sich sechs Klassen ökonomischer Güter, die in Abbildung 42 in vom Autor weiterentwickelter Form zusammengefasst sind. Auch wenn die Abbildung eine klare Grenzziehung zwischen den einzelnen Güterklassen vorgibt, so sind diese Grenzen in der Realität „sometimes fuzzy“ (Mankiw, 2011: 219); dies ist nicht zuletzt deswegen der Fall, da ein Gut in gewissen Aspekten resp. Elementen z. B. ein rival good und in anderen ein non-rival good sein kann.

Nutzung eines (ökonomischen) Gutes gekennzeichnet durch:			**Nicht-Rivalität** (auch: non-rivalry; non-subtractability) **(Rivalitätsgrad gering bzw. 0)**	**Rivalität** (auch: rivalry; subtractability) **(Rivalitätsgrad hoch bzw. 1)**
Nicht-Ausschließbarkeit (auch: non-excludability (= non-exclusiveness) of benefits)	Exklusionsgrad = 0	**nicht-ausschließbar (und damit nicht-ausgeschlossen)** (non-excludable (=non-exclusive))	**Reines öffentliches Gut** (pure public good) **(non-rival and non-excludable (= non-exclusive) goods)** Bsp.: Luft	**Reines Allmendegut** (auch: reines Kollektivgut, reines Gemeingut, reine Allmende) (pure common good, pure common, pure common-pool resource) **(rival and non-excludable (= non-exclusive) goods)** Bsp.: ???
Ausschließbarkeit (auch: excludability of benefits)	Exklusionsgrad = 0	**ausschließbar, aber nicht ausgeschlossen** (excludable but kept or made non-exclusive)	**Öffentliches Gut** (public good) **(non-rival and excludable goods kept or made non-exclusive)** Bsp.: Autobahn ohne Maut und ohne Stau	**Allmendegut** (auch: Kollektivgut, Gemeingut, Allmende) (common good, common, common-pool resource) **(rival and excludable goods kept or made non-exclusive)** Bsp.: gestaute Autobahn ohne Maut
	1 < Exklusionsgrad > 0	**ausschließbar und ausgeschlossen** (excludable and made exclusive)	**Klubgut** (club good) **(non-rival and excludable goods made exclusive)** Bsp.: Pay-TV, Maut-Autobahn ohne Stau	**Privates Gut** (private good) **(rival and excludable goods made exclusive)** Bsp.: Nahrung, Kleidung, Maut-Autobahn mit Stau

Abb. 42: Klassen ökonomischer Güter

In gewissen Publikationen (vgl. Feachem & Sachs, 2002: 6; Woodward & Smith, 2003: 7) wird darüber hinaus in Abhängigkeit von den Externalitäten eines public goods noch zwischen „global public goods“ (GPG), „international public goods“ und „regional public goods“ unterschieden, wobei global public goods diejenigen public goods sind „whose benefits reach across borders, generations

266 Ein „nonexcludable good“ oder „technically nonexcludable good“ ist entsprechend ein „nonexclusive good“.

and population groups“ (Kaul, Grunberg & Stern, 1999b: xxi).[267] Diese Differenzierung wäre obiger Abbildung als dritte Dimension hinzuzufügen. Wir können es jedoch bei der zweidimensionalen Differenzierung belassen, da dies nicht der Ort ist, um eine umfassende und fein auszieselierte Theorie ökonomischer Güter zu entwickeln. Ebenso ist es an dieser Stelle nicht wichtig, herauszufinden, ob Gesundheit ein private good, ein common good, ein club good oder ein public good ist. Sinn der obigen Ausführungen ist es vielmehr, dem Leser das Konzept der in einem ökonomischen Sinne verwendeten Ausdrücke common good, public good, (All)Gemeingut und Kollektivgut darzulegen. Auch wenn diese Begriffe wie eine Übersetzung des lateinischen bonum commune klingen und man verleitet sein könnte anzunehmen, dass sie synonym zu bonum commune zu verstehen sind, so sind sie nicht der (moral-)philosophischen, sondern der ökonomischen Fachsprache zuzurechnen; sie bezeichnen der Bedürfnisbefriedigung dienende Mittel, die sich dahingehend unterscheiden, ob potentielle Nutzer von ihrer Nutzung ausgeschlossen werden können oder nicht und ob ihre Nutzung durch eine Person ihre Verfügbarkeit für andere Personden reduziert oder nicht. Um eine missverständliche Verwechslung dieser ökonomischen Ausdrücke mit dem auf den folgenden Seiten zu explizierenden philosophischen Konzept des bonum commune zu vermeiden, wird im weiteren Verlauf dieser Arbeit vor allem die unübersetzte lateinische Bezeichnung bonum commune verwendet werden.

4.2 Das Wesen des (philosophischen) bonum commune

Um herauszufinden, ob und inwieweit Gesundheit nicht nur als Teil des bonum personale, sondern darüber hinaus auch als Teil des bonum commune[268] be-

---

267 Die genauen Begrifflichkeiten variieren ein wenig: So werden die Bezeichnungen „global public goods“ und „international public goods“ manchmal synonym verwendet; manchmal wird anstelle von „international public goods“ der Ausdruck „transnational public goods“ genutzt; und für „regional public goods“ finden sich auch die Begriffe „local public goods“ oder „national public goods“.

268 Auch wenn „bonum commune“ für gewöhnlich mit „Gemeinwohl“ ins Deutsche übersetzt wird, wird nachfolgend der lateinische Ausdruck verwendet, nicht zuletzt deswegen, da das deutsche Wohl nicht die gleiche teleologische Konnotation besitzt wie das lateinische bonum. Die Verwendung der lateinischen Terminologie ist zudem auch deswegen sinnvoll, da eine Schwierigkeit des Verständnisses des Konzepts des bonum commune wohl auch darin begründet ist, dass es außer mit „Gemeinwohl“ auch mit „Gemeingut“ übersetzt werden kann (manchmal findet sich auch der Ausdruck „Allgemeinwohl“). Durch die Verwendung des lateinischen Begriffs kann Verwirrung und eine unnötige Festlegung sowie Einschränkung vermieden werden. Ähnlich sieht es auch Utz (1964: 129): „Der lateinische Ausdruck „bonum commune“ muss in der Untersuchung

trachtet werden kann, muss zunächst geklärt werden, worüber wir genau sprechen, wenn wir vom bonum commune sprechen. Diese Klärung ist umso bedeutsamer, da der Begriff des Gemeinwohls der „Ausgangspunkt in der Bestimmung des Verhältnisses zwischen Individuum und Gemeinschaft" (Utz, 1964: 129) ist und seine inhaltliche Bestimmung somit gewichtige Implikationen auf unser Zusammenleben hat. Seine Bestimmung ist jedoch nicht die leichteste Aufgabe, denn: Der Begriff des bonum commune „gehört zu dem, was man Gemeinplatz nennt" (Utz, 1998b: 166) und „is frequently tossed about these days" (Sulmasy, 2001: 303). Doch, wie uns Georg Christoph Lichtenberg warnt, ist mit solchen allgemein geläufigen und verwendeten Begriffen vorsichtig umzugehen: „Die gemeinsten Meinungen und was jedermann für ausgemacht hält, verdient oft am meisten untersucht zu werden." (Lichtenberg, 1853: 98) Aus der Selbstverständlichkeit, mit der ein Begriff gebraucht wird, kann man nicht schließen, dass der Inhalt des Begriffs in seiner Tiefe denjenigen, die ihn wie selbstverständlich in den Mund nehmen, ebenso selbstverständlich bewusst ist. Dieses Kapitel möchte diesem Mangel abhelfen und den Bedeutungsgehalt des philosophischen Konzepts bonum commune herausarbeiten. Also: Was ist das bonum commune?

Bevor eine Antwort auf diese Frage gegeben werden soll, ist eine Vorbemerkung angebracht: Möchte man das oben dargelegte metaphysische Personenverständnis und das sich daraus ergebende metaphysische Verständnis des bonum personale der menschlichen Person konsequent weiterdenken, so kommen von der Vielzahl der in der Literatur vorfindbaren Theorien des bonum commune[269] nur solche in Frage, die das bonum commune metaphysisch begründen.

über das Gemeinwohl führend sein, weil er im Vergleich zu den modernen Sprachen der weiteste und umfassendste ist und weil die Diskussion über das Gemeinwohl im Laufe der Geschichte um die lateinische Terminologie kreiste."

269 Der Gemeinwohlverständnisse gibt es viele. Um ein wenig Ordnung in den Wust der Definitionen zu bringen, unterscheidet Sulmasy (2001) zwischen vier Formen des bonum commune: „the aggregative common good, the common common good, the supersessive common good, and the integral common good" (2001: 303). Erstere, vor allem von Ökonomen und Utilitaristen vertretene Interpretation versteht das bonum commune als „the aggregate sum of all the goods of all the individuals in the social unit" (Sulmasy, 2001: 304). Zweitere Vorstellung wird verwendet „to refer to goods we hold in common" (Sulmasy, 2001: 304); es umfasst also äußere Güter (wie z. B. Luft, Wasser etc.), aber auch intrinsisch wertvolle Güter („goods towards which each of us aims" (Sulmasy, 2001: 304)), nach denen wir alle streben, weil sie unserer Natur entsprechen (wie z. B. Leben, Glückseligkeit, Liebe, Gesundheit etc.). Das dritte Verständnis von Gemeinwohl interpretiert Gemeinwohl als das Wohl des sozialen Ganzen bzw. des Staates, unter das das Einzelwohl der die soziale Einheit konstituierenden Personen subsumiert wird bzw. diese verdrängt („The supersessive common good is common good that is believed to override all of the individuals who constitute the community." (Sulmasy, 2001: 305)) In einer Monarchie kann dieses Verständnis gemäß des Diktum des französischen Königs Ludwig XIV. („L'etat c'est moi.") u. U. auch bedeuten,

Zwei der wenigen zeitgenössischen Theorien des bonum commune, die diesem Anspruch genügen, sind die des Dominikanerpaters Arthur Fridolin Utz, der sein Gemeinwohlverständnis explizit als metaphysisch begründet bezeichnet (vgl. Utz, 1994: 61)[270], oder auch die des Dominikanerpaters Eberhard Welty. Entsprechend stützen sich die nachfolgenden Überlegungen schwerpunktmäßig auf das von Arthur Fridolin Utz und Eberhard Welty dargelegte Verständnis des bonum commune und ziehen alternative, nicht metaphysisch begründete Theorien des bonum commune (wie z. B. die von Johannes Messner oder die des Jesuiten Oswald von Nell-Breuning (die wiederum stellvertretend für eine ganze Denkschule steht, zu der auch die Jesuiten Gustav Gundlach und Heinrich Pesch zu zählen sind)) nur ergänzend hinzu.

4.2.1 Das bonum commune als gemeinsames Ziel

Um zu verstehen, was das bonum commune genau ist, ist es nötig, am oben dargelegten (vgl. Kapitel VI.3) Verständnis des bonum personale anzusetzen bzw. von diesem auszugehen.[271] Das bonum personale ist qua seines Wesens als bonum und damit Ziel etwas, auf das jede Person aufgrund ihrer natürlichen Neigung (inclinatio naturalis; appetitus naturalis) unbewusst ausgerichtet ist und das sie

---

dass das supersessive common good das Wohl nur einer einzelnen Person, nämlich des Monarchen ist. Unter „integral common good“ wird laut Sulmasy „the kind of good that comes explicitly from mutual human interaction and cannot be divided into equally aggregative parts“ (2001: 306) verstanden. Finnis beschreibt es als „a set of conditions which enables the members of the community to attain for themselves reasonable objectives, or to realize reasonably for themselves the value(s), for the sake of which they have reason to collaborate with each other (positively and/ or negatively) in a community“ (Finnis, 1982: 155).

Utz unterscheidet einen subjektivistisch-individualistischen Gemeinwohlbegriff von einem holistisch-ganzheitlichen (1998b), wobei der wesentliche Unterschied dieser beiden Konzeptionen darin zu sehen ist, dass sie sich „auf ganz verschiedenen Erkenntnisebenen“ (Utz, 1998b: 166) bzgl. des sozialen Ganzen bewegen. Erstere Gemeinwohltheorie lässt als Erkenntnisweise nur das Erfahrungswissen zu, dem das Wohl des Ganzen auf dieser Basis jedoch nur als Aggregation der individuellen Einzelwohle resp. des individuellen Wohlergehens (well-being) zugänglich ist. Das holistisch-ganzheitliche Verständnis von Gemeinwohl geht hingegen über die „empirische Sinnessphäre“ (Utz, 1998b: 168) hinaus und orientiert sich an der menschlichen Natur.

270 Siehe hierzu auch Veith (2004a: 278), der Utz in einem Übersichtsartikel über das Gemeinwohl als „Vertreter einer naturrechtlich-metaphysischen Tradition“ bezeichnet. Utz (1964: 193) selbst bestätigt diese Bezeichnung: „Wenn man schon die Lehre vom Naturrecht vertritt, dann muss man sie folgerichtig im metaphysisch-ethischen Raum vertreten, wo Gott, der Allwissende und Allgerechte, letzte richtende Instanz ist, nicht nur des einzelnen, sondern auch des Ganzen. Ohne diese Sicht ist es eitel und sinnlos, von Naturrecht zu sprechen.“

271 Dies ist deswegen statthaft und geboten, da die Gemeinwohlidee „entscheidend geprägt (ist) durch die Idee vom Menschen“ (Messner, 1968: 21) – und damit seiner Personalität.

bewusst erstreben sollte. Wenn wir diese Einsicht auf das bonum commune übertragen, können wir sagen, dass das bonum commune qua seines Wesens als bonum das gemeinsame (commune) Ziel nicht einer einzelnen Person, sondern einer Gemeinschaft von Personen ist,[272] auf das diese unbewusst ausgerichtet ist und das sie bewusst erstreben sollte – und das diese eint: Das bonum commune hat die „Bewandtnis des Ziel-seins" (Utz, 1964: 129) für eine Gemeinschaft und stellt den „Zielpunkt des Strebens mehrerer" (Utz, 1964: 131) resp. den „Zielwert der Gemeinschaft" (Utz, 1986: 23) dar.[273] Kurz gesagt: „Gemeinwohl ist nichts anderes als das Ziel der Gemeinschaft." (Welty, 1935: 211) Als solches hat das bonum commune normative Kraft, ist also nicht nur etwas, das von einer Gemeinschaft von Personen erstrebt werden kann, sondern das erstrebt werden soll. Es ist „jener Wert, der als gemeinsam aufgetragenes Ziel die einzelnen Menschen eint" (Utz, 1964: 158) bzw. das, um dessentwillen eine Gemeinschaft überhaupt besteht und das zu verwirklichen sie existiert.[274] So weit, so gut. Doch: Was genau soll verwirklicht werden?

Auch zur Klärung dieser Frage hilft ein Blick auf das weiter oben zum bonum personale Gesagte. Wie dargelegt, besteht das bonum personale, d. h. das bonum der bzw. für die Person, in der perfectio bzw. Vervollkommnung der in der Person durch den Besitz der Form Seele angelegten Vermögen und damit der Person selbst. Wenn dem so ist, dann können wie hieraus schließen, dass das bonum commune, d. h. das bonum der bzw. für eine Gemeinschaft (von Personen) in der perfectio der Gemeinschaft besteht. Wie das bonum personale nichts anderes als die zu erstrebende Vollkommenheit der Person bezeichnet, so bezeichnet also das bonum commune die zu erstrebende Vollkommenheit eines von Personen gebildeten sozialen Ganzen:

> „Wie die persönliche Vollkommenheit das Ziel der personalethischen Handlungen ist, so ist die Vollkommenheit der Gesellschaft, also das Gemeinwohl, das Ziel der sozialethischen Handlungen. Das Gemeinwohl ist also wesentlich jenes Ideal, dem eine Gemeinschaft zuzustreben hat." (Utz, 1964: 159)

---

272 Wenn es nur das Ziel einer Person wäre, könnte es kein gemeinsames Ziel sein.

273 Denn: „Zu jeder Gemeinschaft gehört ein Ziel. Dieses Gesetz kennt keine Ausnahme." (Welty, 1935: 211) Vgl. auch Utz (1964: 129 f): „Der Ausdruck „bonum" (Gut) deutet darauf hin, daß dasjenige, das als Gemeinsames (commune) bezeichnet wird, in der Zielordnung liegt. Es ist etwas Gemeinsames, das mehrere erstreben, erstreben im weitesten Sinne als Wollen."

274 Denn: „Sozialethisch betrachtet ist jede Gesellschaft zweckgebunden." (Utz, 1964: 52) – oder wie Aristoteles (Politik, 1252a 1 f) es ausdrückt: „πᾶσαν κοινωνίαν ἀγαθοῦ τινος ἕνεκεν συνεστηκυῖαν".

Und wie das bonum personale der Inbegriff jener Güter bzw. wesentlichen Lebenszwecke ist, die der Mensch „in seinem Leben verwirklichen müßte, wenn von ihm soll gesagt werden können, er habe seine Möglichkeiten voll realisiert" (Pieper, 2008: 421), so umfasst das bonum commune jene bona (Güter), „welche ein Gemeinwesen, vor allem das staatliche Gemeinwesen, verwirklichen müßte, wenn von ihm soll gesagt werden können, es habe die in ihm angelegten Möglichkeiten realisiert" (Pieper, 2008: 421). In ihm sind somit jene Güter enthalten, durch die sich eine Gemeinschaft vervollkommnet und die sie deswegen bewusst erstreben und erreichen soll. Die Frage, die sich nun direkt im Anschluss an diese Einsicht stellt, ist: Von welchen Gütern ist aber genau die Rede?

Zur Bestimmung der im bonum commune enthaltenen Güter ist von der logischen Einsicht auszugehen, dass die Vollkommenheit einer Gemeinschaft getrennt von der Vollkommenheit ihrer Glieder weder gedacht noch realisiert werden kann. Die Gemeinschaft kann nur vollkommen sein, wenn und insofern die sie konstituierenden Personen vollkommen sind: „Die Natur gab der menschlichen Person die unwiderrufliche Bestimmung, sich geistig-sittlich zu vervollkommnen. Dieser Bestimmung unterliegt auch die menschliche Gemeinschaft; sie ist ja Vereinigung von Personen." (Welty, 1935: 218) Das bonum und damit Ziel der Gemeinschaft „ist die vollgute menschliche Person, die volle Entwicklung der Person zu den verborgenen Tiefen des Menschtums" (Welty, 1935: 222).[275] Die perfectio einer Gemeinschaft setzt also wesentlich die perfectio der die Gemeinschaft bildenden Personen voraus.[276] Wenn dem so ist, dann sind die jeder Person

275 In diesem Sinne ist es auch zu verstehen, wenn Utz (1996: 179) schreibt: „Im Gemeinwohl sind alle einzelnen Wohle in ihrer Individualität miteinbegriffen." Entsprechend ist im Gemeinwohl „nichts anderes als das vollmenschlich gute Leben aller beinhaltet" (Utz, 1986: 186). Ähnlich sieht es auch Welty: „Alle konkreten nächsten Ziele menschlicher Gemeinschaft kann man ganz kurz dahin kennzeichnen: menschliche Gemeinschaft will das vollkommene menschliche Gute, das Gesamtgut der menschlichen Natur. [...] Das Gesamtgut der menschlichen Natur – oder auch einfach: das gute Leben des Menschen – besagt zweierlei: die geistig sittliche Vollendung des Menschen; sie ist die Hauptsache, das eigentlich Sinngebende des Gemeinschaftslebens; und die Beschaffung stofflicher Güter; sie bildet die Voraussetzung und die notwendige Bedingung; denn sie sichert die materielle Existenzgrundlage unseres Lebens." (Welty, 1935: 220; vgl. auch 233 ff) Das bonum commune ist somit „das Gesamtgut der menschlichen Natur oder die vollgute Person. Wir können auch sagen: die volle Entfaltung und Durchsetzung des menschlichen Guten." (Welty, 1935: 270; 1951: 67)

276 Diese Aussage ist dahingehend zu ergänzen, dass nicht nur die perfectio einer Gemeinschaft wesentlich die perfectio der die Gemeinschaft bildenden Personen voraussetzt, sondern dass die perfectio der die Gemeinschaft bildenden Personen ebenso wesentlich die perfectio der Gemeinschaft voraussetzt. Auch wenn bonum personale und bonum commune zwei unterschiedliche Arten von bona sind, so kann das bonum personale nicht ohne das bonum commune und das

und damit jedem Glied einer Gemeinschaft von Personen als zu erstrebende Güter aufgetragenen wesentlichen Lebenszwecke und damit das jeder der eine Gemeinschaft bildenden Personen aufgetragene bonum personale in grundlegender Weise und notwendig Teil des bonum commune.[277] Man könnte also sagen, dass jede Gemeinschaft von Personen also notwendig das gleiche Ziel wie die einzelne Person besitzt.

Mit dieser Aussage ist allerdings vorsichtig umzugehen bzw. ist sie weiter zu qualifizieren. Sie ist nämlich nicht so zu verstehen, dass das bonum commune darin besteht, dass alle in einer Gemeinschaft vereinten Personen jeweils nur ihr eigenes bonum personale verfolgen; dies gehört zwar zum bonum commune, jedoch darf dieses nicht darauf reduziert werden. Das bonum commune einer Gemeinschaft ist nicht bloß die Summe der bona personalia mehrerer oder aller in dieser Gemeinschaft zusammengefassten Personen; dies wäre zu kurz gesprungen. Denn, wie oben erwähnt, ist es charakteristisch für das bonum commune, dass es ein gemeinsames Ziel ist. Das bonum commune ist also ein bonum, das von allen zu einer Gemeinschaft zusammengeschlossenen Personen gemeinsam erstrebt wird. Da das bonum commune das bonum personale aller in einer Gemeinschaft vereinten Personen umfasst, können wir entsprechend schlussfolgern, dass das bonum commune das zu einem Gemeinschaftsziel gemachte bonum personale aller in einer Gemeinschaft vereinten Personen umfasst.[278] Im Streben nach dem bonum commune haben die einzelnen eine Gemeinschaft konstituierenden Personen also nicht nur ihr eigenes bonum personale, sondern darüber hinaus das bonum personale auch aller anderen Personen zu erstreben. Das bonum commune einer Gemeinschaft von Personen umfasst somit das von all diesen Personen als gemeinsames Ziel zu erstrebende bonum personale bzw. die perfectio all dieser Personen.

---

bonum commune nicht ohne das bonum personale bestehen; sie sind wechselseitig aufeinander bezogen (vgl. hierzu Welty, 1935: 230).

277 Entsprechend kann Welty sagen: „Gemeinwohl heißt gemeinsames Wohl“ (Welty, 1935: 247) bzw. „Das Gemeinwohl ist die Ganzheit der real-verbundenen und real-gegliederten Privatgüter – zunächst intentional als Ziel vorgegeben, sodann als Tatsächlichkeit erreicht und verwirklicht.“ (Welty, 1935: 238) Da es ein logischer Ausfluss aus dem bonum personale ist, entzieht sich die Bestimmung des bonum commune – wie auch die des bonum personale – der menschlichen Willkür.

278 Entsprechend schreibt Utz, dass das bonum commune „in der menschlichen Vollkommenheit als allgemeinem Anliegen“ (1964: 193) bzw. „in der Vollendung des Menschen, soweit sie überhaupt mit gemeinschaftlichen Mitteln erreichbar ist“ (1964: 177), besteht. An anderer Stelle spricht er im Zusammenhang mit dem (universal verstandenen) bonum commune auch von dem „hohe(n) Ideal der menschlichen Vollendung als Menschheitsaufgabe“ (1964: 166).

> „Wenn z. B. viele Menschen zu gleicher Zeit, unabhängig voneinander jeder je für sich, das Gelübde ablegen, nach Vollkommenheit zu streben, dann begründet diese Gleichheit des Zieles noch lange nicht eine Gemeinschaft, deutet demnach noch lange nicht auf ein Gemeinwohl hin. Wenn aber diese Menschen das inhaltlich selbe Gelübde zugleich als gemeinsames Treugelöbnis ablegen in der Form, daß sie gemeinsam dieses Ziel anstreben wollen, so daß derjenige, der seine eigene Vollkommenheit vernachlässigt, von den andern der Untreue und des Vertragsbruches bezichtigt werden kann, dann entsteht ein wirklicher Gemeinwert. [...] Obwohl ganz personal in der letzten Ausrichtung, stellt doch jeder seinen Entschluß zugleich in die Gemeinschaft. Es stehen also alle im gegenseitigen Austausch ihrer persönlichen Vollkommenheit. Der Müde und Lässige verfehlt sich also nicht nur gegen seine persönliche Vollkommenheit, sondern auch gegen die Gemeinschaft, da er seine Weggenossen um den Reichtum beraubt, den er durch sein eigenes Streben zum Ganzen beigesteuert hätte." (Utz, 1964: 136 f)

Um das bonum commune und nicht etwas anderes zu verwirklichen, müssen alle Glieder einer Gemeinschaft sowohl die eigene perfectio als auch die perfectio aller anderen Glieder bewusst als gemeinsames Ziel erstreben.[279] Wenn die eine Gemeinschaft konstituierenden Personen jeweils nur ihr eigenes bonum personale bzw. ihre eigene perfectio erstreben, kann noch nicht von einem bonum commune gesprochen werden.[280] Das Ziel der Verwirklichung des bonum commune einer Gemeinschaft ist also ein vom Ziel der Verwirklichung des bonum personale einer einzelnen oder auch der bona personalia aller eine Gemeinschaft bildenden Personen verschiedenes und zu unterscheidendes Ziel, auch wenn es diese einschließt und sich von diesen nicht trennen lässt (vgl. Abbildung 43).[281]

4.2.2 Das immanente und das äußere bonum commune

Betrachtet man das bisher Gesagte etwas genauer, so wird deutlich, dass das bisher beschriebene bonum commune nicht etwas Äußerliches ist, sondern „ein Sein" (Utz, 1964: 133) bzw. einen Seinszustand der eine Gemeinschaft konstituierenden Personen (und damit der Gemeinschaft) bezeichnet, das nur in den eine Gemeinschaft bildenden Personen anzutreffen ist. Das bisher als gemeinsam erstrebte perfectio aller Gemeinschaftsglieder beschriebene bonum commune, kann

---

279 Da nach Utz (1964: 303) „als sozialethisch jener Inhalt zu bezeichnen (ist), der mehreren Menschen zu gemeinsamer Verwirklichung aufgetragen ist", befinden wir uns beim Nachdenken über das bonum commune im Kern der Sozialethik.

280 Streng genommen bilden sie noch nicht einmal eine Gemeinschaft bzw. ein soziales Ganzes, da hierfür das Vorhandensein bzw. bewusste Verfolgen des bonum commune nötig ist.

281 vgl. Utz (1964: 134): „Das Gemeinwohl, obwohl in allen Gliedern der Gemeinschaft verwirklicht, bedeutet einen wesentlich eigenen Wert, unterschieden vom Einzelwohl, auch von der Summe der Einzelwohle aller."

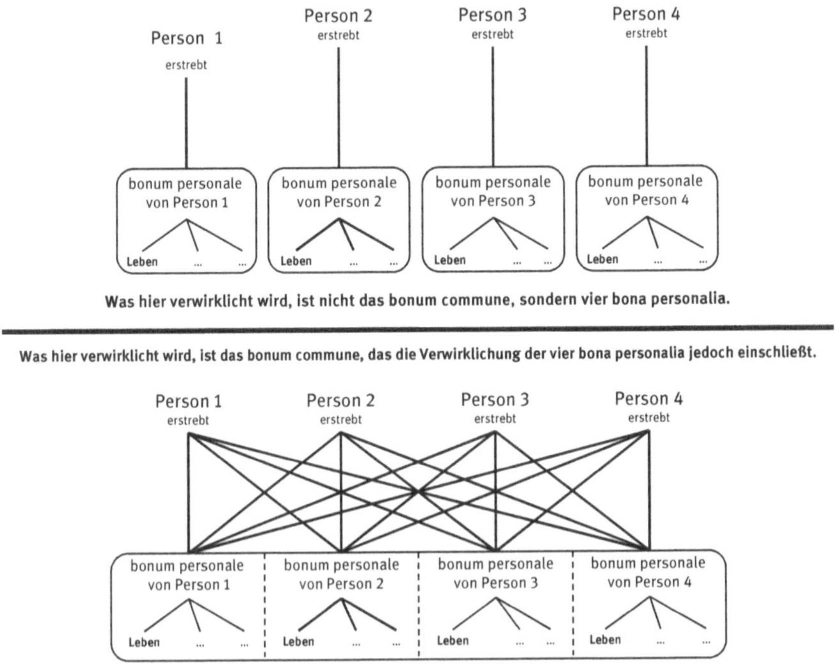

Abb. 43: Das bonum commune als das gemeinsam von allen erstrebte bonum personale aller in einer Gemeinschaft zusammengeschlossenen Personen

nur innerhalb von Personen bestehen und kann nur dann als realisiert gelten, wenn es in allen eine Gemeinschaft bildenden Personen realisiert ist. Naheliegenderweise bezeichnet Utz diesen Aspekt des bonum commune als „immanentes bonum commune“ (Utz, 1964: 136) und definiert es als „die menschliche Vollkommenheit als gemeinsames, die einzelmenschlichen Vollkommenheiten als Teile umfassendes Ziel einer Vielheit von Menschen“ (Utz, 1964: 136).[282]

282 An anderer Stelle drückt Utz (1964: 145) dies wie folgt aus: „Das Gemeinwohl besteht in der individuellen Vollkommenheit oder im individuellen Wohlergehen aller als aufeinander bezogener Personen. Man kann demnach nicht sagen, das Gemeinwohl sei die „Bedingung“ oder die „Voraussetzung“, wodurch einem jeden die Chance des Aufstieges und der persönlichen Vervollkommnung durch freie Tätigkeit geboten sei. Das Gemeinwohl ist vielmehr die Vollkommenheit freier aufeinander bezogener Persönlichkeiten und nicht nur die Bedingung des Aufstieges für alle.“ Noch etwas deutlich wird Utz (1964: 174) hier: „Das eigenpersönliche Wollen und Zielstreben ist also im Gemeinwohl reichlich verwertet, insofern sich der einzelne ins Ganze einfügt. Aus diesem Grunde definierten wir das bonum humanum, insofern es Gemeinwohl aller ist, als jene materiellen, kulturellen und sittlichen Werte, welche die persönliche Vollendung aller in einem Ganzen integrierten Menschen ausmachen.“ Mit anderen Worten definiert Utz (1986: 47)

Das bonum commune erschöpft sich jedoch nicht in diesem immanenten Aspekt. Denn die Verwirklichung des immanenten bonum commune ist abhängig von äußeren Gütern und Bedingungen, deren Vorhandensein die perfectio aller in einer Gemeinschaft zusammengeschlossenen Personen ermöglicht und deren Abwesenheit diese verunmöglicht. Vom immanenten bonum commune ist somit das sog. „bonum commune als äußeres Gut und objektives Geschehen“ (Utz, 1964: 130) abzugrenzen, welches „alle materiellen, kulturellen und moralischen Bedingungen, die den Gesellschaftsgliedern die vollmenschliche Entfaltung gewährleisten“ (Utz, 1986: 184) umfasst. Am äußeren bonum commune wird deutlich, weshalb das immanente bonum commune den Charakter eines gemeinsam von in einer Gemeinschaft verbundenen Personen erstrebten Ziels besitzt, ja gar keinen nicht-gemeinsamen Zielcharakter besitzen kann. Denn auch wenn das bonum personale der Einzelperson ein letzten Endes nur sie betreffender, ihre persönliche perfectio bezeichnender und nicht ohne ihre Anstrengung zu verwirklichender Seinszustand ist, so kann die einzelne Person ihre wesentlichen Lebenszwecke trotzdem nicht aus eigener Kraft und autark, sondern nur mit gemeinsam angewandten Mitteln verwirklichen: „Alle Gemeinschaftstätigkeit vervollkommnet den Menschen als Person.“ (Welty, 1935: 177) Denn sie ist bei der Vervollkommnung ihrer Anlagen sowohl in materieller, kultureller als auch sittlicher Hinsicht von ihren Mitmenschen und der gemeinschaftlichen Kooperation abhängig. Die menschliche Person ist als ens sociale nicht nur gemeinschaftsfähig, sondern darüber hinaus auch gemeinschaftsbedürftig:

> „Ganz abgesehen davon, daß jeder Mensch aufgrund eines sozialen Aktes, nämlich der Zeugung, in diese Welt kommt und gleich von Anbeginn auf die Mithilfe seiner Eltern angewiesen ist, unterliegt er diesem Angewiesensein auf andere in nicht geringerem Maße auch später bezüglich der Besorgung der irdischen Mittel zur Ernährung und vor allem zur Hebung der äußeren Lebensumstände. [...] Unter kultureller Abhängigkeit verstehen wir die Abhängigkeit in der Erarbeitung aller jener Werte, die nicht wesentlich sittliche Vollkommenheiten des Menschen sind. Es gehören also dazu das gesamte Gebiet des Wissens im weitesten Sinn (mit dem naturgegebenen Mittel der Sprache) und die Kunst. Auch die wirtschaftliche Meisterung der Güterwelt ist unter diesem Betracht eine Kulturleistung. [...] Wenngleich im innersten Bereich der Freiheit der Mensch seiner selbst Herr, also unabhängig ist, so übernimmt er doch die sittlichen Urteile seiner Umwelt auf dem Weg über die Sympathie. Dies

---

diesen immanenten Aspekt des Gemeinwohls als „die von freien Menschen in jedem geschichtlichen Augenblick gemäß den in der menschlichen Natur beschlossenen Normen zu schaffende allgemeine Wohlfahrt, Wohlfahrt verstanden als bestmögliche materielle, kulturelle und sittliche Vollendung der kooperierenden Gesellschaftsglieder“.

folgt aus der wesentlichen Abhängigkeit des konkreten Werturteils – sofern es vollkommen sein will – von der Gelehrigkeit." (Utz, 1964: 106 ff)[283]

283 Diese Abhängigkeit bestätigen und betonen u. a. auch Oswald von Nell-Breuning, Johannes Messner und Jacques Maritain:

- „Der Mensch, wie Gott ihn erschaffen hat, ist schlechterdings kein selbstgenügsames Einzelwesen, das darauf angelegt wäre, für sich allein zu existieren, jedoch nebenher auch noch einige Eigenschaften besäße, die es ihm ermöglichen, wenn es ihm beliebt, Beziehungen mit anderen aufzunehmen, die er aber auch wieder abbrechen könnte, wenn er sie leid geworden ist. Ganz im Gegenteil: der Mensch ist seiner Natur nach auf das Leben in der Gemeinschaft angelegt – seiner ganzen Natur nach, d. i. seiner Leibnatur nach und seiner Geistnatur nach." (von Nell-Breuning, 1990: 22)
- „Der Mensch ist so geschaffen, daß seine geistigen Anlagen ohne dieses Sich-Entzünden von Geist an Geist nicht langsamer und mühseliger, sondern überhaupt nicht zur Entfaltung kommen. In diesem Sinn ist der Mensch seiner Geistnatur nach nicht irgendwie oder nebenher auch oder bis zu einem gewissen Grade, sondern wesenhaft gesellschaftlich; er ist gesellschaftliches Wesen oder er ist nicht Mensch." (Nell-Breuning, 1985: 31) Wie von Nell-Breuning betont, „lässt sich die wesenhaft gesellschaftliche Natur des Menschen vom Leiblichen (allein) nicht herleiten; seine Leiblichkeit ist nicht eigentlich konstitutiv für seine gesellschaftliche Wesensanlage; sie partizipieren nur an ihr." (von Nell-Breuning, 1985: 31). Auch wenn die menschliche Person als Leibwesen auf andere Menschen angewiesen ist, so unterscheidet letzten Endes ihr geistiger, über das Biophysische hinausgehender Gehalt die menschliche Gemeinschaft und Gesellschaft von tierischen Rudel, Schwärmen oder Herden. Im Menschen als Geistwesen erscheint seine socialitas. Oswald von Nell-Breuning führt hierzu noch aus: „Beim Menschen ist nun aber das Biophysische, seine Leiblichkeit, mit dem, was Geist an ihm ist, vollkommen zur Einheit verbunden; demzufolge ist auch das, was er mit den höheren Tieren gemein hat, bei ihm nicht tierisch, sondern menschlich und wird dadurch in den Bereich der Gesellschaft einbezogen." (von Nell-Breuning, 1985: 31)
- „Ohne Zweifel gehört zwar das Glück des Menschen, das im ruhigen Besitz materieller Güter, kultureller Werte und besonders der sittlichen Vollkommenheit besteht, immer dem einzelnen Menschen persönlich zu. Die Nahrung dient der Erhaltung dessen, der sie zu sich nimmt. Das Wissen und die künstlerische Leistung ist zunächst eine Erfreuung für den Wissenden und Könner selbst. Und erst recht ist die sittliche Vollkommenheit das Endziel eines jeden im ganz individuellen und persönlichen Raum. Und dennoch muss der einzelne all diese Güter zusammen mit den Mitmenschen zu erringen suchen. Er spannt damit sein persönliches Wollen in einen umfassenderen Rahmen, ohne deswegen das Eigenpersönliche aufzugeben. Gewisse Bergbesteigungen werden nur in Gemeinschaft getätigt. Jeder der Gruppe strebt nach der Spitze, keiner aber allein. Jeder weiß auch, daß Eigenbrödelei das Ziel der Unternehmung und das Leben aller in Gefahr bringt." (Utz, 1964: 174)
- „Der Mensch ist aus sich allein unfähig, seine wesenhaften Lebenszwecke zu erfüllen; er vermag es nur in gesellschaftlichen Verbindungen. Daher ist er ebenso gesellschaftliches wie Einzelwesen und begründen diese Verbindungen selbst wesenhafte Lebenszwecke des Menschen." (Messner, 1955: 252)
- „In this respect, unless it (die Person; Anm.d.V.) is integrated in a body of social communications, it cannot attain the fullness of its life and accomplishment. Society appears,

therefore, to provide the human person with just those conditions of existence and development which it needs. It is not by itself alone that it reaches its plenitude but by receiving essential goods from society. Here the question is not only of his material needs, of bread, clothes and shelter, for which man requires the help of his fellow men, but also, and above all, of the help which he ought to be given to do the work of reason and virtue, which responds to the specific feature of his being. To reach a certain degree of elevation in knowledge as well as a certain degree of perfection in moral life, man needs an education and the help of other men.“ (Maritain, 1947: Chapter IV)

- Für die im Mensch-Sein als Leib-Seele-Einheit begründete ursprüngliche, unbedingte und unabdingbare Sozialanlage des Menschen und die „Notwendigkeit menschlichen Zusammenlebens und menschlicher Zusammenarbeit, m.a.W. die offensichtliche Komplementarität der Menschennatur, ihr Ergänzungscharakter, die gegenseitige Abhängigkeit, das starke Angewiesensein aufeinander“ (Welty, 1935: 104) sowohl im leiblichen als auch dem geistigen und sittlichen Bereich (siehe auch Welty, 1935: 103 ff).

In diesem Zusammenhang ist es jedoch wichtig zu betonen, dass die Gemeinschaft menschlicher Personen mehr ist als eine aus der Not geborene Nutzveranstaltung und Ausdruck von Mangel, Bedürftigkeit, Unzulänglichkeit sowie Angewiesensein. Die menschliche Person ist zwar ein Mängelwesen, ein ζῷον φύσει ἐνδεής (vgl. Platon, Staat, 369b), jedoch ist „beim Begriff der Abhängigkeit [...] noch zu sehr der Blickpunkt des Eigenvorteils und der personalen Vollkommenheit vordringlich.“ (Utz, 1964: 111): „Nicht so sehr seine Mängel oder seine Bedürftigkeit machen den Menschen zum gesellschaftlichen Wesen, sondern vor allem seine Anlage auf höhere, nur zwischenmenschlich zu verwirklichende Werte, also eine ausgesprochene Vollkommenheit; sie ist es, die seine gesellschaftliche Wesensanlage ausmacht und ihm zum gesellschaftlichen Wesen erhebt. Demzufolge ist die Gesellschaft nicht beklagenswerter, aber nun einmal nicht zu entbehrender Notbehelf, um unabweisbare Bedürfnisse befriedigen zu können, und ist es nicht die Unvollkommenheit des Menschen als bedürfenden Wesens, die ihn auf Gesellschaft hinordnet und in die Gesellschaft hineinzwingt. Tragender Grund der Gesellschaft, und was den Menschen über seine Singularität zum gesellschaftlichen Wesen erhebt, ist vielmehr seine Fähigkeit zur Verwirklichung von Werten, die über die Reichweite jeder noch so vollkommenen Monade hinausreichen.“ (von Nell-Breuning, 1985: 27)

Entsprechend wurde die Vergesellschaftung bzw. Familie in den in Kapitel VI.2.2 als ein dem Menschen eigentümlicher wesenhafter Lebenszweck betrachtet. Diese Einsicht ist gleichbedeutend mit der Aussage, dass die menschliche Person von Natur aus bzw. wesenhaft ein soziales Wesen ist: „homo est naturaliter animal sociale“ (Sententia Ethic., lib. 1 l. 1 n. 4; vgl. auch Super Sent., lib. 4 d. 26 q. 1 a. 1 co.: „quia unus homo non sufficit sibi in omnibus quae ad vitam pertinent, ratione cujus dicitur homo naturaliter politicus“). Bei Aristoteles (Politik, 1253a2) lesen wir, dass der Mensch ein zoon politikon ist: „ὁ ἄνθρωπος φύσει πολιτικὸν ζῷον.“ Jacques Maritain bestätigt (1947: Chapter IV) diese aristotelische Einsicht: „Aristotle‘s statement that man is by nature a political animal holds with great exactitude: man is a political animal because he is a rational animal, because reason requires development through character training, education and the cooperation of other men, and because society is thus indispensable to the accomplishment of human dignity.“ Für eine Aufstellung mit zahlreichen Textstellen aus dem Werk von Thomas von Aquin zur Sozialnatur des Menschen siehe Utz (1964: 340 ff).

Das äußere bonum commune besteht somit „in den durch gegenseitige Hilfeleistung der Menschen zu erarbeitenden materiellen, kulturellen und sittlichen Werten, welche die persönliche Vollendung aller in einem Ganzen integrierten konkreten Menschen ausmachen“ (Utz, 1964: 174). Zu den in den drei angesprochenen Bereichen für die perfectio aller Gemeinschaftsglieder vorauszusetzenden Werten gehören nicht nur Werte im immateriellen Sinn, sondern auch tangible, äußere Güter bzw. Dinge (wie z. B. Häuser, Land, Wirtschaftsprodukte, o. ä.), jedes äußere Geschehen/ jede äußere Veranstaltung/ jede äußere organisierte Handlung (wie z. B. ein kulturelles Ereignis, ein Fußballspiel etc.), äußere Zustände, gemeinsame Einrichtungen/ Institutionen[284] sowie Lebensbedingungen – sofern sie Gegenstand gemeinsamer Zielsetzung bzw. gemeinsamen Handelns sind bzw. „sofern sie Ziel von Handlungen sind, innerhalb deren der Einzelne mit seiner Handlung Teilfunktionen ausübt“ (Utz, 1964: 132).[285] Allgemein gesprochen ge-

---

284 Utz führt hierfür folgende konkrete Beispiele an: „das Verkehrswesen mit seinen Institutionen, alle sozialen Einrichtungen wie Krankenhäuser, Ausbildungs- und Forschungsstätten, die rechtliche Organisation in jeder Hinsicht (wirtschaftlich, gesellschaftlich, staatlich), die Armee, Polizei usw.“ (1964: 132), dazu gehören aber auch „die Verfassung der Wirtschaft, die kulturellen Verbände, die staatlichen und auch freien Unternehmungen zur Linderung von Notzuständen (Fürsorge, Wohlfahrtspflege) usw.“ (1964: 305).

285 Die zum bonum commune als äußerem Gut und objektivem Geschehen zurechenbaren Güter und Werte nennt Utz auch „Gemeingüter“ (1964: 130), d. h. Güter, die „deswegen, weil sie Zielpunkt des Strebens mehrerer sind, Gemeingüter werden“ (Utz, 1964: 131).

Es sei an dieser Stelle angemerkt, dass das Utz'sche Verständnis von Gemeingut sich von dem unterscheidet, was z. B. von Nell-Breuning (vgl. 1985: 42; 1987: 54) unter Gemeingut versteht. Für von Nell-Breuning ist das Gemeingut ein „Selbstwert“ (von Nell-Breuning, 1987: 54) resp. „Eigenwert“ (von Nell-Breuning, 1987: 56) und der „Inbegriff derjenigen Werte, um deren Verwirklichung das ganze Leben, das Tun und Lassen des sozialen Gebildes kreist“ (von Nell-Breuning, 1987: 55); es ist „ein Eigen- oder Selbstwert [...], d. h. ein Wert, der um seiner selbst willen geschätzt und erstrebt wird“ (von Nell-Breuning, 1990: 32f) Weiteres Verwirrungspotenzial entsteht zudem dadurch, dass von Nell-Breuning auch den Begriff Gemeinwohl in eigener Weise als „organisatorischer und organisierender Wert“ (von Nell-Breuning, 1987: 54; vgl. 1990: 32) bzw. „Dienstwert“ (von Nell-Breuning, 1987: 55; vgl. 1990: 33) definiert, wobei „der Weg zur Verwirklichung des Gemeinguts als End- oder Zielwert [...] über den organisatorischen und organisierenden Dienst-Wert des Gemeinwohls führt“ (von Nell-Breuning, 1990: 48, 31; vgl. von Nell-Breuning, 1987: 56: „niemand kann das eine wollen ohne das andere“). Das Gemeinwohl ist für ihn eine „solche Ordnung und Verfassung des Gemeinwesens, die es allen seinen Gliedern ermöglicht, durch ihre Eigentätigkeit, durch Regen und Entfalten ihrer eigenen Kräfte ihr wahres Wohl zu wirken, ihre Vollendung zu erreichen“ (von Nell-Breuning, 1987: 53; vgl. 1985: 41f). Kurz gesagt: Das Gemeinwohl verhilft dazu, das Gemeingut erreichen oder verwirklichen zu können, und umfasst „die Vorbedingungen oder Voraussetzungen, an die das Gemeingut geknüpft ist“ (von Nell-Breuning, 1990: 31).

Auch wenn von Nell-Breuning und Utz in ihren Schriften also von Gemeingut und Gemeinwohl sprechen, so ist der Inhalt, mit dem sie diese Begriffe belegen, nicht der gleiche: Wie es

hören zum äußeren bonum commune also „die äußeren wirtschaftlichen, kulturellen und sittlichen Zustände und Institutionen bezeichnen, aufgrund deren die Einzelnen durch Regen ihrer eigenen Kräfte ihr personal-gesellschaftliches Wesen frei zu vervollkommnen imstande sind“ (Utz, 1964: 183).

Das äußere bonum commune hat jedoch nur insofern Zielcharakter, als seine Verwirklichung instrumentell bzw. die unbedingt nötige Voraussetzung zur Verwirklichung des immanenten bonum commune ist. Während das immanente bonum commune den Charakter eines gemeinsamen Ziels im absoluten Sinn besitzt, so besitzt das äußere bonum commune diesen nur in einem relativen Sinn. Leider scheinen nicht wenige der in der Literatur vorfindbaren Definitionen des bonum commune dies zu übersehen und das bonum commune auf das äußere bonum commune zu reduzieren. So definiert z. B. die am 7. Dezember 1965 verabschiedete Pastoralkonstitution des 2. Vatikanischen Konzils „Gaudium et Spes: Über die Kirche in der Welt von heute“ („Gaudium et Spes: Constitutio Pastoralis de Ecclesia in Mundo huius Temporis“) das bonum commune als „die Gesamtheit jener Bedingungen des gesellschaftlichen Lebens, die sowohl den Gruppen als auch deren einzelnen Gliedern ein volleres und leichteres Erreichen der eigenen Vollendung ermöglichen“ (Gaudium et Spes, 1965: 26).[286] Ein ähnliches Verständnis des bonum commune findet sich auch bei John Rawls (1999: 217): „The common good I think to be certain general conditions that are in an appropriate sense equally to everyone’s advantage.“[287] Für Fetzer besteht das Gemeinwohl „in Strukturen, welche ein individuell und gemeinschaftlich gutes Leben und […] auch ein menschenwürdiges Sterben ermöglichen.“ (Fetzer, 2009: 612); die Frage nach

---

scheint, entspricht das Utz’sche bonum commune als äußeres Gut (Gemeingut) dem von Nell-Breuning’schen Gemeinwohl und das Utz’sche immanente bonum commune (das er oftmals mit Gemeinwohl bzw. bonum commune schlechthin gleichzusetzen scheint) dem von Nell-Breuning’schen Gemeingut. Es gilt daher im Umgang mit ihren Aussagen Vorsicht walten zu lassen bzw. hierbei die unterschiedliche Terminologie zu berücksichtigen. Für einen einführenden Überblick über das Gemeinwohlverständnis von Utz und von Nell-Breuning siehe Veith (2004a: 276 ff).

286 Im lateinischen Original liest sich diese Stelle wie folgt: „summam eorum vitae socialis condicionum quae tum coetibus, tum singulis membris permittunt ut propriam perfectionem plenius atque expeditius consequantur“ (Gaudium et Spes, 1965: 26). Diese reduktionistische, bereits von Papst Johannes XXIII. in seiner Enzyklika „Mater et Magistra“ (1961: 65) verwendete Definition hat so (leider) auch Eingang in den Katechismus der Katholischen Kirche (KKK) gefunden (vgl. KKK, 1906 sowie 1924).

287 vgl. auch Rawls (1999: 205). „Government is assumed to aim at the common good, that is, at maintaining conditions and achieving objectives that are similarly to everyone’s advantage.“

dem Gemeinwohl ist für ihn nichts anderes als die Frage nach „gute(n) Governance-Strukturen“ (Fetzer, 2009: 613).

Diese Definitionen entleeren den Begriff des bonum commune jedoch seines eigentlichen Inhaltes, da „das Gemeinwohl als äußere Unternehmung dem immanenten Gemeinwohl zu dienen hat“ (Utz, 1964: 137). Das äußere ist also auf das immanente bonum commune hingeordnet; wenn man dies vergisst und das bonum commune auf seinen äußeren Aspekt reduziert, macht man aus einem Mittel zum Zweck den eigentlichen Zweck. Die aus den obigen Zitaten sprechende begriffliche Entkernung ist bis zu einem gewissen Grad nachvollziehbar, da das immanente bonum commune aufgrund der Tatsache, dass es sich in den eine Gemeinschaft konstituierenden Personen befindet, natürlich nur sehr schwer feststellbar und das äußere bonum commune – zwar nicht von der Intention, aber doch von der Reihenfolge der Verwirklichung in der Zeit – dem immanenten bonum commune vorgelagert ist. Es ist daher verständlich, dass man sich bei der Realisierung des bonum commune an das hält, was greif- bzw. beobachtbar ist, und somit v. a. auf die Schaffung der äußeren Güter und Lebensbedingungen abzielt. Doch dies darf einen nicht vergessen machen, dass alle Güter des äußeren bonum commune wesensnotwendig an das immanente Gemeinwohl gekoppelt resp. auf dieses hingeordnet sind. Der eigentliche Grund, weshalb das äußere bonum commune erstrebt wird bzw. zu erstreben ist, besteht darin, dass und weil es Voraussetzung für das immanente bonum commune ist; ohne diese Ausrichtung hängt es im luft- bzw. sinnleeren Raum.

4.2.3 Zusammenfassung: Eine Definition des (philosophischen) bonum commune

Unsere Überlegungen zum bonum commune haben ergeben, dass das bonum commune einen immanenten und einen äußeren Aspekt hat bzw. in das immanente bonum commune und das äußere bonum commune differenziert werden kann. Ersteres umfasst das als gemeinsames Ziel von allen eine Gemeinschaft konstituierenden Personen zu erstrebende und nur mit gemeinsam angewandten Mitteln zu verwirklichende bonum personale aller diese Gemeinschaft konstituierenden Personen. Als gemeinsam erstrebtes Ziel der perfectio aller diese Gemeinschaft konstituierenden Personen kann das immanente bonum commune jedoch nur dann erstrebt, geschweige denn verwirklicht werden, wenn alle eine Gemeinschaft konstituierenden Personen nicht nur gemeinsam das bonum personale aller Personen, sondern darüber hinaus auch die zu dessen Verwirklichung nötigen und nur durch gemeinschaftliche Kooperation hervorbringbaren Mittel, d. h. das äußere bonum commune, erstreben. Wir können das bonum commune somit wie folgt definieren:

Bonum Commune$_{\text{Definition}}$: Das bonum commune (BC) einer Gemeinschaft umfasst (1) das als gemeinsames Ziel von allen eine Gemeinschaft konstituierenden Personen zu erstrebende und nur mit gemeinsam angewandten Mitteln zu verwirklichende bonum personale aller diese Gemeinschaft konstituierenden Personen (immanentes bonum commune) sowie (2) die Gesamtheit der von den eine Gemeinschaft konstituierenden Personen gemeinsamen zu erarbeitenden materiellen und immateriellen Werte, deren Vorhandensein die Voraussetzung für die Verwirklichung des immanenten bonum commune ist (äußeres bonum commune).

Entsprechend müssen wir auch die Abbildung 43, in der das bonum commune ohne die Differenzierung in seinen immanenten und äußeren Aspekt als das gemeinsam von allen erstrebte bonum personale aller in einer Gemeinschaft zusammengeschlossenen Personen dargestellt wird, korrigieren. Eine überarbeitete Darstellung des bonum commune einer aus vier Personen bestehenden Gemeinschaft könnte wie folgt aussehen (vgl. Abbildung 44).

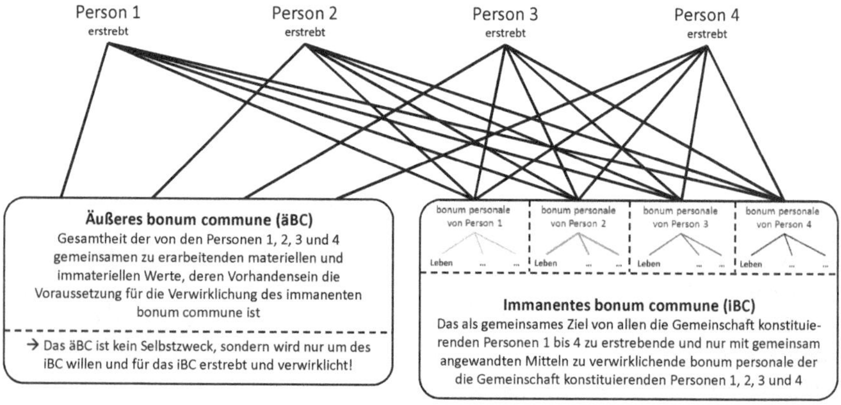

Abb. 44: Das bonum commune als das gemeinsam erstrebte immanente und äußere bonum commune

4.3 Gemeinwohlpflichten und Gemeinwohlrechte

Wie aus dem bonum personale, so ergeben sich auch aus dem bonum commune eine Reihe von moralischen Pflichten und Rechten (die sog. Gemeinwohlpflichten bzw. Gemeinwohlrechte). Wie in Kapitel VI.3.2 dargelegt wurde, hat jede Person die im Wesen ihrer Form Seele als actus primus begründete universelle unvollkommene moralische Pflicht, ihre perfectio zu wirken, indem sie ihre im Besitz der Form Seele angelegten Potentialitäten (Seelenvermögen) vervollkommnet und so das ihr eigene bonum, das bonum personale, verwirklicht. Mit der gleichen der Etablierung dieser Pflicht zugrundeliegenden Begründung, nämlich der, dass jedes Seiende die grundlegende Pflicht zu seiner perfectio hat, kann nun argumentiert werden, dass eine Gemeinschaft von Personen die moralische Pflicht hat, ihre perfectio zu wirken, die in nichts anderem als der Verwirklichung des der Gemeinschaft eigenen bonums, d.h. des bonum commune, besteht. Eine Gemeinschaft von Personen hat somit die Pflicht, das bonum commune der Gemeinschaft zu erstreben.

Da eine Gemeinschaft aber immer nur durch und in ihren Gliedern wirken kann,[288] bedeutet dies, dass nicht die Gemeinschaft als abstrakte Größe, sondern jede der die Gemeinschaft (mit-)konstituierenden Personen die Pflicht hat, die Verwirklichung des bonum commune zu erstreben. Da das bonum commune von keiner Person allein, sondern per definitionem nur im Rahmen gemeinsamer Anstrengungen zu verwirklichen ist, macht es aber keinen Sinn, den einzelnen Personen eine Pflicht zur Verwirklichung des bonum commune aufzuerlegen, da sie dieser gar nicht nachkommen könnten.[289] Die Pflicht zur Verwirklichung des bonum commune kann somit genau genommen nicht mehr implizieren, als dass jede der eine Gemeinschaft (mit-)konstituierenden Personen dazu verpflichtet ist, bei der Verwirklichung des bonum commune im Rahmen der ihr jeweils zur Verfügung stehenden Möglichkeiten mitzuwirken.

Wenn wir uns vor Augen führen, dass das bonum commune sich aus dem immanenten und äußeren bonum commune zusammensetzt, sollte aus dem bisher Gesagten geschlussfolgert werden können, dass jede der eine Gemeinschaft (mit-)konstituierenden Personen die Pflicht hat, an der Verwirklichung des bonum personale aller diese Gemeinschaft (mit-)konstituierenden Personen (immanentes bonum commune) sowie der Verwirklichung der materiellen und immateriellen Werte, deren Vorhandensein die Voraussetzung für die Verwirklichung des immanenten bonum commune ist (äußeres bonum commune), im Rahmen ihrer Möglichkeiten mitzuwirken. Diese Aussage ist jedoch in dieser Form nicht ganz richtig, da sie eine gewisse Unmöglichkeit enthält: Wie oben erwähnt (vgl. Kapitel VI.4.2.2), besteht das immanente bonum commune in der als gemeinsames Ziel erstrebten Verwirklichung des bonum personale aller eine Gemeinschaft konsti-

288 Siehe hierzu auch die Überlegungen zur „corporate conception“ von Gruppenrechten/Gruppenpflichten in Kapitel IV.2.2.

289 Dies würde gegen den Grundsatz verstoßen, nach dem niemand zu etwas Unmöglichem verpflichtet werden kann (ad impossibilia nemo tenetur; ultra posse nemo obligatur; impossibilium nulla est obligatio; ought implies can; vgl. hierzu auch Erk, 2011: 156f).

tuierenden Personen. Doch einer Person sind hinsichtlich der direkten Mitwirkung bei der Verwirklichung des bonum personale einer anderen Person die Hände gebunden, da letzten Endes nur die betreffende Person selbst ihre im Besitz der Form Seele angelegten Potentialitäten (Seelenvermögen) vervollkommnen und so ihr bonum personale wirken kann. Eine Person kann also nur insofern bei der Verwirklichung des bonum personale einer anderen Person mitwirken, als sie bei der Schaffung der Voraussetzungen für die Verwirklichung des bonum personale der anderen Person helfen kann; doch effektiv verwirklichen kann jede Person ihr bonum personale nur selbst.

Die Pflicht jeder der eine Gemeinschaft (mit-)konstituierenden Personen, an der Verwirklichung des bonum commune mitzuwirken, kann sich also logischerweise nicht auf das immanente bonum commune erstrecken, sondern nur in der Pflicht bestehen, bei der Verwirklichung des äußeren bonum commune, d. h. der materiellen und immateriellen Werte, deren Vorhandensein die Voraussetzung für die Verwirklichung des immanenten bonum commune ist, mitzuwirken.[290] Bezüglich dieser Pflicht darf jedoch auf keinen Fall vergessen werden, dass die Mitwirkung bei der Verwirklichung des äußeren bonum commune nicht als Selbstzweck, sondern nur aufgrund ihrer wesenhaften Hinordnung auf das immanente bonum commune verpflichtend ist. Die Mitwirkung bei der Verwirklichung des äußeren bonum commune ist vor allem deswegen verpflichtend, weil

---

290 Utz (1956: 64) beschreibt diese Pflicht so: „Die Gemeinschaft hat um des Gemeinwohls willen einem jeden Freiheit und Hilfe zu gewähren, dass er seine am Gemeinwohl gemessene persönliche Vollendung erreichen kann." Dieser Pflicht kann auf zwei unterschiedliche Arten nachgekommen werden: Zum einen durch „institutionelle Hilfe, d. h. die Schaffung von allgemeinen Institutionen, die eine Gesamtregelung der Hilfeleistungen bezwecken (z. B. die staatliche Alters- und Hinterbliebenenversicherung), sodann die auf das ganz persönliche Bedürfnis des einzelnen zugeschnittenen Subsidien" (Utz, 1964: 187 f). Der sozialethische Fokus liegt hierbei typischerweise auf ersterem Ansatz, welcher im Gegensatz zu individuell zugeschnittenen Maßnahmen immer „dort notwendig (wird), wo von der Gesellschaft allgemeine, in gewissem Sinne gleiche Hilfe geleistet werden muß" (Utz, 1956: 94; vgl. auch 99 ff sowie 128). Die relative größere Bedeutung der Verwirklichung des äußeren bonum commune durch institutionelle Ansätze wird auch daran ersichtlich, dass Utz anstelle von äußerem bonum commune auch von „institutionellem Gemeinwohl" (1964: 148) spricht.

Unter Institutionen sind nach Utz (1964: 303) allgemein gesprochen „die organisierten Maßnahmen zur Verwirklichung des Gemeinwohls oder eines Ausschnittes aus des Gemeinwohls" zu verstehen; unter diese fallen „alle wirtschaftlichen, sozialen und politischen Regelungen" (Utz, 1964: 303) oder, da diese Regelungen üblicherweise in Gesetze gegossen werden, generell „die rechtlichen Maßnahmen zur Erreichung des Sozialzweckes" (Utz, 1964: 303). Die hierin implizit ausgedrückte Hinordnung des Gesetzes auf das bonum commune wird auch von Thomas von Aquin betont (vgl. Iª-IIae q. 90 a. 2).

sie einen indirekten Beitrag zur Verwirklichung des immanenten bonum commune darstellt.[291]

Es wäre nun aber auch nicht richtig, das immanente bonum commune vollkommen aus der Formulierung dieser Pflicht zu streichen. Denn auch wenn niemand das bonum personale einer anderen Person verwirklichen kann, so kann jede der eine Gemeinschaft (mit-)konstituierenden Personen ihrer Pflicht zur Mitwirkung bei der Verwirklichung des bonum commune doch auf eine bestimmte Art nachkommen – indem sie nämlich im Rahmen ihrer Möglichkeiten ihr eigenes bonum personale verwirklicht. Der einzige direkte Beitrag, den jede der eine Gemeinschaft (mit-)konstituierenden Personen zur Verwirklichung des immanenten bonum commune leisten kann, besteht im Streben nach Verwirklichung ihres eigenen bonum personale, das ja Teil des bonum commune ist. Die Vervollkommnung der im Besitz der Form Seele angelegten Potentialitäten (Seelenvermögen) und das zu diesem Zweck nötige bewusste Erstreben derjenigen Güter, auf die die Person aufgrund ihrer natürlichen Neigung (inclinatio naturalis; appetitus naturalis) unbewusst ausgerichtet ist, stellt somit einen direkten Beitrag zur Verwirklichung des bonum commune dar.[292]

Wenn wir all dies zusammenfassen, so kann aus dem Wesen des bonum commune als bonum einer Gemeinschaft von Personen also folgende Gemeinwohlpflicht abgeleitet werden:

Pflicht$_{\text{Mitwirkung bonum commune}}$:
Jede der eine Gemeinschaft (mit-)konstituierenden Personen hat die im Wesen des bonum commune als bonum dieser Gemeinschaft begründete moralische Pflicht, (1) ihr bonum personale im Rahmen ihrer Möglichkeiten bewusst zu verwirklichen, d. h. ihre im Besitz der Form Seele angelegten Potentialitäten (Seelenvermögen) im Rahmen ihrer Möglichkeiten bewusst zu vervollkommnen und zu diesem Zweck im Rahmen ihrer Möglichkeiten bewusst diejenigen Güter zu erstreben, auf die sie aufgrund ihrer natürlichen Neigung (inclinatio naturalis;

---

291 Man könnte also streng genommen sagen, dass eine Person ihrer Pflicht zur Mitwirkung bei der Verwirklichung des äußeren bonum commune nur dann vollumfänglich nachkommt, wenn sie das äußere bonum commune nicht als Selbstzweck, d. h. nur um des äußeren bonum commune willen, zu verwirklichen mithilft; sie erfüllt ihre Pflicht nur dann, wenn sie ihre Pflicht mit der Intention erfüllt, durch ihre Mitwirkung bei der Verwirklichung des äußeren bonum commune das immanente bonum commune aller mit ihr zu einer Gemeinschaft zusammengeschlossenen Personen zu erstreben.

292 Jede Person hat also eine doppelte moralische Pflicht zur Verwirklichung ihres bonum personale, nämlich eine im Wesen ihrer Form Seele als actus primus der Person begründete und eine im Wesen des bonum commune als bonum der von dieser Person mitkonstituierten Gemeinschaft begründete.

appetitus naturalis) unbewusst ausgerichtet ist, und (2) bei der Verwirklichung des äußeren bonum commune, d. h. der materiellen und immateriellen Werte, deren Vorhandensein die Voraussetzung für die Verwirklichung des immanenten bonum commune der aktuell und zukünftig diese Gemeinschaft bildenden Personen ist, im Rahmen ihrer Möglichkeiten bewusst mitzuwirken.

Welcher Art ist diese Pflicht aber nun? Zum einen stellt sich die Frage nach dem Kreis der Inhaber dieser Pflicht (A), d. h. ob es sich um eine partikulare, lokale oder universelle Pflicht handelt. Da eine Gemeinschaft aus mehr als einer Person besteht, diese Pflicht aber von allen eine Gemeinschaft (mit-)konstituierenden Personen besessen wird, kann ohne viel argumentativen Aufhebens ausgeschlossen werden, dass diese Pflicht eine partikulare, nur von einer Person besessene Pflicht ist. Die Frage, ob es sich um eine lokale oder universelle Pflicht handelt, ist hingegen nicht ganz so einfach zu beantworten, da diese Pflicht in Abhängigkeit vom gewählten Referenzpunkt sowohl lokal als auch universell sein kann: Betrachtet man die gesamte Menschheit als Gemeinschaft von Personen, dann ist diese Pflicht universell, da sie dann allen Menschen bzw. Personen aufgetragen ist. Wählt man eine kleinere Gemeinschaft, wie z. B. die Familie, als Referenzrahmen, dann ist diese Pflicht nur eine lokale Pflicht, da sie nur die in dieser Gemeinschaft zusammengefassten Personen erfasst, also im Beispiel der Familie einen Vater, eine Mutter sowie ein oder mehrere Kinder. Ich schlage deswegen vor, den Kreis der Pflichtinhaber (A) aus der Beschreibung dieser Pflicht herauszulassen, da sie diese nur unnötig verkomplizieren würde. Denn sicher ist, dass alle eine Gemeinschaft konstituierenden Personen die $\text{Pflicht}_{\text{Mitwirkung BC}}$ besitzen, und zwar unabhängig davon, ob die betreffende Gemeinschaft alle Personen oder nur zwei Personen umfasst.

Was den Kreis der von dieser Pflicht Betroffenen angeht (C), so betrifft diese Pflicht sowohl den Pflichteninhaber als auch alle anderen mit der betreffenden Person in einer Gemeinschaft zusammengeschlossenen Personen. Die $\text{Pflicht}_{\text{Mitwirkung BC}}$ betrifft jedoch nicht nur die aktuell zu einer Gemeinschaft zusammengeschlossenen Personen, sondern darüber hinaus auch die zukünftigen die Gemeinschaft bildenden und perpetuierenden Personengenerationen.[293] Der Inhalt der Pflicht (φ) ist positiver Natur, da der Pflichtinhaber verpflichtet ist, ein bestimmtes Verhalten an den Tag zu legen (Gebot zu einem Tun) bzw. ihm verboten

293 Die $\text{Pflicht}_{\text{Mitwirkung bonum commune}}$ hat somit eine synchrone und eine diachrone Dimension. Die diachrone Dimension dieser Pflicht entspricht dem, was gemeinhin unter dem Sozialprinzip der Nachhaltigkeit verstanden und diskutiert wird.

ist, ein bestimmtes Verhalten zu unterlassen (Verbot eines Nicht-Tuns/ einer Unterlassung).

Des Weiteren stellt sich die Frage, ob es sich bei dieser Pflicht um eine vollkommene oder unvollkommene Pflicht handelt. Vollkommenen Pflichten – die jeweils dahingehend zu spezifizieren sind, ob sie in personam (speziell), in rem publicam (kommunal) oder in rem (generell) sind – steht ein Anspruchsrecht gegenüber, unvollkommene Pflichten haben hingegen kein Gegenüber bzw. sind niemandem geschuldet. Was die Pflicht$_{\text{Mitwirkung BC}}$ angeht, so handelt es sich bei dieser Pflicht – wie bei der und analog zur Pflicht$_{\text{Potenz}\rightarrow\text{Akt}}$ – um eine unvollkommene Pflicht. Die in einer Gemeinschaft zusammengeschlossenen Personen besitzen kein unbedingtes Anspruchsrecht darauf, dass alle jeweils anderen Personen ihrer Pflicht$_{\text{Mitwirkung BC}}$ nachkommen. Die Pflicht$_{\text{Mitwirkung BC}}$ stellt somit eine aus dem bonum commune abgeleitete, nicht in einem Anspruchsrecht begründete und damit unvollkommene Pflicht dar, die deswegen auch als Liebespflicht$_{\text{Mitwirkung BC}}$ bzw. LP$_{\text{Mitwirkung BC}}$ bezeichnet werden kann.

Obwohl die Pflicht$_{\text{Mitwirkung BC}}$ eine unvollkommene Pflicht ist und somit nicht mit einem Anspruchsrecht eines Pflichtgegenübers korrespondiert, kann nichtsdestotrotz aber aus folgenden Gründen dafür argumentiert werden, dass die Pflicht$_{\text{Mitwirkung BC}}$ ein vom Inhaber dieser Pflicht bedingt besessenes Anspruchsrecht begründet: Gehen wir davon aus, dass die Gemeinschaft G aus vier Personen (Person 1, Person 2, Person 3 und Person 4) besteht. Nehmen wir weiter an, dass Person 1 ihrer Pflicht$_{\text{Mitwirkung BC}}$ nachkommt und sowohl ihr bonum commune erstrebt als auch an der Verwirklichung der Bedingungen mitwirkt, unter denen die übrigen drei Personen ihr bonum personale realisieren können. In diesem Fall ist Person 1 gegenüber den Personen 2, 3 und 4 soz. in Vorleistung getreten – und hat aus diesem Grund einen Anspruch (Anspruchsrecht$_{\text{Erfüllung pLP: Mitwirkung BC}}$) darauf, dass die Personen 2, 3 und 4 ihrer Pflicht$_{\text{Mitwirkung BC}}$ ebenfalls nachkommen. Was den Inhalt (φ) des Anspruchsrechts$_{\text{Erfüllung pLP: Mitwirkung BC}}$ angeht, so handelt es sich bei diesem Anspruchsrecht um ein positives Anspruchsrecht, da es den Inhaber der korrespondieren (Rechts-)Pflicht$_{\text{Mitwirkung BC}}$ dazu verpflichtet, ein bestimmtes Verhalten an den Tag zu legen (Gebot zu einem Tun) bzw. es diesem verboten ist, ein bestimmtes Verhalten zu unterlassen (Verbot eines Nicht-Tuns/ einer Unterlassung).

Wenn Person 1 ihre Pflicht$_{\text{Mitwirkung BC}}$ nicht erfüllt, dann besitzt sie das Anspruchsrecht$_{\text{Erfüllung pLP: Mitwirkung BC}}$ nicht; Person 1 besitzt diesen Anspruch nur, „sofern sie im Rahmen des Gemeinwohls steht" (Utz, 1956: 64) bzw. „insofern er in seiner eigenen Gestalt einen Ausschnitt des Gemeinwohls erfüllt" (Utz, 1956:

67).[294] Anders gesagt: Wenn eine Person ihrer unvollkommenen Pflicht$_{\text{Mitwirkung BC}}$ nachkommt, dann besitzen die anderen mit ihr eine Gemeinschaft bildenden Personen nicht nur die unvollkommene (Liebes-)Pflicht$_{\text{Mitwirkung BC}}$, sondern darüber hinaus die vollkommene (Rechts-)Pflicht$_{\text{Mitwirkung BC}}$; sie sind dann also nicht nur unvollkommen (durch eine Liebespflicht), sondern zudem auch vollkommen (durch eine Rechtspflicht) dazu verpflichtet, ihr bonum personale zu verwirklichen und bei der Verwirklichung des äußeren bonum commune im Rahmen ihrer Möglichkeiten mitzuwirken. So verstanden ist die vollkommene (Rechts-) Pflicht$_{\text{Mitwirkung BC}}$ der zu einer Gemeinschaft zusammengeschlossenen Personen gegenüber einer einzelnen diese Gemeinschaft mitkonstituierenden Person P somit genau genommen eine Pflicht zur Unterstützung von P bei der Erfüllung seiner unvollkommenen (Liebes-)Pflicht$_{\text{Mitwirkung BC}}$.

Doch damit nicht genug: Die Verwirklichung des äußeren bonum commune ist nur dann sinnvoll, wenn es den einzelnen eine Gemeinschaft bildenden Personen auch zugute kommt. Es wäre widersprüchlich, die materiellen und immateriellen Werte zu verwirklichen, deren Vorhandensein die Voraussetzung für die Verwirklichung des immanenten bonum commune der aktuell und zukünftig eine Gemeinschaft bildenden Personen ist, wenn es den einzelnen Personen nicht möglich ist, diese Voraussetzungen auch zu nutzen. Die Mitwirkung bei der Verwirklichung des äußeren bonum commune stellt – wie bereits erwähnt – nämlich keinen Selbstzweck dar, sondern ist nur aufgrund ihrer wesenhaften Hinordnung auf das immanente bonum commune geboten. Eine Voraussetzung für die Verwirklichung des immanenten bonum commune ist nur dann eine Voraussetzung im eigentlichen Sinn, wenn sie nicht einfach so, sondern für die Personen, die ihr immanentes bonum commune verwirklichen wollen, vorhanden ist bzw. diesen zur Verfügung steht. Einen Sportplatz zur körperlichen Ertüchtigung aus gemeinschaftlichen Mitteln und mit gemeinsamen Kräften zu bauen, nur damit er gebaut ist, kann nicht als Verwirklichung eines Teils des äußeren bonum commune betrachtet werden; erst wenn er auch den Personen, die am Bau beteiligt waren, zur Nutzung offensteht, wird er zum Teil des äußeren bonum commune.

Entsprechend muss im Anspruchsrecht$_{\text{Erfüllung pLP: Mitwirkung BC}}$ einer Person P nicht nur der Anspruch enthalten sein, dass alle mit P eine Gemeinschaft bildenden

294 Utz (1956: 65) drückt diese Einsicht an anderer Stelle wie folgt aus: „Dadurch, daß die Persönlichkeit um des Gemeinwohles willen Schutz und Hilfe verlangen kann, ist klar, daß es nicht darum geht, einen Egoisten zu pflegen, sondern einen Menschen, der dem Ganzen mit seiner Vollendung dient." Vgl. auch Utz (1956: 68; vgl. auch 42f): „Was immer der einzelne im Rahmen des Gemeinwohls erstrebt – handle es sich um eine Wirksamkeit im Hinblick auf sein eigenes Wohl oder um eine solche im Hinblick auf ein fremdes Wohl – hat Anspruch auf Freiheit, Schutz und eventuell Unterstützung vonseiten des Gesellschaftsganzen."

Personen ihr bonum personale verwirklichen und bei der Verwirklichung des äußeren bonum commune im Rahmen ihrer Möglichkeiten mitwirken; darüber hinaus muss das Anspruchsrecht$_{\text{Erfüllung pLP: Mitwirkung BC}}$ von P auch einen Anspruch auf Teilhabe bzw. Beteiligung am so enstandenen und entstehenden äußeren bonum commune enthalten.[295] Der Umfang der Teilhabe am äußeren bonum commune stellt eine gesonderte und im Einzelfall jeweils neu zu beantwortende Frage dar. Allgemein gesprochen ist das äußere bonum commune aber so auf die Glieder einer Gemeinschaft aufzuteilen, „dass das Verhältnis zwischen dem, was die einzelnen Glieder vom bonum commune zugeteilt erhalten, und dem, was sie zu diesem beigetragen haben, für alle Glieder gleich ist. [...] Das Anspruchsrecht einer Person auf einen Anteil am bonum commune der Gemeinschaft hängt also davon ab, in welchem Ausmaß die Person ihrer Pflicht zur Verwirklichung des bonum commune nachgekommen ist, d.h. inwiefern sie gemeinwohlgerecht gehandelt hat. Wer mehr beigetragen hat, verdient mehr, jedoch nicht überproportional mehr als die, die weniger beigetragen haben." (Erk, 2013a: 36f; vgl. Erk, 2012c: 43) Maßstab der Verteilung des äußeren bonum commune ist die geometrische bzw. proportionale Gleichheit. Es muss also für das Verhältnis zwischen zugeteiltem Anteil am äußeren bonum commune (äBC) und Beitrag zum bonum commune (BC) gelten:

$$\frac{\text{Anteil am äBC}_{\text{Person 1}}}{\text{Beitrag zum BC}_{\text{Person 1}}} = \frac{\text{Anteil am äBC}_{\text{Person 2}}}{\text{Beitrag zum BC}_{\text{Person 2}}} = \ldots = \frac{\text{Anteil am äBC}_{\text{Person n}}}{\text{Beitrag zum BC}_{\text{Person n}}}$$

Da das bonum commune in das immanente und das äußere bonum commune unterteilt werden kann, setzt sich der Beitrag zum bonum commune aus dem Beitrag zum äußeren bonum commune (äBC) und dem Beitrag zum immanenten bonum commune (iBC) zusammen. Da also gilt, dass (Beitrag zum BC$_{\text{Person 1}}$ = Beitrag zum äBC$_{\text{Person 1}}$ + Beitrag zum iBC$_{\text{Person 1}}$), können wir schreiben:

$$\frac{\text{Anteil am äBC}_{\text{Person 1}}}{(\text{Beitrag zum iBC}_{\text{Person 1}} + \text{Beitrag zum äBC}_{\text{Person 1}})} = \ldots =$$

$$= \frac{\text{Anteil am äBC}_{\text{Person n}}}{(\text{Beitrag zum iBC}_{\text{Person n}} + \text{Beitrag zum äBC}_{\text{Person n}})}$$

295 Da das immanente bonum commune in den einzelnen Personen verwirklicht wird, kann dieser Anspruch sich nur auf das äußere bonum commune erstrecken. Ein Anspruch auf Teilhabe am immanenten bonum commune der eine Gemeinschaft bildenden Personen wäre eine logische Unmöglichkeit.

Wenn und nur wenn der Inhaber der positiven Liebespflicht$_{\text{Mitwirkung BC}}$ dieser seiner Pflicht nachkommt, dann hat er gegenüber allen anderen mit ihm zu einer Gemeinschaft zusammengeschlossenen Personen nicht nur das positive moralische Anspruchsrecht$_{\text{Erfüllung pLP: Mitwirkung BC}}$ darauf, dass diese Personen ihrerseits ihrer Liebespflicht$_{\text{Mitwirkung BC}}$ nachkommen, sondern auch auf einen nach dem Maßstab der proportionalen Gleichheit zwischen den zu dieser Gemeinschaft zusammengeschlossenen Personen bestimmten Anteil am äußeren bonum commune.

Es sei an dieser Stelle nochmals betont, dass das Anspruchsrecht$_{\text{Erfüllung pLP: Mitwirkung BC}}$ unter gewissen Umständen zwar von der ebenfalls vom Inhaber dieses Anspruchsrechts besessenen (Liebes-) Pflicht$_{\text{Mitwirkung BC}}$ abgeleitet werden kann, es jedoch nicht mit dieser Pflicht korrespondiert. Das Anspruchsrecht$_{\text{Erfüllung pLP: Mitwirkung BC}}$ besteht vielmehr gegenüber allen anderen mit dem Inhaber dieses Anspruchsrechts eine Gemeinschaft bildenden Personen und korrespondiert mit der von allen anderen mit dem Inhaber des Anspruchsrechts$_{\text{Erfüllung pLP: Mitwirkung BC}}$ zusammen eine Gemeinschaft bildenden Personen besessenen (Rechts-)Pflicht$_{\text{Mitwirkung BC}}$. Wenn wir diesen Gedankengang akzeptieren, dann folgt aus diesem auch, dass – um bei unserer Beispielgemeinschaft zu bleiben – die Personen 2, 3 und 4 gegenüber Person 1 nur dann ein Anspruchsrecht darauf haben, dass Person 1 ihre (Liebes-)Pflicht$_{\text{Mitwirkung BC}}$ erfüllt, wenn die Personen 2, 3 und 4 ihrerseits ihre unvollkommene Pflicht$_{\text{Mitwirkung BC}}$ erfüllen. Oder anders formuliert: Person 1 besitzt die Pflicht$_{\text{Mitwirkung BC}}$ nicht nur als unvollkommene, sondern zudem auch als vollkommene Pflicht, wenn die Personen 2, 3 und 4 ihrerseits ihre Pflicht$_{\text{Mitwirkung BC}}$ erfüllen. Eine Person schuldet die an sich unvollkommene Liebespflicht$_{\text{Mitwirkung BC}}$ als vollkommene Rechtspflicht$_{\text{Mitwirkung BC}}$ somit all den mit ihr in einer Gemeinschaft zusammengeschlossenen Personen, die ihrerseits ihrer Pflicht$_{\text{Mitwirkung BC}}$ nachkommen; und nur diejenigen der mit einer bestimmten Person P zu einer Gemeinschaft zusammengeschlossenen Personen, die ihre Pflicht$_{\text{Mitwirkung BC}}$ erfüllen, haben gegenüber P das Anspruchsrecht$_{\text{Erfüllung pLP: Mitwirkung BC}}$ darauf, dass P ihrer Pflicht$_{\text{Mitwirkung BC}}$ nachkommt.

In der Pflicht$_{\text{Mitwirkung BC}}$ ist nun jedoch nicht nur das bedingte positive Anspruchsrecht$_{\text{Erfüllung LP: Mitwirkung BC}}$ begründet. Wie jede Pflicht – und wie bereits in Kapitel VI.3.2 erwähnt – begründet auch diese Pflicht das vom Pflichtinhaber unbedingt besessene negative moralische Anspruchsrecht, in der Erfüllung dieser Pflicht nicht behindert zu werden. Kurz gesagt: Die Pflicht$_{\text{Mitwirkung BC}}$ begründet das negative moralische Anspruchsrecht$_{\text{Erfüllung pLP: Mitwirkung bonum commune}}$.[296] Und da jedes

296 Welty (1935: 286) umschreibt dieses Recht (auch wenn er nicht näher spezifiziert, um was für ein Recht es sich genau handelt) wie folgt: „Mit dem personalen Sein lastet auf jedem Menschen

Anspruchsrecht mit einer Pflicht korrespondieren muss, muss auch dem Anspruchsrecht$_{\text{Erfüllung pLP: Mitwirkung bonum commune}}$ eine Pflicht gegenüberstehen. Die Pflicht, mit der dieses Anspruchsrecht korrespondiert, ist nun jedoch nicht die Pflicht$_{\text{Mitwirkung BC}}$. Mit dem universellen negativen moralischen Anspruchsrecht, in der Erfüllung seiner Pflicht$_{\text{Mitwirkung BC}}$ nicht behindert zu werden, kann logischerweise nur die negative Pflicht korrespondieren, nach der es alle mit dem Inhaber des Anspruchsrechts$_{\text{Erfüllung pLP: Mitwirkung bonum commune}}$ zu einer Gemeinschaft zusammengeschlossenen Personen zu unterlassen haben (Verbot eines Tuns und Gebot einer Unterlassung), diesen an der Erfüllung seiner Pflicht$_{\text{Mitwirkung BC}}$ zu hindern. Das in der positiven moralischen Pflicht$_{\text{Mitwirkung BC}}$ begründete negative moralische Anspruchsrecht$_{\text{Erfüllung pLP: Mitwirkung bonum commune}}$ korrespondiert somit mit der negativen moralischen Pflicht$_{\text{Nichtbehinderung Erfüllung pLP: Mitwirkung bonum commune}}$.

Wenn wir das bisher Gesagte zusammenfassen, so kann festgehalten werden, dass sich aus dem Wesen des bonum commune (direkt oder indirekt über die Pflicht$_{\text{Mitwirkung BC}}$) die folgenden fünf moralischen Gemeinwohlpflichten und Gemeinwohlrechte ableiten lassen:

Rechtspflicht$_{\text{Nichtbehinderung Erfüllung pLP/ pRP: Mitwirkung bonum commune}}$
(bzw. nRP$_{\text{Nichtbehinderung Erfüllung pLP/ pRP: Mitwirkung BC}}$):
Jede Person besitzt die mit nAR$_{\text{Erfüllung pLP/ pRP: Mitwirkung BC}}$ korrespondierende negative moralische Rechtspflicht, es zu unterlassen (Verbot eines Tuns und Gebot einer Unterlassung), den Inhaber von nAR$_{\text{Erfüllung pLP/ pRP: Mitwirkung BC}}$ an der Erfüllung seiner pLP$_{\text{Mitwirkung BC}}$ oder seiner pRP$_{\text{Mitwirkung BC}}$ zu behindern.

↑ ↑ ↑ ↑

Mit diesem Anspruchsrecht korrespondiert die folgende Pflicht:

↓ ↓ ↓ ↓

Anspruchsrecht$_{\text{Erfüllung pLP/ pRP: Mitwirkung bonum commune}}$
(bzw. nAR$_{\text{Erfüllung pLP/ pRP: Mitwirkung BC}}$):[297]

---

die naturhafte, zeitlebens bindende Verpflichtung, sich „menschlich" in die Gemeinschaft einzugliedern, in Einsicht und Freiheit seine Eingliederung zu vollziehen und zu tätigen. Diese Pflicht ist zugleich ein Recht. Der Mensch kann durch eigene Schuld die Ausübung dieses Rechtes verwirken und verlieren; niemand darf ihm aber ohne weiteres dieses Recht rauben. Das erste und ursprünglichste Recht des Menschen ist es, Mensch zu sein, als Person zu leben und zu handeln."

An sich handelt es sich streng genommen beim Anspruchsrecht$_{\text{Erfüllung Pflicht: Mitwirkung bonum commune}}$ auch um ein bedingtes Anspruchsrecht, das nur dann sinnvollerweise bestehen kann, wenn der Inhaber dieses Anspruchsrechts der Pflicht$_{\text{Mitwirkung BC}}$ nachkommt.

297 Dieses Anspruchsrecht wird als nAR$_{\text{Erfüllung pLP/ pRP: Mitwirkung BC}}$ und nicht – wie vielleicht als naheliegend zu vermuten wäre, da es ja nur ein paar Zeilen weiter oben so bezeichnet und als von pLP$_{\text{Mitwirkung BC}}$ abgeleitet aufgeführt ist – als nAR$_{\text{Erfüllung pLP: Mitwirkung BC}}$ bezeichnet. Der Zusatz „pRP" ist deswegen in die Bezeichnung aufgenommen worden, da das negative Anspruchsrecht, seiner

Jeder Inhaber von $pLP_{Mitwirkung\ BC}$ oder $pRP_{Mitwirkung\ BC}$ hat das negative moralische Anspruchsrecht, in der Erfüllung seiner $pLP_{Mitwirkung\ BC}$ oder seiner $pRP_{Mitwirkung\ BC}$ nicht behindert zu werden.

↑ ↑ ↑ ↑

In dieser Pflicht ist folgendes Anspruchsrecht begründet:

↑ ↑ ↑ ↑

Liebespflicht$_{Mitwirkung\ bonum\ commune}$ (bzw. pLP$_{Mitwirkung\ BC}$):
Jede der eine Gemeinschaft (mit-)konstituierenden Personen hat die im Wesen des bonum commune als bonum dieser Gemeinschaft begründete moralische Pflicht, (1) ihr bonum personale im Rahmen ihrer Möglichkeiten bewusst zu verwirklichen, d.h. ihre im Besitz der Form Seele angelegten Potentialitäten (Seelenvermögen) im Rahmen ihrer Möglichkeiten bewusst zu vervollkommnen und zu diesem Zweck im Rahmen ihrer Möglichkeiten bewusst diejenigen Güter zu erstreben, auf die sie aufgrund ihrer natürlichen Neigung (inclinatio naturalis; appetitus naturalis) unbewusst ausgerichtet ist, und (2) bei der Verwirklichung des äußeren bonum commune, d.h. der materiellen und immateriellen Werte, deren Vorhandensein die Voraussetzung für die Verwirklichung des immanenten bonum commune der aktuell und zukünftig diese Gemeinschaft bildenden Personen ist, im Rahmen ihrer Möglichkeiten bewusst mitzuwirken.

↓ ↓ ↓ ↓

Diese Pflicht kann das folgende bedingte Anspruchsrecht begründen:

↓ ↓ ↓ ↓

Anspruchsrecht$_{Erfüllung\ pLP:\ Mitwirkung\ bonum\ commune}$ (bzw. pAR$_{Erfüllung\ pLP:\ Mitwirkung\ BC}$):
Wenn und nur wenn der Inhaber von $pLP_{Mitwirkung\ BC}$ seiner $pLP_{Mitwirkung\ BC}$ nachkommt, dann hat er gegenüber allen anderen mit ihm zu einer Gemeinschaft zusammengeschlossenen Personen das positive moralische Anspruchsrecht darauf, dass diese Personen ihrer $pLP_{Mitwirkung\ BC}$ nachkommen, und auf einen nach dem Maßstab der proportionalen Gleichheit zwischen den zu dieser Gemeinschaft zusammengeschlossenen Personen bestimmten Anteil am äußeren bonum commune.

↑ ↑ ↑ ↑

Mit diesem Anspruchsrecht korrespondiert die folgende Pflicht:

↓ ↓ ↓ ↓

Pflicht nachzukommen, nicht nur von $pLP_{Mitwirkung\ BC}$, sondern auch von $pRP_{Mitwirkung\ BC}$ begründet wird. Da die aus diesen beiden Pflichten resultierenden Anspruchsrechte ($nAR_{Erfüllung\ pRP:\ Mitwirkung\ BC}$ und $nAR_{Erfüllung\ pLP:\ Mitwirkung\ BC}$) jedoch inhaltlich praktisch deckungsgleich sind, werden sie im Rahmen dieser Arbeit aus darstellungstechnischen Gründen als ein Anspruchsrecht $nAR_{Erfüllung\ pLP/\ pRP:\ Mitwirkung\ BC}$ behandelt.

Rechtspflicht$_{\text{Mitwirkung bonum commune}}$ (bzw. pRP$_{\text{Mitwirkung BC}}$):
Wenn und nur wenn der Inhaber von pLP$_{\text{Mitwirkung BC}}$ seiner pLP$_{\text{Mitwirkung BC}}$ nachkommt, dann haben alle mit dem Inhaber von pLP$_{\text{Mitwirkung BC}}$ zu einer Gemeinschaft zusammengeschlossenen Personen gegenüber dem Inhaber von pLP$_{\text{Mitwirkung BC}}$ (= pAR$_{\text{Erfüllung pLP: Mitwirkung BC}}$) die vollkommene positive moralische Pflicht, ihrer pLP$_{\text{Mitwirkung BC}}$ nachzukommen und diesen nach dem Maßstab der proportionalen Gleichheit zwischen den zu dieser Gemeinschaft zusammengeschlossenen Personen am äußeren bonum commune zu beteiligen.

Auch wenn sich diese Liste nun weiterdenken ließe,[298] können wir an dieser Stelle haltmachen. Da die wesentlichen sich aus dem bonum commune ergebenden moralischen Pflichten und Rechte herausgearbeitet worden sind, würde eine weitere Ausdifferenzierung die Dinge nur unnötig verkomplizieren und unübersichtlich werden lassen. Auf eine wichtige Sache sei an dieser Stelle jedoch noch hingewiesen: Wie weiter oben erwähnt, stellt das bonum personale der einzelnen Person einen wesentlichen Bestandteil des (immanenten) bonum commune dar. Dies bedeutet, dass die Ausübung der direkt auf das bonum commune bezogenen moralischen Pflichten und Anspruchsrechte sich somit unweigerlich auch auf das bonum personale bzw. die mit diesem zusammenhängenden moralischen Pflichten und Rechte erstreckt: Die unvollkommene Pflicht$_{\text{Mitwirkung BC}}$ schließt somit wie die Rechtspflicht$_{\text{Mitwirkung BC}}$ die Pflicht$_{\text{Potenz}\rightarrow\text{Akt}}$, das Anspruchsrecht$_{\text{Erfüllung pLP/pRP: Mitwirkung BC}}$ das Anspruchsrecht$_{\text{Erfüllung pLP: Potenz}\rightarrow\text{Akt}}$ und die Pflicht$_{\text{Nichtbehinderung Erfüllung pLP/pRP: Mitwirkung BC}}$ die Pflicht$_{\text{Nichtbehinderung Erfüllung pLP: Potenz}\rightarrow\text{Akt}}$ jeweils mit ein. Oder anders ausgedrückt: Alle sich direkt oder indirekt aus dem bonum personale ableitenden Pflichten und Anspruchsrechte (Pflicht$_{\text{Potenz}\rightarrow\text{Akt}}$, Anspruchsrecht$_{\text{Erfüllung pLP: Potenz}\rightarrow\text{Akt}}$, Pflicht$_{\text{Nichtbehinderung Erfüllung pLP: Potenz}\rightarrow\text{Akt}}$), können zusätzlich indirekt aus dem bonum commune abgeleitet werden und sind somit doppelt verpflichtend resp. doppelt berechtigend.

Um einen besseren Überblick über die sich aus dem bonum commune einer Gemeinschaft von Personen ergebenden und zwischen den zu dieser Gemein-

298 So begründet, wie erwähnt, jede Pflicht ein negatives Anspruchsrecht, nicht daran gehindert zu werden, dieser Pflicht nachzukommen. Diese Ableitung ist explizit bisher nur für die unvollkommene Pflicht$_{\text{Potenz}\rightarrow\text{Akt}}$ und die unvollkommene Pflicht$_{\text{Mitwirkung bonum commune}}$ berücksichtigt worden. Sie trifft aber natürlich z. B. auch für die Rechtspflicht$_{\text{Nichtbehinderung Erfüllung pLP/ pRP: Mitwirkung bonum commune}}$ und alle anderen bisher erwähnten moralischen Pflichten zu. Es würde jedoch für unsere Zwecke zu weit gehen, alle sich aus den bisher herausgearbeiteten moralischen Pflicht ergebenden negativen Anspruchsrechte, nicht an der Erfüllung der jeweiligen Pflicht gehindert zu werden, zu diskutieren.

schaft zusammengeschlossenen Personen bestehenden moralischen Pflichten und (Anspruchs-)Rechte zu erhalten, sind diese in der folgenden Abbildung zusammengefasst (vgl. Abbildung 45).

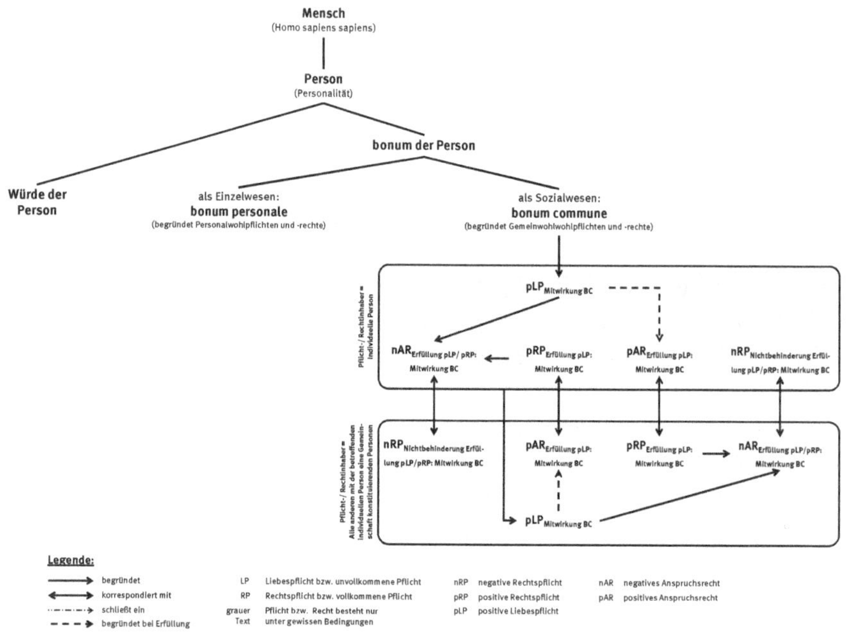

Abb. 45: Die sich aus dem bonum commune einer Gemeinschaft von Personen ergebenden und zwischen den zu dieser Gemeinschaft zusammengeschlossenen Personen bestehenden moralischen Pflichten und (Anspruchs-)Rechte

4.4 Gesundheit als Teil des bonum commune

Da uns an dieser Stelle die Pflichten und Rechte interessieren, die sich aus der Gesundheit in ihrer Eigenschaft als Teil des bonum commune ergeben, ist in einem nächsten Schritt zu überlegen, inwieweit Gesundheit sich – wie zu Beginn dieses Kapitels behauptet – als Teil des bonum commune in seiner in den vorangegangenen Absätzen herausgearbeiteten Definition denken lässt. Wenn Gesundheit als ein bonum commune, d. h. als Aspekt des bonum commune, betrachtet werden kann, dann sind die im vorangegangenen Kapitel herausgearbeiteten Pflichten und Rechte auch im Kontext der Gesundheit relevant. Also: Ist Gesundheit ein Teil des bonum commune?

Wie weiter oben dargelegt (vgl. Kapitel VI.4.2), setzt sich das bonum commune aus einem immanenten und einem äußeren bonum commune zusammen. Wenn wir uns vor Augen führen, dass Gesundheit immer nur in einer Person bestehen kann, also kein äußeres Gut ist, kann Gesundheit (verstanden als Zustand und Haltung) grundsätzlich nur Teil des immanenten bonum commune sein. Inwiefern ist es dies aber tatsächlich? Wie erwähnt, besteht das immanente bonum commune im als gemeinsames Ziel von allen eine Gemeinschaft konstituierenden Personen zu erstrebendes und nur mit gemeinsam angewandten Mitteln zu verwirklichendes bonum personale aller diese Gemeinschaft konstituierenden Personen. Wenn das immanente bonum commune das bonum personale der Einzelperson miteinschließt, dann ist Gesundheit insofern Teil des immanenten bonum commune als es Teil des bonum personale und nur mit gemeinsam angewandten Mittel zu verwirklichen ist. Es ist also zu prüfen, ob Gesundheit ein Teil des bonum personale einer jeden Person ist und wen dem so ist, ob Gesundheit ein bonum personale ist, das nur mit gemeinsam angewandten Mitteln verwirklicht werden kann. Die Antwort auf diese beiden Fragen ist relativ einfach und ergibt sich zu großen Teilen aus bisher bereits Gesagtem: Dass Gesundheit Teil des bonum personale einer jeden Person ist, wurde nämlich weiter oben bereits herausgearbeitet (vgl. Kapitel VI.3.3). Entsprechend kann die erste Teilfrage ohne weitere Umschweife bejaht werden.

Und auch die zweite Teilfrage kann ohne viel argumentativen Aufhebens bejaht werden, denn: Dass Gesundheit ein Aspekt des bonum personale ist, der nur mit gemeinsam angewandten Mitteln zu verwirklichen ist, ergibt sich aus der Tatsache, dass die Gesundheit einer jeden Person nicht nur durch das saluto- und pathogene Gesundheitsverhalten einer Person, sondern darüber hinaus in einem nicht unwesentlichen Ausmaß auch von externen Pathogenen und Salutogenen beeinflusst wird, die für die einzelne Person nicht beeinflussbare Determinanten ihrer Gesundheit darstellen.[299] So sehr sie sich auch bemüht: Eine Person kann nur dann ihre Gesundheit verwirklichen, wenn sie nicht nur nach ihrer Gesundheit, sondern nach der Gesundheit auch aller anderen mit ihr in einer Gemeinschaft zusammengeschlossenen Personen strebt, und wenn gleichzeitig auch alle anderen mit ihr in einer Gemeinschaft zusammengeschlossenen Personen nach der Gesundheit dieser Person streben.

Wir können also schlussfolgern: Gesundheit ist ein immanentes bonum commune bzw. ein Teil des immanenten bonum commune, da und insofern es ein

299 Für eine Übersicht über diese Determinanten (determinants of health) siehe Erk (2011: 88 ff). Zu diesen gehören grob gesprochen die individuellen biologisch-genetischen Anlagen, das individuelle Verhalten (u. a. Ernährung, körperliche Aktivität), die soziale Umgebung, die natürliche Umgebung (Umwelteinflüsse), die gebaute Umgebung und die allgemeine strukturelle Umgebung.

bonum personale bzw. ein Teil des bonum personale ist, das zumindest in Teilen nur mit gemeinsam angewandten Mitteln zu verwirklichen ist.

4.5 Zusammenfassung: Die in der Gesundheit als Teil des bonum commune begründete Gemeinwohlpflichten zu und Gemeinwohlrechte auf Gesundheit der zu einem Gesundheitswesen zusammengeschlossenen Personen

Weil Gesundheit ein Teil des immanenten bonum commune ist, finden die Gemeinwohlpflichten und die Gemeinwohlrechte, die in Kapitel VI.4.3 herausgearbeitet worden sind, auch auf die Gesundheit Anwendung. Wenn wir Gesundheit – mit den in Kapitel III.5.2 angebrachten Qualifikationen und analog zur in Kapitel VI.3.4 entwickelten Formulierung von $\text{pLP}_{\text{Gesundheit: Potenz}\rightarrow\text{Akt}}$ – nun als Teil des bonum commune in diese Gemeinwohlpflichten und Gemeinwohlrechte integrieren, so ergeben sich somit hinsichtlich der Verwirklichung des Gutes Gesundheit folgende in der Gesundheit als Teil des bonum commune begründete und zwischen den eine Gemeinschaft konstituierenden Personen bestehenden moralischen Gemeinwohlrechte und Gemeinwohlpflichten:

$\textbf{Rechtspflicht}_{\textbf{Nichtbehinderung Erfüllung pLP/pRP: Mitwirkung Gesundheit bonum commune}}$ (bzw. $\textbf{nRP}_{\textbf{Nichtbehinderung Erfüllung pLP/pRP: Mitwirkung Gesundheit BC}}$):
Jede Person besitzt die mit $\text{nAR}_{\text{Erfüllung pLP/pRP: Mitwirkung Gesundheit BC}}$ korrespondierende negative moralische Rechtspflicht, es zu unterlassen (Verbot eines Tuns und Gebot einer Unterlassung), den Inhaber von $\text{nAR}_{\text{Erfüllung pLP/pRP: Mitwirkung Gesundheit BC}}$ an der Erfüllung seiner $\text{pLP}_{\text{Mitwirkung Gesundheit BC}}$ oder seiner $\text{pRP}_{\text{Mitwirkung Gesundheit BC}}$ zu behindern.

↑ ↑ ↑ ↑

Mit diesem Anspruchsrecht korrespondiert die folgende Pflicht:

↓ ↓ ↓ ↓

$\textbf{Anspruchsrecht}_{\textbf{Erfüllung pLP/pRP: Mitwirkung Gesundheit bonum commune}}$ (bzw. $\textbf{nAR}_{\textbf{Erfüllung pLP/pRP: Mitwirkung Gesundheit BC}}$):
Jeder Inhaber von $\text{pLP}_{\text{Mitwirkung Gesundheit BC}}$ oder $\text{pRP}_{\text{Mitwirkung Gesundheit BC}}$ hat das negative moralische Anspruchsrecht, in der Erfüllung seiner $\text{pLP}_{\text{Mitwirkung Gesundheit BC}}$ oder seiner $\text{pRP}_{\text{Mitwirkung Gesundheit BC}}$ nicht behindert zu werden.

↑ ↑ ↑ ↑

In dieser Pflicht ist folgendes Anspruchsrecht begründet:

↑ ↑ ↑ ↑

Liebespflicht$_{\text{Mitwirkung Gesundheit bonum commune}}$ (bzw. pLP$_{\text{Mitwirkung Gesundheit BC}}$):
Jede der eine Gemeinschaft (mit-)konstituierenden Personen hat die im Wesen des bonum commune als bonum dieser Gemeinschaft begründete unvollkommene positive moralische Pflicht, (1) ihre Gesundheit als Zustand und Haltung im Rahmen ihrer Möglichkeiten bewusst zu erstreben und zu vervollkommnen, d. h. ihre Gesundheit als Zustand und Haltung im Rahmen ihrer Möglichkeiten bewusst zu erhalten (Krankheitsverhütung), zu verbessern/ fördern (Gesundheitsförderung) und/ oder (wieder-)herzustellen (Therapie/ Intervention/ Kuration bzw. Behandlung und Heilung von Krankheit), und (2) bei der Verwirklichung der materiellen und immateriellen Werte, deren Vorhandensein die Voraussetzung für die Verwirklichung der Gesundheit als Zustand und Haltung aller aktuell und zukünftig diese Gemeinschaft bildenden Personen ist, im Rahmen ihrer Möglichkeiten bewusst mitzuwirken.

↓ ↓ ↓ ↓

Diese Pflicht kann das folgende bedingte Anspruchsrecht begründen:

↓ ↓ ↓ ↓

Anspruchsrecht$_{\text{Erfüllung pLP: Mitwirkung Gesundheit bonum commune}}$ (bzw. pAR$_{\text{Erfüllung pLP: Mitwirkung Gesundheit BC}}$):
Wenn und nur wenn der Inhaber von pLP$_{\text{Mitwirkung Gesundheit BC}}$ seiner pLP$_{\text{Mitwirkung Gesundheit BC}}$ nachkommt, dann hat er gegenüber allen anderen mit ihm zu einer Gemeinschaft zusammengeschlossenen Personen das positive moralische Anspruchsrecht darauf, dass diese Personen ihrer pLP$_{\text{Mitwirkung Gesundheit BC}}$ nachkommen, und auf einen nach dem Maßstab der proportionalen Gleichheit zwischen den zu dieser Gemeinschaft zusammengeschlossenen Personen bestimmten Anteil an Gesundheit als Teil des äußeren bonum commune.

↑ ↑ ↑ ↑

Mit diesem Anspruchsrecht korrespondiert die folgende Pflicht:

↓ ↓ ↓ ↓

Rechtspflicht$_{\text{Mitwirkung Gesundheit bonum commune}}$ (bzw. pRP$_{\text{Mitwirkung Gesundheit BC}}$):
Wenn und nur wenn der Inhaber von pLP$_{\text{Mitwirkung Gesundheit BC}}$ seiner pLP$_{\text{Mitwirkung Gesundheit BC}}$ nachkommt, dann haben alle mit dem Inhaber von pLP$_{\text{Mitwirkung Gesundheit BC}}$ zu einer Gemeinschaft zusammengeschlossenen Personen gegenüber dem Inhaber von pLP$_{\text{Mitwirkung Gesundheit BC}}$ (= Inhaber pAR$_{\text{Erfüllung pLP: Mitwirkung Gesundheit BC}}$) die vollkommene positive moralische Pflicht, ihrer pLP$_{\text{Mitwirkung Gesundheit BC}}$ nachzukommen und diesen nach dem Maßstab der proportionalen Gleichheit zwischen den zu dieser Gemeinschaft zusammengeschlossenen Personen am äußeren bonum commune zu beteiligen.

5 Zusammenfassung

Um einen Schritt weitergehen zu können, ist es sinnvoll und hilfreich, die sich allgemein und hinsichtlich der Verwirklichung des Gutes Gesundheit aus dem Personsein von zu einem Gesundheitswesen zusammengeschlossenen Menschen ergebenden moralischen Rechte und Pflichten in möglichst übersichtlicher Form zusammen- und darzustellen. In Abbildung 46 sind entsprechend die sich aus der Würde der Person, dem bonum personale der Person und dem bonum commune der zu einer Gemeinschaft zusammengeschlossenen Personen ergebenden und zwischen einer Gemeinschaft von Personen bestehenden moralischen Pflichten und (Anspruchs-)Rechte dargestellt. Die sich an diese Abbildung anschließende Übersicht (vgl. Abbildung 47) bildet die sich aus der Würde der Person, dem bonum personale der Person und dem bonum commune der zu einer Gemeinschaft zusammengeschlossenen Personen hinsichtlich der Verwirklichung des Gutes Gesundheit ergebenden und zwischen einer Gemeinschaft von Personen bestehenden moralischen Pflichten und (Anspruchs-)Rechte ab.

Wenn dieser Arbeit nur die in Kapitel IV.7 formulierte Forschungsfrage (FF_{eng}) zugrundeliegen würde, könnten wir es bei diesen Ausführungen bewenden lassen und einen Schlussstrich unter die Arbeit ziehen. Denn die Forschungsfrage (FF_{eng}), die danach gefragt hat, welche im Personsein bzw. der Personalität des Menschen begründeten moralischen Rechtspflichten RP_1, ..., RP_n und Anspruchsrechte AR_1, ..., AR_n die zu einem kollektiv zwangsfinanzierten Gesundheitswesen zusammengeschlossenen lebendigen Menschen hinsichtlich der Erhaltung (Krankheitsverhütung), Verbesserung (Gesundheitsförderung) und/ oder (Wieder-)Herstellung ihres Gesundheitszustandes und ihrer Gesundheitshaltung einander gegenüber haben, ist hiermit beantwortet. Doch wie schon in ihrer Bezeichnung ausgedrückt, stellt die Forschungsfrage (FF_{eng}) nur eine Teilfrage bzw. nur einen Teilaspekt einer umfassenderen Forschungsfrage (FF_{weit}) dar. Die Beantwortung von (FF_{eng}) ist im Grunde nur eine Vorbedingung, um die umfassendere Forschungsfrage (FF_{weit}) beantworten zu können. Da das grundlegende Ziel dieser Arbeit die Beschäftigung mit der Forschungsfrage (FF_{weit}) ist, wird die Arbeit in ihrem weiteren Verlauf den Betrachtungsfokus wieder ausweiten und sich überlegen, inwiefern es – wenn wir wissen, welche moralischen Rechtspflichten und Anspruchsrechte zwischen den ein kollektiv zwangsfinanziertes Gesundheitswesen konstituierenden Menschen bestehen – moralisch zulässig ist, die ein kollektiv zwangsfinanziertes Gesundheitswesen konstituierenden Menschen für ihr gesundheitsschädliches Verhalten dadurch zur Verantwortung zu ziehen, dass die Kosten ihrer aus ihrem gesundheitsschädlichen Verhalten resultierenden Nachfrage nach einer bestimmten Menge an Gesundheits(dienst)leistungen nicht aus kollektiv zwangsfinanzierten Mitteln finanziert werden.

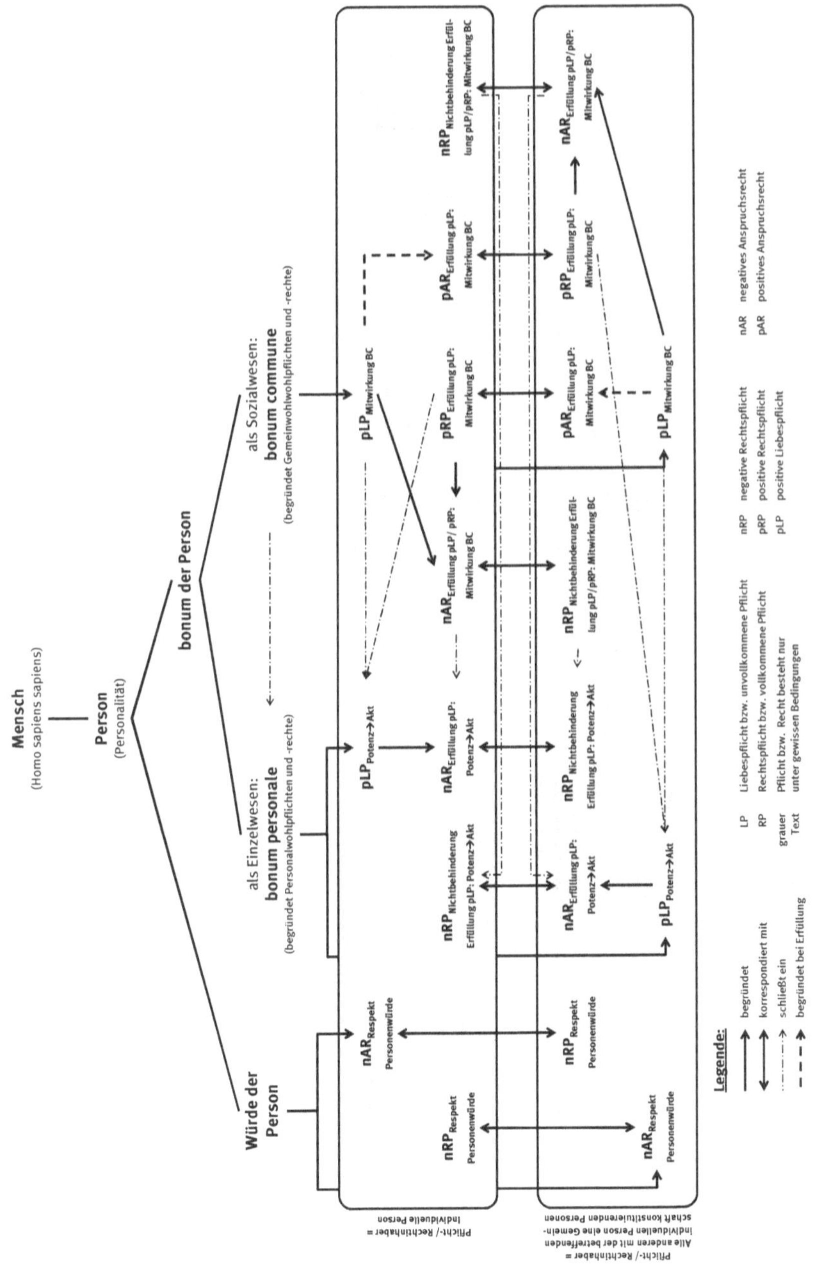

Abb. 46: Übersicht über die sich aus der Würde der Person, dem bonum personale der Person und dem bonum commune der zu einer Gemeinschaft zusammengeschlossenen Personen ergebenden und zwischen einer Gemeinschaft von Personen bestehenden moralischen Pflichten und (Anspruchs-)Rechte

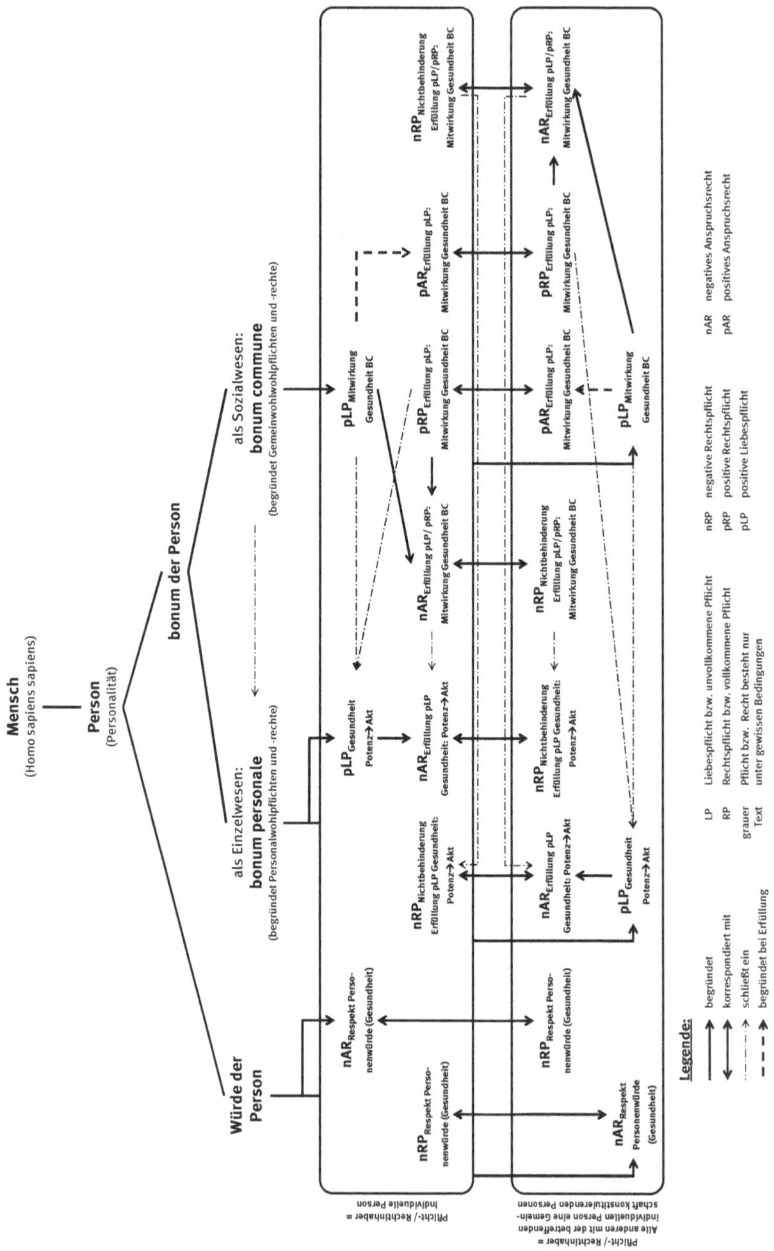

Abb. 47: Übersicht über die sich aus der Würde der Person, dem bonum personale der Person und dem bonum commune der zu einer Gemeinschaft zusammengeschlossenen Personen *hinsichtlich der Verwirklichung des Gutes Gesundheit* ergebenden und zwischen einer Gemeinschaft von Personen bestehenden moralischen Pflichten und (Anspruchs-)Rechte

VII Ist Rationierung nach Gesundheitsverhalten moralisch zulässig?

1 Rationierung nach Gesundheitsverhalten: Bedingungen ihrer moralischen Zulässigkeit

Wie in Kapitel II.5 dieser Arbeit dargelegt worden ist, hat es sich diese Arbeit zum Ziel gesetzt, einen Beitrag zur Beantwortung der Frage zu leisten, ob und inwieweit Selbstverschulden resp. vergangenes gesundheitsschädliches Verhalten ein aus moralphilosophischer Sicht zulässiges Rationierungskriterium darstellt oder nicht. Wie herausgearbeitet und begründet worden ist, ist diese Frage gleichbedeutend mit der Frage (FF_{weit}), die danach fragt, ob es – unter der Annahme, dass Rationierung zur Bekämpfung des chronischen Finanzierungsdefizits des kollektiv zwangsfinanzierten Teils des Gesundheitswesens unausweichlich ist –

- den zu einem kollektiv zwangsfinanzierten Gesundheitswesen zusammengeschlossenen Menschen *(Verantwortungsinstanz)*

moralisch erlaubt ist,

- einen dieses Gesundheitswesen mitkonstituierenden Menschen M *(Verantwortungssubjekt)*
- für sein vergangenes gesundheitsschädliches Verhalten V *(Verantwortungsobjekt)*
- dadurch zur retrospektiven Rechtfertigungsverantwortung zu ziehen *(Verantwortungsart)*,
- dass die Kosten, die sich daraus ergeben, dass M zur Behebung einer aus V resultierenden Schädigung seines Gesundheitszustands (K_V) eine bestimmte Menge an Gesundheits(dienst)leistungen (Q_{MnGDL}) in Anspruch nimmt, nicht aus kollektiv zwangsfinanzierten Mitteln finanziert werden *(Verantwortungskonsequenz)*.

Wie durch die Beschäftigung mit dem Konzept Verantwortung herausgearbeitet worden ist (vgl. Kapitel III.5.1), ist dies nur dann moralisch zulässig, wenn und weil die erste Bedingung des Verantwortungsstandards *(Bedingung des Bestehens von prospektiver Verantwortung)* erfüllt ist. Nur wenn M gegenüber den mit ihm zu einem Gesundheitswesen zusammengeschlossenen Menschen die moralische Pflicht besessen hat, V zu unterlassen bzw. den Schaden an seinem Gesundheitszustand nicht durch V herbeizuführen, ist Rationierung nach Selbstverschulden moralisch zulässig. Um die moralische Zulässigkeit der Rationierung nach Selbstverschulden und damit (FF_{weit}) bejahen oder verneinen zu können, gilt es also nun zu prüfen, ob die erste Bedingung des Verantwortungsstandards erfüllt ist oder nicht.

2 $pRP_{Erfüllung\ pLP:\ Mitwirkung\ Gesundheit\ iBC}$

Um hierzu in der Lage zu sein, war es nötig, die Frage (FF_{eng}) zu beantworten und zu diesem Zweck eine Auslegeordnung der gesundheitsbezogenen moralischen Rechtspflichten ($RP_{Ab\varphi CZ}$) und Anspruchsrechte ($AR_{Ba\varphi CZ}$) zu erstellen, die zwischen den zu einem kollektiv zwangsfinanzierten Gesundheitswesen zusammengeschlossenen Menschen bestehen. Wie im vorangegangenen Kapitel (Kapitel VI) herausgearbeitet und in Kapitel VI.5 (vgl. v. a. Abbildung 47) zusammengefasst, ergeben sich aus dem Personsein bzw. der Personalität des Menschen hinsichtlich der Erhaltung (Krankheitsverhütung), Verbesserung (Gesundheitsförderung) und/oder (Wieder-)Herstellung seiner Gesundheitszustandes und seiner Gesundheitshaltung 20 moralische Rechtspflichten, Liebespflichten und Anspruchsrechte.[300]

Da für die Zuschreibung von (retrospektiver) Rechenschaftsverantwortung in der oben erwähnten Form jedoch nicht das Vorliegen eines moralischen Anspruchsrechts oder einer moralischen Liebespflicht, sondern das Vorliegen einer zwischen den zu einem kollektiv zwangsfinanzierten Gesundheitswesen zusammengeschlossenen Menschen bestehenden moralischen Rechtspflicht ausschlaggebend ist, sind für die Suche einer Antwort auf (FF_{weit}) nicht alle 20 moralischen Rechte und Pflichten bedeutsam. Vielmehr sind nur diejenige(n) Rechtspflicht(en) bedeutsam, die ihrem Inhalt (φ) nach zu nicht gesundheitsschädlichem Verhalten bzw. einer nicht gesundheitsschädlichen Haltung verpflichten. Vor diesem Hintergrund ist von den 20 in Abbildung 47 enthaltenen Kandidaten nur eine moralische Pflicht von Relevanz, nämlich $pRP_{Erfüllung\ pLP:\ Mitwirkung\ Gesundheit\ BC}$. Wenn man im Hinblick auf diese Pflicht jedoch berücksichtigt, dass das bonum commune sich in ein äußeres und inneres bonum commune untergliedern lässt und diese Pflicht auch die Pflicht enthält, die zu einem Gesundheitswesen zusammengeschlossenen Menschen nach dem Maßstab der proportionalen Gleichheit an Gesundheit als äußerem bonum commune zu beteiligen, so zerfällt $pRP_{Erfüllung\ pLP:\ Mitwirkung\ Gesundheit\ BC}$ genau genommen in die folgenden drei gesundheitsbezogenen moralischen Rechtspflichten, die alle zu

300 Dass sich in dieser Aufstellung keine Freiheitsrechte finden ist insofern nicht überraschend, da Freiheitsrechte ja eine Art Residualgröße sind, d.h. den Teil des einer Person möglichen Verhaltensraumes darstellen, der nicht durch Pflichten eingeschränkt ist. Zudem können Freiheitsrechte nicht zwischen Personen bestehten.

einem Gesundheitswesen zusammengeschlossen Menschen einander gegenüber besitzen:[301]

– $pRP_{\text{Erfüllung pLP: Mitwirkung Gesundheit iBC}}$
– $pRP_{\text{Erfüllung pLP: Mitwirkung Gesundheit äBC}}$
– $pRP_{\text{Proportional gleicher Anteil an Gesundheit äBC}}$

Betrachtet man diese moralischen Pflichten in ausformulierter Form bzw. vergleicht man ihre jeweiligen Aussagen zu Inhaber (A), Gegenüber (B), Begründung (Z) und Inhalt (φ) (vgl. Abbildung 48), so wird deutlich, dass nicht alle drei Pflichten, sondern nur $pRP_{\text{Erfüllung pLP: Mitwirkung Gesundheit iBC}}$ einen direkt auf das Gesundheitsverhalten und die Gesundheitshaltung des Trägers der Pflicht bezogenen und dieses bzw. diese regulierenden Inhalt (φ) hat; nur $pRP_{\text{Erfüllung pLP: Mitwirkung Gesundheit iBC}}$ verpflichtet seinen Träger, seine Gesundheit als Zustand und Haltung im Rahmen seiner Möglichkeiten bewusst zu erstreben und zu vervollkommnen, d.h. seine Gesundheit als Zustand und Haltung im Rahmen seiner Möglichkeiten bewusst zu erhalten (Krankheitsverhütung), zu verbessern/ fördern (Gesundheitsförderung) und/ oder (wieder-)herzustellen (Therapie/ Intervention/ Kuration bzw. Behandlung und Heilung von Krankheit).

Die Tatsache, dass alle zu einem Gesundheitswesen zusammengeschlossen Menschen einander gegenüber $pRP_{\text{Erfüllung pLP: Mitwirkung Gesundheit iBC}}$ besitzen, bedeutet nun nichts anderes, als dass eine Anspruchsgrundlage besteht, die die zu einem kollektiv zwangsfinanzierten Gesundheitswesen zusammengeschlossenen Menschen aus moralphilosophischer Sicht grundsätzlich (d.h. wenn auch die anderen Bedingungen des Verantwortungsstandards erfüllt sind) dazu berechtigt, einen dieses Gesundheitswesen mitkonstituierenden Menschen M für sein vergangenes gesundheitsschädliches Verhalten V zur retrospektiven Rechtfertigungsverantwortung zu ziehen. Oder wie Kersting (2002: 71 f) es ausdrückt, auch wenn er auf anderem Weg zu diesem Schluss kommt:

> „Es ist evident, dass die Rationierungsethik nicht die Selbstindulgenz von Personen belohnen sollte, die die Mittel der Medizin zur Kompensation von Gesundheitsschäden lebensethischer Unverantwortlichkeit benutzen und bequeme Therapien, gelegentliche Kor-

---

301 Der vor dem Kürzel „BC" stehende Buchstabe „i" in der Bezeichnung der nachstehenden Pflichten soll andeuten, dass es bei diesen Pflichten nur um die Verwirklichung der Gesundheit als Teil des immanenten bonum commune geht. Durch den dem Kürzel „BC" vorangestellten Buchstaben „ä" wird analog hierzu zum Ausdruck gebracht, dass es bei dieser Pflicht um die Pflicht zur Verwirklichung des gesundheitbezogenen äußeren bonum commune handelt. In den Abbildungen 46 und 47 ist die Differenzierung in äußeres und immanentes bonum commune nicht vorgenommen worden, da diese dann zu komplex und unübersichtlich geworden wäre.

$pAR_{\text{Erfüllung pLP: Mitwirkung Gesundheit BC}}$ umfasst die folgenden drei Anspruchsrechte:	Inhaber der Anspruchsrechts (A)		Gegenüber des Anspruchsrechts (B)	Begründung des Anspruchsrechts (Z)	Inhalt des Anspruchsrechts (φ)	
$pAR_{\text{Erfüllung pLP: Mitwirkung Gesundheit iBC}}$	Jede der zu einem Gesundheitswesen zusammengeschlossenen Personen, die ihrer Pflicht $pLP_{\text{Mitwirkung Gesundheit BC}}$ nachkommt,	besitzt	gegenüber dem Inhaber von $pRP_{\text{Erfüllung pLP: Mitwirkung Gesundheit BC}}$ (d.h. allen anderen mit dieser Person zu einem Gesundheitswesen zusammengeschlossenen Personen)	das in der Erfüllung von $pLP_{\text{Mitwirkung Gesundheit BC}}$ und damit letzten Endes im Wesen der Gesundheit als Teil des bonum commune begründete	positive moralische Anspruchs-recht,	dass alle anderen mit dem Inhaber von $pAR_{\text{Erfüllung pLP: Mitwirkung Gesundheit iBC}}$ zu einem Gesundheitswesen zusammengeschlossenen Personen ihre Gesundheit als Zustand und Haltung im Rahmen seiner Möglichkeiten bewusst erstreben und vervollkommnen, d.h. ihre Gesundheit als Zustand und Haltung im Rahmen ihrer Möglichkeiten bewusst erhalten (Krankheitsverhütung), verbessern/ fördern (Gesundheitsförderung) und/oder (wieder-)herstellen (Therapie/ Intervention/ Kuration bzw. Behandlung und Heilung von Krankheit).
$pAR_{\text{Erfüllung pLP: Mitwirkung Gesundheit äBC}}$			gegenüber dem Inhaber von $pRP_{\text{Erfüllung pLP: Mitwirkung Gesundheit BC}}$ (d.h. allen anderen mit dieser Person zu einem Gesundheitswesen zusammengeschlossenen Personen)	das in der Erfüllung von $pLP_{\text{Mitwirkung Gesundheit BC}}$ und damit letzten Endes im Wesen der Gesundheit als Teil des bonum commune begründete	positive moralische Anspruchs-recht,	dass alle anderen mit dem Inhaber von $pAR_{\text{Erfüllung pLP: Mitwirkung Gesundheit iBC}}$ zu einem Gesundheitswesen zusammengeschlossenen Personen bei der Verwirklichung der materiellen und immateriellen Werte, deren Vorhandensein die Voraussetzung für die Verwirklichung der Gesundheit als Zustand und Haltung aller aktuell und zukünftig diese Gemeinschaft bildenden Personen ist, im Rahmen ihrer Möglichkeiten bewusst mitwirken.
$pAR_{\text{Proportional gleicher Anteil an Gesundheit äBC}}$			gegenüber dem Inhaber von $pRP_{\text{Erfüllung pLP: Mitwirkung Gesundheit BC}}$ (d.h. allen anderen mit dieser Person zu einem Gesundheitswesen zusammengeschlossenen Personen)	das in der Erfüllung von $pLP_{\text{Mitwirkung Gesundheit BC}}$ und damit letzten Endes im Wesen der Gesundheit als Teil des bonum commune begründete	positive moralische Anspruchs-recht,	dass alle anderen mit dem Inhaber von $pAR_{\text{Erfüllung pLP: Mitwirkung Gesundheit iBC}}$ zu einem Gesundheitswesen zusammengeschlossenen Personen die zu dem Gesundheitswesen zusammengeschlossenen Personen nach dem Maßstab der proportionalen Gleichheit zwischen den zu dieser Gemeinschaft zusammengeschlossenen Personen am äußeren bonum commune beteiligen.

Abb. 48: Gegenüberstellende Analyse der drei Rechtspflichten, die in $pRP_{\text{Erfüllung pLP: Mitwirkung Gesundheit BC}}$ enthalten sind

> rektureingriffe und fortwährenden Arzneimittelkonsum den Anstrengungen einer Änderung des Lebensstils und des Ernährungsverhaltens vorziehen." (Kersting, 2002: 71f)

Es ist jedoch der Vollständigkeit halber einschränkend anzufügen, dass $pRP_{\text{Erfüllung pLP: Mitwirkung Gesundheit iBC}}$ (wie $pRP_{\text{Erfüllung pLP: Mitwirkung Gesundheit äBC}}$ und $pRP_{\text{Proportional gleicher Anteil an Gesundheit äBC}}$ auch) eine konditionale oder bedingte Pflicht darstellt, die nur gegenüber denjenigen der zu einem kollektiv zwangsfinanzierten Gesundheitswesen zusammengeschlossenen Menschen besteht, die ihrer Pflicht $pLP_{\text{Mitwirkung Gesundheit BC}}$ nachkommen. Dies hat zur Folge, dass als Verantwortungsinstanz nur diejenigen der zu einem kollektiv zwangsfinanzierten Gesundheitswesen zusammengeschlossenen Menschen in Frage kommen können, die $pLP_{\text{Mitwirkung Gesundheit BC}}$ erfüllen. Ein Mensch M, der gesundheitsschädliches Verhalten an den Tag legt, kann also nicht (vorausgesetzt, dass auch die anderen Bedingungen des Verantwortungsstandards erfüllt sind) von allen zu einem kollektiv zwangsfinanzierten Gesundheitswesen zusammengeschlossenen Menschen zur (retrospektiven) Rechenschaftsverantwortung gezogen werden, sondern streng genommen nur von denen, die sich selber nicht gesundheitsschädlich verhalten, d. h. $pLP_{\text{Mitwirkung Gesundheit BC}}$ nachkommen.

3 Ein Blick auf die Verantwortungskonsequenz

Wie sieht es nun aber mit der Frage aus, ob der einzelne ein kollektiv zwangsfinanziertes Gesundheitswesen mitkonstituierende Mensch auch genau mit der am Anfang dieses Kapitels (Kapitel VII) beschriebenen Verantwortungskonsequenz für sein vergangenes gesundheitsschädliches Verhalten zur Verantwortung gezogen werden darf? Wie die Bezeichnung bereits impliziert, tragen ja alle zu einem kollektiv zwangsfinanzierten Gesundheitswesen zusammengeschlossenen Menschen – ob in Form von Steuern, Sozialversicherungsprämien oder anderen zweckgebundenen Abgaben – zur Finanzierung ihres Gesundheitswesens bei. Wieso soll nun aber ein ein kollektiv zwangsfinanziertes Gesundheitswesen mitkonstituierender Mensch M bei Verletzung von $pRP_{\text{Erfüllung pLP: Mitwirkung Gesundheit iBC}}$ genau mit der Verantwortungskonsequenz zur (retrospektiven) Rechtfertigungsverantwortung gezogen werden dürfen, dass die Kosten, die sich daraus ergeben, dass M zur Behebung einer aus V resultierenden Schädigung seines Gesundheitszustands (K_V) eine bestimmte Menge an Gesundheits(dienst)leistungen (Q_{MnGDL}) in Anspruch nimmt, nicht aus kollektiv zwangsfinanzierten Mitteln finanziert werden? M hat doch zum Entstehen dieses Pools beigetragen. Steht dieser Verantwortungskonsequenz kein (seinem Wesen nach sinnigerweise positives)

Anspruchsrecht von M auf Teilhabe am Pool der kollektiv zwangsfinanzierten Mittel entgegen?

Um diese Frage zu beantworten, gilt es, unter den 20 in Abbildung 47 dargestellten moralischen Pflichten und Rechten die positiven Anspruchsrechte ausfindig zu machen, die von den einzelnen ein Gesundheitswesen konstituierenden Menschen einander gegenüber besessen werden. Ein solches Leistungsrecht, das seinem Inhaber „gegenüber anderen einen Anspruch auf ein aktives Tun bzw. auf die Erbringung gewisser Leistungen“ (Koller, 1997: 257) verschafft, findet sich jedoch nur einmal, nämlich in $pAR_{\text{Erfüllung pLP: Mitwirkung Gesundheit BC}}$. Alle anderen Anspruchsrechte sind negativer Natur und somit nicht geeignet, einen Anspruch auf einen bestimmten Anteil des Pools an kollektiv zwangsfinanzierten Mitteln zu begründen. Wenn man auch hier berücksichtigt, dass das bonum commune ein äußeres und inneres bonum commune und dass $pAR_{\text{Erfüllung pLP: Mitwirkung Gesundheit BC}}$ auch einen Anspruch auf einen nach dem Maßstab der proportionalen Gleichheit zwischen den zu einem Gesundheitswesen zusammengeschlossenen Menschen bestimmten Anteil an Gesundheit als äußerem bonum commune umfasst, so zerfällt $pAR_{\text{Erfüllung pLP: Mitwirkung Gesundheit BC}}$ genau genommen in die folgenden drei Anspruchsrechte (vgl. auch Abbildung 49):

- $pAR_{\text{Erfüllung pLP: Mitwirkung Gesundheit iBC}}$
- $pAR_{\text{Erfüllung pLP: Mitwirkung Gesundheit äBC}}$
- $pAR_{\text{Proportional gleicher Anteil an Gesundheit äBC}}$

Inwieweit helfen uns diese drei Anspruchsrechte im Hinblick auf die uns aktuell beschäftigende Frage weiter? Ersteres Anspruchsrecht hilft uns leider nicht, da die mit diesem Anspruchsrecht korrespondierende Rechtspflicht $pRP_{\text{Erfüllung pLP: Mitwirkung Gesundheit iBC}}$ dessen Inhaber nur dazu verpflichtet, seine eigene Gesundheit als Zustand und Haltung im Rahmen seiner Möglichkeiten bewusst zu erstreben und zu vervollkommnen, d. h. seine Gesundheit als Zustand und Haltung im Rahmen seiner Möglichkeiten bewusst zu erhalten, zu verbessern bzw. zu fördern und/ oder (wieder-)herzustellen. $pAR_{\text{Erfüllung pLP: Mitwirkung Gesundheit iBC}}$ kann also keinen Anspruch auf Teilhabe am Pool der kollektiv zwangsfinanzierten Mittel begründen.

Wie sieht es mit $pAR_{\text{Erfüllung pLP: Mitwirkung Gesundheit äBC}}$ aus? Dieses positive passive, mit $pRP_{\text{Erfüllung pLP: Mitwirkung Gesundheit äBC}}$ korrespondierende Recht gibt seinem Inhaber den Anspruch darauf, dass die anderen mit ihm zu einem Gesundheitswesen zusammengeschlossenen Menschen bei der Verwirklichung der Gesundheit als äußeres bonum commune bewusst mitwirken. Die zu einem Gesundheitswesen zusammengeschlossenen Menschen sind also aufgrund $pAR_{\text{Erfüllung pLP: Mitwirkung Gesundheit äBC}}$ dazu verpflichtet, bei der Verwirklichung der

$pAR_{\text{Erfüllung pLP: Mitwirkung Gesundheit BC}}$ umfasst die folgenden drei Anspruchsrechte:	Inhaber der Anspruchs-rechts (A)		Gegenüber des Anspruchsrechts (B)	Begründung des Anspruchsrechts (Z)	Inhalt des Anspruchsrechts (φ)	
$pAR_{\text{Erfüllung pLP: Mitwirkung Gesundheit iBC}}$	**Jede der zu einem Gesundheitswesen zusammengeschlossenen Personen, die ihrer Pflicht $pLP_{\text{Mitwirkung Gesundheit BC}}$ nachkommt,**	**besitzt**	gegenüber dem Inhaber von $pRP_{\text{Erfüllung pLP: Mitwirkung Gesundheit BC}}$ (d.h. allen anderen mit dieser Person zu einem Gesundheitswesen zusammengeschlossenen Personen)	das in der Erfüllung von $pLP_{\text{Mitwirkung Gesundheit BC}}$ und damit letzten Endes im Wesen der Gesundheit als Teil des bonum commune begründete	positive moralische Anspruchs-recht,	dass alle anderen mit dem Inhaber von $pAR_{\text{Erfüllung pLP: Mitwirkung Gesundheit iBC}}$ zu einem Gesundheitswesen zusammengeschlossenen Personen ihre Gesundheit als Zustand und Haltung im Rahmen seiner Möglichkeiten bewusst erstreben und vervollkommnen, d.h. ihre Gesundheit als Zustand und Haltung im Rahmen ihrer Möglichkeiten bewusst erhalten (Krankheitsverhütung), verbessern/ fördern (Gesundheitsförderung) und/oder (wieder-)herstellen (Therapie/ Intervention/ Kuration bzw. Behandlung und Heilung von Krankheit).
$pAR_{\text{Erfüllung pLP: Mitwirkung Gesundheit äBC}}$			gegenüber dem Inhaber von $pRP_{\text{Erfüllung pLP: Mitwirkung Gesundheit BC}}$ (d.h. allen anderen mit dieser Person zu einem Gesundheitswesen zusammengeschlossenen Personen)	das in der Erfüllung von $pLP_{\text{Mitwirkung Gesundheit BC}}$ und damit letzten Endes im Wesen der Gesundheit als Teil des bonum commune begründete	positive moralische Anspruchs-recht,	dass alle anderen mit dem Inhaber von $pAR_{\text{Erfüllung pLP: Mitwirkung Gesundheit iBC}}$ zu einem Gesundheitswesen zusammengeschlossenen Personen bei der Verwirklichung der materiellen und immateriellen Werte, deren Vorhandensein die Voraussetzung für die Verwirklichung der Gesundheit als Zustand und Haltung aller aktuell und zukünftig diese Gemeinschaft bildenden Personen ist, im Rahmen ihrer Möglichkeiten bewusst mitwirken.
$pAR_{\text{Proportional gleicher Anteil an Gesundheit äBC}}$			gegenüber dem Inhaber von $pRP_{\text{Erfüllung pLP: Mitwirkung Gesundheit BC}}$ (d.h. allen anderen mit dieser Person zu einem Gesundheitswesen zusammengeschlossenen Personen)	das in der Erfüllung von $pLP_{\text{Mitwirkung Gesundheit BC}}$ und damit letzten Endes im Wesen der Gesundheit als Teil des bonum commune begründete	positive moralische Anspruchs-recht,	dass alle anderen mit dem Inhaber von $pAR_{\text{Erfüllung pLP: Mitwirkung Gesundheit iBC}}$ zu einem Gesundheitswesen zusammengeschlossenen Personen die zu dem Gesundheitswesen zusammengeschlossenen Personen nach dem Maßstab der proportionalen Gleichheit zwischen den zu dieser Gemeinschaft zusammengeschlossenen Personen am äußeren bonum commune beteiligen.

Abb. 49: Gegenüberstellende Analyse der drei Anspruchsrechte, die in $pAR_{\text{Erfüllung pLP: Mitwirkung Gesundheit BC}}$ enthalten sind

materiellen und immateriellen Werte, deren Vorhandensein die Voraussetzung für die Verwirklichung der Gesundheit als Zustand und Haltung aller aktuell und zukünftig dieses Gesundheitswesen bildenden Personen ist, im Rahmen ihrer Möglichkeiten bewusst mitzuwirken. Wenn man davon ausgeht, dass (a) die kollektive Finanzierung des Gesundheitswesens durch das mit ihr einhergehende Risikopooling die einzelnen zu einem Gesundheitswesen zusammengeschlossenen Menschen dabei unterstützt, ihre Gesundheit als Zustand und Haltung (d. h. einen Teil des immanenten bonum commune) im Rahmen ihrer Möglichkeiten bewusst zu erhalten, zu verbessern bzw. zu fördern und/ oder (wieder-)herzustellen und (b) es aus ökonomischer Sicht gute Gründe dafür gibt, die kollektive Finanzierung als Zwangsfinanzierung auszugestalten,[302] dann stellt die kollektive Zwangsfinanzierung zumindest eines Teils der Kosten des Gesundheitswesens zweifelsohne eine Institution des äußeren bonum commune dar.[303] Die kollektive Zwangsfinanzierung ist demnach also eine Institution, deren Vorhandensein die Voraussetzung für die Verwirklichung der Gesundheit als Zustand und Haltung aller aktuell und zukünftig dieses Gesundheitswesen bildenden Personen und damit eines bestimmten Teils des immanenten bonum commune (sowie des bonum personale) darstellt. Der Inhaber von $pAR_{\text{Erfüllung pLP: Mitwirkung Gesundheit BC}}$ hat damit aufgrund $pAR_{\text{Erfüllung pLP: Mitwirkung Gesundheit äBC}}$ den Anspruch, dass die anderen mit ihm

302 Ein Grund, die kollektive Finanzierung als Zwangsfinanzierung auszugestalten, besteht darin, dass sich durch die Einführung einer Versicherungspflicht das dem der Privatversicherung zugrundliegenden Versicherungsmechanismus inhärente Problem der adversen Selektion umgehen oder zumindest abmildern lässt (vgl. hierzu Barr, 2004: 113 ff). Der der Zwangsfinanzierung innewohnende Zwang besteht also darin, dass die zu einem Gesundheitswesen zusammengeschlossenen Menschen zum Abschluß einer Versicherung verpflichtet sind, gleichzeitig aber auch den Versicherungen die Verpflichtung auferlegt ist, die Menschen, die sich bei ihnen versichern wollen, nicht abzuweisen (Kontrahierungszwang): Der Einzelne muss sich versichern und die Versicherung muss den Einzelnen versichern.

Damit ist jedoch nicht gesagt, dass es in einem Sozialversicherungssystem nur eine Einheitsversicherung geben darf. Der Mechanismus der Sozialversicherung funktioniert grundsätzlich auch dann, wenn sich mehrere in mehr oder minder großer Konkurrenz zueinander stehende Versicherungen, zwischen denen der Versicherte wählen kann, den Markt teilen. In solchen Fällen sind jedoch zur Brechung der adversen Selektion bzw. des daraus resultierenden Versuchs der Versicherer zur Risikoselektion (z. B. durch Konzentration von Werbung auf potentielle Kundengruppen, die besonders risikogünstige Merkmale haben) Ausgleichszahlungen von den Versicherern mit einer „guten“ Risikostruktur zu denen mit einer „schlechten“ Risikostruktur notwendig (Risikostrukturausgleich).

303 Wie in FN 290 erwähnt, sind unter Institutionen allgemein gesprochen „die organisierten Maßnahmen zur Verwirklichung des Gemeinwohls oder eines Ausschnittes aus des Gemeinwohls“ (Utz, 1964: 303) zu verstehen; unter diese fallen „alle wirtschaftlichen, sozialen und politischen Regelungen“ (Utz, 1964: 303) oder, da diese Regelungen üblicherweise in Gesetze gegossen werden, generell „die rechtlichen Maßnahmen zur Erreichung des Sozialzweckes“ (Utz, 1964: 303).

zu einem Gesundheitswesen zusammengeschlossenen Menschen einen kollektiven Zwangsfinanzierungsmechanismus zumindest eines Teils der Kosten des Gesundheitswesens zur Nutzung für alle im Gesundheitswesen zusammengeschlossenen Menschen etablieren und perpetuieren. Allerdings kann auch dieses Anspruchsrecht keinen Anspruch auf Teilhabe am Pool der kollektiv zwangsfinanzierten Mittel begründen, da dies inhaltlich von diesem Recht nicht abgedeckt wird.

Bleibt noch das dritte in $pAR_{\text{Erfüllung pLP: Mitwirkung Gesundheit BC}}$ enthaltene Anspruchsrecht ($pAR_{\text{Proportional gleicher Anteil an Gesundheit äBC}}$). Aufgrund von $pAR_{\text{Proportional gleicher Anteil an Gesundheit äBC}}$ hat dessen Inhaber einen Anspruch auf Teilhabe bzw. Beteiligung an dem durch den kollektiven Zwangsfinanzierungsmechanismus zustandegekommenen Pool an Mitteln – ein Anspruch, der letzten Endes darin besteht, dass die Kosten der Inanspruchnahme einer bestimmten zur Erhaltung, Verbesserung bzw. Förderung und/ oder (Wieder-)Herstellung der Gesundheit des Inhabers von $pAR_{\text{Proportional gleicher Anteil an Gesundheit äBC}}$ nötigen Menge an Gesundheits(dienst)leistungen (Q_{MnGDL}) aus dem Pool der kollektiv zwangsfinanzierten Mittel finanziert werden. Wie hoch der Anteil an diesem äußeren bonum commune ist, bestimmt sich – wie weiter oben herausgearbeitet und erwähnt worden ist (vgl. Kapitel VI.4.3) – nach dem Maßstab der proportionalen Gleichheit:

$$\frac{\text{Anteil am äBC}_{\text{Person 1}}}{(\text{Beitrag zum iBC}_{\text{Person 1}} + \text{Beitrag zum äBC}_{\text{Person 1}})} = \ldots =$$

$$= \frac{\text{Anteil am äBC}_{\text{Person n}}}{(\text{Beitrag zum iBC}_{\text{Person n}} + \text{Beitrag zum äBC}_{\text{Person n}})}$$

Einem Inhaber von $pAR_{\text{Proportional gleicher Anteil an Gesundheit äBC}}$ die proportional gleiche Teilhabe am Pool der kollektiv zwangsfinanzierten Mittel vorzuenthalten, würde also bedeuten, ihm einen Anspruch zu verwehren, auf den er ein moralisches Recht hat. $pAR_{\text{Proportional gleicher Anteil an Gesundheit äBC}}$ ist nun jedoch ein bedingtes Anspruchsrecht, das der einzelne ein Gesundheitswesen mitkonstituierende Mensch nur dann besitzt, wenn er seiner Pflicht $pLP_{\text{Mitwirkung Gesundheit BC}}$ nachkommt. Auf den vorliegenden Fall angewendet bedeutet es, dass der einzelne ein Gesundheitswesen mitkonstituierende Mensch M $pAR_{\text{Proportional gleicher Anteil an Gesundheit äBC}}$ nur dann besitzt, wenn er $pLP_{\text{Mitwirkung Gesundheit iBC}}$ und $pLP_{\text{Mitwirkung Gesundheit äBC}}$ nachkommt (vgl. Abbildung 50). Ersterer Pflicht ($pLP_{\text{Mitwirkung Gesundheit iBC}}$) kommt M nach, indem er seine eigene Gesundheit als Zustand und Haltung im Rahmen seiner Möglichkeiten bewusst erstrebt und vervollkommnet, d. h. seine Gesundheit als Zustand und Haltung im Rahmen seiner Möglichkeiten bewusst erhält, verbessert bzw.

fördert und/ oder (wieder-)herstellt. $pLP_{\text{Mitwirkung Gesundheit äBC}}$ erfüllt M u. a. – je nach konkreter Ausgestaltung des kollektiven Zwangsfinanzierungsmechanismus des Gesundheitswesens, das er mitkonstituiert –durch die Bezahlung entsprechender der kollektiven Zwangsfinanzierung des Gesundheitswesens dienenden Steuern, Sozialversicherungsprämien und/ oder anderer zweckgebundener Abgaben.

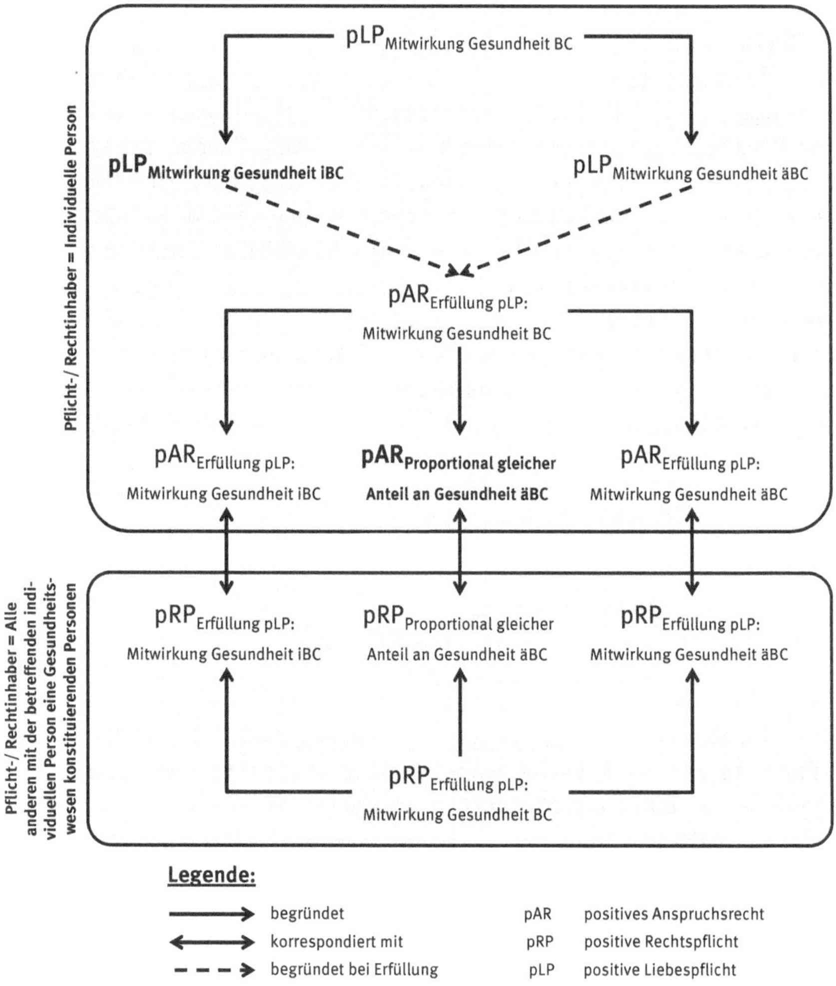

Abb. 50: Übersicht über ausgewählte sich aus dem bonum commune der zu einem Gesundheitswesen zusammengeschlossenen Personen *hinsichtlich der Verwirklichung des Gutes Gesundheit* ergebende und zwischen diesen Personen bestehende moralischen Pflichten und (Anspruchs-)Rechte

Vor diesem Hintergrund wird die diesem Kapitel zugrundeliegende Frage[304] zur Frage danach, ob die zu einem kollektiv zwangsfinanzierten Gesundheitswesen zusammengeschlossenen Menschen, wenn sie zwar $pLP_{Mitwirkung\ Gesundheit\ äBC}$ nachkommen, aber $pLP_{Mitwirkung\ Gesundheit\ iBC}$ durch ihr vergangenes gesundheitsschädliches Verhalten verletzt haben, genau mit der Verantwortungskonsequenz zur (retrospektiven) Rechtfertigungsverantwortung gezogen werden dürfen, dass sie $pAR_{Proportional\ gleicher\ Anteil\ an\ Gesundheit\ äBC}$ verlieren. Wie die obigen Ausführungen zeigen, ist die Antwort klar: Sie dürfen. Der Grund hierfür liegt darin, dass ein Mensch M, der $pLP_{Mitwirkung\ Gesundheit\ äBC}$, aber nicht $pLP_{Mitwirkung\ Gesundheit\ iBC}$ nachkommt, $pAR_{Proportional\ gleicher\ Anteil\ an\ Gesundheit\ äBC}$ gar nicht besitzt; und entsprechend besitzen die anderen mit ihm ein Gesundheitswesen konstituierenden Menschen $pRP_{Proportional\ gleicher\ Anteil\ an\ Gesundheit\ äBC}$ auch nicht. Wenn M seiner Pflicht $pLP_{Mitwirkung\ Gesundheit\ iBC}$ nicht nachkommt, dann hat er kein die anderen mit ihm zu einem kollektiv zwangsfinanzierten Gesundheitswesen zusammengeschlossenen Menschen verpflichtendes Anspruchsrecht auf Teilhabe bzw. Beteiligung am Pool der kollektiv zwangsfinanzierten Mittel. Wieso genau dem so ist, kann aus Abbildung 50 herausgelesen werden: Ein Mensch M besitzt $pAR_{Proportional\ gleicher\ Anteil\ an\ Gesundheit\ äBC}$ nur dann, wenn er $pAR_{Erfüllung\ pLP:\ Mitwirkung\ Gesundheit\ BC}$ besitzt. M besitzt $pAR_{Erfüllung\ pLP:\ Mitwirkung\ Gesundheit\ BC}$ aber nur dann, wenn er $pLP_{Mitwirkung\ Gesundheit\ BC}$ erfüllt. Und $pLP_{Mitwirkung\ Gesundheit\ BC}$ erfüllt M nur dann, wenn er $pLP_{Mitwirkung\ Gesundheit\ äBC}$ und $pLP_{Mitwirkung\ Gesundheit\ iBC}$ nachkommt. Somit können wir schlussfolgern: Wenn M $pLP_{Mitwirkung\ Gesundheit\ iBC}$ nicht nachkommt, dann besitzt M streng genommen auch nicht $pAR_{Proportional\ gleicher\ Anteil\ an\ Gesundheit\ äBC}$.

Das „streng genommen“ im vorangehenden Satz ist bewusst gewählt, da diese Schlussfolgerung die ultima ratio zur Schließung der Finanzierungslücke im Gesundheitswesen (FL_{GW}) darstellt. Bevor dieses Mittel ergriffen wird, ist jedoch jeweils zu prüfen, ob FL_{GW} nicht auch mit einer weniger harten Maßnahme geschlossen werden kann. Denn: Auch wenn er zwar $pLP_{Mitwirkung\ Gesundheit\ äBC}$, aber nicht $pLP_{Mitwirkung\ Gesundheit\ iBC}$ nachkommt, so erwirbt M – so könnte man argumentieren – dadurch, dass er wenigstens $pLP_{Mitwirkung\ Gesundheit\ äBC}$ nachgekommen ist, nichtdestotrotz einen Anspruch auf eine gewisse Teilhabe bzw. Beteiligung am Pool der kollektiv zwangsfinanzierten Mittel. Dieser Anspruch bemisst sich zwar

304 D.h. die Frage, wieso die zu einem kollektiv zwangsfinanzierten Gesundheitswesen zusammengeschlossenen Menschen bei Verletzung von $pRP_{Erfüllung\ pLP:\ Mitwirkung\ Gesundheit\ iBC}$ genau mit der Verantwortungskonsequenz zur (retrospektiven) Rechtfertigungsverantwortung gezogen werden dürfen, dass die Kosten, die sich daraus ergeben, dass M zur Behebung einer aus V resultierenden Schädigung seines Gesundheitszustands (K_V) eine bestimmte Menge an Gesundheits(dienst)leistungen (Q_{MnGDL}) in Anspruch nimmt, nicht aus kollektiv zwangsfinanzierten Mitteln finanziert werden.

nicht am Maßstab der proportionalen Gleichheit; er entspricht aber der Summe der der kollektiven Zwangsfinanzierung des Gesundheitswesens dienenden Steuern, Sozialversicherungsprämien und/ oder Abgaben, die M bis zum Zeitpunkt der zur Behebung einer aus vergangenem gesundheitsschädlichem Verhalten (V) resultierenden Schädigung seines Gesundheitszustands (K_V) nötigen Inanspruchnahme einer bestimmten Menge an Gesundheits(dienst)leistungen (Q_{MnGDL}) entrichtet hat. Wenn sich FL_{GW} durch eine solche Beschränkung der Teilhabe am Pool der kollektiv zwangsfinanzierten Mittel schließen ließe, dann wäre sie dem – moralphilosophisch aber zu rechtfertigenden – kompletten Ausschluss an der Teilhabe am Pool der kollektiv zwangsfinanzierten Mittel vorzuziehen.

4 Zusammenfassung

Wenn wir das in den beiden vorangegangenen Kapiteln Gesagte zusammenfassen, so können wir festhalten, dass die erste der vom Verantwortungsstandard vorgegebenen Bedingungen der Zuschreibung von Rechtfertigungsverantwortung für vergangenes gesundheitsschädliches Verhalten erfüllt ist. Jeder Mensch M besitzt gegenüber denjenigen der mit ihm zu einem kollektiv zwangsfinanzierten Gesundheitswesen zusammengeschlossenen Menschen, die ihrer Pflicht $pLP_{\text{Mitwirkung Gesundheit BC}}$ nachkommen, die Pflicht $pRP_{\text{Erfüllung pLP: Mitwirkung Gesundheit iBC}}$, deren Inhalt besagt, dass M verpflichtet ist, gesundheitsschädliches V zu unterlassen bzw. nicht durch V Schaden an seinem Gesundheitszustand herbeizuführen. Für die Verletzung dieser Pflicht kann M zur retrospektiven Rechtfertigungsverantwortung gezogen werden.

Dies bedeutet, dass es moralisch zulässig ist, dass M, wenn er $pRP_{\text{Erfüllung pLP: Mitwirkung Gesundheit iBC}}$ verletzt, von den mit M zu einem kollektiv zwangsfinanzierten Gesundheitswesen zusammengeschlossenen Menschen, die ihrer Pflicht $pLP_{\text{Mitwirkung Gesundheit BC}}$ nachkommen, dadurch zur retrospektiven Rechtfertigungsverantwortung gezogen wird, dass die Kosten, die sich daraus ergeben, dass M zur Behebung einer aus einem gesundheitsschädlichen (und damit gegen $pRP_{\text{Erfüllung pLP: Mitwirkung Gesundheit iBC}}$ verstoßenden) Verhalten V von M resultierenden Schädigung seines Gesundheitszustands (K_V) eine bestimmte Menge an Gesundheits(dienst)leistungen (Q_{MnGDL}) in Anspruch nimmt, nicht aus kollektiv zwangsfinanzierten Mitteln finanziert werden.[305] Die mit M zu einem

305 Ob M auch effektiv zur retrospektiven Rechtfertigungsverantwortung gezogen wird, hängt davon ab, ob auch die übrigen Bedingungen des Verantwortungsstandards (Bedingung des Bestehens von (retrospektiver) äußerer Kausalverantwortung, Bedingung des Bestehens von (re-

kollektiv zwangsfinanzierten Gesundheitswesen zusammengeschlossenen Menschen verletzen dabei kein Anspruchsrecht von M, da M dadurch, dass er durch die Verletzung von $pRP_{\text{Erfüllung pLP: Mitwirkung Gesundheit iBC}}$ notwendigerweise auch $pLP_{\text{Mitwirkung Gesundheit iBC}}$ verletzt, sein Anspruchsrecht auf Teilhabe am Pool der kollektiv zwangsfinanzierten Mittel ($pAR_{\text{Proportional gleicher Anteil an Gesundheit äBC}}$) verloren hat.

Die dieser Arbeit zugrundliegende Forschungsfrage (FF_{weit}) kann somit mit einem eindeutigen Ja beantwortet werden. Im Hinblick auf die grundsätzlich gegebene moralische Zulässigkeit der Rationierung nach Selbstverschulden ist jedoch anzumerken, dass der komplette Ausschluss von der Teilhabe am Pool der kollektiv zwangsfinanzierten Mittel nach dem Grundsatz der Verhältnismäßigkeit (Verhältnismäßigkeitsprinzip) nur dann moralisch erlaubt ist, wenn die Finanzierungslücke im Gesundheitswesen (FL_{GW}) nur auf diesem Weg und nicht über einen partiellen Ausschluss von bzw. eine Beschränkung der Teilhabe am Pool der kollektiv zwangsfinanzierten Mittel geschlossen werden kann.

---

trospektiver) äußerer Kausalverantwortung, Bedingung des Nichtbestehens von Exkulpationsgründen) erfüllt sind.

Anders ausgedrückt könnte man auch sagen: Aufgrund der Existenz der moralischen Rechtspflicht $pRP_{\text{Erfüllung pLP: Mitwirkung Gesundheit iBC}}$ ist es moralisch erlaubt, die kollektiv zwangsfinanzierten Mittel des Gesundheitswesens anhand des Kriteriums Selbstverschulden zu verteilen bzw. bei der Verteilung der kollektiv zwangsfinanzierten Mittel des Gesundheitswesens Selbstverschulden als Kriterium zu berücksichtigen. Die Existenz der moralischen Rechtspflicht $pRP_{\text{Erfüllung pLP: Mitwirkung Gesundheit iBC}}$ macht es somit moralisch zulässig, ein vergangenes gesundheitsschädliches Verhalten V von M, das einen gesundheitlichen Schaden zur Konsequenz gehabt hat, mit einer finanziellen Strafe zu belegen.

VIII Schlussgedanken: Von der Zuschreibung retrospektiver zur Stärkung prospektiver Verantwortung

1 Die Schwierigkeit der Zuschreibung von äußerer Kausalverantwortung und ihre Konsequenzen

Wie in den vorangegangenen Kapiteln herausgearbeitet worden ist, ist es aus moralischer Sicht grundsätzlich erlaubt, knappe kollektiv zwangsfinanzierte Gesundheits(dienst)leistungen nach Selbstverschulden zu rationieren. So weit, so gut. Doch aus der Tatsache, dass es denjenigen zu einem Gesundheitswesen zusammengeschlossenen Menschen, die $pLP_{\text{Mitwirkung Gesundheit BC}}$ nachkommen, moralisch erlaubt ist, sich gegenseitig durch den Einsatz von Rationierung nach Selbstverschulden für vergangenes gesundheitsschädliches Verhalten (und damit den Verstoß gegen $pRP_{\text{Erfüllung pLP: Mitwirkung Gesundheit BC}}$) zur (retrospektiven) Rechenschaftsverantwortung zu ziehen, folgt nicht zwingend, dass die Anwendung dieses Rationierungskriteriums auch ohne Einschränkung möglich ist. Denn gegen den generellen Einsatz von Selbstverschulden als Rationierungskriterium spricht eine seine Umsetzbarkeit betreffende praktische Schwierigkeit, aufgrund derer sein effektiver Einsatz trotz seiner moralischen Erlaubtheit nur differenziert befürwortet werden kann. Die eben erwähnte Schwierigkeit wird deutlich, wenn man sich die zweite Bedingung des Verantwortungsstandards (*Bedingung des Bestehens von (retrospektiver) äußerer Kausalverantwortung*) näher betrachtet.

Die Bedingung des Bestehens von (retrospektiver) äußerer Kausalverantwortung verlangt, dass es sich (a) bei dem gesundheitsschädlichen Verhalten V um ein vergangenes Verhalten von M (und nicht etwa von einem anderen Menschen) gehandelt hat und es sich (b) bei dem durch die Inanspruchnahme einer bestimmten Menge an Gesundheits(dienst)leistungen zu behebenden Schaden am Gesundheitszustand von M um eine Konsequenz K_V aus V handelt. Während sich der erste Teil der Bedingung relativ einfach nachweisen lässt (und für die folgenden Überlegungen als vorausgesetzt angenommen wird), stoßen wir hinsichtlich der Nachweisbarkeit des zweiten Teils der Bedingung auf ein Problem. Der Nachweis des zweiten Teils der Bedingung umfasst nämlich zwei Teile: (1) Zum einen ist zu beweisen, dass ein bestimmtes Verhalten V eines Menschen M ein für sich betrachtet gesundheitsschädliches Verhalten ist. (2) Und zum anderen ist zu beweisen, dass V kausal für einen aktuell zu behebenden Schaden am Gesundheitszustand von M verantwortlich war. Der Nachweis des zweiten Teils der zweiten Bedingung des Bestehens von (retrospektiver) äußerer Kausalverantwortung umfasst also

(1) zum einen die Prüfung der allgemeinen Gesundheitsschädlichkeit eines bestimmten Gesundheitsverhaltens V, d. h. die Prüfung, ob V grundsätzlich in einer Schädigung der Gesundheit resultiert bzw. überhaupt in einer Schädigung der Gesundheit resultieren kann (z. B. ob das Essen eines Fliegenpilzes zu Vergiftungssymptomen führen kann),

(2) und zum anderen die Prüfung der spezifischen Gesundheitsschädlichkeit eines bestimmten Gesundheitsverhaltens V, d. h. die Prüfung, ob ein vergangenes V von M auch im zu beurteilenden Einzelfall zu einer Schädigung der Gesundheit geführt hat (z. B. ob die Tatsache, dass M einen Fliegenpilz gegessen hat, zu den an M beobachtbaren Vergiftungssymptomen geführt hat).

Mit anderen Worten: Das betreffende Verhalten V muss sowohl allgemein als auch einzelfallspezifisch betrachtet ein gesundheitsschädliches Verhalten (gewesen) sein. Das Problem ist aber nun: In vielen Fällen lässt sich genau dies nicht sicher feststellen.

1.1 Schwierigkeiten bei der Zuschreibung äußerer Kausalverantwortung

Hinsichtlich der Prüfung der allgemeinen Gesundheitsschädlichkeit eines bestimmten Gesundheitsverhaltens V stehen wir vor dem Problem, dass die Medizin grundsätzlich selten Aussagen zu absoluten Kausalitätsbeziehungen und in den meisten Fällen nur Wahrscheinlichkeitsaussagen treffen kann.[306] So ist es aufgrund der multifaktoriellen Ätiologie der meisten Krankheiten und der Komplexität der Wechselwirkungen in nicht wenigen Fällen ex ante – also, bevor das entsprechende Gesundheitsverhalten überhaupt stattgefunden hat – praktisch nicht möglich *mit Sicherheit* zu sagen, ob und wenn ja, welche Auswirkung und welchen Einfluss ein zukünftiges Gesundheitsverhalten von M genau auf den zukünftigen Gesundheitszustand von M haben wird. Zwar gehört es „inzwischen zum epidemiologischen Lehrbuchwissen, dass viele Erkrankungen durch das individuelle Verhalten zumindest zu einem großen Teil mitverursacht werden" (Buyx, 2005a: 276; vgl. hierzu auch Kapitel II.5.2 sowie FN 299), jedoch handelt es

306 Eine weitere grundlegende und mit dieser Unsicherheit verwandte Form der Unsicherheit in der Medizin besteht in der Schwierigkeit zu wissen, ob eine Behandlung ein bestimmtes Ergebnis zeitigen wird: „Nowhere is the equation, condition A, if followed by treatment B, will produce result C, less certain than in the practice of clinical medicine." (Hayward, 2006: 75)

sich dabei „um attributable Risiken und nicht um absolute Wenn-dann-Beziehungen“ (Buyx, 2005a: 276).[307]

Mit der gleichen Problematik – und „ganz unabhängig davon, ob es nun einen Konsens innerhalb der medizinischen Wissenschaft über die Ursachen bestimmter Krankheitszustände gibt“ (Buyx, 2005a: 276) – bekommt man es zu tun, wenn man von der Prüfung der allgemeinen Gesundheitsschädlichkeit eines bestimmten Verhaltens zur einzelfallspezifischen Prüfung der Kausalbeziehung zwischen vergangenem Gesundheitsverhalten und einem gegenwärtigen Gesundheitsschaden übergeht. Es ist nämlich illusorisch davon auszugehen, dass unser Gesundheitsverhalten in dem Sinne kausal für unseren Gesundheitszustand verantwortlich ist, dass es in allen Fällen der einzige Grund für diesen ist; dem steht die Tatsache gegenüber, dass unser Gesundheitszustand über das Gesundheitsverhalten hinaus durch eine ganze Reihe von externen Patho- und Salutogenen beeinflusst wird, welche sich dem Einfluss und der Kontrolle des einzelnen Menschen entziehen (vgl. hierzu auch Kapitel II.5.2 sowie FN 299):

> „Wie soll bestimmt werden, ob eine Krebserkrankung durch gesundheitsschädliches Verhalten ‚verursacht‘ worden ist und nicht etwa durch den Kontakt mit karzinogenen Stoffen am Arbeitsplatz oder einer genetischen Disposition oder einer Kombination dieser Gefährdungen?“ (Dallman, 2011: 22)

Insofern kann nur selten sicher davon ausgegangen bzw. mit Sicherheit festgestellt werden, dass ein bestimmtes vergangenes Gesundheitsverhalten eines Menschen M ein nicht nur notwendiger, sondern auch hinreichender Faktor für das Zustandekommen eines aktuellen Schadens am Gesundheitszustand von M war: „Über unfallbedingte Gesundheitsstörungen hinaus dürfte es deshalb nur wenige Fälle geben, in denen sich eine kausale Verursachung eindeutig nachweisen lässt.“ (Marckmann, 2006: 219) Dies bedeutet im Umkehrschluss, dass fast schon

---

307 Diese Unsicherheit hat übrigens auch Rückwirkungen auf den Inhalt der Pflicht $pRP_{Erfüllung\ pLP:\ Mitwirkung\ Gesundheit\ iBC}$. Wenn im Bereich der Gesundheit in vielen Fällen keine Kausalitäts-, sondern nur Wahrscheinlichkeits- bzw. Risikoaussagen getroffen werden können, dann ist nicht ohne weiteres klar, was alles zu dem gesundheitsschädlichen Verhalten, das zu unterlassen wir verpflichtet sind, und was zu dem gesundheitsfördernden Verhalten, das zu tun wir verpflichtet sind, gehört. $pRP_{Erfüllung\ pLP:\ Mitwirkung\ Gesundheit\ iBC}$ besitzt zwar einen mehr oder weniger klar bestimmbaren Inhaltskern, aber wohl nur schwammige Grenzen: „Fourth, there are difficulties about knowing where the boundaries of one‘s role-responsibility lie. How much time and energy do I have to devote to my health? What about conflicts with other role-responsibilities I have, for example, the Supreme Court justice who refused to retire although his doctor warned that continued service would aggravate an already serious heart condition? What sacrifices are required of me? If I live with somebody who smokes, do I have to move out? If I live in New Jersey, do I have to move to Utah?“ (Dworkin, 1981: 29)

grundsätzlich davon ausgegangen werden kann, dass ein vergangenes Gesundheitsverhalten in den meisten der zu beurteilenden Einzelfälle ein nur notwendiger kausaler Faktor für das Zustandekommen einer aktuellen Gesundheitsschädigung war:

> „Die moderne Medizin kennt neben vielen relativ einfach feststellbaren Ursachen bei Unfällen, monogenetischen oder durch bestimmte bekannte Erreger verursachten Erkrankungen auch multifaktorielle Krankheitsgenesen. Dies ist gerade bei den sowohl volkswirtschaftlich als auch in der Mortalitäts- und Morbiditätsstatistik führenden „Volkskrankheiten", wie etwa der koronaren Herzkrankheit und ihren Komplikationen, der Fall. Aufgrund des Wandels im Verständnis von Gesundheit und Krankheit werden zu dem heute sehr viel mehr Kausalfaktoren in Betracht gezogen als früher, so z. B. zunehmend auch im Bereich somatischer Erkrankungen seelische Faktoren oder umgekehrt in der Psychiatrie genetische Ursachen. Oftmals werden divergierende Rückschlüsse auf die relevanten Kausalfaktoren einer Erkrankung und deren Gewichtung gezogen." (Buyx, 2005a: 276)[308]

Mit dieser Einsicht ist jedoch nicht wirklich viel gewonnen. Wir wissen zwar, dass unsere Gesundheit durch eine Vielzahl von Gesundheitsdeterminanten und damit u. a. auch durch unser Gesundheitsverhalten beeinflusst wird. Aber eine belastbare Aussage darüber, in welchem Umfang ein bestimmtes vergangenes Gesundheitsverhalten genau kausal zum Entstehen eines aktuellen Gesundheitsschadens beigetragen hat, lässt sich sehr oft nicht treffen. Waren es 46 %, 53 % oder gar 61 %? Eine solche Aussage kann – zumindest mit der gebotenen Seriosität – aufgrund „der Schwierigkeit entsprechender Kausalitätsfeststellungen (klarer Nachweis der Selbstverschuldung des Eintritts einer Erkrankung)" (Alber, Kliemt & Nagel, 2009: A 1363) nicht getroffen werden. Das wesentliche Problem der Zuschreibung von äußerer Kausalverantwortung besteht also darin, „dass es im Einzelfall schwierig oder gar unmöglich sein mag, eine Erkrankung auf ein bestimmtes Verhalten kausal zurückzuführen" (Huster, 2013: 193). Ebenso sieht es Höfling (2009: 517), der auf „die basale Schwierigkeit (verweist), ob nun ein bestimmter Zustand in einem kausalen Sinne dem Verhalten des Patienten zugeschrieben werden kann". Seriöserweise kann meistens nur eine Wahrscheinlichkeitsspanne angegeben werden, inwiefern es sich bei dem durch die Inanspruchnahme einer bestimmten Menge an Gesundheits(dienst)leistungen zu behebenden Schaden am Gesundheitszustand eines Menschen M um eine Kon-

308 vgl. hierzu auch Dworkin (1981: 29 f): „It is easy enough to identify the choice of a man to smoke as a necessary condition for the development of his particular lung cancer but there were lots of other necessary conditions that we do not cite as causes, including the fact that he was born at all."

sequenz K_V aus einem vergangenen gesundheitsschädlichen Verhalten V von M handelt.

1.2 Beurteilung der Umsetzbarkeit der Rationierung nach Selbstverschulden

Aufgrund dieser Probleme,[309] die die grundsätzliche Frage nach der praktischen Handhabbarkeit bzw. Anwendbarkeit und Umsetzbarkeit von Selbstverschulden als Rationierungskriterium aufwerfen, sind einige Autoren der Meinung, dass „als Priorisierungs- bzw. Posteriorisierungskriterium [...] die Eigenverantwortung demzufolge kaum durchsetzbar" (Alber & Bayerl, 2013: 211; vgl. Alber, Kliemt & Nagel, 2009) ist. Betrachtet man die eben dargelegten Schwierigkeiten, die zwangsweise mit der Zuschreibung von äußerer Kausalverantwortung einhergehen, so könnte man versucht sein, dieser Meinung zuzustimmen. Jedoch ist hier ein wenig zu differenzieren und Rationierung nach Selbstverschulden nicht in Bausch und Bogen als zwar moralisch zulässig, aber nicht umsetzbar zu verwerfen. Denn auch wenn die Zuschreibung von äußerer Kausalverantwortung in vielen Fällen nicht sicher möglich ist, so wäre es falsch zu behaupten, dass die Beurteilung, ob ein Verhalten V ein allgemein und/ oder einzelfallspezifisch gesundheitsschädliches Verhalten ist, grundsätzlich nicht sicher möglich ist. Denn: Es gibt durchaus Fälle, bei denen eine Beurteilung der allgemeinen und einzelfallspezifischen Gesundheitsschädlichkeit eines bestimmten Gesundheitsverhaltens V trotz der oben erwähnten Schwierigkeiten sicher (d. h. mit einer Wahrscheinlichkeit von 100 %) möglich ist (vgl. Abbildung 51).

Für alle Gesundheitsschäden (Krankheiten), für die allgemeingültig mit Sicherheit gesagt werden kann, dass sie unabhängig vom Gesundheitsverhalten auftreten, ist die Anwendung von Rationierung nach Selbstverschulden logischerweise nicht möglich. Für alle Gesundheitsschäden, bei denen die Kausalbeziehung zwischen Gesundheitsverhalten und Gesundheitsschädigung (Krank-

309 Abgesehen hiervon tritt beim Versuch des Zuschreibens von äußerer Kausalverantwortung ein weiteres Problem auf: Die praktische Zuschreibung von Rechenschaftsverantwortung setzt „ein Nachweis- und Kontrollregime voraus, das mit erheblichen Interventionen in die Freiheitssphäre der Betroffenen verbunden sein kann" (Höfling, 2009: 518) bzw. einen „erheblichen Eingriff in die Privatsphäre" (Buyx, 2005a: 276) darstellt. Ähnlich sieht es auch Huster (2013: 193), wenn er schreibt, „dass die Feststellung dieses risikoerhöhenden Verhaltens mit intrikaten Ermittlungen in die Privatsphäre des Betroffenen verbunden sein kann. Wir werden den Ärzten oder den Krankenkassen kaum die Aufgabe zuschreiben wollen und dürfen, etwa das Bewegungs- und Ernährungsverhalten der Versicherten auszuspionieren." Sie hierzu auch Dallman (2011: 23): „Eine umfassende Kontrolle, die für eine kausale Zuschreibung und damit eine ‚evidenzbasierte' Aberkennung des Versichertenstatus notwendig wäre, ist weder durchsetzbar noch denkbar."

Beurteilung der Umsetzbarkeit von Rationierung nach Selbstverschulden in Abhängigkeit von allgemeiner und einzelfallspezifischer (äußerer) Kausalbeziehung zwischen Gesundheitsverhalten (V) und Gesundheitsschaden (GS)

				Ist Verhalten V allgemein ein gesundheitsschädliches Verhalten, d.h. resultiert V allgemein in einem Schaden am Gesundheitszustand (Krankheit)?				
				sicher nein (Wahrscheinlichkeit = 0)	**wahrscheinlich nein** (Wahrscheinlichkeit > 0 und ≤ 0.5)	**wahrscheinlich ja** (Wahrscheinlichkeit > 0.5 und < 1)	**sicher ja** (Wahrscheinlichkeit = 1)	
				nein	wahrscheinlich nein	wahrscheinlich ja	ja	V ist notwendige Bedingung für GS
				nein	nein	nein	ja	V ist hinreichende Bedingung für GS
Ist das von einem Menschen M an den Tag gelegte vergangene Verhalten V kausal für das Entstehen des Schadens am Gesundheitszustand von M?	**sicher nein** (Wahrscheinlichkeit = 0)	nein	nein	**Umsetzbarkeit generell nicht gegeben**	**Umsetzbarkeit generell fragwürdig, aber Umsetzung im Einzelfall nicht nötig**	**Umsetzbarkeit generell fragwürdig, aber Umsetzung im Einzelfall nicht nötig**	**Logisch nicht möglich**	
	wahrscheinlich nein (Wahrscheinlichkeit > 0 und ≤ 0.5)	wahrscheinlic h nein	nein	**Logisch nicht möglich**	**Umsetzbarkeit generell und im Einzelfall fragwürdig**	**Umsetzbarkeit generell und im Einzelfall fragwürdig**	**Logisch nicht möglich**	
	wahrscheinlich ja (Wahrscheinlichkeit > 0.5 und < 1)	wahrscheinlic h ja	nein	**Logisch nicht möglich**	**Umsetzbarkeit generell und im Einzelfall fragwürdig**	**Umsetzbarkeit generell und im Einzelfall fragwürdig**	**Logisch nicht möglich**	
	sicher ja (Wahrscheinlichkeit = 1)	ja	ja	**Logisch nicht möglich**	**Umsetzbarkeit generell fragwürdig, aber im Einzelfall gegeben**	**Umsetzbarkeit generell fragwürdig, aber im Einzelfall gegeben**	**Umsetzbarkeit generell und im Einzelfall gegeben**	
		V war notwendige Bedingung für GS	V war hinreichende Bedingung für GS					

Abb. 51: Beurteilung der Umsetzbarkeit der Rationierung nach Selbstverschulden

heit) allgemein (und damit auch im Einzelfall) sicher festgestellt werden kann, d. h. bei denen das Gesundheitsverhalten nicht nur eine notwendige, sondern eine hinreichende Bedingung für eine Gesundheitsschädigung (Krankheit) darstellt, ist der Einsatz von Selbstverschulden als Rationierungskriterium nicht nur moralisch zulässig, sondern auch durch die mangelnde Zuschreibbarkeit von äußerer Kausalverantwortung zumindest nicht verunmöglicht. Der Großteil aller Gesundheitsschäden (Krankheiten) dürfte jedoch dergestalt sein, dass eine Verursachung durch Gesundheitsverhalten weder sicher verneint noch bejaht werden kann. Für diese Fälle ist die Anwendung von Selbstverschulden als Rationierungskriterium zwar an sich nicht unmöglich, jedoch läuft man bei der Anwendung Gefahr, aufgrund der Tatsache, dass die äußere Kausalität bloß als (Un)Wahrscheinlichkeitsspanne angegeben werden kann, Menschen für ein Gesundheitsverhalten zur (retrospektiven) Rechenschaftsverantwortung zu ziehen, das an sich nicht gesundheitsschädlich ist und/ oder im jeweiligen Einzelfall nicht gesundheitsschädlich war. Da bei Unsicherheit – ganz nach dem Grundsatz „in dubio pro reo" – für den Angeklagten zu entscheiden ist und zudem den Leistungserbringern nicht auch noch die Aufgabe auferlegt werden sollte, Rationierungsentscheidungen zu treffen, sollte in diesen Fällen jedoch von Rationierung nach Selbstverschulden abgesehen werden.

Alles in allem können wir also festhalten: Rationierung nach Selbstverschulden ist grundsätzlich moralisch zulässig, jedoch sprechen der Zuschreibung von äußerer Kausalverantwortung inhärierende grundlegende praktische Probleme dagegen, dieses Kriterium generell-flächendeckend zur Rationierung von kollektiv zwangsfinanzierten Gesundheits(dienst)leistungen einzusetzen. Nach Selbstverschulden zu rationieren ist nur dort nicht unmöglich, wo die Kausalbeziehung zwischen Gesundheitsverhalten und Gesundheitsschädigung (Krankheit) allgemein und im Einzelfall valide festgestellt werden kann. Rationierung nach Selbstverschulden ist also nur dort möglich, wo ein Gesundheitsverhalten in dem Sinne sicher ursächlich für eine Gesundheitsschädigung (Krankheit) ist, dass das Gesundheitsverhalten sowohl allgemein als auch im Einzelfall eine sowohl notwendige als auch hinreichende Bedingung für das Entstehen der Gesundheitsschädigung (Krankheit) ist bzw. war.

All diesen Fällen ist nun jedoch gemeinsam, dass die sicher bestimmbare allgemeine Kausalbeziehung eine Einzelfallüberprüfung überflüssig macht; denn wenn die Kausalbeziehung im Allgemeinen sicher gegeben ist, dann ist sie damit auch im Einzelfall sicher gegeben. Insofern können wir die eben getätigte Aussage dahingehend anpassen, dass Rationierung nach Selbstverschulden nur dort nicht unmöglich ist, wo die Kausalbeziehung zwischen Gesundheitsverhalten und Gesundheitsschädigung (Krankheit) allgemein valide festgestellt werden kann, d. h. ein Gesundheitsverhalten sowohl allgemein eine sowohl notwendige als auch hinreichende Bedingung für das Entstehen der Gesundheitsschädigung (Krankheit) ist. Der Umsetzung des Rationierungskriteriums Selbstverschulden steht in diesen Fällen höchstens das Fehlen innerer Kausalverantwortung (dritte Bedingung des Verantwortungsstandards) und das Vorliegen von Exkulpationsgründen (vierte Bedingung des Verantwortungsstandards) entgegen.[310] Anstatt das Rationierungskriterium Selbstverschulden vollkommen zu verwerfen und so das Kind mit dem Bade auszuschütten, können wir auf Basis einer differenzierten Betrachtung seiner Umsetzbarkeit folgenden Schluss ziehen: Rationierung nach Selbstverschulden ist moralisch zulässig, jedoch nur in den Fällen auch praktisch umsetzbar, in denen die Kausalbeziehung zwischen Gesundheitsverhalten und Gesundheitsschädigung (Krankheit) allgemein valide festgestellt werden kann und im Einzelfall das Vorliegen innerer Kausalverantwortung sicher bejaht sowie das Vorliegen von Exkulpationsgründen sicher verneint werden kann.

Bisher wurde nur über eine Form der Rationierung nach Selbstverschulden gesprochen, bei der die gesamten (also 100 %) der Kosten, die sich aus der Behebung einer Gesundheitsschädigung ergeben, bei der die Kausalbeziehung zwischen Gesundheitsverhalten und Gesundheitsschädigung (Krankheit) allgemein (und damit im Einzelfall) sicher gegeben ist, nicht aus kollektiv zwangsfinanzierten Mitteln finanziert werden. Diskutiert wurde also die Maximalversion der Rationierung nach Selbstverschulden. Wenn allerdings die Maximalversion zulässig ist, dann sind auch Formen der Rationierung zulässig, bei denen nicht 0 % der Kosten, sondern ein positiver Anteil (also z. B. 25 %) der Kosten, die sich aus der Behebung einer Gesundheitsschädigung ergeben, bei der die Kausalbeziehung zwischen Gesundheitsverhalten und Gesundheitsschädigung (Krankheit) allgemein (und damit im Einzelfall) sicher gegeben ist, aus kollektiv zwangsfinanzierten Mitteln finanziert werden.[311] Personen, die ihre Krankheit sicher selbst

---

310 Da über das Fehlen innerer Kausalverantwortung und das Vorliegen von Exkulpationsgründen keine allgemeingültigen Aussagen getroffen, sondern diese nur einzelfallbezogen beurteilt werden können, können wir diese beiden Bedingungen des Verantwortungsstandards an dieser Stelle unberücksichtigt lassen. Es reicht aus, an dieser Stelle darauf hinzuweisen, dass die Zuschreibung innerer Kausalverantwortung insofern nicht unproblematisch ist, als dass nicht immer sicher bestimmbar ist, inwiefern ein Verhalten ein willentliches und wissentliches war. Höfling (2009: 517; vgl. auch Marckmann (2010: 217 f) sowie Marckmann, Möhrle & Blum (2004)) illustriert dieses Problem am Beispiel des malignen Melanoms: „Gerade die UV-Exposition in der Kindheit ist ein wesentlicher Faktor für die Entwicklung melanozytärer Naevi, welche wiederum mit einem erhöhten Risiko assoziiert sind, an einem malignen Melanom zu erkranken. Hier sind indes die Eltern für die UV-Protektion ihrer Kinder verantwortlich, und eine retrospektive Verantwortungszuschreibung im Erwachsenenalter ist kaum vertretbar."

311 In eine ähnliche Richtung geht der Vorschlag von Buyx (2005a: 281; vgl. 2005b), die die Idee zur Diskussion stellt, die Kosten der Behandlung der Erkrankungen, bei der die Kausalbeziehung

verschuldet haben, müssen also für einen bestimmten Teil (also z. B. 75 %) der Behandlungskosten individuell aufkommen, während Personen, die die gleiche Behandlung, jedoch nicht selbstverschuldet, in Anspruch nehmen, die Behandlungskosten zu 0 % individuell finanzieren müssen.

Des Weiteren wäre auch folgende Form der partiellen Rationierung nach Selbstverschulden zumindest diskutierenswert: Wie auf den vorangegangenen Seiten herausgearbeitet ist der komplette Ausschluss der Teilhabe am Pool der kollektiv zwangsfinanzierten Mittel nur dann praktisch umsetzbar, wenn die Kausalbeziehung zwischen Gesundheitsverhalten und Gesundheitsschädigung (Krankheit) allgemein valide festgestellt werden kann und im Einzelfall das Vorliegen innerer Kausalverantwortung sicher bejaht sowie das Vorliegen von Exkulpationsgründen sicher verneint werden kann. Auch wenn nur in diesen Fällen ein kompletter Ausschluss umsetzbar ist, wäre es durchaus denkbar, für die Fälle, in denen eine Kausalbeziehung zwischen Gesundheitsverhalten und Gesundheitsschädigung (Krankheit) weder allgemein noch im Einzelfall valide oder mit einer ausreichend hohen Wahrscheinlichkeit verneint werden kann, einen der Wahrscheinlichkeit der Kausalbeziehung proportionalen partiellen Ausschluss vorzunehmen – vorausgesetzt natürlich, dass im Einzelfall das Vorliegen innerer Kausalverantwortung sicher bejaht sowie das Vorliegen von Exkulpationsgründen sicher verneint werden kann. So könnte in den Fällen, in denen ein Verhalten V allgemein und im Einzelfall mit einer Wahrscheinlichkeit von z. B. 75 % in einem Schaden am Gesundheitszustand (Krankheit) resultiert (hat), d. h. sich nicht ausschließen lässt, dass V grundsätzlich ein Auslöser der Krankheit ist und es im betreffenden Einzellfall auch war, die Finanzierung der in Konsequenz nachgefragten Gesundheits(dienst)leistungen aus kollektiv zwangsfinanzierten Mitteln nur zu 85 % erfolgen; bei einer nur 50 %igen Wahrscheinlichkeit des Kausalzusammenhangs könnte dieser Prozentsatz dann z. B. auf 90 % ansteigen. Auch wenn diese Form der Rationierung nach Selbstverschulden ihre ganz eigenen Probleme mit sich bringt, so stellt sie nichtsdestotrotz vor dem Hintergrund des bisher Gesagten eine zumindest nicht von vornherein auszuschließende Umset-

---

zwischen Gesundheitsverhalten und Gesundheitsschädigung (Krankheit) allgemein (und damit im Einzelfall) sicher gegeben ist, nicht einfach zu einem gewissen Prozentsatz aus kollektiv zwangsfinanzierten Mitteln zu finanzieren. Stattdessen unterteilt sie die Behandlung in Teilleistungen, wobei „eine Versorgung mit basaler und evidenzbasierter Diagnostik und Therapie solidarisch durch alle und für alle, unabhängig von gesundheitsrelevantem Verhalten, finanziert werden" (Buyx, 2005a: 281) würde. Aufwändige bzw. neue und teure diagnostische Maßnahmen wären hingegen von einer Finanzierung aus dem Pool der kollektiv zwangsfinanzierten Mittel ausgeschlossen und stünden dem betreffenden Patienten nur dann zur Verfügung, wenn er für die betreffenden Erkrankungen eine entsprechende private Zusatzversicherung abgeschlossen hätte.

zungsmöglichkeit dar, die die Absolutheit der obigen Konklusion durch das Einführen von Grautönen aufbricht.

2 Von der Zuschreibung retrospektiver zur Stärkung prospektiver Verantwortung

Wie weiter oben dargelegt (vgl. Kapitel II.3) handelt es sich bei der Rationierung um eine rein symptombekämpfende Strategie. Das Instrument der Rationierung – an welchem Kriterium sie sich auch immer orientiert – stellt eine nicht ursächlich wirkende Maßnahme zur Bekämpfung der chronischen Finanzierungslücke unserer Gesundheitswesen (FL_{GW}) dar; durch seinen Einsatz können die Ursachen von FL_{GW} nicht angegangen werden, denn die Maßnahme greift erst, nachdem ein Gesundheitsschaden entstanden ist, zu dessen Behebung eine bestimmte Menge an Gesundheits(dienst)leistungen nachgefragt wird. Zudem ist – wie im vorangegangenen Kapitel (vgl. Kapitel VIII.1) herausgearbeitet – der Einsatz dieses Instruments sinnvollerweise nur in den Fällen möglich, in denen die Kausalbeziehung zwischen Gesundheitsverhalten und Gesundheitsschädigung (Krankheit) allgemein valide festgestellt werden kann und im Einzelfall das Vorliegen innerer Kausalverantwortung sicher bejaht sowie das Vorliegen Exkulpationsgründe sicher verneint werden kann. Auch wenn Rationierung nach Selbstverschulden moralisch zulässig ist, ist es aufgrund der in der Schwierigkeit der Zuschreibung von äußerer (und innerer) Kausalverantwortung begründeten nur in engen Grenzen möglichen Umsetzbarkeit und aufgrund der mangelnden ursächlichen Wirkung der Rationierung auf FL_{GW} zumindest fragwürdig, ob Selbstverschulden ein aus praktischer Sicht sinnvolles Rationierungskriterium darstellt. Alles in allem betrachtet ist wohl nicht übertrieben, diese Frage mit einem mehr oder minder deutlichen „Nein“ zu beantworten.

Es wäre aber falsch, aus diesem wohl doch eher ernüchternden Fazit zu schlussfolgern, dass die bisher angestellten Überlegungen vergebene Liebesmüh gewesen sind. Dem ist keineswegs so! Denn die Überlegungen, die uns in die Lage versetzt haben, zu entscheiden, dass Selbstverschulden ein aus moralischer Sicht zulässiges Rationierungskriterium darstellt, erlauben es uns, den Einsatz von Maßnahmen zu rechtfertigen, die das individuelle Gesundheitsverhalten so beeinflussen helfen, dass gesundheitsschädliches Verhalten verhindert oder zumindest reduziert und die chronische Finanzierungslücke unserer Gesundheitswesen (FL_{GW}) so nicht nur auf der Symptom-, sondern der Ursachenebene bekämpft wird.

Wie in Kapitel II.5.2 erläutert, ist das individuelle gesundheitsschädliche Gesundheitsverhalten sowie die diesem zugrundeliegende gesundheitsschädliche

Gesundheitshaltung der ein Gesundheitswesen (mit-)konstituierenden Menschen die hinsichtlich der zeitlichen und der Kausalitätsordnung wichtigste zur Entstehung von FL_{GW} beitragende Ursache. Unsere Gesundheitswesen können letztendlich nur gesunden, wenn das Gesundheitsverhalten der zu einem Gesundheitswesen zusammengeschlossenen Menschen möglichst nicht gesundheitsschädlich, sondern möglichst gesundheitsdienlich ausfällt.[312] Wie ist dies aber zu erreichen? Eine Übersicht über die zum Zweck der positiven Beeinflussung des Gesundheitsverhaltens grundsätzlich zur Verfügung stehenden Maßnahmen bietet die sog. „Intervention Ladder" (vgl. Nuffield Council on Bioethics, 2007; Asch, Muller & Volpp, 2013: 1373), die acht Möglichkeiten zur direkten Beeinflussung des individuellen Gesundheitsverhaltens auflistet (vgl. Abbildung 52):[313]

---

312 Die grundlegende Bedeutung der Änderung des Gesundheitsverhaltens im Rahmen der und als Mittel zur Reform des Gesundheitswesens wird auch von einigen Autoren betont:

- „The control of communicable diseases depended as much (or even more) on broad changes in the environment attendant upon economic development (improved housing and nutrition, sanitary engineering for safe water supplies, and sewage disposal) as it did on the individual's knowledge and behaviour [...]. However, control of the present major health problems [...] depends directly on modification of the individual's behaviour and habits of living." (Knowles, 1977: 61)
- „Die Probleme sind schon an ihren Wurzeln so stark miteinander verflochten, dass es unmöglich ist, ihnen beizukommen, wenn es nicht gelingt, an sehr vielen Stellen in sehr vielfältiger Weise Verhaltensänderungen zustande zu bringen, sprich, dafür die nötigen Anreize zu setzen. Dies ist der Grund dafür, dass sich die Systemfrage stellt." (Donges et al., 2002: 11)
- „The single greatest opportunity to improve health and reduce premature deaths lies in personal behavior." (Schroeder, 2007: 1222) Ein paar Seiten später schreibt Schroeder (2007: 1228): „The largest potential for further improvement in population health lies in behavioral risk factors, especially smoking and obesity."
- „Zur Gesundung des Gesundheitswesens müssen zunächst die Kräfte eliminiert werden, die effektive Maßnahmen zur Prävention verhindern. Dazu gehören auch alle Bürger, die durch nicht ausreichendes Wissen und unzureichende Information dazu gebracht wurden, sich gegen den Erhalt ihrer Gesundheit zu verhalten. Dazu gehören all die Personen und Institutionen, die sich durch eine Krankheit des einzelnen Menschen und deren Behandlung wirtschaftliche Vorteile verschaffen." (Candidus, 2009: 234)

313 Die Interventionsleiter stellt nach Aussage ihrer Entwickler ein „device for comparing different policy options according to their degree of intrusiveness" (Nuffield Council on Bioethics, 2007: 9) dar: „Maßnahmen, die als wenig eingreifend oder Zwang ausübend empfunden werden, (stehen) am unteren Ende der Leiter, und solche, die Freiheit und Autonomie stärker einschränken, weiter oben." (Schmidt, 2012b: 186) Allerdings sind die Maßnahmen der einzelnen Stufen immer auch im Zusammenhang mit den Maßnahmen der anderen Stufen zu sehen; so sind z. B. weder Informations- noch Anreizprogramme von Nutzen, „wenn Menschen nicht auch geeignete Wahlmöglichkeiten haben, sich gesund zu verhalten" (Schmidt, 2012b: 187).

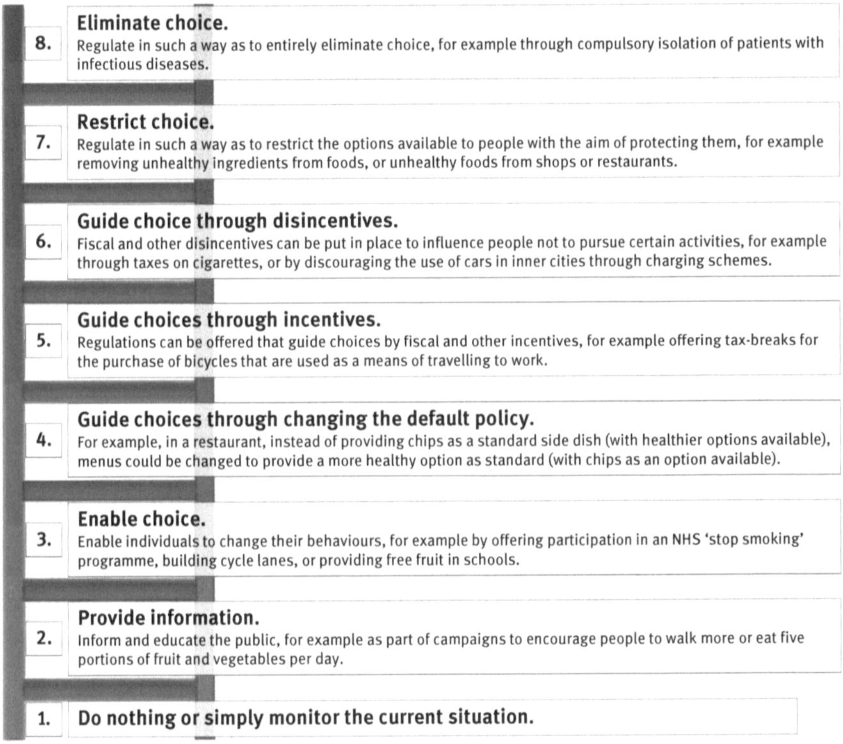

Abb. 52: Die „Intervention Ladder" und ihre Stufen (Eigene Darstellung in Anlehnung an: Nuffield Council on Bioethics, 2007: 42, xix; Asch, Muller & Volpp, 2013: 1373)[314]

Für eine leicht abgewandelte und weniger Stufen umfassende Version der Intervention Ladder bzw. einen „Interventionshalbkreis" siehe Meiro-Lorenzo, Villafana & Harrit (2011: 12) oder World Bank (2011: 10). Meiro-Lorenzo, Villafana & Harrit (2011: 12 f) unterscheiden zwischen nur zwischen fünf „policy instruments", die entsprechend der Reihenfolge ihrer nachstehenden Auflistung von einer „light government intervention" zu einer „heavy government intervention" reichen: Education and the provision of information; Voluntary controls, agreements and non-regulatory partnerships; Channel or nudge factors; Price-based regulations (taxes & subsidies); Command and control regulation. Für eine Übersicht über von sich mit den bisher erwähnten Instrumenten deckenden „Means of Health Behavior Reform" siehe Wikler (1978: 327 ff).

314 Dörries & Arnold (2013: 201) übersetzen diese Stufen wie folgt (in aufsteigender Reihenfolge): „keine Maßnahmen bzw. begleitende Beobachtung, Informationsvermittlung (über Sport und Ernährung), Bereitstellung von Wahlmöglichkeiten (kostenlose Gewichtreduzierungsprogramme, Ausbau von Fahrradwegen), Lenkung von Wahlmöglichkeiten (z. B. in Kantinen primäres Angebot von gesunden vor ungesünderen Gerichten), Lenkung von Wahlmöglichkeiten durch finanzielle Anreize (z. B. Steuervergünstigungen für Radfahrer), Lenkung der Wahlmöglichkeiten durch finanzielle Nachteile (z. B. Besteuerung bestimmter fetthaltiger Lebensmittel), Verringerung von Wahlmöglichkeiten (Verbot/Reduzierung von ungesunden Inhaltsstoffen in Nahrung, Rauch-

Betrachtet man sich die von der Interventionsleiter vorgeschlagenen Maßnahmen etwas genauer, so wird ersichtlich, dass die Maßnahmen der Stufen 2 bis 5 primär bei der Ermöglichung und Förderung von gesundheitsdienlichem (salutogenem) Verhalten ansetzen. Die Maßnahmen der Stufen 6, 7 und 8 sind hingegen primär auf die Vermeidung, Einschränkung und Reduktion von gesundheitsschädlichem (pathogenem) Verhalten ausgerichtet.[315] Stufe 1 macht weder noch: Da die von ihr vorgeschlagene Maßnahme im Nichtstun besteht, fördert sie weder gesundheitsdienliches Verhalten, noch hilft sie gesundheitsschädliches Verhalten zu verhindern. Unabhängig von ihrer Wirkung auf das Gesundheitsverhalten der zu einem Gesundheitswesen zusammengeschlossenen Menschen können die Maßnahmen der Interventionsleiter darüber hinaus zudem noch nach einer zweiten Logik kategorisiert werden. Während Rationierung nach Selbstverschulden die Menge der zu finanzierenden Gesundheitsdienstleistungen (Q_{nGDL}) auf (maximal) das Niveau der finanzierbaren Gesundheitsdienstleistungen (Q_{aGDL}) begrenzt, hat der Einsatz der von den Stufen 2 bis 8 der Interventionsleiter vorgeschlagenen Maßnahmen einen anderen Effekt: Je nach konkret gewählter Maßnahme wird entweder (a) durch eine Reduktion von Q_{nGDL} die Summe der zur Finanzierung des Gesundheitswesens benötigten kollektiv zwangsfinanzierten finanziellen Mittel (GA) reduziert und/ oder (b) die Summe der zur Finanzierung des Gesundheits-

verbot), Einschränkung von Wahlmöglichkeiten (zwangweise Isolierung bei bestimmten infektiösen Erkrankungen)."

Ricka (2013: 3) übersetzt wie folgt (in aufsteigender Reihenfolge): „Nichts tun (ausser epidemiologische Entwicklung beobachten), Informieren, Gesunde Optionen ermöglichen, Gesunde Option zum Standard machen, Gesunde Option mit Anreizen verknüpfen (finanzielle oder materielle), Ungesunde Option mit Nachteilen verknüpfen, Optionen einschränken, Optionen ausschliessen."

Schmidt (2012b: 186), der an der Ausarbeitung der Intervention Ladder beteiligt war, spricht auf Deutsch von (in aufsteigender Reihenfolge): Nichts tun, Informationen bereitstellen, Wahlmöglichkeiten geben/zur Verfügung stellen, Grundposition verändern, Positive Anreize (finanzielle oder Sachleistungen), negative Anreize/ Bestrafung, Wahlmöglichkeiten einschränken, Wahlmöglichkeiten ausschließen.

Schmidt-Semisch & Schorb (2011: 254f) gebrauchen folgende Terminologie: Beobachtung und Erfassung (Stufe 1), Bereitstellung von Informationen (Stufe 2), Angebot von Möglichkeiten zur Verhaltensänderung (etwa Ernährungsberatung und Abnehmkurse) (Stufe 3), Einflussnahme auf die Angebotspolitik (Stufe 4), Lenkung der Angebotspolitik durch positive Verstärker (Stufe 5), Sündensteuern, d.h. steuerliche Aufschläge auf vermeintlich ungesunde Nahrungsmittel (Stufe 6), Einschränkung des Zugangs zu gesundheitsschädlichen Produkten und Lebensmitteln (Stufe 7), Entfernen jeglicher Wahlmöglichkeiten (Stufe 8).

315 Auch wenn die Maßnahmen ein primäres Ziel haben, so wirken sie implizit natürlich auch auf das jeweils andere Ziel. Eine Reduktion des gesundheitsschädlichen Verhaltens resultiert im Umkehrschluss üblicherweise auch in einer Erhöhung des gesundheitsdienlichen Verhaltens – und vice versa.

wesens vorhandenen kollektiv zwangsfinanzierten finanziellen Mittel (GE) und damit Q_{aGDL} erhöht. Die Maßnahmen der Interventionsleiter können also dahingehend unterschieden werden, welche Wirkung sie auf das Gesundheitsverhalten und welche Wirkung sie auf das Finanzierungsdefizit des Gesundheitswesens (FL_{GW}) haben (vgl. Abbildung 53).

Wie steht es aber um die moralische Zulässigkeit dieser das individuelle Gesundheitsverhalten beeinflussenden Maßnahmen? Zur Beantwortung dieser Frage helfen uns, wie eingangs dieses Kapitels bereits erwähnt, die im Verlaufe dieser Arbeit gewonnenen Einsichten. Die wesentliche Leistung und die wichtigste Erkenntnis dieser Arbeit besteht im Grunde nicht in der Beantwortung von (FF_{weit}); sie besteht vielmehr darin, das einem Gesundheitswesen zugrundeliegende Gefüge an gesundheitsbezogenen moralischen Pflichten und Rechten herausgearbeitet zu haben, die alle das jeweilige Gesundheitswesen konstituierenden Menschen qua ihres Personseins besitzen. In der Existenz dieser Pflichten und Rechte liegt auch die moralische Zulässigkeit des Einsatzes der von der Interventionsleiter vorgeschlagenen Maßnahmen zur Beeinflussung des individuellen Gesundheitsverhaltens begründet.

Eine besondere, da grundlegende Bedeutung im Gefüge der gesundheitsbezogenen moralischen Pflichten und Rechte besitzt die unvollkommene moralische Pflicht $pLP_{\text{Mitwirkung Gesundheit BC}}$, die implizit auch in der Pflicht $pRP_{\text{Erfüllung pLP: Mitwirkung Gesundheit BC}}$ enthalten ist. Wie ein Blick auf den Inhalt von $pLP_{\text{Mitwirkung Gesundheit BC}}$ zeigt, beinhaltet diese Pflicht u.a. die Pflicht $pLP_{\text{Mitwirkung Gesundheit äBC}}$; diese auferlegt dem Pflichtinhaber die Pflicht, bei der Verwirklichung der materiellen und immateriellen Werte im Rahmen der Möglichkeiten bewusst mitzuwirken, deren Vorhandensein die Voraussetzung für die Verwirklichung der Gesundheit als Zustand und Haltung aller Personen ist, die aktuell und zukünftig das Gesundheitswesen bilden, das der Pflichteninhaber mitkonstituiert. Anders ausgedrückt ist der Pflichtinhaber dazu verpflichtet, an der Schaffung der Rahmenbedingungen mitzuwirken, die nötig sind, damit alle anderen mit ihm zu einem Gesundheitswesen zusammengeschlossenen Menschen ihrer Pflicht $pLP_{\text{Mitwirkung Gesundheit BC}}$ nachkommen können. Dass die Schaffung dieser Rahmenbedingungen das Ergreifen der von den Stufen 1 bis 5 der Interventionsleiter vorgeschlagenen Maßnahmen als moralisch zulässig deckt, sollte offensichtlich sein; denn die von diesen Interventionsleiterstufen vorgeschlagenen Maßnahmen dienen nur dazu, die Möglichkeiten zu gesundheitsförderlichem Verhalten auszudehnen. Allerdings: Das Ergreifen der von den Stufen 1 bis 5 der Interventionsleiter vorgeschlagenen Maßnahmen ist nicht nur moralisch erlaubt (d.h. nicht verboten), sondern darüber hinaus geboten!

Wie sieht es mit der moralischen Zulässigkeit der Maßnahmen der Sproßen 6 bis 8 der Interventionsleiter aus? Die Maßnahmen dieser drei Stufen zielen primär

Stufe der Interventionsleiter und von jeweiliger Stufe vorgeschlagene Maßnahme		Wirkung der Maßnahme auf Gesundheitsverhalten	Wirkung der Maßnahme auf FL_{GW} → Reduktion von FL_{GW} durch	
			Reduktion von Q_{nGDL} und damit Reduktion von GA	Erhöhung von GE und damit Erhöhung von Q_{aGDL}
8	**Eliminate choice**	Reduktion von gesundheitsschädlichem (pathogenem) Verhalten		
7	**Restrict choice** (Wahlmöglichkeiten einschränken)			
6	**Guide choice through disincentives** (negative Anreize)			
5	**Guide choices through incentives** (positive Anreize)	Förderung von gesundheitsdienlichem (salutogenem) Verhalten		
4	**Guide choices through changing the default policy**			
3	**Enable choice** (Wahlmöglichkeiten geben)			
2	**Provide information**			
1	**Do nothing or simply monitor the current situation**	X	X	X

Legende:

GA = zur Finanzierung des Gesundheitswesens benötigte finanzielle Mittel
Q_{nGDL} = zu finanzierende (nachgefragte) Menge an Gesundheits(dienst)leistungen
GE = zur Finanzierung des Gesundheitswesens zur Verfügung stehende finanzielle Mittel
Q_{aGDL} = finanzierbare Menge an Gesundheits(dienst)leistungen
FL_{GW} = Finanzierungsdefizit des Gesundheitswesens

Abb. 53: Unterscheidung der Maßnahmen der Interventionsleiter nach ihrer Wirkung auf das Gesundheitsverhalten und das FL_{GW}

darauf ab, gesundheitsschädliches Verhalten zu reduzieren. Anstelle den einzelnen Menschen mehr bzw. noch nicht bestehende Möglichkeiten zu gesundheitsdienlichem Verhalten zu geben, möchten sie bestehende Möglichkeiten zu gesundheitsschädlichem Verhalten reduzieren; sie dehnen den Verhaltensspielraum also nicht aus, sondern schränken ihn im Gegenteil ein. Genauer gesagt sollen die zu einem Gesundheitswesen zusammengeschlossenen Menschen durch diese Maßnahmen davon abgehalten werden, ihre Pflicht $pLP_{\text{Mitwirkung Gesundheit BC}}$ zu verletzen.[316] Die moralische Zulässigkeit des Einsatzes diesem Zwecke dienender Maßnahmen hängt davon ab, ob die zu einem Gesundheitswesen zusammengeschlossenen Menschen das moralische Recht haben, (a) $pLP_{\text{Mitwirkung Gesundheit BC}}$ zu verletzen und/ oder (b) bei der Verletzung ihrer Pflicht $pLP_{\text{Mitwirkung Gesundheit BC}}$ nicht behindert zu werden. Besitzen sie eines dieser beiden Rechte, dann ist das Ergreifen der Maßnahmen der Stufen 6 bis 8 der Interventionsleiter moralisch nicht erlaubt. Bei dem unter (a) angesprochenen Recht kann es sich nur um ein aktives und damit ein Freiheitsrecht handeln; das in (b) angesprochene Recht ist ein passives und negatives und somit ein negatives Anspruchsrecht.

Was die Frage der Existenz des in (a) erwähnten Freiheitsrechts angeht, so ist diese schnell beantwortet. Konkret ist hier nämlich zu beantworten, ob die zu einem Gesundheitswesen zusammengeschlossenen Menschen das moralische Freiheitsrecht haben, ihre moralische Pflicht $pLP_{\text{Mitwirkung Gesundheit BC}}$ nicht zu erfüllen. Sie haben es nicht. Denn durch das Vorliegen einer Pflicht ist man ja gerade nicht frei, sich in einer bestimmten Art und Weise zu verhalten, sondern unterliegt einem „behavioral constraint" (vgl. Kapitel IV.2). Es ist also ein ausgewachsener logischer Widerspruch von einem Freiheitsrecht darauf zu sprechen, sich in einer Art und Weise zu verhalten, die geboten oder verboten ist. Insofern kann es ein Freiheitsrecht auf Verletzung von $pLP_{\text{Mitwirkung Gesundheit BC}}$ schon aus rein logischen Gründen nicht geben.

Im Hinblick auf (b) haben wir uns mit der Frage auseinanderzusetzen, ob die zu einem Gesundheitswesen zusammengeschlossenen Menschen einander gegenüber das moralische negative Anspruchsrecht haben, bei der Verletzung ihrer Pflicht $pLP_{\text{Mitwirkung Gesundheit BC}}$ nicht behindert zu werden. Oder anders formuliert: Haben die zu einem Gesundheitswesen zusammengeschlossenen Menschen einander gegenüber die Pflicht, sich gegenseitig bei der Verletzung ihrer Pflicht $pLP_{\text{Mitwirkung Gesundheit BC}}$ nicht zu behindern? Diese Frage ist in den Fällen mit ja zu beantworten, bei denen es um die Verletzung einer unvollkommenen Pflicht geht. Denn auf die Erfüllung einer rein unvollkommenen und damit ungeschuldeten

316 Wobei anzumerken ist, dass $pLP_{\text{Mitwirkung Gesundheit BC}}$ auch verletzt wird, wenn $pRP_{\text{Erfüllung pLP: Mitwirkung Gesundheit BC}}$ verletzt wird.

Pflicht besitzt per definitionem kein Mensch einen Anspruch; insofern ist auch keine Handhabe gegen eine Verletzung einer solchen Pflicht gegeben. Entsprechend können wir schlussfolgern, dass die zu einem Gesundheitswesen zusammengeschlossenen Menschen einander gegenüber das moralische, negative Anspruchsrecht haben, bei der Verletzung ihrer Pflicht $pLP_{\text{Mitwirkung Gesundheit BC}}$ nicht behindert zu werden.

Nun ist die Erfüllung von $pLP_{\text{Mitwirkung Gesundheit BC}}$ aber auch Teil von $pRP_{\text{Erfüllung pLP: Mitwirkung Gesundheit BC}}$. Insofern ist nicht nur zu beurteilen, ob die die zu einem Gesundheitswesen zusammengeschlossenen Menschen einander gegenüber das moralische negative Anspruchsrecht haben, bei der Verletzung ihrer Pflicht $pLP_{\text{Mitwirkung Gesundheit BC}}$ nicht behindert zu werden, sondern ob sich dieses Anspruchsrecht auch auf die Verletzung von $pRP_{\text{Erfüllung pLP: Mitwirkung Gesundheit BC}}$ erstreckt. Das tut es aber nicht: Da es sich bei $pRP_{\text{Erfüllung pLP: Mitwirkung Gesundheit BC}}$ um eine geschuldete Pflicht handelt, gibt es Menschen, nämlich die Inhaber des mit $pRP_{\text{Erfüllung pLP: Mitwirkung Gesundheit BC}}$ korrespondierenden positiven Anspruchsrechts $pAR_{\text{Erfüllung pLP: Mitwirkung Gesundheit BC}}$, die ein Recht darauf haben, dass der Inhaber von $pRP_{\text{Erfüllung pLP: Mitwirkung Gesundheit BC}}$ dieser seiner Pflicht nachkommt. Diese Pflicht besteht u. a. darin (vgl. Kapitel VI.4.5), ihre Gesundheit als Zustand und Haltung im Rahmen ihrer Möglichkeiten bewusst zu erhalten (Krankheitsverhütung) – was nichts anderes bedeutet, als dass gesundheitsschädliches Verhalten zu vermeiden ist. Diejenigen der zu einem Gesundheitswesen zusammengeschlossenen Menschen, die $pLP_{\text{Mitwirkung Gesundheit BC}}$ nachkommen und so gegenüber allen anderen mit ihnen zu einem Gesundheitswesen zusammengeschlossenen Menschen $pAR_{\text{Erfüllung pLP: Mitwirkung Gesundheit BC}}$ besitzen, haben also einen Anspruch darauf, dass die anderen mit ihnen zu einem Gesundheitswesen zusammengeschlossenen Menschen gesundheitsschädliches Verhalten vermeiden. Dies erlaubt es ihnen, Maßnahmen zu ergreifen, die den Inhabern der mit $pAR_{\text{Erfüllung pLP: Mitwirkung Gesundheit BC}}$ korrespondierenden Pflicht $pRP_{\text{Erfüllung pLP: Mitwirkung Gesundheit BC}}$ die Erfüllung dieser Pflicht erleichtern – und genau diesem Zweck dienen die Instrumente der Stufen 6 bis 8 der Interventionsleiter (genauso wie auch die Instrumente der Stufen 1 bis 5 der Interventionsleiter).[317] Der Besitz von $pAR_{\text{Erfüllung pLP: Mitwirkung Gesundheit BC}}$ macht es

317 Der Besitz von $pRP_{\text{Erfüllung pLP: Mitwirkung Gesundheit BC}}$ bedeutet zunächst einmal nichts anderes, als dass der Pflichtinhaber prospektive Verantwortung für sein Gesundheitsverhalten trägt. Aus diesem Grund können die von der Interventionsleiter vorgeschlagenen Maßnahmen auch als Maßnahmen zur „Stärkung der prospektiven Eigenverantwortung" (Marckmann, 2010b: 219) bzw. „Instrumente zur Stärkung prospektiver Eigenverantwortung" (Höfling, 2009: 523) bezeichnet werden, die gesundheitsschädliches Verhalten vermeiden und gesundheitsdienliches Verhalten fördern helfen und so dazu beitragen sollen, dass die zu einem Gesundheitswesen zusammen-

somit moralisch zulässig, die von den Stufen 6 bis 8 der Interventionsleiter vorgeschlagenen Maßnahmen anzuwenden.[318]

Diese Aussage ist jedoch gleich wieder ein wenig zu präzisieren und relativieren: Denn nicht jede Maßnahme ist in jedem Fall angemessen bzw. mit dem Grundsatz der Verhältnismäßigkeit (Verhältnismäßigkeitsprinzip) vereinbar. Wie auch bei der Diskussion von Selbstverschulden als Rationierungskriterium spielt die zwischen einem Gesundheitsverhalten und einer Gesundheitsschädigung herstellbare äußere Kausalbeziehung eine wichtige Rolle. Je höher oben auf der Interventionsleiter eine Maßnahme angesiedelt ist, desto sicherer muss die äußere Kausalbeziehung herstellbar sein, damit der Einsatz dieser Maßnahme als angemessen und verhältnismäßig betrachtet werden kann (vgl. Abbildung 54).

Die Anwendung der von der obersten Stufe der Interventionsleiter vorgeschlagenen Maßnahme ist nur dann angemessen, wenn das durch diese Maßnahme zu vermeidende Gesundheitsverhalten sicher kausal zu einer Gesundheitsschädigung führt, d. h. eine notwendige und hinreichende Bedingung für das Entstehen einer Gesundheitsschädigung ist. Ist diese Sicherheit nicht gegeben bzw. ist diese Kausalbeziehung nur mit hoher Wahrscheinlichkeit gegeben, dann ist der Einsatz dieser Maßnahme nicht mehr angemessen; angemessen bleibt aber der Einsatz der Maßnahmen der Stufen 1 bis 7. Ist die Wahrscheinlichkeit eines Kausalzusammenhangs nur gering, dann ist nur der Einsatz der Maßnahmen der Stufen 1 bis 5 zulässig, also der Maßnahmen, die auf die Förderung von gesundheitsdienlichem Verhalten abzielen, den Inhaber $pRP_{\text{Erfüllung pLP: Mitwirkung Gesundheit BC}}$ aber nicht einschränken.

Eine Diskussion darüber, welches Instrument in einer bestimmten Situation prioritär eingesetzt werden soll, wenn mehrere Instrumente als angemessen zur Auswahl stehen, und wie das Instrument der Wahl konkret ausgestaltet werden soll,[319] muss an dieser Stelle unterbleiben.[320] Denn diesem Kapitel geht es nicht um

---

geschlossenen Menschen ihren moralischen Pflichten $pRP_{\text{Erfüllung pLP: Mitwirkung Gesundheit iBC}}$ und $pLP_{\text{Mitwirkung Gesundheit iBC}}$ nachkommen.

318 Wenn die Anwendung der Maßnahmen der Stufen 6 bis 8 der Interventionsleiter moralisch zulässig ist, dann sind damit auch die Maßnahmen der Stufen 1 bis 5 der Interventionsleiter moralisch zulässig. Da diese Maßnahmen aber aufgrund von $pLP_{\text{Mitwirkung Gesundheit äBC}}$ bereits moralisch geboten sind, spielt die durch $pRP_{\text{Erfüllung pLP: Mitwirkung Gesundheit BC}}$ begründete moralische Zulässigkeit an sich keine Rolle, da ein moralisch Gebot die moralische Zulässigkeit impliziert.

319 Auch wenn z. B. der Einsatz der von Stufe 6 der Interventionsleiter vorgeschlagenen Maßnahme als angemessen beurteilt wird, so sagt dies noch nichts über die konkrete Ausgestaltung eines solchen Malus-Systems aus.

Paradebeispiel für eine auf dieser Stufe anzusiedelnde Maßnahme ist neben der Einführung von Kostenbeteiligungsmechanismen in die Sozialversicherung (z. B. über Selbstbehalt und/ oder Franchise) die Einführung einer Steuer (in der Literatur vereinfachend als „fat tax“ (Fettsteuer;

Stufe der Interventionsleiter und von jeweiliger Stufe vorgeschlagene Maßnahme			Ist Verhalten V allgemein ein gesundheitsschädliches Verhalten, d.h. resultiert V allgemein in einem Schaden am Gesundheitszustand (Krankheit)? sicher nein (Wahrscheinlichkeit = 0)	wahrscheinlich nein (Wahrscheinlichkeit > 0 und ≤ 0.5)	wahrscheinlich ja (Wahrscheinlichkeit > 0.5 und < 1)	sicher ja (Wahrscheinlichkeit = 1)
Reduktion von gesundheitsschädlichem (pathogenem) Verhalten	8	**Eliminate choice**	Einsatz dieser Maßnahmen hier widersinnig, da zu beeinflussendes Verhalten keinen kausalen Einfluß auf den Gesundheitszustand hat	Anwendung der Maßnahme nicht angemessen	Anwendung der Maßnahme nicht angemessen	Anwendung der Maßnahme angemessen und aufgrund von $pRP_{Erfüllung\ pLP:\ Mitwirkung\ Gesundheit\ BC}$ moralisch zulässig
	7	**Restrict choice** (Wahlmöglichkeiten einschränken)		Anwendung der Maßnahme nicht angemessen	Anwendung der Maßnahme angemessen und aufgrund von $pRP_{Erfüllung\ pLP:\ Mitwirkung\ Gesundheit\ BC}$ moralisch zulässig	Anwendung der Maßnahme angemessen und aufgrund von $pRP_{Erfüllung\ pLP:\ Mitwirkung\ Gesundheit\ BC}$ moralisch zulässig
	6	**Guide choice through disincentives** (negative Anreize)		Anwendung der Maßnahme nicht angemessen	Anwendung der Maßnahme angemessen und aufgrund von $pRP_{Erfüllung\ pLP:\ Mitwirkung\ Gesundheit\ BC}$ moralisch zulässig	Anwendung der Maßnahme angemessen und aufgrund von $pRP_{Erfüllung\ pLP:\ Mitwirkung\ Gesundheit\ BC}$ moralisch zulässig
Förderung von gesundheitsdienlichem (salutogenem) Verhalten	5	**Guide choices through incentives** (positive Anreize)		Anwendung der Maßnahme angemessen und aufgrund von $pLP_{Mitwirkung\ Gesundheit\ äBC}$ moralisch geboten	Anwendung der Maßnahme angemessen und aufgrund von $pLP_{Mitwirkung\ Gesundheit\ äBC}$ moralisch geboten	Anwendung der Maßnahme angemessen und aufgrund von $pLP_{Mitwirkung\ Gesundheit\ äBC}$ moralisch geboten
	4	**Guide choices through changing the default policy**		Anwendung der Maßnahme angemessen und aufgrund von $pLP_{Mitwirkung\ Gesundheit\ äBC}$ moralisch geboten	Anwendung der Maßnahme angemessen und aufgrund von $pLP_{Mitwirkung\ Gesundheit\ äBC}$ moralisch geboten	Anwendung der Maßnahme angemessen und aufgrund von $pLP_{Mitwirkung\ Gesundheit\ äBC}$ moralisch geboten
	3	**Enable choice** (Wahlmöglichkeiten geben)		Anwendung der Maßnahme angemessen und aufgrund von $pLP_{Mitwirkung\ Gesundheit\ äBC}$ moralisch geboten	Anwendung der Maßnahme angemessen und aufgrund von $pLP_{Mitwirkung\ Gesundheit\ äBC}$ moralisch geboten	Anwendung der Maßnahme angemessen und aufgrund von $pLP_{Mitwirkung\ Gesundheit\ äBC}$ moralisch geboten
	2	**Provide information**		Anwendung der Maßnahme angemessen und aufgrund von $pLP_{Mitwirkung\ Gesundheit\ äBC}$ moralisch geboten	Anwendung der Maßnahme angemessen und aufgrund von $pLP_{Mitwirkung\ Gesundheit\ äBC}$ moralisch geboten	Anwendung der Maßnahme angemessen und aufgrund von $pLP_{Mitwirkung\ Gesundheit\ äBC}$ moralisch geboten
	1	**Do nothing or simply monitor the current situation**	Anwendung der Maßnahme angemessen und aufgrund von $pLP_{Mitwirkung\ Gesundheit\ äBC}$ moralisch geboten	Anwendung der Maßnahme angemessen und aufgrund von $pLP_{Mitwirkung\ Gesundheit\ äBC}$ moralisch geboten	Anwendung der Maßnahme angemessen und aufgrund von $pLP_{Mitwirkung\ Gesundheit\ äBC}$ moralisch geboten	Anwendung der Maßnahme angemessen und aufgrund von $pLP_{Mitwirkung\ Gesundheit\ äBC}$ moralisch geboten

Abb. 54: Unterscheidung der Maßnahmen der Interventionsleiter nach ihrer Wirkung auf das Gesundheitsverhalten und das FL_{GW}

auch „Sündensteuer" (Schmidt-Semisch & Schorb, 2011: 256)) bezeichneten), wie sie Dänemark für Nahrungsmittel mit einem hohen Anteil an gesättigten Fetten, Ungarn für Nahrungsmittel mit einem hohen Anteil an Salz, Zucker oder Koffein, Island für Schokolade, Rumänien auf Fast-Food, einige US-amerikanische Bundesstaaten sowie Finnland für Softdrinks eingeführt haben (vgl. Schwettmann, 2013: 175; Alemanno & Carreño, 2011: 572, 573 f; Schmidt-Semisch & Schorb, 2011: 255 (FN 4)). Wie Alemanno & Carreño (2011: 571) ausführen, handelt es sich bei einer solchen Steuer um eine sog. „Pigouvian tax" („Pigou-Steuer"; benannt nach dem englischen Ökonom Arthur Cecil Pigou). Diese ist dadurch gekennzeichnet, dass sie auf Güter und Dienstleistungen erhoben wird, „whose prices do not reflect the true social cost of their consumption" (Alemanno & Carreño, 2011: 571). Eine solche auf die Internalisierung externer Effekte abzielende Steuer hat weniger einen fiskalischen Zweck, sondern dient hauptsächlich der gezielten Steuerung des Verhaltens; es ist also eine Lenkungssteuer. Beispiele solcher Steuern sind Steuern auf Zigaretten, Alkohol, Glücksspiel oder Umweltbelastung. Möchte man eine solche Steuer einführen, ist jedoch zuerst zu entscheiden, ob sie sich überhaupt zur Verhaltensbeeinflussung eignet; denn, wie Cappelen & Norheim (2005) zu bedenken geben, ist nicht jedes Gesundheitsverhalten (z. B. Bewegungsmangel) über eine Steuer beeinflussbar. Darüber hinaus setzt die Einführung einer solchen das Gesundheitsverhalten lenkenden Steuer „möglichst genaue Informationen hinsichtlich der Nachfrageelastizitäten einzelner Bevölkerungsgruppen sowie mögliche Substitutionsbeziehungen" (Schwettmann, 2013: 189) voraus; nur so kann die richtige Höhe der Steuer festgelegt werden.

Ebenfalls auf der sechsten Stufe der Interventionsleiter anzusiedeln ist die Einschränkung des Katalogs der kollektiv zwangsfinanzierten Gesundheits(dienst)leistungen auf diejenigen Schädigungen des Gesundheitszustands (Krankheiten), bei denen die Kausalbeziehung zwischen Gesundheitsverhalten und Gesundheitsschädigung (Krankheit) allgemein (und damit im Einzelfall) nicht valide gegeben ist. Wendet man diese die Rationierungsdimension „Scope" (vgl. Kapitel 2.3 des Anhangs) betreffende Maßnahme an, dann rationiert man, indem man diejenigen Gesundheitsschäden (Krankheiten), für deren Zustandekommen ein bestimmtes (somit gesundheitsschädliches) Verhalten im Allgemeinen eine notwendige und hinreichende Bedingung darstellt, von der kollektiven Zwangsfinanzierung ausschließt – und das bereits bevor ein gesundheitsschädliches Verhalten überhaupt an den Tag gelegt worden ist. Die Behandlung solcher Schädigungen des Gesundheitszustands (Krankheiten) werden somit grundsätzlich nicht aus dem Pool der kollektiv zwangsfinanzierten Mittel bezahlt, sondern müssen out-of-pocket oder durch eine private Versicherung finanziert werden. Eine derartige Maßnahme liegt im Grunde allen Vorschlägen zugrunde bzw. ist in der ein oder anderen Form Teil aller Vorschläge, die für die Einführung eines zwei- oder mehrstufigen (bzw. genauer gesagt: zwei- oder mehrstufig finanzierten) Gesundheitswesens plädieren (wie z. B. Sass (1988: 105 ff); Kersting (1997); Höffe (1998: A-205); Kersting (1999); Huster (2006)).

Eine weitere auf der sechsten Stufe der Interventionsleiter anzusiedelnde Maßnahme ist der Vorschlag von Widmer (2011: 193 ff), nach dem „die kleinen finanziellen Risiken bis zu 7 % des Haushaltseinkommens der Eigenverantwortung zugeordnet werden" (Widmer, 2011: 195). Anstelle einer betragsmäßig fixierten Franchise plädiert Widmer also für eine Franchise, deren Höhe sich direkt proportional zum jeweiligen Haushaltseinkommen verhält; die Sozialversicherung übernimmt die Finanzierung der großen Risiken ab 7 % des Einkommens.

die Beurteilung der Wirksamkeit der einzelnen Maßnahmen der Interventionsleiter, sondern um die Beantwortung der Frage, ob ihr Einsatz angesichts der gesundheitsbezogenen moralischen Pflichten und Rechte, die alle ein kollektiv zwangfinanziertes Gesundheitswesen konstituierenden Menschen qua ihres Personseins besitzen, moralisch erlaubt ist. Fazit der hierzu angestellten Überlegungen ist, dass ihr das Gesundheitsverhalten beeinflussender Einsatz (Förderung von gesundheitsdienlichem und Reduktion/ Vermeidung von gesundheitsschädlichem Verhalten) moralisch zulässig, aber nicht in allen Fällen angemessen ist.[321]

3 (Soziale) Gerechtigkeit ist viel, aber nicht alles

Gegen Ende von Kapitel IV.7 ist dargelegt worden, dass die Beantwortung der Frage (FF_{eng}) nicht nur deswegen von großer Wichtigkeit und Bedeutung ist, da sie der Schlüssel zur Beantwortung der Frage (FF_{weit}) ist, sondern vor allem auch deswegen, da ihre Beantwortung die conditio sine qua non ist, um sinnvoll über (soziale) Gerechtigkeit im Gesundheitswesen reden zu können. Da Gerechtigkeit als „a habit whereby a man renders everybody his right by a constant and perpetual will“ (Erk, 2012c: 36; vgl. Erk, 2013a: 33) definiert werden kann und Liebespflichten sowie Freiheitsrechte somit von ihr nicht erfasst werden, ist ein gerechtes Gesundheitswesen ein Gesundheitswesen, in dem allen darin zusammengeschlossenen Menschen ihre jeweiligen Anspruchsrechte zukommen. Die spezifische Gerechtigkeit, die wir gemeinhin als „soziale Gerechtigkeit“ bezeichnen, erfasst nun jedoch nicht alle in einer Gemeinschaft vorfindbaren Beziehungen; ihr geht es „nur“ um die Einhaltung sowohl der Anspruchsrechte, die die Teile (Personen) gegenüber dem Ganzen (Gemeinschaft) haben (distributive Gerechtigkeit), als auch der Anspruchsrechte, die das Ganze (Gemeinschaft) gegenüber seinen Teilen (Personen) hat (allgemeine Gerechtigkeit).[322] Ein sozial

320 Für eine einführende Diskussion über die Wirksamkeit diverser Anreizinstrumente siehe Schmidt (2012b: 187 ff).

321 Um eine nachhaltige Verhaltensänderung bewirken zu können, müsste man allerdings noch einen Schritt weiter gehen und auf die Gesundheitshaltung Einfluss nehmen. Diese Haltung, die hinter dem beobachtbaren patho- oder salutogenen Gesundheitsverhalten steht, das ein Mensch an den Tag legt, bringt ihn dazu oder hält ihn davon ab, sich gesund zu verhalten und so seinen Gesundheitszustand zu befördern oder ihm zu schaden.

322 Die Anspruchsrechte, die zwischen den Teilen (Personen) des Ganzen (Gemeinschaft) bestehen und um deren Einhaltung die kommutative Gerechtigkeit bemüht ist, werden von der sozialen Gerechtigkeit nicht erfasst. Siehe hierzu auch Erk (2012c: 43; vgl. auch 2013a: 37): „Distributive and general justice are not two categorically distinct concepts but, rather, two sides of

gerechtes Gesundheitswesen ist also ein Gesundheitswesen, in dem sowohl die Teile (Personen) ihren Rechtspflichten gegenüber dem Ganzen (Gemeinschaft) nachkommen als auch das Ganze (Gemeinschaft) seinen Rechtspflichten gegenüber seinen Teilen (Personen).

In den vorangegangenen Kapiteln dieser Arbeit wurde herausgearbeitet, dass es moralisch zulässig ist, die Kosten, die sich daraus ergeben, dass ein Mensch M zur Behebung einer aus seinem vergangenen gesundheitsschädlichen Verhalten V resultierenden Schädigung seines Gesundheitszustands (K_V) eine bestimmte Menge an Gesundheits(dienst)leistungen (Q_{MnGDL}) in Anspruch nimmt, nicht aus kollektiv zwangsfinanzierten Mitteln zu finanzieren. Es ist moralisch zulässig, M für V in dieser Form zur (retrospektiven) Rechenschaftsverantwortung zu ziehen, weil durch diesen Vorgang kein moralisches Anspruchsrecht von M verletzt wird; denn durch die Verletzung seiner Pflicht $pRP_{\text{Erfüllung pLP: Mitwirkung Gesundheit iBC}}$ hat M sein Anspruchsrecht $pAR_{\text{Proportional gleicher Anteil an Gesundheit äBC}}$ verloren. Da durch die Anwendung dieser Rationierungsmaßnahme kein moralisches Anspruchsrecht verletzt wird, ist Rationierung nach Selbstverschulden aber nicht nur moralisch zulässig, sondern auch sozial gerecht. Oder anders ausgedrückt: Rationierung nach Selbstverschulden ist moralisch zulässig, weil sie sozial gerecht ist.

Doch der Blick durch die Brille der (sozialen) Gerchtigkeit ist ein nüchternkühler Blick, durch den wir nur einen Teil des Gesamtbildes erfassen können. M ist nämlich nicht einfach nur ein Mensch, sondern ein kranker und damit hilfsbedürftiger Mensch, ein homo patiens. Diese Tatsache dürfte den einen oder anderen Leser dazu verleiten, den eben als (sozial) gerecht bezeichneten Vorgang intuitiv als ungerecht oder gar stoßend zu bezeichnen. Auch wenn diese Reaktion durchaus nachvollziehbar ist, sollten wir das Ergebnis der im Rahmen dieser Arbeit zur Rationierung nach Selbstverschulden angestellten Überlegungen nicht dadurch verfälschen bzw. passend machen, dass wir den Begriff der (sozialen) Gerechtigkeit uminterpretieren und seines eigentlichen Gehalts entleeren. Wir sollten (soziale) Gerechtigkeit vielmehr als das akzeptieren, was sie ist: die unseren Willen perfektionierende Tugend, die jedem sein Anspruchsrecht zukommen lässt. Wenn unser Gegenüber uns gegenüber jedoch kein Anspruchsrecht besitzt, dann ist es auch nicht ungerecht, wenn wir ihm ein solches nicht zukommen lassen.

---

one coin and connected by the common good. While the latter is concerned with the duty of the individual to further the common good, the former is concerned with the duty of the community to allot to the individual a share of the common good which is proportional to his contribution to the common good. Given their intricate relation, these two kinds of justice can be combined into what has come to be called 'social justice'."

Nichtsdestotrotz sollten wir aber die eben erwähnte intuitive Reaktion durchaus ernst nehmen; es gilt einfach, die richtigen Lehren aus ihr zu ziehen. Denn aus ihr spricht die Einsicht, dass (soziale) Gerechtigkeit im Gesundheitswesen zwar sicherlich erstrebenswert ist, aber eben nicht alles sein kann. Ihre Einhaltung stellt letzten Endes nur das Minimum dar, das wir im Umgang miteinander schlichtweg deswegen nicht unterschreiten dürfen, da unsere Gegenüber einen Anspruch auf dessen Einhaltung haben. Der uns zur Verfügung stehende Verhaltens- und Handlungsraum wird allerdings nicht nur durch unsere mit Anspruchsrechten anderer Personen korrespondierenden Rechtspflichten, sondern darüber hinaus auch durch ungeschuldete bzw. Liebespflichten eingeschränkt. Aus der Tatsache, dass die zu einem kollektiv zwangsfinanzierten Gesundheitswesen zusammengeschlossenen Menschen, die ihrer Pflicht $pLP_{\text{Mitwirkung Gesundheit BC}}$ nachkommen, keine Rechtspflicht haben, einen Menschen, der aufgrund eines seine Pflicht $pRP_{\text{Erfüllung pLP: Mitwirkung Gesundheit iBC}}$ verletzenden vergangenen Verhaltens selbstverschuldet erkrankt ist, am Pool der zur Finanzierung von Gesundheits(dienst)leistungen zur Verfügung stehenden kollektiv zwangsfinanzierten Mittel zu beteiligen, kann aber nicht geschlussfolgert werden, dass erstere keine ungeschuldete bzw. Liebespflicht besitzen, zweiterem zu helfen. Dieser Schlussfolgerung steht die Existenz wenigstens einer ungeschuldeten Pflicht gegenüber, die uns verpflichtet, mehr zu tun, als das, worauf andere einen Anspruch uns gegenüber haben, nämlich $pLP_{\text{Caritas socialis}}$.[323]

Die ungeschuldete Pflicht $pLP_{\text{Caritas socialis}}$ – das „Gebot zur sozialen Liebe" (Utz, 1964: 167) bzw. das „Gebot gegenseitiger Liebe" (Utz, 1964: 189) – leitet sich wie die Pflicht $pLP_{\text{Mitwirkung BC}}$ aus dem bonum commune ab und fordert von den zu einer Gemeinschaft zusammengeschlossenen Personen „eine über die Gerechtigkeit hinausgreifende Handlung" (Utz, 1964: 189). Die caritas socialis (auch: „soziale Freundschaft" (Utz, 1964: 167)) ist „Liebe um des Gemeinwohles willen" (Utz, 1964: 167) bzw. Liebe, „die im Gemeinwohl ihre ursprüngliche Heimat hat" (Utz, 1964: 233) und die sich in der „Hingabe ans Ganze und über das Ganze an den Nächsten" (Utz, 1964: 166 f) äußert. Was ist hierunter aber zu verstehen?

Wie erwähnt, ist es nicht (sozial) ungerecht, wenn die zu einem kollektiv zwangsfinanzierten Gesundheitswesen zusammengeschlossenen Menschen, die

323 Da das lateinische „caritas" (griechisch: ἀγάπη (lies: agápē)) auf Deutsch nur mit unzureichender Genauigkeit übersetzt werden kann, wird im Folgenden, wo möglich und sinnvoll, der lateinische Ausdruck caritas unübersetzt verwendet. Die deutsche Sprache besitzt leider zu wenige Ausdrücke, um zwischen verschiedenen Formen der Liebe zu differenzieren; alte deutsche Asdrücke wie „Minne" sind heute nicht mehr in Gebrauch. Im Lateinischen sieht es, wie Pieper (2006b: 304 f) zeigt, anders aus, da dort mindestens ein halbes Dutzend Ausdrücke zur Bezeichnung der Liebe zur Verfügung stehen: amor, caritas, pietas, dilectio, affectio, studium.

ihrer Pflicht $pLP_{\text{Mitwirkung Gesundheit BC}}$ nachkommen, einen selbstverschuldet erkrankten Menschen M nicht am Pool der zur Finanzierung von Gesundheits (dienst)leistungen zur Verfügung stehenden kollektiv zwangsfinanzierten Mittel beteiligen; denn durch die Verletzung seiner Pflicht $pRP_{\text{Erfüllung pLP: Mitwirkung Gesundheit iBC}}$ hat M sein Anspruchsrecht $pAR_{\text{Proportional gleicher Anteil an Gesundheit äBC}}$ verloren. Aber: Dadurch, dass M seine Pflicht $pRP_{\text{Erfüllung pLP: Mitwirkung Gesundheit iBC}}$ (und damit auch seine Pflicht $pLP_{\text{Mitwirkung Gesundheit BC}}$) verletzt hat, hat die Verwirklichung des bonum commune, das ja ein gemeinsames und nur gemeinsam zu verwirklichendes Ideal ist, Schaden gelitten. Denn dadurch, dass M diese seine Pflicht(en) nicht erfüllt hat, ist das bonum commune nicht in dem Ausmaß verwirklicht worden, wie es verwirklicht worden wäre, wenn M seine Pflicht(en) erfüllt hätte. Wenn einer der zu einer Gemeinschaft zusammengeschlossenen Menschen M seinen Beitrag zur Verwirklichung des bonum commune nicht leistet, dann kann das bonum commune also grundsätzlich nur noch partiell verwirklicht werden – es sei denn, andere Personen springen in die Bresche und leisten, was M nicht geleistet hat:

> „In dem Augenblick aber, da einer der Sozialpartner sein Soll nicht erfüllt, leidet die Verwirklichung des Gemeinwohls bereits Schaden. [...] Außerdem wird der Beitrag des Gutwilligen seiner eigentlichen Wirksamkeit beraubt, weil das Gemeinwohl nur in Zusammenarbeit verwirklicht wird. Wenn nun trotzdem das Gemeinwohl als absoluter Wert verwirklicht werden soll, dann müssen notgedrungen die gutwilligen Gesellschaftsglieder die von den böswilligen nicht geleistete Portion noch übernehmen." (Utz, 1964: 195)

Die caritas socialis ist die Tugend, die die – um in der Terminologie von Utz zu bleiben – gutwilligen Gesellschaftsglieder die von den böswilligen nicht geleistete Portion der Verwirklichung des bonum commune übernehmen lässt. Die caritas socialis ist die „grundsätzliche und uneingeschränkte Wertschätzung des Gemeinwohls" (Utz, 1964: 197) und „Hingabe ans Gemeinwohl als an einen absoluten Wert" (Utz, 1964: 190), die durch Schenkung dessen, worauf kein Anspruch besteht, ungeschuldeten Einsatz für die Gemeinschaft und das bonum commune leistet. Als solche geht sie über die soziale Gerechtigkeit hinaus, die von uns „nur" den geschuldeten Einsatz für das bonum commune fordert.[324]

---

324 Aufgrund ihrer Hinordnung auf das bonum commune werden die soziale Gerechtigkeit und die soziale Liebe von Utz (1964: 233) auch „Gemeinwohltugenden" genannt. Durch erstere lassen wir allen mit uns zu einer Gemeinschaft zusammengeschlossenen Personen ihre gegen uns bestehenden und im bonum commune begründeten Anspruchsrechte zu-, indem wir unseren mit diesen korrespondierenden Rechtspflichten nachkommen. Durch zweitere kommen wir unseren im bonum commune als „absolutem und überragendem sittlichen Wert" (Utz, 1964: 191) begründeten unvollkommenen Pflichten nach.

Die Ausübung dieser caritas socialis ist nun jedoch nicht dem Belieben anheim gestellt. Sie ist kein Freiheitsrecht, also nichts, was wir nach eigenem Gusto tun oder unterlassen können, sondern eine „gegenseitige Pflicht um des Gemeinwohles willen" (Utz, 1964: 167), die von den zu einer Gemeinschaft zusammengeschlossenen Personen – selbst wenn sie bereits ihrer Pflicht $pLP_{\text{Mitwirkung Gesundheit BC}}$ nachkommen – verlangt, aus Liebe zum bonum commune Schaden am bonum commune und damit das auszugleichen, was andere durch Verletzung ihrer Pflichten $pRP_{\text{Erfüllung pLP: Mitwirkung Gesundheit iBC}}$ und $pLP_{\text{Mitwirkung Gesundheit BC}}$ am bonum commune unverwirklicht lassen.[325] Die Begründung für die Existenz von $pLP_{\text{Caritas socialis}}$ beruht letzten Endes auf der gleichen Logik, mit der in Kapitel VI.4.3 für die Existenz von $pLP_{\text{Mitwirkung BC}}$ argumentiert worden ist (und mit der man letzten Endes auch argumentieren kann, dass das Ausüben jeglicher Tugend eine unvollkommene Pflicht darstellt): Da jedes Seiende die grundlegende moralische Pflicht zu seiner perfectio hat, hat auch eine Gemeinschaft von Personen die

---

Die soziale Liebe (caritas solicalis) ist von der Gottes- und Nächstenliebe (caritas) zu unterscheiden bzw. kann nicht schlechthin mit ihr identifiziert werden (vgl. Utz, 1964: 197 f). Auch wenn die von $pLP_{\text{Caritas socialis}}$ geforderten Werke der caritas socialis und die von pLP_{Caritas} geforderten Werke der caritas an der Oberfläche gleich sind, so liegt ihnen doch eine andere Motivation zugrunde: Die soziale Liebe zielt stets auf den Aufbau und die Rettung des Gemeinwohls; wo immer dem Nächsten aus diesem Motiv heraus geholfen wird, geschieht dies aus sozialer Liebe. Eine Person kann einer anderen Person aber auch helfend beispringen, ohne an die Ordnung zu denken, die durch dieses Leiden gestört sein könnte: „So sehr die soziale Liebe gegenseitige, zwischenmenschliche Liebe besagt, so ist sie doch eine Liebe um des Gemeinwohles willen." (Utz, 1964: 167) Als Freundschaft mit und zu Gott drückt sich die caritas in der freundschaftlichen Liebe (amor amicitiae; principalis actus caritatis) zu Gott als summum bonum und ultimus finis der Person aus; die Liebe zu Gott beschränkt sich jedoch nicht nur auf Gott, sondern drückt sich – vermittels der interiores effectus caritatis der Barmherzigkeit (misericordia) und des Wohlwollens (benevolentia) – in den beiden Tätigkeiten der caritas (exteriores effectus caritatis; actus caritatis) aus, welche gegenüber allem Seienden geübt werden muss, das „capax aeternae beatitudinis" ist, d. h. der ewigen in der Anschauung Gottes bestehenden Seligkeit fähig ist: im Geben von Almosen (d. h. in der Übung der 14 Werke der Barmherzigkeit) und der Übung der Wohltätigkeit. Caritas mit Nächstenliebe zu übersetzen ist insofern unglücklich und letzten Endes reduktionistisch, da die Nächstenliebe zwar einen Aspekt der caritas darstellt, aber nicht auf diese reduziert werden darf. Denn der aus caritas geliebte Nächste wird nicht um seiner selbst willen geliebt, sondern aus Freundschaft mit Gott („ex caritate diligimus propter Deum" (IIª-IIae q. 23 a. 1 ad 3)); es wird wegen dem geliebt, was in ihm von Gott ist („propter id quod est Dei in ipso" (IIª-IIae q. 25 a. 1 ad 1; vgl. IIª-IIae q. 26 a. 4 co.)): „Deus diligitur in proximo sicut finis in eo quod est ad finem." (IIª-IIae q. 44 a. 2 ad 2)

325 siehe hierzu auch De virtutibus, q. 2 a. 2 co.: „Sed amare bonum civitatis ut conservetur et defendatur, hoc est vere amare civitatem; quod bonum politicum facit: in tantum quod aliqui propter bonum civitatis conservandum vel ampliandum, se periculis mortis exponant et negligant privatum bonum."

moralische Pflicht, ihre perfectio als Gemeinschaft zu wirken; diese perfectio besteht in nichts anderem als der Verwirklichung des der Gemeinschaft eigenen bonums, d. h. des bonum commune. Damit ist aber erst $pLP_{\text{Mitwirkung BC}}$ begründet. Dass die zu einer Gemeinschaft zusammengeschlossenen Personen über $pLP_{\text{Mitwirkung BC}}$ hinausgehend noch die unvollkommene Pflicht $pLP_{\text{Caritas socialis}}$ haben, hat seinen Grund im Wesen des bonum commune, das als „gemeinsames menschliches Ideal" (Utz, 1964: 190) und „absoluter und überragender sittlicher Wert" (Utz, 1964: 191) unsere Liebe zu diesem bonum und seine Erfüllung bzw. Verwirklichung verlangt.

> „Wer aber über das Sozialgerechte hinaus in überschwenglichem Einsatz das noch erfüllt, was ein anderer zu erfüllen hätte, der beweist eine Hingabe ans Gemeinwohl, die ganz und ausschließlich den Wert als Ideal sieht." (Utz, 1964: 191)

Weil das bonum commune ein so überragender Wert ist, sind wir um dieses Wertes willen verpflichtet, wenn nötig (im Rahmen unserer Möglichkeiten)[326] mehr als den eigentlich sozial gerechten Teil zu leisten, damit das bonum commune verwirklicht werden kann. Im Kern beinhaltet diese Pflicht somit nichts anderes, als dass die zu einer Gemeinschaft zusammengeschlossenen Personen die Pflicht haben, im Rahmen ihrer Möglichkeiten und soweit möglich die von anderen diese Gemeinschaft mitkonstituierenden Personen verletzten Pflichten $pRP_{\text{Erfüllung pLP: Mitwirkung BC}}$ und/ oder $pLP_{\text{Mitwirkung BC}}$ für diese zu erfüllen und so den entstandenen Schaden am bonum commune auszugleichen.

An dieser Stelle ist jedoch zu berücksichtigen, dass das bonum commune (BC) in ein äußeres bonum commune (äBC) und ein immanentes bonum commune (iBC) zerfällt. Jemand verletzt seine Pflicht $pRP_{\text{Erfüllung pLP: Mitwirkung BC}}$, wenn er $pRP_{\text{Erfüllung pLP: Mitwirkung äBC}}$ und/ oder $pRP_{\text{Erfüllung pLP: Mitwirkung iBC}}$ verletzt; und $pLP_{\text{Mitwirkung BC}}$ wird immer dann verletzt, wenn $pLP_{\text{Mitwirkung äBC}}$ und/ oder $pLP_{\text{Mitwirkung iBC}}$ verletzt wird. Wenn eine Person A die Pflicht besitzt, die von einer anderen Person B besessenen Pflichten $pRP_{\text{Erfüllung pLP: Mitwirkung BC}}$ und/ oder $pLP_{\text{Mitwirkung BC}}$ für B zu erfüllen, wenn B diese Pflicht(en) verletzt, dann bedeutet das somit, dass A die Pflicht hat, $pRP_{\text{Erfüllung pLP: Mitwirkung äBC}}$ und/ oder $pRP_{\text{Erfüllung pLP: Mitwirkung iBC}}$ bzw. $pLP_{\text{Mitwirkung äBC}}$ und/ oder $pLP_{\text{Mitwirkung iBC}}$ für B zu erfüllen. An dieser Stelle ergibt sich nun jedoch ein Problem: Denn die perfectio einer Person kann – wie auch bereits in Kapitel VI.4.3 erwähnt – zwar von einer

---

326 Auch im Zusammenhang mit $pLP_{\text{Caritas socialis}}$ gilt der in Kapitel VI.4.3 (vgl. dort insb. FN 289) erwähnte Grundsatz, nach dem niemand zu etwas Unmöglichem verpflichtet werden kann (ad impossibilia nemo tenetur; ultra posse nemo obligatur; impossibilium nulla est obligatio; ought implies can).

anderen Person gewollt, aber nur von der betreffenden Person selbst, um deren perfectio es geht, gewirkt werden. Dies bedeutet in der Konsequenz, dass weder $pRP_{Erfüllung\,pLP:\,Mitwirkung\,iBC}$ noch $pLP_{Mitwirkung\,iBC}$ von jemand anderem als der Person, die diese Pflichten besitzt, erfüllt werden können; wenn eine Person ihre Pflichten $pRP_{Erfüllung\,pLP:\,Mitwirkung\,iBC}$ und/ oder $pLP_{Mitwirkung\,iBC}$ verletzt, dann kann diese Pflichtverletzung also von niemand anderem ausgeglichen werden; der sich aus der Pflichtverletzung ergebende Schaden am bonum commune bleibt somit zwingend bestehen, solange der Pflichtinhaber den Schaden durch Erfüllung seiner Pflicht(en) nicht selbst repariert.

Nichtsdestotrotz gibt es Möglichkeiten, wie der Schaden am bonum commune, der daraus resultiert, dass eine Person B ihre Pflichten $pRP_{Erfüllung\,pLP:\,Mitwirkung\,iBC}$ und/ oder $pLP_{Mitwirkung\,iBC}$ verletzt, von anderen Personen ausgeglichen werden kann. Die anderen mit B zu einer Gemeinschaft zusammengeschlossenen Personen können nämlich auf eine Verbesserung der Voraussetzungen hinwirken, die gegeben sein müssen, damit B ihre Pflichten $pRP_{Erfüllung\,pLP:\,Mitwirkung\,iBC}$ und/ oder $pLP_{Mitwirkung\,iBC}$ erfüllen und so ihre perfectio wirken kann. Und das bedeutet nichts anderes, als dass nicht nur die Verletzung der Pflichten $pRP_{Erfüllung\,pLP:\,Mitwirkung\,äBC}$ und/ oder $pLP_{Mitwirkung\,äBC}$, sondern auch die Verletzung der Pflichten $pRP_{Erfüllung\,pLP:\,Mitwirkung\,iBC}$ und/ oder $pLP_{Mitwirkung\,iBC}$ nur durch vermehrte Anstrengungen hinsichtlich der Verwirklichung des äußeren bonum commune (äBC) ausgeglichen werden kann. Wenn eine Person B ihre Pflichten $pRP_{Erfüllung\,pLP:\,Mitwirkung\,BC}$ und/ oder $pLP_{Mitwirkung\,BC}$ verletzt, dann können die anderen mit B zu einer Gemeinschaft zusammengeschlossenen Personen ihrer Pflicht $pLP_{Caritas\,socialis}$, Schaden am bonum commune auszugleichen, nur dadurch nachkommen, dass sie mehr tun als ihre Pflichten $pRP_{Erfüllung\,pLP:\,Mitwirkung\,äBC}$ und/ oder $pLP_{Mitwirkung\,äBC}$ von ihnen verlangen, sie diese also in geeigneter Weise übererfüllen. Wir können das bisher Gesagte in folgender Formulierung von $pLP_{Caritas\,socialis}$ zusammenfassen:

$pLP_{Caritas\,socialis}$:
Jede der eine Gemeinschaft (mit-)konstituierenden Personen hat die im Wesen des bonum commune als bonum dieser Gemeinschaft begründete unvollkommene positive moralische Pflicht, aus Liebe zum bonum commune als überragendem sittlichen Wert durch vermehrte, d. h. die Erfüllung ihrer Pflichten $pRP_{Erfüllung\,pLP:\,Mitwirkung\,äBC}$ und/ oder $pLP_{Mitwirkung\,äBC}$ übersteigende Bemühungen um die Verwirklichung des äußeren bonum commune (äBC) in geeigneter Weise und im Rahmen ihrer Möglichkeiten den Schaden am bonum commune auszugleichen, der dadurch entstanden ist, dass eine andere diese Gemeinschaft mitkonstituierende Person ihre Pflichten $pRP_{Erfüllung\,pLP:\,Mitwirkung\,BC}$ und/ oder $pLP_{Mitwirkung\,BC}$ verletzt hat.

Auf Basis dieses Verständnisses von $pLP_{Caritas\ socialis}$ können wir nun einen Schritt weitergehen und uns überlegen, wie genau sich diese Pflicht im Gesundheitswesen darstellt: Zu was genau sind die zu einem kollektiv zwangsfinanzierten Gesundheitswesen zusammengeschlossenen Menschen aufgrund von $pLP_{Caritas\ socialis}$ hinsichtlich der Verwirklichung der Gesundheit als Teil des bonum commune verpflichtet? Grundsätzlich verpflichtet $pLP_{Caritas\ socialis}$ seinen Inhaber dazu, nach seinen Möglichkeiten das aufzufüllen, was die anderen mit ihm zu einer Gemeinschaft zusammengeschlossenen Personen entgegen ihrer Pflichten am bonum commune unverwirklicht gelassen haben. Entsprechend sind die zu einem kollektiv zwangsfinanzierten Gesundheitswesen zusammengeschlossenen Personen hinsichtlich des uns im Rahmen dieser Arbeit interessierenden Problems des moralisch zulässigen Umgangs mit selbstverschuldeter Gesundheitsschädigung (Krankheit) aufgrund von $pLP_{Caritas\ socialis}$ dazu verpflichtet, den Schaden am bonum commune auszugleichen, der durch die Verletzung der Pflicht $pLP_{Mitwirkung\ Gesundheit\ BC}$ entstanden ist. Wie bereits dargelegt, hat ein Mensch M, der durch Selbstverschulden krank geworden ist, $pLP_{Mitwirkung\ Gesundheit\ BC}$ insofern verletzt, als er gegen $pRP_{Erfüllung\ pLP:\ Mitwirkung\ Gesundheit\ iBC}$ und damit $pLP_{Mitwirkung\ Gesundheit\ iBC}$ verstoßen hat: Er hat sowohl gegen seine unvollkommene als auch seine vollkommene positive moralische Pflicht verstoßen, seine Gesundheit als Zustand und Haltung im Rahmen seiner Möglichkeiten bewusst zu erstreben und zu vervollkommnen, d. h. seine Gesundheit als Zustand und Haltung im Rahmen seiner Möglichkeiten bewusst zu erhalten, zu verbessern bzw. zu fördern und/ oder (wieder-)herzustellen.

Worin genau besteht aber der von M durch diesen seinen Pflichtverstoß dem bonum commune zugefügte Schaden? Er besteht in der dadurch von M selbstverschuldeten Verschlechterung seines Gesundheitszustands. Da die Gesundheit der zu einem kollektiv zwangsfinanzierten Gesundheitswesen zusammengeschlossenen Menschen einen wesentlichen Aspekt des immanenten bonum commune (iBC) dieser Gemeinschaft darstellt, ist jede Verschlechterung des Gesundheitszustands eines dieser Menschen als Schaden des immanenten und damit des ganzen bonum commune zu werten. Diesen Schaden aus „Hingabe ans Gemeinwohl als an einen absoluten Wert" (Utz, 1964: 190) auszugleichen, verpflichtet $pLP_{Caritas\ socialis}$ die mit M zu einem kollektiv zwangsfinanzierten Gesundheitswesen zusammengeschlossenen Menschen. Die mit M zu einem kollektiv zwangsfinanzierten Gesundheitswesen zusammengeschlossenen Menschen besitzen also die unvollkommene Pflicht, im Rahmen ihrer Möglichkeiten die Gesundheit von M (wieder-)herzustellen. Da M seine Gesundheit aber nur selbst wollen und wirken kann, können sie dieser Aufgabe jedoch letzten Endes nur indirekt nachkommen, indem sie (im Rahmen ihrer Möglichkeiten)[327] für die Kosten aufkommen, die sich daraus ergeben, dass M zur Behebung seiner Gesundheitsschädigung eine bestimmte Menge an Gesundheits(dienst)leistungen in Anspruch nimmt, für die M nicht selber aufkommen kann. Der durch die Verletzung seiner Pflichten $pRP_{\text{Erfüllung pLP: Mitwirkung Gesundheit iBC}}$ und/ oder $pLP_{\text{Mitwirkung Gesundheit iBC}}$ von M verursachte Schaden am immanenten bonum commune (iBC) der zu einem kollektiv zwangsfinanzierten Gesundheitswesen zusammengeschlossenen Menschen kann also nur durch eine das äußere bonum commune (äBC) betreffende Handlung auszugleichen versucht werden.

Die hierzu nötigen Mittel können aber logischerweise nicht aus dem Pool der kollektiv zwangsfinanzierten Mittel stammen, da dieser ja eine Finanzierungslücke (FL_{GW}) aufweist (vgl. Kapitel II), der durch das Mittel der Rationierung nach Selbstverschulden Herr zu werden versucht wird. Es ist also per definitionem davon auszugehen, dass für die Behandlung derjenigen ein kollektiv zwangsfinanziertes Gesundheitswesen (mit-)konstituierenden Menschen, die die Verschlechterung ihres Gesundheitszustands selbst verschuldet haben, keine kollektiv zwangsfinanzierten Mittel vorhanden sind – und das, obwohl alle der zu einem kollektiv zwangsfinanzierten Gesundheitswesen zusammengeschlossenen Menschen ihrer Pflicht $pLP_{\text{Mitwirkung Gesundheit äBC}}$ nachkommen, durch deren Erfüllung der Pool der zur Finanzierung der nachgefragten Gesundheits(dienst)leistungen zur Verfügung stehenden kollektiv zwangsfinanzierten Mittel ja zustandekommt. Da die mit M zu einem kollektiv zwangsfinanzierten Gesundheitswesen zusammengeschlossenen Menschen ihre Pflicht $pLP_{\text{Mitwirkung Gesundheit äBC}}$ also bereits erfüllen,[328] können sie ihrer Pflicht $pLP_{\text{Caritas socialis}}$ nur durch „Schenkung eines persönlichen Gutes" (Utz, 1964: 192), d. h. eines Gutes, auf das niemand anderes einen Anspruch hat, und damit durch die Leistungsfinanzierungsmechanismen der Spende und der unentgeltlichen Leistungserbringung (vgl. Kapitel II.2.1) nachkommen.[329] Wir können $pLP_{\text{Caritas socialis}}$ also für das im Fokus dieser Arbeit stehende Thema zu $pLP_{\text{Caritas socialis (Gesundheit)}}$ konkretisieren:

---

327 Der Möglichkeitsrahmen wird u. a. auch dadurch bestimmt, ob die entsprechenden Personen ausreichend Mittel haben, um die Kosten zu übernehmen ohne ihren Verpflichtungen sich selbst und anderen gegenüber nicht mehr nachkommen zu können, oder ob sie selbst krank sind (und die Mittel selbst benötigen).

328 Ob die mit M zu einem kollektiv zwangsfinanzierten Gesundheitswesen zusammengeschlossenen Menschen nicht nur $pLP_{\text{Mitwirkung Gesundheit äBC}}$, sondern darüber hinaus auch $pLP_{\text{Mitwirkung Gesundheit iBC}}$ nachkommen, ist für die uns hier interessierende Fragestellung zunächst einmal nur von sekundärer Bedeutung. Es wird aber davon ausgegangen, dass sie auch letzterer Pflicht nachkommen.

329 Diese Pflicht besteht jedoch sinnvollerweise nur dann und insoweit, wie M die Kosten der Behebung seiner selbstverschuldeten Gesundheitsschädigung nicht selber tragen kann.

$pLP_{\text{Caritas socialis (Gesundheit)}}$:
Jede der eine Gemeinschaft (mit-)konstituierenden Personen hat die im Wesen des bonum commune als bonum dieser Gemeinschaft begründete unvollkommene positive moralische Pflicht, aus Liebe zum bonum commune als überragendem sittlichen Wert durch Spenden und/ oder unentgeltliche Leistungserbringung im Rahmen ihrer Möglichkeiten zur Deckung der Kosten beizutragen, die sich daraus ergeben, dass eine andere Person P zur Behebung einer aus der Verletzung ihrer Pflichten $pRP_{\text{Erfüllung pLP: Mitwirkung Gesundheit iBC}}$ und/ oder $pLP_{\text{Mitwirkung Gesundheit iBC}}$ resultierenden selbstverschuldeten Schädigung ihres Gesundheitszustands eine bestimmte Menge an Gesundheits(dienst)leistungen (Q_{MnGDL}) in Anspruch nimmt, welche nicht aus dem Pool an kollektiv zwangsfinanzierten Mitteln gedeckt werden und für die P nicht selber aufkommen kann, und so im Rahmen ihrer Möglichkeiten den Schaden am (immanenten) bonum commune auszugleichen, der dadurch entstanden ist, dass P ihre Pflichten $pRP_{\text{Erfüllung pLP: Mitwirkung Gesundheit iBC}}$ und/ oder $pLP_{\text{Mitwirkung Gesundheit iBC}}$ verletzt hat.

Auch wenn die (soziale) Gerechtigkeit es streng genommen nicht von uns verlangt, einer mit uns zu einem kollektiv zwangsfinanzierten Gesundheitswesen zusammengeschlossenen Person zu helfen, wenn diese selbstverschuldet krank geworden ist, so haben wir uns doch auch solcher Personen aus (sozialer) Liebe anzunehmen:[330] „Durch Gebote der Gerechtigkeit den Frieden und die Eintracht unter den Menschen wahren zu wollen ist unzulänglich, wenn nicht unter ihnen die Liebe Wurzel schlägt." (Pieper, 2006a: 112)[331] Diese Einsicht ist in ihrer Be-

330 Wie dem aufmerksamen Leser nicht entgangen sein dürfte, beantwortet diese Arbeit die ihr zugrundeliegende Frage (FF_{eng}) ohne Rückgriff auf die zum Sozialprinzip erhobene Solidarität, deren Erwähnung der eine oder andere vielleicht erwartet hätte. Der Grund für diese bewusste „Übersehen" besteht darin, dass es sich bei der Solidarität um einen aus dem sozialistischen Umfeld stammenden (Kampf-)Begriff handelt, der zwar den im Rahmen dieser Arbeit herausgearbeiteten Gemeinwohlrechten und -pflichten oder auch $pLP_{\text{Caritas socialis}}$ oberflächlich nicht unähnlich zu sein scheint (so dass man diese Rechte und Pflichten an sich auch als Solidaritätspflichten und -rechte bezeichnen könnte), aber letzten Endes aufgrund seines ideologischen Ballasts nur schwer bis gar nicht mit diesen zusammengedacht werden kann, wenn man deren Wurzeln in der oben dargelegten Personalität des Menschen berücksichtigt.

331 Dieses im Original von Thomas von Aquin stammende Zitat findet sich als Ergänzung zu Contra Gentiles, lib. 3 cap. 130 in Autographi (1926: 47b): „Non autem sufficit pacem et concordiam inter homines per iustitiae praecepta conservari nisi ulterius inter eos fundetur dilectio. Per iustitiam sufficienter hominibus providetur ut unus alteri non inferat impedimentum, non autem ad hoc quod uni ab aliis feratur auxilium in his quibus indiget [...]. Oportuit igitur dilectionis hominibus superinduci, per quam unus alii auxilium ferat etiam in his in quibus ei non tenetur secundum iustitiae debitum. Praeterea, quod ex debito iustitiae fit quandam necessitatem habet, quod autem ex dilectione fit liberaliter exhibetur. Ad hoc igitur quod cum quadam promptitudine

deutung für die Überlegungen zur Reform unserer Gesundheitswesen von enormer Bedeutung. Denn hinter dieser Einsicht steht letzten Endes die Wahrheit, dass jede Gemeinschaft (und damit auch ein kollektiv zwangsfinanziertes Gesundheitswesen), durch mehr zusammengehalten wird als Anspruchsrechts-Rechtspflichts-Beziehungen; das die in einer Gemeinschaft zusammengeschlossenen Personen verbindende Band ist nicht nur das der sozialen Gerechtigkeit, sondern darüber hinaus das der sozialen Liebe. Wird eines von beiden Bändern durchschnitten, fällt die Gemeinschaft auseinander bzw. hört auf zu funktionieren. Dieses Bewusstsein gilt es wieder zu stärken, um unsere Gesundheitssysteme wirklich nachhaltig zukunftsfähig zu machen. Den Boden jeder Reform des Gesundheitswesens sollte das Bemühen bilden, in den Köpfen und Herzen derjenigen Personen, die das Gesundheitswesen bilden, das Anspruchsdenken bzw. das Denken in Kategorien allein von Anspruchsrechten und Rechtspflichten zu reduzieren und die soziale Liebe zu wecken. Gefragt ist nicht nur eine Strukturreform, sondern eine Haltungsreform: Was sich ändern muss, sind letzten Endes wir.

---

etiam opera iustitiae impleantur, necessarium fuit praeceptum mutuae dilectionis ad hoc quod se invicem homines adiuvarent etiam praeceptum mutuae.“

Anhang

1 Entwicklung der Kosten der Gesundheitswesen von Deutschland, Österreich und der Schweiz für den Zeitraum zwischen 1960 und 2011

Dass die Kosten unserer Gesundheitswesen in den letzten fünfzig Jahren stetig gestiegen sind, ist vollkommen unstrittig.[332] Wirft man einen Blick in die Statistik und analysiert die Entwicklung der Kosten des Gesundheitswesens (absolut/ total, pro Kopf und als Anteil am Bruttoinlandsprodukt (BIP)), so das ganze Ausmaß des Kostenwachstums deutlich (vgl. Abbildungen 55 sowie 56 bis 58).

Eine Analyse der Entwicklung der absoluten Höhe der Kosten des Gesundheitswesens liefert zwar dramatische Zahlen,[333] ist jedoch wenig aussagekäftig, da eine Geldeinheit, d. h. ein Euro oder ein Schweizer Franken, heute weniger wert ist als im Jahr 1960 und unsere Gewundheitswesen heute mehr Menschen umfassen als 1960. Die absolute Höhe der Kosten des Gesundheitswesens ist also nur bedingt hifreich, da an ihr nicht abgelesen werden kann, welcher Anteil der Kostensteigerung auf die Teuerung (Inflation) und das Bevölkerungswachstum zurückzuführen ist. Im Versuch diese Nachteile auszugleichen, können die Kosten des Gesundheitswesens in Relation zum BIP gesetzt werden. Ein Vergleich der Entwicklung der absoluten Höhe der Kosten des Gesundheitswesens im Vergleich zur Entwicklung der absoluten Höhe des BIP zeigt, dass über den Zeitraum von

---

332 Das einzige, worüber in Fachkreisen im Zusammenhang mit der Kostenzunahme im Grunde gestritten wird ist, ob es angebracht ist, im Zusammenhang mit dem Kostenwachstum von einer „Kostenexplosion" zu sprechen oder nicht.

Die Kosten des Gesundheitswesens GA können – wie oben dargelegt (vgl. Kapitel II.2.2) – wachsen, wenn der Preis P_{GDL} und/ oder die zu finanzierende Menge an Gesundheits(dienst) leistungen Q_{nGDL} steigen. Wie Krämer (2007: 36) anmerkt ist das bisherige Kostenwachstum vor allem zweiteren Faktor zurückzuführen: „Ausgaben sind nämlich immer das Produkt von zwei Faktoren, nämlich von Preisen und von Mengen, und wenn Sie einmal die unbestreitbare Ausgabenexplosion der letzten 50 Jahre auf diese beiden Komponenten, auf die Preise und auf die Mengen, aufteilen, dann stellen Sie fest, dass nicht die Preise, sondern ganz klar die Mengen der Hauptfaktor gewesen sind. Die reinen Preise von Gesundheitsgütern steigen in aller Regel langsamer und nicht schneller als andere Preise; insbesondere bei Arzneimitteln sind die reinen Preise in den vergangenen Jahrzehnten fast durchweg langsamer gestiegen als der allgemeine Preisindex. Manche sind sogar gefallen. Wenn also im Gesundheitsweisen die Gesamtausgaben steigen, dann in erster Linie der Mengen, nicht der Preise wegen."

333 So sind die Kosten des Gesundheitswesens im Zeitraum zwischen 1960 und 2011 in der Schweiz um 3336 % und in Österreich um 6194 % gestiegen; die Kosten des deutschen Gesundheitswesens sind in den Jahren 1970 bis 2011 um 1357 % gewachsen.

Ausgewählte finanzielle Kennzahlen ausgewählter Gesundheitswesen			1960	1970	1980	1990	1995	2000	2005
Schweiz	Bruttoinlandsprodukt (BIP)* (Gross Domestic Product (GDP))	total	39.511,0	100.373,8	188.569,6	338.996,0	383.096,5	432.405,3	479.087,9
		pro Kopf**	7.416,0	16.239,4	29.839,8	50.503,9	54.411,8	60.188,0	64.418,5
	Kosten des Gesundheitswesens (GA)* (Total Health Expenditure)	total	1.937,2	5.357,8	13.619,3	27.111,8	35.759,4	42.842,9	52.043,0
		% am BIP	4,9%	5,3%	7,2%	8,0%	9,3%	9,9%	10,9%
		pro Kopf**	363,6	866,8	2.155,2	4.039,1	5.079,0	5.963,5	6.997,7
Deutschland	Bruttoinlandsprodukt (BIP)* (Gross Domestic Product (GDP))	total	157.787,5	360.600,0	788.520,0	1.306.680,0	1.848.500,0	2.047.500,0	2.224.400,0
		pro Kopf**	2.837,5	5.902,0	12.811,3	20.847,2	22.631,5	24.905,3	26.972,4
	Kosten des Gesundheitswesens (GA)* (Total Health Expenditure)	total	keine Zahlen verfügbar	21.656,3	66.416,8	108.291,6	186.951,0	212.841,0	240.434,0
		% am BIP		6,0%	8,4%	8,3%	10,1%	10,4%	10,8%
		pro Kopf**		354,5	1.079,1	1.727,7	2.288,9	2.588,9	2.915,4
Österreich	Bruttoinlandsprodukt (BIP)* (Gross Domestic Product (GDP))	total	12.213,7	28.748,9	76.359,1	136.135,5	174.794,2	208.473,6	245.243,4
		pro Kopf**	1.733,1	3.850,1	10.114,6	17.731,0	21.991,5	26.021,6	29.806,6
	Kosten des Gesundheitswesens (GA)* (Total Health Expenditure)	total	523,2	1.487,8	5.696,8	11.481,0	16.748,4	20.898,1	25.551,2
		% am BIP	4,3%	5,2%	7,5%	8,4%	9,6%	10,0%	10,4%
		pro Kopf**	74,2	199,3	754,6	1.495,3	2.107,2	2.608,5	3.105,5

* in millions of national currency units / ** in national currency units

Abb. 55: Ausgewählte finanzielle Kennzahlen zu den Kosten der Gesundheitswesen von Deutschland, Österreich und der Schweiz (Eigene Darstellung auf Basis von Daten aus: OECD (2013a) und (2013b))

1960 bis 2011 betrachtet die Kosten des Gesundheitswesens der Schweiz um 1851 % mehr als das BIP der Schweiz gewachsen ist; für Österreich beträgt diese Differenz 3732% und für Deutschland (allerdings für die Jahre 1970 bis 2011) 638 %.[334] Vergleicht man die durchschnittlichen Wachstumsraten der absoluten Höhe des BIP und der absoluten Höhe der Kosten des Gesundheitswesens, so wird darüber hinaus deutlich, dass letztere im Schnitt um zwischen 2.1 % (Österreich) und 1.5 % (Deutschland) mehr gewachsen sind als das BIP. Diese Zahlen sind jedoch mit Vorsicht zu genießen, da eine absolute Zunahme der Kosten des Gesundheitswesens und des BIP um die gleiche Menge an Geldeinheiten zu unterschiedlichen prozentualen Wachstumquoten führt, da die absoluten Kosten des Gesundheits-

334 So ist das Schweizer BIP im Zeitraum zwischen 1960 und 2011 um 1485% gewachsen, während die Kosten des Schweizer Gesundheitswesens um 3336 % gestiegen sind. Österreich weist für diesen Zeitraum ein BIP-Wachstum von 2462% und ein Wachstum der Kosten des Gesundheitswesens von 6194 % auf. In Deutschland ist in den Jahren 1970 bis 2011 das BIP um 719 % und die Kosten des Gesundheitswesens um 1357 % gewachsen.

wesens natürlicherweise immer geringer ausfallen als die absolute Höhe des BIP. Auch wenn die Kosten des Gesundheitswesens prozentual gesehen mehr als doppelt so stark angestiegen sind wie das BIP, so beträgt die absolute Zunahme der Gesundheitskosten für alle drei Länder nur 11 % der absoluten Zunahme des BIP.[335] Diese Form der Analyse der Daten ist also auch nur bedingt hilfreich um belastbare Aussagen über das Wachstum der Kosten unserer Gesundheitswesen zu erhalten. Entsprechend und aufgrund der Probleme der obigen Analyseformen werden zum Zwecke der Analyse des Kostenwachstums die Kosten des Gesundheitswesens üblicherweise in Relation zum BIP oder zur Bevölkerungszahl gesetzt, um so das Kostenwachstum möglichst aussagekräftig aufzeigen zu können. Und diese Zahlen sprechen eine deutliche Sprache:

Betrachtet man die Entwicklung der als Anteil am BIP gemessenen Kosten des Gesundheitswesens über den Zeitraum der Jahre 1960 bis 2011 (für die Schweiz und Österreich) bzw. 1970 bis 2011 (für Deutschland), so hat sich dieser Wert fast verdoppelt (Deutschland) bzw. mehr als verdoppelt (Schweiz und Österreich). Vergleicht man die pro Kopf-Kosten des Gesundheitswesens mit dem BIP pro Kopf, dann zeigen die Zahlen, dass erstere im Schnitt um jährlich zwischen 1% (Deutschland) und 2% (Österreich) mehr gewachsen sind als das BIP pro Kopf.

Im Versuch, diese Entwicklung in die Zukunft fortzuschreiben und die künftige Kostenentwicklung zu prognostizieren, kommt Colombier (2012: 65) zu dem Schluss, dass der Anteil der Kosten des Gesundheitswesens am Bruttoinlandsprodukt (BIP) in der Schweiz im Jahr 2060 optimistisch betrachtet auf 13.8 %, realistisch betrachtet auf 14.8 % und pessimistisch betrachtet auf 17.1 % gestiegen sein wird (vgl. Abbildung 59).[336]

---

335 So ist das Schweizer BIP im Zeitraum zwischen 1960 und 2011 um 547'230 Millionen CHF gewachsen, während die Kosten des Schweizer Gesundheitswesens um 62'696 Millionen CHF gestiegen sind. Österreich weist für diesen Zeitraum ein BIP-Wachstum von 288'499 Millionen EUR und ein Wachstum der Kosten des Gesundheitswesens von 31'884 Millionen EUR auf. In Deutschland ist in den Jahren 1970 bis 2011 das BIP um 2'434'813 Millionen EUR und die Kosten des Gesundheitswesens um 272'145 Millionen EUR gewachsen.

336 Vuilleumier, Pellegrini & Jeanrenaud (2007: 46) kommen in ihrem pessimistischen Szenario mit anderen Schätzmethoden bereits für das Jahr 2030 auf einen Anteil der Gesundheitskosten am BIP von 17 %.

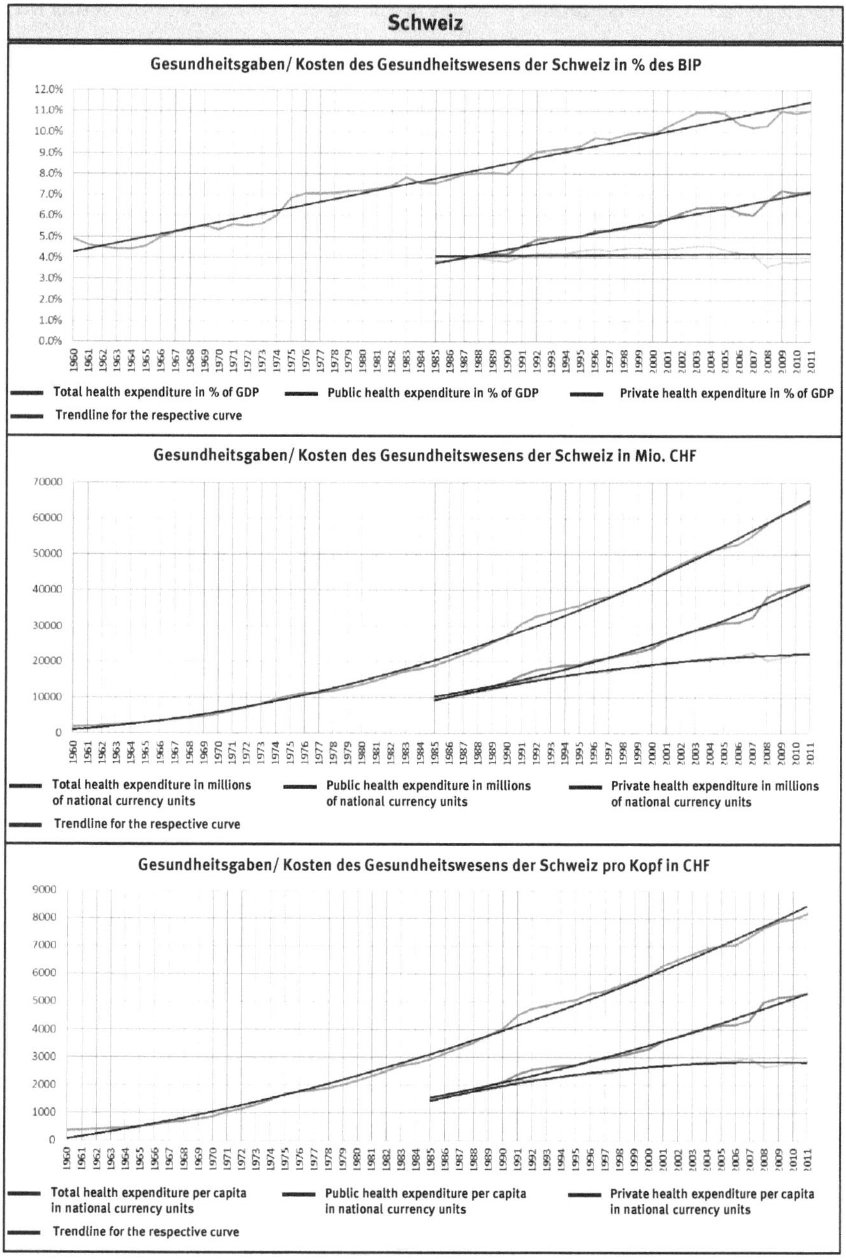

Abb. 56: Entwicklung der Kosten des Schweizer Gesundheitswesens (Gesundheitsausgaben) nach Finanzierungsart (Eigene Darstellung auf Basis von Daten aus: OECD (2013a))

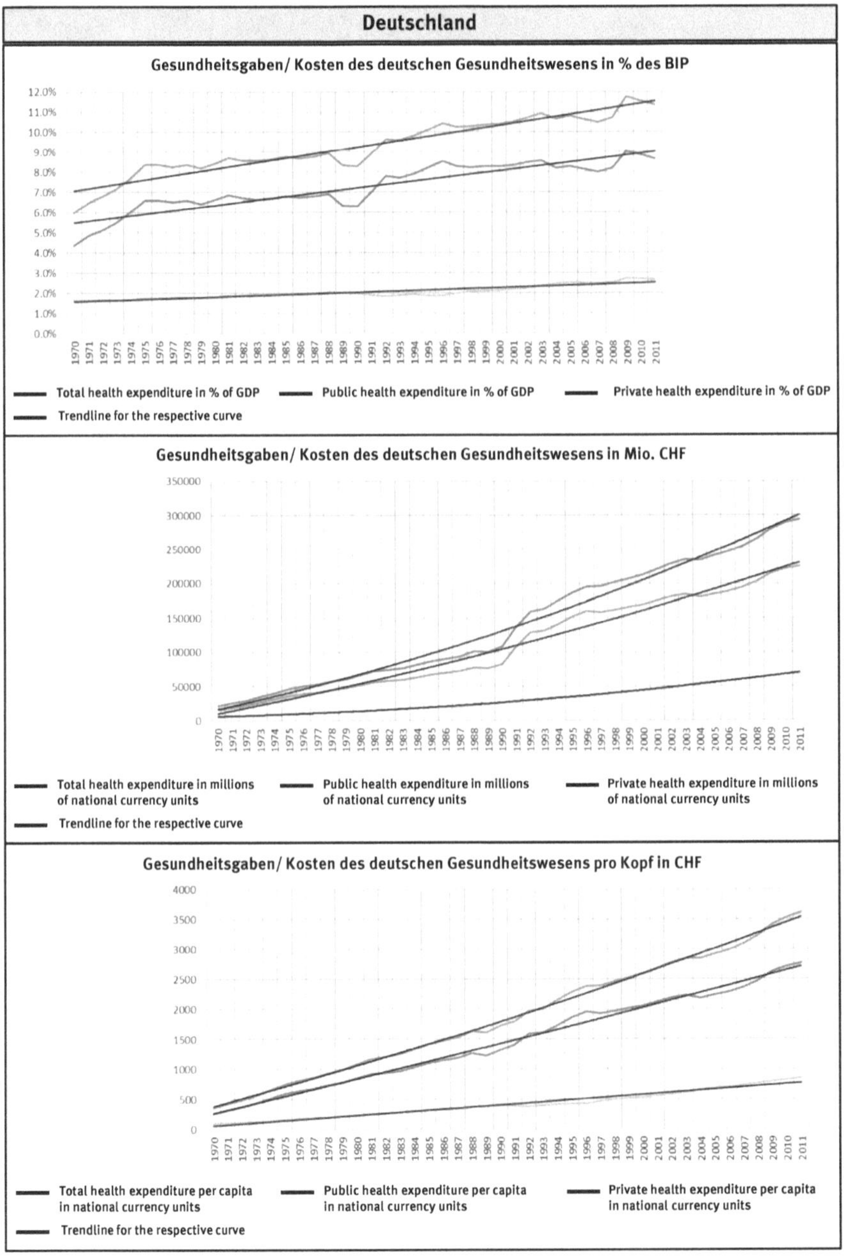

Abb. 57: Entwicklung der Kosten des deutschen Gesundheitswesens (Gesundheitsausgaben) nach Finanzierungsart (Eigene Darstellung auf Basis von Daten aus: OECD (2013a))

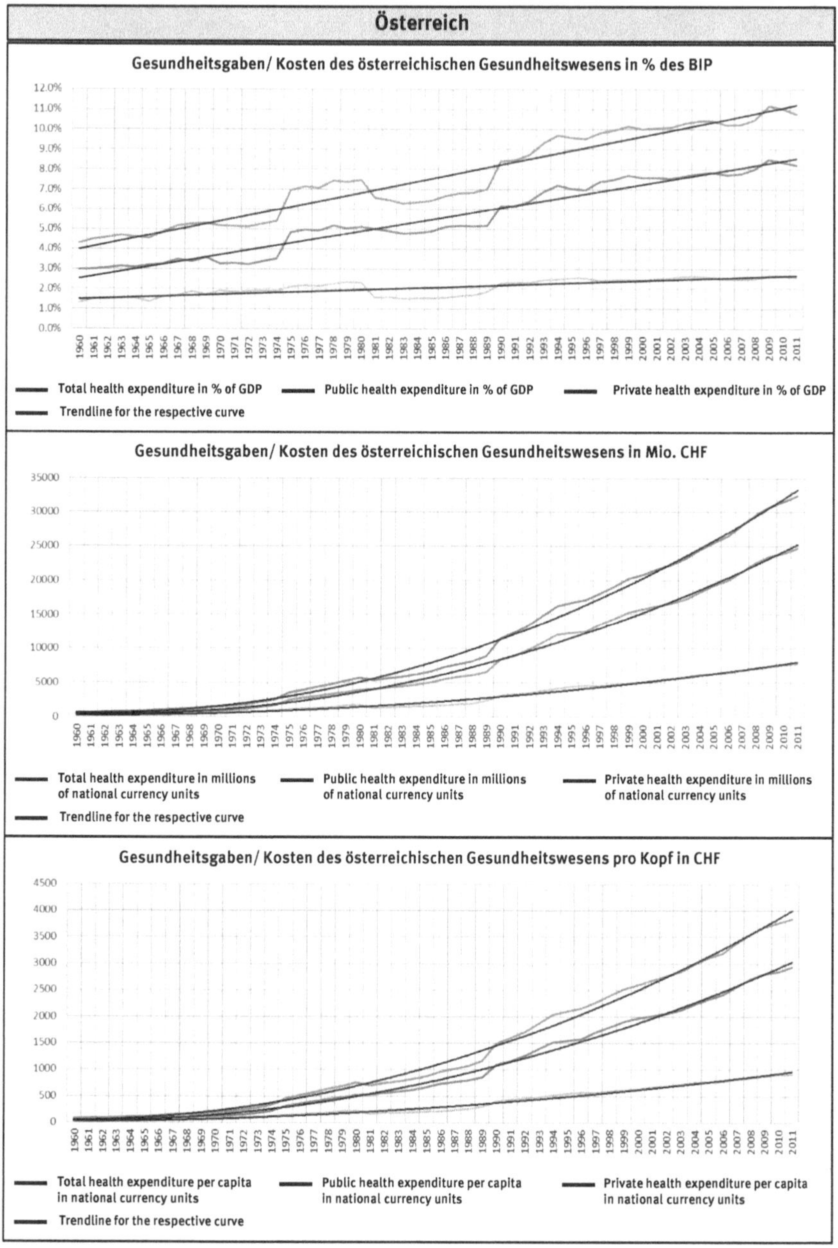

Abb. 58: Entwicklung der Kosten des österreichischen Gesundheitswesens (Gesundheitsausgaben) nach Finanzierungsart (Eigene Darstellung auf Basis von Daten aus: OECD (2013a))

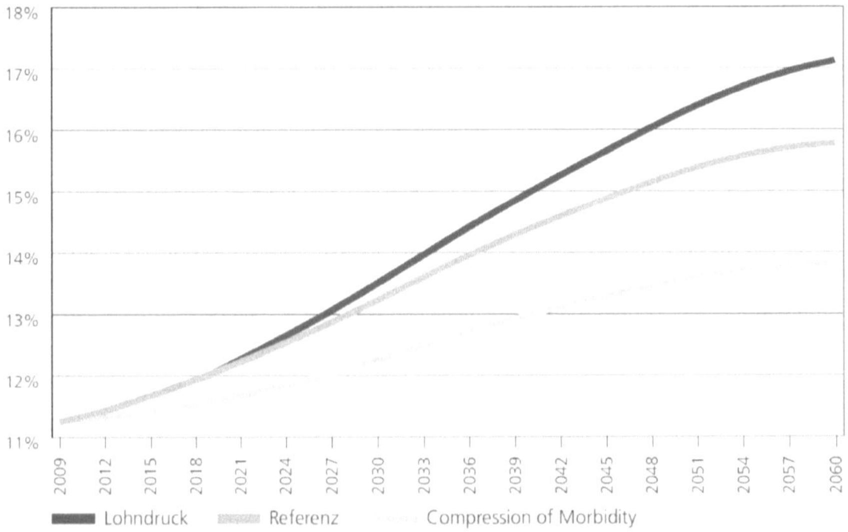

Abb. 59: Projektion der Kosten des Gesundheitswesens (in % des BIP) für das Schweizer Gesundheitswesen von 2009 bis 2060 (aus: Colombier, 2012: 65)[337]

2 Rationierung: Formen, Kriterien und Dimensionen

Auf den folgenden Seiten findet sich eine Übersicht über die unterschiedlichen Formen der Rationierung (Kapitel 2.1) sowie über die wesentlichen der im Zusammenhang mit Rationierung im Gesundheitswesen diskutierten zur Rationierung heranziehbaren Priorisierungskriterien (Kapitel 2.2).

2.1 Formen der Rationierung

Grundsätzlich werden folgende Arten der Rationierung unterschieden (vgl. hierzu unter anderem Breyer, Zweifel & Kifmann, 2013: 231 ff; Strech & Marckmann, 2012: 143 f; Schockenhoff, 2012: 108; Deutscher Ethikrat, 2011: 21 f; Eichhorn, 2011: 109 ff;

337 Es ist zu beachten, dass Skala der Ordinate nicht im Nullpunkt beginnt. Das Szenario „Lohndruck" ist das pessimistischste, das Szenario „Compression of Mobidity" das optimistischste Entwicklungszenario. Für eine Beschreibung der diesen Szenarien zugrundeliegenden Annahmen siehe Colombier (2012: 60 ff). Für die Entwicklung des BIP zwischen den Jahren 2009 und 2060 wurde für die in der Abbildung enthaltenen Szenarien eine konstante Wachstumrate von 0,98 % (vgl. Colombier, 2012: 26) angenommen.

Offermann, 2011: 34 ff; Arnade, 2010: 44 ff; Marckmann, 2010a: 7 ff; Müller, 2010: 155 ff; Fuchs, 2010b: 438; Fuchs, Nagel & Raspe, 2009: A-556; Marckmann, 2007: 99 f; Zimmermann-Acklin, 2007: 59 ff; Groß, 2007: 346 f; Breyer & Schultheiss, 2003a: 169 ff; Wallner, 2003: 520 f; Breyer, 2002: 16 ff; Mack, 2001: 24 ff; Fozouni & Güntert, 2000; Fuchs, 1998):[338]

- **Preis-Rationierung versus Nicht-Preis-Rationierung**

  Wie der Name bereits impliziert, funktioniert die Preis-Rationierung über den Preis- und damit den Marktmechanismus. Sie alloziert knappe Güter auf Basis des Kriteriums der Zahlungsbereitschaft bzw. Zahlungsfähigkeit. Die zur Verfügung stehenden, aber in ihrer Gesamtheit die Nachfrage nicht deckenden Güter und Leistungen werden hierbei an den oder die am meisten Geld Bietenden versteigert, wobei der Preis üblicherweise mit der sich aus dem Zusammenspiel von Angebot und Nachfrage ergebenden Knappheit eines Gutes korrespondiert.

  Unter einer Nicht-Preis-Rationierung (auch: Nicht-Markt-Rationierung) ist die Allokation knapper Güter nach nicht-monetären Kriterien zu verstehen. Sobald die Verteilung von knappen Gütern also nicht über den Preis bzw. die Zahlunsgbereitschaft/ Zahlungsfähigkeit, sondern nach anderen Kriterien (wie z. B. nach Alter, Bedürftigkeit/ Notwendigkeit, Wahlen, Zufall, Recht des Stärkeren) erfolgt, liegt eine Nicht-Preis-Rationierung vor. Wenn im Zusammenhang mit dem Gesundheitswesen von Rationierung die Rede ist, dann ist damit praktisch immer Nicht-Preis-Rationierung gemeint. Insofern werden die Ausdrücke Rationierung und Nicht-Preis-Rationierung synonym verwendet.

  Während die Preis-Rationierung immer nach einem Kriterium funktioniert (der Zahlungsbereitschaft bzw. dem Preis), kann die Nicht-Preis-Rationierung anhand eines einzelnen Kriteriums oder anhand mehrerer Kriterien erfolgen.

- **Ebenen der Rationierung**

  Wenn von Rationierung im Rahmen des Gesundheitswesens die Rede ist, dann ist es wichtig zu bestimmen, auch welcher Ebene diese geschieht. Hierzu finden sich in der Literatur diverse Vorschläge, entweder nach zwei, drei, vier oder fünf Ebenen der Rationierung zu unterscheiden.

  Gewisse Autoren schlagen vor, zwischen zwei Ebenen der Rationierung

338 Unglücklicherweise scheint sich bisher noch keine einheitliche Terminologie der Formen der Rationierung etabliert zu haben, so dass der gleiche Begriff bei unterschiedlichen Autoren unterschiedlich definiert oder die gleiche Unterscheidung mit anderen Begriffen belegt ist. Die nachstehende Auflistung erhebt keinen Anspruch auf absolute Vollständigkeit, sollte jedoch – wenn sie nicht alle in der Literatur vorfindbaren Formen enthält – alle wesentlichen Unterscheidungen abdecken.

und damit zwischen primärer und sekundärer Rationierung zu unterscheiden. Unter sekundärer Rationierung wird hierbei die Aufteilung zu knapper und kurz- bis mittelfristig nicht vermehrbarer Ressourcen auf alternative Verwendungen verstanden, die nicht auf das Preissystem Bezug nimmt (vgl. Breyer & Schultheiss, 2003a: 171; 2003b: 248).[339] Im Gegensatz hierzu geht es bei der primären Rationierung nicht um die Verteilung einer vorgegebenen zu knappen Menge an Ressourcen, sondern um die Bestimmung dieser Menge; primäre Rationierung hat es mit der Kapazitätsplanung, sekundäre Rationierung mit der Kapazitätsvergabe zu tun. Die primäre Rationierung erfolgt also logischerweise auf einer der sekundären Rationierung übergeordneten Ebene; anders ausgedrückt: sekundäre Rationierung stellt eine Konsequenz der primären Rationierung dar.[340] Wichtig ist hierbei das Wörtchen „eine". Denn die Unterscheidung zwischen sekundärer und primärer Rationierung impliziert, dass es sich bei der Knappheit auf der Ebene, auf der sekundäre Rationierung nötig ist, um eine künstliche und damit um eine Knappheit handelt, die durch menschliche Entscheidung entstanden ist. Dies kommt in der von Arnade (2010: 44) vorgeschlagenen Definition zum Ausdruck, nach der primäre Rationierung dann vorliegt, wenn „Ressourcen derart verknappt werden, dass mit positiver Wahrscheinlichkeit zumindest zeitweise die Nachfrage nicht abgedeckt werden kann". Sekundäre Rationierung kann aber auch die Konsequenz aus natürlicher Knappheit sein; in diesem Fall geht ihr keine primäre Rationierung voraus.

So weit, so gut. In der gesundheitspolitische- und ökonomischen Debatte werden allerdings mehr als zwei Ebenen unterschieden. Nach Dallmann (2011: 2f) oder auch Schockenhoff (2012: 105ff) kann hinsichtlich der Allo-

---

339 Ebenfalls zwei Ebenen der Rationierung, „bedside rationing" und „desktop rationing" unterscheidet Tinghög (2011: 22): „Bedside rationing occurs at the patient level when medical professionals through denial, dilution, or delay withhold services that could potentially benefit the patient. [...] Desktop rationing is a more abstract type of rationing that occurs outside of individual physician-patient encounters, where policy-makers withhold services that could potentially benefit patients. What further distinguishes desktop rationing from bedside rationing is that the former typically affects statistical patients temporally distant from when the actual decision was made. Bedside rationing, on the other hand, typically involves identifiable patients in a context of personal decision making."

340 So stellt z. B. die Entscheidung darüber, „welchen Anteil ihrer knappen volkswirtschaftlichen Ressourcen eine Gesellschaft der Produktion von Gesundheitsleistungen widmen und welchen sie für andere Güter bereit halten möchte" (Breyer, Zweifel & Kifmann, 2013: 231), einen Akt der primären Rationierung dar. Wie die auf Basis dieser Entscheidung dem Gesundheitswesen zur Verfügung stehenden Mittel innerhalb des Gesundheitswesens verwendet werden, obliegt der sekundären Rationierung.

kation von Gütern und Leistungen im Gesundheitswesen zwischen einer Makro-, Meso- und Mikroebene unterschieden werden.[341] Auf der Makroebene „geht es um den Anteil von Gütern und Leistungen auf der gesellschaftlichen Ebene, also um die Frage, welcher Anteil der gesellschaftlich zu verteilenden Mittel in das Gesundheitssystem fließt (üblicherweise ermittelt anhand des Anteils am Bruttoinlandsprodukt)." (Dallman, 2011: 2) Auf der Mesoebene geht es um die „Verteilung der Mittel innerhalb des Gesundheitssystems" (Dallman, 2011: 3) und auf der Mikroebene um die „Verteilung der Mittel an einzelne Patienten oder Patientengruppen" (Dallman, 2011: 3).[342]

Nach Henke & Hesse (2009: 259) erfolgt die Allokation gesellschaftlicher Ressourcen im Gesundheitswesen nicht auf drei, sondern vier verschiedenen Ebenen: Auf Ebene 1 erfolgt die Aufteilung der zur Verfügung stehenden volkswirtschaftlichen Ressourcen auf die diversen Politikbereiche (Gesundheit, Bildung, Umwelt, Familie etc.). Auf Ebene 2 werden die dem Gesundheitswesen zugeteilten volkswirtschaftlichen Ressourcen auf die Teilbereiche des Gesundheitswesens zugewiesen (Prävention, Therapie, Pflege, zahnmedizinische Behandlung etc.). Auf Ebene 3 werden die einem Teilbereich des Gesundheitswesens zugeteilten volkswirtschaftlichen Ressourcen auf Teilbereiche dieses Teilbereichs verteilt (z.B. Aufteilung der dem Teilbereich zahnmedizinische Behandlung zugeteilten Ressourcen auf Prophylaxe, Kieferorthopädie, Prothetik etc.). Und auf der vierten und untersten Ebene geht es um die Aufteilung der einem Teilbereich eines Teilbereichs des Gesundheitswesens zugeteilten volkswirtschaftlichen Ressourcen auf konkrete Patienten (patientenorientierte Gesundheitsversorgung).[343]

---

341 Ebenfalls eine Dreiteilung findet sich bei Weale (1995: 831), der von Rationierung auf drei Ebenen („levels") von „health care choice" spricht, nämlich „the individual, the institutional and the social"; auch Emanuel (2003: 206f) plädiert für eine Unterscheidung von drei Rationierungsebenen, da die Zweiebenenunterscheidung aus seiner Sicht „für die Anwendung in der Gesundheitsversorgung ein wenig grob und deshalb wenig hilfreich ist" Emanuel (2003: 206).

342 Nach Schockenhoff (2012: 106f geht es auf der Makrobene um die „Festlegung einer monetären Obergrenze für das gesamte Gesundheitswesen". Eine solche Festlegung hat notwendigerweise zur Folge, dass auf den tieferen Allokationsentscheidungen getroffen werden müssen, wie diese begrenzten verteilt werden sollen. Auf einer Mesobene „muss eine Entscheidung darüber gretoffen werden, wie die für das Gesundheitswesen insgesamt verfügbaren Mittel auf die verschiedenen medizinischen Sektoren verteilt werden" (Schockenhoff, 2012: 106), z.B. über sektorspezifische Budgetierung. Auf der untersten, der Mikroebene, muss zu guter Letzt „darüber entschieden werden, wie die medizinischen Leistungen, die im Leistungskatalog der gesetzlichen Krankenversicherung vorgesehen sind, den einzelnen Patienten zugeteilt werden" (Schockenhoff, 2012: 107).

343 Auch wenn sie die Ebenen leicht anders definiert, so korrespondiert diese Unterteilung mit der in der Literatur häufig erwähnten (so z.B. bei Bobbert (2003)) Unterteilung von Engelhardt

Vor dem Hintergrund der vielen im Gesundheitswesen auszumachenden Ebenen erscheint die Unterscheidung zwischen primärer und sekundärer Rationierung als zu unterkomplex, um der Realität Rechnung tragen zu können. Sie kann jedoch ohne weiteres mit der Unterteilung des Gesundheitssystems in drei bzw. vier Ebenen zusammengedacht werden: Die auf einer beliebigen Ebene stattfindende Rationierung ist primär oder sekundär in Abhängigkeit davon, ob auf einer über- oder untergeordneten Ebene ebenfalls Rationerungsentscheidungen getroffen werden.[344] Anders ausgedrückt: Die

---

(1996: 387 ff), der im Zusammenhang mit der Allokation von Ressourcen im Gesundheitswesen ebenfalls zwischen vier Ebenen der Allokation, nämlich der Allokation auf einer oberen Makroebene („higher-level macroallocational choices"), einer unteren Makroebene („lower-level macroallocational choices"), einer oberen Mikroebene („higher-level microallocational choices") und einer unteren Mikroebene („lower-level microallocational choices") unterscheidet. Auf der oberen Makroebene werden die dem Gesundheitswesen zur Verfügung stehenden Ressourcen als Anteil an den gesamthaft zur Verfügung stehenden Ressourcen bzw. der Anteil des Gesundheitsbudgets am Gesamtbudget festgelegt. Auf der unteren Makroebene wird das Gesamtgesundheitsbudgets auf die verschiedenen Bereiche des Gesundheitswesens – wie z. B. Gesundheitsförderung, Prävention, Therapie/ Kuration, Rehabilitation, Palliation, Pflege etc. – aufgeteilt. Auf der oberen Mikroebene werden die einem Leistungserbringungsbereich auf der unteren Makroebene zugesprochenen Mittel innerhalb dieses Bereiches verschiedenen Bevölkerungs- und Patientengruppen zugewiesen. Auf der unteren Mikroebene geht es um Verteilungsentscheidungen zwischen Patienten (z. B. Diagnose- und Therapieentscheidungen am Krankenbett).

Ebenfalls zwischen vier Rationierungsebenen differenzieren Dey & Fraser (2000). Sie sprechen von Rationierung auf einem „societal level" („level of political decision making, such as the choice of the extent of public spending on health care" (Dey & Fraser, 2000: 514)), einem „strategic level" („investment decisions by health authorities (e. g., developing their capacity for particular treatments)" (Dey & Fraser, 2000: 521)), einem „programmatic level" („level of managerial decisions about allocating current health resources" (Dey & Fraser, 2000: 525)) und einem der unteren Mikroebene entsprechenden „clinical level".

Wallner (2003) fügt dieser Unterscheidung in vier Ebenen noch eine fünfte hinzu, nämlich die Ebene der internationalen Forschungsallokation. Auf dieser wird darüber entschieden, „wie die Ressourcen der pharmazeutischen und medizintechnischen Industrie eingesetzt werden" (Wallner, 2003: 519). So sinnvoll der Vorschlag an sich ist, so macht es doch streng genommen nicht unbedingt Sinn, hier von einer fünften Ebene zu sprechen. Denn während die im vorangegangenen Absatz identifizierten Ebenen insofern zusammenhängen, als sie die Verwendung der aus einem Topf stammenden Mittel immer weiter ausdifferenzieren, stehen die auf der fünften Ebene verteilten Mittel in keinem solchen Zusammenhang mit den auf einer der vier Ebenen verteilten Mittel. Die fünfte Ebene liegt vielmehr quer zu den anderen vier Ebenen.

344 Im Gegensatz hierzu scheinen Breyer & Schultheiss (2003b: 248) primäre Rationierung mit Rationierung auf der obersten Ebene gleichzusetzen: „Thus ‚primary rationing' pertains to decisions on the allocation of medical services where the opportunity costs are in terms of non-medical consumption whereas in ‚secondary rationing', the opportunity costs are always other medical goods." Dies würde bedeuten, dass die auf allen Ebenen außer der obersten der oben

auf einer bestimmten Ebene stattfindende Rationierung ist primär, wenn und weil unter dieser eine weitere Ebene liegt, auf der mit den Rationierungsentscheidungen der übergeordneten Ebene umgegangen werden muss; auf der untersten Ebene kann es also keine primäre Rationierung geben. Die auf einer bestimmten Ebene stattfindende Rationierung ist sekundär, wenn und weil über dieser eine weitere Ebene liegt, die den Rahmen für die auf dieser Ebene stattfindende Rationierung setzt.[345]

– **Harte versus weiche Rationierung**
Während sowohl bei der harten als auch der weichen Rationierung die zur Verfügung stehende Gütermenge begrenzt bzw. zu knapp ist, so unterscheiden sich diese beiden Rationierungsformen dahingehend, dass die zur Verfügung stehende zu knappe Gütermenge bei ersterer Form der Rationierung nicht erweiterbar ist, bei zweiterer hingegen schon. Harte Rationierung ist also immer dann notwendig, wenn wir es mit einer natürlichen bzw. zumindest kurz- oder mittelfristig nicht behebbaren Knappheit zu tun haben. Der weichen Rationierung liegt demgegenüber eine nur künstliche, aufgrund menschlicher Entscheidungen bestehende Knappheit zugrunde, die grundsätzlich kurz- bis mittelfristig überwunden werden kann. Kurz gesagt: Harte Rationierung liegt dann vor, wenn die zur Verfügung stehende zu knappe Gütermenge nicht größer sein kann als sie es ist oder kurz- bis mittelfristig nicht vergrößert werden kann; weiche Rationierung liegt dann vor, wenn die zu allozierende zu knappe Gütermenge größer sein könnte als sie es ist oder kurz- bis mittelfristig vergrößert werden kann.

Die zur Transplantation zur Verfügung stehenden Organe, z. B. Nieren, sind ein Beispiel für ein weich rationiertes Gut. Auch wenn theoretisch so viele Nieren zur Transplantation zur Verfügung stünden, wie es Menschen gibt, haben wir uns darauf geeinigt, nur diejenigen Nieren als zur Transplantation verfügbar zu betrachten, die freiwillig gespendet werden. Wenn die Politik die Rahmenbedingungen ändert, kann diese Knappheit jedoch aufgehoben

---

eingeführten Ebenen des Gesundheitswesens zu beobachtende Rationierung sekundärer Natur ist – was die Nützlichkeit der Unterscheidung zwischen primärer und sekundärer Rationierung ein wenig in Frage stellt.

345 Streng genommen kann die Rationierung auf der ersten Ebene bzw. der oberen Makroebene damit nur primäre Rationierung sein, da diese ja keine Ebene mehr über sich hat, auf der primäre Rationierung stattfinden könnte. Es macht aus meiner Sicht jedoch auch Sinn, bei der Betrachtung der Rationierung auf der obersten Ebene von sekundärer Rationierung zu sprechen, da auf dieser Ebene zwar nicht mit künstlicher, aber so doch natürlicher Mittelknappheit und damit Vorgaben umgegangen werden muss, die nicht von Entscheidungen auf dieser Ebene selbst abhängen. Insofern ist die Rationierung auf der obersten Ebene der sekundären Rationierung ähnlicher als der primären.

werden. Unabhängig davon, ob sie weich rationiert werden oder nicht, unterliegen letzten Endes jedoch alle Güter der harten Rationierung, da kein Gut in unendlicher Menge vorhanden ist.

- **Starke versus schwache Rationierung**[346]
  Der Unterscheidung zwischen starker und schwacher Rationierung liegt die Frage zugrunde, ob zu knappes Gut privat zugekauft werden kann oder nicht. Während es bei schwacher Rationierung möglich ist, das rationierte zu knappe Gut in finanzieller Eigenverantwortung nachzukaufen, besteht diese Möglichkeit bei starker Rationierung nicht.

  Diese Unterscheidung hängt eng mit der zwischen harter und weicher Rationierung zusammen. Harte Rationierung geht nämlich immer mit starker Rationierung einher, da eine natürliche Knappheit grundsätzlich nicht überwunden werden kann und es insofern nicht möglich ist, ein natürlicherweise zu knappes und damit hart rationiertes Gut irgendwo nachzukaufen; es gibt nämlich schlichtweg nicht mehr von diesem Gut. Ein weich rationiertes Gut kann hingegen grundsätzlich sowohl stark als auch schwach rationiert werden. Spendernieren sind ein Beispiel für ein weich-stark rationiertes Gut, da es sich um ein künstlich knapp gehaltenes Gut handelt, das jedoch nicht in finanzieller Eigenverantwortung beschafft werden kann.

  Da die Rationierungsformen hart/ weich sowie stark/ schwach in logischer Beziehung zueinander stehen macht es Sinn, anstelle dieser vier Rationierungsformen nur von drei Rationierungsformen zu sprechen: weich-stark (privater Zukauf nicht erlaubt), weich-schwach (privater Zukauf erlaubt) und hart-stark (privater Zukauf nicht möglich).[347]

---

346 Eichhorn (2011: 109) bezeichnet – wohl in Anlehnung an Mack (2001: 24) – diese Formen der Rationierung auch als scharfe bzw. direkte (= starke) bzw. indirekte (=schwache) Rationierung. Unter direkter bzw. indirekter Rationierung wird im Rahmen dieser Arbeit jedoch etwas anderes verstanden (siehe weiter unten zur Unterscheidung zwischen direkter und indirekter Rationierung).

347 Gewisse Autoren scheinen nicht explizit zwischen starker/ schwacher sowie harter/ weicher Rationierung zu differenzieren, sondern diese zwei Rationierungsformen in der Unterscheidung zwischen harter und weicher Rationierung zusammenzufassen. So definieren z. B. Breyer, Zweifel & Kifmann (2013: 232; vgl. auch Breyer & Schultheiss, 2003a: 173)) weiche und harte Rationierung ungenauerweise wie folgt: „Weiche Rationierung bedeutet, dass Märkte zugelassen sind, auf denen die Bürger zusätzliche Leistungen kaufen können, die vom kollektiv finanzierten Gesundheitssystem nicht gedeckt sind. Harte Rationierung bedeutet hingegen, dass derartige Märkte verboten sind." Eine ähnliche Definition findet sich auch bei Arnade (2010: 46): „Harte Rationierung bedeutet, dass ein Zukauf über die vom gesetzlichen Leistungssystem zugetielten Leistungen hinaus nicht erlaubt ist, also vorenthaltene Leistungen nicht in finanzieller Eigenverantwortung beschafft werden können. von weicher Rationierung ist hingegen die Rede, wenn über das Maß der gesetzlichen Leistungen, auf die der Versicherte einen anspruch hat, hinaus ein

- **Offene versus verdeckte Rationierung**
  Diese Unterscheidung setzt am Kenntnisstand des Rationierten, d.h. des Empfängers des rationierten Guts bzw. der rationierten Leistung an. Bei der offenen Rationierung ist dem Rationierten bewusst, dass eine Rationierung erfolgt; bei der verdeckten (auch: heimlichen oder verborgenen) Rationierung ist dies dem Rationierten nicht bewusst.
- **Explizite versus implizite Rationierung**
  Ebenfalls am Kenntnisstand des Rationierten setzt die Unterscheidung zwischen expliziter und implizierter Rationierung an.[348] Von impliziter Rationierung wird dann gesprochen, wenn dem Rationierten nicht bekannt ist, auf Basis welcher Kriterien die Rationierung erfolgt. Sie liegt immer dann vor, „wenn der Leistungserbringer ohne ausdrückliche, regelförmige oder transparente Vorgaben entscheidet, wem die knappe Ressource zugeteilt wird" (Eichhorn, 2011: 111). Implizite Rationierungen sind z.B. die Folge von Budgetierungen bzw. Budgetrahmen oder des Setzens finanzieller Anreize.[349] Da dem Rationierten im Falle einer verdeckten Rationierung gar nicht bewusst ist, dass rationiert wird, können ihm logischerweis auch die Rationierungskriterien nicht bekannt sein; wären sie ihm bekannt, wüßte er ja über die Rationierung Bescheid. Insofern sind verdeckte Rationierungen gleichzeitig immer auch implizite Rationierungen; dieser Zusammenhang gilt jedoch nur in einer Richtung, denn implizite Rationierungen müssen nicht automatisch auch verdeckt sein, da einem Rationierten durchaus bewusst sein kann, dass

---

legaler Markt für die zusätzliche Mittelbeschaffung besteht." Auch Schockenhoff (2012: 108) versteht ungenauerweise unter weicher Rationierung eine Form der Rationierung, bei der die Möglichkeit zu privatem Zukauf besteht bzw. bei der es möglich ist, „die ausgeschlossenen Leistungen privat zu bezahlen". Ähnlich ist auch das, was bei Müller (2010: 183) zur Unterscheidung zwischen weicher und harter Rationierung zu lesen ist, letzten Endes eine Beschreibung der Unterscheidung zwischen schwacher und starker Rationierung, wobei dieser Verwechslungsfehler dadurch zu erklären ist, dass er weiche und schwach als synonyme Rationierungsformen versteht.

348 Auch wenn ein Großteil der Literatur nicht zwischen offener/ verdeckter Rationierung auf der einen und expliziter/ impliziter Rationierung auf der anderen Seite unterscheidet, so ist diese Differenzierung durchaus sinnvoll. Dass sie zudem durchaus auch auf Zustimmung stößt, zeigt Zimmermann-Acklin (2007: 63), der von „verdeckter impliziter Rationierung" spricht und damit zeigt, dass es sich hier um zwei unterschiedliche Dinge handelt.

349 Nach Marckmann (2007: 99; vgl. 2010: 8) können finanzielle Anreize auf seiten der Leistungserbringer durch eine Anpassung der Vergütungsform (z.B. Diagnosis Related Groups (DRGs), Kopfpauschalen, Bonus-/Malus-Systeme) gesetzt werden. Die finanzielle Anreizsetzung auf seiten der Leistungsempfänger kann durch Einführung bzw. Anpassung von Zuzahlungen (prozentual, Fixbetrag, Selbstbehalt) erfolgen.

rationiert wird, aber nicht, nach welchen Kriterien.[350] Es wäre also falsch zu sagen, dass die implizite Rationierung ohne Rationierungskriterium bzw. -k–iterien erfolgt; wie die explizite Rationierung auch kommt die implizite Rationierung nicht ohne Kriterium bzw. Kriterien aus, nur sind diese dem Rationierten eben einfach nicht bekannt.

Bei der expliziten Rationierung ist dem Rationierten hingegen klar, anhand welcher Regeln die Rationierung erfolgt: „Bei der expliziten Rationierung werden die Rationierungskriterien offen und damit klar kommuniziert." (Eichhorn, 2011: 114) Explizite Rationierungen sind „ausdrücklich geregelte Einschränkungen" (Zimmermann-Acklin, 2007: 62), die „nach ausdrücklich festgelegten, allgemein verbindlichen Kriterien" (Marckmann, 2010a: 7f; vgl. 2007: 99) erfolgen. Explizite, im Gegensatz zu impliziter, Rationierung liegt dann vor, wenn die Rationierung „nach zuvor festgelegten Kriterien (ex-ante-Prinzip) erfolgt" (Schockenhoff, 2012: 108). Explizite Rationierung ist transparente Rationierung. Beispiele hierfür sind Leistungsausschlüsse oder nach klaren Kriterien reglementierte Zugangsbeschränkungen zu bestimmten Behandlungen. Wenn dem Rationierten die Rationierungskriterien bekannt sind, so ist ihm auch bekannt, dass rationiert wird; entsprechend muss explizite Rationierung gleichzeitig immer auch offene Rationierung sein. Auch dieser Zusammenhang gilt jedoch nur in einer Richtung, denn eine offene Rationierung muss nicht automatisch auch explizit sein, da einem Rationierten durchaus bewusst sein kann, dass rationiert wird, aber nicht, nach welchen Kriterien.

Aufgrund der Tatsache, dass sowohl die Unterscheidung zwischen offener und verdeckter Rationierung sowie die zwischen expliziter und impliziter Rationierung am Kenntnisstand des Rationierten ansetzt und die sich ergebenden vier Rationierungsformen in logischer Beziehung zueinander stehen bzw. das Vorliegen der einen Auswirkungen auf die Möglichkeit des Vorliegens der anderen hat, macht es Sinn, anstelle dieser vier Rationierungsformen nur von drei Rationierungsformen zu sprechen: offen-explizit, offen-implizit, verdeckt-implizit.

Der Vorteil der expliziten Rationierung besteht in der Klarheit der zur Rationierung herangezogenen Kriterien, der Transparenz von Entscheidungen und einer weitgehenden Gleichbehandlung. Sie bringt es jedoch als

350 Auch wenn dem Rationierten bei der impliziten Rationierung nicht bekannt ist, nach welchen Kriterien rationiert wird, so kann hieraus jedoch nicht geschlossen werden, dass die Rationierung regellos erfolgt. Das Wesensmerkmal der impliziten Rationierung ist nicht, dass diese ohne Regeln bzw. willkürlich erfolgt, sondern dass diese Regeln dem Rationierten nicht bekannt sind. Implizite Rationierung ist also Rationierung nach nicht explizit gemachten Kriterien.

Nachteil mit sich, dass die individuelle Entscheidungsfreiheit im Einzelfall eingeschränkt ist und es oft nicht möglich ist, „auf die besonderen Bedürfnisse von einzelnen Patienten einzugehen" (Strech & Marckmann, 2012: 145), da eben alles nach allgemeingültigen Regeln abläuft. Bei der impliziten Rationierung bleibt hingegen die Flexibilität gewahrt, auf die Besonderheiten des Einzelfalls eingehen zu können. Implizite Rationierungen bergen die Gefahr, dass „medizinische Leistungen nach intransparenten, von Patient zu Patient und Arzt zu Arzt wechselnden, ethisch mitunter auch unzureichenden Kriterien zugeteilt werden" (Marckmann, 2007: 100). Diese Herausforderung führt zudem zu einer Zusatzbelastung der Ärzte und Pflegenden, für die sie meist nicht ausgebildet sind und die sie dazu zwingt, „die doppelte Verantwortung als „Anwalt des Patienten und des Spitalbudgets" zu übernehmen" (Zimmermann-Acklin, 2007: 63; vgl. 2008: 26); dies könnte die Patientenautonomie und die informierte Zustimmung gefährden. Die politische Umsetzung der impliziten Rationierung ist hingegen einfacher, da die Verabschiedung eines Budgetrahmens politisch weniger problematisch ist, als sich – wie bei der expliziten Rationierung nötig – auf klar definierte Priorisierungs- bzw. Rationierungskriterien zu einigen (vgl. auch Strech & Marckmann, 2012: 144). In der Literatur ist man sich einig, dass nach Möglichkeit die explizite Form der impliziten Form der Rationierung vorzuziehen ist (vgl. Strech & Marckmann, 2012: 147; Marckmann & in der Schmitten, 2011: 307; Marckmann, 2010a: 8 sowie 2010c: 872; Zimmermann-Acklin, 2007: 65; Groß, 2007: 343)[351] bzw. dass Rationierung bei Vorliegen eines weich rationierten Gutes explizit sein muss (vgl. Breyer, Zweifel & Kifmann, 2013: 233; Breyer & Schultheiss, 2003a: 176 f).[352]

351 vgl. hierzu explizit auch Marckmann (2010c: 872): „Explizite Leistungsbegrenzungen, die auf der Grundlage klar definierter Prioritäten erfolgen, sind gegenüber impliziten und häufig verdeckten Leistungsbegrenzungen zu bevorzugen." Die explizite ist der impliziten Rationierung vor allem deswegen, da bei der impliziten Rationierung „Zuteilungsentscheidungen nach wechselnden, ethisch häufig schlecht begründeten Kriterien erfolgen" (Marckmann & in der Schmitten, 2011: 307; für eine Studie, die diese Aussage belegt, siehe Strech, Synofzik & Marckmann (2008))

352 Marckmann (2010: 7 f; 2007: 99 f) sieht die Unterscheidung zwischen impliziter und expliziter Rationierung als abhängig von der Verteilungsebene. Explizite Rationierung erfolgt für ihn oberhalb der individuellen Arzt-Patient-Interaktion, während es bei der impliziten Rationierung, die aus Budgetierungen und finanziellen Anreizen für die Leistungserbringer oder Patienten resultieren kann, dem Arzt anheimgestellt ist, den Rationierungsentscheid zu treffen, d. h. zu entscheiden, wem er welche Leistungen zukommen lässt und wem nicht. Die implizite Rationierung erfolgt also einzelfallabhängig im Rahmen der individuellen Arzt-Patient-Beziehung. Diese Vor-

- **Direkte Rationierung versus indirekte Rationierung**
  Bei der direkten Rationierung ist die Personengruppe, die rationiert wird, vorher eingegrenzt worden, bei der indirekten Rationierung ist dies nicht das Fall. Wenn allen Personen über 80 Jahren gewisse Operationen nicht mehr von ihrer Krankenversicherung bezahlt bzw. erstattet werden oder Alkoholikern keine Lebern transplantiert werden, dann handelt es sich um eine direkte Rationierung. Wenn hingegen die Personalkosten in allen Krankenhäusern um 10 % reduziert werden, dann kann die daraus resultierende Leistungsrationierung alle Patienten und nicht nur eine bestimmbare und bestimmte Patientengruppe treffen; in diesem Fall liegt also eine indirekte Rationierung vor.

Wenn wir das bisher zu den Formen der Rationierung Gesagte zusammenfassen, ergibt sich folgender morphologischer Kasten der von der Rationierungsebene, dem Rationierungskriterium, dem Kenntnisstand des Rationierten, der Art der zur Rationierung führenden Knappheit und den Adressaten der Rationierung abhängigen Rationierungsformen (vgl. Abbildung 60).[353]

2.2 Rationierungskriterien

Rationierung bedeutet die Allokation (Zuteilung, Verteilung) einer bestimmten Menge an Gütern und/ oder Leistungen, von denen – aus welchen Gründen auch immer – weniger zur Verfügung steht als nachgefragt wird, auf einen bestimmten

---

stellung wird der Realität dann nicht mehr gerecht, wenn man von mehr als zwei Ebenen des Gesundheitswesens ausgeht.

Aus der Perspektive des Ermessensspielraum der behandelnden Ärzte denkend, unterscheidet Schott (2001: 51 f) zwischen starrer und freier Rationierung, wobei diese Unterscheidung nur auf der Mikroebene der Rationierung eine Rolle spielt: „Bei freier Rationierung bestehen gar keine oder nur sehr vage generell-abstrakte Bestimmungen darüber, welche Leistungen nach welche Kriterien zuzuteilen sind. Dem behandelnden Arzt kommt diesfalls nicht nur ein erhebliches Ermessen bei der Anwendung von Normen zu, er ist sogar selbst in weitem Masse der Normgeber. [...] Merkmal der starren Rationierung ist die präzise generell-abstrakte Normierung der Rationierungsregeln durch andere Instanzen als die unmittelbaren Leistungserbringer." Wenn man sich diese Definitionen besieht, wird deutlich, dass diese Unterscheidung im Grunde der zwischen expliziter und impliziter Rationierung entspricht: explizite Rationierung ist starr, implizite ist frei. Aus diesem Grund wird die Unterscheidung zwischen starrer und freier Rationierung nicht weiter berücksichtigt.

353 Wobei zu berücksichtigen ist, dass nicht unbedingt alles mit allem kombiniert werden kann. So ist z. B. die Preis-Rationierung sowie die Rationierung bei Vorliegen eines weich rationierten Gutes immer offen-explizit.

Rationierungs-ebene	Rationierung auf Ebene 1/ oberer Makroebene	Rationierung auf Ebene 2/ unterer Makroebene	Rationierung auf Ebene 3/ oberer Mikroebene	Rationierung auf Ebene 4/ unterer Mikroebene
	Primäre Rationierung		Sekundäre Rationierung	
			Konsequenz aus primärer Rationierung	Konsequenz aus natürlicher Knappheit
Rationierungs-kriterium	Nicht-Preis-Rationierung		Preis-Rationierung (ist immer offen-explizit)	
	Rationierung anhand eines Kriteriums	Rationierung anhand einer Kombination von Kriterien		
Kenntnis-stand des Rationierten	Verdeckt-implizite Rationierung	Offen-implizite Rationierung	Offen-explizite Rationierung	
Art der Knappheit	Hart-starke Rationierung	Weich-starke Rationierung	Weich-schwache Rationierung	
Adressaten der Rationierung	Direkte Rationierung		Indirekte Rationierung	

Abb. 60: Morphologischer Kasten der Rationierungsformen

Kreis von Personen. Um diese Zuteilung vornehmen zu können, bedarf es jedoch eines Kriteriums bzw. einer Kombination von Kriterien, anhand derer die Allokation vorgenommen wird; es bedarf also eines sog. Rationierungkriteriums bzw. einer Kombination von Rationierungskriterien, anhand dessen bzw. derer eine explizite Rangfolge aufgestellt werden kann, die bestimmt, wem wieviel von dem betreffenden Gut und/ oder der betreffenden Leistung zugeteilt werden soll.[354] Ein

354 Diese zeitliche Hierarchisierung bzw. Festlegung der Vorrangigkeit wird auch als Priorisierung (Gegenteil: Posteriorisierung) bezeichnet. Auch wenn die Begriffe Priorisierung und Rationierung oft leider und unglücklicherweise synonym verwendet werden (Fuchs, Nagel & Raspe (2009) nennen eine Gleichsetzung sogar „falsch und irreführend"), so ist Priorisierung nicht identisch mit Rationierung; es ist also nicht zutreffend, wie Schröder (2010: 3) zu behaupten: „Priorisierung bedeutet in letzter Konsequenz, Patientinnen und Patienten medizinisch notwendige Leistungen vorzuenthalten." Auch wenn Priorisierung den ersten Schritt und die Grundlage der Rationierung bildet, so „bedeutet Priorisierung nicht automatisch eine Einschränkung von Leistungen. Dies gilt nur beim Einsatz der Priorisierung zur Kostenreduktion." (Dallmann, 2011: 3; vgl. auch Welti, 2010: 381) Denn wie Eichhorn (2011: 116) richtigerweise erwähnt, können „Priorisierungen [...] auch dazu eingesetzt werden, die Effizienzreserven zu mobilisieren, indem unnütze Interventionen oder marginal wirksame Behandlungen posteriorisiert und damit ausgeschlossen werden." Während also Rationierung Priorisierung voraussetzt, zieht Priorisierung nicht zwingend Rationierung nach sich: „Priorisierung kann, muß aber nicht zu Rationierung führen; dies ist stets abhängig davon, welche Ressourcen zur Verfügung stehen" (Fuchs, Nagel & Raspe, 2009) Ähnlich sieht es ZEKO (2007): „Die Priorisierung medizinischer Leistungen und Indikationen ist nicht zu verwechseln mit ihrer tatsächlichen Rationierung, wenn hierunter das (vorübergehende oder dauerhafte) Vorenthalten medizinisch notwendiger oder wenigstens nützlicher Leistungen aus Knappheitsgründen verstanden wird. Priorisierung als solche führt nicht zwangsläufig zu Rationierung." Auch wenn Priorisierung von manchen als „euphemistisches Synonym für den negativ assoziierten Rationierungsbegriff" (Offermanns, 2011: 37) verwendet wird, bezeichnet er doch etwas anderes als Rationierung.

Während Priorisierungskriterien nicht zwangsläufig zu Rationierungskriterien werden müssen (Priorisierung ist, in den Worten von Marckmann (2010c: 868), „keine Einbahnstraße zur Rationierung"), so sind alle Rationierungskriterien gleichzeitig auch Priorisierungskriterien. Rationierungskriterien sind also zur Rationerung herangezogene Priorisierungskriterien. Gewisse Kriterien können jedoch nicht nur für als Priorisierungs- und/ oder Rationierungskriterien dienen, sondern – wie z. B. die Kosten-Nutzen-Bewertung – auch als Rationalisierungsinstrument.

So liegt z. B. Priorisierung, aber nicht Rationierung, dann vor, wenn – wie in der ärztlichen Praxis alltäglich – entschieden werden muss, welche einer Reihe von nicht gleichzeitig anwendbaren Behandlungsmethoden in welcher Reihenfolge einem Patienten angediehen werden lassen soll; diese Art der Priorisierung wird auch vertikale Priorisierung genannt. In Abgrenzung hierzu werden als horizontale Priorisierung „Dringlichkeitserwägungen zwischen verschiedenen Krankheitsgruppen, Patientengruppen, Versorgungzielen oder Versorgungsbereichen" (Fuchs, 2010: 22) bzw. „eine Entscheidung zwischen verschiedenen Gruppen von Erkrankungen oder verschiedenen Gruppen von Patienten." (Dallmann, 2011: 3) bezeichnet: „Vertikale Priorisierung bezeichnet die Bildung einer Rangfolge von Interventionen bei einer bestimmten Erkrankung (z. B. operative, medikamentöse und strahlentherapeutische Verfahren bei Bronchial-Karzinom). Bei

Rationierungskriterium erlaubt es, eine Antwort auf die Frage zu geben, welchen Personen in welcher Reihenfolge wieviel von welchen zu knappen Gütern und/ oder Leistungen zugeteilt wird. Ein Rationierungskriterium erlaubt es z. B. in folgendem konkreten Fall zu entscheiden, welcher der vier Patienten zuerst behandelt wird bzw. in welcher Reihenfolge die vier Patienten behandelt werden:

> „Wie würden Sie entscheiden?: Mehrere Patienten warten auf ihre Behandlung. Wenn Sie das Sagen hätten: Wer wird bei knappem medizinischem Personal und Gerät als erstes behandelt? Und in welcher Abfolge kommen die anderen an die Reihe? Es sind da:
>
> – die 90-jährige Witwe aus dem Altersheim: Sie hat ihr ganzes bisheriges Leben gesund gelebt und zahlreiche Kinder großgezogen;
> – der 15-jährige Realschüler, der in eine Prügelei im Fußballstadion verwickelt wurde: Er hat sein Leben noch vor sich;
> – der erfolgreiche Topmanager, der sich bei einem Anstieg zur Eigernordwand überschätzt hatte: An seiner schnellen Genesung hängen viele Arbeitsplätze;
> – schließlich der geniale, doch alkoholabhängige Medizinprofessor, der nach einer durchzechten Nacht in einem Graben gefunden wurde: Er steht vor dem Durchbruch in der Einführung einer neuen Heilmethode für eine bislang unheilbare Krankheit. Je eher er wieder auf den Beinen ist, umso schneller kann er sich wieder an die Arbeit machen."
> (Nass, 2009: 5)

---

horizontaler Priorisierung erfolgt eine Rangbildung über unterschiedliche Krankheits- und Krankengruppen bzw. Versorgungsziele hinweg (z. B. Behandlung von Herzkranken oder Therapie von Tumorpatienten)." (Deutscher Ethikrat, 2011: 23) Beske (2012: 1083) definiert wie folgt: „Bei der Priorisierung geht es um Vorrangiges und Nachrangiges, um Prioritäten und Posterioritäten. Vertikale Priorisierung ist in der Medizin die Aufstellung einer Rangordnung, einer Hierarchie innerhalb eines bestimmten und abgegrenzten Versorgungsbereichs, einer bestimmten Indikation oder eines bestimmten Krankheitsbildes, z. B. Herz-Kreislauf-Erkrankungen, Diabetes oder Krebserkrankungen. Daneben ist vertikale Priorisierung ein Instrument der Qualitätssicherung. Horizontale Priorisierung ist die Gewichtung unterschiedlicher Versorgungsbereiche, Indikationen und Krankheiten, letztlich des Leistungsspektrums eines ganzen Versorgungssystems. Priorisierung kann auch Grundlage von Rationierung sein, die Begrenzung von Leistungen bei unzureichenden Finanzmitteln. Posteriore Leistungen weichen prioritären Leistungen." Eine Ausgrenzung gesamter Leistungsbereiche wie z. B. der Zahnmedizin stellt eine Form der horizontalen Rationierung dar. Die ZEKO (2007) grenzt horizontale von vertikaler Priorisierung wie folgt ab: „Generell lässt sich – unscharf – eine *„vertikale"* Priorisierung innerhalb eines abgegrenzten Versorgungsbereichs (z. B. Herzkrankheiten und ihre Versorgung) von einer *„horizontalen"* (d. h. Priorisierung unterschiedlicher Krankheits- und Krankengruppen bzw. Versorgungsziele) unterscheiden." Wenn es um die Frage geht, ob Patienten mit Herzinfarkten oder Patienten mit Appendicitis prioritär behandelt werden sollen, dann diskutiert man über horizontale Priorisierung; über vertikale Priorisierung spricht man, wenn man sich Gedanken macht, welche Patienten innerhalb der Gruppe der Herzinfarktpatienten prioritär medizinisch versorgt werden sollen.

Wie ein zwar keinesfalls erschöpfender, aber doch repräsentativer Blick in die Literatur zeigt (vgl. Schmitz-Luhn & Bohmeier, 2013; Wils & Baumann-Hölzle, 2013: 226; Kruip, 2012; Klonschinski, 2012; Müller, 2011: 64; Fuchs, 2010a: 22; ZEKO, 2007: Kapitel 3.1.2; Ess, 2007: 206; Schöne-Seifert, 2007: 70 f; Schweizerische Akademie der Medizinischen Wissenschaften, 2007: 45 ff; Wallner, 2003: 524 f; Breyer, 2002: 23 f; Schramme, 2002: 129 ff; Sommer, 2001a: 61; Schott, 2001: 292 ff), werden im Zusammenhang mit Rationierung im Gesundheitswesen folgende Rationierungskriterien diskutiert (vgl. Abbildung 61). Es sei aber darauf hingewiesen, dass die nachfolgende – keine Rangfolge implizierende – Auflistung, deren einzelne Elemente man zu Kategorien (wie z. B. soziale Kriterien, medizinische Kriterien, personenbezogene Kriterien etc.) zusammenfassen könnte, zwar nicht erschöpfend, aber doch represäntativ ist.

Im Grunde kann praktisch fast alles Rationierungskriterium verwendet werden, sei es die Farbe des Schnürsenkels, die Anzahl der Haare auf dem Kopf oder die Distanz der Wohnungstür zum nächsten Baum; es kann berechtigterweise gefragt werden, inwiefern solche Kriterien sinnvoll und haltbar sind, aber möglich wären sie. Hinsichtlich des Nutzenkriteriums ist anzumerken, dass in der Praxis die Antwort auf die Frage nach dem medizinischen Nutzen einer Behandlung selten eindeutig beantwortet werden kann. Es können höchstens Wahrscheinlichkeiten angegeben werden, wobei die Angabe einer solchen „weniger von objektiven Kriterien als vielmehr von subjektiven“ (Sommer, 2001a: 59) abhängt. Ähnlich argumentiert auch Zimmermann-Acklin (2007: 59), der schreibt, dass „die Grenzen zwischen notwendigen und nützlichen, zwischen nützlichen und wohltuenden und auch jene zwischen sinnvollen und sinnlosen bzw. sinnlosen und schädlichen Behandlungen fliessend sind und sich nur im Rückgriff auf Wertvorstellungen und Entscheidungssituationen bestimmen lassen“.

2.3 Dimensionen der Rationierung

Wie in Kapitel II.4.3 erläutert, versucht das Instrument der Rationierung die Finanzierungslücke im Gesundheitswesen (FL_{GW}) durch eine Begrenzung der Menge der zu einem Preis (P_{GDL}) nachgefragten bzw. zu finanzierenden Gesundheits (dienst)leistungen (Q_{nGDL}) auf (maximal) das Niveau der Menge der zu P_{GDL} finanzierbaren Gesundheits(dienst)leistungen (Q_{aGDL}) beizukommen. Für eine Begrenzung von Q_{nGDL} stehen drei grundsätzliche Möglichkeiten zur Verfügung: „Rationing can affect three dimensions of coverage: breadth (the share of the population covered), scope (which services are covered) and depth (the extent or cost share to which services are covered).“ (Teutsch & Rechel, 2012: 3; vgl. auch Rechel, Thomson & van Ginneken, 2010: 36). Q_{nGDL} kann reduziert werden, indem

Priorisierungs-/Rationierungskriterien			
Absolute Kriterien			**Verhältniskriterien**
Kosten (direkt und indirekt) • Behandlungskosten • Kosten der Krankheit	**Medizinischer Nutzen** • Definition: Potentieller (Netto-) Nutzen = potentieller (Brutto-) Nutzen – Schadensrisiko • Zu klärende Fragen • Nutzen für wen: Für Patient oder andere Personen, Institutionen/ Organisationen, Gesellschaft? • Konkretisierung des Nutzens: Wahrscheinlichkeit, Länge/ Dauer, Größe, Qualität, Zeit bis Eintritt des Nutzens? • Evidenz des Nutzens?	**Sqeaky-Wheel-Factor** (Personen, deren Bevorzugung die Ressourcensituation nachhaltig verbessert (z.B. Politiker), haben Vorrang)	**Kosteneffektivität/ Wirtschaftlichkeit** • **Kosten-Nutzen-Analyse** (Kosten und Nutzen monetär bewertet) • **Kosten-Wirksamkeits-Analyse** (Kosten in monetären, Nutzen in nicht-monetären Einheiten gemessen, z.B. gerettete Leben, gewonnene Lebensjahre) • **Kosten-Nutzwert-Analyse** (Unterform der Kosten-Wirksamkeits-Analyse; Nutzen gemessen in bestimmter Nutzeneinheit, wie z.B. DALYs (disability-adjusted life years), HYE (healthy years equivalent), HALYs (handicap adjusted life years), SAVEs (saved young life equivalents))
Zahlungsfähigkeit (Willingness to pay (WTP))			
Art der Versicherung		**Sozialer Wert** (social value, social worth) für die Gesellschaft	
Gesundheitsverhalten (Selbstverschulden, Eigenverantwortung)		**Soziale Verantwortung** (Personen mit sozialer Verantwortung (z.B. Eltern, Regierungsmitglieder) haben Vorrang)	
Alter			
Sozioökonomischer Status		**Zugehörigkeit zu speziell bevorzugter Gruppe** (z.B. Veteranen)	
Politische Anschauung	**Medizinische Zweckmäßigkeit:** Wirksamkeit, Behandlungseffektivität, Erfolgsaussicht, Behandelbarkeit	**Unterstützende Umgebung** (Personen mit einem funktionierenden und damit die Erfolgsaussichten der Behandlung erhöhenden sozialen Unterstützungsumfeld haben Vorrang)	
Ethnische Herkunft/ Nationalität (Abstammung, Rasse, Sprache, Herkunft; Staatsangehörigkeit)			
Religion	**Akutprinzip (rule of rescue):** Dringlichkeit, Bevorstehender Tod, (Lebens-) Bedrohlichkeit, Notwendigkeit, Bedürftigkeit*, Leidensdruck	**Programm-Politik** (Personen, die in ein Forschungsdesign passen, oder Personen, an denen sich Erfolg demonstrieren läßt, haben Vorrang)	
Geschlecht			
Psychische Stabilität			
	Behandlungsbereitschaft (Compliancewillen und/ oder Compliancefähigkeit)	**Ethische Kriterien** (z.B. Menschenwürde, Gerechtigkeit, Solidarität)	
Lotterie/ Losentscheid (Chancengleichheit)	**Wartezeit** (z.B. aktuelle Dauer der Erkrankung)	**Reziprozität** (z.B. Organspendebereitschaft)	
First-come-first-served	**Art der Gesundheitsstörung**		
Mitleid	**Schwere der Gesundheitsstörung**		
Ermessen des Rationierenden	**Gefährdung der Mitbevölkerung**		

* Zur Konkretisierung des Priorisierungs-/Rationierungskriteriums der medizinischen Bedürftigkeit schlägt ZEKO (2007) folgende Stufenfolge vor:
- Erste Stufe: Lebensschutz und Schutz vor schwerem Leid und Schmerzen
- Zweite Stufe: Schutz vor dem Ausfall oder der Beeinträchtigung wesentlicher Organe und Körperfunktionen
- Dritte Stufe: Schutz vor weniger schwerwiegenden oder nur vorübergehenden Beeinträchtigungen des Wohlbefindens
- Vierte Stufe: Verbesserung und Stärkung von Körperfunktionen

Abb. 61: Priorisierungs- bzw. Rationierungskriterien

an einer oder mehreren der folgenden drei Dimensionen des einem kollektiv zwangsfinanzierten Gesundheitswesens zugrundeliegenden Zahlungsversprechens („dimensions of coverage“) angesetzt wird (vgl. auch Abbildung 62):

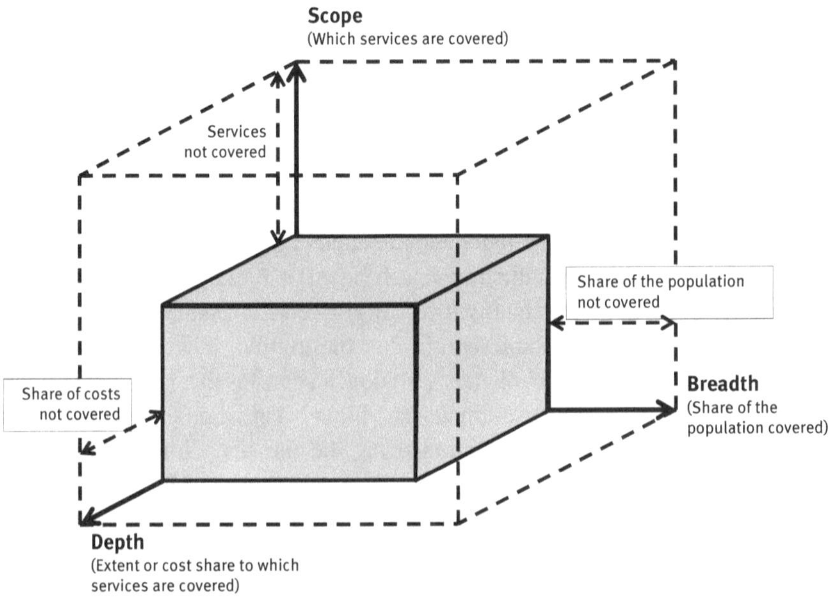

Abb. 62: Rationierung und die drei „dimensions of coverage" (Eigene Darstellung in Anlehnung an WHO, 2010: 15)

- **Scope ↓:** Bestimmte Gesundheits(dienst)leistungen werden aus dem Leistungskatalog eines kollektiv zwangsfinanzierten Gesundheitswesens ausgeschlossen, so dass dieser nicht alle der zu einem Zeitpunkt t_0 erbringbaren Gesundheits(dienst)leistungen umfasst. In der Folge sinkt Q_{nGDL}.
- **Depth ↓:** Der Anteil an den sich aus der Inanspruchnahme aller oder bestimmter Gesundheits(dienst)leistungen ergebenden Kosten, die aus kollektiv zwangsfinanzierten Mitteln finanziert werden, wird auf Kosten des individuell zu finanzierenden Anteils reduziert, so dass der kollektiv zwangsfinanzierte Anteil weniger als 100 % beträgt. In der Folge sinkt Q_{nGDL}.
- **Breadth ↓:** Die Nachfrage nach Gesundheits(dienst)leistungen bestimmter der zu einem kollektiv zwangsfinanzierten Gesundheitswesen zusammengeschlossenen Menschen wird nicht aus dem Pool der kollektiv zwangsfinanzierten Gesundheitswesen finanziert.[355] In der Folge sinkt die zu finanzierende Nachfrage nach Gesundheits(dienst)leistungen Q_{nGDL}.

355 Alternativ dazu könnten auch bestimmte der zu einem kollektiv zwangsfinanzierten Gesundheitswesen zusammengeschlossenen Menschen aus dem Gesundheitswesen ausgeschlossen werden. Diese zweite denkbare Form der Rationierung anhand der Dimension Breadth zeitigt

Im Hinblick auf diese drei Maßnahmendimensionen ist jedoch anzumerken, dass es sich bei zwei dieser Formen der Rationierung letzten Endes um Formen handelt, die im Hinblick auf die dieser Arbeit zugrundeliegende Forschungsfrage (FF_{weit}) nicht relevant bzw. einsetzbar sind. (FF_{weit}) geht es um die Bewertung der moralischen Zulässigkeit der Zuschreibung von (retrospektiver) Rechenschaftsverantwortung für vergangenes gesundheitsschädliches Verhalten; die Voraussetzung, die gegeben sein muss, dass diese Form der Rationierung überhaupt greifen kann, ist also, dass ein in der Vergangenheit liegendes Verhalten vorliegt, das sich als gesundheitsschädlich erwiesen hat. Die Rationierung anhand der Dimensionen Scope (z. B. durch Einschränkung des Leistungskatalogs) und Depth stellen jedoch Formen der Rationierung dar, die greifen, bevor eine Person P überhaupt ein gesundheitsschädliches Verhalten an den Tag gelegt hat; es handelt sich also (wenn man ein gesundheitsschädliches Verhalten V als zeitlichen Nullpunkt nimmt) um Formen der Rationierung, die man als ex ante-Rationierung bezeichnen könnte. In (FF_{weit}) ist demgegenüber eine Form der Rationierung angesprochen, die man (wenn man ein gesundheitsschädliches Verhalten V als zeitlichen Nullpunkt setzt) als ex post-Rationierung bezeichnen könnte, also eine Rationierung, die nach bzw. als Reaktion und in Folge auf ein vergangenes Verhalten erfolgt, welches sich als gesundheitsschädlich erwiesen hat. Für eine solche Rationerung bietet sich im Grunde nur die Rationierungsdimension Breadth an, da es sich bei einem gesundheitsschädlichen Verhalten immer um ein personenbezogenes Merkmal handelt und die Rationierungsdimension Breadth anhand eines oder mehrerer personenbezogener Merkmale rationiert.

---

jedoch eine Konsequenz, aufgrund derer hinter die Sinnhaftigkeit des Einsatzes dieser Maßnahme zumindest ein Fragezeichen zu setzen ist: Eine Beschränkung der Anzahl der Menschen, die einen Anspruch auf einen Anteil am Pool der kollektiv zwangsfinanzierten Mittel haben, kann nur mit einem Ausschluss dieser Menschen aus dem entsprechenden kollektiv zwangsfinanzierten Gesundheitswesen einhergehen; diese Beschränkung hat jedoch nicht nur einen Q_{nGDL} senkenden Einfluss ($Q_{nGDL} \downarrow$), sondern wirkt sich zudem auch negativ auf die zur Finanzierung des Gesundheitswesens zur Verfügung stehenden Mittel (GE $\downarrow$) und damit – bei gegebenem Preis P_{GDL} – auf die finanzierbare Menge an Gesundheits(dienst)leistungen ($Q_{aGDL} \downarrow$) aus (siehe hierzu auch Kapitel II.2.2). Auch wenn Q_{nGDL} letzten Endes stärker sinken dürfte als Q_{aGDL}, so ist das Sinken von Q_{aGDL} ein zu berücksichtigender Nachteil. Entsprechend ist diese Maßnahme der Rationierungsdimension Breadth nur von sekundärer Bedeutung.

3 Was ist eine Person? Ein Überblick über die gängigsten Definitionen

In diesem Kapitel soll durch eine Übersicht über die wesentlichen in der Literatur auffindbaren Definitionsversuche die Bandbreite der Antworten dargelegt werden, die auf die Frage „Was ist eine Person?" gegeben wurden und werden. Die Texte, die für einen Überblick über die verschiedenen in der moralphilosophischen Debatte vorgebrachten Antworten auf diese Frage zu berücksichtigen wären, sind unüberblickbar zahlreich – vor allem wenn man den Blick über die Sprachgrenze des Deutschen hinaus auch auf die angelsächsische Debatte zu diesem Thema richtet. Die folgenden knapp 80, in chronologischer Reihenfolge aufgeführten Textauszüge können deswegen keine umfassende Darstellung aller in der Debatte vorfindbaren Haltungen zur Definition des Personenbegriffs sein, ebensowenig wie sie keinen Anspruch auf Vollständigkeit erheben oder eine Entwicklungsgeschichte des Personenbegriffs[356] ersetzen. Was die nachfolgende Aufstellung jedoch trotz dieser Einschränkungen darstellen kann und auch darstellt, ist eine historisch sortierte repräsentative Stichprobe (Sample) aus der Grundgesamtheit der Personendefinitionen, aus der die wesentlichen Definitionsansätze des Personseins herausgearbeitet werden können. Die kategorisierte Auswertung dieser Vielzahl von Definitionsvorschlägen findet sich in Kapitel V.3, wobei in dieser die Positionen von Cicero, Sueton, Diomedes Grammaticus, Tertullian und Thomas Hobbes keine Rolle spielen, da sie nicht wie die anderen Definitionen präskriptiver, sondern deskriptiver Natur und damit vor allem begriffsgeschichtlich interessant sind, aber im Kontext der Frage, was genau unter dem moralische Rechte und Pflichten begründenden Bergiff der Person zu verstehen ist, praktisch keine Rolle spielen.

– Bei ***Marcus Tullius Cicero*** finden wir folgende Verwendung des Personenbegriffs (De Oratore, Liber 2, 102): „tris personas unus sustineo summa animi aequitate, meam, adversari, iudicis."[357]

---

356 Für einen Überblick über die geschichtliche Entwicklung des Personenbegriffs siehe Brasser (1999), Wils (1997), Baumgartner, Honnefelder, Wickler & Wildfeuer (1998: 170ff) sowie die in Kapitel I versammelten Texte in Sturma (2001).

357 Übersetzt lautet diese Stelle (nach Brasser, 1999: 30): „Ich als einzelner versetze mich mit höchster seelischer Ausgeglichenheit in drei Rollen: in meine (des Verteidigers), die des Gegners und die des Richters." Weitere Stellen aus antiken Texten, in denen der Personenbegriff im Sinne von Maske oder Rolle verwendet wird, finden sich in Brasser (1999: 30ff).

- ***Sueton*** (Gaius Suetonius Tranquillus) schreibt in seiner Vita Tiberi: „Parem moderationem minoribus quoque et personis et rebus exhibuit."[358]
- Der antike oströmische Grammatiker ***Diomedes Grammaticus*** schreibt im ersten Buch seiner Artis Grammaticae in seinen Ausführungen über das Verb („De Verbo"): „personae in verbo sunt tres, per quas universus administrabitur sermo. prima est quae loquitur, ut dico, secunda quacum sermo habetur, ut dicis, tertia de qua quis loquitur et relatio indicatur, ut dicit." (Diomedes, 1857: 334, Zeilen 20 – 23)[359]
- In ***Tertullians*** „Liber de Anima" (XVII, 12) lesen wir: „Sed enim Plato [...] propterea et in Phaedro ex Socratis persona negat se cognoscere posse semetipsum [...]."[360]
- Der im späten fünften bzw. frühen sechsten Jahrhundert nach Christus lebende ***Anicius Manlius Severinus Boëthius*** versteht unter einer Person folgendes: „persona est naturae rationabilis individua substantia" (Boëthius, 1918: Kap. 3)[361]

---

358 Brasser (1999: 32) übersetzt diese Stelle mit: „Einen ähnlich maßvollen Umgang hatte er auch gegenüber Leuten von geringerem Stand und gegenüber Sachen." Sueton versteht „persona" hier nicht als Rolle oder Maske, sondern als Stellung in einem Sozialgefüge.

359 Übersetzt lautet diese Stelle (nach Brasser, 1999: 30): „Beim Verbum gibt es drei Personen, nach denen sich alles Reden aufgliedern lässt. Die erste ist die, die spricht, wie „ich rede", die zweite die, mit der das Gespräch geführt wird, wie „du redest", die dritte die, von der jemand spricht und eine Beziehung anzeigt, wie „er redet"."

360 Brasser (1999: 35) übersetzt diese Stelle mit: „Aber Platon ... verneint deshalb auch im Phaidros aus dem Mund des Sokrates, daß man sich selbst erkennen könnte ... ." Für weitere Tertullian-Stellen, die den Personenbegriff verwenden und explizieren vgl. Brasser (1999: 34 ff). Die seinerzeitige inhaltliche Nähe von Person zu Rolle ist auch aus dem Neuen Testament herauszulesen, wo an diversen Stelle zu lesen ist, dass Gott nicht auf die Person schaut (vgl. Röm 2,11; Gal 2, 6; Eph 6, 9; Jak 2, 1 und 9; 1 Petr 1, 17; Apg 10, 34).

361 Die Definition von Boëthius orientiert sich an einem Beschluss des Konzils von Chalkedon (451), auf dem festgelegt wurde, dass Jesus Christus eine Person mit zwei in der sog. „hypostatischen Union" vereinten Naturen (einer menschlichen und einer göttlichen) ist: „Consentientes sanctis patribus unum eundemque filium confiteri dominum nostrum Iesum Christum consona voce pariter edocemus, perfectum eundem in deitate deum et hominem, verum eundem ex anima rationali et corpore, secundum divinitatem unius cum patre naturae, secundum humanitatem eundem unius naturae nobiscum, per omnia similem nobis absque peccato, ante saecula quidem ex patre natum secundum divinitatem, in novissimis vero diebus eundem propter nos et propter nostram salutem hunc unum eundemque Christum filium dominum unigenitum in duas naturas inconfuse, immutabiliter, indivise, inseparabiliter cognoscendum, in nullo naturarum differentias propter unitatem perimendas, magis autem salva utriusque naturae proprietate et in una coeunte persona unoque statu concurrente, non in duabus personis partiendum vel dividendum, sed unum eundemque filium unigenitum deum verbum dominum Iesum Christum, sicut ab exordio prophetae de eo, et ipse nos erudivit, et pro nobis tradidit symbolum. His itaque cum omni un-

- ***Alexander von Hales*** versteht unter einer Person folgendes: „Persona est hypostasis, distincta proprietate ad dignitatem pertinente." (Alexander von Hales, 1951: Glossa 1, 23, 9 b)
- Für ***Thomas von Aquin*** ist der begriff Person ein „nomen rei"[362], der ein individuelles Seiendes bezeichnet, das in einer bestimmtes Natur subsistiert (vgl. Iª q. 30 a. 4 co.: „hoc autem nomen persona non est impositum ad significandum individuum ex parte naturae, sed ad significandum rem subsistentem in tali natura"). Konkret definiert er eine Person wie folgt:
  - „persona significat id quod est perfectissimum in tota natura, scilicet subsistens in rationali natura" (Iª q. 29 a. 3 co.)
  - Person ist „subsistens in natura intellectuali" (De potentia, q. 9 a. 3 ad 1)
  - „Persona [...] significat quamdam naturam cum quodam modo existendi. Natura autem, quam persona in sua significatione includit, est omnium naturarum dignissima, scilicet natura intellectualis secundum genus suum. Similiter etiam modus existendi quem importat persona est dignissimus, ut scilicet aliquid sit per se existens." (De potentia, q. 9 a. 3 co.)
  - „persona est individuum rationalis naturae, quae est completissima, et ubi stat tota intentio naturae" (Super Sent., lib. 3 d. 6 q. 1 a. 1 qc. 1 ad s. c.)
  - „persona significat id quod est perfectissimum in tota natura, scilicet subsistens in rationali natura" (Iª q. 29 a. 3 co.)
  - „persona est rationalis naturae individua substantia" (Iª q. 34 a. 3 ad 1; vgl. Iª q. 40 a. 3 co.)
- ***Richard von Sankt Viktor*** definiert eine Person als „intellectualis naturae incommunicabilis existentia" (1959: IV, 22), wobei – wie Wils (1997: 36) ausführt – unter Inkommunikabilität „im heutigen Sprachgebrauch „Unhintergehbarkeit" oder „Nicht-Reduzierbarkeit"" zu verstehen ist.
- ***Thomas Hobbes*** versteht – in Anlehnung an das antike Verständnis von Person als Rolle, aber bereits mit Anklängen an ein funktionalistisches Personenverständnis – eine Person als ein Wesen, das jemanden (sich oder einen anderen) vertritt, sie ist ein „representer of speech and action" (Hobbes, Le-

dique subtilitate et diligentia a nobis ordinatis, statuit sancta et universalis synodus aliam fidem nulli licere profiteri aut scribere aut docere aut dicere aliter. Qui autem audent exponere aliam fidem aut proferre aut docere aut tradere aliud symbolum volentibus converti ad scientiam veritatis ex gentilibus, ex Iudaeis vel hereticis quibuscumque, si quidem episcopi aut clerici fuerint, alienos esse episcopos ab episcopatu et clericos a clero, si vero monachi vel laici fuerint, anathema fieri."

Wald (2005: 23) paraphrasiert die Definition von Boëthius, die so auch von Seifert (2003) vertreten wird, treffend wie folgt: „Alle Personen sind Individuen und als Individuen von Nicht-Personen unterschieden durch die wesenhafte Rationalität ihrer Natur."

362 Spaemann (1996: 41) übersetzt diesen Ausdruck mit „allgemeiner Eigenname".

viathan: Chapter XVI): „A person is he whose words or actions are considered, either as his own, or as representing the words or actions of another man, or of any other thing to whom they are attributed, whether truly or by fiction. When they are considered as his own, then is he called a natural person: and when they are considered as representing the words and actions of another, then is he a feigned or artificial person. [...]So that a person is the same that an actor is, both on the stage and in common conversation; and to personate is to act or represent himself or another; and he that acteth another is said to bear his person, or act in his name." (Hobbes, 2012: Chapter XVI)

- Mit dem Substanzgedanken brechend und den Personenbegriff in ein „metaphysical vacuum" (Gordijn, 1999: 352) hebend, ist aus Sicht von ***John Locke*** das Personsein abhängig vom Besitz von Rationalität und Selbstbewusstsein, d. h. der Fähigkeit, sich seiner Vergangenheit und Zukunft bewusst zu sein:[363]
  - „We must consider what person stands for;- which, I think, is a thinking intelligent being, that has reason and reflection, and can consider itself as itself, the same thinking thing, in different times and places; which it does only by that consciousness which is inseparable from thinking, and, as it seems to me, essential to it: it being impossible for any one to perceive without perceiving that he does perceive. [...] For, since consciousness always accompanies thinking, and it is that which makes every one to be what he calls self, and thereby distinguishes himself from all other thinking things, in this alone consists personal identity, i. e. the sameness of a rational being: and as far as this consciousness can be extended backwards to any past action or thought, so far reaches the identity of that person; it is the same self now it was then; and it is by the same self with this present one that now reflects on it, that that action was done." (Locke, 1690: Book II, Chapter 27, Section 9)

363 Wie Baumgartner, Honnefelder, Wickler & Wildfeuer (1998: 197) darlegen, stand für Locke trotz der aus seiner Personendefinition resultierenden Trennung von Personsein und Menschsein außer Frage, „daß auch unmündige und nichtzurechnungsfähige Menschen in ihrem Anspruch auf Leben geschützt werden müssen [...]. Da der von ihm umschriebene Personenbegriff diesen Schutz nicht zu begründen vermag, greift er an den Stellen, wo es um diese Gruppen von Menschen geht, auf den Begriff der Art zurück, den er mit den Begriffen der Schöpfung und des Eigentums Gottes an seinen Geschöpfen als normativen Begriff legitimiert. [...] Damit nimmt Lock für den Lebensschutz des unmündigen und nicht zurechnungsfähigen Menschen auf den Begriff Bezug, den er als Kriterium für den Lebensschutz von Personen (in dem vom ihm gemeinten Sinn) ablehnt, nämlich den der substantiellen Art." Eine solche Lösung stellt aber ein nicht unwesentliches Problem für Lockes Theorie dar, da sie die Konklusion des eigenen Arguments unterläuft und abgelehnte Prämissen durch die Hintertür wieder einführt.

  - „Self is that conscious thinking thing,– whatever substance made up of, (whether spiritual or material, simple or compounded, it matters not)- which is sensible or conscious of pleasure and pain, capable of happiness or misery, and so is concerned for itself, as far as that consciousness extends.“ (Locke, 1690: Book II, Chapter 27, Section 17)
  - „[...]; for whatever substance there is, however framed, without consciousness there is no person: [...].“ (Locke, 1690: Book II, Chapter 27, Section 23)
- ***Gottfried Wilhelm Leibniz*** lässt in seiner als Dialog angelegten Besprechung von Lockes „Essay Concerning Human Understanding“ seine Protagonisten sagen: „Philalèthe. Le mot de personne emporte un être pensant et intelligent, capable de raison et de réflexion, qui se peut considérer soi-même comme le même, comme une même chose, qui pense en différents temps et en différents lieux; ce qu‘i’ fait uniquement par le sentiment qu‘i’ a de ses propres actions. [...] Théophile. Je suis aussi de cette opinion, que la consciosité ou le sentiment du moi prouve une identité morale ou personnelle.“ (Leibniz, 1921: 187 f (Livre Deuxieme, Chapitre XXVII, §9))[364]
- ***Immanuel Kant*** versteht unter einer Person ein autonomes, d. h. mit freiem Willen ausgestattetes und zur Selbstgesetzgebung fähiges Vernunftwesen (vgl. auch Schönecker & Wood, 2007: 144 ff sowie Kant, 1979/1784: 1319 ff), eine „homo noumenon“ (Kant, 1797: 434):
  - „Was sich der numerischen Identität seiner selbst zu verschiedenen Zeiten bewusst ist, ist eine Person. Nun ist die Seele etc. Also ist sie eine Person.“ (Kant, 1781: 227)
  - „Die Wesen, deren Dasein zwar nicht auf unserm Willen, sondern der Natur beruht, haben dennoch, wenn sie vernunftlose Wesen sind, nur einen relativen Werth, als Mittel, und heißen daher Sachen, dagegen vernünftige Wesen Personen genannt werden, weil ihre Natur sie schon als Zwecke an sich selbst, d.i. als etwas, das nicht bloß als Mittel gebraucht werden darf, auszeichnet, mithin so fern alle Willkür einschränkt (und ein Gegenstand der Achtung ist).“ (Kant, 1785: 428)

---

364 In der Übersetzung von Ernst Cassirer (vgl. Leibniz, 1996: 222 f (Zweites Buch, Kapitel 27, §9)) liest sich diese Stelle übersetzt: „Philalethes: Das Wort Person bedeutet ein denkendes und vernünftiges, der Vernunft und Reflexion fähiges Wesen, welches sich selbst als ein Selbiges, als dasselbe Wesen, das zu verschiedenen Zeiten und an verschiedenen Orten denkt, betrachten kann: eine Betrachtungsweise, die einzig und allein auf dem Bewußtsein beruht, das es von seinen eigenen Handlungen besitzt. [...] Theophilus: Auch ich bin dieser Meinung, daß die Bewußtheit oder das Selbstbewußtsein eine moralische oder persönliche Identität beweist.“

  - „Nun folgt hieraus unstreitig: daß jedes vernünftige Wesen als Zweck an sich selbst sich in Ansehung aller Gesetze, denen es nur immer unterworfen sein mag, zugleich als allgemein gesetzgebend müsse ansehen können, weil eben diese Schicklichkeit seiner Maximen zur allgemeinen Gesetzgebung es als Zweck an sich selbst auszeichnet, imgleichen daß dieses seine Würde (Prärogativ) vor allen bloßen Naturwesen es mit sich bringe, seine Maximen jederzeit aus dem Gesichtspunkte seiner selbst, zugleich aber auch jedes andern vernünftigen als gesetzgebenden Wesens (die darum auch Personen heißen) nehmen zu müssen." (Kant, 1785: 438)
  - „Wenn nur vernünftige Wesen können Zweck an sich selbst seyn, so können sie es nicht darum seyn, weil sie Vernunft, sondern weil sie Freiheit haben. Die Vernunft ist bloß ein Mittel." (Kant, 1979/1784: 1321)[365]
  - „Person ist dasjenige Subject, dessen Handlungen einer Zurechnung fähig sind. Die moralische Persönlichkeit ist also nichts anders, als die Freiheit eines vernünftigen Wesens unter moralischen Gesetzen [...], woraus dann folgt, daß eine Person keinen anderen Gesetzen als denen, die sie (entweder allein, oder wenigstens zugleich mit anderen) sich selbst giebt, unterworfen ist. Sache ist ein Ding, was keiner Zurechnung fähig ist. Ein jedes Object der freien Willkür, welches selbst der Freiheit ermangelt, heißt daher Sache (res corporalis)." (Kant, 1797: 223)
  - „So ist es eine in praktischer Hinsicht ganz richtige und auch nothwendige Idee, den Act der Zeugung als einen solchen anzusehen, wodurch wir eine Person ohne ihre Einwilligung auf die Welt gesetzt und eigenmächtig in sie herüber gebracht haben; [...]." (Kant, 1797: 280 f)
  - „Daß der Mensch in seiner Vorstellung das Ich haben kann, erhebt ihn unendlich über alle andere auf Erden lebenden Wesen. Dadurch ist er eine Person und vermöge der Einheit des Bewußtseins bei allen Veränderungen, die ihm zustoßen mögen, eine und dieselbe Person, d.i. ein von Sachen, dergleichen die vernunftlosen Thiere sind, mit denen man nach Belieben schalten und walten kann, durch Rang und Würde ganz unterschiedenes Wesen, selbst wenn er das Ich noch nicht sprechen kann, weil er es doch in Gedanken hat." (Kant, 1798: 127)
- In seinem 1913 bis 1916 entstandenen Werk „Der Formalismus in der Ethik und die materiale Wertethik" schreibt ***Max Scheler*** über das Personsein (Scheler, 1980: 371): „An diesen Bestimmungen ist – wie die Folge zeigen wird – eines

365 vgl. auch Kant (1785: 436): „Autonomie ist also der Grund der Würde der menschlichen und jeder vernünftigen Natur." sowie Kant (1785: 446): „Der Begriff der Freiheit ist der Schlüssel zur Erklärung der Autonomie des Willens."

ganz richtig: daß nämlich Person niemals als ein Ding oder eine Substanz gedacht werden darf, die irgendwelche Vermögen oder Kräfte hätte, darunter auch „Vermögen" oder eine „Kraft" der Vernunft usw. Person ist vielmehr die unmittelbar miterlebte Einheit des Erlebens – nicht nur ein gedachtes Ding hinter und außer dem unmittelbaren Erleben." Person meint nach Scheler „einen unvordenklichen Einheitspol, der verschiedenartige Akte zentriert" (Brasser, 1999: 114): „Person ist die konkrete, selbst wesenhafte Seinseinheit von Akten verschiedenartigen Wesens, die an sich (nicht also pros hämas [für uns]) allen wesenhaften Aktdifferenzen (insbesondere auch der Differenz äußerer und innerer Wahrnehmung, äußeren und inneren Wollens, äußeren und inneren Fühlens und Liebens, Hassens usw.) vorhergeht. Das Sein der Person „fundiert" alle wesenhaft verschiedenen Akte."

- Nach ***Peter Coffey*** (1918: 265) „a person simply is a subsisting nature, that is rational, intelligent, Persona est suppositum rationale."
- ***Edith Stein*** (1995: 334) schreibt zum Personenbegriff: „Wie hängen Geistigkeit und Personhaftigkeit zusammen? Wir haben unter Person den Wesensträger, und zwar den Träger einer vernunftbegabten Natur, verstanden. Die Vernunftbegabung scheidet die Person von der Hypostase als dem Wesensträger im weiteren Sinn."[366]
- ***Eberhard Welty*** versteht eine Person wie folgt: „Darin aber liegt das Signum der Person und des personalen Seins: Geistige Individualität zu sein, selbständiges Wesen in der Ordnung des geistigen Seins." (Welty, 1935: 84; vgl. 126 ff)
- ***Papst Pius XII.*** definiert das Personsein in einer Ansprache vom 10.04.1958 auf dem Internationalen Kongress für angewandte Psychologie wie folgt: „Wir definieren ‚Person' als leiblich-seelische Einheit des Menschen, insofern sie von der Seele bestimmt und gelenkt wird." (Papst Pius XII., 1958: 269)[367]
- Für ***Peter Strawson*** besitzen Personen sowohl mentale („P-predicates") als auch körperliche („M-predicates") Charakteristika:[368]

---

366 Mit dem griechischen Wort Hypostase („ὑπόστασις"; lies: hypóstasis), wird – wie mit dem lateinischen Begriff Substanz („substantia") – das bezeichnet, was darunter liegt, was das Ganze trägt.

367 Im Original der auf Französisch gehaltenen Ansprache liest sich das so: „Nous définissons la personnalité comme ‚l'unité psycho-somatique de l'homme, en tant que déterminée et gouvernée par l'âme'."

368 vgl. hierzu Strawson (1959: 104): „The first kind of predicate consists of those which are also properly applied to material bodies to which we would not dream of applying predicates ascribing states of consciousness. I will call this first kind M-predicates: and they include things like ‚weighs ro stone', ‚is in the drawing-room' and so on. The second kind consists of all the other predicates we apply to persons. These I shall call P-predicates. P-predicates, of course, will be very various. They

  - „What I mean by the concept of a person is the concept of a type of entity such that both predicates ascribing states of consciousness and predicates ascribing corporeal characteristics, a physical situation &c. are equally applicable to a single individual of that single type.“ (Strawson, 1959: 101)
  - „The concept of a person is to be understood as the concept of a type of entity such that both predicates ascribing states of consciousness and predicates ascribing corporeal characteristics, a physical situation &c. are equally applicable to an individual entity of that type.“ (Strawson, 1959: 104)
- ***Germain Grisez*** (1989: 28) zitiert die von ihm ins Englische übersetzte Position des belgischen Theologen ***Pierre de Locht*** (1968: 155), welcher zum Thema Personsein schreibt: „But it seems to me useful to pose a preliminary question: How is one constituted a human person? Is it by a merely biological act? It seems to me astonishing that a spiritual being be constituted by a solely biological act. Does not the fact that the parents perceive the fetus as a human person make any difference in itistonstitution as a human being, as a spiritual being? Is it not necessary that there be established a relation of person to person, a relation of generators with the fetus, for it to become a human person?“
- ***Daniel Callahan*** vertritt die Position, dass Personsein von der entwickelten Rationalität eines Lebewesens und den damit verbundenen Fähigkeiten des Denkens, Wollens und Wünschens sowie der Beziehungsfähigkeit abhängt: „Abortion is an act of killing, the violent, direct destruction of potential human life, already in the process of development. That fact should not be disguised, or glossed over by euphemism and circumlocution. It is not the destruction of a human person – for at no stage of its development does the conceptus fulfill the definition of a person, which implies a developed capacity for reasoning, willing, desiring and relating to others – but it is the destruction of an important and valuable form of human life.“ (Callahan, 1970: 497 f)
- Für den Vertreter der Sukzessivbeseelungstheorie ***Joseph Donceel*** (1970: 101) hängt Personsein vom Vorhandensein einer rationalen Seele und das Vorhandensein dieser wiederum vom Vorhandensein einer geeigneten materiellen Infrastuktur, insbesondere der Sinnesorgane und des Gehirns, ab: „The least we may ask before admitting the presence of a human soul is the

will include things like ‚is smiling‘, ‚is going for a walk‘, as well as things like ‚is in pain‘, ‚is thinking hard‘, ‚believes in God‘ and so on.“

availability of these organs: the senses, the nervous system, the brain, and especially the cortex. Since these organs are not ready during early pregnancy, I feel certain that there is no human person until several weeks have elapsed.“ Somit kann ein Mensch die ersten zwei bis drei Monate nach seiner Zeugung keine Person sein.

- ***Bernard Gert*** vertritt hinsichtlich der Frage, was eine Person ausmacht, folgende Position: „If a body does not have any psychological features, then it is not a person, and hence the question of personal identity cannot even arise“ (Gert, 1971: 457 f)
- Für ***Harry Frankfurt*** „It is having second-order volitions [...] that I regard as essential to being a person“ (Frankfurt, 1971: 10), wobei Frankfurt hierunter „the capacity for reflective self-evaluation“ (Frankfurt, 1971: 7) versteht. Eine Person ist also ein Wesen, das die Fahigkeit besitzt, seine Motivation zu einer Handlung kritisch zu reflektieren und sich mit dieser zu identifizieren oder sie abzulehnen und zu ändern.
- Für ***Joseph Fletcher*** (1972; 1974) konstituiert der Besitz von folgenden fünfzehn Fähigkeiten eine Person, wobei neocorticale Funktion das Schlüsselkriterium darstellt, das allen anderen Fähigkeiten zugrundeliegt: „1. Minimal intelligence 2.Self-awareness, 3. Self-control, 4. A sense of time, 5. A sense of futurity, 6. A sense of the past, 7. The capability to relate to others, 8. Concern for others, 9. Communication, 10. Control of existence, 11. Curiosity, 12. Change and changeability, 13. Balance of rationality and feeling, 14. Idiosyncrasy, 15. Neo-cortical function.“ (Fletcher, 1974: 5; vgl. auch 1972)
- ***Michael Tooley*** vertritt die Position, dass das Bewusstsein seiner selbst als ein die Zeit überdauerndes Subjekt aus einem moralisch neutralen Wesen eine Person macht: „What properties must something have in order to be a person, i.e., to have a serious right to life? The claim I wish to defend is this: An organism possesses a serious right to life only if it possesses the concept of a self as a continuing subject of experiences and other mental states, and believes that it is itself such a continuing entity.“ (Tooley, 1972: 44)
- ***Tristram Engelhardt*** trifft eine Unterscheidung zwischen biologisch menschlichem und personalem menschlichen Leben („Mere human biological life precedes the emergence of the life of persons in the strict sense, and it usually continues for a while after their death.“ (Engelhardt, 1996: 241)).
  - Personen sind im Kern „free and responsible moral agents“ (Engelhardt, 1996: 9), d.h. „self-conscious rational entities“ (Engelhardt, 1996: 137) bzw. „entities that can with justification be blamed and praised“ (Engelhardt, 1996: 144). Der Personenbegriff von Engelhardt hängt – in Anknüpfung an Kant – an vier Voraussetzungen: „These four characteristics of self-consciousness, rationality, moral sense, and freedom identify

those entities capable of moral discourse, capable of creating and sustaining a moral community, capable of giving permission. The principle of permission and its elaboration in the secular morality of mutual respect applies only to such beings. It concerns only persons, which notion (i.e. being a person) is defined in terms of the ability to enter into this practice of resolving moral controversies through agreement. The morality of autonomy is the morality of persons." (Engelhardt, 1996: 139)

- Auch wenn Tristram Engelhardt die Wichtigkeit anderer Faktoren (wie das Vorhandensein von Selbstbewusstsein („self-consciousness") und die Fähigkeit zur Bildung einer sog. „community of ends" (Engelhardt, 1996: 144)) betont, macht für ihn unabhängig davon im Wesentlichen das Vorhandensein zerebraler Funktionen die Person aus: „For a person to be embodied and present in the world he must be conscious in it. [...] The brain is the singular focus of the embodiment of the mind, and in its absence man as a person is absent." (Engelhardt, 1973: 21; vgl. auch 1996)[369]

- Für ***Marry Anne Warren*** (1973: 54 f) ist personhood an folgende Bedingungen geknüpft: „(1) consciousness (of objects and events external and/ or internal to the being), and in particular the capacity to feel pain; (2) reasoning (the developed capacity to solve new and relatively complex problems); (3) self-motivated activity (activity which is relatively independent of either genetic or direct external control); (4) the capacity to communicate, by whatever means, messages of an indefinite variety of types, that is, not just with an indefinite

369 Wie John Locke und Norbert Hörster bekommt auch Hugo Tristram Engelhardt Angst vor seiner eigenen Courage und führt, um das Recht auf Leben auch der Menschen zu retten, auf die seine Persondefinition im strengen Sinne nicht anwendbar ist, die Kategorie „being a person for social reasons" bzw. „a social sense of person" (Engelhardt, 1996: 147) ein. Auch wenn soziale Personen (zu denen z.B. Kinder im Mutterleib, kleine Kinder und geistige Behinderte gehören) nicht wie Personen im vollen Sinne des Engeldhardt'schen Personenbegriffes behandelt werden dürften („because such entities do not have intrinsic moral standing through being moral agents" (Engelhardt, 1996: 147)), werden ihn aus konsequentialistischen Überlegungen heraus behandelt „as if they were persons" (Engelhardt, 1996: 147) und ihnen „some of the major rights of persons" (Engelhardt, 1996: 147) zugeschrieben: „Weil die Personen im eigentlichen Sinn die Werte und Tugenden des Familienlebens und der Sorge für die Schwächeren aufrecht erhalten wollen und ihnen am Fortleben oder Überleben der genannten Menschen liegt, ist es ihr Nutzen, der sie dazu veranlasst, den Lebensschutz auf diese Gruppen auszudehnen. De facto zieht dies in der Regel keinen geringeren Lebensschutz nach sich; de iure besteht aber von Seiten der Betroffenen ein Recht auf Schutz nur, insofern er ihnen von den Personen verliehen wird. Im Konfliktfall kann daher auch ein Mitglied dieser Gruppe als Mittel gebraucht werden." (Baumgartner, Honnefelder, Wickler & Wildfeuer, 1998: 203) Dieser Appendix zu Engelhardts Personentheorie ist jedoch nicht sonderlich überzeugend.

number of possible contents, but on indefinitely many possible topics; (5) the presence of self-concepts, and self-awareness, either individual or racial, or both."

- ***Anthony Meredith Quinton*** (1973: 194 f) listet fünf immateriell-psychologische Kriterien auf, die er für notwendig und hinreichend für das Personsein erachtet: „consciousness" (vor allem: consciousness of self), „rationality" (vor allem: capacity for abstract reasoning), „will" oder „agency" (vor allem: being able to form intentions, consider alternatives and direct actions accordingly), „morality" (vor allem: living according to principle and being responsible for one's actions) und „the capacity to form and hold relationships" (vor allem: understand and identify with the interests, desires and needs of others).
- Auch wenn sie dem Nutzen des Personenbegriffs in der bioethischen Debatte kritisch gegenübersteht (bzw. um zu zeigen, wieso sie so denkt), hat uns ***Jane English*** eine Liste mit Kriterien zusammengestellt, die in der bioethischen Debatte als notwendige und/ oder hinreichende Kriterien für das Personsein verargumentiert werden: „What is typical of persons? Within our concept of person we include, first, certain biological factors: descended from humans, having a certain genetic makeup, having a head, hands, arms, eyes, capable of locomotion, breathing, eating, sleeping. There are psychological factors: sentience, perception, having a concept of self and of one's own interests and desires, the ability to use tools, the ability to use language or symbol systems, the ability to joke, to be angry, to doubt. There are rationality factors: the ability to reason and draw conclusions, the ability to generalize and to learn from past experience, the ability to sacrifice present interests for greater gains in the future. There are social factors: the ability to work in groups and respond to peer pressures, the ability to recognize and consider as valuable the interests of others, seeing oneself as one among „other minds", the ability to sympathize, encourage, love, the ability to evoke from others the responses of sympathy, encouragement, love, the ability to work with others for mutual advantage. Then there are legal factors: being subject to the law and protected by it, having the ability to sue and enter contracts, being counted in the census, having a name and citizenship, the ability to own property, inherit, and so forth." (English, 1975: 234 f)
- ***David Wiggins*** schlägt vor, „rewrite Locke's famous sentence, and say that a person is any animal the physical make-up of whose species constitutes the species' typical members thinking intelligent beings, with reason and reflection, and typically enables them to consider themselves the same thinking things, in different times and places." (Wiggins, 1980: 188)

- ***Emerich Coreth*** (1981: 78) schreibt: „Der Mensch ist sicher erst im vollen Sinn Person, nämlich im Sinn aktualisierten Personseins, wenn er in Bewußtsein und Freiheit zu sich selbst gekommen ist, sich selbst als Person versteht und verwirklicht."
- ***Daniel Dennett*** schlägt sechs notwendige Konditionen des Personseins vor (1981: 269 f):[370] „What I wish to do now is consider six familiar themes, each a claim to identify a necessary condition of personhood, and each, I think, a correct claim on some interpretation. [...] The first and most obvious theme is that persons are rational beings. [...] The second theme is that persons are beings to which states of consciousness are attributed, or to which psychological or mental or intentional predicates, are ascribed. [...] The third theme is that whether something counts as a person depends in some way on an attitude taken toward it, a stance adopted with respect to it. This theme suggests that it is not the case that once we have established the objective fact that something is a person, we treat him or her or it in a certain way, but that our treating him or her or it in this certain way is somehow and to some extent constitutive of its being a person. [...] The fourth theme is that the object toward which this personal stance is taken must be capable of reciprocating in some way. [...] This reciprocity has sometimes been rather uninformatively expressed by the slogan: to be a person is to treat others as persons. [...] The fifth theme is that persons must be capable of verbal communication. [...] The sixth theme is that persons are distinguishable from other entities by being conscious in some special way: there is a way in which we are conscious in which no other species is conscious. Sometimes this is identified as self-consciousness of one sort or another."
- Bei ***Robert C. Solomon*** (1983: 214) finden wir folgende Aussage: „That is, to be a person, or a fully developed person anyway, is to have a conception of oneself, to see oneself as an individual with rights, to have plans and ambitions for oneself, whether or not oneself alone."
- Für ***Teresa Iglesias*** (1984: 35) hat Personsein nichts mit dem Besitz von Fähigkeiten zu tun: „What makes us persons is the kind of beings we are, the kind of nature we possess, and not a passing state or stage of that kind of being. (...) They are not human organisms first and persons only subsequently."
- Gemäß ***Derek Parfit*** besteht die einfachste Antwort auf die Frage „What is the nature of a person?" darin, dass „to be a person, a being must be self-cons-

370 Es sei der Vollständigkeit halber jedoch angefügt, dass Dennett diese sechs Bedingungen zwar als notwendig, jedoch nicht ausreichend betrachtet (vgl. 1981: 285).

cious, aware of its identity and its continued existence over time." (Parfit, 1984: 202)

- ***Jenny Teichman*** definiert Personsein wie folgt: „Being a human being, i. e. a human animal, is a sufficient condition of being a person. What it is to be a human animal may perhaps be a further question; I use the term here mainly in order to rule out, on the one hand, mere human matter, such as human finger-nail parings, because to be a finger-nail paring is not a sufficient condition of being a person; and to rule out, on the other hand, any thesis to the effect that being a human animal is not enough, that one must also for example have an immortal soul, or an IQ of 120." (Teichman, 1985: 184)
- ***Michael Lockwood*** (1985: 10) schreibt: „A person is a being that is conscious, in the sense of having the capacity for conscious thought and experiences, but not only that: it must have the capacity for reflective consciousness and self-consciousness."
- ***Phillips & Dawson*** (1985: 30) knüpfen Personsein an die Entwicklung folgender Eigenschaften: „Becoming a person is a gradual process involving the emergence of consciousness, the ability to form relationships, to have emotional responses, to have a sense of identity, and so on."
- ***Charles Taylor*** versteht unter dem Begriff „Person" folgendes: „A person is a being who has a sense of self, has a notion of the future and the past, can hold values, make choices; in short, can adopt life-plans. At least, a person must be the kind of being who is in principle capable of all this, however damaged these capacities may be in practice. Running through all this we can identify a necessary (but not sufficient) condition. A person must be a being with his own point of view on things. The life-plan, the choices, the sense of self must be attributable to him as in some sense their point of origin. A person is a being who can be addressed, and who can reply. Let us call a being of this kind a ‚respondent'." (Taylor, 1985: 97)
- ***John Harris*** betrachtet Personen als Wesen, die ihr eigenes Leben bzw. ihre eigene Existenz wertschätzen können:
  - „Persons are beings capable of valuing their own lives." (Harris, 1985: 16)
  - „A person will be any being capable of valuing itistwn existence." (Harris, 1985: 18)
  - „My suggestion then is that if we ask „which lives are valuable in the ultimate sense, which lives are the lives of persons?," the answer will be „the lives of any and every creature, whether organic or not, who is capable of valuing his/her or its own existence"." (Harris, 1999: 303)
  - „Most current accounts of the criteria for personhood follow John Locke in identifying self consciousness, coupled with fairly rudimentary intelligence, as the most important features. My own account uses these, but

argues that they are important *because* they permit the individual to value her own existence. The important feature of this account of what it takes to be a person, namely that *a person is a creature capable of valuing its own existence*, is that it also makes plausible an explanation of the nature of the wrong done to such a being when it is deprived of existence." (Harris, 2003: 13)

- ***Oliver O'Donovan*** (1985: 129) vertritt die Position, dass „in speaking of the human person we are not speaking of any kind of capacity nor of any kind of attribute." Er ist der Auffassung, dass „Personality discloses personhood; it does not constitute it. Persons attributes develop as consciousness develops; but persons do not develop, for they are not in the category of quality but of substance."
- Bei ***Jeremy Brown*** findet sich folgende Definition: „I shall use the word ‚person' to mean any being, human or otherwise, which has sufficient mental function to render its deliberate destruction intrinsically wrong, whereas the term ‚human being' shall refer to any being which is a member of the species Homo Sapiens, whithout regard to the nature of its mental life." (Brown, 1986: 201)
- ***Peter Carruthers*** (1986: 234) schreibt: „A human being is a person to the extent that they are a rational self conscious agent with the capacity for the distinctive human emotions and affective ties. So there are some human who are not persons."
- In ihren Ausführungen zum Hirntod gibt uns ***Karen Grandstrand Gervais*** (1988: 157 f) folgendes implizites Kriterium der Personalität: „The justification for an upper-brain death criterion would be better enunciated thus: the individual's essence consists in the possession of a conscious, yet not necessarily continuous, mental life; if all mental life ceases, the person ceases to exist; when the person ceases to exist, the person has died. Upper-brain death destroys all the capacity for a conscious mental life, and it is therefore the death of the person."
- ***Allen Buchanan*** listet folgende „cognitive capacities" auf, die gemeinhin als notwendige Kriterien für das Personsein eines Wesens betrachtet werden: „(a) the ability to be conscious of oneself as existing over time-as having a past and a future, as well as a present; (b) the ability to appreciate reasons for or against acting; being (sometimes) able to inhibit impulses or inclinations when one judges that it would be better not to act on them; (c) the ability to engage in purposive sequences of actions." (Buchanan, 1988: 284)
- ***Amélie Oksenberg Rorty*** (1988: 43) schreibt: „A person is […] (a) capable of being directed by its conception of its own identity and what is important to that identity, and (b) capable of interacting with others, in a common world. A

person is that interactive member of a community, reflexively sensitive to the contexts of her activity, a critically reflective inventor of the story of her life."

- Nach ***Robert E. Joyce*** (1988: 201) ist Personsein wie folgt definiert: „But I would suggest that a person is not an individual with a developed capacity for reasoning, willing, desiring, and relating to others. A person is an individual with a natural capacity for these activities and relationships, whether this natural capacity is ever developed or not. Individuals of a rational, volitional, self-conscious nature may never attain or may lose the functional capacity for fulfilling this nature to any appreciable extent. But this inability to fulfill their nature does not negate or destroy the nature itself, even though it may, for us, render that nature more difficult to appreciate or love. But that difficulty would seem to be a challenge for us as persons more than it is for them."
- ***Roland Puccetti*** (1988: 272) versteht unter einer Person folgendes: „A Person is more than a living human organism; it is a conscious entity that builds a personal life from agency and experience, and until and only for so long as it has a capacity for conscious experience does the notion of a right to life, if there is such a thing, take hold."
- Für ***Peter A. French*** (1988: 302) ist eine Person ein „intentional agent": „To decide that something is a person is at least to have determined that it makes sense to redescribe some of itistehavior in a way that makes true sentences that say that it acted intentionally." (French, 1988: 303)
- Für ***Germain Grisez*** (1989: 40) sind Personen „all whole, bodily individuals with a rational nature".
- Nach ***Dietmar Mieth*** (1990: 93) besteht zwischen Menschsein und Personsein kein Unterschied: „Menschliches Leben ist von Beginn an personales Leben. Es gibt kein signifikantes Merkmal der Entwicklung, das sich als eigener Beginn einer Personwerdung festhalten ließe."
- ***Joel Feinberg*** und ***Barbara Baum Levenbook*** sprechen von einem „set of characteristics C" (Feinberg & Levenbook, 1993), das bei Vorliegen in seiner Gesamtheit die notwendige und hinreichende Bedingung für das Vorliegen von Personsein bildet. Auch wenn Feinberg & Levenbook keine komplette „list of person-making characteristics" (1993) entwickeln wollen, so enthält C für sie im Sinne eines „working criterion" im Kern folgende Charakteristika: „consciousness", „self-awareness" und „minimal rationality" (Feinberg & Levenbook, 1993).[371]

371 Auch wenn sie ihre eigene Person in dieser Form einschränken geben Feinberg & Levenbook (1993; vgl. auch Feinberg, 1982) zudem noch eine „commonsense" Definition von Personsein an: „In the commonsense way of thinking, persons are those beings who are conscious, have a concept and awareness of themselves, are capable of experiencing emotions, can reason and acquire

- Unter expliziter und zustimmender Erwähnung der Haltung von Michael Tooley machen ***Helga Kuhse*** und ***Peter Singer*** den Personenbegriff vom Vorliegen folgender Bedingungen abhängig:
  - „We [...] shall us the term ‚person' to refer to those beings who are capable of seeing themselves as continuing selves – that is, as self-aware beings existing over time. [...] Normal adults and children, but not foetuses and infants, are persons; that is, they are self-aware and purposeful beings with a sense of the past and the future. They can see their lives as a continuing process, they can identify with what has happened tot hem in the past, and they have hopes and plans for the future. For this reason we can say that in normal circumstances they value, or want, their own continued existence, and that life is in their interest." (Kuhse & Singer, 1994a: 168)
  - „Our lives as persons – as self-aware and purposeful beings with a sense of the past and the future – did not begin until some time after birth, when we cased to be beings with momentary interests and became ‚continuing selves'." (Kuhse & Singer, 1994a: 171)
  - „If normal mature human beings have a greater right to life than cats or pigs, that must be grounded in their distinctive capacities. In particular, it would seem plausible to draw a distinction between beings who are capable of understanding that they exist over time, with a past and a future, and beings who are incapable of this understanding, and exist only in a akind of eternal present, on a moment by moment basis. We call the former kind of being a person, using the term in a sense used by philosophers for many centuries. To kill a person capable of having wishes and desires, plans and projects for the future, is to wrong the person by cutting off the wishes and desires, plans and projects, leaving them unfulfilled and perhaps rendering meaningless much that has gone before. A being not even conscious that it has a future cannot suffer this kind of loss. That is why if one is going to use the language of rights at all, it would be reasonable to say that a person, as we have defined the term, has a serious right to life not possessed by those who are not persons." (Kuhse & Singer, 1994b: 103 f)
  - „Some human beings, for instance fetuses and newborn infants, are not rational and self-conscious, and therefore not persons, while some

---

understanding, can plan ahead, can act on their plans, and can feel pleasure and pain." (Feinberg & Levenbook, 1993) nonhuman animals, for instance chimpanzees, are rational and self-conscious and should be considered persons." (Singer & Kuhse, 1994: 133)

- Nach ***Axel Honneth*** – der sich hierbei an Gottfried Wilhelm Friedrich Hegel und George Herbert Mead orientiert – wird eine Person durch ein bestimmtes Selbstverhältnis, nämlich durch die Anerkennung seiner selbst als eines Wesens mit positiven Eigenschaften und Fähigkeiten, konstituiert: „Die Individuen werden als Personen allein dadurch konstituiert, daß sie sich aus der Perspektive zustimmender oder ermutigender Anderer auf sich selbst als Wesen zu beziehen lernen, denen bestimmte Eigenschaften und Fähigkeiten positiv zukommen." (Honneth, 1994: 277 f)[372]
- ***John Finnis*** schreibt: „To be a person is to belong to a kind of being characterized by rational (self-conscious, intelligent) nature. To have a particular nature is to be so constituted, dynamically integrated, as to have certain capacities (for example self-awareness and reasoning)." (Finnis, 1995: 48). Für Finnis ist hierbei „the active potential" (Finnis, 1999: 14; vgl. auch 1973) für diese Fähigkeiten ausschlaggebend für das Personsein: „An entity which, remaining the same individual, will develop into a paradigmatic instance of a substantial kind already is an instance of that kind."
- ***Robert Larmer*** vertritt die Position, dass „the potential for human consciousness is a sufficient condition of personhood" (Larmer, 1995: 249).
- Für ***Clemens Breuer*** ist der Mensch von Beginn seiner Existenz an Person: „Das Konzept der Person ist nicht primär ein biologisches Konzept, sondern menschliche Wesen sind Personen aufgrund aufgrund ihrer menschlichen Natur." (Breuer, 1995: 37) Entsprechend schlussfolgert er: „Was den Menschen zur Person macht, ist seine Artzugehörigkeit und kann nicht durch das Erreichen von Selbstbewußtsein bestimmt werden." (Breuer, 1995: 38)
- Für ***Norbert Hörster*** (vgl. 1995a: 70 ff), für den sich Personsein bzw. das damit verbundene Recht auf Leben „auf eine metaphysikfreie und säkulare Weise allein auf dem Weg über ein schutzwürdiges Interesse am Überleben begründen" (Hörster, 1995b: 20) lässt, ist eine Person ein Wesen mit Selbst- oder Ich-Bewusstsein, d. h. ein Wesen, das „sich selbst als dasselbe Wesen im Zeitablauf verstehen kann" (1995a: 75) und das deswegen neben gegenwarts- auch zukunftsbezogene Wünsche haben kann. Personen sind dadurch gekennzeichnet, dass sie im Gegensatz zu Nicht-Personen ein Überlebensinteresse haben, wobei für Hörster Überlebensinteresse „gleichbedeutend (ist)

372 In der englischen Übersetzung lautet der Text wie folgt: „The only way in which individuals are constituted as persons is by learning to refer to themselves, from the perspective of an approving or encouraging other, as beings with certain positive traits and abilities." (Honneth, 1995: 173)

mit dem Wunsch oder dem Streben eines Individuums entweder nach Überleben als solchem oder nach einem Erlebnis- oder Bewusstseinszustand, der in der Zukunft liegt und dessen Eintritt deshalb das eigene Überleben zur Voraussetzung hat" (Hörster, 1996: 885; vgl. 1995a: 75).[373]

- Für ***Dieter Birnbacher*** besteht ein Konsens der Debatte über die Person darin, dass alle Seiten „den Personenstatus an im wesentlichen dieselben Bedingungen knüpfen, nämlich an den Besitz bestimmter kognitiver und moralischer Fähigkeiten" (Birnbacher, 1997: 12; 2006: 58; vgl. auch 2001: 312). Auch wenn er selbst dem Personenbegriff eher kritisch gegenübersteht (vgl. 1997: 24; 2001: 317; 2002: 43; 2006) und das Personsein für ihn „lediglich eine von vielen Möglichkeiten der Zuerkennung moralische Rechte" (2001: 316) darstellt, da der Personenbegriff „zu einseitig fähigkeitsorientiert (scheint), um die Gesamtheit der einem Wesen zugeschriebenen moralischen (Freiheits-, Anspruchs-, Teilhabe-)Rechte zu begründen" (2001: 317),[374] fasst er die in der Debatte vorgebrachten Fähigkeiten, die ein Lebewesen besitzen muss, damit es als Person bezeichnet werden kann, in folgender Liste zusammen (Birnbacher, 1997: 13; 2001: 312f; 2006: 59f):
  - „A. Kognitive Fähigkeiten: 1. Intentionalität, Fähigkeit zu Urteilen; 2. zeitliche Transzendenz der Gegenwart (Zukunftsbewußtsein/ Erinnerungsfähigkeit); 3. Selbstbewußtsein, Ichbewußtsein; 4. Selbstdistanz, Präferenzen zweiter Stufe; 5. Rationalität, Vernünftigkeit
  - B. Moralische Fähigkeiten: 1. Autonomie, Selbstbestimmung; 2. Moralität, Moralfähigkeit; 3. Fähigkeit zur Übernahme von Verpflichtungen; 4. Fähigkeit zur kritischen Selbstbewertung."

---

373 Hörster wendet jedoch dieses Kriterium (bzw. die, wie er es nennt, „Idealnorm" (Hörster, 1995a: 128), nach der alle und nur Personen ein Recht auf Leben haben), das auch die Tötung geborener Kinder bis zu einem gewissen Alter erlauben würde, nicht stringent an, sondern ersetzt es durch eine pragmatische bzw. „Praxisnorm" (Hörster, 1995a: 128ff). Nach dieser hat „jedes geborene menschliche Individuum [...] ein Recht auf Leben" (Hörster, 1995a: 132), zumal der Zeitpunkt der Geburt nur wenige Monate vor dem Zeitpunkt der Aktualisierung des Ich-Bewusstseins liegt und die Nachteile dieser Praxisnorm sich somit in Grenzen halten. Für eine Auseinandersetzung mit der Personenposition Norbert Hörsters vgl. Rhonheimer (2004: 103ff sowie 1996).

374 Er selbst plädiert zwar für eine direkte Zuschreibung von moralischen Rechten aufgrund z. B. von Empfindungsfähigkeit, Interessen und Bedüftigkeiten ohne eine Schleife über den Personenbegriff, hält jedoch „eine minimalistische Explikation (des Personenbegriffs) für den aussichtsreichsten Kandidatenm, mit A1 und A2, möglicherweise auch A3 als notwendige deskriptive Bedingungen: Eine Person muß urteilen, handeln, in die Zukunft blicken und einen Begriff von sich selbst haben können." (Birnbacher, 2001a: 313)

- Nach ***Roger Scruton*** (1996: 26) bezeichnet der Begriff Person „potential members of a free community – a community in which the individual members can lead a life of their own. Persons live by negotiation and, through rational dialogue, create the space which their projects require. Such dialogue can proceed only on certain assumptions and these assumptions show us what persons really are.
  - Both parties to the dialogue must be rational – that is, able to give and receive reasons for action and to recognise the distinction between good and bad reasons, between valid and invalid arguments, between justifications and mere excuses.
  - Both parties must be free – that is, able to make choices, to act intentionally in pursuit of their goals and to take responsibility for the outcome.
  - Both parties must desire the other's consent and be prepared to make concessions in order to obtain it.
  - Both parties must be accepted as sovereign over matters which concern their very existence as freely choosing agents. Their life, safety and freedom must therefore be treated as inviolable and to threaten them is to change from dialogue to war.
  - Each party must understand and accept obligations – for example, the obligation to honour an agreement."
- Auch wenn er nicht dezidiert über Personen spricht bzw. definiert, was er unter einer Person versteht, so findet sich bei ***Thomas Scanlon*** doch eine Aussage dazu, welchen Wesen gegenüber wir Pflichten haben, nämlich „the class of beings whom it is possible to wrong will include at least all those beings who are of a kind that is normally capable of judgment-sensitive attitudes" (1998: 186)
- ***David Coffey*** (1999) versteht – wenn auch im Kontext der Theologie und zur Frage der Dreifaltigkeit Gottes schreibend – unter Personen „subsistent relations": „Human beings are persons because they stand in a transcendental relation to another than themselves, to God, and they achieve their personhood before him through relations with other human beings in the world." (Coffey, 1999: 86)
- ***Joseph Raz*** betrachtet Personen als rationale Wesen, d. h. Wesen mit entwickelter Rationalität:
  - „Persons are rational beings, that is, they possess the ability to perceive that some things are good or bad in various ways, and to respond appropriately." (Raz, 1999: 151)
  - „To want to be rational is to want to be a person." (Raz, 1999: 69)
- ***Francis Beckwith*** ist der Auffassung, dass Personsein nichts mit Funktionen, sondern mit in der Natur eines Wesens angelegten Fähigkeit zur Entwicklung

ausgewählter Fähigkeiten zu tun hat: „What is crucial morally is the being of a person, not his or her functioning. A human person does not come into existence when human function arises, but rather, a human person is an entity who has the natural inherent capacity to give rise to human functions, whether or not those functions are ever attained. [...] A human person who lacks the ability to think (either because she is too young or she suffers from a disability) is still a human person because of her nature. Consequently, it makes sense to speak of a human being's lack if and only if she is an actual person." (Beckwith, 2000: 20) Für Beckwith ist eine Person „a substance with a rational nature" (Beckwith, 2011: 80).

- Für ***Robert Spaemann*** ist der Personenstatus „der einzige Status, der niemandem von anderen verliehen wird, sondern der jemandem natürlicherweise zukommt" (Spaemann, 1996: 26)
  - „Worauf es ankommt, ist, dass wir personale Identität nicht durch qualitative Merkmale definieren, wenngleich es qualitative Merkmale der Spezies Mensch sind, die uns die Abstraktion möglich machen. Wer wir sind, ist offenbar nicht einfachhin identisch mit dem, was wir sind." (Spaemann, 1996: 19)
  - „Sie (Menschen) sind nicht einfach ihre Natur, ihre Natur ist etwas, das sie haben. Und dieses Haben ist ihr Sein. Personsein ist das Existieren von „rationalen Naturen"." (Spaemann, 1996: 40)
  - „Personen sind, indem sie eine Natur [...] als eine Weise zu sein haben." (Spaemann, 1996: 81)
  - „Das Sein von Personen ist das Haben einer Natur." (Spaemann, 1996: 145)
  - „Personen sind, indem sie das, was sie sind, als ihre Natur haben. [...] Die Natur, deren Subsistenz die Person ist, ist die Natur eines organischen Lebewesens. Personen sind Lebewesen." (Spaemann, 1996: 144)
  - „Personen sind ihr Leben." (Spaemann, 1996: 168; vgl. auch 264)
  - „Personen sind nicht unmittelbar ihre Natur. Sie müssen das Haben einer Natur fortwährend leisten. [...] Die Person kann sich sogar ihre Seins, das sie als ihre Natur hat, entledigen. Da aber ihr Sein selbst das Haben einer Natur ist, kann sie sich ihrer Natur nur entledigen, wenn sie sich selbst zum Verschwinden bringt. Die Person bleibt nicht, wenn der Mensch verschwindet." (Spaemann, 1996: 117)
  - „Nach klassischer Sicht ist die menschliche Natur wesentlich eine vernünftige Natur. Was ein Mensch von seinem Wesen her ist, zeigt sich an einem normalen erwachsenen Menschen. An ihm sehen wir, daß der Mensch jemand, daß er wesentlich Person ist. So gibt es keinen Grund, nicht auch diejenigen als Personen zu betrachten und mit ihnen als Personen umzugehen, die die gleiche Natur, aber in einer noch unent-

wickelten oder einer defekten Form besitzen. Personsein ist ja nicht eine qualitative Bestimmtheit, sondern die Person ist derjenige, der solche Bestimmtheiten hat. Es ist für die menschliche Natur wesentlich, daß sie von einer Person, also von jemandem, gehabt wird." (Spaemann, 2001a: 419 f)

- „‚Person' ist der Mensch selbst, nicht ein bestimmter Zustand des Menschen." (Spaemann, 2001a: 427)
- „Personalität als Status kommt einer 'Natur' zu, die vernünftig, und das heißt: der Selbsttranszendenz fahig ist. Aber dabei kann es nicht auf die tatsächliche Realisierung der Selbsttranszendenz ankommen, sonst wären nicht nur Schlafende keine Personen, sondern auch unmoralische Menschen, also perfekte Egoisten, nicht. Es kommt aber überhaupt nicht auf temporal begrenzte psychische Zustände an, sondern auf Lebewesen, die ihrer Natur nach irgendwann mögliche Subjekte solcher Zustände sind." (Spaemann, 2001b)
- „Ich möchte [...] die These verteidigen, dass nicht eine Eigenschaft, sondern das Sein des Menschen" (Spaemann, 2012: 40), wobei dieses Sein „das Haben einer menschlichen Natur" (Spaemann, 2012: 48).

- Sich an Martin Bubers Werk „Ich und Du" und seiner Idee des Primats der Beziehung orientierend definiert der Psychologe ***Tom Kitwood*** (1997: 8) Personsein folgendermaßen: „It is a standing or a status that is bestowed on one human being, by another in the context of relationship and social being. It implies recognition, respect and trust." Personsein besteht also in einer bestimmten Form des Wahrgenommen- bzw. Behandeltwerdens, oder um es mit weniger Worten zu sagen: „To to be a person is to be addressed as Thou." (Kitwood, 1997: 10)
- Für den Physiker ***John Polkinghorne*** hat eine „Theory of Everything" nicht nur die Quantenmechanik und die allgemeine Relativitätstheorie, sondern erstaunlicherweise auch das Personsein menschlicher Lebewesen zu umfassen. Er liefert dazu folgende Definition des Personseins: „Let us come straight to the point. A central question is the significance to be assigned to personhood in forming a credible and adequate account of reality. By a person I mean at least this: a self-conscious being, able to use the future tense in anticipation, hope and dread; able to perceive meaning and to assign value; able to respond to beauty and to the call of moral duty; able to love other persons, even to the point of self-sacrifice." (Polkinghorne, 2000: 11)
- ***Günter Rager*** (2000: 16 f) schreibt: „Unter Person verstehen wir das Ich, das sich in der Verantwortung für sein Handeln weiß."
- Für ***Paola Cavalieri*** ist eine Person ein „subject of relation" (2001: 120), wobei eine Beziehung sowohl als Beziehung zu einem Selbst als auch zu Anderen

gedacht werden kann. Um solche Beziehungen eingehen zu können, bedarf es sowohl des Bewusstseins als auch des Selbstbewusstseins. Eine Person ist als ein Wesen, das Bewusstsein und Selbstbewusstsein besitzt: „We have so far reached the conclusion that, if construed in terms of heterorelation, the concept (of the person) points at the possession of consciousness, and if construed in terms of self-relation, it points instead at the possession of self-consciousness."

- Wie ***Barbara Merker*** schreibt, sind die „Kriterien der Personalität, die in bestimmten theologisch-teleologischen Kontexten festgelegt worden sind, [...] auch nach der theoretischen Preisgabe solcher theologisch-telelogischer Prämissen weitgehend akzeptiert worden und erhalten geblieben" (Merker, 2001: 369) sind. Bei den erwähnten die heutige Personendebatte wesentlich prägenden Kriterien handelt es sich um die „personenkonstitutiven Eigenschaften Wille und Vernunft" (Merker, 2001: 369), auch wenn diese heute „im Detail ganz unterschiedlich expliziert werden: als Fähigkeiten zu besonderen Formen der Intentionalität, des Selbstbewußtseins, der Selbstdistanz und (temporalen) Selbsttranszendenz" (Merker, 2001: 369). Wie sie – ohne damit zwingend ihre eigene Position zu bezeichnen – weiter ausführt, gelten „als kognitiv und/ oder volitiv kompetent [...] Wesen, die die Fähigkeit zu höherstufigen Formen der Intentionalität haben, Fähigkeit haben, sich als distinktive Entitäten mit synchroner und diachroner Identität zu begreifen, Fähigkeit zu temporaler Selbsttranszendenz, also zu zukunfts- und vergangenheitsbezogenen Formen der Intentionalität haben, Fähigkeit zu rationalen Überlegungen, zu Rechtfertigungen durch Gründe, zur Kommunikation haben, Fähigkeit zu Willensfreiheit, Selbstbestimmung, Autonomie und Verantwortlichkeit haben, Fähigkeit besitzen, Kooperationspartner oder Diskurspartner zu sein, Fähigkeit haben, moralische Rücksicht zu üben." (Merker, 2001: 370) Entsprechend werden Wesen, die solche kognitiven und/ oder volitiven Fähigkeiten besitzen als Personen charakterisiert.
- Für ***Jeff McMahan*** machen ausreichend sophistizierte und komplexe mentale Fähigkeiten und damit das Vorhandensein von Selbstbewusstsein eine Person aus:
  - „As I use the term, a ‚person' is a being with a rich and complex mental life, a mental life of a high order of sophistication." (McMahan, 2002: 45)
  - „Throughout this book, I will use the term ‚person' to refer to any entity with a mental life of a certain order of complexity and sophistication. Roughly speaking, to be a person, one must have the capacity for self-consciousness." (McMahan, 2002: 6)
- In einem im Jahr 1970 erstmals publizierten Buch beschreibt ***Paul Ramsey*** Personen wie folgt: „He is a person who within the ambience of the flesh

claims our care. He is an embodied soul or an ensouled body." (Ramsey, 2002: xiii)

- ***Ludger Honnefelder*** betrachtet – ganz Kantianisch – eine Person als ein „Lebewesen, das seiner Natur nach das Vermögen besitzt, selbstgesetzte Zwecke zu verfolgen" (Honnefelder, 2003: 66) bzw. dem „die Natur eines vernünftigen Wesens eigen ist" (Honnefelder, 2003: 66): „Person ist im ethischen Zusammenhang eine praktische Zuschreibung, mit der ich mich selbst und den anderen als ein sittliches Objekt identifiziere. Diese Identifizierung impliziert eine Anerkennung der Würde des sittlichen Subjekts, d. h. eine Anerkennung der Unantastbarkeit seines Subjektseins. Der unmittelbare Grund der Unantastbarkeit ist nicht der Besitz bestimmter biologischer oder metaphysischer Eigenschaften, sondern der Status, der dem Menschen zukommt, weil er seiner Natur nach das Vermögen besitzt, Subjekt von ihm selbst verantworteter Zwecke zu sein." (Honnefelder, 2000: 68)
- Die Position von Harry Frankfurt umkehrend vertritt ***Julian Nida-Rümelin*** die Auffassung, dass „das was es eigentlich ausmacht, eine Person zu sein, [...] nicht im Wollen, sondern in der Vernunft" (Nida-Rümelin, 2005: 91) liegt: „Das Essentiale der Person ist Gründe abwägen" (Nida-Rümelin, 2005: 89). Entsprechend ist alles zu unterlassen, „was einer Person Grund gibt, sich gedemütigt zu fühlen" (Nida-Rümelin, 2005: 134), da Demütigung ein Angriff auf die Selbstachtung, d. h. die durch die Fähigkeit der Vernunft vermittelte Fähigkeit eines Menschen ist, sich selbst „als Person, als freien und verantwortlichen Akteur" zu verstehen (Nida-Rümelin, 2005: 136).
- Nach Ansicht von ***Jürgen Habermas*** wird der Mensch erst mit Geburt zur Person: „Was den Organismus erst mit der Geburt zu einer Person im vollen Sinn des Wortes macht, ist der gesellschaftlich individuierende Akt der Aufnahme in den öffentlichen Interaktionszusammenhang einer intersubjektiv geteilten Lebenswelt. Erst im Augenblick der Lösung aus der Symbiose mit der Mutter tritt das Kind in eine Welt von Personen ein, die ihm *begegnen*, die es anreden und mit ihm sprechen können. Keineswegs ist das genetisch individuierte Wesen im Mutterleib, als Exemplar einer Fortpflanzungsgemeinschaft, „immer schon" Person. Erst in der Öffentlichkeit einer Sprachgemeinschaft bildet sich das Naturwesen zugleich zum Individuum und zur vernunftbegabten Person." (Habermas, 2005: 64 f)
- Nach ***Patrick Lee*** und ***Robert George*** ist eine Person nicht „a consciousness which inhabits (or is somehow associated with) and uses a body" (Lee & George, 2005: 15); vielmehr sind Personen „particular kinds of physical organisms" (Lee & George, 2005: 15). Entsprechend ist für sie folgendes Kriterium ausschlaggebend für den moralischen Status bzw. das Personsein eines Seienden: „having a rational nature, that is, having the natural capacity to

reason and make free choices, a capacity it ordinarily takes months, or even years, to actualize, and which various impediments might prevent from being brought to full actualization, at least in this life." (Lee & George, 2008: 412) An anderer Stelle drücken sie die gleiche Position mit anderen Worten aus: „People may stipulate different meanings for the word „person," but we think it is clear that what we normally mean by the word „person" is that substantial entity that is referred to by personal pronouns – „I," „you," „she," etc. It follows, we submit, that a person is a distinct subject with the natural capacity to reason and make free choices."

- ***David DeGrazia*** versteht Personen als „beings with certain complex forms of consciousness" (2006: 40) bzw. als „someone (of whatever species or kind) with the capacity for sufficiently complex forms of consciousness" (2005: 6), wobei er anmerkt, dass der Ausdruck „capacity in the sense of current capacities" zu verstehen ist (2005: 6): „‚Person' does not simply mean ‚human being' or even ‚h,man being [with certain capabilities]'. The term refers to a kind of being defined by certain psychological traits or capacities: beings with particular complex forms of consciousness, such as self-awareness over time, rationality, and sociabililty." (2006: 41).
- ***Cécile Fabre*** definiert eine Person wie folgt: „Accordingly, X is a person if he is an embodied and individualized being, is conscious, is aware of his continued existence (that is, is aware that he occupies the same body as, and is psychologically continuous with, some individual at some past time), and, finally, has the capacity for rational and moral agency." (Fabre, 2006: 16)
- Nach ***Lynne Rudder Baker*** (1998; 2002; 2005; 2007) wird aus einem materiellen Objekt, wie z. B. einem Menschen, eine Person, wenn dieses Objekt die Fähigkeit zur Einnahme einer sog. „firstperson perspective" besitzt: „When a human body develops a firstperson perspective, a new thing – a person – comes into existence." (Baker, 2007)[375] Entsprechend definiert sie Personsein wie folgt: „If a being has a firstperson perspective, it is a person." (Baker, 2007)
- ***Heikki Ikaheimo*** (2007) betont die interpersonale Facette des Personseins und weist darauf hin, dass nicht nur „the capacity for recognitive attitudes[376] towards others seems to be an important component of the person-making psychological features or capacities of the recognizer", sondern dass „being

375 Unter einer solchen Perspektive versteht Baker folgendes: „A firstperson perspective is a very peculiar ability that all and only persons have. It is the ability to conceive of oneself as oneself, from the inside, as it were. Linguistic evidence of a robust firstperson perspective comes from use of firstperson pronouns embedded in sentences with linguistic or psychological verbs – e. g., ‚I wonder how I will die', or ‚I promise that I will stay with you'." (Baker, 2007)

376 Hierunter versteht Ikaheimo „love" and „respect".

recognized is [...] causally linked to the development of the psychological layer of personhood of the recognizee". Unabhängig davon, welche Fähigkeiten von einer Personendefinition als besessen vorausgesetzt werden, kann ein Lebewesen sich nur dann zu einer Person entwickeln, wenn es anerkannt und respektiert wird.[377]

- ***Simon J. Evnine*** bietet folgende Liste an Kriterien dafür, was eine Person ausmacht (wobei er anmerkt: „These are not alleged to be jointly sufficient, nor are they alleged to exhaust all the necessary conditions." (Evnine, 2008: 10)): „Finitude, Belief, Agency, and Second-Ordinality" (Evnine, 2008: 16) Aus seiner Sicht sind Personen somit Wesen, die „spatiotemporally finite" (Evnine, 2008: 11), „subjects of belief" (Evnine, 2008: 11; d.h. haben „concepts and believes" und „other kinds of mental states, such as desires and intentions" (Evnine, 2008: 11)), „agents" (Evnine, 2008: 14; d.h. „perfoming intentional actions" und „engage in deliberation and have plans and projects" (Evnine, 2008: 14)) sind und „the ability to have beliefs about beliefs, both one's own and other people's" (Evnine, 2008: 15) besitzen.
- Unabhängig von seiner eigenen Position (vgl. hierzu Tooley (1972)), listet ***Michael Tooley*** (2009: 133) in einem Übersichtsartikel 17 Kriterien auf, die sich in der Literatur finden lassen und über die bestimmt werden soll, was eine Person ist. So wird eine Person definiert als „a being that (1) possesses consciousness, (2) has preferences, (3) has conscious desires, (4) has feelings, (5) can experience pleasure and pain, (6) has thoughts, (7) is self-conscious,

377 Wie Arto Laitinen (2007) aber richtigerweise betont, darf diese Aussage nicht so verstanden werden, als ob von Wesen als Personen nur dann gesprochen werden kann, wenn die Wesen „sufficiently developed capacities to be full persons" (Laitinen, 2007: 262) besitzen (und damit bereits per definitionem Personen sind) und auch als Personen anerkannt werden. Es gehe vielmehr darum, dass „the development of the capacities presupposes recognition" (Laitinen, 2007: 262). Nicht die Anerkennung macht die Person, sondern die Anerkennung ermöglicht die Aktualisierung der zum Personsein nötigen Fähigkeiten: „We start from someone's potential capacities C_P, which ground the potential persons' normative status N_P, responsiveness to which partly constitutes the social existence of such potential persons R_P, which in turn is a developmental precondition of having the capacities to the sufficient degree, i.e. having C. And that is the starting point for the basic view outlined above: such capacities ground normative demands N responsiveness to which counts as recognition R. The full progression is, schematically put, $C_P \rightarrow N_P \rightarrow R_P \rightarrow C \rightarrow N \rightarrow R$. And in this we have room for the idea that recognition precedes capacities, it is just that the recognition, which precedes the actually depeloped capacities, is recognition of the potentials, RP. Thus, having the relevant capacities in a potential form, (CP), creates normative requirements (NP) for others to respect the being, not to harm it, and to do one's due share in participating in its developmental process (and one's share may depend on one's position in relation to the potential person – whether one is a parent, a neighbour or living in the opposite end of the world)."

(8) is capable of rational thought, (9) has a sense of time, (10) can remember itistwn past actions and mental states. (11) can envisage a future for itself, (12) has non-momentary interests, involving a unification of desires over time, (13) is capable of rational deliberation, (14) can take moral considerations into account in choosing between possible actions, (15) has traits of character that undergo change in a reasonably non-chaotic fashion, (16) can interact socially with others, and (17) can communicate with others."[378]

- Als Vertreter eines Präferenzutilitarismus ist ***Peter Singer*** der Auffassung, dass das Personsein in der Fahigkeit zu Lust- und Schmerzempfindung sowie Überlebensinteresse begründet ist:
  - „I propose to use 'person', in the sense of a rational and self-conscious being, to capture those elements of the popular sense of 'human being' that are not covered by 'member of the species Homo sapiens'." (Singer, 2011: 74 f)
  - „A self-conscious being is aware of itself as a distinct entity, with a past and a future. [...] A being aware of itself in this way will be capable of having desires about ist own future." (Singer, 2011: 76)
  - Somit sind Personen „rational and self-conscious beings, aware aware of themselves as distinct entities with a past and a future" (Singer, 2011: 94) [379]

378 In einer zwei Jahre später erschienenen Publikation Tooleys (2011), findet sich folgende, leicht anders formulierte, im Kern jedoch nicht wesentlich andere Liste: „Many people, however, feel that mere consciousness is not itself sufficient to give something moral status, and several proposals have been advanced as to which additional properties are required. Among the more important suggestions are the following: (1) the capacity to experience pleasure and/or pain; (2) the capacity for having desires; (3) the capacity for remembering past events; (4) the capacity for having expectations with respect to future events; (5) an awareness of the passage of time; (6) the property of being a continuous, conscious self, or subject of mental states, construed, in a minimal way, as nothing more than a construct of appropriately related mental states; (7) the property of being a continuous conscious self, construed as a pure ego, that is, as an entity that is distinct from the experiences and other mental states that it has; (8) the capacity for self-consciousness, that is, for awareness of the fact that one is a continuing, conscious subject of mental states; (9) the property of having mental states that involve propositional attitudes, such as beliefs and desires; (10) the capacity for having thought episodes, that is, states of consciousness involving intentionality; (11) the capacity for reasoning; (12) problem-solving ability; (13) the property of being autonomous, that is, of having the capacity to make decisions based upon an evaluation of relevant considerations; (14) the capacity for using language; (15) the ability to interact socially with others." (Tooley, 2011: 339)

379 Wie Braun (2000: 117) in Anlehung an Klee (1992: 115) anmerkt, fungiert bei Singer „die Angst der Nichtbehinderten vor der Behinderung als Bewertungsmaßstab. Ängste vor Krankheit, Behinderung oder einfach vor Abhängigkeit oder eingeschränkter Leistungsfähigkeit sind jedoch

  - „So wie wir den Hirntod als das Ende einer Person betrachten, sollten wir das Hirnleben als den Beginn einer Person betrachten." (Singer, 1995: 83)
- ***Sarah Chan*** und ***John Harris*** beantworten die Frage, was Leben zu personalem Leben macht, mit der Fahigkeit zur Wertschätzung der eigenen Existenz:
  - „Which lives are the lives of persons? The answer will be: the lives of any and every creature, whether organic or not, who is capable of valuing his or her own existence." (Chan & Harris, 2011: 306)
  - „For a creature to be capable of valuing existence, she needs to meet something like Locke's criteria. For to value existence is to have a view about the desirability of existence continuing, and to do that one needs to be aware of oneself as existing over time, to have a rudimentary awareness of what future existence might be like, and to know whether one wants to experience that future existence or not." (Chan & Harris, 2011: 307)
- Für ***Jason Eberl*** und ***Brandon Brown*** „all that is requires for something to be a person is for it to have at least an active potential to perform self-conscious rational operations. The actual performance of such operations is accidental to a person's existence." (Eberl & Brown, 2011: 51)[380]
- ***Matthew Hall*** betrachtet auch Pflanzen als Personen („plant persons") und kommt zu diesem Schluss aufgrund seiner Definition von Personen als „volitional, intelligent, relational, perceptive, and communicative beings" (2011: 100; vgl. auch 105).
- ***Bernd Ladwig*** schreibt: „Personen haben ein Bewusstsein ihrer selbst; sie wissen, dass sie intentionale und selbstbewusste Subjekte unter anderen intentionalen und selbstbewussten Subjekten sind, und sie können ihr Meinen und Wollen an rechtfertigenden Gründen ausrichten. Personen sind damit normativ zurechnungsfähige Subjekte von Meinungen und Handlungen." (Ladwig, 2012: 137)
- Bei ***Alberto Giubilini*** und ***Francesca Minerva***, die mit einem Artikel, in dem sie für die Erlaubtheit der Kindstötung plädieren, findet sich folgende Aussage zum Personsein: „We take 'person' to mean an individual who is capable of

nicht nur subjektiv und willkürlich, sondern sie unterliegen auch dem Einfluß gesellschaftlicher Normalitätsvorstellungen." Durch eine solche Begründung des Personenstatus sind somit von Haus aus der Willkür und der Determinierung durch herrschende Machtverhältnisse Tür und Tor geöffnet.

380 Entsprechend sprechen Eberl & Brown (2011: 59 (Note 4)) auch von einer „fully actualized person", wobei sie unter dieser „an individual who has actualized the definitive potentialities associated with self-conscious rational thought" verstehen.

attributing to her own existence some (at least) basic value such that being deprived of this existence represents a loss to her." (Giubilini & Minerva, 2013)

- Für ***Anna-Karin Margareta Andersson*** (2013) kann ein Wesen nur dann Träger von Rechten und Pflichten sein, wenn es „the physical constitution that is necessary in order to exercise agency" (Andersson, 2013: 180) besitzt. Entsprechend betrachtet sie „agency" als hinreichende, jedoch nicht zwingend notwendige Bedingung des Personseins: „I take agency to be sufficient, though perhaps not necessary, for personhood." (Andersson, 2013: 181) Temporär bewusstlose bzw. komatöse Menschen oder Menschen in ihren frühesten Entwicklungsstadien (Embryonen, Föten) wären demnach als Personen zu betrachten, da es sich bei ihrem Zustand nur um „obstacles for exercising agency that do not alter the physical constitution that distinguishes paradigmatic examples of rights bearers" (Andersson, 2013: 181) handelt, die die „distinguishing constitution intact" (Andersson, 2013: 180) lässt und sie somit nicht ihres Personseins beraubt.

Literaturverzeichnis

Abkürzungsschlüssel zu abgekürzt zitierten Werken

a) Hl. Thomas von Aquin

Iª: Summa Theologiae, Prima pars. Lateinischer Originaltext eingesehen am 28. 03. 2015 unter: http://www.corpusthomisticum.org/iopera.html und http://dhspriory.org/thomas

Iª-IIae: Summa Theologiae, Prima pars secundae partis (Prima secundae). Lateinischer Originaltext eingesehen am 28. 03. 2015 unter: http://www.corpusthomisticum.org/iopera.html und http://dhspriory.org/thomas

IIª-IIae: Summa Theologiae, Secunda pars secundae partis (Secunda secundae). Lateinischer Originaltext eingesehen am 28. 03. 2015 unter: http://www.corpusthomisticum.org/iopera.html und http://dhspriory.org/thomas

IIIª: Summa Theologiae, Tertia pars. Lateinischer Originaltext eingesehen am 28. 03. 2015 unter: http://www.corpusthomisticum.org/iopera.html und http://dhspriory.org/thomas

Appendix: „Appendix ad tertium Librum Summae S. Thomae Aquinae contra Gentiles (in quo textus Autographi Vaticani a prima sua Forma usque ad ultimam integre reproducitur)." In: Sancti Thomae Aquinatis. Summa Contra Gentiles. Liber Tertius. Cum Commentariis Francisci de Sylvestris Ferrariensis, Cura et Studio Fratrum Praedicatorum. Romae: Typis Riccardi Garroni, 1926. pp. 1–49. (Sancti Thomae Aquinatis Doctoris Angelici Opera Omnia Iussu Edita Leonis XIII P. M., Tomus Decimus Quartus) eingesehen am 28. 03. 2015 unter: http://archive.org/stream/operaomniaiussui14thom#page/n535/mode/2up

Contra Gentiles: Summa Contra Gentiles. Lateinischer Originaltext eingesehen am 28. 03. 2015 unter: http://www.corpusthomisticum.org/iopera.html und http://dhspriory.org/thomas

De Potentia: Quaestiones Disputatae de Potentia. Lateinischer Originaltext eingesehen am 28. 03. 2015 unter: http://www.corpusthomisticum.org/iopera.html und http://dhspriory.org/thomas

De Regno: De Regno ad Regem Cypri. Lateinischer Originaltext eingesehen am 28. 03. 2015 unter: http://www.corpusthomisticum.org/iopera.html und http://dhspriory.org/thomas

De unitate intellectus contra Averroistas: Lateinischer Originaltext eingesehen am 28. 03. 2015 unter: http://www.corpusthomisticum.org/iopera.html und http://dhspriory.org/thomas

De Veritate: Quaestiones Disputatae de Veritate. Lateinischer Originaltext eingesehen am 28. 03. 2015 unter: http://www.corpusthomisticum.org/iopera.html und http://dhspriory.org/thomas

In De divinis nominibus: In librum B. Dionysii De divinis nominibus. Lateinischer Originaltext eingesehen am 28. 03. 2015 unter: http://www.corpusthomisticum.org/iopera.html und http://dhspriory.org/thomas

In Physic.: Commentaria in octo libros Physicorum. Lateinischer Originaltext eingesehen am 28. 03. 2015 unter: http://www.corpusthomisticum.org/iopera.html und http://dhspriory.org/thomas

In Symbolum Apostolorum: Expositio in Symbolum Apostolorum. Lateinischer Originaltext eingesehen am 28. 03. 2015 unter: http://www.corpusthomisticum.org/iopera.html und http://dhspriory.org/thomas

Quodlibet: Quaestiones de Quodlibet (Quodlibelates). Lateinischer Originaltext eingesehen am 28. 03. 2015 unter: http://www.corpusthomisticum.org/iopera.html und http://dhspriory.org/thomas
Sententia De Anima: Sentencia libri De Anima (*Kommentar zu Aristoteles De Anima (Περὶ Ψυχῆς)*). Lateinischer Originaltext eingesehen am 28. 03. 2015 unter: http://www.corpusthomisticum.org/iopera.html und http://dhspriory.org/thomas
Sententia Ethic.: Sententia libri Ethicorum (*Kommentar zur (Nikomachischen) Ethik des Aristoteles)*. Lateinischer Originaltext eingesehen am 28. 03. 2015 unter: http://www.corpusthomisticum.org/iopera.html und http://dhspriory.org/thomas
Sententia Metaphysicae: Sententia libri Metaphysicae (*Kommentar zur Metaphysik des Aristoteles)*. Lateinischer Originaltext eingesehen am 28. 03. 2015 unter: http://www.corpusthomisticum.org/iopera.html und http://dhspriory.org/thomas
Super de Trinitate: Super Boethium de Trinitate. Lateinischer Originaltext eingesehen am 28. 03. 2015 unter: http://www.corpusthomisticum.org/iopera.html und http://dhspriory.org/thomas
Super Sent.: Scriptum super Sententiis (Magistri Petri Lombardi) (Kommentar zu den „Libri Quattuor Sententiarum“ des Petrus Lombardus). Lateinischer Originaltext eingesehen am 28. 03. 2015 unter: http://www.corpusthomisticum.org/iopera.html und http://dhspriory.org/thomas

b) Aristoteles

De Anima: Περὶ Ψυχῆς (Über die Seele; Bekker-Seite 402a ff). Altgriechischer Originaltext eingesehen am 28. 03. 2015 unter: https://archive.org/details/aristotelisopera01arisrich (Bekker Edition 1831), http://www.isnature.org/Files/Aristotle (Bekker Edition 1837), http://www.mikrosapoplous.gr/aristotle/psyxhs/contents.html, http://dhspriory.org/thomas, http://www.swisseduc.ch/altphilo/antike/alinks/texte.html
Kategorien: Κατηγορίαι (Kategorien; Bekker-Seite 1a ff). Altgriechischer Originaltext eingesehen am 28. 03. 2015 unter: https://archive.org/details/aristotelisopera01arisrich (Bekker Edition 1831) und http://www.isnature.org/Files/Aristotle (Bekker Edition 1837)
Metaphysik: Τὰ μετὰ τὰ φυσικά (Metaphysik; Bekker-Seite 980a ff). Altgriechischer Originaltext eingesehen am 28. 03. 2015 unter: https://archive.org/details/aristotelisopera02arisrich (Bekker Edition 1831), http://www.isnature.org/Files/Aristotle (Bekker Edition 1837), http://www.perseus.tufts.edu/hopper/collection?collection=Perseus:collection:Greco-Roman, http://dhspriory.org/thomas, http://www.swisseduc.ch/altphilo/antike/alinks/texte.html
Nikomachische Ethik: Ἠθικὰ Νικομάχεια (Nikomachische Ethik; Bekker-Seite 1094a ff). Altgriechischer Originaltext eingesehen am 28. 03. 2015 unter: https://archive.org/details/aristotelisopera02arisrich (Bekker Edition 1831), http://www.isnature.org/Files/Aristotle (Bekker Edition 1837), http://www.perseus.tufts.edu/hopper/collection?collection=Perseus:collection:Greco-Roman und http://dhspriory.org/thomas (hier unter „Sententia libri Ethicorum“)
Physik: Φυσικὴ ἀκρόασις (Physik; Bekker-Seite 184a ff). Altgriechischer Originaltext eingesehen am 28. 03. 2015 unter: https://archive.org/details/aristotelisopera01arisrich (Bekker Edition 1831) und http://www.isnature.org/Files/Aristotle (Bekker Edition 1837)

Politik: Πολιτικά (Politik; Bekker-Seite 1252a ff). Altgriechischer Originaltext eingesehen am 28. 03. 2015 unter: https://archive.org/details/aristotelisopera02arisrich (Bekker Edition 1831), http://www.isnature.org/Files/Aristotle (Bekker Edition 1837) und http://www.perseus.tufts.edu/hopper/collection?collection=Perseus:collection:Greco-Roman

c) Platon

Gorgias: Γοργίας (Gorgias; Stephanus-Paginierung 447a – 527e (Band 1)). Altgriechischer Originaltext eingesehen am 28. 03. 2015 unter: http://www.perseus.tufts.edu/hopper/collection?collection=Perseus:collection:Greco-Roman

Phaidon: Φαίδων (Phaidon; Stephanus-Paginierung 57a – 118a (Band 1)). Altgriechischer Originaltext eingesehen am 28. 03. 2015 unter: http://www.perseus.tufts.edu/hopper/collection?collection=Perseus:collection:Greco-Roman

Philebos: Φίληβος (Philebos; Stephanus-Paginierung 11a – 67b (Band 2)). Altgriechischer Originaltext eingesehen am 28. 03. 2015 unter: http://www.perseus.tufts.edu/hopper/collection?collection=Perseus:collection:Greco-Roman

Staat: Πολιτεία (Politeia; Stephanus-Paginierung 327a – 621d (Band 2)). Altgriechischer Originaltext eingesehen am 28. 03. 2015 unter: http://www.perseus.tufts.edu/hopper/collection?collection=Perseus:collection:Greco-Roman

d) Ambrosius von Mailand

De Officiis: De Officiis (Von den Pflichten der Kirchendiener). Eingesehen am 10. 09. 2014 unter: https://www.unifr.ch/bkv/kapitel2721.htm

Bibliographie

Adam, Hans. „Einkommenswachstum, steigende Gesundheitsausgaben und Finanzierung." *Jahrbücher fur Nationalökonomie und Statistik* 227.5 – 6 (2007): 565 – 577.
Ahlert, Marlies & Lars Schwettmann. „Einstellungen der Bevölkerung zur Organspende." In: Böcken, Jan, Bernard Braun & Uwe Repschläger (Hrsg.). *Gesundheitsmonitor 2011. Bürgerorientierung im Gesundheitswesen.* Gütersloh: Verlag Bertelsmann Stiftung, 2012. pp. 193 – 213. Eingesehen am 28. 03. 2015 unter: http://www.bertelsmann-stiftung.de/cps/rde/xchg/bst/hs.xsl/publikationen_110092.htm
Aidelsburger, Pamela, Christian Krauth & Jürgen Wasem. „Gesundheitsökonomische Evaluationsstudien und Ethik in der Ressourcenallokation für medizinische Interventionen." In: Brink, Alexander, Johannes Eurich, Jürgen Hädrich, Andreas Langer & Peter Schröder (Hrsg.). *Gerechtigkeit im Gesundheitswesen.* Berlin: Duncker & Humblot, 2006. pp. 61 – 78. (Sozialpolitische Schriften, Heft 88)
Alber, Kathrin & Brigitta Bayerl. „Das Kriterium Eigenverantwortung in der Allokationsdebatte – Wie frei sind wir in Bezug auf unser Gesundheitsverhalten wirklich?" In: Schmitz-Luhn, Björn & André Bohmeier. *Priorisierung in der Medizin. Kriterien im Dialog.* Berlin & Heidelberg: Springer, 2013. pp. 205 – 213. (Kölner Schriften zum Medizinrecht, Band 11)
Alber, Kathrin, Hartmut Kliemt & Eckhard Nagel. „Selbstverantwortung als Kriterium kaum operationalisierbar." *Deutsches Ärzteblatt* 106.26 (2009): A 1361 – 1363.
Albert, Bruce, Dennis Bray, Karen Hopkin, Alexander Johnson, Julian Lewis, Martin Raff, Keith Roberts & Peter Walter. *Lehrbuch der Molekularen Zellbiologie. 4. Auflage. Übersetzung herausgegeben Jochen Graw.* Weinheim: Wiley-VCH Verlag, 2012.
Alemanno, Alberto & Ignacio Carreño. „Fat taxes in the EU between fiscal austerity and the fight against obesity." *European Journal of Risk Regulation* 4 (2011): 571 – 576.
Andersson, Anna-Karin Margareta. „Choices, Interests, and Potentiality: What Distinguishes Bearers of Rights?" *The Journal of Value Inquiry* 47.3 (2013): 175 – 190.
Andre, Claire, Manuel Velasquez & Tim Mazur. „Voluntary Health Risks: Who Should Pay?" *Issues in Ethics* 6.1 (1993). Eingesehen am 28. 03. 2015 unter: http://www.scu.edu/ethics/publications/iie/v6n1/voluntary.html
Arnade, Johannes. *Kostendruck und Standard: Zu den Auswirkungen finanzieller Zwänge auf den Standard sozial-versicherungsrechtlicher Leistungen und den haftungsrechtlichen Behandlungsstandard.* Berlin & Heidelberg: Springer, 2010. (Kölner Schriften zum Medizinrecht, Band 5)
Asch, David A., Ralph W. Muller & Kevin G. Volpp. „Conflicts and Compromises in Not Hiring Smokers." *The New England Journal of Medicine* 368.15 (April 11, 2013): 1371 – 1373.
Atreja, Ashish, Naresh Bellam & Susan R. Levy. „Strategies to Enhance Patient Adherence: Making it Simple." *Medscape General Medicine* 7.1 (2005): 4.
Austin, John. *Lectures on Jurisprudence or The Philosophy of Positive Law. Volume 1. Fifth Edition, revised and edited by Robert Campbell.* London: John Murray, 1885. Eingesehen am 28. 03. 2015 unter: http://www.archive.org/details/cu31924017072616 (Reprint: Clark, New Jersey: The Lawbook Exchange, 2005).
Baker, Lynne Rudder. „The First-Person Perspective: A Test for Naturalism." *American Philosophical Quarterly* 35.4 (1998): 327 – 48.
Baker, Lynne Rudder. „The Ontological Status of Persons." *Philosophy and Phenomenological Research* 65 (2002): 370 – 88.

Baker, Lynne Rudder. „When Does a Person Begin?“ *Social Philosophy and Policy* 22 (2005): 25 – 48.
Baker, Lynne Rudder. „Persons and other Things.“ *Journal of Consciousness Studies* 14.5 – 6 (2007): 17 – 36.
Balzer, Philipp. *Das Problem der moralischen Verantwortlichkeit. Abhandlung zur Erlangung der Doktorwürde der Philosophischen Fakultät der Universität Zürich.* Zürich, 2005. Eingesehen am 16. 07. 2012 unter: http://www.dissertationen.unizh.ch/index2005.html
Barr, Nicholas A.. *Economics of the Welfare State. 4th Edition.* Oxford: Oxford University Press, 2004.
Bartsch, Günter. „Lobbyismus in der Gesundheitspolitik.“ In: Hensen, Peter & Christian Kölzer (Hrsg.). *Die gesunde Gesellschaft. Sozioökonomische Perspektiven und sozialethische Herausforderungen.* Wiesbaden: VS Verlag für Sozialwissenschaft, 2011. pp. 161 – 166.
Baumgartner, Hans Michael, Ludger Honnefelder, Wolfgang Wickler & Armin G. Wildfeuer. „Menschenwürde und Lebensschutz: Philosophische Aspekte.“ In: Rager, Günter (Hrsg.). *Beginn, Personalität und Würde des Menschen. 2. Auflage, Studienausgabe.* Freiburg i. Br. & München: Verlag Karl Alber, 1998. pp. 161 – 242. (Grenzfragen. Veröffentlichungen des Instituts der Görres-Gesellschft für interdisziplinäre Forschung (Naturwissenschaft – Philosophie – Theologie), Band 23)
Beaglehole, Robert, Ruth Bonita, Richard Horton, Cary Adams, George Alleyne, Perviz Asaria, Vanessa Baugh, Henk Bekedam, Nils Billo, Sally Casswell, Michele Cecchini, Ruth Colagiuri, Stephen Colagiuri, Tea Collins, Shah Ebrahim, Michael Engelgau, Gauden Galea, Thomas Gaziano, Robert Geneau, Andy Haines, James Hospedales, Prabhat Jha, Ann Keeling, Stephen Leeder, Paul Lincoln, Martin McKee, Judith Mackay, Roger Magnusson, Rob Moodie, Modi Mwatsama, Sania Nishtar, Bo Norrving, David Patterson, Peter Piot, Johanna Ralston, Manju Rani, K Srinath Reddy, Franco Sassi, Nick Sheron, David Stuckler, Il Suh, Julie Torode, Cherian Varghese & Judith Watt. „Priority actions for the non-communicable disease crisis.“ *The Lancet* 377.9775 (2011): 1438 – 1447.
Beauchamp, Tom L.. „The Failure of Theories of Personhood.“ *Kennedy Institute of Ethics Journal* 9 (1999): 309 – 324.
Beck, Konstantin. *Risiko Krankenversicherung: Risikomanagement in einem regulierten Krankenversicherungsmarkt. 2., vollständig überarbeitete Auflage.* Bern: Haupt, 2011.
Beck, Roman. *Transparenz in der biomedizinischen Forschung.* Tübingen: Narr Francke Attempto Verlag, 2013. (Tübinger Studien zur Ethik, Band 1)
Beckwith, Francis J.. „Abortion, Bioethics, and Personhood: A Philosophical Reflection.“ *Southern Baptist Journal of Theology* 4.1 (2000): 16 – 25.
Beckwith, Francis J.. „The Human Being, a Person of Substance: A Response to Dean Stretton.“ In: Napier, Stephen (Ed.). *Persons, Moral Worth, and Embryos: A Critical Analysis of Pro-Choice Arguments.* Dordrecht, Heidelberg, London & New York: Springer, 2011. pp. 67 – 83. (Philosophy and Medicine, Band 111)
Bedau, Mark A.. „The Nature of Life.“ In: Boden, Margaret A. (Ed.). *The Philosophy of Artificial Life.* Oxford: Oxford University Press, 1996. pp. 332 – 357.
Belloc, Nedra B.. „Relationship of Health Practices and Mortality.“ *Preventive Medicine* 2.1 (1973): 67 – 81.
Belloc, Nedra B. & Lester Breslow. „Relationship of Physical Health Status and Health Practices.“ *Preventive Medicine* 1.3 (1972): 409 – 421.
Benn, Stanley. „Abortion, Infanticide and Respect for Persons.“ In: Feinberg, Joel (Ed.). *The Problem of Abortion.* Belmont: Wadsworth, 1973. pp. 135 – 144.

Beske, Fritz. „Priorisierung im Gesundheitswesen – Möglichkeiten und Grenzen." *Der Urologe* 51.8 (2012): 1083–1084.

Beske, Fritz, Johannes F. Hallauer & Axel Olaf Kern. „Reform des Gesundheitswesens. Die Meinung der Ärzte. Ergebnisse einer Leserumfrage (I); Themen heute: „Leistungskatalog, Selbstbeteiligung, Rationierung"." *Deutsches Ärzteblatt* 94.36 (1997): A2400-A2402.

Birg, Herwig. „Bevölkerungsentwicklung." In: Bundeszentrale für Politische Bildung (Hrsg.). *Informationen zur politischen Bildung. Heft 282.* Bonn: Bundeszentrale für Politische Bildung, 2013. pp. 4–58. Eingesehen am 28.03.2015 unter: http://www.bpb.de/shop/zeitschriften/informationen-zur-politischen-bildung/55876/bevoelkerungsentwicklung

Birnbacher, Dieter. „Das Dilemma des Personenbegriffs." In: Strasser, Peter & Edgar Starz (Hrsg.). *Personsein aus bioethischer Sicht. Tagung der Österreichischen Sektion der IVR Graz 29. und 30. November 1996.* Stuttgart: Franz Steiner Verlag, 1997. pp. 9–25. (Archiv für Rechts- und Sozialphilosophie (ARSP) Beiheft 73)

Birnbacher, Dieter. „Selbstbewußte Tiere und bewußtseinsfähige Maschinen. Grenzgänge am Rande des Personenbegriffs." In: Sturma, Dieter (Hrsg.). *Person: Philosophiegeschichte – Theoretische Philosophie – Praktische Philosophie.* Paderborn: Mentis, 2001a. pp. 301–321.

Birnbacher, Dieter. „Philosophical Foundations of Responsibility." In: Auhagen, Ann Elisabeth & Hans-Werner Bierhoff (Eds.). Responsibility. The many faces of a social phenomenon. London & New York: Routledge, 2001b. pp. 9–22. (Routledge Research International Series in Social Psychology, Vol. 3)

Birnbacher, Dieter. „Hilft der Personenbegriff bei der Lösung bioethischer Fragestellungen?" In: Schweidler, Walter, Herbert A. Neumann & Eugen Brysch (Eds.). *Menschenleben – Menschenwürde. Interdisziplinäres Symposium zur Bioethik.* Berlin, Hamburg & Münster: LIT Verlag, 2002. pp. 31–43. (Reihe Ethik Interdisziplinär, Bd. 3)

Birnbacher, Dieter. „Das Dilemma des Personenbegriffs." In: Birnbacher, Dieter. *Bioethik zwischen Natur und Interesse.* Frankfurt am Main: Suhrkamp, 2006. pp. 53–76. (Suhrkamp Taschenbücher Wissenschaft Nr. 1772)

Birnbacher, Dieter. *Analytische Einführung in die Ethik. 2. Auflage.* Berlin: Walter de Gruyter, 2007.

Birnbacher, Dieter. „Haben Embryonen Rechte?" In: Klein, Eckart & Christoph Menke (Hrsg.). *Der Mensch als Person und Rechtsperson: Grundlage der Freiheit.* Berlin: Berliner Wissenschaftsverlag, 2011. pp. 149–170. (Menschenrechtszentrum der Universität Potsdam, Band 33)

Bishop Merrill, Sarah. *Defining Personhood: Toward the Ethics of Quality in Clinical Care.* Amsterdam & Atlanta: Rodopi, 1998. (Value Inquiry Book Series, 70)

Blankart, Charles B.. „Moderne Konzepte für Gesundheitssysteme." In: Schumpelick, Volker & Bernhard Vogel (Hrsg.). *Gesundheitssystem im Umbruch. Beiträge des Symposiums vom 23. bis 26. September 2011 in Cadenabbia.* Freiburg: Herder, 2012. pp. 175–217. Eingesehen am 28.03.2015 unter: http://www.kas.de/wf/de/33.31973/ Dem Text liegt Kapitel 19 aus folgendem Buch zugrunde: Blankart, Charles Beat. *Öffentliche Finanzen in der Demokratie: Eine Einführung in die Finanzwissenschaft.* 8. vollständig überarbeitete Auflage. München: Vahlen, 2011.

Blankart, Charles B., Erik R. Fasten & Hans-Peter Schwintowski. *Das deutsche Gesundheitswesen zukunftsfähig gestalten: Patientenseite stärken – Reformunfähigkeit überwinden.* Berlin & Heidelberg: Springer, 2009.

Blechschmidt, Erich. *Die Erhaltung der Individualität. Der Mensch: Person von Anfang an.* Weilheim-Bierbronnen: Gustav-Siewerth-Akademie, 2000. (Humanembryologische Befunde, Band 14)

Blechschmidt, Erich. *Wie beginnt das menschliche Leben: vom Ei zum Embryo. 7. Auflage.* Stein am Rhein: Christiana Verlag, 2002.

Blechschmidt, Erich. *Anatomie und Ontogenese des Menschen.* Kißlegg: fe-medien verlag, 2003.

Bobbert, Monika. „Verteilung und Rationierung begrenzter Mittel im Gesundheitswesen: Eckpunkte einer gerechten Gesundheitsversorgung." *G & G Wissenschaft. Das Wissenschaftsforum in Gesundheit und Gesellschaft.* 3.3 (2003): 7 – 13.

Böhm, Karin & Michael Müller. *Ausgaben und Finanzierung des Gesundheitswesens.* Berlin: Robert-Koch-Institut, 2009. (Gesundheitsberichterstattung des Bundes, Heft 45) Eingesehen am 28. 03. 2015 unter: http://www.gbe-bund.de/stichworte/Themenheft.html

Boëthius, Anicius Manlius Severinus. „Liber contra Eutychen et Nestorium." In: Boëthius, Anicius Manlius Severinus. *The Theological Tractates and the Consolation of Philosophy. Latin/English Edition. Translated and edited by Hugh Fraser Stewart & Edward Kennard Rand.* London: The Loeb Classical Library, 1918. Eingesehen am 21. 08. 2014 unter: http://www.gutenberg.org/etext/13316

Bohrmann, Thomas. *Organisierte Gesundheit. Das deutsche Gesundheitswesen als sozialethisches Problem.* Berlin: Duncker & Humblot, 2003. (Sozialwissenschaftliche Abhandlungen der Görres-Gesellschaft, Band 26)

Bohrmann, Thomas. „Gesundheitssicherung und Solidarität." In: Heimbach-Steins, Marianne (Hrsg.). *Christliche Sozialethik: Ein Lehrbuch. Band 2: Konkretionen.* Regensburg: Verlag Friedrich Pustet, 2005. pp. 228 – 253.

Bohrmann, Thomas. „Das solidarische Ethos der Krankenversicherung. Sozialethische Überlegungen zur versicherungsförmigen Organisation der Finanzierung des Gesundheitssystems." *Jahrbuch für christliche Sozialwissenschaften* 47 (2006): 193 – 213. (In: Karl Gabriel (Hrsg.). Institut für christliche Sozialwissenschaften (Hrsg.). Gesundheit – Ethik – Politik. Sozialethik der Gesundheitsversorgung. Münster: Aschendorff Verlag, 2006. pp. 193 – 213. (Jahrbuch für christliche Sozialwissenschaften, Band 47))

Boldt, Joachim & Thilo Schöllhorn. „Rationierung ist längst Realität. Ergebnisse einer Fragebogenaktion auf deutschen Intensivstationen." *Deutsches Ärzteblatt* 105.9 (2008): A995-A997.

Bolt, Luurdina Louise Elizabeth, Marcellinus Franciscus Verweij & J.J.M. van Delden. *Ethiek in Praktijk. Zesde Druck.* Assen: Koninklijke Van Gorcum, 2007.

Bormann, Franz-Josef. „Medizin und Gesundheit – Die „menschendienliche Perspektive": Ethik." In: Schumpelick, Volker & Bernhard Vogel (Hrsg.). *Gesundheitssystem im Umbruch. Beiträge des Symposiums vom 23. bis 26. September 2011 in Cadenabbia.* Freiburg: Herder, 2012. pp. 57 – 68. Eingesehen am 28. 03. 2015 unter: http://www.kas.de/wf/de/33.31973/

Boshammer, Susanne. *Gruppen, Recht, Gerechtigkeit: Die moralische Begründung der Rechte von Minderheiten.* Berlin: Walter de Gruyter, 2003.

Brasser, Martin (Hrsg.). *Person. Philosophische Texte von der Antike bis zur Gegenwart.* Stuttgart: Philipp Reclam jun., 1999. (Universal-Bibliothek Nr. 18024)

Braun, Kathrin. *Menschenwürde und Biomedizin. Zum philsophischen Diskurs der Bioethik.* Farnkfurt & New York: Campus Verlag, 2000.

Brenner, Andreas. *Leben*. Stuttgart: Reclam, 2009. (Reihe Grundwissen Philosophie, Reclam Taschenbuch Nr. 20328)

Breslow, Lester & James E. Enstrom. „Persistence of Health Habits and their Relationship to Mortality.“ *Preventive Medicine* 9.4 (1980): 469 – 483.

Breuer, Clemens. *Person von Anfang an? Der Mensch aus der Retorte und die Frage nach dem Beginn des menschlichen Lebens*. Paderborn, München, Wien & Zürich: Ferdinand Schöningh, 1995. (Abhandlungen zur Sozialethik (herausgegeben von Anton Rauscher und Lothar Roos), Band 36)

Breyer, Friedrich. „Finanzierungsprobleme im Gesundheitswesen.“ In: Aufderheide, Detlef & Martin Dobrowski. *Gesundheit – Ethik – Ökonomik. Wirtschaftsethische und moralökonomische Perspektiven des Gesundheitswesens*. Berlin: Duncker & Humblot, 2002. pp. 11 – 27. (Volkswirtschaftliche Schriften, Heft 524)

Breyer, Friedrich. „Zum Begriff der Rationierung. Kommentar eines Gesundheitsökonomen.“ In: Zimmermann-Acklin, Markus & Hans Halter (Eds.). *Rationierung und Gerechtigkeit im Gesundheitswesen. Beiträge zur Debatte in der Schweiz*. Basel: EMH Schweizerischer Ärzteverlag, 2007. pp. 110 – 112.

Breyer, Friedrich & Carlo Schultheiss. „Alterbezogene Rationierung von Gesundheitsleistungen?“ In: Wille, Eberhard (Hrsg.). *Rationierung im Gesundheitswesen und ihre Alternativen. Tagungsband des Gesundheitsökonomischen Ausschusses*. Baden-Baden: Nomos, 2003a. pp. 169 – 193. (Gesundheitsökonomische Beiträge, Band 40)

Breyer, Friedrich & Carlo Schultheiss. „‚Primary‘ Rationing of Health Services in Ageing Societies – A Normative Analysis.“ *International Journal of Health Care Finance and Economics* 2.4 (2003b): 247 – 264.

Breyer, Friedrich, Peter Zweifel & Mathias Kifmann. *Gesundheitsökonomik. 6., vollständig erweiterte und überarbeitete Auflage*. Berlin & Heidelberg: Springer, 2013.

Brouwer, Werner B. F. & Frans F. H. Rutten. „Rationing Health Care: Balancing equity and efficiency.“ In: den Exter, André & Martin Buijsen (Eds.). *Rationing Health Care: Hard Choices and Unavoidable Trade-offs*. Antwerpen, Apeldoorn & Portland: Maklu, 2012. pp. 225 – 241.

Brown, Jeremy. „Research on human embryos: a justification.“ *Journal of Medical Ethics* 12 (1986): 201 – 205.

Bruch, Richard. „Der Schutz des vorpersonalen menschlichen Lebens im Mutterleib in moraltheologischer Sicht.“ In: Bruch, Richard. *Moralia Varia. Lehrgeschichtliche Untersuchungen zur moraltheologischen Fragen*. Düsseldorf: Patmos, 1981. pp. 258 – 283. (Moraltheologische Studien: Historische Abteilung, Band 6)

Brudney, David. „Are Alcoholics Less Deserving of Liver Transplants?“ *The Hastings Center Report* 37.1 (2007): 41 – 47.

Brunold, Herbert. „Erste Schritte in Richtung Kosten-Nutzen-Analyse von Präventionsmassnahmen.“ *Spectra. Newsletter Gesundheitsförderung und Prävention*. 80 (Mai 2010): 2 – 3. Eingesehen am 28. 03. 2015 unter: http://www.bag.admin.ch/dokumentation/publikationen/01269/01277/index.html?lang=de

Buchanan, Allen. „Advance Directives and the Personal Identity Problem.“ *Philosophy & Public Affairs* 17.4 (1988): 277 – 302.

Bundesministerium für Gesundheit. *Daten des Gesundheitswesens 2012*. Berlin: Bundesministerium für Gesundheit, 2012. Eingesehen am 28. 03. 2015 unter: http://www.

bmg.bund.de/fileadmin/dateien/Publikationen/Gesundheit/Broschueren/Daten_des_Gesundheitswesens_2012.pdf

Bundesamt für Gesundheit (BAG). Gesundheit2020: *Die gesundheitspolitischen Prioritäten des Bundesrates*. Bern: Bundesamt für Gesundheit (BAG), 2013. Eingesehen am 28. 03. 2015 unter: www.gesundheit2020.ch bzw. http://www.bag.admin.ch/gesundheit2020/index.html?lang=de

Buselmaier, Werner. *Biologie für Mediziner. 12., neubearbeitete und erweiterte Auflage*. Berlin & Heidelberg: Springer, 2012.

Busse, Reinhard, Miriam Blümel, David Scheller-Kreinsen & Annette Zentner. *Tackling chronic disease in Europe: Strategies, interventions and challenges*. Copenhagen: European Observatory on Health Systems and Policies, 2010. (Observatory Studies Series No 20) Eingesehen am 28. 03. 2015 unter: http://www.euro.who.int/__data/assets/pdf_file/0008/96632/E93736.pdf

Buyx, Alena M.. „Eigenverantwortung als Verteilungskriterium im Gesundheitswesen. Theoretische Grundlagen und praktische Umsetzung." *Ethik in der Medizin* 17.4 (2005a): 269 – 283. Unter dem gleichen Titel auch erschienen in: Rauprich, Oliver, Georg Marckmann & Jochen Vollmann. *Gleichheit und Gerechtigkeit in der modernen Medizin*. Paderborn: Mentis, 2005. pp. 315 – 334.

Buyx, Alena M.. „Eigenverantwortung – Verteilungskriterium im Gesundheitswesen?" *Deutsche Medizinische Wochenschrift* 130.24 (2005b): 1512 – 1515.

Buyx, Alena M.. „Personal Responsibility for Health as a Rationing Criterion: Why We Don't like It and Why Maybe We Should." *Journal of Medical Ethics* 34.12 (2008): 871 – 874.

Buyx, Alena M.. „Allocating Healthcare Resources: The Role of Personal Responsibility." In: Gunning, Jennifer, Søren Holm & Ian Kenway (Eds.). *Ethics, Law and Society. Volume 4*. Farnham: Ashgate Publishing, 2009. pp. 341 – 350.

Buyx, Alena. „Können, sollen, müssen? Public Health-Politik und libertärer Paternalismus." *Ethik in der Medizin* 22.3 (2010): 221 – 234.

Callahan, Daniel. *Abortion, Law, Choice and Morality*. New York: MacMillan, 1970.

Callahan, Daniel. „Preventing disease, creating society." *American Journal of Preventive Medicine* 2.4 (1986): 205 – 208.

Campbell, N.A. & J.B. Reece. *Biologie*. 8., aktualisierte Auflage. München: Pearson, 2011.

Candidus, Wolfram-Arnim. „Die Zukunft des Gesundheitswesens." In: Bandelow, Nils C., Florian Eckert & Robin Rüsenberg (Hrsg.). *Gesundheit 203. Qualitätsorientierung im Fokus von Politik, Wirtschaft, Selbstverwaltung und Wissenschaft*. Wiesbaden: VS Verlag für Sozialwissenschaften, 2009. pp. 229 – 236.

Cane, Peter. „The Nature and functions of responsibility." In: Cane, Peter (Ed.). *Responsibility in Law and Morality*. Portland: Hart Publishing, 2002. pp. 29 – 63.

Cappelen, Alexander Wright & Ole Frithjof Norheim. „Responsibility in health care: a liberal egalitarian approach." *Journal of Medical Ethics* 31.8 (2005): 476 – 480.

Cappelen, Alexander Wright & Ole Frithjof Norheim. „Responsibility, fairness and rationing in health care." *Health Policy* 76 (2006): 312 – 319.

Carruthers, Peter. *Introducing Persons: Theories and Arguments in the Philosophy of Mind*. Albany, NY: State University of New York Press, 1986.

Cavalieri, Paola. *The Animal Question: Why Nonhuman Animals Deserve Human Rights*. Oxford: Oxford University Press, 2001.

Cavanaugh, Thomas. *Double-Effect Reasoning. Doing Good and Avoiding Evil*. Oxford: Oxford University Press, 2006.

Chan, Sarah & John Harris. „Human Animals and Nonhuman Persons." In: Beauchamp, Tom L. & R. G. Frey. *The Oxford Handbook of Animal Ethics.* Oxford: Oxford University Press, 2011. pp. 304 – 331.

Chappell, Timothy. *Understanding Human Goods.* Edinburgh: Edinburgh University Press, 1998.

Chiuve, Stephanie E., Teresa T. Fung, Kathryn M. Rexrode, Donna Spiegelman, JoAnn E. Manson, Meir J. Stampfer & Christine M. Albert. „Adherence to a Low-Risk, Healthy Lifestyle and Risk of Sudden Cardiac Death Among Women." *Journal of the American Medical Association* (JAMA) 306.1 (2011): 62 – 69. Eingesehen am 28. 03. 2015 unter: http://jama.jamanetwork.com/article.aspx?articleid=1104057

Cicero. De Oratore (ad Quintum Fratrem). Eingesehen am 28. 03. 2015: http://www.thelatinlibrary.com/cicero/oratore.shtml

Coffey, David. *Deus Trinitas: The Doctrine of the Triune God.* Oxford: Oxford University Press, 1999.

Coffey, Peter. *Ontology or the Theory of Being.* London, New York, Bombay, Calcutta & Madras: Longmans, Green and Co., 1918. Eingesehen am 28. 03. 2015 unter: http://archive.org/details/ontology00coffuoft Auch erhältlich unter: http://www.gutenberg.org/files/35722/35722-pdf.pdf

Colombier, Carsten. *Ausgabenprojektionen für das Gesundheitswesen bis 2060.* Bern: Eidgenössische Finanzverwaltung (Ökonomische Analyse und Beratung ÖAB), 2012. (Working Paper der EFV Nr. 19) Eingesehen am 28. 03. 2015 unter: http://www.efv.admin.ch/d/downloads/publikationen/arbeiten_oekonomenteam/workingpapers/Working_Paper_19_d_Web.pdf

Connell, Francis J.. „Double Effect, Principle of." In: The Catholic University of America (Ed.). *New Catholic Encyclopedia.* In Fifteen Volumes. Volume IV. New York: McGraw-Hill, 1967. pp. 1020 – 1022.

Coreth, Emerich. „Das ungeborene Kind als Person." *Arzt und Christ* 27 (1981): 76 – 80.

Cruft, Rowan. „Rights: Beyond Interest Theory and Will Theory?" *Law and Philosophy* 23.4 (July 2004): 347 – 397.

Curcio, Gian-Paolo. *Verantwortungsmotivation zwischen Moralität und Gerechtigkeit: Eine empirische Untersuchung zum Entscheidungsverhalten von militärischen Führungskräften.* Münster: Waxmann Verlag, 2008. (Internationale Hochschulschriften, Band 504)

Dallman, Hans-Ulrich. „Vom Umgang mit Knappheit: ethische Perspektiven auf die Priorisierung im Gesundheitswesen." *Ethik und Gesellschaft* 1 (2011): 1 – 37. Eingesehen am 29. Mai 2012 unter: http://www.ethik-und-gesellschaft.de/mm/EuG-1 – 2011_Dallmann.pdf bzw. urn:nbn:de:0147 – 1-2011 – 003 – 04

Dan-Cohen, Meir. „The Value of Ownership." In: Dan-Cohen, Meir. *Harmful Thoughts: Essays on Law, Self, and Morality.* Princeton, NJ: Princeton University Press, 2002. pp. 264 – 301. Ursprünglich publiziert als: Dan-Cohen, Meir. „The Value of Ownership." Journal of Political Philosophy 9.4 (2001): 404 – 434.

Darwall, Stephen L.. „Two Kinds of Respect." *Ethics* 88.1 (1977): 36 – 49.

Darwall, Stephen L.. „Respect and the Second Person." In: Darwall, Stephen L.. *The Second-person Standpoint: Morality, Respect, And Accountability.* Cambridge, MA: Harvard University Press, 2006. pp. 119 – 150.

DeGrazia, David. *Human Identity and Bioethics.* Cambridge: Cambridge University Press, 2005.

DeGrazia, David. „On the Questions of Personhood Beyond Homo Sapiens." In: Singer, Peter (Ed.). *In Defense of Animals. The Second Wave.* Malden, MA & Oxford: Blackwell Publishing, 2006.

de Locht, Pierre. „Discussion." In: *L'Avortement: Actes du Xeme Colloque International de Sexologie. 2ème partie.* Louvain: Centre International Cardinal Suenens, 1968.

Denier, Yvonne. „On Personal Responsibility and the Human Right to Healthcare." *Cambridge Quarterly of Healthcare Ethics* 14.2 (2005): 224 – 234.

Denier, Yvonne. *Efficiency, Justice and Care: Philosophical Reflections on Scarcity in Health Care.* Dordrecht: Springer, 2007.

Denier, Yvonne, Chris Gastmans & Antoon Vandevelde. „Justice and Responsibility in Health Care – An Introduction." In: Denier, Yvonne (Eds.). *Justice, Luck & Responsibility in Health Care: Philosophical Background and Ethical Implications for End-of-Life Care.* Dordrecht, Heidelberg, New York & London: Springer, 2012. pp. 1 – 27. (Library of Ethics and Applied Philosophy, 30)

Dennett, Daniel C.. „Conditions of Personhood." In: Dennett, Daniel C.. *Brainstorms: Philosophical Essays on Mind and Psychology.* Cambridge, MA: MIT Press, 1981. pp. 267 – 285.

Descartes, René. *Discours de la Méthode.* Französisch – Deutsch. Übersetzt und herausgegeben von Christian Wohlers. Hamburg: Felix Meiner Verlag, 2011. (Philosophische Bibliothek, Band 624)

Deutscher Ethikrat. *Nutzen und Kosten im Gesundheitswesen – Zur normativen Funktion ihrer Bewertung. Stellungnahme.* Berlin: Deutscher Ethikrat, 2011. Eingesehen am 28. 03. 2015 unter: http://www.ethikrat.org/dateien/pdf/stellungnahme-nutzen-und-kosten-im-gesundheitswesen.pdf

Devine, Philip. *Natural Law Ethics.* Westport, Conn.: Greenwood Publishing Group, 2000.

Dey, Ian & Neil Fraser. „Age-Based Rationing in the Allocation of Health Care." *Journal of Aging and Health* 12.4 (2000): 511 – 537.

Diederich, Adele & Margrit Schreier. „Zur Akzeptanz von Eigenverantwortung als Posteriorisierungskriterium. Eine empirische Untersuchung." *Bundesgesundheitsblatt – Gesundheitsforschung – Gesundheitsschutz* 53.9 (2010): 896 – 902.

Dietrich, Frank. „Eigenverantwortung als medizinethisches Rationierungskriterium." *Zeitschrift für medizinische Ethik* 47.4 (2001): 371 – 385.

Dietrich, Frank. „Causal Responsibility and Rationing in Medicine." *Ethical Theory and Moral Practice* 5.1 (2002): 113 – 131.

Dillon, Robin S.. „Respect." *The Stanford Encyclopedia of Philosophy.* June 21st, 2010. Eingesehen am am 28. 03. 2015 unter: http://plato.stanford.edu/entries/respect

Diomedes. „Artis Grammaticae Libri III." In: Keil, Heinrich (Hrsg.). *Grammatici Latini. Ex Recensione Henrici Keilii. Vol. 1: Flavii Sosipatri Charisii Artis Grammaticae Libri V, Diomedis Artis Grammaticae Libri III, Ex Charisii Arte Grammatica Excerpta.* Lipsiae: In Aedibus B. G. Teubneri, A. MDCCCLVII (Leipzig: Teubner, 1857). pp. 297 – 529. Eingesehen am 28. 03. 2015 unter: http://archive.org/details/grammaticilatini01keil

Donceel, Joseph F.. „Immediate Animation and Delayed Hominization." *Theological Studies* 31 (1970): 76 – 105.

Donges, Jürgen B., Johann Eekhoff, Wolfgang Franz, Wernhard Möschel, Manfred J. M. Neumann & Olaf Sievert. *Mehr Eigenverantwortung und Wettbewerb im Gesundheitswesen.* Berlin: Stiftung Marktwirtschaft, 2002. (Kronberger Kreis-Studien der Stiftung Marktwirtschaft, Band 39) Eingesehen am 28. 03. 2015 unter: http://www.stiftungmarktwirtschaft.de/uploads/tx_ttproducts/datasheet/KK_39_Gesundheitswesen_2002.pdf

Dörries, Andrea & Dorothee Arnold. „Kurzzeitiger Spaß? Langfristige Zufriedenheit! Eigenverantwortung und Solidarität am Beispiel von Übergewicht." In: Schmitz-Luhn, Björn & André Bohmeier. *Priorisierung in der Medizin. Kriterien im Dialog.* Berlin & Heidelberg: Springer, 2013. pp. 197 – 203. (Kölner Schriften zum Medizinrecht, Band 11)

Dubray, Charles. „Appetite." In: *The Catholic Encyclopedia. Volume 1.* New York: Robert Appleton Company, 1907. Eingesehen am 28.03.2015 unter: http://www.newadvent.org/cathen/01656a.htm

Duff, R. Antony. „Who is Responsible, for What, to Whom?" *Ohio State Journal of Criminal Law* 2.2 (2005): 441 – 461.

Dworkin, Gerald. „Taking Risks, Assessing Responsibility." *The Hastings Center Report* 11.5 (1981): 26 – 31.

Eberl, Jason T. & Brandon P. Brown. „Brain Life and the Argument from Potential: Affirming the Onotlogical Status of Human Embryos and Fetuses." In: Napier, Stephen (Ed.). *Persons, Moral Worth, and Embryos: A Critical Analysis of Pro-Choice Arguments.* Dordrecht, Heidelberg, London & New York: Springer, 2011. pp. 43 – 66. (Philosophy and Medicine, Band 111)

Eibach, Ulrich. „*Grenzen der Finanzierbarkeit des Gesundheitswesens und die Sorge für chronisch kranke Menschen – Sozialethische, christliche Aspekte der Verteilung der Mittel im Gesundheitswesen und die Diskussion über den „Lebenswert" chronisch kranker und schwerstpflegebedürftiger Menschen.*" Ethik in der Medizin 13.1 – 2 (2001): 61 – 75.

Eichhorn, Annika. *Gerechte Rationierung durch Einführung einer Prioritätensetzung im deutschen Gesundheitswesen.* Baden-Baden: Nomos, 2011.

Elders, Leo. *The Metaphysics of Being of St. Thomas Aquinas in a Historical Perspective.* Leiden, New York & Köln: E. J. Brill, 1993.

Engelhardt, Hugo Tristram Jr.. „The Beginnings of Personhood: Philosophical Considerations." *Perkins (School of Theology) Journal* 27 (1973): 20 – 27.

Engelhardt, Hugo Tristram Jr.. *Foundations of Bioethics. Second Edition.* Oxford: Oxford University Press, 1996.

English, Jane. „Abortion and the Concept of a Person." *Canadian Journal of Philosophy* 5.2 (1975): 233 – 243.

Erk, Christian. *Health, Rights and Dignity.Philosophical Reflections on an Alleged Human Right.*Frankfurt, Paris, Lancaster & New Brunswick: ontos Verlag, 2011.

Erk, Christian. „Verantwortung und Ethik." *Zeitschrift für medizinische Ethik* 58.1 (2012a): 23 – 36.

Erk, Christian. „Potential persons or persons with potential? A Thomistic Perspective." *Bioethica Forum* 5.3 (2012b): 105 – 111.

Erk, Christian. „Just Health (Care) – Social Justice, Health and the Common Good." *Zeitschrift für Wirtschafts- und Unternehmensethik (zfwu)* 13.1 (2012c): 31 – 49.

Erk, Christian. „What makes a Right a Human Right? A Theory of Human Rights." In: Schweidler, Walter (Ed.). *Human Rights and Natural Law. An Intercultural Philosophical Perspective.* Sankt Augustin: Academia Verlag, 2012d. pp. 101 – 131. (West-östliche Denkwege, Band 21)

Erk, Christian. „Überlegungen zur sozialen Gerechtigkeit im Gesundheitswesen." Imago Hominis 20.1 (2013a): 31 – 42.

Erk, Christian. „Das Eigentliche des Todes. Ein Beitrag zur Be-Lebung der Debatte über Hirntod und Transplantation.“ *Ethik in der Medizin* 26.2 (2014): 121 – 135. (Als online-first-publication erschienen im März 2013)

Eshleman, Andrew. „Moral Responsibility.“ *The Stanford Encyclopedia of Philosophy.* November 18th, 2009. Eingesehen am 28. 03. 2015 unter: http://plato.stanford.edu/entries/moral-responsibility

Ess, Silvia. „Zum Konzept der Kosteneffektivität aus gesundheitsökonomischer Sicht.“ In: Zimmermann-Acklin, Markus & Hans Halter (Eds.). *Rationierung und Gerechtigkeit im Gesundheitswesen. Beiträge zur Debatte in der Schweiz.* Basel: EMH Schweizerischer Ärzteverlag, 2007. pp. 205 – 212.

Evnine, Simon J.. *Epistemic Dimensions of Personhood.* Oxford: Oxford University Press, 2008.

Fabre, Cécile. *Social Rights Under the Constitution – Government and the Decent Life.* Oxford: Oxford University Press, 2000.

Fabre, Cécile. *Whose Body is it Anyway? Justice and the Integrity of the Person.* Oxford: Oxford University Press, 2006.

Feachem, Richard G. & Jeffrey D. Sachs. *Global Public Goods for Health. The Report of Working Group 2 of the Commission on Macroeconomics and Health.* Geneva: World Health Organization, 2002. Eingesehen am 28. 03. 2015 unter: http://whqlibdoc.who.int/publications/9241590106.pdf

Feinberg, Joel. „Some Conjectures on the Concept of Respect.“ *Journal of Social Philosophy* 4.2 (1973): 1 – 3.

Feinberg, Joel. *Social Philosophy.* Englewood Cliffs: Prentice-Hall, 1973.

Feinberg, Joel. „The Problem of Personhood.“ In: Beauchamp, Tom L. & LeRoy Walters (Eds.). *Contemporary Issues in Bioethics. 2nd Edition.* Belmont CA: Wadsworth Publishing, 1982. pp. 108 – 116.

Feinberg, Joel. „In Defence of Moral Rights.“ *Oxford Journal of Legal Studies* 12.2 (1992): 149 – 169. Wiederabgedruckt als Kapitel acht in: Feinberg, Joel. *Freedom and Fulfillment: Philosophical Essays.* Princeton, NJ: Princeton University Press, 1994.

Feinberg, Joel & Barbara Baum Levenbook. „Abortion.“ In: Regan, Tom (Ed.). *Matters of Life and Death: New Introductory Essays in Moral Philosophy. 3rd Edition.* New York: McGraw-Hill, 1993. pp. 195 – 234. Die in der zweiten Auflage des Buches „Matters of Life and Death“ (Regan, (Ed.). Matters of Life and Death. 2nd Edition. New York: Random House, 1986.) erschienene Version des Textes, die nur Joel Feinberg als Autor aufführt, ist einsehbar über: http://www.ditext.com/feinberg/abortion.html

Feiring, Eli. „Lifestyle, responsibility and justice.“ *Journal of Medical Ethics* 34.1 (2008): 33 – 36.

Feser, Edward. *Scholastic Metaphysics. A Contemporary Introduction.* Heusenstamm: editiones scholasticae, 2014a.

Feser, Edward. „*Remarks on God, Reason and Reality.*“ Paper presented at the Symposium „God, Reason and Reality“. November 8th, 2014b. Dominican School of Philosophy and Theology, Berkeley, CA. Eingesehen am 20. 04. 2015 unter: http://www.dspt.edu/events/detail/symposium-god-reason-and-reality und http://www.dspt.edu/files/FeseronGodReasonReality.pdf

Fetzer, Stefan. *Determinanten der zukünftigen Finanzierbarkeit der GKV: Doppelter Alterungsprozess, Medikalisierungs- vs. Kompressionsthese und medizinisch-technischer-Fortschritt.* Freiburg i. Br.: Institut für Finanzwissenschaft der Albert-Ludwigs-Universität Freiburg im Breisgau, 2005. (Diskussionsbeiträge des Instituts für Finanzwissenschaft der Albert-Ludwigs-Universität Freiburg im Breisgau, Nr. 130/05). Eingesehen am 28.03.2015 unter: http://www.freidok.uni-freiburg.de/volltexte/1944/pdf/130_05.pdf und http://econpapers.repec.org/paper/zbwalufin/130.htm

Fetzer, Joachim. „Gemeinwohl als Leitgedanke im Gesundheitswesen?" In: Schumpelick, Volker & Bernhard Vogel (Hrsg.). *Volkskrankheiten. Gesundheitliche Herausforderungen in der Wohlstandsgesellschaft. Beiträge des Symposiums vom 4. bis 7. September 2008 in Cadenabbia.* Freiburg: Herder, 2009. pp. 603–617. Eingesehen am 28.03.2015 unter: http://www.kas.de/wf/de/33.17598/

Fine, Kit. „Essence and Modality: The Second Philosophical Perspectives Lecture." *Philosophical Perspectives* 8 (1994): 1–16.

Finnis, John. „The Rights and Wrongs of Abortion: A Reply to Judith Thomson." *Philosophy & Public Affairs* 2.2 (1973): 117–145.

Finnis, John. *Natural Law and Natural Rights. 2nd Edition.* Oxford et. al.: Oxford University Press, 1982. (Clarendon Law Series)

Finnis, John. „The Fragile Case for Euthanasia: A Reply to John Harris." In: Keown, John (Ed.). *Euthanasia Examined: Ethical, Clinical, and Legal Perspectives.* Cambridge: Cambridge University Press, 1995. pp. 46–55.

Fischer, Christiane. „Advocacy und Lobby im Gesundheitswesen." In: Hensen, Peter & Christian Kölzer (Hrsg.). *Die gesunde Gesellschaft. Sozioökonomische Perspektiven und sozialethische Herausforderungen.* Wiesbaden: VS Verlag für Sozialwissenschaft, 2011. pp. 149–165.

Fletcher, Joseph F.. „Indicators of Humanhood: A Tentative Profile of Man." *The Hastings Center Report* 2.5 (1972): 1–4.

Fletcher, Joseph F.. „Four Indicators of Humanhood: The Enquiry Matures." *The Hastings Center Report* 4.6 (1974): 4–7.

Ford, Earl S., Manuela M. Bergmann, Janine Kröger, Anja Schienkiewitz, Cornelia Weikert & Heiner Boeing. „Healthy Living Is the Best Revenge: Findings From the European Prospective Investigation Into Cancer and Nutrition-Potsdam Study." *Archives of Internal Medicine* 169.15 (2009): 1355–1362.

Ford, Norman M.. *The prenatal person: ethics from conception to birth.* Carlton: Blackwell Publishers, 2002.

Frankena, William K.. *Ethics. 2nd Edition.* Englewood Cliffs, NJ: Prentice-Hall, 1973. Eingesehen am 28.03.2015 unter: http://www.ditext.com/frankena/ethics.html

Frankfurt, Harry G.. „Alternate Possibilities and Moral Responsibility." *Journal of Philosophy* 66.23 (1969): 829–39. Der Artikel ist auch abgedruckt in: Frankfurt, Harry G.. *The Importance of What We Care About: Philosophical Essays.* Cambridge: Cambridge University Press, 1988. pp. 1–10.

Frankfurt, Harry G.. „Freedom of the Will and the Concept of a Person." *The Journal of Philosophy* 68.1 (1971): 5–20.

French, Peter A.. „Kinds and Persons." In Goodman, Michael F. (Ed.). *What is a Person?* Clifton, NJ: The Humana Press, 1988. pp. 293–308.

Frevel, Bernhard & Berthold Dietz. *Sozialpolitik kompakt. 2., aktualisierte Auflage.* Wiesbaden: VS Verlag für Sozialwissenschaften, 2008.

Frey, Raymond G.. *Interest and Rights. The Case Against Animals.* Oxford: Clarendon, 1980.

Fuchs, Christoph. „Was heißt hier Rationierung?" In: Nagel, Eckhard & Christoph Fuchs (Hrsg.). *Rationalisierung und Rationierung im deutschen Gesundheitswesen.* Stuttgart & New York: Georg Thieme Verlag, 1998. pp. 42–50.

Fuchs, Christoph. „Priorisierung aus Sicht der Medizin – Positionsbestimmung der Ärzteschaft zum Thema." In: Lohmann, Heinz & Uwe Karl Preusker (Hrsg.). *Priorisierung statt Rationierung: Zukunftssicherung für das Gesundheitssystem.* Heidelberg et al.: economica Verlag, 2010a. pp. 15–32.

Fuchs, Christoph. „Demografischer Wandel und Notwendigkeit der Priorisierung im Gesundheitswesen Positionsbestimmung der Ärzteschaft." *Bundesgesundheitsblatt – Gesundheitsforschung – Gesundheitsschutz* 53.5 (2010b): 435–440.

Fuchs, Christoph, Eckhard Nagel & Heiner Raspe. „Rationalisierung, Rationierung und Priorisierung – was ist gemeint?" *Deutsches Ärzteblatt* 106.12 (2009): A-554-A-557 / B-474 / C-458. Eingesehen am 28.03.2015 unter: http://www.aerzteblatt.de/archiv/63854/Rationalisierung-Rationierung-und-Priorisierung-was-ist-gemeint

Gaudium et Spes: Pastorale Konstitution über die Kirche in der Welt von heute („Gaudium et Spes: Constitutio Pastoralis de Ecclesia in Mundo huius Temporis"). 07.12.1965. Eingesehen am 28.03.2015 unter: http://www.vatican.va/archive/hist_councils/ii_vatican_council/index_ge.htm

Gert, Bernard. „Personal Identity and the Body." *Dialogue. Canadian Philosophical Review* 10.3 (1971): 458–478.

Gervais, Karen Grandstrand. *Redefining Death.* New Haven: Yale University Press, 1988.

Giubilini, Alberto & Francesca Minerva. „After-birth abortion: why should the baby live?" *Journal of Medical Ethics* 39.5 (2013): 261–263.

Glannon, Walter. „Responsibility and Priority in Liver Transplantation." *Cambridge Quarterly of Healthcare Ethics* 18.1 (2009): 23–35.

Gómez Dávila, Nicolás. *Auf verlorenem Posten: Neue Scholien zu einem inbegriffenen Text.* Wien: Karolinger, 1992.

Gómez-Lobo, Alfonso. *Morality and the Human Goods.* Washington, D.C.: Georgetown University Press, 2002.

Goodman, Michael F.. „Preface." In: Goodman, Michael F. (Ed.). *What is a Person?* Clifton, NJ: The Humana Press, 1988. pp. vii-viii.

Gordijn, Bert. „The Troublesome Concept of the Person." *Theoretical Medicine and Bioethics* 20.4 (1999): 347–359.

Gosepath, Stefan. „Kann das Gut Gesundheit gerecht verteilt werden?" In: Nationaler Ethikrat (Hrsg.). *Gesundheit für alle – wie lange noch? Rationierung und Gerechtigkeit im Gesundheitswesen. Vorträge der Jahrestagung des Nationalen Ethikrates 2006.* Berlin: Nationaler Ethikrat, 2007. pp. 19–33. Eingesehen am 28.03.2015 unter: http://www.ethikrat.org/dateien/pdf/Tagungsdokumentation_JT_2006_Gesundheit_fuer_alle.pdf

Gosepath, Stefan. „Notlagen und institutionell basierte Hilfspflichten." In: Bleisch, Barbara & Peter Schaber (Hrsg.). *Weltarmut und Ethik.* Paderborn: mentis, 2007. pp. 213–246. (ethica, Band 17)

Gossen, Hermann Heinrich. *Entwickelung der Gesetze des menschlichen Verkehrs, und der daraus fließenden Regeln für menschliches Handeln.* Braunschweig; Vieweg, 1854.

Gould, Stephen Jay. „‚Was ist Leben?' als ein Problem der Geschichte." In: Murphy, Michael & Luke O'Neill (Hrsg.). *Was ist Leben? Die Zukunft der Biologie. Eine alte Frage in neuem Licht – 50 Jahre nach Erwin Schrödinger.* Heidelberg: Spektrum Akademischer Verlag, 1997. pp. 35–52.

Griffin, James. „Welfare Rights." *The Journal of Ethics* 4.1 (2000): 27–43.

Griffin, James. „Group Rights." In: Meyer, Lukas H., Stanley L. Paulson & Thomas W Pogge (Eds.). *Rights, Culture and the Law: Themes from the Legal and Political Philosophy of Joseph Raz.* Oxford: Oxford University Press, 2003. pp. 161–182.

Grisez, Germain. *The Way of the Lord Jesus, Volume I: Christian Moral Principles.* Chicago: Franciscan Herald Press, 1983.

Grisez, Germain. „When do People Begin?" *Proceedings of the American Catholic Philosophical Association* 63 (1989): 27–47.

Groß, Dominik. „Rationierung im Gesundheitswesen aus der Sicht der medizinischen Ethik." In: Schumpelick, Volker & Bernhard Vogel (Hrsg.). Was ist uns die Gesundheit wert? Gerechte Verteilung knapper Ressourcen. Beiträge des Symposiums vom 10. bis 13. September 2006 in Cadenabbia. Freiburg: Herder, 2007. pp. 335–353. Eingesehen am 28.03.2015 unter: http://www.kas.de/wf/de/33.11483/

Groß, Dominik. „Priorisierung statt Rationierung: Zukunftssicherung für das Gesundheitssystem?" In: Lohmann, Heinz & Uwe Karl Preusker (Hrsg.). *Priorisierung statt Rationierung: Zukunftssicherung für das Gesundheitssystem.* Heidelberg et al.: economica Verlag, 2010. pp. 73–92.

Günther, Klaus. „Aufgaben- und Zurechnungsverantwortung." In: Heidbrink, Ludger & Alfred Hirsch (Hrsg.). *Verantwortung in der Zivilgesellschaft. Zur Konjunktur eines widersprüchlichen Prinzips.* Frankfurt a. M.: Campus Verlag, 2006. pp. 295–329.

Habermas, Jürgen. Die Zukunft der menschlichen Natur: Auf dem Weg zu einer liberalen Eugenik? Erweiterte Auflage. Frankfurt a. M.: Suhrkamp, 2005. (suhrkamp taschenbuch wissenschaft 1744)

Habermehl, Michael Ludwig. *Die Abstraktionslehre des hl. Thomas von Aquin.* Kallmünz: (Buchdruckerei von Michael) Laßleben, 1933. (Inauguraldissertation, vorgelegt an der Bayer. Julius Maximilians-Universität Würzburg im Jahre 1931)

Hajen, Leonhard, Holger Paetow & Harald Schumacher. *Gesundheitsökonomie: Strukturen – Methoden – Praxisbeispiele.* 5. Auflage. Stuttgart: Verlag W. Kohlhammer, 2010.

Hall, Matthew. *Plants As Persons: A Philosophical Botany.* Albany, NY: State University of New York Press, 2011. (SUNY Series on Religion and the Environment)

Harris, John. *The Value of Life: An Introduction to Medical Ethics.* London: Routledge, 1985.

Harris, John. „The Concept of the Person and the Value of Life." *Kennedy Institute of Ethics Journal* 9.4 (1999): 293–308.

Harris, John. „Consent and end of life decisions." *Journal of Medical Ethics* 29.1 (2003): 10–15.

Hart, Herbert L. A.. „Postscript: Responsibility and Retribution." In: Hart, Herbert L. A.. *Punishment and Responsibility.* New York: Oxford University Press, 1968. pp. 210–237.

Haveman-Nies, Annemien, Lisette (C.) P. G. M. de Groot, Jan Burema, José A. Amorim Cruz, Merete Osler & Wija A. van Staveren for the SENECA Investigators. „Dietary Quality and Lifestyle Factors in Relation to 10-Year Mortality in Older Europeans: The SENECA Study." *American Journal of Epidemiology* 156.10 (2002): 962–968.

Hayward, Richard. „Balancing certainty and uncertainty in clinical medicine." *Developmental Medicine & Child Neurology* 48 (2006): 74–77.

Heaney, Stephen J.. „Aquinas and the Presence of the Human Rational Soul in the Early Embryo." *Thomist* 56 (1992): 19–48.

Heinzmann, Richard. *Thomas von Aquin. Eine Einführung in sein Denken. Mit ausgewählten lateinisch-deutschen Texten.* Stuttgart: Verlag, W. Kohlhammer, 1994.

Henke, Klaus-Dirk & Michael Hesse. „Gesundheitswesen." In: Korff, Wilhelm & Alois Baumgartner, Hermann Franz, Joachim Genosko, Karl Homann, Christian Kirchner,

Wolfgang Kluxen,Hans-Ulrich Küpper, Arnold Picot, Trutz Rendtorff, Rudolf Richter, Hermann Sautter, Otto Schlecht (Hrsg.; im Auftrag der Görres-Gesellschaft). *Handbuch der Wirtschaftsethik. Band 4.1: Konkrete wirtschaftsethische Problemfelder: Arbeit – Schattenwirtschaft.* Berlin: Berlin University Press, 2009. pp. 249 – 289.

Henßge, Claus & Burkhard Madea. „Leichenerscheinungen und Todeszeitbestimmung." In: Brinkmann, Bernd & Burkhard Madea (Hrsg.). *Handbuch Gerichtliche Medizin, Band I.* Berlin & Heidelberg: Springer, 2004. pp. 79 – 225.

Hess, Charlotte & Elinor Ostrom. „Introduction." In: Hess, Charlotte & Elinor Ostrom (Eds.). *Understanding Knowledge as a Commons. From Theory to Practice.* Cambridge, MA & London: The MIT Press, 2007. pp. 3 – 26.

Heubel, Friedrich. „Funktionale und moralische Grenzen eines Gesundheitsmarkts." In: Brand, Angela, Dietrich von Engelhardt, Alfred Simon & Karl-Heinz Wehkamp (Hrsg.). Individuelle Gesundheit versus Public Health? Jahrestagung der Akademie für Ethik in der Medizin e.V., Hamburg 2001. Münster, Hamburg & London: LIT Verlag, 2002. pp. 132 – 143. (Reihe Ethik in der Praxis – Kontroversen / Practical Ethics – Controversies, Band 11)

Hobbes, Thomas. *Leviathan. Volume 2: The English and Latin Texts.* Edited by Noel Malcolm. Oxford: Clarendon Press, 2012.

Höffe, Otfried. „Schulden die Menschen einander Verantwortung? Skizze einer fundamentalethischen Legitimation." In: Lampe, Ernst-Joachim (Hrsg.). *Verantwortlichkeit und Recht.* Opladen: Westdeutscher Verlag, 1989. pp. 12 – 35. (Jahrbuch für Rechtssoziologie und Rechtstheorie, Band 14)

Höffe, Otfried. *Moral als Preis der Moderne. Ein Versuch über Wissenschaft, Technik und Umwelt.* Frankfurt a. M.: Suhrkamp, 1993.

Höffe, Otfried. „Medizin in Zeiten knapper Ressourcen oder: Besonnenheit statt Pleonexie." *Deutsches Ärzteblatt* 95.5 (1998): A-203-A-205. Eingesehen am 28. 03. 2015 unter: http://www.aerzteblatt.de/archiv/9267/Aus-philosophischer-Sicht-Medizin-in-Zeiten-knapper-Ressourcen-oder-Besonnenheit-statt-Pleonexie

Höffe, Otfried. *Medizin ohne Ethik?* Frankfurt a. M.: Suhrkamp, 2002.

Höffe, Otfried. „Ist Rationieren ungerecht?" *Sozialer Fortschritt. Unabhängige Zeitschrift für Sozialpolitik* 12 (2008): 300 – 304.

Höffe, Otfried. „Die unhaltbare Überfluss-Illusion im Gesundheitswesen." *Neue Zürcher Zeitung (NZZ)* Nr. 150 (02. 07. 2010): 19.

Höffner, Joseph.*Der Start zu einer neuen Sozialpolitik.* Köln: Bachem, 1956. (Schriftenreihe des Bundes Katholischer Unternehmer, Band 5)

Höfling, Wolfram. „Gesundheitliche Eigenverantwortung Anmerkungen zu einer schwierigen Kategorie." In: Schumpelick, Volker & Bernhard Vogel (Hrsg.). *Volkskrankheiten. Gesundheitliche Herausforderungen in der Wohlstandsgesellschaft. Beiträge des Symposiums vom 4. bis 7. September 2008 in Cadenabbia.* Freiburg: Herder, 2009. pp. 514 – 526. Eingesehen am 28. 03. 2015 unter: http://www.kas.de/wf/de/33.17598/

Hohfeld, Wesley Newcomb. „Some Fundamental Legal Conceptions as Applied in Judicial Reasoning." *Yale Law Journal* 23.1 (1913): 16 – 59.

Hohfeld, Wesley Newcomb. „Fundamental Legal Conceptions as Applied in Judicial Reasoning." *Yale Law Journal* 26.8 (1917): 710 – 770.

Honnefelder, Ludger. „Der Begriff der Person in der aktuellen ethischen Debatte." In: Holderegger, Adrian & Günter H. Rager (Hrsg.). *Bewusstsein und Person: Neurobiologie, Philosophie und Theologie im Gespräch.* Freiburg i. Ue.: Universitätsverlag; Freiburg i. Br.: Herder Verlag, 2000. pp. 53 – 69. (Studien zur theologischen Ethik, Band 83)

Honnefelder, Ludger. „Pro Kontinuumsargument: Die Begründung des moralischen Status des menschlichen Embryos aus der Kontinuität der Entwicklung des ungeborenen zum geborenen Menschen." In: Damschen, Gregor & Dieter Schönecker (Hrsg.). *Der moralische Status menschlicher Embryonen. Pro und contra Spezies-, Kontinuums-, Identitäts- und Potentialitätsargument.* Berlin & New York: Walter de Gruyter, 2003. pp. 61–82.

Honnefelder, Ludger. „Gesundheit als hohes Gut – die anthropologische Perspektive." In: Schumpelick, Volker & Bernhard Vogel (Hrsg.). *Was ist uns die Gesundheit wert? Gerechte Verteilung knapper Ressourcen. Beiträge des Symposiums vom 10. bis 13. September 2006 in Cadenabbia.* Freiburg: Herder, 2007. pp. 16–33. Eingesehen am 28.03.2015 unter: http://www.kas.de/wf/de/33.11483

Honneth, Axel. *Der Kampf um Anerkennung. Zur moralischen Grammatk sozialer Konflikte.* Frankfurt a.M.: Suhrkamp, 1994. (suhrkamp taschenbuch wissenschaft 1129)

Honneth, Axel. *The Struggle for Recognition. The Moral Grammar of Social Conflicts.* Cambridge: Polity Press, 1995.

Hörster, Norbert. *Abtreibung im säkularen Staat. Argumente gegen den §218. 2. Auflage: Mit einem Anhang: Das Lippenbekenntnis des Bundesverfassungsgerichts zum Lebensrecht des Ungeborenen.* 2. Auflage. Frankfurt am Main: Suhrkamp, 1995a.

Hörster, Norbert. *Neugeborene und das Recht auf Leben.* Frankfurt am Main: Suhrkamp, 1995b.

Hörster, Norbert. „Menschenrecht auf Leben und Tötungsverbot." *Merkur Heft* 9.10 (1996): 880–892.

Hörster, Norbert. „Das Prinzip der Menschenwürde." In: Hoerster, Norbert. *Ethik des Embryonenschutzes. Ein rechtsphilosophischer Essay.* Stuttgart: Reclam, 2002. pp. 11–30.

Hüntelmann, Rafael. *Grundkurs Philosophie I: Werden, Bewegung und Veränderung.* Heusenstamm: editiones scholasticae, 2012. (editiones scholasticae, Band 24; Reihe Philosophie des gesunden Menschenverstandes, Band 1)

Hüntelmann, Rafael. *Grundkurs Philosophie II: Metaphysik.* Heusenstamm: editiones scholasticae, 2013. (editiones scholasticae, Band 32; Reihe Philosophie des gesunden Menschenverstandes, Band 2)

Hurst, Samia A., Anne-Marie Slowther, Reidun Forde, Renzo Pegoraro, Stella Reiter-Theil, Arnaud Perrier, Elizabeth Garrett-Mayer & Marion Danis. „Prevalence and Determinants of Physician Bedside Rationing Data from Europe." *Journal of General Internal Medicine* 21.11 (2006): 1138–1143.

Huster, Stefan. „Grundversorgung und soziale Gerechtigkeit im Gesundheitswesen." In: Berlin-Brandenburgische Akademie der Wissenschaften (Hrsg.). *Berichte und Abhandlungen, Band 10.* Berlin: Akademie Verlag, 2006. pp. 361–382.

Huster, Stefan. „Die Berücksichtigung des Selbstverschuldens in der Gesetzlichen Krankenversicherung." In: Schmitz-Luhn, Björn & André Bohmeier. *Priorisierung in der Medizin. Kriterien im Dialog.* Berlin & Heidelberg: Springer, 2013. pp. 193–196. (Kölner Schriften zum Medizinrecht, Band 11)

Huzum, Eugen. „The Principle of Responsibility for Illness and its Application in the Allocation of Health Care: A Critical Analysis." In: Olaru, Bogdan (Ed.). *Autonomy, Responsibility, and Health Care. Critical Essays.* Bucharest: Zeta Books, 2008. pp. 191–220.

Huzum, Eugen. „Some obstacles to applying the principle of individual responsibility for illness in the rationing of medical services." *Romanian Journal of Bioethics* 8.2 (2010): 104–113.

Iglehart, John K.. „From The Editor.“ *Health Affairs* 9.2 (1990): 4–5.

Iglesias, Teresa. „In vitro fertilisation: the major issues.“ *Journal of Medical Ethics* 10 (1984): 32–37.

Ikaheimo, Heikki. „Recognizing Persons.“ *Journal of Consciousness Studies* 14.5–6 (2007): 224–247.

Jensen, Steven J.. *Living the Good Life. A Beginner's Thomistic Ethics.* Washington, D.C.: The Catholic University of America Press, 2013.

Jessop, N. M.. *Theory and problems of zoology.* New York: McGraw-Hill, 1988.

Jones, Peter. *Rights.* London: Macmillan Press, 1994.

Jones, Peter. „Group Rights and Group Oppression.“ *The Journal of Political Philosophy* 7.4 (1999): 353–377.

Jones, Peter. „Group Rights.“ *The Stanford Encyclopedia of Philosophy.* September 22nd, 2008. Eingesehen am 28.03.2015 unter: http://plato.stanford.edu/entries/rights-group

Joyce, Robert E.. „Personhood and the Conception Event.“ In Goodman, Michael F. (Ed.). *What is a Person?* Clifton, NJ: The Humana Press, 1988. pp. 199–212.

Kamm, Ruth. *Rationierung im öffentlichen Gesundheitswesen – Eine Untersuchung möglicher Rechtfertigungsargumente.* Bamberg: Otto-Friedirch-Universität Bamberg, 2006. (Bamberger Beiträge zur Politikwissenschaft: Forschungsschwerpunkt Theorie der Politik, Nr. I-9) Eingesehen am 28.03.2015 unter: http://www.uni-bamberg.de/fileadmin/uni/fakultaeten/sowi_faecher/politik/BBPI/BBP-I-9.pdf

Kannetzky, Frank & Henning Tegtmeyer. „Einleitung: Begriff der Person und Theorie der Personalität“ In: Kannetzky, Frank & Henning Tegtmeyer (Hrsg.). *Personalität. Studien zu einem Schlüsselbegriff der Philosophie.* Leipzig: Universitätsverlag, 2007. pp. 5–15.

Kant, Immanuel. „Kritik der reinen Vernunft (1. Aufl. 1781).“ In: *Akademieausgabe von Immanuel Kants Gesammelten Werken. Band 4 (Kritik der reinen Vernunft (1. Aufl. 1781), Prolegomena, Grundlegung zur Metaphysik der Sitten, Metaphysische Anfangsgründe der Naturwissenschaft).* pp. 1–252. Eingesehen am 28.03.2015 unter: http://www.korpora.org/Kant/verzeichnisse-gesamt.html

Kant, Immanuel. „Naturrecht Feyerabend. (Kants Naturrecht. Gelesen im Winterhalben Jahre 1784. Vorlesungsmitschrift von Gottfried Feyerabend) (1784).“ In: *Akademieausgabe von Immanuel Kants Gesammelten Werken. Band 27 (Vorlesungen über Moralphilosophie). 2. Hälfte, Teil 2.* Berlin: Walter de Gruyter, 1979. pp. 1316–1394.

Kant, Immanuel. „Grundlegung zur Metaphysik der Sitten (1785).“ In: *Akademieausgabe von Immanuel Kants Gesammelten Werken. Band 4 (Kritik der reinen Vernunft, Prolegomena, Grundlegung zur Metaphysik der Sitten, Metaphysische Anfangsgründe der Naturwissenschaft).* pp. 385–464. Eingesehen am 28.03.2015 unter: http://www.korpora.org/Kant/verzeichnisse-gesamt.html

Kant, Immanuel. „Metaphysik der Sitten (1797).“ In: *Akademieausgabe von Immanuel Kants Gesammelten Werken. Band 6 (Die Religion innerhalb der Grenzen der blossen Vernunft, Die Metaphysik der Sitten).* pp. 203–494. Eingesehen am 28.03.2015 unter: http://www.korpora.org/Kant/verzeichnisse-gesamt.html

Kant, Immanuel. „Anthropologie in pragmatischer Hinsicht (1798).“ In: *Akademieausgabe von Immanuel Kants Gesammelten Werken. Band 7 (Der Streit der Fakultäten, Anthropologie in pragmatischer Hinsicht).* pp. 117–333. Eingesehen am 28.03.2015 unter: http://www.korpora.org/Kant/verzeichnisse-gesamt.html

Kass, Leon R.. „Defending Human Dignity.“ In: The President's Council on Bioethics (Ed.). *Human Dignity and Bioethics. Essays Commissioned by the President's Council on*

Bioethics. Washington, D.C.: The President's Council on Bioethics, March 2008. pp. 297 – 331. Eingesehen am 28. 03. 2015 unter: http://www.bioethics.gov/reports/human_dignity/index.html

Katechismus der Katholischen Kirche (Catechismus Catholicae Ecclesiae). Eingesehen am 28. 03. 2015 unter: http://www.vatican.va/archive/ccc/index_ge.htm

Kather, Regine. *Was ist Leben? Philosophische Positionen und Perspektiven*. Darmstadt: Wissenschaftliche Buchgesellschaft, 2003.

Kaul, Inge, Isabelle Grunberg & Marc A. Stern. „Defining Global Public Goods." In: Kaul, Inge, Isabelle Grunberg & Marc A. Stern (Eds.). *Global Public Goods – International Cooperation in the 21st Century*. New York: Oxford University Press, 1999a. pp. 2 – 19.

Kaul, Inge, Isabelle Grunberg & Marc A. Stern. „Introduction." In: Kaul, Inge, Isabelle Grunberg & Marc A. Stern (Eds.). *Global Public Goods – International Cooperation in the 21st Century*. New York: Oxford University Press, 1999b. pp. xix-xxxviii.

Kaul, Inge & Ronald U. Mendoza. „Advancing the Concept of Public Goods." In: Kaul, Inge (Ed.). *Providing Global Public Goods – Managing Globalization*. New York: Oxford University Press, 2003. pp. 78 – 111.

Kern, Axel Olaf, Fritz Beske & Hanna Lescow. „Auswertung einer Leserumfrage: Leistungseinschränkung oder Rationierung im Gesundheitswesen?" *Deutsches Ärzteblatt* 96.3 (1999): A113-A117.

Kersting, Wolfgang. „Gerechtigkeit und Medizin." In: Kersting, Wolfgang (Hrsg.). *Recht, Gerechtigkeit und demokratische Tugend*. Frankfurt a.M.: Suhrkamp, 1997. pp. 170 – 212.

Kersting, Wolfgang. „Über Gerechtigkeit im Gesundheitswesen." In: Honnefelder, Ludger & Christian Streffer. *Jahrbuch für Wissenschaft und Ethik. Band 4*. Berlin & New York: Walter de Gruyter, 1999. pp. 143 – 174.

Kersting, Wolfgang. „Gerechtigkeitsprobleme sozialstaatlicher Gesundheitsversorgung." In: Kersting, Wolfgang (Hrsg). *Politische Philosophie des Sozialstaats*. Weilerswist: Velbrück, 2000. pp. 467 – 507.

Kersting, Wolfgang. „Einleitung: Der Personenbegriff im Kontext der praktischen Philosophie." In: Sturma, Dieter (Hrsg.). *Person: Philosophiegeschichte – Theoretische Philosophie – Praktische Philosophie*. Paderborn: Mentis, 2001. pp. 325 – 336.

Kersting, Wolfgang. „Egalitäre Grundversorgung und Rationierungsethik. Überlegungen zu den Problemen und Prinzipien einer gerechten Gesundheitsversorgung." In: Gutmann, Thomas & Volker H. Schmidt (Hrsg.). *Rationierung und Allokation im Gesundheitswesen*. Weilerswist: Velbrück Wissenschaft, 2002. pp. 41 – 90.

Kettern, Bernd. *Sozialethik und Gemeinwohl. Die Begründung einer realistischen Ethik bei Arthur F. Utz*. Berlin: Duncker & Humblot, 1992. (Sozialwissenschaftliche Schriften, Heft 22)

Kitwood, Tom M.. *Dementia Reconsidered: The Person Comes First*. Buckingham: Open University Press, 1997.

Klee, Ernst. „‚...nicht mehr Bewußtsein als ein Salatkopf.' Euthanasie – neue Diskussionen, alte Thesen." In: Stein, Anne-Dore (Hrsg.). *Lebensqualität statt Qualitätskontrolle menschlichen Lebens*. Berlin: Marhold, 1992.

Klein, Rudolf, Patricia Day & Sharon Redmayne. *Managing Scarcity: Priority Setting and Rationing in the National Health Service*. Buckingham & Philadelphia: Open University Press, 1996.

Klonschinski, Andrea. „Kosteneffizienz als Rationierungskriterium." In: Dabrowski, Martin, Judith Wolf & Karlies Abmeier (Hrsg.). *Gesundheitssystem und Gerechtigkeit.* Paderborn, München, Wien & Zürich: Schöningh, 2012. pp. 93 – 101.

Knight, Carl & Zofia Stemplowska. „Responsibility and Distributive Justice: An Introduction." In: Knight, Carl & Zofia Stemplowska. *Responsibility and Distributive Justice.* New York: Oxford University Press, 2011. pp. 1 – 23.

Knowles, John H.. „The Responsibility of the Individual." *Daedalus* 106.1 (Winter 1977): 57 – 80.

Kocher, Gerhard. „Die Gründe der ‚Kostenexplosion' im Gesundheitswesen." *Schweizerische Ärztezeitung* 92.38 (2011): 1466 – 1469.

König, Rolf. „Gegenstand der Betriebswirtschaftslehre." In: Becker, Fred G. (Hrsg.). *Einführung in die Betriebswirtschaftslehre.* Berlin, Heidelberg & New York: Springer, 2006. pp. 1 – 10.

Koller, Peter. „Die Begründung von Rechten." In: Koller, Peter, Csaba Varga & Ota Weinberger (Hrsg.). *Theoretische Grundlagen der Rechtspolitik: Ungarisch-Österreichisches Symposium der Internationalen Vereinigung für Rechts- und Sozialphilosophie 1990.* Stuttgart: Franz Steiner Verlag, 1992. pp. 74 – 84. (Band 54 von Archiv für Rechts- und Sozialphilosophie: Beiheft)

Koller, Peter. „Die Struktur von Rechten." In: Meggle, Georg (Hrsg.). *Analyomen 2: Proceedings of the 2nd Conference „Perspectives in Analytical Philosophy". Volume III: Philosophy of Mind, Practical Philosophy, Miscellanea.* Berlin & New York: Walter de Gruyter, 1997. pp. 251 – 262. (Perspektiven der Analytischen Philosophie (Hrsg. von Georg Meggle und Julian Nida-Rümelin, Band 18))

Koller, Peter. „Rechte und Pflichten." In: Pollmann, Arnd & Georg Lohmann (Hrsg.). *Menschenrechte. Ein interdisziplinäres Handbuch.* Stuttgart & Weimar: Verlag J. B. Metzler, 2012. pp. 150 – 159.

Kopetsch, Thomas. *Zur Rationierung medizinischer Leistungen im Rahmen der gesetzlichen Krankenversicherung.* Baden-Baden: Nomos Verlagsgesellschaft, 2001. (Europäische Schriften zu Staat und Wirtschaft, Band 5)

Koren, Henry J.. *An Introduction to the Science of Metaphysics.* St. Louis: B. Herder, 1960.

Krämer, Walter. „Was macht Rationierung unvermeidbar?" In: Nationaler Ethikrat (Hrsg.). *Gesundheit für alle – wie lange noch? Rationierung und Gerechtigkeit im Gesundheitswesen. Vorträge der Jahrestagung des Nationalen Ethikrates 2006.* Berlin: Nationaler Ethikrat, 2007. pp. 35 – 42. Eingesehen am 28. 03. 2015 unter: http://www.ethikrat.org/dateien/pdf/Tagungsdokumentation_JT_2006_Gesundheit_fuer_alle.pdf

Kruip, Gerhard. „Gerechte Ressourcenallokation und Priorisierung im Gesundheitswesen." In: Dabrowski, Martin, Judith Wolf & Karlies Abmeier (Hrsg.). *Gesundheitssystem und Gerechtigkeit.* Paderborn, München, Wien & Zürich: Schöningh, 2012. pp. 69 – 92.

Kuhse, Helga & Peter Singer. „Should All Seriously Disabled Infants Live?." In: Kuhse, Helga & Peter Singer. *Individuals, Humans, Persons. Questions of Life and Death.* Sankt Augustin: Acedemia Verlag, 1994a. pp. 159 – 176. Also published in: Scarre, Geoffrey. Children, Parents and Politics. Cambridge: Cambridge University Press, 1989. pp. 168 – 181.

Kuhse, Helga & Peter Singer. „Abortion and Contraception: The Moral Significance of Fertilization." In: Kuhse, Helga & Peter Singer. *Individuals, Humans, Persons. Questions of Life and Death.* Sankt Augustin: Acedemia Verlag, 1994b. pp. 83 – 105.

Kunzmann, Peter. „Person – Anthropologien in dichter Fassung." In: Theobald, Werner & Hartmut Rosenau (Hrsg.). *Menschenbilder.* Münster & Berlin: LIT Verlag, 2012. pp. 9 – 25. (Ethik interdisziplinär, Band 19)

Ladwig, Bernd. „Mensch und Person." In: Pollmann, Arnd & Georg Lohmann (Hrsg.). *Menschenrechte. Ein interdisziplinäres Handbuch.* Stuttgart & Weimar: Verlag J. B. Metzler, 2012. pp. 136 – 143.

Laitinen, Arto. „Interpersonal Recognition: A Response to Value or a Precondition of Personhood?" *Inquiry* 45 (2002): 463 – 478.

Laitinen, Arto. „Sorting Out Aspects of Personhood Capacities, Normativity and Recognition." *Journal of Consciousness Studies* 14.5 – 6 (2007): 248 – 270.

Langerak, Edward A.. „Abortion: Listening to the Middle." In: Goodman, Michael F. (Ed.). What is a Person? Clifton, NJ: The Humana Press, 1988. pp. 251 – 264.

Larmer, Robert. „Abortion, Personhood and the Potential for Consciousness." *Journal of Applied Philosophy* 12.3 (1995): 241 – 251.

Lee, Patrick & Robert P. George. „The Wrong of Abortion." In: Cohen, Andrew I. & Christopher Wellman (Eds.). *Contemporary Debates in Applied Ethics.* New York: Blackwell, 2005. pp. 13 – 26.

Lee, Patrick & Robert P. George. „The Nature and Basis of Human Dignity." In: The President's Council on Bioethics (Ed.). *Human Dignity and Bioethics. Essays Commissioned by the President's Council on Bioethics.* Washington, D.C.: The President's Council on Bioethics, March 2008. pp. 409 – 433. Eingesehen am 28. 03. 2015 unter: http://www.bioethics.gov/reports/human_dignity/index.html Dieser Artikel ist auch erschienen als: Lee, Patrick & Robert P. George. „The Nature and Basis of Human Dignity." Ratio Juris 21.2 (June 2008): 173 – 93.

Leibniz, Gottfried Wilhelm. Nouveaux essais sur l'entendement humain. Paris: Ernest Flammarion, 1921. Eingesehen am 28. 03. 2015 unter: http://archive.org/details/nouveauxessaissu00leib

Leibniz, Gottfried Wilhelm. *Philosophische Werke in vier Bänden. Band 3: Neue Abhandlungen über den menschlichen Verstand. Übersetzt, mit Einleitung und mit Anmerkungen versehen von Ernst Cassirer.* Hamburg: Felix Meiner Verlag, 1996.

Lenk, Hans & Matthias Maring. „Verantwortung – Normatives Interpretationskonstrukt und empirische Beschreibung." In: Eckensberger, Lutz & Ulrich Gähde (Hrsg.). *Ethische Norm und empirische Hypothese.* Frankfurt a. M.: Suhrkamp, 1993. pp. 222 – 243. (Suhrkamp-Taschenbuch Wissenschaft, 1088)

Lepsius, Oliver. *Besitz und Sachherrschaft im öffentlichen Recht.* Tübingen: Mohr Siebeck, 2002. (Reihe Jus Publicum (JusPubl), 81)

Lichtenberg, Georg Christoph. *Georg Christoph Lichtenberg's Vermischte Schriften. Neue vermehrte, von dessen Söhnen veranstaltete Original-Ausgabe. Mit dem Portrait, Facsimile und einer Ansicht des Geburtshauses des Verfassers.* Erster Band. Göttingen: Verlag der Dieterichschen Buchhandlung, 1853.

Linhardt, Robert. *Die Sozial-Prinzipien des hl. Thomas von Aquin: Versuch einer Grundlegung der speziellen Soziallehren des Aquinaten.* Freiburg i.Br. et al.: Herder, 1932.

Locke, John. *An Essay Concerning Human Understanding.* London: 1690. Eingesehen am 28. 03. 2015 unter: http://oregonstate.edu/instruct/phl302/texts/locke/locke1/contents2.html und http://ebooks.adelaide.edu.au/l/locke/john/l81u und http://oll.libertyfund.org/title/762

Lockwood, Michael. „When does a life begin?" In: Lockwood, Michael (Ed.). *Moral Dilemmas in Modern Medicine.* Oxford & New York: Oxford University Press, 1985. pp. 9 – 31.

Long, Roderick T.. „The Irrelevance of Responsibility." In: Frankel Paul, Ellen, Fred D. Miller, Jr. & Jeffrey Paul (Eds.). *Responsibility.* Cambridge: Cambridge University Press, 1999.

pp. 118 – 145. Der Artikel ist unter dem gleichen Titel auch erschienen in: *Social Philosophy and Policy* 16.2 (1999): 118 – 145.

Mack, Elke. „Rationierung im Gesundheitswesen – ein wirtschafts- und sozialethisches Problem." *Ethik in der Medizin* 13 (2001): 17 – 32.

Macklin, Ruth. „Personhood and the Abortion Debate." In: Garfield, Jay L. & Patricia Hennessy (Eds.). *Abortion: Moral and Legal Perspectives.* Amherst, MA: University of Massachusetts Press, 1984. pp. 81 – 102.

Dieser Text ist in leicht anderer Form ist ursprünglich erschienen als: Macklin, Ruth. „Personhood in the Bioethics Literature." *Milbank Memorial Fund Quarterly. Health and Society* (Special Issue: The Problem of Personhood: Biomedical, Social, Legal, and Policy Views) 61.1 (1983): 35 – 57.

Magnusson, Roger S.. „Non-communicable diseases and global health governance: enhancing global processes to improve health development." *Globalization and Health* 3.2 (22 May 2007). Eingesehen am 28. 03. 2015 unter: www.globalizationandhealth.com/content/3/1/2

Maio, Giovanni. „Warum eine ethische Infragestellung der Paradigmen der modernen Medizin Not tut." In: Krobath, Thomas & Andreas Heller. *Ethik organisieren: Handbuch der Organisationsethik.* Freiburg im Breisgau: Lambertus-Verlag, 2010. pp. 94 – 106.

Mangan, Joseph. „An Historical Analysis of the Principle of Double Effect." *Theological Studies* 10 (1949): 41 – 61.

Mankiw, N. Gregory. *Principles of Economics. Sixth Edition.* Mason, Ohio : South-Western, Cengage Learning, 2011.

Marckmann, Georg. „Eigenverantwortung als Rechtfertigungsgrund für ungleiche Leistungsansprüche in der Gesundheitsversorgung?" In: Rauprich, Oliver, Georg Marckmann & Jochen Vollmann (Hrsg.). *Gleichheit und Gerechtigkeit in der modernen Medizin.* Paderborn: mentis, 2005a. pp. 299 – 314. (Reihe ethica, Band 11)

Marckmann, Georg. „Rationalisierung und Rationierung: Allokation im Gesundheitswesen zwischen Effizienz und Gerechtigkeit." In: Kick, Hermes Andreas & Jochen Taupitz. *Gesundheitswesen zwischen Wirtschaftlichkeit und Menschlichkeit.* Münster, Hamburg & London: Lit Verlag, 2005b. pp. 179 – 199. (Ethik interdisziplinär, Band 10)

Marckmann, Georg. „Public Health und Ethik." In: Schulz, Stefan, Klaus Steigleder, Heiner Fangerau, Norbert W. Paul (Hrsg.). *Geschichte, Theorie und Ethik der Medizin. Eine Einführung.* Frankfurt a.M.: Suhrkamp, 2006. pp. 209 – 223.

Marckmann, Georg. „Zwischen Skylla und Charybdis: Reformoptionen im Gesundheitswesen aus ethischer Perspektive." *Gesundheitsökonomie & Qualitätsmanagement* 12 (2007): 96 – 100.

Marckmann, Georg. „Gesundheit und Gerechtigkeit." *Bundesgesundheitsblatt – Gesundheitsforschung – Gesundheitsschutz* 51.8 (2008): 887 – 894.

Marckmann, Georg. „Marktorientierung und Gerechtigkeit: Prinzipien im Widerspruch?" *SGBE Bulletin SSEB* 61 (Oktober 2010a): 5 – 12. Eingesehen am 28. 03. 2015 unter: http://www.bioethics.ch/sgbe/publikationen/Bulletin.html

Marckmann, Georg. „Präventionsmaßnahmen im Spannungsfeld zwischen individueller Autonomie und allgemeinem Wohl." *Ethik in der Medizin* 22.3 (2010b): 207 – 220.

Marckmann, Georg. „Ethische Grundlagen der Priorisierung im Gesundheitswesen." *Bundesgesundheitsblatt – Gesundheitsforschung – Gesundheitsschutz* 53.9 (2010c): 867 – 873. Unter gleichem Titel so auch erschienen in: Saarländisches Ärzteblatt 11 (2010): 17 – 22.

Marckmann, Georg & Jürgen in der Schmitten. „Wie können Ärzte ethisch vertretbar Kostenerwägungen in ihren Behandlungsentscheidungen berücksichtigen? Ein Stufenmodell.“ *Ethik in der Medizin* 23.4 (2011): 303–314.

Marckmann, Georg, Matthias Möhrle & Andreas Blum. „Gesundheitliche Eigenverantwortung Möglichkeiten und Grenzen am Beispiel des malignen Melanoms.“ *Der Hautarzt. Zeitschrift für Dermatologie, Venerologie und verwandte Gebiete.* 55.8 (2004): 715–720.

Maring, Matthias. *Kollektive und korporative Verantwortung: Begriffs- und Fallstudien aus Wirtschaft, Technik und Alltag.* Münster: LIT Verlag, 2001. (Forum Humanität und Ethik, Band 2)

Maritain, Jacques. *The Person and the Common Good. Translated by John J. Fitzgerald.* New York: Charles Scribner's Sons, 1947. Eingesehen am 28. 03. 2015 unter: http://www3.nd.edu/Departments/Maritain/etext/CG.HTM

Martin, Mike W.. „Responsibility for Health and Blaming Victims.“ *Journal of Medical Humanities* 22.2 (2001): 95–114.

McGinnis, J. Michael, Pamela Williams-Russo & James R. Knickman. „The case for more active policy attention to health promotion.“ *Health Affairs* 21.2 (2002): 78–93.

McGinnis, J. Michael & William H. Foege. „Actual causes of death in the United States.“ *Journal of the American Medical Association (JAMA)* 270.18 (1993): 2207–2212.

McIntyre, Alison. „Doctrine of Double Effect.“ The *Stanford Encyclopedia of Philosophy.* September 7th, 2011. Eingesehen am 28. 03. 2015 unter: http://plato.stanford.edu/entries/double-effect

McMahan, Jeff. *The Ethics of Killing: Problems at the Margins of Life.* Oxford: Oxford University Press, 2002.

Meiro-Lorenzo, Montserrat, Tonya L. Villafana & Margaret N. Harrit. *Effective Responses to Non-Communicable Diseases. Embracing Action Beyond the Health Sector. Paper prepared in support of The World Bank's work on non-communicable diseases in preparation for the United Nations General Assembly High Level Meeting on Non-Communicable Diseases.* Washington, D.C.: World Bank, 2011. (Health, Nutrition and Population (HNP) Discussion Paper.) Eingesehen am 28. 03. 2015 unter: http://siteresources.worldbank.org/HEALTHNUTRITIONANDPOPULATION/Resources/281627–1095698140167/EffectiveResponsestoNCDs.pdf

Menche, Nicole (Hrsg.). *Biologie – Anatomie – Physiologie. 7. Auflage.* München: Urban & Fischer, 2012.

Mercier, Désiré-Félicien-François-Joseph. *A Manual of Modern Scholastic Philosophy. Volume II: Natural Theology (Theodicy), Logic, Ethics, History of Philoyophy.* London: Kegan Paul, Trench, Trubner & Co., 1917. Eingesehen am 28. 03. 2015 unter: http://archive.org/details/manualofmodernsc02merc

Merker, Barbara. „Person und Glück.“ In: Sturma, Dieter (Hrsg.). *Person: Philosophiegeschichte – Theoretische Philosophie – Praktische Philosophie.* Paderborn: Mentis, 2001. pp. 363–376.

Messner, Johannes. *Ethik. Kompendium der Gesamtethik.* Innsbruck, Wien & München: Tyrolia Verlag, 1955.

Messner, Johannes. *Das Naturrecht. Handbuch der Gesellschaftsethik, Staatsethik und Wirtschaftsethik. 4. Auflage.* Innsbruck, Wien & München: Tyrolia Verlag, 1960.

Messner, Johannes. *Das Gemeinwohl. Idee, Wirklichkeit, Aufgaben. Zweite, wesentlich erweiterte Auflage.* Osnabrück: Verlag A. Fromm, 1968. (Fromms Taschenbücher ‚Zeitnahes Christentum', Band 56)

Mieth, Dietmar. „Wann beginnt das Leben eines Menschen? Theologisch-ethische Überlegungen." In: Fuchs, Christoph (Hrsg.). *Möglichkeiten und Grenzen der Forschung an Embryonen: Symposium der Akademie für Ethik in der Medizin, Göttingen in Verbindung mit der Akademie der Wissenschaften und der Literatur, Mainz.* Stuttgart & New York: Fischer, 1990. pp. 89–97.

Milgate, Murray. „Goods and Commodities." In: Durlauf, Steven N. & Lawrence E. Blume (Eds.). *The New Palgrave Dictionary of Economics, Second Edition.* Basingstoke: Palgrave Macmillan, 2008. Eingesehen am 28.03.2015 unter: http://www.dictionaryofeconomics.com/article?id=pde2008_G000080 (doi:10.1057/9780230226203.0657)

Moraczewski, Albert S.. „Personhood: Entry and Exit." In: Smith, Russell Edward. *The Twenty-fifth Anniversary of Vatican II: A Look Back and a Look Ahead. Proceedings of the Ninth Bishops' Workshop, Dallas, Texas.* Braintree, Mass.: The Pope John Center, 1990. pp. 78–101.

Müller, Luzius. *Grenzen der Medizin im Alter? Sozialethische und individualethische Diskussion.* Zürich: Theologischer Verlag Zürich, 2010.

Müller, Marcel Lucas. „Zur Nutzenbewertung im Gesundheitswesen." In: Hensen, Peter & Christian Kölzer (Hrsg.). *Die gesunde Gesellschaft. Sozioökonomische Perspektiven und sozialethische Herausforderungen.* Wiesbaden: VS Verlag für Sozialwissenschaft, 2011. pp. 63–78.

Müller, Rainer. „Kostenexplosion und demographischer Kollaps. Empirische und systematische sozialwissenschaftliche Präzisierungen zu einigen verbreiteten Argumenten." In: Gabriel, Karl (Hg.). *Gesundheit – Ethik – Politik. Sozialethik der Gesundheitsversorgung.* Münster: Aschendorff Verlag, 2006. pp. 77–102. (Jahrbuch für christliche Sozialwissenschaften, Band 47)

Murphy, Mark C.. *Natural Law and Practical Rationality.* Cambridge: Cambridge University Press, 2001.

Murphy, Mark C.. „The Natural Law Tradition in Ethics." *The Stanford Encyclopedia of Philosophy.* March 27th, 2011. Eingesehen am 28.03.2015 unter: http://plato.stanford.edu/entries/natural-law-ethics

Nagel, Eckhard. „Zum Geleit." In: Schmitz-Luhn, Björn & André Bohmeier. *Priorisierung in der Medizin. Kriterien im Dialog.* Berlin & Heidelberg: Springer, 2013. pp. V-VI. (Kölner Schriften zum Medizinrecht, Band 11)

Narveson, Jan. „Collective Rights." *Canadian Journal of Law and Jurisprudence* 4.2 (1991): 329–345.

Nass, Elmar. „Rationierung im Gesundheitswesen: ökonomisch – ethisch – christlich. Eine Entscheidungshilfe im Dilemma." *Lebendiges Zeugnis* 64 (2009): 5–15. Eingesehen am 28.03.2015 unter: http://www.caritas-ac.de/publikationen/Rationierung-Nass-Aufs.pdf

Neumann, Stefanie. *Ursachen der Ressourcenknappheit im Gesundheitswesen: Wie krank ist unser Gesundheitssystem? Eine Analyse unter besonderer Berücksichtigung der Onkologie.* Saarbrücken: AV Akademikerverlag, 2012.

Nida-Rümelin, Julian. *Über menschliche Freiheit.* Stuttgart: Reclam, 2005.

Nida-Rümelin, Julian & Martin Rechenauer. „Rationierung im Gesundheitswesen und die Grundlagen des Sozialstaats" In: Nationaler Ethikrat (Hrsg.). *Gesundheit für alle – wie lange noch? Rationierung und Gerechtigkeit im Gesundheitswesen. Vorträge der Jahrestagung des Nationalen Ethikrates 2006.* Berlin: Nationaler Ethikrat, 2007. pp. 103–119. Eingesehen am 28.03.2015 unter: http://www.ethikrat.org/dateien/pdf/Tagungsdokumentation_JT_2006_Gesundheit_fuer_alle.pdf

Norheim, Ole Frithjof. „Healthcare rationing-are additional criteria needed for assessing evidence based clinical practice guidelines?“ *British Medical Journal* 319.7222 (1999): 1426 – 1429.

Nuffield Council on Bioethics. *Public Health: Ethical Issues.* London: Nuffield Council on Bioethics, 2007. Eingesehen am 28. 03. 2015 unter: http://www.nuffieldbioethics.org/sites/default/files/Public%20health%20-%20ethical%20issues.pdf

Nussbaum, Martha Craven. *Frontiers of Justice. Disability, Nationality, Species Membership.* Cambridge, MA: Harvard University Press, 2006.

Oberender, Peter & Jürgen Zerth. „Gesundheitsökonomie und die Frage der Legitimation: Warum es einer gesundheitsökonomischen Orientierung in der Gesundheitspolitik bedarf.“ In: Oberender, Peter & Christoph Straub (Hrsg.). *Auf der Suche nach der besseren Lösung. Festschrift zum 60. Geburtstag von Norbert Klusen.* Baden-Baden: Nomos, 2007. pp. 95 – 107. (Gesundheitsökonomische Beiträge, Band 52)

Oberender, Peter O., Ansgar Hebborn & Jürgen Zerth. *Wachstumsmarkt Gesundheit. 2. Auflage.* Stuttgart: Lucius & Lucius, 2006. (UTB für Wissenschaft: Uni-Taschenbücher, 2231).

Obermann, Konrad. „Rationierung in der Medizin aus ökonomischer Sicht.“ *Medizinische Klinik* 94.2 (1999): 110 – 115.

Oderberg, David S.. „Voluntary Euthanasia and Justice.“ In: Oderberg, David S. & Jacqueline A. Laing (Eds.). *Human Lives: Critical Essays on Consequentialist Bioethics.* London: Macmillan, 1997. pp. 225 – 240.

Oderberg, David S.. *Moral Theory: A Non-Consequentialist Approach.* Oxford: Blackwell Publishing, 2000.

Oderberg, David S.. „The Structure and Content of the Good.“ In: Oderberg, David S. & Timothy Chappell (Eds). *Human Values: New Essays on Ethics and Natural Law.* London: Palgrave Macmillan, 2004. pp. 127 – 165.

Oderberg, David S.. *Real Essentialism.* London: Routledge, 2007.

Oderberg, David S.. „The Metaphysical Foundations of Natural Law.“ In: Zaborowski, Holger (Ed.). *Natural Moral Law in Contemporary Society.* Washington, D.C.: Catholic University of America Press, 2010. pp. 44 – 75.

Oderberg, David S.. „Synthetic Life and the Bruteness of Immanent Causation.“ In: Feser, Edward (Ed.). Aristotle on Method and Metaphysics. Basingstoke: Palgrave Macmillan, 2013. pp. 206 – 235.

O'Donovan, Oliver. „Again: Who is a Person.“ In: Channer, John Hugh (Ed.). *Abortion and the Sanctity of Human Life.* Exeter: The Paternoster Press, 1985, pp. 125 – 137.

Oduncu, Fuat S.. „Verteilungsgerechtigkeit, Rationierung und Priorisierung – Das Gesundheitswesen im Spannungsfeld zwischen Medizin, Ökonomie, Ethik und Recht.“ *Medizinrecht* 30.6 (2012): 359 – 367.

OECD (Organisation for Economic Co-operation and Development). „OECD Health Data: Health expenditure and financing.“ OECD Health Statistics (database). Paris: OECD, 2013a. Eingesehen am 28. 03. 2015 unter: http://www.oecd-ilibrary.org/social-issues-migration-health/data/oecd-health-statistics_health-data-en bzw. doi: 10.1787/data-00349-en

OECD (Organisation for Economic Co-operation and Development). „OECD Health Data: Economic references.“ OECD Health Statistics (database). Paris: OECD, 2013b. Eingesehen am 28. 03. 2015 unter: http://www.oecd-ilibrary.org/social-issues-migration-health/data/oecd-health-statistics_health-data-en bzw. doi: 10.1787/data-00548-en

Offermanns, Guido. *Prozess- und Ressourcensteuerung im Gesundheitssystem. Neue Instrumente zur Steigerung von Effektivität und Effizienz in der Versorgung.* Heidelberg, Dordrecht, London & New York: Springer, 2011.

Olshansky, S. Jay & A. Brian Ault. „The Fourth Stage of the Epidemiologic Transition: The Age of Delayed Degenerative Diseases." *The Milbank Memorial Fund Quarterly* 64.3 (1986): 355–391.

Omran, Abdel R.. „The epidemiological transition: A theory of the epidemiology of population change." *The Milbank Memorial Fund Quarterly* 49.4 (Part 1) (1971): 509–538. Reprinted in: *The Milbank Quarterly* 83.4 (2005): 731–757.

O'Neill, Onora. „The Dark Side of Human Rights." *International Affairs* 81.2 (2005): 427–439.

Ostrom, Vincent & Elinor Ostrom. „Public Goods and Public Choices." In: Savas, Emanuel S. (Ed.). *Alternatives for Delivering Public Services: Toward Improved Performance.* Boulder, CO: Westview Press, 1977. pp. 7–49.

Papst Johannes XXIII. *Enzyklika Mater et Magistra.* St. Peter, Rom: 15. Mai 1961. Eingesehen am 28. 03. 2015 unter: http://www.vatican.va/holy_father/john_xxiii/encyclicals

Papst Pius XI. *Enzyklika Quadragesimo Anno.* St. Peter, Rom: 15. Mai 1931. Eingesehen am 28. 03. 2015 unter: http://www.vatican.va/holy_father/pius_xi/encyclicals

Papst Pius XII. „Moralprobleme in der angewandten Psychologie. Ansprache an die Teilnehmer des 13. Internationalen Kongresses für angewandte Psychologie, 10. 04. 1958. (Iis qui interfuerunt Conventui XIII Societatis internationalis ‚de Psychologie appliquée', Romae habito. Habita die 10 Aprilis mensis a. 1958.)." Acta Apostolicae Sedis 50 (1958): 268–282. Eingesehen am 28. 03. 2015 unter: http://www.vatican.va/archive/aas/index_it.htm

Parfit, Derek. *Reasons and Persons.* Oxford: Oxford University Press, 1984.

Paterson, Craig. *Assisted Suicide and Euthanasia: A Natural Law Ethics Approach.* Aldershot: Ashgate Publishing, 2008.

Phillips, Melanie & John Dawson. *Doctors' Dilemmas. Medical Ethics and Contemporary Science.* Brighton: The Harvester Press, 1985.

Pieper, Josef. *Unaustrinkbares Licht. Das negative Element in der Weltansicht des Thomas von Aquin. Zweite Auflage.* München: Kösel-Verlag, 1963.

Pieper, Josef. *Tod und Unsterblichkeit.* München: Kösel-Verlag, 1968.

Pieper, Josef. „Über das Gute und das Böse. Vier Vorlesungen (Thomas-Interpretationen) (1949)." In: Pieper, Josef. *Darstellungen und Interpretationen: Thomas von Aquin und die Scholastik. Herausgegeben von Berthold Wald.* Hamburg: Meiner Verlag, 2001a. pp. 1–57. (Werke in acht Bänden, Band 2)

Pieper, Josef. „Wirklichkeit und Wahrheit. Interpretationen zu Thomas von Aquin: Quaestiones disputatae de veritate. (1950/51)." In: Pieper, Josef. *Darstellungen und Interpretationen: Thomas von Aquin und die Scholastik. Herausgegeben von Berthold Wald.* Hamburg: Meiner Verlag, 2001b. pp. 58–111. (Werke in acht Bänden, Band 2)

Pieper, Joseph. „Über die Gerechtigkeit." In: Pieper, Joseph. *Schriften zur Philosophischen Anthropologie und Ethik: Das Menschenbild der Tugendlehre. Herausgegeben von Berthold Wald.* Hamburg: Felix Meiner Verlag, 2006a. pp. 43–112. (Werke in acht Bänden, Band 4)

Pieper, Joseph. „Über die Liebe." In: Pieper, Joseph. *Schriften zur Philosophischen Anthropologie und Ethik: Das Menschenbild der Tugendlehre. Herausgegeben von Berthold Wald.* Hamburg: Felix Meiner Verlag, 2006b. pp. 296–414. (Werke in acht Bänden, Band 4)

Pieper, Joseph. „Die Wirklichkeit und das Gute." In: Pieper, Joseph. *Schriften zur Philosophischen Anthropologie und Ethik. Grundstrukturen menschlicher Existenz. Herausgegeben von Berthold Wald.* Hamburg: Felix Meiner Verlag, 2007. pp. 48–98. (Werke in acht Bänden, Band 5)

Pieper, Josef. „Philosophie und Gemeinwohl (1952)." In: Pieper, Josef. *Miszellen. Herausgegeben von Berthold Wald.* Hamburg: Meiner Verlag, 2008. pp. 420–428. (Werke in acht Bänden, Band 8.2)

Plattner, Helmut & Joachim Hentschel. *Zellbiologie. 4. Auflage.* Stuttgart: Georg Thieme Verlag, 2011.

Plaxco, Kevin W. & Michael Groß. *Astrobiologie für Einsteiger.* Weinheim: Wiley-VCH Verlag, 2012.

Pogge, Thomas. „Shue on Rights and Duties." In: Beitz, Charles R. & Robert E. Goodin. *Global Basic Rights.* Oxford: Oxford University Press, 2009. pp. 113–130.

Polkinghorne, John. *Faith, Science, and Understanding.* New Haven: Yale University Press, 2000.

Puccetti, Roland. „The Life of a Person." In: Goodman, Michael F. (Ed.). *What is a Person?* Clifton, NJ: The Humana Press, 1988. pp. 265–280.

Purves, William K., David E. Sadava, Gordon H. Orians, H. Craig Heller. *Biologie. Aus dem Englischen übersetzt von Andreas Held, Monika Niehaus-Osterloh, Lothar Seidler, Coralie Wink. Deutsche Übersetzung herausgegeben von Jürgen Markl. 7. Auflage.* München: Elsevier, 2006.

Quinton, Anthony Meredith. *The Nature of Things.* London: Routledge, 1973.

Rager, Günter. „Bewusstsein und Person in Wissenschaft und Lebenswelt." In: Holderegger, Adrian & Günter H. Rager (Hrsg.). *Bewusstsein und Person: Neurobiologie, Philosophie und Theologie im Gespräch.* Freiburg i. Ue.: Universitätsverlag; Freiburg i. Br.: Herder Verlag, 2000.) pp. 9–26. (Studien zur theologischen Ethik, Band 83

Rainbolt, George W.. „Perfect and Imperfect Obligations." *Philosophical Studies* 98.3 (2000): 233–256.

Rainbolt, George W.. „Rights Theory." *Philosophy Compass* 1.1 (2006): 11–21.

Ramsey, Paul. *The Patient as Person: Exploration in Medical Ethics. 2nd Edition.* New Haven: Yale University Press, 2002.

Raphael, David Daiches. „Human Rights, Old and New." In: Raphael, David Daiches (Ed.). *Political Theory and the Rights of Man.* London: Macmillan, 1967. pp. 54–67.

Rawls, John. *A Theory of Justice. Revised Edition.* Oxford: Oxford University Press, 1999.

Raz, Joseph. *Engaging Reason: On the Theory of Value and Action.* Oxford: Oxford University Press, 1999.

Rechel, Bernd, Sarah Thomson & Ewout van Ginneken. *Health Systems in Transition: Template for Authors.* Copenhagen: World Health Organization, on behalf of the European Observatory on Health Systems and Policies, 2010. Eingesehen am 28. 03. 2015 unter: http://www.wpro.who.int/asia_pacific_observatory/hits/template/HitTemplate-Final.pdf

Regan, Augustine. „The Human Conceptus and Personhood." *Studia Moralia* 30 (1992): 97–127.

Reichlin, Massimo. „The Argument from Potentiality: A Reappraisal." *Bioethics* 11.1 (1997): 1–23.

Reith, Herman R.. *The Metaphysics of St. Thomas Aquinas.* Milwaukee: Bruce Publishing Company, 1958. Eingesehen am 28. 03. 2015 unter: http://catalog.hathitrust.org/Record/001381768

Relman, Arnold S.. „Is Rationing Inevitable?“ *New England Journal of Medicine* 322.25 (1990): 1809 – 1810.

Rhonheimer, Martin. *Abtreibung und Lebensschutz. Tötungsverbot und Recht auf Leben in der politischen und medizinischen Ethik.* Paderborn, München, Wien & Zürich: Ferdinand Schöningh, 2004.

Rhonheimer, Martin. *Absolute Herrschaft der Geborenen? Anatomie und Kritik der Argumentation von Norbert Hoersters „Abtreibung im säkularen Staat“.* Wien: Verlag IMABE (Institut für medizinische Anthropologie und Bioethik, Wien), 1996. (IMABE-Studie Nr. 4)

Ricka, Regula. „Ethisches Check-up für Public-Health-Massnahmen.“ *Spectra. Newsletter Gesundheitsförderung und Prävention.* 96 (Januar 2013): 2 – 3. Eingesehen am 28. 03. 2015 unter: http://www.bag.admin.ch/dokumentation/publikationen/01269/01277/index.html?lang=de

Rorty, Amélie Oksenberg. *Mind in Action: Essays in the Philosophy of Mind.* Boston, MA: Beacon Press, 1988.

Ruger, Jennifer Prah. „The moral foundations of health insurance.“ *Quarterly Journal of Medicine* 100.1 (2007): 53 – 57.

Ruger, Jennifer Prah. *Health and Social Justice.* Oxford: Oxford University Press, 2009.

Ryder, Richard D.. „Speciesism Again: The Original Leaflet.“ *Critical Society* 2 (Spring 2010): 1 – 2.

Salmond, John W.. *Jurisprudence. Sixth Edition.* London: Sweet and Maxwell, 1920. Eingesehen am 28. 03. 2015 unter: http://www.archive.org/details/cu31924021181940

Samuelson, Paul A.. „The Pure Theory of Public Expenditure.“ *Review of Economics and Statistics* 36.4 (1954): 387 – 389.

Sass, Hans-Martin. „Persönliche Verantwortung und gesellschaftliche Solidarität.“ In: Sass, Hans-Martin (Hrsg.). *Ethik und öffentliches Gesundheitswesen. Ordnungsethische und ordnungspolitische Einflußfaktoren im öffentlichen Gesundheitswesen.* Berlin, Heidelberg & New York: Springer, 1988. pp. 93 – 112.

Sassi, Franco. *Obesity and the Economics of Prevention. Fit not Fat.* Paris: Organisation for Economic Co-operation and Development (OECD), 2010. Eingesehen am 28. 03. 2015 unter: http://www3.wfanet.org/documents/3/OECD_Fitnotfat.pdf

Scanlon, Thomas. *What We Owe to Each Other.* Cambridge, MA.: Harvard University Press, 1998.

Schaber, Peter. „Der Anspruch auf Selbstachtung.“ In: Härle, Wilfried & Bernhard Vogel (Hrsg.). *Begründung von Menschenwürde und Menschenrechten.* Freiburg: Herder, 2008. pp. 188 – 201. Eingesehen am 28. 03. 2015 unter: http://www.kas.de/wf/de/33.14452/

Scheler, Max. *Gesammelte Werke in 15 Bänden. Band 2: Der Formalismus in der Ethik und die materiale Wertethik. Neuer Versuch der Grundlegung eines ethischen Personalismus. Herausgegeben von Maria Scheler & Manfred S. Frings. 6. durchgesehene Auflage.* Bonn: Bouvier-Verlag, 1980.

Scherer, Siegfried. „Hat die Biologie das Leben erklärt?“ In: Thim-Mabrey, Christiane, Lis Brack-Bernsen, Daniela Täuber (Hrsg.). *Naturwissenschaftliche Aussagen und sozial verantwortbare Entscheidungen. Tagungsband des Zweiten Forschungssymposiums „Atheistischer und jüdisch-christlicher Glaube: Wie wird Naturwissenschaft geprägt?“ vom 31.3. – 2.4.2009 an der Universität Regensburg.* Norderstedt: Books on Demand, 2010. pp. 133 – 183.

Schlander, Michael & Oliver Schwarz. „Finanzierbarkeit steigender Gesundheitsausgaben in Deutschland: eine makroökonomische Betrachtung." *Gesundheitsökonomie & Qualitätsmanagement* 10.3 (2005): 178 – 187.

Schlander, Michael, Oliver Schwarz & Christian Thielscher. „Gesundheitsausgaben in Deutschland: eine makroökonomische Analyse ihrer langfristigen Finanzierbarkeit." In: Kremin-Buch, Beate, Fritz Unger, Hartmut Walz & Eveline Häusler (Hrsg.). *Gesundheitsökonomie – Eine Langfristorientierung.* Sternenfels: Verlag Wissenschaft & Praxis Dr. Brauner, 2004. pp. 83 – 129.

Schmetkamp, Susanne. *Respekt und Anerkennung.* Paderborn: mentis, 2012.

Schmidt, Harald. „Childhood Obesity and Parental Responsibilities." *Hastings Center Report* 38.4 (2008): 3.

Schmidt, Harald. „Just health responsibility." *Journal of Medical Ethics* 35.1 (2009): 21 – 26.

Schmidt, Harald. „Personal Responsibility for Health: A Proposal for a Nuanced Approach." In: Rosen, Bruce, Avi Israeli & Stephen Shortell (Eds.). *Improving health and health care: Who is responsible? Who is accountable?* Accountability and Responsibility in Healthcare-Issues in Addressing an Emerging Global Challenge. Singapore: World Scientific, 2012a. pp. 431 – 462. (World Scientific Series in Global Healthcare Economics and Public Policy, Volume 1)

Schmidt, Harald. „Anreize für Eigenverantwortung: Begriffsbestimmung und Evidenzlage." *Zeitschrift für Evidenz, Fortbildung und Qualität im Gesundheitswesen* 106.3 (2012b): 185 – 194.

Schmidt-Semisch, Henning & Friedrich Schorb. „"Live and Let Die": Umrisse einer Punitivität im Kontext von Gesundheit und Krankheit." In: Dollinger, Bernd & Henning Schmidt-Semisch (Hrsg.). *Gerechte Ausgrenzung? Wohlfahrtsproduktion und die neue Lust am Strafen.* Wiesbaden: VS Verlag für Sozialwissenschaften, 2011. pp. 245 – 262.

Schmitz-Luhn, Björn & André Bohmeier. *Priorisierung in der Medizin. Kriterien im Dialog.* Berlin & Heidelberg: Springer, 2013. (Kölner Schriften zum Medizinrecht, Band 11)

Schockenhoff, Eberhard. „Knappe medizinische Güter gerecht verteilen – Allokation im Gesundheitswesen aus ethischer Sicht." In: Brandenburg, Hermann & Helen Kohlen (Hrsg.). *Gerechtigkeit und Solidarität im Gesundheitswesen. Eine multidisziplinäre Perspektive.* Stuttgart: Verlag W. Kohlhammer, 2012. pp. 103 – 110.

Schönecker, Dieter & Allen W. Wood. *Immanuel Kant „Grundlegung zur Metaphysik der Sitten". Ein einführender Kommentar. 3. durchgesehene und bibliographisch aktualisierte Auflage.* Paderborn: Verlage Ferdinand Schöningh, 2007. (UTB 2276)

Schöne-Seifert, Bettina. „Strategien zur Rationierung im Gesundheitswesen – der internationale Kontext." In: Nationaler Ethikrat (Hrsg.). *Gesundheit für alle – wie lange noch? Rationierung und Gerechtigkeit im Gesundheitswesen. Vorträge der Jahrestagung des Nationalen Ethikrates 2006.* Berlin: Nationaler Ethikrat, 2007. pp. 67 – 72. Eingesehen am 28. 03. 2015 unter: http://www.ethikrat.org/dateien/pdf/Tagungsdokumentation_JT_2006_Gesundheit_fuer_alle.pdf

Schröder, Klaus Theo. „Die Priorisierung von Gesundheitsleistungen widerspricht den Grundsätzen unseres Sozialstaates." In: Lohmann, Heinz & Uwe Karl Preusker (Hrsg.). *Priorisierung statt Rationierung: Zukunftssicherung für das Gesundheitssystem.* Heidelberg et al.: economica Verlag, 2010. pp. 1 – 14.

Schroeder, Steven A.. „We Can Do Better – Improving the Health of the American People." *New England Journal of Medicine* 357.12 (2007): 1221 – 1228.

Schultheiss, Carlo. „Rationierung im Gesundheitswesen. Ein Beitrag zur Begriffsklärung." *Zeitschrift für medizinische Ethik* 46.3 (2000): 219–230.

Schweizerische Akademie der Medizinischen Wissenschaften (SAMW). *Rationierung im Schweizer Gesundheitswesen: Einschätzung und Empfehlungen Bericht der Arbeitsgruppe ‚Rationierung' im Auftrag der Steuerungsgruppe des Projektes ‚Zukunft Medizin Schweiz'.* Basel: Schweizerische Akademie der Medizinischen Wissenschaften (SAMW), 2007. Eingesehen am 28.03.2015 unter: http://www.samw.ch/dms/de/Publikationen/Positionspapiere/d_Rationierung.pdf

Schwenkenbecher, Anne. „Moral Obligations of States." In: Centre for Applied Ethics and Philosophy, Hokkaido (Ed). *Applied Ethics: Old Wine in New Bottles?* Hokkaido: Centre for Applied Ethics and Philosophy, 2011. pp. 86–93. Eingesehen am 28.03.2015 unter: http://ethics.let.hokudai.ac.jp/ja/files/appliedethics_2011.pdf

Schwettmann, Lars. „Wird alles, was Spaß macht, besteuert? Möglichkeiten und Grenzen der Berücksichtigung von Eigenverantwortung bei der medizinischen Versorgung am Beispiel von Übergewicht und Fettleibigkeit." In: Schmitz-Luhn, Björn & André Bohmeier. *Priorisierung in der Medizin. Kriterien im Dialog.* Berlin & Heidelberg: Springer, 2013. pp. 175–192. (Kölner Schriften zum Medizinrecht, Band 11)

Scruton, Roger. *Animal Rights and Wrongs.* London: Demos, 1996.

Seifert, Josef. *What is life? The originality, irreducibility and value of life.* Amsterdam & Atlanta: Rodopi, 1997.

Seifert, Josef. „Dimensionen und Quellen der Menschenwürde." In: Schweidler, Walter, Herbert A. Neumann & Eugen Brysch (Eds.). *Menschenleben – Menschenwürde. Interdisziplinäres Symposium zur Bioethik.* Hamburg, München & London: LIT Verlag, 2003. pp. 51–92.

Shani, Mordechai. „Personal Responsibility: Preliminary Remarks." In: Rosen, Bruce, Avi Israeli & Stephen Shortell (Eds.). *Improving health and health care: Who is responsible? Who is accountable? Accountability and Responsibility in Healthcare- Issues in Addressing an Emerging Global Challenge.* Singapore: World Scientific, 2012. pp. 425–429. (World Scientific Series in Global Healthcare Economics and Public Policy, Volume 1)

Shue, Henry. *Basic Rights: Subsistence, Affluence, and U.S. Foreign Policy. 2nd Edition.* Princeton: Princeton University Press, 1996.

Singer, Peter. *Animal Liberation: A new Ethics for our Treatment of Animals.* New York: New York Review/ Random House, 1975.

Singer, Peter. „All Animals Are Equal." In: Regan, Tom & Peter Singer (Eds.). *Animal Rights and Human Obligations. 2nd Edition.* Englewood Cliffs, NJ: Prentice Hall, 1989. pp. 148–162.

Singer, Peter. „Die Ethik der Embryonenforschung." *Aufklärung und Kritik: Zeitschrift für freies Denken und humanistische Philosophie* 2.1 (1995): 83–87.

Singer, Peter. *Practical Ethics. 3rd Edition.* Cambridge: Cambridge University Press, 2011.

Singer, Peter & Helga Kuhse. „Ethics and the limits of tolerance." *The Journal of Medicine and Philosophy* 19 (1994): 129–145.

Solomon, Robert C.. „Reflections on the Meaning of (Fetal) Life." In: Bondeson, William B., Tristram H. Engelhardt, Stuart F. Spicker, Daniel H. Winship (Eds.). *Abortion and the Status of the Fetus.* Dordrecht, Boston & Lancaster: Reidel, 1983. pp. 209–226. (Reihe Philosophy and medicine, Volume 13)

Sommer, Jürg H.. *Muddling through elegantly: Rationierung im Gesundheitswesen.* Basel: EMH Schweizerischer Ärzteverlag, 2001a.

Sommer, Jürg H.. „Explizite Rationierung im Gesundheitswesen – aus ethischer, medizinischer, ökonomischer und sozialer Sicht." *Die Volkswirtschaft* 9 (2001b): 4–8.

Spaemann, Robert. „Das „sum" im „Cogito sum"." *Zeitschrift für philosophische Forschung* 41 (1987): 373 – 382.
Spaemann, Robert. *Personen: Versuche über den Unterschied zwischen ‚etwas' und ‚jemand'*. Stuttgart: Klett-Cotta, 1996.
Spaemann, Robert. „Sind alle Menschen Personen? Über neue philosophische Rechtfertigungen der Lebensvernichtung." In: Spaemann, Robert. *Grenzen – Zur ethischen Dimension des Handelns*. Stuttgart: Klett-Cotta, 2001a. pp. 417 – 428. Urspünglich erschienen in: Stössel, Jürgen-Peter (Hrsg.). Tüchtig oder tot. Die Entsorgung des Leidens. Freiburg i. Br., Basel & Wien: Herder, 1991. pp. 133 – 147.
Spaemann, Robert. „Wer jemand ist, der ist es immer. Es sind nicht die Gesetze, die den Beginn des menschlichen Lebens bestimmen." *Frankfurter Allgemeine Zeitung*, 21. 03. 2001b, Nr. 68/ Seite 65 & 67.
Spaemann, Robert. „Sind alle Menschen Personen?" In: Schweidler, Walter, Herbert A. Neumann & Eugen Brysch (Eds.). *Menschenleben – Menschenwürde. Interdisziplinäres Symposium zur Bioethik.* Berlin, Hamburg & Münster: LIT Verlag, 2002. pp. 45 – 50. (Reihe Ethik Interdisziplinär, Bd. 3)
Spaemann, Robert. „Was macht Personen zu Personen?" In: Thomas, Hans & Johannes Hattler. *Personen: Zum Miteinander einmaliger Freiheitswesen*. Heusenstamm: ontos Verlag, 2012. pp. 29 – 46.
Statistisches Bundesamt. *Bevölkerung Deutschlands bis 2060. 12. koordinierte Bevölkerungsvorausberechnung. Begleitmaterial zur Pressekonferenz am 18. November 2009 in Berlin*. Wiesbaden: Statistisches Bundesamt, 2009. Eingesehen am 28. 03. 2015 unter: https://www.destatis.de/DE/Publikationen/Thematisch/Bevoelkerung/VorausberechnungBevoelkerung/BevoelkerungDeutschland2060Presse5124204099004.pdf?__blob=publicationFile
Stein, Edith. *Werke 1950 – 1965. Band 2: Ewiges und endliches Sein. Herausgegeben von L. Gelber und R. Leuven. 4. Auflage*. Freiburg i. Br.: Herder, 1995.
Steinbock, Bonnie. *Life Before Birth: The Moral and Legal Status of Embryos and Fetuses*. Oxford: Oxford University Press, 1992.
Stepanians, Markus S.. „Einleitung: Rights is a term that drips of confusion." In: Stepanians, Markus S. (Hrsg.). *Individuelle Rechte*. Paderborn: mentis Verlags GmbH, 2007. pp. 7 – 32. (Reihe: map – mentis anthologien philosophie)
Storey, Kenneth B. & Janet M. Storey. „Frozen and Alive." *Scientific American* (1990): 62 – 67.
Storey, Kenneth B. & Janet M. Storey. „Natural Freezing Survival in Animals." *Annual Review of Ecology and Systematics* 27 (1996): 365 – 386.
Strawson, Peter F.. *Individuals. An Essay in Descriptive Metaphysics*. London: Routledge, 1959.
Strech, Daniel. „Priorisierung und Rationierung am Krankenbett: Eine Diskussion empirischer Studien." *Onkologie* 34 (Suppl 1) (2011a): 16 – 19.
Strech, Daniel. „Priorisierung und Rationierung im Gesundheitswesen. Status quo und Perspektiven." In: Hensen, Peter & Christian Kölzer (Hrsg.). *Die gesunde Gesellschaft. Sozioökonomische Perspektiven und sozialethische Herausforderungen*. Wiesbaden: VS Verlag für Sozialwissenschaft, 2011b. pp. 51 – 62.
Strech, Daniel & Georg Marckmann. „Zur Rolle der Kosten-Nutzen-Bewertung in einer gerechten Rationierung." In: Brandenburg, Hermann & Helen Kohlen (Hrsg.). *Gerechtigkeit und Solidarität im Gesundheitswesen. Eine multidisziplinäre Perspektive*. Stuttgart: Verlag W. Kohlhammer, 2012. pp. 142 – 150.

Strech, Daniel, Matthis Synofzik & Georg Marckmann. „How physicians allocate scarce resources at the bedside: a systematic review of qualitative studies.“ *Journal of Medical Philososphy* 33 (2008): 80–99.

Strech, Daniel, Kirstin Börchers, Daniela Freyer, Anja Neumann, Jürgen Wasem & Georg Marckmann. „Ärztliches Handeln bei Mittelknappheit. Ergebnisse einer qualitativen Interviewstudie.“ *Ethik in der Medizin* 20.2 (2008): 94–109.

Strech, Daniel, Marion Danis, M. Löb & Georg Marckmann. „Ausmaß und Auswirkungen von Rationierung in deutschen Krankenhäusern.“ *Deutsche medizinische Wochenschrift* 134.24 (2009): 1261–1266.

Sturma, Dieter (Hrsg.). *Person: Philosophiegeschichte – Theoretische Philosophie – Praktische Philosophie.* Paderborn: Mentis, 2001.

Sueton. *De Vitis Caesarum: Tiberius.* Eingesehen am 28.03.2015: http://www.thelatinlibrary.com/suet.html

Sulmasy, Daniel P.. „Four Basic Notions of the Common Good.“ *St. John's Law Review* 75.2 (2001): 303–310 (Article 16). Eingesehen am 28.03.2015 unter http://scholarship.law.stjohns.edu/lawreview/vol75/iss2/16

Sulmasy, Daniel P.. „Human Dignity and Human Worth.“ In: Malpas, Jeff & Norelle Lickiss (Eds.). *Human Perspectives on Human Dignity: A Conversation.* Dordrecht: Springer, 2007. pp. 9–18.

Tasioulas, John. „The Moral Reality of Human Rights.“ In: Pogge, Thomas Winfried Menko (Ed.). *Freedom from Poverty as a Human Right: Who Owes What to the Very Poor?* Oxford: Oxford University Press, 2007. pp. 75–102.

Taylor, Charles. *Human Agency and Language: Philosophical Papers. Volume 1.* Cambridge: Cambridge University Press, 1985.

Teichman, Jenny. „The Definition of Person.“ *Philosophy* 60.232 (1985): 175–185.

ten Have, Henk. „Paper one: The distinction between prospective and retrospective responsibility.“ *Health Care Analysis* 2.2 (1994): 119–123.

Tertullian. *Adversus Praxean.* Eingesehen am 28.03.2015 unter: http://www.newadvent.org/fathers/0317.htm und http://www.tertullian.org/latin/de_anima.htm

Tertullian. *Liber De Anima.* Eingesehen am 28.03.2015 unter: http://www.tertullian.org/latin/de_anima.htm

Teutsch, Steven & Bernd Rechel. „Ethics of Resource Allocation and Rationing Medical Care in a Time of Fiscal Restraint – US and Europe.“ *Public Health Reviews* 34.1 (2012): 1–10. Eingesehen am 28.03.2015 unter: http://www.publichealthreviews.eu/upload/pdf_files/11/00_Teutsch.pdf

Thomson, Judith Jarvis. *The Realm of Rights.* Cambridge, MA & London: Harvard University Press, 1990.

Tooley, Michael. „Abortion and Infanticide.“ *Philosophy & Public Affairs* 2.1 (1972): 37–65.

Tooley, Michael. *Abortion and Infanticide.* Oxford: Clarendon Press, 1985.

Tooley, Michael. „Personhood.“ In: Singer, Peter & Helga Kuhse (Eds.). *A Companion to Bioethics. Second Edition.* Oxford: Wiley-Blackwell, 2009. pp. 129–139.

Tooley, Michael. „Are Nonhuman Animals Persons?“ In: Beauchamp, Tom L. & R. G. Frey. *The Oxford Handbook of Animal Ethics.* Oxford: Oxford University Press, 2011. pp. 332–370.

Tsebelis, George. *Veto Players: How Political Institutions Work.* Princeton, NJ: Princeton University Press, 2002.

Turoldo, Fabrizio. „Responsibility as an Ethical Framework for Public Health Interventions.“ *American Journal of Public Health* 99.7 (2009): 1197–1202.

Ubel, Peter A.. *Pricing life. Why it's time for health care rationing*. Cambridge, MA: MIT Press, 2000.

Ubel Peter A. & Susan Dorr Goold. „'Rationing' health care. Not all definitions are created equal." *Archive of Internal Medicine* 158.3 (1998): 209 – 214.

Utz, Arthur Fridolin. „Pflicht aus Gerechtigkeit und Pflicht aus Liebe." *Schweizerische Kirchenzeitung* 116.6 (1948): 61 – 63.

Utz, Arthur Fridolin. *Formen und Grenzen des Subsidiaritätsprinzips*. Heidelberg: F.H. Kerle Verlag, 1956. (Sammlung Politeia (Veröffentlichungen des Internationalen Instituts für Sozialwissenschaft und Politik, Universität Freiburg/Schweiz), Bd. IX)

Utz, Arthur F.. *Sozialethik. I. Teil: Die Prinzipien der Gesellschaftslehre. 2. unveränderte Auflage*. Heidelberg: F. H. Kerle Verlag & Löwen: Verlag E. Nauwelaerts, 1964. (Sammlung Politeia (Veröffentlichungen des Internationalen Instituts für Sozialwissenschaft und Politik, Universität Freiburg/Schweiz), Bd. X/I) Eingesehen am 28. 03. 2015 unter: http://www.stiftung-utz.de/index.php?cID=9 bzw. http://www.stiftung-utz.de/file/1/Sozialethik-DiePrinzipienderGesellschaftslehre.pdf

Utz, Arthur F.. „Der unzerstörbare Kern der Naturrechtslehre." In: Utz, Arthur F.. *Ethische und soziale Existenz. Gesammelte Aufsätze aus Ethik und Sozialphilosophie 1970 – 1983. Herausgegeben von Dr. Heinrich B. Streithofen*. Walberberg: Institut für Gesellschaftswissenschaften Walberberg, 1983a. pp. 40 – 54. (Veröffentlichungen des Instituts für Gesellschaftswissenschaften Walberberg, Band IX) Eingesehen am 28. 03. 2015 unter: http://www.stiftung-utz.de/index.php?cID=9 bzw. http://www.stiftung-utz.de/file/1/ethische_und_soziale_existenz.pdf

Ursprünglich publiziert in: Rechtstheorie 11 (1980): 283 – 197.

Utz, Arthur F.. „Politische Bildung als Wertorientierung." In: Utz, Arthur F.. *Ethische und soziale Existenz. Gesammelte Aufsätze aus Ethik und Sozialphilosophie 1970 – 1983. Herausgegeben von Dr. Heinrich B. Streithofen*. Walberberg: Institut für Gesellschaftswissenschaften Walberberg, 1983b. pp. 67 – 79. (Veröffentlichungen des Instituts für Gesellschaftswissenschaften Walberberg, Band IX) Eingesehen am 28. 03. 2015 unter: http://www.stiftung-utz.de/index.php?cID=9 bzw. http://www.stiftung-utz.de/file/1/ethische_und_soziale_existenz.pdf

Ursprünglich publiziert in: Utz, Arthur F. (Hrsg.). Politische Bildung im Umbruch. Beiträge zur Orientierung. München: Oldenbourg, 1976. pp. 13 – 23.

Utz, Arthur F.. „Auf der Suche nach der Natur des Menschen. Ein Beitrag zum Begriff der Natur in der Naturrechtslehre." In: Utz, Arthur F.. *Ethische und soziale Existenz. Gesammelte Aufsätze aus Ethik und Sozialphilosophie 1970 – 1983. Herausgegeben von Dr. Heinrich B. Streithofen*. Walberberg: Institut für Gesellschaftswissenschaften Walberberg, 1983c. pp. 55 – 60. (Veröffentlichungen des Instituts für Gesellschaftswissenschaften Walberberg, Band IX) Eingesehen am 28. 03. 2015 unter: http://www.stiftung-utz.de/index.php?cID=9 bzw. http://www.stiftung-utz.de/file/1/ethische_und_soziale_existenz.pdf

Ursprünglich publiziert in: Mayer-Maly, Dorothea & Peter M. Simons (Hrsg.). Naturrechtsgedanken heute und morgen. Gedächtnisschrift für René Marcic. Berlin: Duncker & Humblot, 1983. pp. 941 – 946.

Utz, Arthur F.. *Sozialethik. III. Teil: Die soziale Ordnung*. Bonn: IfG-Verlagsgesellschaft, 1986. (Sammlung Politeia (Veröffentlichungen des Internationalen Instituts für Sozialwissenschaft und Politik, Universität Freiburg/Schweiz), Bd. X/III) Eingesehen am 28. 03. 2015 unter: http://www.stiftung-utz.de/index.php?cID=9 bzw. http://www.stiftung-utz.de/file/1/Sozialethik-III.pdf

Utz, Arthur F.. *Sozialethik. IV. Teil: Wirtschaftsethik.* Bonn: H. Weiskirch-Buchvertrieb und Verlag GmbH, 1994. (Sammlung Politeia (Veröffentlichungen des Internationalen Instituts für Sozialwissenschaft und Politik, Universität Freiburg/Schweiz), Bd. X/IV) Eingesehen am 28.03.2015 unter: http://www.stiftung-utz.de/index.php?cID=9 bzw. http://www.stiftung-utz.de/file/1/Sozialethik-IV.pdf

Utz, Arthur Fridolin. „Kommentar." In: *Thomas von Aquin. Naturgesetz und Naturrecht. Theologische Summe, Fragen 90–97. Lateinischer Text mit Übersetzung, Anmerkungen und Kommentar. Übersetzung von Josef Fulko Groner. Anmerkungen und Kommentar von Arthur Fridolin Utz.* Bonn: H. Weiskirch-Buchvertrieb und Verlag GmbH, 1996. pp. 171–225. (Sammlung Politeia (Veröffentlichungen des Internationalen Instituts für Sozialwissenschaft und Politik, Universität Freiburg/Schweiz), Bd. XXXIV) Eingesehen am 28.03.2015 unter: http://www.stiftung-utz.de/index.php?cID=9 bzw. http://www.stiftung-utz.de/file/1/NaturgesetzundNaturrecht.pdf

Utz, Arthur-Fridolin. „Die verschiedenen Gemeinwohltheorien." In: Utz, Arthur-Fridolin. *Ethik des Gemeinwohls. Gesammelte Aufsätze 1983–1997. Herausgegeben von Wolfgang Ockenfels.* Paderborn et al.: Ferdinand Schöningh, 1998b. pp. 166–170. Eingesehen am 28.03.2015 unter: http://www.stiftung-utz.de/index.php?cID=9 bzw. http://www.stiftung-utz.de/file/1/02_Ethik%20des%20Gemeinwohls.pdf

Ursprünglich publiziert in: Gesellschaftspolitische Kommentare 34 (1993): 127–129.

Utz, Arthur-Fridolin. „Die menschliche Natur als Grundlage der Sittlichkeit." In: Utz, Arthur-Fridolin. *Ethik des Gemeinwohls. Gesammelte Aufsätze 1983–1997. Herausgegeben von Wolfgang Ockenfels.* Paderborn et al.: Ferdinand Schöningh, 1998d. pp. 13–16. Eingesehen am 28.03.2015 unter: http://www.stiftung-utz.de/index.php?cID=9 bzw. http://www.stiftung-utz.de/file/1/02_Ethik%20des%20Gemeinwohls.pdf

Ursprünglich publiziert in: Gesellschaftspolitische Kommentare 31 (1990): 179–181.

Utz, Arthur F. & Gerda Hieronimi. *Grundsätze der Sozialpolitik. Solidarität und Subsidiarität in der Altersversicherung.* Stuttgart: Seewald Verlag, 1969. (Veröffentlichungen des Instituts für Gesellschaftswissenschaften Walberberg, Band II)

van Inwagen, Peter. „Ability and Responsibility." *Philosophical Review* 87.2 (1978): 201–224.

Vedder, Anton. „Responsibilities for the Information on the Internet." In: Himma, Kenneth Eimar & Herman T. Tavani (Eds.). *The Handbook of Information and Computer Ethics.* Hoboken, NJ: John Wiley & Sons, 2008. pp. 339–359.

Veith, Werner. „Gemeinwohl." In: Heimbach-Steins, Marianne (Hrsg.). *Christliche Sozialethik: Ein Lehrbuch. Band 1: Grundlagen.* Regensburg: Verlag Friedrich Pustet, 2004a. pp. 270–282.

Velasquez, Manuel G.. „Why Corporations Are Not Responsible for Anything That They Do." *Business & Professional Ethics Journal* 2.3 (1983): 1–18.

Vincent, Nicole A.. „A structured taxonomy of responsibility concepts." In: Vincent, Nicole A., Ibo van de Poel & Jeroen van den Hoven (Eds.). Moral Responsibility: Beyond Free Will and Determinism. Dordrecht: Springer, 2011. pp. 15–35. (Library of Ethics and Applied Philosophy, Volume 27)

von Hales, Alexander. „Magistri Alexandri de Hales glossa in quatuor libros Sententiarum Petri Lombardi." In: PP. Collegii S. Bonaventurae (Eds.). Bibliotheca Franciscana Scholastica Medii Aevi. Volume XII. Florence: Quaracchi, 1951.

von Hildebrand, Dietrich. *Fundamental Moral Attitudes. Translated from German by Alice von Hildebrand.* New York: Longmans, Green and Co., 1950. Eingesehen am 28.03.2015 unter:

http://www.ewtn.com/library/THEOLOGY/FUNMOR.HTM oder http://www.sanctamissa.org/en/spirituality/fundamental-moral-attitudes.html

von Nell-Breuning, Oswald. *Gerechtigkeit und Freiheit: Grundzüge katholischer Soziallehre. 2. Auflage.* München: Olzog Verlag, 1985. (Geschichte und Staat, Band 273)

von Nell-Breuning, Oswald. *Unsere Verantwortung. Für eine solidarische Gesellschaft.* Freiburg im Breisgau: Verlag Herder, 1987.

von Nell-Breuning, Oswald. *Baugesetze der Gesellschaft. Solidarität und Subsidiarität.* Freiburg i. Br., Basel & Wien: Verlag Herder, 1990.

von Savigny, Friedrich Carl. *System des heutigen Römischen Rechts. Zweyter Band.* Berlin: Veit und Comp., 1840. Eingesehen am 28.03.2015 unter: http://www.deutschestextarchiv.de/book/show/savigny_system02_1840

von Sankt Viktor, Richard. *De Trinitate – La Trinité. Latin/French Edition. Translated and edited by Gaston Salet.* Paris: Editions du Cerf, 1959. Eine deutsche Übersetzung ist erschienen als: Richard von Sankt-Victor. Die Dreieinigkeit. Übertragung und Anmerkungen von Hans Urs von Balthasar. Einsiedeln: Johannes Verlag, 1980. (Christliche Meister, Band 4)

Vuilleumier, Mathieu, Sonia Pellegrini & Claude Jeanrenaud. *Déterminants et évolution des coûts du système de santé en Suisse. Revue de la littérature et projections à l'horizon 2030.* Neuchâtel: Office fédéral de la statistique (OFS), 2007. Eingesehen am 28.03.2015 unter: http://www.bfs.admin.ch/bfs/portal/fr/index/news/publikationen.html?publicationID=2930

Wald, Berthold. *Substantialität und Personalität. Philosophie der Person in Antike und Mittelalter.* Paderborn: mentis Verlag, 2005.

Wallner, Jürgen. „Allokation und Rationierung von Gesundheits- und Pflegedienstleistungen: Über den Umgang mit tragischen Entscheidungen." *Soziale Sicherheit* 56.11 (2003): 515–33.

Wallner, Jürgen. *Ethik im Gesundheitssystem. Eine Einführung.* Wien: Facultas, 2004.

Warren, Mary Anne. „On the Moral and Legal Status of Abortion." *The Monist* 57.1 (1973): 43–61. Dieser Artikel ist auch publiziert als: Warren, Mary Anne. „On the Moral and Legal Status of Abortion." In: Mappes, Thomas A. & David DeGrazia (Eds.). Biomedical Ethics. 4th Edition. New York: McGraw-Hill, 1996. pp. 434–440.

Warren, Mary Anne. „Do Potential People Have Moral Rights?" *Canadian Journal of Philosophy* 7.2 (1977): 275–289.

Warren, Mary Anne. *Moral Status: Obligations to Persons and Other Living Things.* Oxford: Clarendon Press, 1997.

Watson, Gary. „Two Faces of Responsibility." *Philosophical Topics* 24 (1996): 227–248.

Weale, Albert. „The Ethics of Rationing." *British Medical Bulletin* 51.4 (1995): 831–841.

Weissmahr, Béla. *Ontologie. 2., durchgesehene Auflage.* Stuttgart, Berlin & Köln: Verlag W. Kohlhammer, 1991. (Grundkurs Philosophie, Band 3; Kohlhammer Urban-Taschenbücher, Band 347)

Welti, Felix. „Allokation, Rationierung, Priorisierung: Rechtliche Grundlagen." *Medizinrecht* 28 (2010): 379–387.

Welty, Eberhard. *Gemeinschaft und Einzelmensch. Eine sozialmetaphysische Untersuchung. Bearbeitet nach den Grundsätzen des heiligen Thomas von Aquin. 2. Auflage.* Salzburg & Leipzig: Verlag Anton Pustet, 1935.

Welty, Eberhard. *Herders Sozialkatechismus. I. Band. Erster Hauptteil: Grundfragen und Grundkräfte des sozialen Lebens (Der Mensch in der Gemeinschaft; Die Grundgesetze der Gemeinschaftsordnung; Recht und Liebe).* Freiburg: Verlag Herder, 1951.

Wenar, Leif. „What We Owe to Distant Others.“ *Politics, Philosophy, and Economics* 2.3 (2003): 283–304.

Wenar, Leif. „The Nature of Rights.“ *Philosophy and Public Affairs* 33 (2005): 223–253.

Wenar, Leif. „The Analysis of Rights.“ In: Kramer, Matthew, Claire Grant, Ben Colburn & Antony Hatzistavrou (Eds.). *The Legacy of H. L. A. Hart: Legal, Political, and Moral Philosophy.* Oxford: Oxford University Press, 2008. pp. 251–273.

Wenar, Leif. „Rights.“ *The Stanford Encyclopedia of Philosophy.* July 2nd, 2011. Eingesehen am 28.03.2015 unter: http://plato.stanford.edu/entries/rights

Wenar, Leif. „The Nature of Claim-Rights.“ *Ethics* 123.2 (2013): 202–229.

Werner, Micha H.. „Dimensionen der Verantwortung: Ein Werkstattbericht zur Zukunftsethik von Hans Jonas.“. In: Böhler, Dietrich (Hrsg.). *Ethik für die Zukunft: Im Diskurs mit Hans Jonas.* München: C. H. Beck, 1994. pp. 303–338. Eine überarbeitete Fassung, eingesehen am 28.03.2015, ist abrufbar unter: http://www.micha-h-werner.de/Werner-1994.htm

Werner, Micha H.. „Verantwortung.“ In: Düwell, Marcus, Christoph Hübenthal & Micha H. Werner (Hrsg.). *Handbuch Ethik. 2., aktualisierte und erweiterte Ausgabe.* Stuttgart & Weimar: J. B. Metzler, 2006. pp. 541–548.

Widmer, Werner. *Das Gesundheitswesen der Schweiz. Ein Überblick aus individueller, betrieblicher und gesellschaftlicher Sicht.* Zürich: Careum Verlag, 2011.

Widmer, Werner, Konstantin Beck, Leo Boos, Lukas Steinmann & Rolf Zehnder. *Eigenverantwortung, Wettbewerb, Solidarität: Analyse und Reform der finanziellen Anreize im Gesundheitswesen.* Muri b. Bern: Schweizerische Gesellschaft für Gesundheitspolitik, 2007. (Schriftenreihe der Schweizerische Gesellschaft für Gesundheitspolitik (SGGP), Nr. 91)

Wieser, Simon, Lukas Kauer, Sara Schmidhauser, Mark Pletscher, Urs Brügger, Claude Jeanrenaud, Sylvie Füglister-Dousse, Dimitri Kohler & Joachim Marti. *Synthesebericht – Ökonomische Evaluation von Präventionsmassnahmen in der Schweiz. Bericht im Auftrag des Schweizerischen Bundesamtes für Gesundheit.* Bern: Bundesamt für Gesundheit, 2010. Eingesehen am 28.03.2015 unter: http://www.bag.admin.ch/evaluation/01759/07612/07620/index.html?lang=de

Wiggins, David. *Sameness and Substance.* Oxford: Oxford University Press, 1980.

Wikler, Daniel I.. „Persuasion and Coercion for Health: Ethical Issues in Government Efforts to Change Life-Styles.“ *The Milbank Memorial Fund Quarterly. Health and Society.* 56.3 (1978): 303–338.

Williams, Garrath. „Responsibility.“ *The Internet Encyclopedia of Philosophy.* October 16th, 2009. Eingesehen am 28.03.2015 unter: http://www.iep.utm.edu/r/responsi.htm

Williams, Nicola Jane. „Possible Persons and the Problem of Prenatal Harm.“ *The Journal of Ethics* 17 (2013): 355–385.

Wils, Jean-Pierre. „“Person„ – ein sinnloser Begriff der Ethik?“ In: Strasser, Peter & Edgar Starz (Hrsg.). *Personsein aus bioethischer Sicht. Tagung der Österreichischen Sektion der IVR Graz 29. und 30. November 1996.* Stuttgart: Franz Steiner Verlag, 1997. pp. 26–42. (Archiv für Rechts- und Sozialphilosophie (ARSP) Beiheft 73)

Wils, Jean-Pierre & Ruth Baumann-Hölzle. *Sinn und Zukunft des Gesundheitswesens. Wege aus der Vertrauenskrise. Ein philosophischer Kommentar in praktischer Absicht.* Zürich, Basel & Genf: Schulthess, 2013.

Woodward, David & Richard D. Smith. „Global Public Goods and Health: Concepts and Issues.“ In: Smith, Richard D., Robert Beaglehole, David Woodward & Nick Drager (Eds.). *Global Public Goods for Health: Health Economics and Public Health Perspectives.* Oxford: Oxford

University Press, 2003. pp. 3 – 29. Eingesehen am 28. 03. 2015 unter: http://www.who.int/trade/distance_learning/gpgh/en/

World Bank. *The Growing Danger of Non-Communicable Diseases Acting Now to Reverse Course.* Washington, D.C.: The World Bank, 2011. Eingesehen am 28. 03. 2015 unter: http://siteresources.worldbank.org/HEALTHNUTRITIONANDPOPULATION/Resources/Peer-Reviewed-Publications/WBDeepeningCrisis.pdf

World Health Organization (WHO). *The World Health Report 2002. Reducing Risks, Promoting Healthy Life.* Geneva: World Health Organization, 2002. Eingesehen am 28. 03. 2015 unter: http://www.who.int/whr/2002/en bzw. http://www.who.int/whr/2002/en/whr02_en.pdf

World Health Organization (WHO). *Preventing chronic diseases: A vital investment.* Geneva: World Health Organization (WHO), 2005a. Eingesehen am 28. 03. 2015 unter: http://whqlibdoc.who.int/publications/2005/9241563001_eng.pdf

World Health Organization (WHO) (Regional Office for South-East Asia & Regional Office for the Western Pacific). *People at the Centre of Health Care: Harmonizing Mind and Body, People and Systems.* Geneva: World Health Organization, 2007. Eingesehen am 28. 03. 2015 unter: http://www.wpro.who.int/publications/2007/en/index.html

World Health Organization (WHO). *Global health risks: mortality and burden of disease attributable to selected major risks.* Geneva: World Health Organization, 2009. Eingesehen am 28. 03. 2015 unter: http://www.who.int/healthinfo/global_burden_disease/GlobalHealthRisks_report_full.pdf

World Health Organization (WHO). *Der Weltgesundheitsbericht (Kurzfassung): Finanzierung der Gesundheitssysteme. Der Weg zu universeller Absicherung.* Geneva: World Health Organization, 2010. Eingesehen am 28. 03. 2015 unter: http://www.who.int/whr/2010/10_summary_de.pdf?ua=1

World Health Organization (WHO). *Noncommunicable Diseases Country Profiles 2011.* Geneva: World Health Organization (WHO), 2011a. Eingesehen am 28. 03. 2015 unter: http://whqlibdoc.who.int/publications/2011/9789241502283_eng.pdf

World Health Organization (WHO). *Global status report on noncommunicable diseases 2010.* Geneva: World Health Organization, 2011b. Eingesehen am 28. 03. 2015 unter: http://whqlibdoc.who.int/publications/2011/9789240686458_eng.pdf

Wuellner, Bernard. *Summary of Scholastic Principles.* Chicago: Loyola University Press, 1956.

Zimmerman, Michael J.. „Sharing Responsibility." *American Philosophical Quarterly* 22 (1985): 115 – 122.

Zimmerman, Michael J.. *An Essay on Moral Responsibility.* Totowa (NJ): Roman and Littlefield, 1988.

Zimmermann-Acklin, Markus. „Rationierung im ethischen Disput. Positionen und Argumente." In: Zimmermann-Acklin, Markus & Hans Halter (Eds.). *Rationierung und Gerechtigkeit im Gesundheitswesen. Beiträge zur Debatte in der Schweiz.* Basel: EMH Schweizerischer Ärzteverlag, 2007. pp. 56 – 66.

Zimmermann-Acklin, Markus. *Knappheit gerecht gestalten. Thesen zur Rationierung im Gesundheitswesen.* Basel: Schweizerische Gesellschaft für Biomedizinische Ethik (SGBE-SSEB), 2008. (Folia Bioethica, Heft 38)

Zimmermann-Acklin, Markus. „Gesundheit, Gerechtigkeit, Glück. Ethische Bemerkungen zum Umgang mit den Errungenschaften der modernen Medizin." *Bioethica Forum* 51 (Dezember 2006): 2 – 9. Eingesehen am 28. 03. 2015 unter: http://www.bioethics.ch/sgbe/publikationen/Bulletin.html und www.sagw.ch/dms/sgbe/publikationen/Bulletin/Bull51 Wiederabgedruckt in: Zimmermann-Acklin, Markus. Bioethik in theologischer Perspektive:

Grundlagen, Methoden, Bereiche. 2., erweiterte Auflage. Fribourg: Academic Press, 2010. pp. 131–143.

Zimmermann-Acklin, Markus & Hans Halter (Eds.). *Rationierung und Gerechtigkeit im Gesundheitswesen. Beiträge zur Debatte in der Schweiz.* Basel: EMH Schweizerischer Ärzteverlag, 2007.

Namensregister

Sachregister

Die im nachfolgenden Sachregister angegebenen Seitenzahlen beziehen sich auf die für den jeweiligen Begriff wesentlichen Textstellen. Da sich diese über mehrere Seiten erstrecken können, geben die nachstehenden Seitenzahlen somit in den meisten Fällen nur den Ort an, an dem die Ausführungen zu diesem Begriff beginnen.